한국어와 일본어의 비교어휘

입력 및 편집자들

정 광 김동소 양오진 정승혜 배성우 김양진 이상혁 장향실
김일환 서형국 신은경 황국정 최정혜 박미영 김현주 최장원

이 연구는 2004년도 학술진흥재단의 지원에 의해 연구 되었음.(KRF-2003-072-AL2002)

〈머리말〉

한국어의 기원과 계통은 주로 알타이제어와의 비교에서 연구된다. 1952년 7~8월에 열린 헬싱키 올림픽 대회에 참가했던 이상백 당시 서울대 교수가 개인적으로 가져온 람스테트(G. J. Ramstedt)의 논저에 의해서 알타이어학은 우리나라에 갑자기 소개되었으며 이 학설은 광복 이후에 본격적으로 시작된 한국어의 역사적 연구에서 매우 중요한 영향을 주게 되었다. 일제 강점기에 일본인 학자들, 특히 가나자와 소사브로(金澤庄三郞)와 오구라 신페이(小倉進平) 등에 의하여 주도된 한국어의 우랄-알타이어족의 가설은 이때부터 람스테트의 알타이어족설로 대치되었으며 한국어의 많은 어휘들이 알타이제어와 비교되었다.

이 책은 이렇게 한국어와 알타이어의 비교·대조 연구에서 거론된 어휘들을 추출하여 입력하고 정리한 것이다. 이 작업은 그 동안 한국어의 얼마나 많은 어휘들이 일본어와 비교 연구되었으며 그 결과는 어떠하였는가를 살피려는 것이다. 또 이 연구는 2003년부터 3년간 한국 학술진흥재단의 지원을 받아 수행된 프로젝트의 결과물이기도 하다.

최근에 유라시아대륙의 동북방에 펼쳐져 있는 교착적 문법구조의 여러 언어들에 대하여 다양한 연구가 있으며 이들을 알타이어족으로 보려는 람스테트와 포페의 학설도 많은 도전을 받고 있다. 그것은 이 어족의 가설이 언어의 분기설에 입각하여 모든 언어가 공통조어로부터 분화 발달한 것이라는 역사비교언어학의 고전적 이론에 입각한 것이기 때문이다. 요즘은 언어의 분기론(divergence)보다는 통합론(convergence)에 의거하여 서로 인접해 있는 언어들의 유사성이 고찰된다. 즉 오랫동안 접촉한 언어들은 기원과 계통에 관계없이 서로 유사해질 수 있다는 주장이 언어 통합론이다. 한국어의 기원과 계통에 대하여도 분기론만으로는 설명하기 어려운 언어 현상이 한국어의 역사적 연구에서 발견되기 때문에 요즘에는 통합론에 입각하여 한국어의 기원과 계통을 연구하려는 움직임이 있다.

이 책은 그동안 거론된 한국어와 알타이제어, 특히 일본어와의 비교·대조한 어휘들을 총망라한 것이다. 한국어는 다른 알타이제어보다도 일본어와의 비교 연구가 성행하였다. 그 논저 가운데 비교·대조된 어휘를 추출하여 입력하고 이를 정리·편집하여 이 책을 편찬한다.

이 책은 그런 면에서 한국어의 알타이어와의 친족설을 정리하고 그 동안의 분기론에 의거하여 수행된 한국어와 일본어의 친족설을 한 번 점검했다는 의미가 있다. 여기서 일본어가 알타이어족에 속하느냐 그렇지 않느냐의 문제는 이 어족의 가설 자체가 논란이 되고 있는 현 시점에서 중요하지 않다.

  이 비교어휘의 편집에 참가한 사람들은 2003년부터 2006년까지 지원을 받은 한국 학술진흥재단의 알타이제어 연구 프로젝트에 공동으로 참여한 고려대와 대구 가톨릭대학의 연구원들이다. 우리 모두는 이 책을 통하여 그동안 답보상태를 보이고 있는 한국어의 기원과 계통의 연구가 더 한 층 활발한 연구로 발전하기를 바라마지 않는다.

                        2007년 11월 30일 편집자들을 대표하여 정광이 씀

⟨일러두기⟩

이 책은 한국어와 알타이어를 비교한 여러 논저에서 한국어와 일본어의 어원을 밝히기 위하여 비교·대조한 어휘를 추출하고 그것을 가나다순으로 정리한 것이다. 원전에서의 논술을 최대한 존중하였으나 그 기술 내용을 하나의 체계로 통합하여 수록하기 위하여 다음과 같은 기준으로 원전 자료를 정리하여 배열하였다.

1) 표제어

표제어는 형태와 의미에서 비교 항목으로 선정된 어휘들을 하나의 단위로 묶어서 올린 대표 어휘를 말한다. 표제어는 한국어의 현대어로 표시하되 하나의 비교 항목을 보이는데 필요하다고 인정되면 형태소 단위나 복합 형태라도 하나의 표제어로 삼았다. 이때에도 원저자의 의견을 최대한 반영하였으나 여러 원저자에 의하여 표제어가 아우르거나 적절하지 않은 표제어가 있을 경우 이를 수정하여 표제어로 올렸다. 다만 이러한 수정은 되도록 최소화시켰다.

표제어의 배열 방법은 현대 한국어의 자모순에 따라 가나다순으로 배열하였다. 특정한 형태의 어원을 밝혀 적은 원저자의 의도에 따라 표제어를 배열하였으며 어원의 관련성이 공인되지 않은 경우에도 원저자의 의도에 따라 표제어를 배열하였다.

표제어의 표기는 현대 한국어의 표준 표기법에 따랐다. 그러나 구절이 표제어로 선정된 경우에는 띄어쓰기도 하였다. 용언의 경우에는 어미 '-다'를 붙인 형태를 표제어로 하였다. 이것은 독자에게 익숙한 표제어 표기 방식을 취한 것일 뿐 형태나 어원에 관하여 이 책의 편집진이 의도적으로 개입한 것은 아니다.

2) 어휘

어휘는 원전에서 한국어와 일본어의 어원적 상관관계를 보이려고 예를 든 한국어와 일본어의 단어들을 말한다. 어휘는 언어와 단어, 형태, 그리고 의미로 구분된다. 이 책에서는 어휘를 단일한 어휘나 형태소의 경우 이외에도 복합어나 구도 포함된다. 이것은 원전에서 비교 어휘로 기술한 방식을 가감 없이 반영하려는 이 책의 편집의도에 따른 것이다.

어휘의 배열방법은 표제어 아래에 두되 이 책에서 인용한 원전의 간행 연대순에 따라 배열하였다. 그리고 같은 논저 안에서는 어휘가 수록된 쪽 수에 따라 배열하였는데 이것은 원저자가 발표한 한국어와 일본어 어휘의 어원적 상관관계를 시대 순으로 확인할 수 있게 하기 위한 것이다. 두 언어에서 어떤 어휘가 어원적으로 긴밀한 상관관계가 있음을 인성하는 것은 전혀 원저자의 의견에 따른 것이며 이 책의 편집자와는 아무런 관계가 없다. 혹시 이 책의 편집자와 상충되는 어원 관계를 가졌더라도 이를 빼거나 고치지 않았으며 어휘의 의미 또한 원전의 내용을 그대로 반영하였다.

어휘의 표기는 원전의 표기를 그대로 답습하였다.

3) 출전

이 책에서 인용한 출전은 발간년도, 저자, 논저명, 쪽수로 구분하여 표시하였다. 또 그 출전은 원전의 초고를 대상으로 하되 정본이 따로 있는 경우에는 초고 이외에 정본도 수록하였다. 다만 동일한 내용이 중복되는 경우 초고를 기준으로 한 번만 기입하였다.

이 책에서 제시하는 출전 정보는 다음과 같다.

(가) 발간년도

출전의 발간년도를 밝혀둔다. 주로 초고의 출전을 명시하되 초고를 구할 수 없을 때에는 이 책의 집필진이 확인한 문헌의 발간년도를 제시한다. 같은 해에 논저가 둘 이상일 경우에는 'ㄱ, ㄴ, ㄷ' 등으로 구분하여 표시한다.

(나) 저자

출전 논저의 저자를 밝혀둔다. 저자의 이름은 원전의 표기에 따르는 것을 원칙으로 하여 한글, 한자, 로마자 등으로 표시하였다.

(다) 논저명

출전 원저의 논저명은 비교대조가 수행된 논문이나 저서의 제목이나 서명을 말하며 약칭이 아니라 전체 명칭을 밝힌다. 다만 본문에서는 저자와 발간년도만 제시하고 전체 논저명은 권말에 참고문헌으로 일괄하여 제시하였다. 논저명도 원전의 것을 그대로 밝혀주는 것을 원칙으로 하였다.

(라) 쪽수

쪽수는 원전이 수록된 학술지의 페이지 수를 말하며 또는 비교·대조된 어휘가 수록된 저서의 페이지 수를 말한다. 원전의 쪽수를 밝히는 것이 원칙이지만 원전의 확보가 어려울 때에는 영인본, 또는 재수록된 문헌의 쪽수를 제시하기도 하였다.

한국어와 일본어의 비교어휘

- 【ㄱ】　　1
- 【ㄴ】　　88
- 【ㄷ】　　126
- 【ㄹ】　　172
- 【ㅁ】　　173
- 【ㅂ】　　219
- 【ㅅ】　　278
- 【ㅇ】　　326
- 【ㅈ】　　401
- 【ㅊ】　　433
- 【ㅋ】　　445
- 【ㅌ】　　450
- 【ㅍ】　　456
- 【ㅎ】　　464

〈참고문헌〉 및 〈찾아보기〉

⟨ㄱ⟩ 1

표제어/어휘		의미		언어	저자	발간년도	쪽수

ㄱ

-가
ka		어조사		일본어	김공칠	1989	6
ka		어조사		한국어	김공칠	1989	6
ka	-가	the connecting particle after the subject		일본어	宋敏	1969	71
ka	-가	the connecting particle after the subject		한국어	宋敏	1969	71
ka		조사		일본어	이용주	1980	72
ka		조사		한국어	이용주	1980	72
ka		the interrog.-indefinite particle		일본어	G. J. Ramstedt	1949	80
ka		the interrog.-indefinite particle		한국어	G. J. Ramstedt	1949	80
ga		after the subject like in Korean and also in the		일본어	G. J. Ramstedt	1949	81
ka		also, although, and		일본어	G. J. Ramstedt	1949	81
ka	주격 조사	the connecting particle after the subject		한국어	G. J. Ramstedt	1949	80
näga	내가	I		한국어	G. J. Ramstedt	1949	81
nega	네가			한국어	G. J. Ramstedt	1949	81
nuiga	누가	who		한국어	G. J. Ramstedt	1949	81

가(강가)
kari̯ antta		to be drowned, to sink to the bottom		한국어	G. J. Ramstedt	1949	81
ka		a side, an edge, a border, a bank, a margin		한국어	G. J. Ramstedt	1949	81
*kā		the bottom of a river		한국어	G. J. Ramstedt	1949	81
karantta		to be drowned, to sink to the bottom		한국어	G. J. Ramstedt	1949	81
karo antta		to be drowned, to sink to the bottom		한국어	G. J. Ramstedt	1949	81
kʌ z	가			한국어	김사엽	1974	395
Fe	가			일본어	김사엽	1974	395

-가(의문)
-o	의문형어미			한국어	강길운	1987	6
ka	의문형어미			일본어	김승곤	1984	239
ka	다가	interrogation		일본어	宋敏	1969	71
ka	다가	interrogation		한국어	宋敏	1969	71
onā poda		arrived, it seems		한국어	G. J. Ramstedt	1949	80
on-ga		arrived?		한국어	G. J. Ramstedt	1949	80

가게
*ś ur[首乙]	가게	storehouse, treasury		한국어	Christopher I. Beckwith	2004	112
˄kura	가게집	storehouse, treasury		일본어	Christopher I. Beckwith	2004	127
*ś ur:	가게집	storehouse, treasury		한국어	Christopher I. Beckwith	2004	136

가교
| kagjo | | the royal palanquin - borne by horses | | 한국어 | G. J. Ramstedt | 1949 | 86 |

2 한국어와 일본어의 비교어휘

표제어/어휘	의미		언어	저자	발간년도	쪽수
kago		the palanquin	일본어	G. J. Ramstedt	1949	86
가구						
noŋ	농		한국어	강길운	1983ㄴ	113
가구	가구		한국어	고창식	1976	25
kagu	가구		일본어	고창식	1976	25
가깝다						
hanke	가까운		일본어	강길운	1981ㄴ	10
kak' a-b-	가깝다		한국어	강길운	1981ㄴ	10
kak' a-b-	가깝다		한국어	강길운	1982ㄴ	16
hange	가깝다		일본어	강길운	1982ㄴ	16
ekaki	접근		일본어	강길운	1982ㄴ	16
ekaki	접근		일본어	강길운	1982ㄴ	20
hange	가깝다		일본어	강길운	1982ㄴ	20
kak' a-b-	가깝다		한국어	강길운	1982ㄴ	20
hange	가깝다		일본어	강길운	1982ㄴ	32
kak' a-b-	가깝다		한국어	강길운	1982ㄴ	32
ekaki	접근		일본어	강길운	1982ㄴ	32
kak'ai	가까이		한국어	강길운	1983ㄴ	134
kachap-		near	한국어	강영봉	1991	10
tika-		near	일본어	강영봉	1991	10
kaʔ kap-	가까이	near	한국어	김동소	1972	139
kakkap-	가까이	near	한국어	김동소	1972	139
kɔs-	가깝다		한국어	박은용	1974	218
taka-	가깝다		한국어	박은용	1975	136
ka	가깝다		일본어	宋敏	1969	71
kakka	가깝다		한국어	宋敏	1969	71
kaskav	가깝다	near	한국어	이용주	1980	102
tikasi	가깝다	near	일본어	이용주	1980	102
kaskav-	가깝다	near	한국어	이용주	1980	84
tikasi	가깝다	near	일본어	이용주	1980	84
kakkapta		to be near	한국어	G. J. Ramstedt	1949	100
kakkapta		to be near, to be close to, to be nigh	한국어	G. J. Ramstedt	1949	86
kakkapta		to be near	한국어	G. J. Ramstedt	1949	99
kap(a)	가깝다	near	한국어	Martin, S. E.	1966	200
kap(a)	가깝다	near	한국어	Martin, S. E.	1966	203
kap(a)-	가깝다	near	한국어	Martin, S. E.	1966	216
kap(a)	가깝다	near	한국어	Martin, S. E.	1966	222
가난하다						
ibab-	가난하다		한국어	강길운	1981ㄴ	8
ibe-sak	가난하다(먹을 것 없음.)		일본어	강길운	1981ㄴ	8
heron	가난		일본어	강길운	1982ㄴ	32
kanan	가난		한국어	강길운	1982ㄴ	32
heron	가난		일본어	강길운	1982ㄴ	36
kanan	가난		한국어	강길운	1982ㄴ	36
kanan	가난		한국어	강길운	1983ㄴ	113
kanan	가난		한국어	강길운	1983ㄴ	117
pʌ -lʌ	가난하다		한국어	김사엽	1974	389
まづし	가난하다		일본어	김사엽	1974	389
*fiatś ir[阿珍]	가난하다	poor	한국어	Christopher I. Beckwith	2004	112
*atś i~^antś i	가난하다	bad, evil	일본어	Christopher I. Beckwith	2004	121
*ɦ atś ir:	가난하다	poor	한국어	Christopher I.	2004	121

표제어/어휘		의미	언어	저자	발간년도	쪽수
				Beckwith		
가늘다						
Fo-tsö-si	가늘다		일본어	김사엽	1974	393
kʌ -nʌ l	가늘다		한국어	김사엽	1974	393
hoso-i	가늘다		일본어	유창균	1960	15
kara	가늘다		한국어	이숭녕	1956	119
kaṇi lda		to be fine, to be small, to be delicate, to be soft	한국어	G. J. Ramstedt	1949	94
kaṇi lda	가늘다	to be fine, to be small	한국어	G. J. Ramstedt	1949	94
kaṇi da		to be fine, to be small, to be delicate, to be soft	한국어	G. J. Ramstedt	1949	94
가다						
pɯs-	가다		한국어	강길운	1981ㄴ	8
ka-	가다		한국어	강길운	1983ㄱ	23
-r	가다		한국어	강길운	1983ㄱ	23
ka-	가다		한국어	강길운	1983ㄴ	116
arpa	가다		일본어	강길운	1987	19
ka	가다	go	한국어	金澤庄三郎	1910	19
ka-ru	헤어지다	disperse	일본어	金澤庄三郎	1910	19
ma-ka-ru	할 수 있다	be able to	일본어	金澤庄三郎	1910	19
sa-ka-ru	갈라서다	disperse	일본어	金澤庄三郎	1910	19
sa-ku	탈출하다	escape	일본어	金澤庄三郎	1910	19
ka	가다	go	한국어	金澤庄三郎	1910	9
ka-ru	헤어지다	disperse	일본어	金澤庄三郎	1910	9
ka	가다		한국어	김공칠	1989	10
ka-(da)	가다		한국어	김방한	1976	19
ka-	가다		한국어	김방한	1977	7
ka-(ta)	가다		한국어	김방한	1977	7
ka-	가다		한국어	김방한	1978	9
ka(-ta)	가다		한국어	김방한	1979	8
yu-ku	行		일본어	김사엽	1974	380
ni	行, 往		한국어	김사엽	1974	300
ka	가다		한국어	김사엽	1974	441
tsa-ra	가다		일본어	김사엽	1974	441
i-na	가다		일본어	김사엽	1974	476
njə	가다		한국어	김사엽	1974	476
i-ku	가다		일본어	김사엽	1974	478
ka	가다		한국어	김사엽	1974	478
가다	가다		한국어	김선기	1978ㅅ	344
니다, 녀다,	가다	go	한국어	김해진	1947	10
iku	가다		일본어	大野晉	1980	18
ka-	가다		한국어	박은용	1974	231
kkong-či	밟다	fuss	한국어	白鳥庫吉	1914ㄷ	324
ko-ramǎ l	밟다	fuss	한국어	白鳥庫吉	1914ㄷ	325
kam	감		한국어	이숭녕	1956	110
ka-ko-k	가곡		한국어	이숭녕	1956	186
karu	가다		일본어	이용주	1979	113
ka-	가다		한국어	이용주	1979	113
ka-	가다	gehen	한국어	Andre Eckardt	1966	231
ga/가	가다		한국어	Arraisso	1896	21
nị lgẹ -gada	늙어 가다	to become older and older	한국어	G. J. Ramstedt	1949	82
nị lgẹ kada	늙어 가다	to become older and older	한국어	G. J. Ramstedt	1949	82
silgim-gada	실금 가다	to become cracked, zergehen	한국어	G. J. Ramstedt	1949	82
kada		to go, to move on, to go	한국어	G. J. Ramstedt	1949	82

표제어/어휘		의미	언어	저자	발간년도	쪽수
kada	가다	further, to continue, to go to go, to move on, to go further	한국어	G. J. Ramstedt	1949	82
kada		to warp, to be crooked	한국어	G. J. Ramstedt	1949	83
ka	가다	pass	한국어	Hulbert, H. B.	1905	123
ka	가다	go	한국어	Kanazawa, S	1910	15
ka-ru	헤어지다(disperse)		일본어	Kanazawa, S	1910	15
ka-ru	헤어지다(disperse)		일본어	Kanazawa, S	1910	7
ka	가다	go	한국어	Kanazawa, S	1910	7
č ibe ga	집에 가!	go home!	한국어	Poppe, N	1965	196
가다듬다						
tö-tö-no-Fë	가다듬다		일본어	김사엽	1974	416
kʌ -ta-tʌ m	가다듬다		한국어	김사엽	1974	416
kadadi̯ mda		to arrange, to put in order, to collect one's	한국어	G. J. Ramstedt	1949	83
가대기						
カテスキ	가대기		일본어	권덕규	1923ㄴ	129
가대기	가대기		한국어	권덕규	1923ㄴ	129
カテスギ	가대기		일본어	이명섭	1962	5
가두다						
かこふ	가두다		일본어	김사엽	1974	464
ka-to	가두다		한국어	김사엽	1974	464
kato-	가두다		한국어	박은용	1974	225
kadō da	가두다		한국어	G. J. Ramstedt	1949	83
kaduda	가두다		한국어	G. J. Ramstedt	1949	84
kadoda		to put in prison, to lock up	한국어	G. J. Ramstedt	1949	84
kadoda	가두다	to put in prison, to lock up	한국어	G. J. Ramstedt	1949	84
가득차다						
kam	가득차다		한국어	김공칠	1989	6
komu	가득차다		일본어	김공칠	1989	6
가득하다						
ke te khe ˇ -	가득하다	full	한국어	이용주	1980	84
mitu	가득하다	full	일본어	이용주	1980	84
가락						
kayə	가락		일본어	강길운	1981ㄱ	30
karag	가락		한국어	강길운	1981ㄱ	30
kaye	가락		일본어	강길운	1981ㄴ	4
karag	가락		한국어	강길운	1981ㄴ	4
가락	가락		한국어	고재휴	1940ㄴ	17
가르치	가르치다		한국어	고재휴	1940ㄴ	17
활개	가락		한국어	고재휴	1940ㄴ	18
karak	가락		한국어	金澤庄三郞	1914	219
karak	가락		한국어	金澤庄三郞	1914	221
kʌ -lak	가락		한국어	김사엽	1974	449
kë	가락		일본어	김사엽	1974	449
k'arag	가락	finger	한국어	김선기	1968ㄴ	27
karak	가락		한국어	이숭녕	1956	135
kara	가락		한국어	이숭녕	1956	135
kkal		finger	한국어	G. J. Ramstedt	1949	87
su-kkarak		finger	한국어	G. J. Ramstedt	1949	87
kkarak		finger	한국어	G. J. Ramstedt	1949	87

〈ㄱ〉 5

표제어/어휘		의미	언어	저자	발간년도	쪽수
ka̠ ra̠ k		finger	한국어	G. J. Ramstedt	1949	87
karak		finger	한국어	G. J. Ramstedt	1949	87
sukkal		finger	한국어	G. J. Ramstedt	1949	87
kara̠ k		a pole by which two persons carry a weight, a	한국어	G. J. Ramstedt	1949	96
karak	가락	finger, toe	한국어	G. J. Ramstedt	1949	96
karak		a pole by which two persons carry a weight, a	한국어	G. J. Ramstedt	1949	96
가랑비						
ko-same	가랑비		일본어	小倉進平	1950	704
karaŋ bi	가랑비		한국어	이숭녕	1956	119
kal-baŋ -bi	가랑비		한국어	이숭녕	1956	189
가래						
kuwa	가래		일본어	김공칠	1989	12
koangi	가래		한국어	김공칠	1989	12
kafa	가래		일본어	김공칠	1989	14
kuhaci	가래		한국어	김공칠	1989	6
kufa	가래		일본어	김공칠	1989	6
sab	가래		한국어	김공칠	1989	9
ka-laj	가래		한국어	大野晋	1975	52
kupa	가래		일본어	송민	1973	34
kosuki	가래		일본어	이용주	1980	106
karai	가래		한국어	이용주	1980	106
광이	가래		한국어	이원진	1940	17
くヱ-	가래 초		일본어	이원진	1940	17
광이	가래		한국어	이원진	1951	17
くヱ-	가래 초		일본어	이원진	1951	17
karä		spade, shovel	한국어	G. J. Ramstedt	1949	96
가랭이						
mata-g-	가랭이를 벌려 넘다		일본어	강길운	1987	17
tuna	그물		일본어	강길운	1907	17
karɛ ŋ i	가랭이		한국어	이숭녕	1956	155
가렵다						
ka-yu	가렵다		일본어	김사엽	1974	459
kʌ -lap	가렵다		한국어	김사엽	1974	459
kariə p	가렵다		한국어	송민	1965	41
kayusi	가렵다		일본어	송민	1965	41
kayu	가렵다		일본어	宋敏	1969	71
karyö	가렵다		한국어	宋敏	1969	71
kayu-si	가렵다		일본어	이숭녕	1955	17
kari-o̠ p-ta	가렵다		한국어	이숭녕	1955	17
kariawa	가렵다	to itch	한국어	Hulbert, H. B.	1905	
kariŭ wa	가렵다	itchy	한국어	Hulbert, H. B.	1905	
kă r¹(u)-	가렵다	itchy	한국어	Martin, S. E.	1966	202
kár¹(u)-	가렵다	itchy	한국어	Martin, S. E.	1966	211
kár¹(u)-	가렵다	itchy	한국어	Martin, S. E.	1966	221
가로						
ə t-	가로		한국어	강길운	1981ㄴ	5
ə si	가로		한국어	김공칠	1989	20
yoko	가로		일본어	김공칠	1989	20
ə t	橫		한국어	김사엽	1974	379
yö-kö	橫		일본어	김사엽	1974	379

표제어/어휘		의미	언어	저자	발간년도	쪽수
ə s	橫		한국어	김사엽	1974	379
ke rɐ -	가로		한국어	박은용	1974	224
*i ki ~*ükü~^i x 가로		crosswise, sideways	일본어	Christopher I. Beckwith	2004	142
^ü~^i [於]	가로	crosswise, sideways	한국어	Christopher I. Beckwith	2004	142

가루
karo	가루		한국어	金澤庄三郎	1914	221
こな	가루		일본어	김사엽	1974	447
kʌ -lʌ	가루		한국어	김사엽	1974	447
ke rɐ	가루		한국어	박은용	1974	219
kʌ r	가루		한국어	石井 博	1992	92
kona	가루		일본어	石井 博	1992	92
kuzu	가루	flour	일본어	宋敏	1969	71
kɒ rɒ	가루	flour	한국어	宋敏	1969	71
ke rɐ	가루		한국어	이숭녕	1956	152
kalgi	가루		한국어	이숭녕	1956	152
kal-sak-tugi	가루		한국어	이숭녕	1956	179
kal-sak-tugi	가루		한국어	이숭녕	1956	180
pun	가루	Mehl	한국어	G. J. Ramstedt	1939ㄱ	484
karo	가루	flour	한국어	G. J. Ramstedt	1949	87
karu	가루	flour	한국어	G. J. Ramstedt	1949	87

기르다
heč i-	헤치다		한국어	강길운	1982ㄴ	32
heč imi	갈라짐		일본어	강길운	1982ㄴ	32
karʌ -	가르다		한국어	강길운	1982ㄴ	32
saku	가르다		일본어	김공칠	1989	7
tchyökeui	가르다		한국어	김공칠	1989	7
wa-ka-ti-te	分, 別		일본어	김사엽	1974	378
わける	分		일본어	김사엽	1974	378
kal	分		한국어	김사엽	1974	378
ka-lʌ	分		한국어	김사엽	1974	378
가르다	가르다		한국어	김해진	1947	10
kalï-	가르다	split	한국어	이기문	1973	7
or-	가르다	break	일본어	이기문	1973	7
kar-ɐ	가르다		한국어	이숭녕	1956	104
kari da		to divide, to cut in parts	한국어	G. J. Ramstedt	1949	98

가르치다
kusiro	가르치다		일본어	김공칠	1989	19
arikhida	아르키다	to tell, to inform, to make known	한국어	G. J. Ramstedt	1949	13
arikkhida	아르키다	to tell, to inform, to make known	한국어	G. J. Ramstedt	1949	13

가르침
しめし	가르침		일본어	김사엽	1974	437
kʌ -lʌ -čʰ im	가르침		한국어	김사엽	1974	437

가리(새)
kari	가리	waterfowl, the gray swan	한국어	宋敏	1969	71
kari	가리	the wild goose	일본어	宋敏	1969	72
kari		the wild goose	일본어	G. J. Ramstedt	1949	97
kari		a waterfowl, the gray swan, the wild goose	한국어	G. J. Ramstedt	1949	97

표제어/어휘		의미	언어	저자	발간년도	쪽수
가리다						
ayam	귀마개		한국어	강길운	1982ㄴ	20
eyam	지키다		일본어	강길운	1982ㄴ	20
kɐ ri	가리다		한국어	김공칠	1989	18
えらぶ	가리다		일본어	김사엽	1974	470
kʌ l-hʌ j	가리다		한국어	김사엽	1974	470
kɒ ri	가리다		한국어	宋敏	1969	71
kaga	가리다		일본어	宋敏	1969	72
kasu-mu	가리다		일본어	이숭녕	1955	15
ka-zo-fu	가리다		일본어	이숭녕	1955	15
kazu	가리다		일본어	이숭녕	1955	15
kazu-fu	가리다		일본어	이숭녕	1955	15
kalhai-da	가리다		한국어	이숭녕	1955	15
kari-da	가리다		한국어	이숭녕	1955	15
kariota	가리다	cover	한국어	Edkins, J	1896ㄱ	231
karida		to choose, to select	한국어	G. J. Ramstedt	1949	97
kạ rida		to cover, to veil	한국어	G. J. Ramstedt	1949	98
kă riuda	가리다	to veil, to hide, to cover	한국어	G. J. Ramstedt	1949	98
가리다(나누다)						
karị da	가리다(나누다)	to diveide, to cut into parts	한국어	G. J. Ramstedt	1949	98
kata	가리다(나누다)	to divide, to cut into parts	일본어	G. J. Ramstedt	1949	98
가리우다						
ka-ku-ru	가리우다		일본어	김사엽	1974	465
kʌ -li-o	가리우다		한국어	김사엽	1974	465
kạ riuda		to veil, to hide, to cover	한국어	G. J. Ramstedt	1949	98
가마(솥)						
kama	가마		한국어	강길운	1981ㄱ	30
kama	철벙		일본어	강길운	1981ㄱ	30
kama	가마		한국어	강길운	1981ㄴ	7
kama	쇠 병		일본어	강길운	1982ㄴ	16
kama	가마(솥)		한국어	강길운	1982ㄴ	16
kama	쇠 병		일본어	강길운	1982ㄴ	26
kama	가마(솥)		한국어	강길운	1982ㄴ	26
ka-ma	가마		한국어	김사엽	1974	459
ka-ma	가마		일본어	김사엽	1974	459
kama	가마		일본어	김승곤	1984	241
kama	가마		일본어	송민	1973	34
kama	가마	a pot	한국어	宋敏	1969	71
kama	가마	dessus de la tête	한국어	宋敏	1969	71
kama	가마	a pot	일본어	宋敏	1969	72
kami	가마	le haut	일본어	宋敏	1969	72
kama	가마		한국어	長田夏樹	1966	93
kama	가마	a pot	일본어	Aston	1879	22
kama, kamè	가마	a pot	한국어	Aston	1879	22
kama		a brick-kiln, a furnace for baking pottery; a large	일본어	G. J. Ramstedt	1949	90
kama		a brick-kiln, a furnace for baking pottery; a large	한국어	G. J. Ramstedt	1949	90
kamä		a brick-kiln, a furnace for baking pottery; a large	한국어	G. J. Ramstedt	1949	90
kama		a kettle	일본어	G. J. Ramstedt	1949	90
kama	기와굽는 가마		일본어	이용주	1980	72
kama	기와굽는 가마		한국어	이용주	1980	72

표제어/어휘		의미	언어	저자	발간년도	쪽수
가문						
ponkwan	본관		한국어	강길운	1983ㄴ	134
s'l	일문		한국어	강길운	1983ㄴ	134
ie·gara	家門		일본어	이규창	1979	19
가물다						
かわく	가물다		일본어	김사엽	1974	458
kʌ -mʌ l	가물다		한국어	김사엽	1974	458
kawaku	가물다	dry	일본어	이용주	1980	100
kɐ mɐ r	가물다	dry	한국어	이용주	1980	100
*kába	가물다	dry	한국어	이용주	1980	100
kamuda		to be dry, to suffer from drought	한국어	G. J. Ramstedt	1949	92
kamulda		to be dry, to suffer from drought	한국어	G. J. Ramstedt	1949	92
kamuda		to cause dry weather	한국어	G. J. Ramstedt	1949	92
kami̯ da		to be dry, to suffer from drought	한국어	G. J. Ramstedt	1949	92
kámbálg?-	가물다	dry up	한국어	Martin, S. E.	1966	200
kámbálgʰ -	가물다	dry up	한국어	Martin, S. E.	1966	202
가볍다						
kabE-ab-	가볍다		한국어	강길운	1981ㄴ	8
kabE-ab-	가볍다		한국어	강길운	1982ㄴ	20
ehapi	경멸하다		일본어	강길운	1982ㄴ	20
sar-	가볍다		한국어	김공칠	1989	19
ka-ru-si	가볍다		일본어	김사엽	1974	458
ka-pʌ j-jap	가볍다		한국어	김사엽	1974	458
kal-ka-č i	가볍다		한국어	白鳥庫吉	1914ㄷ	294
karu	가볍다	lightweight	일본어	宋敏	1969	72
kapɔ yaw/p	가볍다	lightweight	한국어	宋敏	1969	72
kabjöta	가볍다		한국어	이숭녕	1956	161
kakapta	가볍다		한국어	이숭녕	1956	161
kap-sak	가볍게		한국어	이숭녕	1956	180
kaba̯ jalpke	가볍게 하다	to mitigate	한국어	G. J. Ramstedt	1949	82
kabajapta	가볍다	to be light, bo lack weight	한국어	G. J. Ramstedt	1949	82
kabajapta	가볍다	to be light	한국어	G. J. Ramstedt	1949	82
kabajapta	가볍다	to be light, to lack weight	한국어	G. J. Ramstedt	1949	82
käbi̯e pta		to lack weight	한국어	G. J. Ramstedt	1949	82
ke̯ bi̯e pta		to lack weight	한국어	G. J. Ramstedt	1949	82
가쁘다						
is-pï	가쁘다		한국어	김사엽	1974	472
u-mi	가쁘다		일본어	김사엽	1974	472
kappuda	가쁘다	to feel oppressed, to be wearied, to be uncomfortable	한국어	G. J. Ramstedt	1949	96
kappi̯ da		to feel oppressed, to be wearied, to be uncomfortable	한국어	G. J. Ramstedt	1949	96
kappuda		to feel oppressed, to be wearied, to be uncomfortable	한국어	G. J. Ramstedt	1949	96
가슴						
kʌ sʌ m	가슴		한국어	강길운	1981ㄱ	31
kasʌ m	가슴		한국어	강길운	1983ㄴ	111
kasʌ m	가슴		한국어	강길운	1983ㄴ	120
kasɐ m	가슴	breast	한국어	김동소	1972	137
kasi m	가슴	breast	한국어	김동소	1972	137

표제어/어휘		의미		언어	저자	발간년도	쪽수
kasam	가슴			한국어	김승곤	1984	242
kaseˑm	가슴	breast		한국어	이용주	1980	101
muněˑ, kata	가슴	breast		일본어	이용주	1980	101
mune	가슴	breast		일본어	이용주	1980	80
kaseˑm	가슴	breast		한국어	이용주	1980	80
kasym	가슴	breast		한국어	長田夏樹	1966	82
mune	가슴	breast		일본어	長田夏樹	1966	82
kasa̤m		the breast		한국어	G. J. Ramstedt	1949	99
kasim		the breast		한국어	G. J. Ramstedt	1949	99
kaṣim		the breast		한국어	G. J. Ramstedt	1949	99
kăsăm	가슴	the breast		한국어	G. J. Ramstedt	1949	99

가시
mi-nïl	가시	barb		한국어	김공칠	1989	18
ira	가시	thorn		일본어	김공칠	1989	18
nïl	가시	thorn		한국어	김공칠	1989	18
kasai	가시			한국어	박은용	1974	214

가시나무
ita-ita-gusa	가시나무			일본어	송민	1973	45
ira-kusa	가시나무			일본어	송민	1973	45
kašyi	가시나무	oak		한국어	Martin, S. E.	1966	202
kašyi	가시나무	oak		한국어	Martin, S. E.	1966	212
kašyi	가시나무	oak		한국어	Martin, S. E.	1966	213
kašyi	가시나무	oak		한국어	Martin, S. E.	1966	215

가시랭이
| susuki | 가시랭이 | | | 일본어 | 김공칠 | 1989 | 10 |
| kasi-ragi | 가시랭이 | | | 한국어 | 이숭녕 | 1956 | 183 |

가야
| mimana | 가야 | | | 일본어 | 강길운 | 1980 | 13 |
| nimna | 가야 | | | 한국어 | 강길운 | 1980 | 13 |

가운데
hongeš	한가운데			일본어	강길운	1981ㄴ	6
hankaβʌn-	한가운데			한국어	강길운	1981ㄴ	6
kuŋe	가운데(中)			한국어	강길운	1982ㄴ	24
hongeš	가운데			일본어	강길운	1982ㄴ	24
hongeš	한가운데			일본어	강길운	1982ㄴ	32
kuŋe				한국어	강길운	1982ㄴ	32
kaontei	가운데	midst		한국어	김공칠	1988	83
afida	사이	gap, interval		일본어	김공칠	1988	83
なかば	가운데			일본어	김사엽	1974	414
ka-on-tʌj	가운데			한국어	김사엽	1974	414
^na[那]	가운데	inside, middle		일본어	Christopher I. Beckwith	2004	110

가옷
ka-os	가옷			한국어	김사엽	1974	414
na-ka	가옷			일본어	김사엽	1974	414
kaut	갓옷'의 방언	a thick fur coat		한국어	G. J. Ramstedt	1949	95

가위
kasikä	가새			한국어	강길운	1983ㄴ	117
kiru	가위			일본어	김공칠	1989	4
kalkil	가위			한국어	김공칠	1989	4

표제어/어휘	의미		언어	저자	발간년도	쪽수
はさみ	가위		일본어	김사엽	1974	405
ka-zaj	가위		한국어	김사엽	1974	405
kasä	가위		한국어	김승곤	1984	242
kɐ zai	가위		한국어	박은용	1974	220
kă -ră	가위	messer	한국어	白鳥庫吉	1914ㄷ	301
ka-ui	가위	scheere	한국어	白鳥庫吉	1914ㄷ	301
ka-sai	가위	scheere	한국어	白鳥庫吉	1914ㄷ	301
ka-ro	가위		한국어	白鳥庫吉	1914ㄷ	301
ha-sa-mi	가위		일본어	유창균	1960	15
*kasigai	가위	scissors	한국어	이기문	1958	112
kawi	가위	scissors	한국어	이기문	1958	112
kạ ai	가위	scissors	한국어	이기문	1958	112
kasä	가위	scissors	한국어	이기문	1958	112
kasigä	가위	scissors	한국어	이기문	1958	112
kạ zai <	가위	scissors	한국어	이기문	1958	112
fasami	가위		일본어	이용주	1980	106
kɐ zai	가위		한국어	이용주	1980	106
kawi		a pair of scissors	한국어	G. J. Ramstedt	1949	100
kạ wi		dress	한국어	G. J. Ramstedt	1949	101
kasai	가위	scissors	한국어	G. J. Ramstedt	1949	98
kawi	가위	scissors	한국어	Hulbert, H. B.	1905	

가을

kaïl	가을	autumn	한국어	김공칠	1988	83
aki	가을	autumn	일본어	김공칠	1988	83
gazar	가을		한국어	김선기	1976ㄷ	338
aki	가을		일본어	김선기	1976ㅅ	344
가을	가을		한국어	김선기	1976ㅅ	344
kazar	가을		한국어	김선기	1976ㅅ	344
kɔ zɔ l	가을	autumn	한국어	宋敏	1969	72
áki	가을	autumn	일본어	宋敏	1969	72
k#z#lh	가을	autumn	한국어	이기문	1973	7
aki	가을	autumn	일본어	이기문	1973	7
aki	가을		일본어	이용주	1980	106
kɐ zɛ rx	가을		한국어	이용주	1980	106
lasị r	가을		한국어	長田夏樹	1966	102
każ e rx	가을		한국어	長田夏樹	1966	102
kasị r	가을		한국어	G. J. Ramstedt	1949	86
kại l		autumn	한국어	G. J. Ramstedt	1949	86
kahị r	가을		한국어	G. J. Ramstedt	1949	86
kại l	가을	fall, autumn	한국어	G. J. Ramstedt	1949	86
kaɯl	가을		한국어	Polivanov	1927	17

가장

ki-Fa	가장		일본어	김사엽	1974	456
kʌ -č aŋ	가장		한국어	김사엽	1974	456

가장자리

hesaš i	가장자리		일본어	강길운	1982ㄴ	23
kʌ ʒ	가장자리		한국어	강길운	1982ㄴ	23
kʌ ʒ	가장자리		한국어	강길운	1982ㄴ	32
hesaš i	가장자리		일본어	강길운	1982ㄴ	32
kasaŋ sari	가장자리		한국어	이숭녕	1956	123
kazaŋ sari	가장자리		한국어	이숭녕	1956	124
kata	가장자리	brink	일본어	宋敏	1969	71
ka	가장자리	brink	한국어	宋敏	1969	71

표제어/어휘		의미	언어	저자	발간년도	쪽수
가져오다						
kabu, kawu	가져오다	to bring up	일본어	김공칠	1989	16
kirï	가져오다	to bring up	한국어	김공칠	1989	16
가죽						
갓	가죽		한국어	권덕규	1923ㄴ	127
カハ	가죽		일본어	권덕규	1923ㄴ	127
kacok	피부	skin	한국어	김동소	1972	140
kacuk	피부	skin	한국어	김동소	1972	140
ka-Fa	가죽		일본어	김사엽	1974	461
ka-č ok	가죽		한국어	김사엽	1974	461
カハ	가죽		일본어	이명섭	1962	5
kazuk	가죽		한국어	이숭녕	1956	133
kaHa	가죽	fur	일본어	이용주	1980	81
katʃ '	갗	fur	한국어	이용주	1980	81
kaʒ jok		a skin, leather, hide	한국어	G. J. Ramstedt	1949	102
kaʒ uk	가죽	skin, leather	한국어	G. J. Ramstedt	1949	102
kaʒ ugi		a skin, leather, hide	한국어	G. J. Ramstedt	1949	102
가죽신						
xuit	가죽신		일본어	김공칠	1989	15
kutu	가죽신		한국어	김공칠	1989	15
가지						
kaji	가지	kind of	한국어	金澤庄三郎	1910	10
kusa	가지	kind of	일본어	金澤庄三郎	1910	10
kaji	가지	a sort of	한국어	金澤庄三郎	1910	19
kusa	수	a number of	일본어	金澤庄三郎	1910	19
kazu	수	a number of	일본어	金澤庄三郎	1910	19
kaji	가지	a sort of	한국어	金澤庄三郎	1910	9
kazu	수	a number of	일본어	金澤庄三郎	1910	9
kachi	기지		한국어	김공칠	1989	11
kadzi	종류		한국어	김방한	1966	347
ka-č i	가지		한국어	김사엽	1974	454
ku-tsa	가지		일본어	김사엽	1974	454
ye-da	가지		일본어	김사엽	1974	471
ka-č i	가지		한국어	김사엽	1974	471
kaji	가지	branch	한국어	김선기	1968ㄴ	27
kaʒ i	가지		한국어	김승곤	1984	242
kaci	가지		한국어	박은용	1974	221
kac	가지		한국어	박은용	1974	228
sasaFë	가지		일본어	송민	1974	7
kusa	가지		일본어	宋敏	1969	72
kádi	가지	rudder	일본어	宋敏	1969	72
kati	가지	branch	한국어	宋敏	1969	72
kachi	가지		한국어	宋敏	1969	72
kazu	가지		일본어	宋敏	1969	72
kaji	가지		한국어	宋敏	1969	72
kaci	가지	a kind, a class	한국어	이기문	1958	112
kazaŋ gui	가지		한국어	이숭녕	1956	124
kazi	가지		한국어	이숭녕	1956	124
kazɛ ŋ i	가지		한국어	이숭녕	1956	156
nasu	가지		일본어	이용주	1980	106
kaci	가지		한국어	이용주	1980	106
kkä ʒ i	가지	behind	한국어	G. J. Ramstedt	1939ㄴ	462
tui	가지	order,kind	한국어	G. J. Ramstedt	1939ㄴ	462
kaʒ i		a branch, a limb - of a tree	한국어	G. J. Ramstedt	1949	101

표제어/어휘		의미	언어	저자	발간년도	쪽수
kaǯi		kind, sort	한국어	G. J. Ramstedt	1949	101
kaǯi	가지	a branch, a limb	한국어	G. J. Ramstedt	1949	101
kaǯi		a branch, a limb - of a tree	한국어	G. J. Ramstedt	1949	101
kaji	가지	brabch	한국어	Hulbert, H. B.	1905	
kaji	가지	a sort of	한국어	Kanazawa, S	1910	15
kusa	수(a number of)		일본어	Kanazawa, S	1910	15
kazu	수(a number of)		일본어	Kanazawa, S	1910	15
kazu	수(a number of)		일본어	Kanazawa, S	1910	7
kaji	가지	a sort of	한국어	Kanazawa, S	1910	7
kaji	가지	kind of	한국어	Kanazawa, S	1910	8
kusa	가지	kind of	일본어	Kanazawa, S	1910	8
kadi	가지	branch	한국어	Martin, S. E.	1966	202
kadi	가지	branch	한국어	Martin, S. E.	1966	206
kadi	가지	branch	한국어	Martin, S. E.	1966	212
kadi	가지	branch	한국어	Martin, S. E.	1966	215

가지다

kaji-	가지다		한국어	강길운	1982ㄴ	27
kot	가지다		일본어	강길운	1982ㄴ	27
kaji-	가지다		한국어	강길운	1983ㄱ	43
kaji	가지다		한국어	강길운	1983ㄴ	116
kaji-	가지다		한국어	강길운	1983ㄴ	129
mö-ti	가지다		일본어	김시엽	1974	383
ka-či	가지다		한국어	김사엽	1974	383
kaci-	가지다		한국어	박은용	1974	227
ka-	가지다	to take	한국어	이기문	1958	111
gaci-	가지다	to take	한국어	이기문	1958	111
mötu	가지다	hold	일본어	이용주	1980	100
kaci	가지다	hold	한국어	이용주	1980	100
*ŋʷö	가지다	hold	한국어	이용주	1980	100
mötu	가지다	to hold	일본어	이용주	1980	83
katʃĭ -	가지다	to hold	한국어	이용주	1980	83
katsugu	가지다	to take in the hand	일본어	Aston	1879	23
kachul	가지다	to take in the hand	한국어	Aston	1879	23
kada		to take	한국어	G. J. Ramstedt	1949	83
kaǯida		to take	한국어	G. J. Ramstedt	1949	83

가지런하다

naran	가지런하다	한국어	김공칠	1989	7
nasu	가지런하다	일본어	김공칠	1989	7
naran	가지런하다	한국어	김공칠	1989	7
narasu	가지런하다	일본어	김공칠	1989	7
ひとしい	가지런하다	일본어	김사엽	1974	400
kʌ-čʌk-hʌ	가지런하다	한국어	김사엽	1974	400

가치

kasasagi	가치	일본어	이용주	1979	113
kac'i	가치	한국어	이용주	1979	113

간(肝)

*kəb	간	한국어	강길운	1981ㄱ	32
kinop	간	일본어	강길운	1981ㄴ	4
kəb	간	한국어	강길운	1981ㄴ	4
*kəb	겁	한국어	강길운	1982ㄴ	22
kinop	간	일본어	강길운	1982ㄴ	22
*kəb	겁	한국어	강길운	1982ㄴ	27
kinop	간	일본어	강길운	1982ㄴ	27

표제어/어휘		의미	언어	저자	발간년도	쪽수
kə b	간		한국어	강길운	1983ㄴ	120
kan	간	liver	한국어	김동소	1972	139
kan	간	liver	한국어	김동소	1972	139
gan	간	liver	한국어	김선기	1968ㄱ	46
kimo	간	liver	일본어	김선기	1968ㄱ	47
kimo	간	liver	일본어	이용주	1980	80
kā n	간	liver	한국어	이용주	1980	80
kanzañ	간장	liver	한국어	長田夏樹	1966	83
kimo	간장	liver	일본어	長田夏樹	1966	83
간(干)						
kan	방패	a shield	한국어	G. J. Ramstedt	1949	93
kan-kwa	방패	shields and spears	한국어	G. J. Ramstedt	1949	93
간격						
abi, afi	간격	interval	일본어	김공칠	1989	15
sai	간격	interval	한국어	김공칠	1989	15
kan		interval, space between, a certain amount of time	한국어	G. J. Ramstedt	1949	93
간음						
hoiyo	간음		일본어	강길운	1982ㄴ	26
hwayaŋ	간음		한국어	강길운	1982ㄴ	26
hwayaŋ	간음		한국어	강길운	1982ㄴ	32
hoiyo	간음		일본어	강길운	1982ㄴ	32
갈						
kal	(젓)갈	pickles	한국어	宋敏	1969	72
kási	갈		일본어	宋敏	1969	72
kal	갈		한국어	宋敏	1969	72
kara	쓴, 매운	bitter, acrid	일본어	宋敏	1969	72
갈(萬)						
kasa	갈		일본어	이숭녕	1955	15
kalb	갈		한국어	이숭녕	1955	15
갈구리						
かぎ	갈구리		일본어	김사엽	1974	465
ka-ko-li	갈구리		한국어	김사엽	1974	465
kagi	갈구리		일본어	宋敏	1969	72
karkuri	갈구리		한국어	宋敏	1969	72
karguri		a hook, a curved stick	한국어	G. J. Ramstedt	1949	89
갈기다						
kalgi-	갈기다		한국어	강길운	1982ㄴ	26
kara	갈기다		일본어	강길운	1982ㄴ	26
갈다(磨)						
kasuru	갈다		일본어	김공칠	1989	18
kɐ l	갈다		한국어	김공칠	1989	18
toguro	갈다		일본어	김공칠	1989	8
tak	갈다		한국어	김공칠	1989	8
kʌ l	갈다		한국어	김사엽	1974	387
mi-ka-ku	갈다		일본어	김사엽	1974	387
mi-ka-ku	갈다		일본어	김승곤	1984	200
kal	갈다		한국어	송민	1966	22
kā l	갈다		한국어	송민	1966	22

표제어/어휘		의미	언어	저자	발간년도	쪽수
kasuru	갈다		일본어	송민	1965	39
kɐ l	갈다		한국어	송민	1965	39
kɔ l	갈다	whet, grind	한국어	宋敏	1969	72
kír	자르다	cut	일본어	宋敏	1969	72
kal	갈다		한국어	宋敏	1969	72
kaparu	갈다		일본어	宋敏	1969	72
kal-da	갈다		한국어	이숭녕	1955	15
ka-su	갈다		일본어	이숭녕	1955	15
kasu-ru	갈다		일본어	이숭녕	1955	15
kalda		to rub, to polish, to file	한국어	G. J. Ramstedt	1949	87
kā da		to grind, to smash, to pulverize	한국어	G. J. Ramstedt	1949	87
kā da		to rub, to polish, to file	한국어	G. J. Ramstedt	1949	87
kallida		to be ground, to be reduced to powder, to be	한국어	G. J. Ramstedt	1949	87
kalda(kă lda)	갈다	to file, to rub	한국어	G. J. Ramstedt	1949	87
kalda		to grind, to smash, to pulverize	한국어	G. J. Ramstedt	1949	87
kalda	갈다	to grind	한국어	G. J. Ramstedt	1949	87
kalda		to rub	한국어	G. J. Ramstedt	1949	89

갈다(替)

표제어/어휘		의미	언어	저자	발간년도	쪽수
かへる	갈다		일본어	김사엽	1974	460
kʌ l	갈다		한국어	김사엽	1974	460
kɐ r-	길다		한국어	박은용	1974	218
kɐ r-	다시		한국어	박은용	1974	231
k' al-ć um	갈다	sich verändern	한국어	白鳥庫吉	1914ㄷ	291
k' al-č ilhä -	갈다	die veränderung	한국어	白鳥庫吉	1914ㄷ	291
kar(i)	빌리다	borrow	일본어	宋敏	1969	72
kɔ l	갈다	change, replace	한국어	宋敏	1969	72
kạ r-	갈다	to change, to alternate	한국어	이기문	1958	112
ka-yu	갈다		일본어	이숭녕	1955	17
kal-da	갈다		한국어	이숭녕	1955	17
ka-fu	갈다		일본어	이숭녕	1955	17
kalda		to change - an office, to renew	한국어	G. J. Ramstedt	1949	88
kā da		to change - an office, to renew	한국어	G. J. Ramstedt	1949	88
kallida		to be replaced, resoled, renewed	한국어	G. J. Ramstedt	1949	88
kár-	갈다	change	한국어	Martin, S. E.	1966	202
kár-	갈다	change	한국어	Martin, S. E.	1966	209
kár-	갈다	change	한국어	Martin, S. E.	1966	221

갈다(耕作)

표제어/어휘		의미	언어	저자	발간년도	쪽수
ka-Fe-si	갈다		일본어	김사엽	1974	460
kal	갈다		한국어	김사엽	1974	460
걷다	걷다		한국어	김해진	1947	10
다거리다	다거리다		한국어	김해진	1947	10
meulka-rä i	갈다	pflügen	한국어	白鳥庫吉	1914ㄷ	297
pat-k		to plough	한국어	G. J. Ramstedt	1949	88
kalda		to plough	한국어	G. J. Ramstedt	1949	88
kā da		to plough	한국어	G. J. Ramstedt	1949	88
kalgä		the spade	한국어	G. J. Ramstedt	1949	88
kar-		to dig, to till	한국어	G. J. Ramstedt	1949	88
karä		the spade	한국어	G. J. Ramstedt	1949	88

표제어/어휘		의미	언어	저자	발간년도	쪽수
갈대						
karukaya	갈대		일본어	김공칠	1989	9
kɐ	갈대		한국어	김공칠	1989	9
so-a-čˇi	갈대	ruisean	한국어	白鳥庫吉	1914ㄷ	288
kai-ul	갈대	aushöhlung an bäumen	한국어	白鳥庫吉	1914ㄷ	288
tot	갈대	dumpfer laŭt	한국어	白鳥庫吉	1914ㄷ	288
toi-a-čˇi	갈대	leer	한국어	白鳥庫吉	1914ㄷ	288
so	갈대	rivière	한국어	白鳥庫吉	1914ㄷ	288
kol	갈대	ruisean	한국어	白鳥庫吉	1914ㄷ	289
tal	갈대	Reeds	한국어	白鳥庫吉	1916ㄱ	177
kāl	갈대	reeds	한국어	G. J. Ramstedt	1949	87
kaltä		reeds	한국어	G. J. Ramstedt	1949	87
kalttä		reeds	한국어	G. J. Ramstedt	1949	87
kāl	갈대	reeds	한국어	G. J. Ramstedt	1949	87
kal	갈대	a kind of tall grass, reeds	한국어	G. J. Ramstedt	1949	121
kōl	갈대	a kind of tall grass, reeds	한국어	G. J. Ramstedt	1949	121
asi	갈대	reed	일본어	Rahder, J.	1956	10
kal	갈대	reed	한국어	Rahder, J.	1956	10
갈라지다						
hečimi	갈라진		일본어	강길운	1981ㄴ	10
kkuöit-	갈라지다	zu brechen	한국어	白鳥庫吉	1914ㄷ	318
kalla-ӡida		to be separated, divided	한국어	G. J. Ramstedt	1949	98
갈래						
ka-Fi	갈래		일본어	김사엽	1974	461
kaj	갈래		한국어	김사엽	1974	461
kara	갈림		한국어	박은용	1974	229
karạ	갈래	ramification	한국어	이기문	1958	111
karạr	갈래	ramification	한국어	이기문	1958	111
kallä		a branch	한국어	G. J. Ramstedt	1949	98
갈매기						
ka-ma-më	갈매기		일본어	김사엽	1974	459
kal-mə-ki	갈매기		한국어	김사엽	1974	459
kar	갈매기		한국어	박은용	1974	214
kar-ma-ki	갈매기		한국어	小倉進平	1934	26
kɔlmyëki	갈매기	seagull	한국어	宋敏	1969	72
kɒrmyöki	갈매기	seagull	한국어	宋敏	1969	72
kamamē	갈매기		일본어	宋敏	1969	72
kamome	갈매기		일본어	宋敏	1969	72
kamo	갈매기		일본어	이남덕	1977	214
kalmagi		a sea-gull	한국어	G. J. Ramstedt	1949	90
karimẹgi		a sea-gull	한국어	G. J. Ramstedt	1949	90
karumegi		a sea-gull	한국어	G. J. Ramstedt	1949	90
kălmo	갈매기	gull	한국어	Martin, S. E.	1966	202
kálmo	갈매기	gull	한국어	Martin, S. E.	1966	211
kálmo	갈매기	gull	한국어	Martin, S. E.	1966	221
kálmo	갈매기	gull	한국어	Martin, S. E.	1966	225
갈모(笠)						
kasa	갈모		일본어	이숭녕	1955	15
kal-mo	갈모		한국어	이숭녕	1955	15
갈보						
갈보	갈보		한국어	고재휴	1940ㄱ	7
골리	정옥		한국어	고재휴	1940ㄱ	8

표제어/어휘		의미	언어	저자	발간년도	쪽수
ㅅ골리	정옥		한국어	고재휴	1940ㄱ	8
흐르	교미		한국어	고재휴	1940ㄱ	8
헐레	교미		한국어	고재휴	1940ㄱ	8
에서로베	갈보		일본이	고재휴	1940ㄱ	8
カリ	갈보		일본어	고재휴	1940ㄱ	8
갈색						
kal	갈색		한국어	이숭녕	1955	14
kasi-ha	갈색		일본어	이숭녕	1955	14
갉다						
갈그	갉다		한국어	고재휴	1940ㄱ	12
かじる	갉다		일본어	김사엽	1974	463
kʌ lk	갉다		한국어	김사엽	1974	463
kɔ lk	갉다	gratter	한국어	宋敏	1969	72
kák	갉다		일본어	宋敏	1969	72
kak.u	갉다		일본어	宋敏	1969	72
kalk-	갉다	gratter	한국어	宋敏	1969	72
kark-	갉다	to scrape	한국어	이기문	1958	113
kị rk-	긁다	to scratch	한국어	이기문	1958	113
kā kta		to scrape, to peel, to smooth	한국어	G. J. Ramstedt	1949	89
kalkta		to scrape, to peel, to smooth	한국어	G. J. Ramstedt	1949	89
kalkta	갉다	to scrape, to peel, to smooth off	한국어	G. J. Ramstedt	1949	89
갋다						
kam	갋다		한국어	김공칠	1988	196
karamu	갋다		일본어	김공칠	1988	196
kɔ lw	갋다	line them uo together	한국어	宋敏	1969	72
kurab(e)	경쟁하다	compare, match, pit, compete	일본어	宋敏	1969	72
감						
kaki	감		일본어	김공칠	1989	15
kam	감		한국어	김공칠	1989	15
かき	감		일본어	김사엽	1974	465
kam	감		한국어	김사엽	1974	465
kaki	감		일본어	宋敏	1969	72
kam	감		한국어	宋敏	1969	72
kaki	감	persimmon	일본어	宋敏	1969	72
kam	감	persimmon	한국어	Martin, S. E.	1966	201
kam	감	persimmon	한국어	Martin, S. E.	1966	202
kam	감	persimmon	한국어	Martin, S. E.	1966	215
kaki	감		일본어	Martin, S. E.	1975	110
kakyi	감		일본어	Martin, S. E.	1975	110
감다(絡)						
kami	감다	papier d'écorce	일본어	宋敏	1969	72
komu	감다		일본어	宋敏	1969	72
kam-	감다	wind around	한국어	宋敏	1969	72
kam-	감다	fermer les yeax	한국어	宋敏	1969	72
kamu	감다		한국어	宋敏	1969	72
kam	감다		한국어	宋敏	1969	72
kuro	감다		일본어	宋敏	1969	72
kumoru	감다		일본어	宋敏	1969	72

⟨ㄱ⟩ 17

표제어/어휘		의미		언어	저자	발간년도	쪽수
kúm-	머리를 따다		braid, plait	일본어	宋敏	1969	72
kïə m	뚜껑을 가지고 어떤 물체를 덮어 잡는 모양			한국어	신용태	1987	135
감다	헝겊,실 따위로 물체를 빙빙 돌려 피복하다.			한국어	신용태	1987	135
kamda	감다		to wind around	한국어	G. J. Ramstedt	1949	91
kā mda	감다		to wind	한국어	G. J. Ramstedt	1949	91
kamda			to wind around	한국어	G. J. Ramstedt	1949	91

감다(浴)

amu	감다		bathe	일본어	김공칠	1988	83
kam	감다		bathe	한국어	김공칠	1988	83
감다	몸을 물 속으로 집어 넣어 보이지 않게 먹을 감다			한국어	신용태	1987	135
ïə m	액체물을 흘리지 않게 입에 넣어 품은 상태			한국어	신용태	1987	136
fïə m	물체를 입 안으로 넣어 품은 상태			한국어	신용태	1987	136
kamgida			to wash, to bathe, to sink down in water	한국어	G. J. Ramstedt	1949	91
kaŋ guda			to wash, to bathe, to sink down in water	한국어	G. J. Ramstedt	1949	91
kamguda			to wash, to bathe, to sink down in water	한국어	G. J. Ramstedt	1949	91
kā mda			to take a bath	한국어	G. J. Ramstedt	1949	91
kaŋ gida			to wash, to bathe, to sink down in water	한국어	G. J. Ramstedt	1949	91
kam-	감다		bathe	한국어	Rahder, J.	1956	10
amu	감다		bathe	일본어	Rahder, J.	1956	10

감다(閉眼)

kamuktek	감다	눈을 감다		일본어	강길운	1982ㄴ	27
kʌ m-	감다	눈을 감다		한국어	강길운	1982ㄴ	27
kam-	감다			한국어	김방한	1078	39
まく	감다			일본어	김사엽	1974	391
kam	감다			한국어	김사엽	1974	391
あむ	감다			일본어	김사엽	1974	479
kam	감다			한국어	김사엽	1974	479
kamda	감다			한국어	김승곤	1984	241
kə m	닫다			한국어	박은용	1974	211
kol-č ö-ri-	감다			한국어	白鳥庫吉	1914ㄷ	322
다>감다	눈동자 따위를 덮어 보이지 않게 하다			한국어	신용태	1987	135
kumoru	흐리다			일본어	신용태	1987	136
komoru	감추다			일본어	신용태	1987	136
kumu	감추다			일본어	신용태	1987	136
komu	감추다			일본어	신용태	1987	136
kumo	구름			일본어	신용태	1987	136
ïə m	그늘			한국어	신용태	1987	136
kamgida			to shut the eyes	한국어	G. J. Ramstedt	1949	91
kamda			to close - the eyes	한국어	G. J. Ramstedt	1949	91
kamda			to be black	한국어	G. J. Ramstedt	1949	91

감독관

kam			the inspector, to supervise, to inspect	한국어	G. J. Ramstedt	1949	90
kam-kwan			an overseer of public work	한국어	G. J. Ramstedt	1949	90

표제어/어휘		의미		언어	저자	발간년도	쪽수
kam-li		a superintendent		한국어	G. J. Ramstedt	1949	90
kam-gun		an officer who is appointed to keep his eye		한국어	G. J. Ramstedt	1949	90
감싸다							
kabau	어떤 물체나 사실을 감싸서 보호한다			일본어	신용태	1985	405
kaha	가죽			일본어	신용태	1985	405
겁질	껍데기			한국어	신용태	1985	405
kabuto	투구			일본어	신용태	1985	405
가마	휘감다			한국어	신용태	1985	406
모금	머금다			한국어	신용태	1985	406
머굼,머굼	머금다			한국어	신용태	1985	406
(hu)-kumu	포함하다			일본어	신용태	1985	407
kamu	이빨로 문다			일본어	신용태	1985	407
komu	속으로 숨어들어간다			일본어	신용태	1985	407
kumu	속으로 숨어들어간다			일본어	신용태	1985	407
감추다							
kam-	감추다	to hide		한국어	김공칠	1989	18
komoru	감추다	to hide		일본어	김공칠	1989	18
くら	감추다			일본어	김사엽	1974	451
kalm	감추다			한국어	김사엽	1974	451
ki-tsu-me	감추다			일본어	김사엽	1974	456
kʌm-čʰo	감추다			한국어	김사엽	1974	456
ka-ku-tsa	감추다			일본어	김사엽	1974	465
kʌm-čʰo	감추다			한국어	김사엽	1974	465
karm	감추다			한국어	박은용	1974	212
komč huda		to hide, to conceal		한국어	G. J. Ramstedt	1949	123
ka̠ mč hoda		to hide, to conceal		한국어	G. J. Ramstedt	1949	91
ka̠ mč huda		to hide, to conceal		한국어	G. J. Ramstedt	1949	91
ka̠ mi̠ rida		to hide, to conceal, to deceive		한국어	G. J. Ramstedt	1949	92
kamč hō da,	감추다	to hide, to conceal, to seclude		한국어	G. J. Ramstedt	1949	92
komč huda		to hide, to conceal, to deceive		한국어	G. J. Ramstedt	1949	92
komoru	감추다	to hide, to conceal, to seclude		일본어	G. J. Ramstedt	1949	92
ka̠ mč hoda		to hide, to conceal, to deceive		한국어	G. J. Ramstedt	1949	92
komč huida		to hide oneself, to be purposely hidden		한국어	G. J. Ramstedt	1949	92
kă mi̠ rida	감추다	to hide, to conceal		한국어	G. J. Ramstedt	1949	92
kamč huda		to hide, to conceal, to deceive		한국어	G. J. Ramstedt	1949	92
갑다							
*kaw	가깝다	near		한국어	宋敏	1969	72
kapá	가장자리	side		일본어	宋敏	1969	72
갑옷							
kabuto	갑옷			일본어	김공칠	1989	9
kabos	갑옷			한국어	김공칠	1989	9
kabot	갑			일본어	송민	1973	34
kabuto	갑			일본어	송민	1973	34

표제어/어휘		의미	언어	저자	발간년도	쪽수
kab-ot		a coat of mail, armour	한국어	G. J. Ramstedt	1949	95
값						
ka-hu	사다	buy	일본어	金澤庄三郎	1910	19
kap	값	value	한국어	金澤庄三郎	1910	19
kap	값	value	한국어	金澤庄三郎	1910	9
kah-u	사다	buy	일본어	金澤庄三郎	1910	9
ka-Fi	값		일본어	김사엽	1974	460
kaps	값		한국어	김사엽	1974	460
kap	값		한국어	文和政		177
kah-u	값		일본어	文和政		177
kap	값		한국어	송민	1973	52
kaf-u	사다	to buy	일본어	宋敏	1969	72
kap	사다		한국어	宋敏	1969	72
kah-u	사다		일본어	宋敏	1969	72
kap	값	price	한국어	宋敏	1969	72
kapu	대신하다		일본어	宋敏	1969	72
kap	값	price	한국어	Aston	1879	27
kafu	사다	to buy	일본어	Aston	1879	27
kap	값	value	한국어	Edkins, J	1895	407
kap	값	value	한국어	Kanazawa, S	1910	15
ka-hu	사다(buy)		일본어	Kanazawa, S	1910	15
kah-u	사다(buy)		일본어	Kanazawa, S	1910	7
kap	값	value	한국어	Kanazawa, S	1910	7
kapx-	값	buy	한국어	Martin, S. E.	1966	200
kapx-	값	buy	한국어	Martin, S. E.	1966	202
kapx-	값	buy	한국어	Martin, S. E.	1966	205
kapx-	값	buy	한국어	Martin, S. E.	1966	215
갓						
kat		just now, a moment ago	한국어	G. J. Ramstedt	1949	86
kat		just, just now, a moment ago, recently	한국어	G. J. Ramstedt	1949	99
kathi ro		close to, in the nearness of	한국어	G. J. Ramstedt	1949	99
kathä		close to, in the nearness of	한국어	G. J. Ramstedt	1949	99
갓(帽)						
kad	갓		한국어	강길운	1981ㄴ	7
kasa	갓		일본어	강길운	1981ㄴ	7
kad	갓		한국어	강길운	1982ㄴ	26
kasa	갓		일본어	강길운	1982ㄴ	26
kas	갓		한국어	강길운	1983ㄴ	119
カサ	갓		일본어	권덕규	1923ㄴ	129
갓	갓		한국어	권덕규	1923ㄴ	129
kasa	갓	bamboo hat	일본어	金澤庄三郎	1910	9
kas	갓	bamboo hat	한국어	金澤庄三郎	1910	9
kat	갓		한국어	김사엽	1974	464
ka-tsa	갓		일본어	김사엽	1974	464
gad	갓		한국어	김선기	1968ㄴ	22
kas	갓		한국어	文和政	1981	176
kasa	갓		일본어	文和政	1981	176
kasa	갓		일본어	徐廷範	1985	237
kat	갓		한국어	徐廷範	1985	237
kat	갓		한국어	宋敏	1969	72
kasa	갓	hat, umbrella	일본어	宋敏	1969	72

표제어/어휘		의미	언어	저자	발간년도	쪽수
kasa	갓	a board hat	일본어	宋敏	1969	72
kas	갓		한국어	宋敏	1969	72
kasa	갓		일본어	宋敏	1969	72
kas	갓		일본어	宋敏	1969	72
kat	갓	a hat	한국어	宋敏	1969	72
カサ	갓		일본어	이명섭	1962	5
kad	갓	Hut	한국어	Andre Eckardt	1966	231
kasa	갓	a broad hat	일본어	Aston	1879	27
kas	갓	a broad hat	한국어	Aston	1879	27
kat	갓	hat	한국어	G. J. Ramstedt	1926	27
kasa	갓	hat	일본어	G. J. Ramstedt	1926	27
kasa	갓	a hat	일본어	G. J. Ramstedt	1928	72
kat	갓	a hat	한국어	G. J. Ramstedt	1928	72
kasa	갓	Hut	일본어	G. J. Ramstedt	1939ㄱ	485
kas	갓	Hut	한국어	G. J. Ramstedt	1939ㄱ	485
kasa		hat, umbrella	일본어	G. J. Ramstedt	1949	99
sasagasa		a hat of sat-straw	일본어	G. J. Ramstedt	1949	99
kat		a hat	한국어	G. J. Ramstedt	1949	99
kasa	갓	bamboo hat	일본어	Kanazawa, S	1910	7
kas	갓	bamboo hat	한국어	Kanazawa, S	1910	7

강

표제어/어휘		의미	언어	저자	발간년도	쪽수
買	강		한국어	강길운	1983ㄱ	28
mai	강		한국어	강길운	1983ㄱ	28
kʌrʌm	강		한국어	강길운	1983ㄱ	37
kʌrʌm	강		한국어	강길운	1983ㄱ	43
kʌrʌm	강		한국어	강길운	1983ㄱ	47
kʌrʌm	호수, 강		한국어	강길운	1983ㄴ	111
nʌrʌ	나루		한국어	강길운	1983ㄴ	111
kʌrʌm	호수, 강		한국어	강길운	1983ㄴ	113
nʌrʌ	나루		한국어	강길운	1983ㄴ	114
kʌrʌm	호수, 강		한국어	강길운	1983ㄴ	116
nʌrʌ	나루		한국어	강길운	1983ㄴ	120
nʌrʌ	나루		한국어	강길운	1983ㄴ	127
kʌrʌm	호수		한국어	강길운	1983ㄴ	130
kʌrʌm	호수		한국어	강길운	1983ㄴ	135
nod-ɯr	노들		한국어	강길운	1983ㄴ	136
mɯr	강		한국어	강길운	1987	27
kimo		river	일본어	강영봉	1991	10
kan		river	한국어	강영봉	1991	10
nɛ /kaŋ		river	한국어	강영봉	1991	11
kafa		river	일본어	강영봉	1991	11
nɛ	내		한국어	김공칠	1988	196
kaba, kawa	강	river	일본어	김공칠	1989	16
kara, karam	강	river	한국어	김공칠	1989	16
kaŋ	강	river	한국어	김동소	1972	140
kaŋ	강	river	한국어	김동소	1972	140
ke lɐ m	강		한국어	김동소	1972	149
kʌrʌm	강		한국어	김방한	1978	16
kʌ -lʌm	강		한국어	김사엽	1974	461
ka-Fa	강		일본어	김사엽	1974	461
toraŋ	작은 강	river	한국어	김선기	1968ㄱ	27
koraŋ	작은 강	river	한국어	김선기	1968ㄱ	27
gɛ	작은 강	river	한국어	김선기	1968ㄱ	27
kawa	작은 강	river	일본어	김선기	1968ㄱ	27
mari	강	river	한국어	김선기	1968ㄱ	27
kawa	강	river	일본어	김선기	1968ㄱ	27

표제어/어휘		의미	언어	저자	발간년도	쪽수
garam	강	river	한국어	김선기	1968ㄱ	27
karam	가람		한국어	김승곤	1984	242
č uru	강		일본어	박시인	1970	160
mur č ulgi	물줄기		한국어	박시인	1970	160
heu-röipat-	강	fluss	한국어	白鳥庫吉	1914ㄴ	170
kawa	강		일본어	徐廷範	1985	239
*걸, *갈	강		한국어	徐廷範	1985	239
kaara	내		일본어	徐廷範	1985	239
kawara	내		일본어	徐廷範	1985	239
kara	하수		일본어	徐廷範	1985	239
kul	강		한국어	송민	1966	22
k<à͡>rạ m	강	river	한국어	이기문	1958	111
kaHa	강	river	일본어	이용주	1980	81
umi	강	lake	일본어	이용주	1980	82
kɐ rɐ ˇ m	가람	lake	한국어	이용주	1980	82
kinóp, -i	강	river	일본어	이용주	1980	95
kimo	강	river	일본어	이용주	1980	95
kä n	강	river	한국어	이용주	1980	95
kɐ rɐ m	강	river	한국어	이용주	1980	99
*káš a	강	river	한국어	이용주	1980	99
kafa	강	river	일본어	이용주	1980	99
kawa	강	river	일본어	長田夏樹	1966	83
kañ	강	river	한국어	長田夏樹	1966	83
kaŋ		dry, dried, dry weather, drought	한국어	G. J. Ramstedt	1949	94
kaŋ		large river	한국어	G. J. Ramstedt	1949	94
kaŋ	강	large river	한국어	G. J. Ramstedt	1949	94
karam	강	river	한국어	G. J. Ramstedt	1949	96
goy(em),	강	river	한국어	Johannes Rahder	1959	66
mul(mur)	강, 물	вода	한국어	Polivanov	1927	16

강렬하다

kö-Fa-si	강렬하다		일본어	김사엽	1974	447
ko-pus-č i	강렬하다		한국어	김사엽	1974	447

강보

kis	강보		한국어	김사엽	1974	457
き	강보		일본어	김사엽	1974	457
poroki	강보		한국어	長田夏樹	1966	118
mutuki	기저귀		일본어	長田夏樹	1966	118

갖다

katsug-u	갖다	to carry in the hand	일본어	宋敏	1969	72
kachu-l	갖다	to take in the hand	한국어	宋敏	1969	72
pat	갖다	between	한국어	G. J. Ramstedt	1939ㄴ	462

갖추다

そろへる	갖추다		일본어	김사엽	1974	429
kʌ t-č ʰ o	갖추다		한국어	김사엽	1974	429
ič ʰ ę ne	갖추다	to be in order	한국어	G. J. Ramstedt	1939ㄴ	462
kạ tč huda	갖추다	to put in order	한국어	G. J. Ramstedt	1949	101

같다

koto-m	같다		일본어	강길운	1982ㄴ	23
kʌ t-hʌ -	같다		한국어	강길운	1982ㄴ	23
kʌ t-hʌ -	같다		한국어	강길운	1982ㄴ	27

표제어/어휘	의미		언어	저자	발간년도	쪽수
koto-m	같다		일본어	강길운	1982ㄴ	27
ə b-	같은		한국어	강길운	1983ㄴ	107
kathaʌ -	같다		한국어	강길운	1983ㄴ	111
kʌ t-hʌ -	같다		한국어	강길운	1983ㄴ	120
ə b-	같은		한국어	강길운	1983ㄴ	125
kʌ t-hʌ -	같다		한국어	강길운	1983ㄴ	138
katsu	또	again	일본어	金澤庄三郎	1910	13
goto	같다	be same	일본어	金澤庄三郎	1910	13
goto	매	every time	일본어	金澤庄三郎	1910	13
kă t	같다	be same	한국어	金澤庄三郎	1910	13
kata-gata	~하는 김에	on accasion	일본어	金澤庄三郎	1910	13
gate-ra	~하는 김에	on accasion	일본어	金澤庄三郎	1910	13
goto	같다	be same	일본어	金澤庄三郎	1910	9
kă t	같다	be same	한국어	金澤庄三郎	1910	9
götö	같다		일본어	김공칠	1988	198
kɐ t	같다		한국어	김공칠	1988	198
goto	~와 같다		일본어	김공칠	1989	6
kă t	~와 같다		한국어	김공칠	1989	6
ta-hop	같다		한국어	김사엽	1974	429
ta-u-ba-re-ri	같다		일본어	김사엽	1974	429
kʌ t-h	같다		한국어	김사엽	1974	447
kö-tö-ku	같다		일본어	김사엽	1974	447
*kɐ t-	같다		한국어	박은용	1974	228
kɐ t	같다		한국어	박은용	1974	232
kă ttă n	같다		한국어	宋敏	1969	72
kă tta	같다	to be like, to be the same as, to resemble	한국어	宋敏	1969	72
kotokki	같다	similar	일본어	宋敏	1969	72
goto	같다	similar	일본어	宋敏	1969	72
kă ttă n	같다	like	한국어	宋敏	1969	72
goto-ki	같다	like	일본어	宋敏	1969	72
kat	같다		한국어	宋敏	1969	72
kötö	같다		일본어	宋敏	1969	72
goto	같다		일본어	宋敏	1969	72
kɔ th-	같다		한국어	宋敏	1969	72
köt	같다		한국어	宋敏	1969	72
gotoki	같다	like	일본어	Aston	1879	27
kă ttă n	같다	like	한국어	Aston	1879	27
koto-ku		in a similar way, alike	일본어	G. J. Ramstedt	1949	99
kotoki		similar	일본어	G. J. Ramstedt	1949	99
ka̧ tta		to be like, to be the same as, to resemble	한국어	G. J. Ramstedt	1949	99
katta	같다	to be like, to be the same as	한국어	G. J. Ramstedt	1949	99
goto	같다	be same	일본어	Kanazawa, S	1910	6
kă t	같다	be same	한국어	Kanazawa, S	1910	6
goto	같다	be same	일본어	Kanazawa, S	1910	10
kă t	같다	be same	한국어	Kanazawa, S	1910	10

갚다

표제어/어휘	의미		언어	저자	발간년도	쪽수
mu-ku-yu	갚다		일본어	김사엽	1974	385
kapʰ	갚다		한국어	김사엽	1974	385
kar	갚다		한국어	박은용	1974	214
tugunafu	갚다, 재물을 내어 책임이나 죄를		일본어	송민	1973	38
tugunafu	갚다		일본어	송민	1973	39
tukunöfu	갚다		일본어	송민	1973	39

표제어/어휘		의미	언어	저자	발간년도	쪽수
kap-	갚다	buy	일본어	宋敏	1969	72
kaph-	갚다	repay	한국어	宋敏	1969	72

개
kahi	개		한국어	강길운	1983ㄱ	28
kahi	개		한국어	강길운	1983ㄱ	29
inu		dog	일본어	강영봉	1991	8
kɛ		dog	한국어	강영봉	1991	8
kagäbi	개	frog	한국어	김공칠	1989	16
kɛ	개	dog	한국어	김동소	1972	137
kɛ-	개	dog	한국어	김동소	1972	137
kai	개		한국어	김방한	1976	21
kai	개		한국어	김방한	1977	8
ka-hi	개		한국어	김방한	1978	11
inu	개		일본어	김선기	1968ㄱ	12
gai	개		한국어	김선기	1968ㄱ	12
gai	개	dog	한국어	김선기	1968ㄱ	30
inu	개	dog	일본어	김선기	1968ㄱ	30
gae	개	dog	한국어	김선기	1968ㄴ	27
inu	개		일본어	김선기	1968ㄴ	27
inu	개		일본어	김선기	1977	24
gahi	개		한국어	김선기	1977	24
gae	개		한국어	김선기	1977	352
gahi	개		한국어	김선기	1977	353
inu	개		일본어	김선기	1977	353
개	개		한국어	박은용	1975ㄴ	54
kang-a-č i	개	chien	한국어	白鳥庫吉	1914ㄷ	288
kai-a-č i	개	chien	한국어	白鳥庫吉	1914ㄷ	288
kai	개	chien	한국어	白鳥庫吉	1914ㄷ	288
kahi	개		한국어	이숭녕	1956	121
kaŋ-sɛ ŋ i	새끼개		한국어	이숭녕	1956	182
kahĭ	가히	dog	한국어	이용주	1980	80
inu	개	dog	일본어	이용주	1980	80
kaxi	개	dog	한국어	이용주	1980	99
*ŋ iŋ i	개	dog	한국어	이용주	1980	99
inu	개	dog	일본어	이용주	1980	99
inu	개	dog	일본어	長田夏樹	1966	82
kä	개	dog	한국어	長田夏樹	1966	82
kä		dog	한국어	G. J. Ramstedt	1949	84
kä	개	dog	한국어	G. J. Ramstedt	1949	84
käaǯ i		a dog, a puppy	한국어	G. J. Ramstedt	1949	85
ka̱ i		another, a second one, alternatingly	한국어	G. J. Ramstedt	1949	85
kaŋ aǯ i		a dog, a puppy	한국어	G. J. Ramstedt	1949	85
kă	개	dog	한국어	Hulbert, H. B.	1905	

개구리
kägori	개구리		한국어	강길운	1982ㄴ	25
ketke-č ep	개구리		일본어	강길운	1982ㄴ	25
kägori	개구리		한국어	강길운	1982ㄴ	27
ketke-č ep	개구리		일본어	강길운	1982ㄴ	27
kägori	개구리		한국어	강길운	1982ㄴ	35
ketke-č ep	개구리		일본어	강길운	1982ㄴ	35
kaferu	개구리		일본어	김공칠	1989	11
kaikori	개구리		한국어	김공칠	1989	11

표제어/어휘		의미	언어	저자	발간년도	쪽수
mëguri	개구리	frog	한국어	김공칠	1989	16
kabadu	개구리	frog	일본어	김공칠	1989	16
kawadu	개구리	frog	일본어	김공칠	1989	18
kegori	개구리	frog	한국어	김공칠	1989	18
kaj-ko-li	개구리		한국어	김사엽	1974	460
ka-Fë-ru	개구리		일본어	김사엽	1974	460
kɛ -go rak-č i	개구리		한국어	이숭녕	1956	183
kɛ -gu-raŋ	개구리		한국어	이숭녕	1956	184
ke-gu-raŋ i	개구리		한국어	이숭녕	1956	184
ke-gu-rɛ ŋ i	개구리		한국어	이숭녕	1956	184
개다						
paru	개다		일본어	김공칠	1989	7
pä lk	개다		한국어	김공칠	1989	7
kaj	개다		한국어	김사엽	1974	402
はれる	개다		일본어	김사엽	1974	402
gai	개다		한국어	김선기	1976ㄹ	329
hare	ame ga hareta(비가 개다)		일본어	김선기	1976ㄹ	329
개다	개다		한국어	김선기	1978ㄴ	322
kaj-	개다		한국어	박은용	1974	228
Kiyo	개다	clean	일본어	宋敏	1969	72
kay	개다	clear up	한국어	宋敏	1969	72
kạ ida		to clear up - as the weather	한국어	G. J. Ramstedt	1949	85
keda		to clear up - as the weather	한국어	G. J. Ramstedt	1949	85
käda		to clear up - as the weather	한국어	G. J. Ramstedt	1949	85
개똥벌레						
panteui	개똥벌레		한국어	김공칠	1989	7
potaru	개똥벌레		일본어	김공칠	1989	7
개미						
kaj-a-mi	개미		한국어	김사엽	1974	479
a-ri	개미		일본어	김사엽	1974	479
개암						
kene	개암		일본어	강길운	1982ㄴ	27
kayam	개암		한국어	강길운	1982ㄴ	27
kene	개암		일본어	강길운	1982ㄴ	37
kayam	개암		한국어	강길운	1982ㄴ	37
pasi-bami	개암	filbert	일본어	宋敏	1969	72
kä-am	개암	filbert, wild chestnut	한국어	宋敏	1969	72
개울						
kaiur	개울		한국어	金澤庄三郎	1914	220
kaiur	개울		한국어	金澤庄三郎	1914	221
kaiur	개울		한국어	金澤庄三郎	1914	222
kapa	개울		일본어	宋敏	1969	72
kaiul	개울		한국어	宋敏	1969	72
カハ	개울		일본어	이명섭	1962	5
コ -	하천		일본어	이원진	1940	14
ハ - ラ	하천		일본어	이원진	1940	14
コ - ラ	하천		일본어	이원진	1940	14
カ - ラ	하천		일본어	이원진	1940	14

표제어/어휘	의미		언어	저자	발간년도	쪽수
カ-	하천		일본어	이원진	1940	14
갈	개울		한국어	이원진	1940	14
개울	개울		한국어	이원진	1940	14
갈	개울		한국어	이원진	1951	14
개울	개울		한국어	이원진	1951	14
カ-	하천 河		일본어	이원진	1951	14
カ-ラ	하천 河		일본어	이원진	1951	14
コ-	하천 河		일본어	이원진	1951	14
コ-ラ	하천 河		일본어	이원진	1951	14
ハ-ラ	하천 河		일본어	이원진	1951	14
개천						
개	개천		한국어	권덕규	1923ㄴ	129
サハ	개천		일본어	권덕규	1923ㄴ	129
돌ㅎ	개천		한국어	김공칠	1980	94
midukuhe	개천		일본어	김공칠	1980	94
kai	개천		한국어	김공칠	1989	4
kafa	개천		일본어	김공칠	1989	4
kăl	개천	bach	한국어	白鳥庫吉	1914ㄷ	289
kal	개천	fluss	한국어	白鳥庫吉	1914ㄷ	289
개펄						
sosogu	개펄		일본어	김공칠	1989	7
ssos	개펄		한국어	김공칠	1989	7
거기						
kə gɪ	거기		한국어	강길운	1983ㄴ	119
kasiko	거기	there	일본어	이용주	1980	85
tyə˘ yəi	뎌에	there	한국어	이용주	1980	85
to'ánta	거기	there	일본어	이용주	1980	96
kasiko	거기	there	일본어	이용주	1980	96
tyə˘ ŋəi	거기	there	한국어	이용주	1980	96
-kïc, ganka	거기	there	한국어	Johannes Rahder	1959	64
kono, kana	거기	(he) there	일본어	Johannes Rahder	1959	65
거꾸러지다						
ta-Fu-re	거꾸러지다		일본어	김사엽	1974	425
kas-kʌl	거꾸러지다		한국어	김사엽	1974	425
거느리다						
moto	거느리다		한국어	김공칠	1989	10
sumaru	거느리다		일본어	김공칠	1989	7
silmari	거느리다		한국어	김공칠	1989	7
Fi-ki-wi	거느리다		일본어	김사엽	1974	401
kə-nï-li	거느리다		한국어	김사엽	1974	401
kə-nï-li	거느리다		한국어	김사엽	1974	439
したがへる	거느리다		일본어	김사엽	1974	439
거닐다						
kə n-ni	거닐다		한국어	김사엽	1974	479
a-yu-me	거닐다		일본어	김사엽	1974	479
거덜						
hotari	파열		일본어	강길운	1982ㄴ	23
kə də r	거덜		한국어	강길운	1982ㄴ	23

표제어/어휘		의미	언어	저자	발간년도	쪽수
hotari	파열		일본어	강길운	1982ㄴ	32
kə də r	거덜		한국어	강길운	1982ㄴ	32
hotari	파열		일본어	강길운	1982ㄴ	35
kə də r	거덜		한국어	강길운	1982ㄴ	35
거두다						
おさめる	거두다		일본어	김사엽	1974	469
kə -tu	거두다		한국어	김사엽	1974	469
fataru	거두다		일본어	송민	1973	55
kẹ duda		to gather, to harvest, to manage a household, to	한국어	G. J. Ramstedt	1949	84
거룩						
kasiko	거룩		일본어	이숭녕	1955	15
kŏ ruk	거룩		한국어	이숭녕	1955	15
거르다						
kösu	거르다		한국어	김공칠	1989	14
söl	거르다		일본어	김공칠	1989	14
Fe-da-te	거르다		일본어	김사엽	1974	394
kə l	거르다		한국어	김사엽	1974	394
tsu-tsu-kö-ri	거르다		일본어	김사엽	1974	448
kə l	거르다		한국어	김사엽	1974	448
kə -lï	거르다		한국어	김사엽	1974	448
kösu	거르다		일본어	宋敏	1969	73
kos	거르다	filter	일본어	宋敏	1969	73
këlï	거르다		한국어	宋敏	1969	73
köl	거르다		한국어	宋敏	1969	73
kosu	거르다	to filter	일본어	이기문	1958	112
kẹ lgi -	거르다	to filter	한국어	이기문	1958	112
kẹ ri -	거르다	to filter	한국어	이기문	1958	112
ko-su	거르다		일본어	이숭녕	1955	15
kŏ rǎ -da	거르다		한국어	이숭녕	1955	15
keš -	거르다	filter it	한국어	Martin, S. E.	1966	202
keš -	거르다	filter it	한국어	Martin, S. E.	1966	214
keš -	거르다	filter it	한국어	Martin, S. E.	1966	223
거름						
ko-we	거름		일본어	김사엽	1974	448
kə -ïm	거름		한국어	김사엽	1974	448
フはイ	거름		일본어	이원진	1940	17
거름	거름		한국어	이원진	1940	17
くエ -	거름		일본어	이원진	1940	17
くワイ	거름		일본어	이원진	1940	17
け	거름		일본어	이원진	1940	17
フはイ	거름		일본어	이원진	1951	17
け	거름		일본어	이원진	1951	17
くワイ	거름		일본어	이원진	1951	17
거름	거름		한국어	이원진	1951	17
くエ -	거름		일본어	이원진	1951	17
거리						
ma-ti	거리		일본어	김사엽	1974	390
kə -li	거리		한국어	김사엽	1974	390
(나)거리	거리		한국어	김해진	1947	11
kẹ ri		way, road, street	한국어	G. J. Ramstedt	1949	107
kẹ tta		to walk	한국어	G. J. Ramstedt	1949	107

표제어/어휘		의미	언어	저자	발간년도	쪽수
kę rị m		a step	한국어	G. J. Ramstedt	1949	107
kḕri		thing	한국어	G. J. Ramstedt	1949	107
거문고						
コト	거문고		일본어	권덕규	1923ㄴ	127
고	거문고		한국어	권덕규	1923ㄴ	127
コト	거문고		일본어	이명섭	1962	5
kę mungo		a Korean harp of seven strings	한국어	G. J. Ramstedt	1949	106
kę mungo	거문고	a Korean harp of seven strings	한국어	G. J. Ramstedt	1949	106
거미						
kömeui	거미	spider	한국어	金澤庄三郞	1910	10
kumo	거미	spider	일본어	金澤庄三郞	1910	10
ku-mo	거미		일본어	김사엽	1974	451
kə -mïj	거미		한국어	김사엽	1974	451
kemu	거미		한국어	박은용	1974	222
kömui	거미		한국어	宋敏	1969	72
kúmo	거미	spider	일본어	宋敏	1969	72
kǔ mo	거미	a spider	한국어	宋敏	1969	72
kɔ me?l	거미	a spider	한국어	宋敏	1969	72
kömïi	거미		한국어	宋敏	1969	72
kömeui	거미		한국어	宋敏	1969	72
kë'mïy	거미		한국어	宋敏	1969	72
kumo	거미		일본어	宋敏	1969	72
kumo	거미	a spider	일본어	宋敏	1969	72
kę m<iˇ >i	거미	a spider	한국어	宋敏	1969	72
kumo	거미		일본어	이남덕	1977	214
クウ"	거미		일본어	이원진	1940	14
거미	거미		한국어	이원진	1940	14
フム	거미		일본어	이원진	1940	14
クム	거미		일본어	이원진	1940	14
クブ	거미		일본어	이원진	1940	14
ク-ベ-	거미		일본어	이원진	1940	14
クウ"	거미		일본어	이원진	1951	14
거미	거미		한국어	이원진	1951	14
フム	거미		일본어	이원진	1951	14
クブ	거미		일본어	이원진	1951	14
ク-ベ-	거미		일본어	이원진	1951	14
クム	거미		일본어	이원진	1951	14
kumo	거미	a spider	일본어	Aston	1879	22
kǔ mo	거미	a spider	한국어	Aston	1879	22
kę mị iӡ uri		web	한국어	G. J. Ramstedt	1949	105
kę mị i		a spider	한국어	G. J. Ramstedt	1949	105
kumo		web	일본어	G. J. Ramstedt	1949	105
kę mị i-č uri		web	한국어	G. J. Ramstedt	1949	105
komi	거미	spider	한국어	Hulbert, H. B.	1905	
kömeui	거미	spider	한국어	Kanazawa, S	1910	8
kumo	거미	spider	일본어	Kanazawa, S	1910	8
kɔ mo	거미	spider	한국어	Martin, S. E.	1966	201
kɔ mo	거미	spider	한국어	Martin, S. E.	1966	202
kɔ mo	거미	spider	한국어	Martin, S. E.	1966	219
kɔ mo	거미	spider	한국어	Martin, S. E.	1966	225
거북이						
*Kam	거북		한국어	강길운	1982ㄱ	178

표제어/어휘		의미	언어	저자	발간년도	쪽수
kə bug	거북		한국어	강길운	1982ㄴ	22
kinapo	바다거북		일본어	강길운	1982ㄴ	22
kinapo	바다거북		일본어	강길운	1982ㄴ	27
kə bub	거북		한국어	강길운	1982ㄴ	27
kame	거북이		일본어	김공칠	1989	6
köpuk	거북이		한국어	김공칠	1989	6
ka-më	거북		일본어	김사엽	1974	459
kə -pok	거북		한국어	김사엽	1974	459
kamë	거북		일본어	宋敏	1969	72
kɔ puk	거북	tortue	한국어	宋敏	1969	72
kame	거북	tortue	일본어	宋敏	1969	72
këpok	거북	tortoise	한국어	宋敏	1969	72
kame	거북	tortoise	일본어	宋敏	1969	72
kopak	거북		한국어	宋敏	1969	72
kame	거북		일본어	宋敏	1969	72
kɔ pup	거북		한국어	宋敏	1969	72
kamë	거북		일본어	이남덕	1977	214
köpup	거북		한국어	이숭녕	1956	160
köpuk	거북		한국어	이숭녕	1956	160
köpup	거북이		한국어	이용주	1980	72
kamë	거북이		일본어	이용주	1980	72
kamĕ	거북		일본어	長田夏樹	1966	81
kepup	거북		한국어	長田夏樹	1966	81
kampye	거북	tortoise	한국어	Martin, S. E.	1966	200
kampye	거북	tortoise	한국어	Martin, S. E.	1966	202
kampye	거북	tortoise	한국어	Martin, S. E.	1966	214
kampye	거북	tortoise	한국어	Martin, S. E.	1966	216
거슬다						
mo-tö-ri-te	거슬다		일본어	김사엽	1974	382
kə -sïl	거슬다		한국어	김사엽	1974	382
거울						
ka-ga-mi	거울		일본어	김사엽	1974	466
kə -u-lu	거울		한국어	김사엽	1974	466
kagami	거울		일본어	김승곤	1984	199
kö-ul	거울	a mirror, a looking-glass	한국어	白鳥庫吉	1915ㄱ	12
거짓						
kur	거짓말		한국어	강길운	1983ㄱ	36
koyu/nu		to lie	일본어	강영봉	1991	10
nuk-/kə llə ci-		to lie	한국어	강영봉	1991	10
i-tu-Fa-ri	거짓		일본어	김사엽	1974	477
kə -č oes	거짓		한국어	김사엽	1974	477
kə -č ʌ t	거짓		한국어	김사엽	1974	477
kə cʉ	거짓		한국어	박은용	1974	225
kö-č it-pu-rɛ ŋ i	거짓말		한국어	이숭녕	1956	184
kur-	거짓말하다	to tell a lie	한국어	이기문	1958	112
kecys	거짓말		한국어	長田夏樹	1966	107
uśo	거짓말		일본어	長田夏樹	1966	107
kę̄ǯ ippuri		lies, falsehood	한국어	G. J. Ramstedt	1949	111
kęǯ ippuräṛi		to lie	한국어	G. J. Ramstedt	1949	111
kę ǯ it	거짓	false, untrue	한국어	G. J. Ramstedt	1949	111
kę̄ǯ ippurã		lies, falsehood	한국어	G. J. Ramstedt	1949	111
kę̄ǯ it		false, untrue	한국어	G. J. Ramstedt	1949	111
kę̄ǯ inmal		lies, falsehood	한국어	G. J. Ramstedt	1949	111
kę̄ǯ ippurę ŋ i		lies, falsehood	한국어	G. J. Ramstedt	1949	111

⟨ㄱ⟩ 29

표제어/어휘		의미	언어	저자	발간년도	쪽수
거칠다						
ara	거칠다(荒)	rough	일본어	김공칠	1988	83
al	알몸의(裸)	bare naked	한국어	김공칠	1988	83
öl	알몸의(荒)	bare naked	한국어	김공칠	1988	83
stapo, stapu	거칠다		일본어	김공칠	1989	15
safe	거칠다		한국어	김공칠	1989	15
ör	거칠다		한국어	김공칠	1989	6
ara	거칠다		일본어	김공칠	1989	6
kat-tʼ al	거친 뿌리	a rough root	한국어	白鳥庫吉	1915ㄱ	19
骨	거칠다		한국어	辛 容泰	1987	139
骨衣	거칠다		한국어	辛 容泰	1987	139
kə tïr	거칠다		한국어	辛 容泰	1987	139
kuə t	거칠다		한국어	辛 容泰	1987	139
kuə t-wi	거칢		한국어	村山七郎	1963	27
kə č il	거칢		한국어	村山七郎	1963	27
are	거칢		일본어	村山七郎	1963	27
kẹ tč hida		to be rough, to be uneven	한국어	G. J. Ramstedt	1949	108
kẹ tč hilda		to be rough, to be uneven	한국어	G. J. Ramstedt	1949	108
kẹ tč hiropta		to be rough, to be uneven	한국어	G. J. Ramstedt	1949	108
거품						
kə pʼɯ m(id)	거품		한국어	강길운	1987	27
awa	거품		일본어	김공칠	1989	20
pẹ i<pẹ ni	거품		한국어	김공칠	1989	20
kehpum	거품		한국어	김공칠	1989	20
fune<*funa	거품		일본어	김공칠	1989	20
kamu	거품		일본어	김공칠	1989	6
köhpeum	거품		한국어	김공칠	1989	6
kə -pʰ um	거품		한국어	김사엽	1974	479
a-wa	거품		일본어	김사엽	1974	479
kepʼu r	기픔		한국어	박은용	1974	214
kə pʼum	거품		한국어	박은용	1974	224
Kong-l	거품	dammerung	한국어	白鳥庫吉	1914ㄷ	323
kö-pʼ eum	거품	schaum	한국어	白鳥庫吉	1914ㄷ	324
kamu	거품		일본어	宋敏	1969	72
kophum	거품		한국어	宋敏	1969	72
pẹ gum	거품	foam	한국어	이기문	1958	110
pẹ khum	거품	foam	한국어	이기문	1958	110
kẹ phị m	거품	bubble, foam	한국어	이기문	1958	112
köpʼ um	거품		한국어	이숭녕	1956	160
kokʼ üm	거품		한국어	이숭녕	1956	160
kephum	거품		한국어	長田夏樹	1966	107
awa	거품		일본어	長田夏樹	1966	107
awa	거품		일본어	Martin, S. E.	1975	110
awa	거품		일본어	Martin, S. E.	1975	110
aba	거품		일본어	Martin, S. E.	1975	110
거플						
さや	거플		일본어	김사엽	1974	441
kə -pʰ ïl	거플		한국어	김사엽	1974	441
ka-ra	거플		일본어	김사엽	1974	458
kap-pʰ ïl	거플		한국어	김사엽	1974	458
건너다						
kə nnə -	건너다		한국어	강길운	1983ㄱ	30
watasu	건너다		일본어	김공칠	1989	10
wa-ta-ru	渡		일본어	김사엽	1974	377

표제어/어휘		의미	언어	저자	발간년도	쪽수
kə n-nə	渡, 涉		한국어	김사엽	1974	377
kə t-	건너다		한국어	박은용	1974	224
koye	건느다		일본어	宋敏	1969	73
konno	건느다		한국어	宋敏	1969	73
kënnëda	건너다	to pass over a river	한국어	G. J. Ramstedt	1928	75
건조하다						
kawak-		dry	일본어	강영봉	1991	8
mɛ llw-/kwal-		dry	한국어	강영봉	1991	8
kkol-ttakhă -	건조한	grob	한국어	白鳥庫吉	1914ㄷ	322
걷다						
kata	걷다		한국어	박은용	1974	217
kə t-	걷다		한국어	박은용	1974	222
kə t-	말다		한국어	박은용	1974	223
köt ta	걷다	to gather up, to fold up, to fold up, to roll back	한국어	白鳥庫吉	1915ㄱ	11
kẹ t-	걷다	to fold up, to roll up	한국어	이기문	1958	112
kẹ tta		to gather up, to complete	한국어	G. J. Ramstedt	1949	109
kẹ duda		to gather	한국어	G. J. Ramstedt	1949	109
kẹ tč hida		to be rolled up, to be lifted up (curtains), to	한국어	G. J. Ramstedt	1949	109
걷다(步)						
kə ɪɯm	걸음, 보행		한국어	강길운	1983ㄴ	107
kə rɯm	걸음		한국어	강길운	1983ㄴ	117
kə rɯma	걸음		한국어	강길운	1983ㄴ	118
ked-	걷다		한국어	강길운	1983ㄴ	118
č ə bə k-č ə bə k저벅저벅			한국어	강길운	1983ㄴ	129
kə nir	산책하다		한국어	강길운	1983ㄴ	137
kachi	걷다	walk	일본어	金澤庄三郎	1910	9
köt	걷다	walk	한국어	金澤庄三郎	1910	9
aruku<*ark(p	걷다	to walk	일본어	김공칠	1989	17
kʌ t-	걷다	walk	한국어	김동소	1972	141
kʌ t-	걷다	walk	한국어	김동소	1972	141
kə t	걷다		한국어	김사엽	1974	462
ka-ti-yu-mi	걷다		일본어	김사엽	1974	462
kati	걷다	walk	일본어	김선기	1968ㄱ	41
gə :d	걷다	walk	한국어	김선기	1968ㄱ	41
gə r	걷다	walk	한국어	김선기	1968ㄱ	41
are	걷다		일본어	大野晋	1980	16
aruku	걷다		일본어	大野晋	1980	16
kachi	걷다		일본어	文和政	1981	177
kō t	걷다		한국어	文和政	1981	177
kə t-	보행		한국어	박은용	1974	230
č oalk köt ta	걷다		한국어	白鳥庫吉	1916ㄴ	322
kachi	걷다	on foot	일본어	宋敏	1969	73
köl	걷다		한국어	宋敏	1969	73
kŭ l-ă m	걷다	walking	한국어	宋敏	1969	73
kasi	걷다	walking	일본어	宋敏	1969	73
kël/t	걷다	walk	한국어	宋敏	1969	73
kati	걷다		일본어	宋敏	1969	73
kachi	걷다		일본어	宋敏	1969	73
kaci	걷다	á pied	일본어	宋敏	1969	73
kɔ t	걷다	marcher	한국어	宋敏	1969	73
köt	걷다		한국어	宋敏	1969	73

표제어/어휘	의미		언어	저자	발간년도	쪽수
kasi	걷다		일본어	이숭녕	1955	15
kati	걷다		일본어	이숭녕	1955	15
kŏ l-	걷다		한국어	이숭녕	1955	15
kŏ t-	걷다		한국어	이숭녕	1955	15
kati	걷다		일본어	이용주	1979	113
kə t-	걷다		한국어	이용주	1979	113
ayume	걷다	to walk	일본어	이용주	1980	82
kə ˇ t- ~r-	걷다~ㄹ~	to walk	한국어	이용주	1980	82
*gädü	걷다	walk	한국어	이용주	1980	99
ayumu	걷다	walk	일본어	이용주	1980	99
ket	걷다	walk	한국어	이용주	1980	99
kŏ t-	걷다	gehen	한국어	Andre Eckardt	1966	233
kachi	걸어서	on foot	일본어	Aston	1879	25
kŭ lä m	걸음	walking	한국어	Aston	1879	25
kętta	걷다	to go on foot, to walk	한국어	G. J. Ramstedt	1949	109
kę tta	걷다	to go on foot, to walk	한국어	G. J. Ramstedt	1949	109
kę ri		street, road, throughfare	한국어	G. J. Ramstedt	1949	109
kę ri m		a step, a pace	한국어	G. J. Ramstedt	1949	109
t kę llida		to lead, to conduct	한국어	G. J. Ramstedt	1949	109
an	걷다	walk	한국어	Hulbert, H. B.	1905	123
kachi	걷다	walk	일본어	Kanazawa, S	1910	7
köt	걷다	walk	한국어	Kanazawa, S	1910	7
kar¹	걷다	walk	한국어	Martin, S. E.	1966	202
kaš -/kal-/kat-	걷다	walk	한국어	Martin, S. E.	1966	202
kaš -/kal-/kat-	걷다	walk	한국어	Martin, S. E.	1966	206
kal-/kat-/kaš -	걷다	walk	한국어	Martin, S. E.	1966	210
kar¹-	걷다	walk	한국어	Martin, S. E.	1966	211
kaš -/kal-/kat-	걷다	walk	한국어	Martin, S. E.	1966	212
kar¹-	걷다	walk	한국어	Martin, S. E.	1966	216
kaš -/kɑl-/kɑt-	걷다	walk	한국어	Martin, S. E.	1966	216

걷어치우다

さらふ	걷어치우다		일본어	김사엽	1974	441
sə l	걷어치우다		한국어	김시엽	1974	441

걸

koro	(윷놀이에서) 걸		일본어	송민	1973	51
kə r	(윷놀이에서) 걸		한국어	송민	1973	51

걸다

kə r-	걸다		한국어	강길운	1982ㄴ	19
ukoro	교접		일본어	강길운	1982ㄴ	19
kə r-	걸다		한국어	강길운	1982ㄴ	35
kə r-	걸다		한국어	강길운	1983ㄴ	108
kə r-	걸다		한국어	강길운	1983ㄴ	116
kə r-	걸다		한국어	강길운	1983ㄴ	136
ka-kə	걸다		일본어	김사엽	1974	465
kə l	걸다		한국어	김사엽	1974	465
kə r-	걸다		한국어	박은용	1974	224
kal-ko-	걸다	ein grosser haken	한국어	白鳥庫吉	1914ㄷ	293
kal-ko-ri	걸다	ein knoten	한국어	白鳥庫吉	1914ㄷ	293
kol-heui	걸다	to turn round	한국어	白鳥庫吉	1914ㄷ	326
sĭ dar	걸다	to hang	일본어	송민	1974	14
tar-	걸다	to hang	일본어	송민	1974	14
kaku	걸다		일본어	宋敏	1969	73
köl	걸다		한국어	宋敏	1969	73
kël	걸다	hang	한국어	宋敏	1969	73

표제어/어휘		의미	언어	저자	발간년도	쪽수
kaŋ kete	걸다		일본어	이용주	1980	71
kakiti	걸다		일본어	이용주	1980	71
kẹ da		to hook on, to fasten, to hang up, to contract	한국어	G. J. Ramstedt	1949	104
kerida		to make fasten, to let hang on	한국어	G. J. Ramstedt	1949	104
kerguda		to make fasten, to let hang on	한국어	G. J. Ramstedt	1949	104
kẹ lda, kẹ da걸다		to put in or to put on, to use, to hang up, to	한국어	G. J. Ramstedt	1949	104
kellida		to be fastened, hooked or hanged, etc., to be	한국어	G. J. Ramstedt	1949	104
kergida		to make fasten, to let hang on	한국어	G. J. Ramstedt	1949	104
kẹ lda		to hook on, to fasten, to hang up, to contract	한국어	G. J. Ramstedt	1949	104
kalǧ -	걸다	hang	한국어	Martin, S. E.	1966	202
kalǧ -	걸다	hang	한국어	Martin, S. E.	1966	211
kalǧ -	걸다	hang	한국어	Martin, S. E.	1966	216
걸다(沃)						
haro	비대하다		일본어	강길운	1982ㄴ	22
kə r-	걸다		한국어	강길운	1982ㄴ	22
haro	비대하다		일본어	강길운	1982ㄴ	32
kə r-	걸다		한국어	강길운	1982ㄴ	32
haro	비대하다		일본어	강길운	1982ㄴ	35
ukoro	교접		일본어	강길운	1982ㄴ	35
ko-si	걸다		일본어	김사엽	1974	448
kə l	걸다		한국어	김사엽	1974	448
kël-	걸다	be fertile	한국어	宋敏	1969	73
kó	걸다	épais, gras	일본어	宋敏	1969	73
koyé	걸다	fertilizer	일본어	宋敏	1969	73
kɔ l	걸다	gras, fertile	한국어	宋敏	1969	73
kák(e)	걸다		일본어	宋敏	1969	73
koya-si	걸다		일본어	이숭녕	1955	18
kẹ l-da	걸다		한국어	이숭녕	1955	18
koyu-ru	걸다		일본어	이숭녕	1955	18
koya-su	걸다		일본어	이숭녕	1955	18
koyu	걸다		일본어	이숭녕	1955	18
kẹ lda	입이 걸다	to be a brawler, to be rough tongued	한국어	G. J. Ramstedt	1949	104
kēda	입이 걸다	to be a brawler, to be rough tongued	한국어	G. J. Ramstedt	1949	104
걸상						
kakeru	걸상	to hang or hook on	일본어	宋敏	1969	73
kẹlsaŋ	걸상	a table on which to sit, a bench, a chair	한국어	宋敏	1969	73
kẹ rẹ antta		to sit on a chair	한국어	G. J. Ramstedt	1949	105
kakeru		to sit on a chair	일본어	G. J. Ramstedt	1949	105
kẹlsaŋ		a table on which to sit, a bench, a chair	한국어	G. J. Ramstedt	1949	105
kẹ lda		to hang on	한국어	G. J. Ramstedt	1949	105
검다						
kunne	검다, 어둡다		일본어	강길운	1981ㄴ	9
kə m-	검다		한국어	강길운	1981ㄴ	9

표제어/어휘	의미		언어	저자	발간년도	쪽수
kə m-	검다		한국어	강길운	1982ㄴ	23
kunne	검음. 어둠.		일본어	강길운	1982ㄴ	23
kə m-	검다		한국어	강길운	1982ㄴ	27
kunne	검음. 어둠.		일본어	강길운	1982ㄴ	27
kə mmut	검다		한국어	김공칠	1989	20
kuro	검다		일본어	김공칠	1989	20
kə mul	검다		한국어	김공칠	1989	5
kuro	검다		일본어	김공칠	1989	5
kʌ m-	검은	black	한국어	김동소	1972	136
kʌ m-	검은	black	한국어	김동소	1972	136
kïmïl	검다		한국어	김방한	1980	13
kïmïl	검다		한국어	김방한	1980	13
ku-ro	검다		일본어	김사엽	1974	449
kə m	검다		한국어	김사엽	1974	449
gə m	검다	black	한국어	김선기	1968ㄱ	36
kə :rə g	거머졌다		한국어	김선기	1968ㄱ	36
kə mə h	검다	black	한국어	김선기	1968ㄱ	36
gə :rim	煤烟		한국어	김선기	1968ㄱ	36
harahan	검다	black	일본어	김선기	1968ㄱ	36
kuroki	검다	black	일본어	김선기	1968ㄱ	36
검다	검다		한국어	김선기	1978ㄹ	353
kuro	검다		일본어	김승곤	1984	200
kə m	검다		한국어	大野晋	1975	52
가라	검다		한국어	박시인	1970	110
クロ	검다		일본어	박시인	1970	110
カラ	검다		일본어	박시인	1970	110
kuro	검다		일본어	박시인	1970	442
kura	검다		일본어	박시인	1970	442
kara	검다		일본어	박시인	1970	442
kara	검다		한국어	박시인	1970	442
kom-tă -rai	검다	dürr	한국어	白鳥庫吉	1914ㄷ	323
kuro	검다		일본어	宋敏	1969	73
kara	검다		한국어	宋敏	1969	73
köm	검다		한국어	宋敏	1969	73
감다	검다		한국어	신용태	1987	134
kuro	검다		일본어	유창균	1960	15
kurosi	검다	black	일본어	이용주	1980	83
kom-	검다	black	한국어	이용주	1980	83
kúnne	검다	black	일본어	이용주	1980	95
kurosi	검다	black	일본어	이용주	1980	95
kə m-	검다	black	한국어	이용주	1980	95
kem~kam	검다	black	한국어	이용주	1980	99
*kuru	검다	black	한국어	이용주	1980	99
kuro	검다	black	일본어	이용주	1980	99
검	검다		한국어	이탁	1946ㄷ	14
kuro	검다		일본어	村山七郎	1963	27
kə mmut	검다		한국어	村山七郎	1963	27
kə muwl	검다		한국어	村山七郎	1963	27
këmïn	검다	dark, black	한국어	G. J. Ramstedt	1928	72
kẹ mda		to be black	한국어	G. J. Ramstedt	1949	91
kŭ m	검다		한국어	Hulbert, H. B.	1905	117

검정

kə m-		black	한국어	강영봉	1991	8
kuro-		black	일본어	강영봉	1991	8
kkömč o-	검정	schwarz	한국어	白鳥庫吉	1914ㄷ	323
kam-	검정	soot	한국어	白鳥庫吉	1914ㄷ	323

표제어/어휘		의미		언어	저자	발간년도	쪽수
kuro	검정			일본어	小倉進平	1934	26
ka-ra	검정			한국어	小倉進平	1934	26
kom-zöŋ	검정			한국어	이숭녕	1956	185

겁내다

ö-tsö-ru	겁내다			일본어	김사엽	1974	469
tu-li	겁내다			한국어	김사엽	1974	469

겁다

kubo	겁다	cavité		일본어	宋敏	1969	73
kɔ p	겁다	creux, vide		한국어	宋敏	1969	73

것

kə	것			한국어	강길운	1982ㄴ	18
ike	것			일본어	강길운	1982ㄴ	18
ke	것			일본어	강길운	1982ㄴ	19
ke	것			한국어	강길운	1982ㄴ	19
katu/kat	모양, 상태			일본어	강길운	1982ㄴ	22
kə s	것			한국어	강길운	1982ㄴ	22
katu/kat	모양, 상태			일본어	강길운	1982ㄴ	26
kas/kə s	것			한국어	강길운	1982ㄴ	26
kə s	것			한국어	강길운	1983ㄴ	106
ə nɯ	무엇			한국어	강길운	1983ㄴ	107
kə	것			한국어	강길운	1983ㄴ	120
kə s	것			한국어	강길운	1983ㄴ	120
kö-tö	것			일본어	김사엽	1974	447
kə t	것			한국어	김사엽	1974	447
がし	것			일본어	김사엽	1974	463
kas	것			한국어	김사엽	1974	463
köt	것	a thing, an affair		한국어	白鳥庫吉	1915ㄱ	10
köt	것			한국어	宋敏	1969	73
kotó	것	thing		일본어	宋敏	1969	73
kës	것	thing		한국어	宋敏	1969	73
kötö	것			일본어	宋敏	1969	73
koto	것			일본어	宋敏	1969	73
koto	것	thing		일본어	宋敏	1969	73
kŭ s	것			한국어	宋敏	1969	73
kŏ s	것	Ding, Sache		한국어	Andre Eckardt	1966	232
koto	것	thing		일본어	Aston	1879	22
kŭ s	것	thing		한국어	Aston	1879	22
gẹ t	것			한국어	G. J. Ramstedt	1949	108
kẹ t	것			한국어	G. J. Ramstedt	1949	108
hanạ ngio		is doing, does		한국어	G. J. Ramstedt	1949	108
muẹ t		what		한국어	G. J. Ramstedt	1949	108
kẹ t		things		한국어	G. J. Ramstedt	1949	79
kẹ t	물건	die Sache		한국어	G.J. Ramstedt	1952	24
kŭ t	것	thing		한국어	Hulbert, H. B.	1905	
kes	것	thing		한국어	Martin, S. E.	1966	202
kes	것	thing		한국어	Martin, S. E.	1966	212
kes	것	thing		한국어	Martin, S. E.	1966	214
kes	것	thing		한국어	Martin, S. E.	1966	221
kẹ t	것	thing		한국어	Poppe, N	1965	194
kẹ se	것에	at the thing		한국어	Poppe, N	1965	194
kẹ si	것이	the thing		한국어	Poppe, N	1965	194

걸

| pat | 걸 | | | 한국어 | 김사엽 | 1974 | 430 |

표제어/어휘		의미	언어	저자	발간년도	쪽수
そと	겉		일본어	김사엽	1974	430
kəsčʰ	겉		한국어	김사엽	1974	467
おもて	겉		일본어	김사엽	1974	467
koč	겉		한국어	이숭녕	1956	134
köptegi	껍데기		한국어	이숭녕	1956	178
ū nni	겉	alike, together with	한국어	G. J. Ramstedt	1939ㄴ	460
pakkat		the outside	한국어	G. J. Ramstedt	1949	108
kẹnmjẹn		the outward form	한국어	G. J. Ramstedt	1949	108
pakkẹt		the outside	한국어	G. J. Ramstedt	1949	108
kẹ ǯ oge		the exterior, the outside	한국어	G. J. Ramstedt	1949	108
kẹ ǯẹ ge		the exterior, the outside	한국어	G. J. Ramstedt	1949	108
kẹt		the exterior, the outside	한국어	G. J. Ramstedt	1949	108
kẹnmojaŋ		the outward form	한국어	G. J. Ramstedt	1949	108
kẹdoŋi		the exterior, the outside	한국어	G. J. Ramstedt	1949	108
게						
kẹ, kē	게	a crab	한국어	김공칠	1989	12
kani	게		일본어	김공칠	1989	6
köi/ke	게		한국어	김공칠	1989	6
ka-ni	게		일본어	김사엽	1974	461
kəj	게		한국어	김사엽	1974	461
kei	게		한국어	김완진	1965	83
kani	게		일본어	김완진	1965	83
ke	게	crab	한국어	宋敏	1969	73
kani	게		일본어	宋敏	1969	73
kai	게		한국어	宋敏	1969	73
köl	게		한국어	宋敏	1969	73
kai	게	a crab, a crayfish	일본어	宋敏	1969	73
kẹi	세	a crab, a crayfish	한국어	宋敏	1969	73
kani	게	crab	일본어	宋敏	1969	73
kē		a crab, a crayfish	한국어	G. J. Ramstedt	1949	102
kẹi		a crab, a crayfish	한국어	G. J. Ramstedt	1949	102
kai		shell, shellfish	일본어	G. J. Ramstedt	1949	102
kue	게	crab	한국어	Hulbert, H. B.	1905	
keu	게	to	한국어	Hulbert, H. B.	1905	
kani	게	crab	한국어	Martin, S. E.	1966	202
kani	게	crab	한국어	Martin, S. E.	1966	207
kani	게	crab	한국어	Martin, S. E.	1966	212
kani	게	crab	한국어	Martin, S. E.	1966	216
köi	게		한국어	Miller, R. A. 김방한 역	1980	162
kani	게		일본어	Miller, R. A. 김방한 역	1980	162
게우다						
はく	게우다		일본어	김사엽	1974	406
kaj-o	게우다		한국어	김사엽	1974	406
faku	게우다	puke	일본어	이용주	1980	102
kaio	게우다	puke	한국어	이용주	1980	102
kai' ō -	개오다	to vomit	한국어	이용주	1980	82
Haku	게우다	to vomit	일본어	이용주	1980	82
게으르다						
なまける	게으르다		일본어	김사엽	1974	412
kəj-ïl-lï	게으르다		한국어	김사엽	1974	412
kəiur	게으르다		한국어	박은용	1974	223
kit-peu-	게으르다	enfoncer	한국어	白鳥庫吉	1914ㄷ	317

표제어/어휘		의미		언어	저자	발간년도	쪽수
seu-ikol	게으르다	faulenzen		한국어	白鳥庫吉	1914ㄷ	317
seu-l	게으르다	nachlassig		한국어	白鳥庫吉	1914ㄷ	317
k' o	게으르다	nachlassigkeit		한국어	白鳥庫吉	1914ㄷ	317
k' eun	게으르다	qui a du degout pour le travail		한국어	白鳥庫吉	1914ㄷ	317
kę ịi rị -<	게으르다	to be lazy		한국어	이기문	1958	112
kegi rị -	게으르다	to be lazy		한국어	이기문	1958	112
겨드랑이							
kyə d-ɯ r-aŋ	겨드랑이			한국어	강길운	1982ㄴ	26
hat	겨드랑이			일본어	강길운	1982ㄴ	26
kyə d-ɯ r-aŋ	겨드랑이			한국어	강길운	1982ㄴ	32
hat	겨드랑이			일본어	강길운	1982ㄴ	32
겨레							
kara	겨레			일본어	강길운	1980	18
kyə re	겨레			한국어	강길운	1980	18
kyə re	겨레			한국어	강길운	1981ㄱ	31
kyə re	겨레			한국어	강길운	1983ㄱ	47
udi	겨레			일본어	김공칠	1989	15
ul	겨레			한국어	김공칠	1989	15
ukara	겨레			일본어	김공칠	1989	8
kyöre	겨레			한국어	김공칠	1989	8
Fa-ra-ka-ra	겨레			일본어	김사엽	1974	402
kjə -lʌ j	겨레			한국어	김사엽	1974	402
kjə ɾə i	겨레			한국어	박은용	1974	217
kyö-röi	겨레	relatives, relations		한국어	白鳥庫吉	1915ㄱ	21
kara	종족			일본어	徐廷範	1985	247
kuri	사람			일본어	徐廷範	1985	248
kyöroi	겨레			한국어	宋敏	1969	73
kyöre	겨레			한국어	宋敏	1969	73
kara	겨레			일본어	宋敏	1969	73
ukara	겨레			일본어	宋敏	1969	73
kyę rạ i	겨레	relatives		한국어	이기문	1958	112
kyę re	겨레	relatives		한국어	이기문	1958	112
kję re	겨레	relatives, relations		한국어	G. J. Ramstedt	1949	110
겨루다							
kə u-	대적하다			한국어	강길운	1980	21
kʌ lp	겨루다			한국어	김사엽	1974	456
ki-tso-Fu	겨루다			일본어	김사엽	1974	456
kjə -lo	겨루다			한국어	김사엽	1974	457
ki-Fo-Fu	겨루다			일본어	김사엽	1974	457
kyör-u ta	겨루다	to match, to oppose		한국어	白鳥庫吉	1915ㄱ	22
겨를							
겨를	결다			한국어	고재휴	1940ㄱ	10
ゴロ	때			일본어	고재휴	1940ㄱ	10
kjə -lʌ	겨를			한국어	김사엽	1974	399
ひま	겨를			일본어	김사엽	1974	399
kyö-rǎ l	겨를	leisure, space, time		한국어	白鳥庫吉	1915ㄱ	20
겨우							
やらやく	겨우			일본어	김사엽	1974	382
aj-ja-la	겨우			한국어	김사엽	1974	382

표제어/어휘		의미	언어	저자	발간년도	쪽수
겨울						
kyə ʒ -ɯr	겨울		한국어	강길운	1983ㄱ	48
Fu-yu	겨울		일본어	김사엽	1974	396
kjə -ïl	겨울		한국어	김사엽	1974	396
겨울	겨울		한국어	김선기	1976ㅅ	345
kjesur	겨울		한국어	김선기	1976ㅅ	346
kyö-ul	겨울	winter	한국어	白鳥庫吉	1915ㄱ	23
huju	겨울		일본어	유창균	1960	15
fuyu	겨울		일본어	이용주	1980	106
kjezyr	겨울		한국어	이용주	1980	106
kjeż yr	겨울		한국어	長田夏樹	1966	102
kyŏ ul	겨울	Winter	한국어	Andre Eckardt	1966	233
kįe̜ i l		winter	한국어	G. J. Ramstedt	1949	103
kįe̜ ul		winter	한국어	G. J. Ramstedt	1949	103
kįe̜ ul, kįe̜ il	겨울	winter	한국어	G. J. Ramstedt	1949	103
kyëïr, kyëar	겨울	winter	한국어	Johannes Rahder	1959	48
k'ʌ ul(← kjeul)	겨울зима		한국어	Polivanov	1927	17
겪다						
kjə k	겪다		한국어	김사엽	1974	394
へる	겪다		일본어	김사엽	1974	394
そなへる	겪다		일본어	김사엽	1974	430
kjə s-kï	겪다		한국어	김사엽	1974	430
kįe̜ kta		to experience, to suffer, to undergo, to entertain,	한국어	G. J. Ramstedt	1949	103
kįe̜ kki ha̜ da		to feast	한국어	G. J. Ramstedt	1949	103
견(絹)						
kip	견		한국어	이용주	1980	106
kinu	견		일본어	이용주	1980	106
견디다						
chhă m	견디다		한국어	김공칠	1989	4
tamaru	견디다		일본어	김공칠	1989	4
こらへる	견디다		일본어	김사엽	1974	446
kjə n-tʌ j	견디다		한국어	김사엽	1974	446
te̜ j-		to reach	한국어	G. J. Ramstedt	1949	106
ti̜ j-		to reach	한국어	G. J. Ramstedt	1949	106
ta̜ j-		to reach	한국어	G. J. Ramstedt	1949	106
kįe̜ ndắda		to endure, to support, to bear, to be equal	한국어	G. J. Ramstedt	1949	106
kįe̜ ndi ida		to endure	한국어	G. J. Ramstedt	1949	106
kįe̜ n-gaŋ		to be strong	한국어	G. J. Ramstedt	1949	106
kįe̜ n		hard, firm, steady	한국어	G. J. Ramstedt	1949	106
견주다						
na-tso-Fë	견주다		일본어	김사엽	1974	413
kjə n-č o	견주다		한국어	김사엽	1974	413
kjə nci-	견주다		한국어	박은용	1974	222
결						
きめ	결		일본어	김사엽	1974	455
kjə l	결		한국어	김사엽	1974	455
kyöl	물결	a wave	한국어	白鳥庫吉	1915ㄱ	20
kyöl	결	the grain-of wood, stone etc.	한국어	白鳥庫吉	1915ㄱ	20

표제어/어휘		의미	언어	저자	발간년도	쪽수
kjeᵢl	결	line, wave	한국어	G. J. Ramstedt	1949	104
kjeᵢl		wave, the grain - of woods, stone, etc.	한국어	G. J. Ramstedt	1949	104
tol-gjeᵢl		the lines in a stone	한국어	G. J. Ramstedt	1949	104
mul-gjeᵢl		wave	한국어	G. J. Ramstedt	1949	104
kjeᵢl		wave of temper, anger, disliking	한국어	G. J. Ramstedt	1949	105
kjel-geᵢn		line in stone, wood, etc.	한국어	G. J. Ramstedt	1949	105
결(머리)						
kenuma, ke	결(머리)	hair of the head	일본어	G. J. Ramstedt	1949	115
kkiᵢl	결(머리)	hair of the head	한국어	G. J. Ramstedt	1949	115
결론						
nirhim	결론, 결말	to become off	한국어	김공칠	1989	16
nuku	결론, 결말	come off	일본어	김공칠	1989	16
결코						
kyə lk' o	결코		한국어	강길운	1982ㄴ	26
horak horak	결코		한국어	강길운	1982ㄴ	26
horaku	결코		일본어	강길운	1982ㄴ	26
koraku	결코		일본어	강길운	1982ㄴ	28
kyə lk' o	결코		한국어	강길운	1982ㄴ	28
겸						
kaɪna	겸		일본어	김공칠	1988	205
kiᵢ ə m	겸		한국어	김공칠	1988	205
겹						
niki	겹		일본어	강길운	1982ㄴ	20
kä-	겹		한국어	강길운	1982ㄴ	20
niki	겹		일본어	강길운	1982ㄴ	34
kä-	겹		한국어	강길운	1982ㄴ	34
へ	겹		일본어	김사엽	1974	395
kjə p	겹		한국어	김사엽	1974	395
kjeᵢp-kjeᵢbi		ply on ply, row on row	한국어	G. J. Ramstedt	1949	107
kjeᵢp	겹	a ply, a layer, two	한국어	G. J. Ramstedt	1949	107
kjeᵢpkeᵢt		two-ply - of clothes	한국어	G. J. Ramstedt	1949	107
kjeᵢmmal		pleonasm	한국어	G. J. Ramstedt	1949	107
kjeᵢb-ot		lined clothes	한국어	G. J. Ramstedt	1949	107
kjeᵢp		a ply, a layer, two, double	한국어	G. J. Ramstedt	1949	107
kjeᵢp-cäun-		two-ply, double	한국어	G. J. Ramstedt	1949	107
겹다						
eikaun	겹다		일본어	강길운	1982ㄴ	26
kyə u-	겹다		한국어	강길운	1982ㄴ	26
まける	겹다		일본어	김사엽	1974	391
kjə j-o	겹다		한국어	김사엽	1974	391
kjə j-u	겹다		한국어	김사엽	1974	391
겹치다						
kjə p-čʰi	겹치다		한국어	김사엽	1974	463
ka-tsa-ne	겹치다		일본어	김사엽	1974	463
곁						
hekote	곁		일본어	강길운	1982ㄴ	32
kyə t'	곁		한국어	강길운	1982ㄴ	32

표제어/어휘		의미	언어	저자	발간년도	쪽수
kata	곁	side	일본어	金澤庄三郎	1910	9
kyöt	곁	side	한국어	金澤庄三郎	1910	9
わき	傍, 橫		일본어	김사엽	1974	378
kjə tʰ	傍, 側		한국어	김사엽	1974	378
kjə tʰ	곁		한국어	김사엽	1974	430
そば	곁		일본어	김사엽	1974	430
kata	곁		일본어	文和政	1981	177
kyō t	곁		한국어	文和政	1981	177
kat-cyö-ko-ri	곁	geselle	한국어	白鳥庫吉	1914ㄷ	304
ka	곁	nahe	한국어	白鳥庫吉	1914ㄷ	305
kat-kap-	곁	neben	한국어	白鳥庫吉	1914ㄷ	305
kyöt hă i	옆에	at the side, near	한국어	白鳥庫吉	1915ㄱ	23
kyöt	옆	the side, a support, a friend	한국어	白鳥庫吉	1915ㄱ	23
këch	표면	face, suface	한국어	宋敏	1969	73
katá	방향	direction	일본어	宋敏	1969	73
kata	곁		일본어	宋敏	1969	73
kyëch	곁	side	한국어	宋敏	1969	73
kyöt	곁		한국어	宋敏	1969	73
kye̜ t	곁	the side	한국어	이기문	1958	112
kakkapta	곁	by the side of, on the outside of, out of	한국어	G. J. Ramstedt	1939ㄴ	461
ke̜ t	곁	the exterior, the outside	한국어	G. J. Ramstedt	1949	108
kje̜ t		the side, a support, a friend	한국어	G. J. Ramstedt	1949	109
kje̜ t	곁	the side, a friend	한국어	G. J. Ramstedt	1949	109
kisi	강둑, 가	the side, a friend	일본어	G. J. Ramstedt	1949	109
kjetti̜ lda		to take the part of, to assist, to support	한국어	G. J. Ramstedt	1949	109
kje̜ ppī da		to be without friends	한국어	G. J. Ramstedt	1949	109
kje̜ kkan		a side room	한국어	G. J. Ramstedt	1949	109
kjennun		a side glance	한국어	G. J. Ramstedt	1949	109
kje̜ kkaž i		a side branch	한국어	G. J. Ramstedt	1949	109
kjennunž il		to look askance at	한국어	G. J. Ramstedt	1949	109
kje̜ t		side, support, friend	한국어	G. J. Ramstedt	1949	110
kyöt	곁	side	한국어	Kanazawa, S	1910	7
kata	곁	side	일본어	Kanazawa, S	1910	7

계시

keisi	계시		일본어	고창식	1976	25
계시	계시		한국어	고창식	1976	25

계시다

kyə n	견(이두)	在(이두)	한국어	강길운	1982ㄴ	27
kenru	주거		일본어	강길운	1982ㄴ	27
kenru	주거		일본어	강길운	1982ㄴ	36
kyə n	견(이두)	在(이두)	한국어	강길운	1982ㄴ	36

-고

ka	고	for exclamaitive ending	일본어	金澤庄三郎	1910	56
ko	고	for exclamaitive ending	한국어	金澤庄三郎	1910	56
ko	고	und	한국어	Andre Eckardt	1966	232
ku	고	adverbial termination	일본어	Aston	1879	56
ko	고	adverbial termination	한국어	Aston	1879	56
ko	고	and	한국어	Hulbert, H. B.	1905	
ka		for exclamaitive ending	일본어	Kanazawa, S	1910	18

표제어/어휘		의미	언어	저자	발간년도	쪽수
ko		for exclamaitive ending	한국어	Kanazawa, S	1910	
고가						
kouk'a	고가		일본어	고창식	1976	25
고가	고가		한국어	고창식	1976	25
고개						
sunɯlg	고개, 수늙		한국어	강길운	1983ㄴ	128
kokai	고개	hill	한국어	金澤庄三郎	1910	10
kuki	고개	hill	일본어	金澤庄三郎	1910	10
kokai	고개		한국어	김공칠	1989	10
č i=ɯɪ	고개		한국어	김공칠	1989	20
cai<*caki	고개		한국어	김공칠	1989	20
saku	고개		일본어	김공칠	1989	20
ku-ki	고개		일본어	김사엽	1974	454
ko-kaj	고개		한국어	김사엽	1974	454
kuki	고개		일본어	송민	1965	43
kokai	고개		한국어	송민	1965	43
kokai	고개		한국어	宋敏	1969	73
kuki	산꼭대기		일본어	宋敏	1969	73
güfu	고개	a hill	일본어	宋敏	1969	73
kuki	고개		일본어	宋敏	1969	73
kogä	고개	a pass, the peak of a hill	한국어	宋敏	1969	73
kogai	고개		한국어	이숭녕	1956	100
kogaɪ	고개		한국어	이숭녕	1956	166
mon-daŋ	고개		한국어	이숭녕	1956	177
kogä		a pass, the peak of hill, the back of a neck	한국어	G. J. Ramstedt	1949	119
kok-tạ gi		a mountain top	한국어	G. J. Ramstedt	1949	119
kkokttä		a mountain top	한국어	G. J. Ramstedt	1949	119
kkoktagi		a mountain top	한국어	G. J. Ramstedt	1949	119
koktä		a mountain top	한국어	G. J. Ramstedt	1949	119
kuki	고개	hill	일본어	Kanazawa, S	1910	8
kokai	고개	hill	한국어	Kanazawa, S	1910	8
고갱이						
kokóro	가슴	heart	일본어	宋敏	1969	73
kokängi	고갱이	pith	한국어	宋敏	1969	73
고것						
ko/ko	고	this	한국어	Martin, S. E.	1966	218
ko/ko	고	this	한국어	Martin, S. E.	1966	220
고기						
kogi	고기		한국어	강길운	1981ㄱ	30
koiki/keuk	포획, 도살		일본어	강길운	1982ㄴ	21
kogi	고기		한국어	강길운	1982ㄴ	21
kogi	고기		한국어	강길운	1982ㄴ	27
koiki/keuk	포획, 도살		일본어	강길운	1982ㄴ	27
sisi		meat	일본어	강영봉	1991	10
sæ l/kweki		meat	한국어	강영봉	1991	10
gogi	고기	meat	한국어	김선기	1968ㄱ	32
kalbi	갈비		한국어	김승곤	1984	241
koki	고기	meat	한국어	이용주	1980	101
sisi	고기	meat	일본어	이용주	1980	101
kokï	고기	meat	한국어	이용주	1980	81

표제어/어휘		의미	언어	저자	발간년도	쪽수
sisi	고기	meat	일본어	이용주	1980	81
kám	고기	meat	일본어	이용주	1980	95
sisi	고기	meat	일본어	이용주	1980	95
kokĭ	고기	meat	한국어	이용주	1980	95
niku	고기	meat	일본어	長田夏樹	1966	82
kogi	고기	meat	한국어	長田夏樹	1966	82
-고나						
kana	고나	for exclamaitive ending	일본어	金澤庄三郎	1910	56
kona	고나	for exclamaitive ending	한국어	金澤庄三郎	1910	56
kana		for exclamaitive ending	일본어	Kanazawa, S	1910	18
kona		for exclamaitive ending	한국어	Kanazawa, S	1910	18
고드름						
konru	얼음		일본어	강길운	1982ㄴ	28
kodɯrɯm	고드름		한국어	강길운	1982ㄴ	28
고랑(두둑)						
ko-laŋ	고랑		한국어	김사엽	1974	450
くろ	고랑		일본어	김사엽	1974	450
k'oraŋ	고랑	brook	한국어	김선기	1968ㄴ	27
hori	고랑		일본어	김선기	1976ㅁ	334
고랑	고랑		한국어	김선기	1976ㅁ	334
kuro	두둑		일본어	宋敏	1969	73
koraŋ	고랑		한국어	宋敏	1969	73
kê raŋ	고랑		한국어	이숭녕	1956	99
köraŋ	고랑		한국어	이숭녕	1956	99
küraŋ	고랑		한국어	이숭녕	1956	99
koraŋ	고랑		한국어	이숭녕	1956	99
고래						
korä	고래		한국어	강길운	1983ㄱ	28
korä	고래		한국어	강길운	1983ㄱ	30
고래	고래		한국어	고재휴	1940ㄱ	10
クヂラ	고래		일본어	고재휴	1940ㄱ	10
kujira	고래		일본어	김공칠	1989	6
korai	고래		한국어	김공칠	1989	6
korai	고래		한국어	김방한	1976	22
korai	고래		한국어	김방한	1977	9
kudira	고래		일본어	김방한	1977	9
korʌi	고래		한국어	김방한	1978	12
kudira	고래		일본어	김방한	1978	12
ku-di-ra	고래		일본어	김사엽	1974	453
ko-lʌj	고래		한국어	김사엽	1974	453
kudira	고래		일본어	文和政	1981	177
*korari>korai	고래		한국어	文和政	1981	177
kara	고래		한국어	박은용	1974	211
kö-rä m	고래	wallfisch	한국어	白鳥庫吉	1914ㄷ	325
kudira	고래		일본어	宋敏	1969	73
kujira	고래		일본어	宋敏	1969	73
korai	고래		한국어	宋敏	1969	73
고르다						
koŋ gorɯ-	공고르다		한국어	강길운	1983ㄴ	109
numke	고르다		일본어	강길운	1987	14

표제어/어휘		의미	언어	저자	발간년도	쪽수
고르다	고르다		한국어	김해진	1947	10
kore-	순수하다		한국어	박은용	1974	238
tarho-	고르다		한국어	박은용	1975	161
kolkoro		equally, alike	한국어	G. J. Ramstedt	1949	126
koroda		to adjust, to harmonize, to blend	한국어	G. J. Ramstedt	1949	126
koṛi da		to be alike, to be even, to be adjusted	한국어	G. J. Ramstedt	1949	126
koruda		to be alike, to be even, to be adjusted	한국어	G. J. Ramstedt	1949	126
korō		alike, equal, equally	한국어	G. J. Ramstedt	1949	126

고름(膿)

표제어/어휘		의미	언어	저자	발간년도	쪽수
korom	고름		한국어	김공칠	1989	18
koli m	고름	pus	한국어	김동소	1972	139
kolom	고름	pus	한국어	김동소	1972	139
kor-om	고름		한국어	이숭녕	1955	15
kasa	고름		일본어	이숭녕	1955	15
koṛi m-č ip		the body of an abscess	한국어	G. J. Ramstedt	1949	126
komda		to gather sa a boil or abscess	한국어	G. J. Ramstedt	1949	126
kolmda		to gather sa a boil or abscess	한국어	G. J. Ramstedt	1949	126
koŋ gida		to gather or to cause to come to a boil	한국어	G. J. Ramstedt	1949	126
komgida		to gather or to cause to come to a boil	한국어	G. J. Ramstedt	1949	126
korom		pus	한국어	G. J. Ramstedt	1949	126
koṛi m		pus	한국어	G. J. Ramstedt	1949	126
koṛi m-č i p		the body of an abscess	한국어	G. J. Ramstedt	1949	126

고리

표제어/어휘		의미	언어	저자	발간년도	쪽수
kori	고리		한국어	강길운	1983ㄴ	117
kori	고리		한국어	강길운	1983ㄴ	135
コリ	고리		일본어	권덕규	1923ㄴ	128
고리	고리		한국어	권덕규	1923ㄴ	128
コウリ	고리		일본어	권덕규	1923ㄴ	128
kori	고리		한국어	김공칠	1989	9
korhii	고리		한국어	김승곤	1984	244
korhoi	고리		한국어	박은용	1974	239
kö-reu-	고리	ring	한국어	白鳥庫吉	1914ㄷ	326
ko-ri	고리	ring	한국어	白鳥庫吉	1914ㄷ	326
ko-rang	고리	ring	한국어	白鳥庫吉	1914ㄷ	326
kul-li-	고리	bogen	한국어	白鳥庫吉	1914ㄷ	326
kku-ri	고리	ring	한국어	白鳥庫吉	1914ㄷ	326
kul-	고리	to book, to pasten, to hang up, to contract	한국어	白鳥庫吉	1914ㄷ	326
köl-	고리	knaul	한국어	白鳥庫吉	1914ㄷ	327
kaori	고리		일본어	宋敏	1969	73
kori	고리		한국어	宋敏	1969	73
kori	고리	basket	한국어	宋敏	1969	73
kori	바구니	basket	일본어	宋敏	1969	73
korhoi	고리	a metal ring, a buckle of belly-band	한국어	이기문	1958	111
kori		basket	한국어	G. J. Ramstedt	1949	125
kori		basket	일본어	G. J. Ramstedt	1949	125
kori-ʒ aŋ i		a baasket maker	한국어	G. J. Ramstedt	1949	125

표제어/어휘		의미		언어	저자	발간년도	쪽수
korhi i		a metal ring		한국어	G. J. Ramstedt	1949	126
kori		a metal ring		한국어	G. J. Ramstedt	1949	126
kari i		a metal ring		한국어	G. J. Ramstedt	1949	126
고무래							
くまで	고무래			일본어	김사엽	1974	451
ko-mi-lə j	고무래			한국어	김사엽	1974	451
sexyrei	고무래			한국어	이용주	1980	106
yefuri	고무래			일본어	이용주	1980	106
고산							
tal	고산			한국어	송민	1966	22
taka takē	고산			일본어	송민	1966	22
*ɦ ai p : ^ai p	고산	high mountain, crag, peak		한국어	Christopher I. Beckwith	2004	121
고수머리							
kosu-mə ri	선모			한국어	강길운	1981ㄴ	5
keuki-kui	고수머리			일본어	강길운	1982ㄴ	27
kosu-mə ri	고수머리			한국어	강길운	1982ㄴ	27
고양이							
koi	고양이			한국어	金澤庄三郎	1914	220
고양이	고양이			한국어	김선기	1977	358
kʌ ni	鬼尼			한국어	김선기	1977	358
koini	鬼尼			한국어	김선기	1977	358
nabi	고양이			한국어	김선기	1977	358
konɛ ŋ i	고양이			한국어	김선기	1977	358
konɛ gi	고양이			한국어	김선기	1977	358
koi	고양이			한국어	김선기	1977	358
neko	고양이			일본어	김선기	1977	358
kojɛ ŋ i	고양이			한국어	김선기	1977	358
koi	고양이			한국어	박은용	1974	214
koi	고양이	hauskatze		한국어	白鳥庫吉	1914ㄷ	318
ko-yang-I	고양이	hauskatze		한국어	白鳥庫吉	1914ㄷ	318
köi-eu-rä -	고양이	a cat		한국어	白鳥庫吉	1914ㄷ	318
köi-eu-rä m	고양이	hauskatze		한국어	白鳥庫吉	1914ㄷ	318
köi-eu-rä m	고양이	hauskatze		한국어	白鳥庫吉	1914ㄷ	318
koi	고양이	a cat		한국어	白鳥庫吉	1915ㄱ	13
ko-yang-i	고양이	a cat		한국어	白鳥庫吉	1915ㄱ	13
koi	고양이			한국어	이숭녕	1956	108
kojaŋ	고양이			한국어	이숭녕	1956	108
koni	고양이			한국어	이숭녕	1956	153
konegi	고양이			한국어	이숭녕	1956	153
koi	고양이			한국어	이숭녕	1956	154
kojaŋ i	고양이			한국어	이숭녕	1956	154
고을							
puri	고을	town		한국어	강길운	1978	42
*Koβ ur	고을			한국어	강길운	1982ㄱ	180
kohori	고을	village		일본어	金澤庄三郎	1910	9
koeur	고을	village		한국어	金澤庄三郎	1910	9
kuru	고을			일본어	김공칠	1989	10
kol	고을			한국어	김공칠	1989	10
ko-Fo-ri	고을			일본어	김사엽	1974	446
kʌ -β ʌ l	고을			한국어	김사엽	1974	446
kki-rukkki-	고을	lieu		한국어	白鳥庫吉	1914ㄷ	316

표제어/어휘		의미	언어	저자	발간년도	쪽수
tan	고을		한국어	송민	1966	22
kura	고을		일본어	송민	1966	22
tani	고을		일본어	송민	1966	22
tan	고을		한국어	송민	1966	22
koul	고을		한국어	宋敏	1969	73
koïl	고을		한국어	宋敏	1969	73
koeur	고을		한국어	宋敏	1969	73
kohori	고을		일본어	宋敏	1969	73
kopori	고을		일본어	宋敏	1969	73
kofori	고을		일본어	이기문	1973	13
コオリ	고을		일본어	이명섭	1962	5
khor	고을		한국어	이병도	1956	9
*na : ^naw	고을	province, prefecture	한국어	Christopher I. Beckwith	2004	132
keu ol	고을	city	한국어	Edkins, J	1895	409
kohori	고을	village	일본어	Kanazawa, S	1910	7
koeur	고을	village	한국어	Kanazawa, S	1910	7
고장(村)						
kotan	고장		일본어	강길운	1982ㄴ	27
kojaŋ	고장		한국어	강길운	1982ㄴ	27
ko-č ang	고장	a place, a locality	한국어	白鳥庫吉	1915ㄱ	9
kozaŋ	고장		한국어	이숭녕	1956	104
고장나다						
maŋ gaji-	고장나다		한국어	강길운	1983ㄴ	125
kuyu	고장나다	to break down	일본어	김공칠	1989	16
고차						
kuti	고차		일본어	宋敏	1969	73
忽次, 古次	고차		한국어	宋敏	1969	73
고추						
고초	고추		한국어	이원진	1940	14
クショ	고추		일본어	이원진	1940	14
ク-ス	고추		일본어	이원진	1940	14
コ-レ-グ	고추		일본어	이원진	1940	14
ホ-ル-シ	고추		일본어	이원진	1940	14
クショ	唐辛		일본어	이원진	1951	14
ホ-ル-シ	唐辛		일본어	이원진	1951	14
고초	고추		한국어	이원진	1951	14
コ-レ-グ	唐辛		일본어	이원진	1951	14
ク-ス	唐辛		일본어	이원진	1951	14
고치						
ko-tʰ i	고치		한국어	김사엽	1974	460
ka-Fi-ko	고치		일본어	김사엽	1974	460
kotʼi	고치		한국어	박은용	1974	235
고치다						
koč ʼl-	고치다		한국어	강길운	1983ㄴ	137
ko-tʰ i	고치다		한국어	김사엽	1974	412
na-Fo-si	고치다		일본어	김사엽	1974	412
고프다						
kol-phɔ	고프다	be empty	한국어	宋敏	1969	73
kará	고프다	empty	일본어	宋敏	1969	73

〈ㄱ〉 45

표제어/어휘		의미		언어	저자	발간년도	쪽수
kopḥi da		to be hungry		한국어	G. J. Ramstedt	1949	124
kophuda		to be hungry		한국어	G. J. Ramstedt	1949	124
pä-kophuda		to be hungry		한국어	G. J. Ramstedt	1949	124
고해							
kugupi	고해			일본어	宋敏	1969	73
kohai	고해			한국어	宋敏	1969	73
곡식							
i-run kök-sik	곡식			한국어	白鳥庫吉	1916ㄴ	324
neu-č eun	곡식			한국어	白鳥庫吉	1916ㄴ	324
kop-tak-č i	곡식			한국어	이숭녕	1956	177
koptak	곡식			한국어	이숭녕	1956	177
koku	곡식			일본어	村山七郎	1963	27
napə t	곡식			한국어	村山七郎	1963	27
napurɛ gi	곡식			한국어	村山七郎	1963	27
*miŋ par ~	곡식		grain	한국어	Christopher I. Beckwith	2004	131
곡조							
karak	곡조			한국어	강길운	1982ㄴ	20
ekaye/kaye	곡조			일본어	강길운	1982ㄴ	20
kaye	곡조			일본어	강길운	1982ㄴ	37
karag	가락			한국어	강길운	1982ㄴ	37
kok-tjo	곡조		a tune, an air	한국어	G. J. Ramstedt	1949	120
kok-tjo	곡조		a tune, an air	한국어	G. J. Ramstedt	1949	120
곤이							
이리	물고기 수컷의 뱃속에 있는			한국어	김용태	1990	11
곤이	물고기 뱃속의 알			한국어	김용태	1990	12
곤포(다시마)							
kobu			a kind of eatable sea-weed; the tang, Laminaria	일본어	G. J. Ramstedt	1949	123
kompo			a kind of eatable sea-weed; the tang, Laminaria	일본어	G. J. Ramstedt	1949	123
komphoi			a kind of eatable sea-weed; the tang, Laminaria	한국어	G. J. Ramstedt	1949	123
kon-pho			sea-weed	한국어	G. J. Ramstedt	1949	123
곧							
iɯ k'o	이윽고			한국어	강길운	1983ㄴ	110
iɯ k'o	이윽고			한국어	강길운	1983ㄴ	118
inä	즉시			한국어	강길운	1983ㄴ	127
iɯ k'o	이윽고			한국어	강길운	1983ㄴ	138
inä	이내			한국어	강길운	1983ㄴ	138
koso	곧		emphatic particle	일본어	宋敏	1969	73
kos	곧		just, exactly	한국어	宋敏	1969	73
koso	강조형		emphatic particle	일본어	Aston	1879	27
kos	곧		just, exactly	한국어	Aston	1879	27
곧다							
napo	곧다			일본어	김공칠	1989	7
na, nat	곧다			한국어	김공칠	1989	7
goda	곧다			한국어	김선기	1968ㄴ	24
kot-	곧다			한국어	박은용	1974	235

표제어/어휘		의미	언어	저자	발간년도	쪽수
kot ta	곧다	to be straight, to be perpendicular	한국어	白鳥庫吉	1915ㄱ	11
nafo	곧은 것, 평범한 것, 변하지 않는 것,		일본어	송민	1973	39
nafosu	naforu의 타동사, 곧게 하다		일본어	송민	1973	39
kot-	곧다	to be straight	한국어	이기문	1958	111
kot-	곧다	straight	한국어	이용주	1980	84
*naHösi	곧다	straight	일본어	이용주	1980	84
*ma [麻]	곧은	true, genuine	일본어	Christopher I. Beckwith	2004	129
kotč hida		to put in good order, to fix, to mend	한국어	G. J. Ramstedt	1949	127
kotthida		to put in good order, to fix, to mend	한국어	G. J. Ramstedt	1949	127
kotč hiu		upright, perpendicular	한국어	G. J. Ramstedt	1949	127
kotč hu		upright, perpendicular	한국어	G. J. Ramstedt	1949	127
kodi	곧이	rightly	한국어	G. J. Ramstedt	1949	127
kotta		to be straight, to be all right, to be in good order	한국어	G. J. Ramstedt	1949	127
골수						
kiri	골수		일본어	강길운	1981ㄴ	5
kor	골수		한국어	강길운	1981ㄴ	5
kor	골, 뇌		한국어	강길운	1983ㄴ	120
골짜기						
tan	골짜기		한국어	강길운	1979	9
tani	골짜기		일본어	강길운	1979	9
kor	골		한국어	강길운	1981ㄱ	31
kor	골짜기		한국어	강길운	1982ㄴ	21
kot	골짜기		일본어	강길운	1982ㄴ	21
kor	골짜기		한국어	강길운	1982ㄴ	27
kot	골짜기		일본어	강길운	1982ㄴ	27
kiri	골		일본어	강길운	1982ㄴ	27
kor	골		한국어	강길운	1982ㄴ	27
골	계곡		한국어	권덕규	1923ㄴ	126
kura	골	village	일본어	金澤庄三郎	1910	10
kor	골	village	한국어	金澤庄三郎	1910	10
kor	골		한국어	金澤庄三郎	1914	221
kor	골		한국어	金澤庄三郎	1914	222
kappi/kap	골짜기		한국어	김공칠	1989	19
kafi	골짜기		일본어	김공칠	1989	19
tani	골		일본어	김공칠	1989	9
te n	골		한국어	김공칠	1989	9
kō l	골		한국어	김방한	1977	20
kō l	골		한국어	김방한	1978	18
:골	골		한국어	김방한	1978	18
Fo-ra	골		일본어	김사엽	1974	392
kol	골		한국어	김사엽	1974	392
ta-ni	골짜기		일본어	김사엽	1974	426
tʌ n	골짜기		한국어	김사엽	1974	426
kol	골		한국어	김사엽	1974	478
いかり	골		일본어	김사엽	1974	478
kō l	골짜기		한국어	김승곤	1984	243
골	谷		한국어	김용태	1990	10
ㄷㄴ	谷		한국어	김용태	1990	10

표제어/어휘	의미		언어	저자	발간년도	쪽수
tani	골짜기		일본어	김용태	1990	10
kura	골		일본어	文和政	1981	176
kor	골		한국어	文和政	1981	176
kor	골		한국어	박은용	1974	224
*keːra	마을		한국어	박은용	1974	231
kolt'a	골짜기	valley paddy-field	한국어	白鳥庫吉	1914ㄷ	320
kol	골짜기	vallem habeus	한국어	白鳥庫吉	1914ㄷ	321
kol	골짜기		한국어	송민	1965	43
kura	골짜기		일본어	송민	1965	43
kōl	골짜기		한국어	송민	1966	22
kol	골짜기		한국어	宋敏	1969	73
kakaru	골		일본어	宋敏	1969	73
kol	골짜기	valley	한국어	宋敏	1969	73
kol	골		한국어	宋敏	1969	73
kura	골짜기	valley	일본어	宋敏	1969	73
kura	골짜기		일본어	宋敏	1969	73
kor	골짜기		한국어	宋敏	1969	73
걸	산골에서 내려오는 제법 큰 시내		한국어	신용태	1985	409
谷	계곡		한국어	辛 容泰	1987	132
呑	계곡		한국어	辛 容泰	1987	132
tani	골짜기		일본어	辛 容泰	1987	140
頓	골짜기		한국어	辛 容泰	1987	140
tan	골짜기		한국어	辛 容泰	1987	140
t'ən	골짜기		한국어	辛 容泰	1987	140
tuən	골짜기		한국어	辛 容泰	1987	140
旦	골짜기		한국어	辛 容泰	1987	140
呑	골짜기		한국어	辛 容泰	1987	140
tuən	골짜기		한국어	辛 容泰	1987	141
甲	골짜기		한국어	辛 容泰	1987	141
kafi	골짜기		일본어	辛 容泰	1987	141
t'ən	골짜기		한국어	辛 容泰	1987	141
tan	골짜기		한국어	辛 容泰	1987	141
呑	골짜기		한국어	辛 容泰	1987	141
頓	골짜기		한국어	辛 容泰	1987	141
tani	골짜기		일본어	辛 容泰	1987	141
旦	골짜기		한국어	辛 容泰	1987	141
tani	골		일본어	유창균	1960	21
ton	골		한국어	유창균	1960	21
kor	골	a last, a dress-model	한국어	이기문	1958	114
tani	계곡	valley	일본어	이기문	1963	101
tan	계곡	valley	한국어	이기문	1963	101
kōl		a kind of tall grass, reeds	한국어	G. J. Ramstedt	1949	121
kura	골	village	일본어	Kanazawa, S	1910	8
kōl	골	reeds	한국어	Poppe, N	1965	180
hora	골짜기		일본어	이근수	1982	17
旦 tan	골짜기		한국어	이근수	1982	17
kor	골	valley	한국어	이기문	1958	111
kor	골	a mountain valley, a furrow, a tile gutter in a	한국어	이기문	1958	112
kol	골짜기		한국어	이숭녕	1956	99
köl	골짜기		한국어	이숭녕	1956	99
^kapi[賀比]	골짜기	gap between mountains	일본어	Christopher I. Beckwith	2004	110
^tan[旦]	계곡	valley	한국어	Christopher I. Beckwith	2004	110
^tani[多邇]	계곡	valley	일본어	Christopher I.	2004	110

표제어/어휘		의미	언어	저자	발간년도	쪽수
^tʰə n[呑]	계곡	valley	한국어	Beckwith Christopher I.	2004	110
^tʰə n[呑]	계곡	valley	한국어	Beckwith Christopher I.	2004	115
*tan	계곡	valley	한국어	Beckwith Christopher I.	2004	115
^tani[多邇]	계곡	valley	일본어	Beckwith Christopher I.	2004	115
^tan[旦]	계곡	valley	한국어	Beckwith Christopher I.	2004	115
^kapi[峽比]	골짜기	gap between mountaions	일본어	Beckwith Christopher I.	2004	115
*kapi [賀比 ~	골짜기	gorge, gap between mountains	일본어	Beckwith Christopher I.	2004	122
^tani[多邇]	골짜기	valley	일본어	Beckwith Christopher I.	2004	136
*tan : ^tan	골짜기	valley	한국어	Beckwith Christopher I.	2004	136
kō l	골짜기	a valley, a street, a lane, a hallow	한국어	G. J. Ramstedt	1949	121
kor	골	village	한국어	Kanazawa, S	1910	8
kura	골짜기	valley	한국어	Martin, S. E.	1966	202
kura	골짜기	valley	한국어	Martin, S. E.	1966	209
kura	골짜기	valley	한국어	Martin, S. E.	1966	217
kura	골짜기	valley	한국어	Martin, S. E.	1966	223
kol	골짜기		한국어	Polivanov	1927	17
kō l	골	valley, street	한국어	Poppe, N	1965	180
곰						
koma	곰	bear	한국어	강길운	1978	41
kamui	곰		일본어	강길운	1982ㄴ	26
koma	곰		한국어	강길운	1982ㄴ	26
hepere	곰		일본어	강길운	1982ㄴ	26
곰	곰		한국어	권덕규	1923ㄴ	128
クマ	곰		일본어	권덕규	1923ㄴ	128
kuma	곰	bear	일본어	金澤庄三郞	1910	10
kom	곰	bear	한국어	金澤庄三郞	1910	10
kuma	곰		일본어	김공칠	1989	19
kongmok	곰		한국어	김공칠	1989	19
kuma	곰		일본어	김공칠	1989	6
komi	곰		한국어	김공칠	1989	6
kumuk	곰		한국어	김방한	1980	13
koma	곰		한국어	김방한	1980	13
ku-ma	곰		일본어	김사엽	1974	451
kom	곰		한국어	김사엽	1974	451
gjuŋ	곰		한국어	김선기	1976ㄱ	327
kama	곰		일본어	김승곤	1984	243
kom	곰		한국어	大野晋	1975	52
kuma	곰		일본어	文和政	1981	176
kon	곰		한국어	文和政	1981	176
nɔ -p'ɛ ŋ -i	곰		한국어	박은용	1974	113
nɔ -p'e	곰		한국어	박은용	1974	113
koma	곰		한국어	송민	1965	43
kuma	곰		일본어	송민	1965	43
kuma	곰		일본어	송민	1966	22
koma	곰		한국어	송민	1966	22

표제어/어휘		의미	언어	저자	발간년도	쪽수
koŋ	곰		한국어	송민	1966	22
kuma	곰		일본어	송민	1973	55
kom	곰		한국어	송민	1973	55
kuma	곰	a bear	일본어	宋敏	1969	73
kō m	곰	the bear	한국어	宋敏	1969	73
kuma	곰	the bear	일본어	宋敏	1969	73
kumá	곰	bear	일본어	宋敏	1969	73
kom	곰		한국어	宋敏	1969	73
kuma	곰		일본어	宋敏	1969	73
kom	곰	bear	한국어	宋敏	1969	73
熊	곰		한국어	辛 容泰	1987	132
攻	곰		한국어	辛 容泰	1987	132
kom	곰		한국어	유창균	1960	21
kuma	곰		일본어	유창균	1960	21
kuma	곰	bear	일본어	이기문	1963	102
kom	곰	bear	한국어	이기문	1963	102
クマ	곰		일본어	이명섭	1962	5
kuma	곰		일본어	長田夏樹	1966	115
kom	곰		한국어	長田夏樹	1966	115
kuma	곰		일본어	村山七郎	1963	27
kungmu	곰		한국어	村山七郎	1963	27
kom	곰		한국어	村山七郎	1963	27
kuma	곰	a bear	일본어	Aston	1879	22
kom	곰	a bear	한국어	Aston	1879	22
*kuma ~	곰	bear	일본어	Christopher I. Beckwith	2004	124
*kə wm :	곰	bear	한국어	Christopher I. Beckwith	2004	124
kō m	곰	bear	한국어	G. J. Ramstedt	1926	27
kuma	곰	bear	일본어	G. J. Ramstedt	1926	27
kō m	곰	Bär	한국어	G. J. Ramstedt	1939ㄱ	485
kuma	곰	Bär	일본어	G. J. Ramstedt	1939ㄱ	485
kō m	곰	the bear	한국어	G. J. Ramstedt	1949	122
kuma	곰	the bear	일본어	G. J. Ramstedt	1949	122
kuma	곰	bear	일본어	Kanazawa, S	1910	8
kom	곰	bear	한국어	Kanazawa, S	1910	8
kuma	곰	bear	한국어	Martin, S. E.	1966	201
kuma	곰	bear	한국어	Martin, S. E.	1966	202
kuma	곰	bear	한국어	Martin, S. E.	1966	217
kuma	곰	bear	한국어	Martin, S. E.	1966	223
kuma	곰		일본어	Martin, S. E.	1975	110
kuma	곰		일본어	Martin, S. E.	1975	110
kuma	곰		일본어	Martin, S. E.	1975	110

곰팡이

kom	곰팡이		한국어	강길운	1982ㄴ	19
kumi	누룩		일본어	강길운	1982ㄴ	19
kom	곰팡이		한국어	강길운	1982ㄴ	27
kumi	누룩		일본어	강길운	1982ㄴ	27
kom(p'ang)	곰팡이		한국어	김공칠	1989	11
kabi	곰팡이		일본어	김공칠	1989	11
kom	곰팡이		한국어	김사엽	1974	460
かび	곰팡이		일본어	김사엽	1974	460
kabi	곰팡이		일본어	長田夏樹	1966	115
kom	곰팡이		한국어	長田夏樹	1966	115
kabi	곰팡이		일본어	長田夏樹	1966	116
kom	곰팡이		한국어	長田夏樹	1966	116

표제어/어휘		의미	언어	저자	발간년도	쪽수
kom	곰팡이	phangi	한국어	宋敏	1969	73
kabi	곰팡이	mildew	일본어	宋敏	1969	73
kwɔmbyi	곰팡이	mildew	한국어	Martin, S. E.	1966	200
kwɔmbyi	곰팡이	mildew	한국어	Martin, S. E.	1966	202
kwɔmbyi	곰팡이	mildew	한국어	Martin, S. E.	1966	213
kwɔmbyi	곰팡이	mildew	한국어	Martin, S. E.	1966	216
곱						
kop	곱		한국어	김승곤	1984	243
kop		as much again, (so many) times	한국어	G. J. Ramstedt	1949	124
kop-č jẹl		as much again, the double	한국어	G. J. Ramstedt	1949	124
곱다						
kob-	곱다		한국어	강길운	1981ㄱ	33
arara/ara	곱다		일본어	강길운	1981ㄴ	7
ari'-tab-	곱다		한국어	강길운	1981ㄴ	7
s'ok	곱다		한국어	강길운	1983ㄱ	31
sir	곱다		한국어	강길운	1983ㄱ	31
kob	곱다		한국어	강길운	1983ㄴ	115
kob-	곱다		한국어	강길운	1983ㄴ	117
koβ-	곱다		한국어	강길운	1983ㄴ	125
곱	곱다		한국어	권덕규	1923ㄴ	128
kop	곱다	fair, beautiful	한국어	金澤庄三郎	1910	10
kuha-si	곱다	fair, beautiful	일본어	金澤庄三郎	1910	10
koh u	연모하다	love	일본어	金澤庄三郎	1910	19
kuha-si	연모하다	love	일본어	金澤庄三郎	1910	19
kop	곱다	fair; fine	한국어	金澤庄三郎	1910	19
koh-u	연모하다	love	일본어	金澤庄三郎	1910	9
kop	곱다	fair; fine	한국어	金澤庄三郎	1910	9
kop	곱다		한국어	金澤庄三郎	1914	220
kop	곱다		한국어	金澤庄三郎	1914	221
ku-Fa-si	곱다		일본어	김사엽	1974	452
kop	곱다		한국어	김사엽	1974	452
kopta	곱다		한국어	김승곤	1984	243
kupa-si	곱다		일본어	文和政	1981	176
kop	곱다		한국어	文和政	1981	176
ko-	곱다		한국어	박은용	1974	224
kö-röka-	곱다		한국어	白鳥庫吉	1914ㄷ	325
ko-rai	곱다	beau	한국어	白鳥庫吉	1914ㄷ	325
kupasi	곱다		일본어	송민	1965	43
kop-	곱다		한국어	송민	1965	43
kop-	곱다		한국어	송민	1973	52
kufa-si	곱다		일본어	송민	1973	52
kop-	곱다		한국어	송민	1973	55
kufa-si	곱다		일본어	송민	1973	55
kop	곱다		한국어	宋敏	1969	73
kawa	곱다	gentil, mignon	일본어	宋敏	1969	73
koph	곱다		한국어	宋敏	1969	73
kupa-si	곱다		일본어	宋敏	1969	73
koha-si	곱다		일본어	宋敏	1969	73
kuma	곱다		일본어	宋敏	1969	73
kop	곱다	être beau	한국어	宋敏	1969	73
kupa-si	가늘다, 아름답다		일본어	이용주	1980	72
koph	가늘다, 아름답다		한국어	이용주	1980	72
mey		good	한국어	Christopher I. Beckwith	2004	250

표제어/어휘		의미	언어	저자	발간년도	쪽수
Meyŋ	곱다(善)		한국어	Christopher I. Beckwith	2004	252
kuha-si	연모하다(love)		일본어	Kanazawa, S	1910	15
koh-u	연모하다(love)		일본어	Kanazawa, S	1910	15
kop	곱다	fair;fine	한국어	Kanazawa, S	1910	15
koh-u	연모하다(love)		일본어	Kanazawa, S	1910	7
kop	곱다	fair;fine	한국어	Kanazawa, S	1910	7
kop	곱다	fair, beautiful	한국어	Kanazawa, S	1910	8
kuha-si	곱다	fair, beautiful	일본어	Kanazawa, S	1910	8
kop-	곱다	love	한국어	Martin, S. E.	1966	199
kop-	곱다	love	한국어	Martin, S. E.	1966	202
kop-	곱다	love	한국어	Martin, S. E.	1966	218
곳						
kod	곳		한국어	강길운	1982ㄴ	21
ko'či	장소		일본어	강길운	1982ㄴ	21
ko'či	장소		일본어	강길운	1982ㄴ	27
kod	곳		한국어	강길운	1982ㄴ	27
kə kr	거기		한국어	강길운	1983ㄴ	108
pa	곳		한국어	金澤庄三郎	1914	221
ko	곳		일본어	김계원	1967	17
kot	곳		한국어	김계원	1967	17
kot	곳		한국어	김공칠	1989	15
ku	곳		일본어	김공칠	1989	15
do	곳		일본어	김사엽	1974	417
tʌ	곳		한국어	김사엽	1974	417
kos	곳		한국어	김사엽	1974	449
ko	곳		일본어	김사엽	1974	449
kos	곳		한국어	김사엽	1974	466
ka	곳		일본어	김사엽	1974	466
kö	곳		일본어	김사엽	1974	466
bɑ	곳		일본어	文和政	1981	176
pa	곳		한국어	文和政	1981	177
딗	곳		한국어	박은용	1975ㄴ	54
kot	곳	a place, a spot	한국어	白鳥庫吉	1915ㄱ	9
ko	가	place	일본어	宋敏	1969	71
kos	가	place	한국어	宋敏	1969	71
kot	곳		한국어	宋敏	1969	74
tokoro	곳	place	일본어	宋敏	1969	74
kot	곳	place	한국어	宋敏	1969	74
ku	곳		일본어	宋敏	1969	74
kot	곳	a place, a locality	한국어	이기문	1958	113
bara	곳		한국어	이기문	1971	432
kot(d)	곳		한국어	이숭녕	1956	104
kot(d)	곳		한국어	이숭녕	1956	125
kos	곳	place	한국어	Aston	1879	27
ko	곳	place	일본어	Aston	1879	27
kos	장소, 곳	place	일본어	Aston	1879	56
ko	장소	place	한국어	Aston	1879	56
got	곳	thing	한국어	Edkins, J	1895	409
kot		the sheath, case, shell, pod	한국어	G. J. Ramstedt	1949	127
kotan		village	일본어	G. J. Ramstedt	1949	127
kot		place, locality, site	한국어	G. J. Ramstedt	1949	127
wẹ nḍi kothi		pea-shell	한국어	G. J. Ramstedt	1949	127
kot		at once, immediately	한국어	G. J. Ramstedt	1949	127
kothori		a pod, a shell	한국어	G. J. Ramstedt	1949	127

표제어/어휘		의미	언어	저자	발간년도	쪽수
txe	곳	place	한국어	Martin, S. E.	1966	204
txexe	곳	place	한국어	Martin, S. E.	1966	204
txe	곳	place	한국어	Martin, S. E.	1966	205
to	곳	place	한국어	Martin, S. E.	1966	205
txe	곳	place	한국어	Martin, S. E.	1966	214
txexe	곳	place	한국어	Martin, S. E.	1966	214
공경하다						
ko-ma-hʌ	공경하다		한국어	김사엽	1974	472
u-ya-ma-Fi	공경하다		일본어	김사엽	1974	472
공이						
koŋ i	공이		한국어	강길운	1983ㄴ	115
koŋ i	공이		한국어	강길운	1983ㄴ	118
koŋ i	공이		한국어	강길운	1983ㄴ	138
ki	절구공이		일본어	이용주	1980	106
ko	절구공이		한국어	이용주	1980	106
곶						
koj	곶		한국어	강길운	1983ㄴ	115
gusi	곶		일본어	김완진	1965	83
kuč	곶		한국어	김완진	1965	83
kusi	곶		일본어	송민	1965	43
koč	곶		한국어	송민	1965	43
kos	곶	cape	한국어	金澤庄三郞	1910	10
kusi	곶	cape	일본어	金澤庄三郞	1910	10
kos	곶	cape	한국어	Kanazawa, S	1910	8
kusi	곶	cape	일본어	Kanazawa, S	1910	8
과녁						
kwan-hjə k	과녁		한국어	김사엽	1974	478
i-ku-Fa	과녁		일본어	김사엽	1974	478
과실						
kwair	과실		한국어	강길운	1982ㄴ	34
nikaop	나무 열매		일본어	강길운	1982ㄴ	34
과일						
mi		fruit	일본어	강영봉	1991	9
jə rɯ m		fruit	한국어	강영봉	1991	9
관(管)						
^ai p [押]	관	tube	한국어	Christopher I. Beckwith	2004	121
*tutu ~	관	pipe, tube	일본어	Christopher I. Beckwith	2004	139
관리하다						
kʌ -zʌ -mal	관리하다		한국어	김사엽	1974	423
つかさどる	관리하다		일본어	김사엽	1974	423
괄다						
kwā lda	괄다	to be dry, to be hard	한국어	宋敏	1969	74
kawaku	괄다	to become hard, to dry up	일본어	宋敏	1969	74
koā lda	괄다	to be dry, to be hard	한국어	G. J. Ramstedt	1949	133
kwā lda	괄다	to be dry, to be hard	한국어	G. J. Ramstedt	1949	133
kawaku		to become hard, to dry up	일본어	G. J. Ramstedt	1949	133

표제어/어휘		의미	언어	저자	발간년도	쪽수
괭이						
kuwa	괭이	hoe	일본어	김공칠	1989	16
koa	괭이	hoe	한국어	김공칠	1989	16
xome i	괭이		한국어	이용주	1980	106
kufa	괭이		일본어	이용주	1980	106
괴다(발효)						
kö	줄아들다	boil down, distil	한국어	宋敏	1969	74
kó	두껍다	be deep, thick	일본어	宋敏	1969	74
köida		to ferment	한국어	G. J. Ramstedt	1949	120
koi-i-da		to ferment	한국어	G. J. Ramstedt	1949	120
괴다(愛)						
koi-	아끼다		한국어	박은용	1974	237
koy	사랑하다	be loved	한국어	宋敏	1969	74
kóp	사랑하다	love	일본어	宋敏	1969	74
괴다(溜)						
ta-ma-ru	괴다		일본어	김사엽	1974	425
kʌp	괴다		한국어	김사엽	1974	425
괴롭다						
kurusi	괴롭다		일본어	김공칠	1989	6
koro	괴롭다		한국어	김공칠	1989	6
kusimi	괴롭다		한국어	김공칠	1989	6
ku-ru-si	괴롭다		일본어	김사엽	1974	450
ko-lo-oj	괴롭다		한국어	김사엽	1974	450
na-yam-	괴롭다	to be troubled with	일본어	송민	1974	14
kurushi	괴롭다		일본어	宋敏	1969	74
koro	괴롭다		한국어	宋敏	1969	74
구경						
kugjəŋ	景致를 흥미롭게 보는 일		한국어	이규창	1979	19
kem·bitʃhï	구경		일본어	이규창	1079	20
구덩이						
kud	구덩이		한국어	강길운	1981ㄱ	30
kot	구멍, 웅덩이		일본어	강길운	1981ㄱ	30
kud	구덩이		한국어	강길운	1982ㄴ	21
kod	구덩이		일본어	강길운	1982ㄴ	21
kud	구덩이		한국어	강길운	1982ㄴ	27
kot	구덩이		일본어	강길운	1982ㄴ	27
kut	구덩이		한국어	김사엽	1974	451
くぼ	구덩이		일본어	김사엽	1974	451
구두						
ku-tu	구두		한국어	김사엽	1974	452
ku-tu	구두		일본어	김사엽	1974	452
tutsu	구두		일본어	김승곤	1984	244
ku-du	구두		한국어	김승곤	1984	244
kutsu	구두	botte, chaussure	일본어	宋敏	1969	74
kudu	구두	botte, chaussure	한국어	宋敏	1969	74
kussi		shoes	한국어	G. J. Ramstedt	1949	128
kutsu		shoes	일본어	G. J. Ramstedt	1949	128
kudu		shoes	한국어	G. J. Ramstedt	1949	128
kussi		foreign shoes	한국어	G. J. Ramstedt	1949	132

표제어/어휘		의미	언어	저자	발간년도	쪽수
구들						
kutsuro	구들	a fireplace	일본어	宋敏	1969	74
keuteul	구들	a fireplace	한국어	宋敏	1969	74
kutsuro	구들	a fireplace	일본어	Aston	1879	23
keuteul	구들	a fireplace	한국어	Aston	1879	23
kudul/kudul-jang			한국어	Hulbert, H. B.	1905	116
구렁						
kuro	구렁	hollow	일본어	金澤庄三郎	1910	10
kuröng	구렁	hollow	한국어	金澤庄三郎	1910	10
kö-ri	구렁	valley paddy-field	한국어	白鳥庫吉	1914ㄷ	320
kulhöng	구렁		한국어	宋敏	1969	74
kuröng	구렁		한국어	宋敏	1969	74
kuri	구렁		일본어	宋敏	1969	74
kuro	구렁		일본어	宋敏	1969	74
kuro	두둑		일본어	長田夏樹	1966	114
kurxeñ	이랑		한국어	長田夏樹	1966	114
kuro	구렁	hollow	일본어	Kanazawa, S	1910	8
kuröng	구렁	hollow	한국어	Kanazawa, S	1910	8
구렁이						
ku-lə ŋ -i	구렁이		한국어	김사엽	1974	452
くちなは	구렁이		일본어	김사엽	1974	452
kul höng-i	구렁이	a serpent Trigonocephalus	한국어	白鳥庫吉	1915ㄱ	17
ku-röng-i	구렁이	a serpent Trigonocephalus	한국어	白鳥庫吉	1915ㄱ	17
kuti-nafa	구렁이	snake	일본어	이용주	1980	100
kureñ i	구렁이	snake	한국어	이용주	1980	100
*küli	구렁이	snake	한국어	이용주	1980	100
kurẹ ŋ i		a serpent - the Trigonocephalus	한국어	G. J. Ramstedt	1949	132
nį ŋ gureŋ i		a yellow spotted serpent	한국어	G. J. Ramstedt	1949	132
nį ŋ -guri		a yellow spotted serpent	한국어	G. J. Ramstedt	1949	132
구르다						
kiru	구르다		일본어	강길운	1981ㄴ	9
kur-	구르다		한국어	강길운	1981ㄴ	9
kiri	구르다		일본어	강길운	1982ㄴ	18
kur-	구르다		한국어	강길운	1982ㄴ	18
kiru	구르다		일본어	강길운	1982ㄴ	27
kur-	구르다		한국어	강길운	1982ㄴ	27
kul-, kuru	구르다	to roll	한국어	김공칠	1989	16
ころぶ	구르다		일본어	김사엽	1974	446
kï-ul-ï	구르다		한국어	김사엽	1974	446
kur	구르다		한국어	박은용	1974	215
kur-	구르다		한국어	박은용	1974	238
kul-	구르다	rollen	한국어	Andre Eckardt	1966	233
kurį da		to stamp with the foot, to strike the foot on the ground	한국어	G. J. Ramstedt	1949	132
구름						
kuri	구름		일본어	강길운	1981ㄴ	5
kurum	구름		한국어	강길운	1981ㄴ	5
kuru-m	구름		한국어	강길운	1982ㄴ	18
hɯri-	흐리다		한국어	강길운	1982ㄴ	18
kuri	구름		일본어	강길운	1982ㄴ	18

표제어/어휘	의미		언어	저자	발간년도	쪽수
hɯri-	흐리다		한국어	강길운	1982ㄴ	27
kuri	구름		일본어	강길운	1982ㄴ	27
kurum	구름		한국어	강길운	1982ㄴ	27
kuru-m	구름		한국어	강길운	1982ㄴ	35
kuri	구름		일본어	강길운	1982ㄴ	35
hɯri-	흐리다		한국어	강길운	1982ㄴ	35
kurum	구름		한국어	강길운	1982ㄴ	37
kuri	구름		일본어	강길운	1982ㄴ	37
kurwm		cloud	한국어	강영봉	1991	8
kumo		cloud	일본어	강영봉	1991	8
kumo	구름	cloud	일본어	金澤庄三郞	1910	10
kurä m	구름	cloud	한국어	金澤庄三郞	1910	10
kumo	구름		일본어	김공칠	1988	198
kurum	구름		한국어	김공칠	1988	198
kulum-	구름	colud(of weather)	한국어	김동소	1972	137
kuli m	구름	colud(of weather)	한국어	김동소	1972	137
ku-lom	구름		한국어	김사엽	1974	451
ku-mo	구름		일본어	김사엽	1974	451
gurum	구름	cloud	한국어	김선기	1968ㄱ	29
gumo	구름	cloud	일본어	김선기	1968ㄱ	29
gumo	구름		일본어	김선기	1976ㄹ	330
구름	구름		한국어	김선기	1976ㄹ	330
kumo	구름		일본어	김승곤	1984	193
kumo	구름		일본어	徐廷範	1985	239
kuri	구름		일본어	徐廷範	1985	239
kumo-	구름		일본어	宋敏	1969	74
kuram	구름		한국어	宋敏	1969	74
kurä m	구름		한국어	宋敏	1969	74
kurum	구름		한국어	宋敏	1969	74
kumo	구름	claud	일본어	宋敏	1969	74
kulɔ m	구름	claud	한국어	宋敏	1969	74
kurum	구름	cloud	한국어	이용주	1980	101
kumo	구름	cloud	일본어	이용주	1980	101
kŭ tum	구룸	cluud	한국어	이용주	1980	81
kumo	구름	cloud	일본어	이용주	1980	01
kurym	구름	clould	한국어	長田夏樹	1966	83
kumo	구름	clould	일본어	長田夏樹	1966	83
kurum/구름	구름		한국어	Arraisso	1896	21
kuri̠ m		cloud	한국어	G. J. Ramstedt	1949	132
kuri̠ m-kkin		cloudy	한국어	G. J. Ramstedt	1949	132
kumo	구름	cloud	일본어	Kanazawa, S	1910	8
kurä m	구름	cloud	한국어	Kanazawa, S	1910	8
kulmo	구름	cloud	한국어	Martin, S. E.	1966	201
kulmo	구름	cloud	한국어	Martin, S. E.	1966	202
kulmo	구름	cloud	한국어	Martin, S. E.	1966	211
kulmo	구름	cloud	한국어	Martin, S. E.	1966	217
kulmo	구름	cloud	한국어	Martin, S. E.	1966	223
kulmo	구름	cloud	한국어	Martin, S. E.	1966	225

구룽

*käma	구룽		한국어	강길운	1982ㄴ	25
kim	산맥		일본어	강길운	1982ㄴ	25
kim	산맥		일본어	강길운	1982ㄴ	27
*käma	구룽		한국어	강길운	1982ㄴ	27

구리다

| ku-tso | 구리다 | | 일본어 | 김사엽 | 1974 | 453 |

표제어/어휘		의미	언어	저자	발간년도	쪽수
ku-li	구리다		한국어	김사엽	1974	453
ku-ri ta	구리다	to stink, to emit a foul adour	한국어	白鳥庫吉	1915ㄱ	16
kusá	구리다	be smelly	일본어	宋敏	1969	74
kuli	구리다	be smelly	한국어	宋敏	1969	74
kuri-	구리다	to be of bad odor	한국어	이기문	1958	114
kori-	구리다	to be of bad odor	한국어	이기문	1958	114

구린내
호로세	취기가 코를 지르는 것		일본어	고재휴	1940ㄱ	7
コリ	구린내		일본어	고재휴	1940ㄱ	7
고리	구리다, 고리다, 구리구리하다,		한국어	고재휴	1940ㄱ	7
구리	구리다, 고리다, 구리구리하다,		한국어	고재휴	1940ㄱ	7
후라	구린내		일본어	고재휴	1940ㄱ	7
ku-rin nai	구린내	a foul odour, a disagreable smell	한국어	白鳥庫吉	1915ㄱ	16

구멍
ceč	구멍		한국어	강길운	1979	9
kud	구멍		한국어	강길운	1981ㄱ	32
kot	구멍. 웅덩이		일본어	강길운	1981ㄴ	5
akü	입구		한국어	강길운	1982ㄴ	16
ahun	입구		일본어	강길운	1982ㄴ	16
aku-ŋ i	아궁이		한국어	강길운	1982ㄴ	16
tu'urh-	뚫다		한국어	강길운	1983ㄴ	114
tɯlβ -	뚫다		한국어	강길운	1983ㄴ	125
ku-bo	구멍		일본어	김사엽	1974	451
ku-mo	구멍		한국어	김사엽	1974	451
kum-ki	구멍		한국어	김사엽	1974	481
a-na	구멍		일본어	김사엽	1974	481
ku möng	구멍	a hole	한국어	白鳥庫吉	1915ㄱ	14
ku-mu	구멍	a hole	한국어	白鳥庫吉	1915ㄱ	14
ku-mök	구멍	a hole	한국어	白鳥庫吉	1915ㄱ	14
keui ku-mu	목구멍	a hole	한국어	白鳥庫吉	1915ㄱ	15
sik kumu	목구멍	a hole	한국어	白鳥庫吉	1915ㄱ	15
ku-nyök	구멍	a hole	한국어	白鳥庫吉	1915ㄱ	15
ku-nyöng	구멍	a hole	한국어	白鳥庫吉	1915ㄱ	15
kut	구덩이, 웅덩이	a pit, a hole in the ground	한국어	白鳥庫吉	1915ㄱ	18
ku-töng-i	구덩이, 웅덩이	a pit, a hole in the ground	한국어	白鳥庫吉	1915ㄱ	18
kapi	구멍		일본어	송민	1966	22
kappi	구멍		한국어	송민	1966	22
kumk/ku'mu	구멍	hole	한국어	宋敏	1969	74
kumo	구멍	hole	한국어	宋敏	1969	74
kubo	속이 빈	hollow	일본어	宋敏	1969	74
kumá	활고자	nock	일본어	宋敏	1969	74
甲比	구멍		한국어	辛 容泰	1987	132
穴	구멍		한국어	辛 容泰	1987	132
kumu	구멍	hole	한국어	이기문	1958	114
kum-ę ŋ	구멍	hole	한국어	이기문	1958	114
kumu	구멍		한국어	이숭녕	1956	103
komaŋ	구멍		한국어	이숭녕	1956	103
kumõ ŋ	구멍		한국어	이숭녕	1956	103
kum-u	구멍		한국어	이숭녕	1956	133
kumök	구멍		한국어	이숭녕	1956	133
kuŋ -gaŋ	구멍		한국어	이숭녕	1956	186

〈ㄱ〉 57

표제어/어휘		의미	언어	저자	발간년도	쪽수
kuŋ -göŋ	구멍		한국어	이숭녕	1956	186
クムい	구멍		일본어	이원진	1940	14
구무	구멍		한국어	이원진	1940	14
クモリ	구멍		일본어	이원진	1940	14
ミずクムリ	구멍		일본어	이원진	1940	14
구무	구멍		한국어	이원진	1951	14
クムい	구멍 穴		일본어	이원진	1951	14
クモリ	구멍 穴		일본어	이원진	1951	14
ミずクムリ	구멍 穴		일본어	이원진	1951	14
^kaip[甲]	구멍	cavern, cave, hole	한국어	Christopher I. Beckwith	2004	110
^kaippi[甲比]	구멍	cavern, cave, hole	한국어	Christopher I. Beckwith	2004	110
^tsitsi[濟次]	구멍	hole	한국어	Christopher I. Beckwith	2004	111
^kai p[甲]	구멍	cavern, cave, hole	한국어	Christopher I. Beckwith	2004	115
^kai pi[甲比]	구멍	cavern, cave, hole	한국어	Christopher I. Beckwith	2004	115
*kai p : ^kai p	구멍	cave, cavern, hole	한국어	Christopher I. Beckwith	2004	122
*tsitsi : ^tsitsi	구멍	hole, cave	한국어	Christopher I. Beckwith	2004	139
kunyŭ ng	구멍	hole	한국어	Hulbert, H. B.	1905	123
kumbo	구멍	hole	한국어	Martin, S. E.	1966	200
kuma, kumwɔ	구멍	hole	한국어	Martin, S. E.	1966	201
kumbo	구멍	hole	한국어	Martin, S. E.	1966	202
kuma, kumwɔ	구멍	hole	한국어	Martin, S. E.	1966	202
kuma, kumwɔ	구멍	hole	한국어	Martin, S. E.	1966	216
kumbo	구멍	hole	한국어	Martin, S. E.	1966	217
kuma, kumwɔ	구멍	hole	한국어	Martin, S. E.	1966	217
kumbo	구멍	hole	한국어	Martin, S. E.	1966	218
kuma, kumwɔ	구멍	hole	한국어	Martin, S. E.	1966	223
구분						
구분	구분		한국어	고창식	1976	25
kuβ uŋ	구분		일본어	고창식	1976	25
구비하다						
そなへる	구비하다		일본어	김사엽	1974	430
kʌ t-čʰ o	구비하다		한국어	김사엽	1974	430
구슬						
kusɯ r	구슬		한국어	강길운	1983ㄱ	30
kusɯ r	구슬		한국어	강길운	1983ㄴ	114
kusɯ r	구슬		한국어	강길운	1983ㄴ	117
구슬	구슬		한국어	고재휴	1940ㄱ	6
keusä r	구슬		한국어	金澤庄三郎	1910	10
kusiro	팔찌		일본어	金澤庄三郎	1910	10
kusi	구슬		한국어	김공칠	1989	19
kusɯ l	구슬		한국어	김공칠	1989	9
ku-si-rö	구슬		일본어	김사엽	1974	453
ku-sʌ l	구슬		한국어	김사엽	1974	453
kusu -	구슬		한국어	박은용	1974	239
kuswl	구슬		한국어	송민	1966	22
kusirö	구슬		일본어	송민	1966	22
kos	구슬		한국어	송민	1966	22

표제어/어휘		의미		언어	저자	발간년도	쪽수
kusirö	팔찌			일본어	宋敏	1969	74
kusiro	팔찌			일본어	宋敏	1969	74
kusïl	구슬			한국어	宋敏	1969	74
keusǎ r	구슬			한국어	宋敏	1969	74
kuseul	구슬			한국어	宋敏	1969	74
kusi̯ r	보석		a gem, a jewel	한국어	이기문	1958	111
si̯ r	유리		glass	한국어	이기문	1958	111
tama	구슬			일본어	村山七郎	1963	28
kusi	구슬			한국어	村山七郎	1963	28
kuswl	구슬			한국어	村山七郎	1963	28
kusi̯ l			beads, pearls	한국어	G. J. Ramstedt	1949	132
keusǎ r	구슬		bead	한국어	Kanazawa, S	1910	8
kusiro	팔찌(bracelet)			일본어	Kanazawa, S	1910	8

구역
| kuyək | 구역 | 구역 | 한국어 | 강길운 | 1982ㄴ | 21 |
| ohai-yokke | 구역질하다 | 구역질하다 | 일본어 | 강길운 | 1982ㄴ | 21 |

구지(입)
고단	구지(입)		일본어	고재휴	1940ㄴ	19
コトバ	언어		일본어	고재휴	1940ㄴ	19
고지	구지(입)		한국어	고재휴	1940ㄴ	19
クチ	구지(입)		일본어	고재휴	1940ㄴ	19
구지	구지(입)		한국어	고재휴	1940ㄴ	19

국찾다
kukatchi	국찾다	finding soup	일본어	金澤庄三郎	1910	10
kukchhat	국찾다	finding soup	한국어	金澤庄三郎	1910	10
kukchhat	국찾다	finding soup	한국어	Kanazawa, S	1910	8
kukatchi	국찾다	finding soup	일본어	Kanazawa, S	1910	8

군(郡)
kopar	군		일본어	송민	1973	34
kopori	군		일본어	송민	1973	34
^pi y [非]	군	commandery	한국어	Christopher I. Beckwith	2004	135

군(人)
kun	군		한국어	金澤庄三郎	1914	221
kun		man, worker; people, the man	한국어	G. J. Ramstedt	1949	130
il-gun		worker, labourer	한국어	G. J. Ramstedt	1949	130
kjo-gun		a palanquin-bearer, (one of the) bearers, etc.	한국어	G. J. Ramstedt	1949	130
kjogun-gun		a palanquin-bearer, (one of the) bearers, etc.	한국어	G. J. Ramstedt	1949	130

군데
| kunte | 군데 | place | 한국어 | 宋敏 | 1969 | 74 |
| kuni | 지역 | country | 일본어 | 宋敏 | 1969 | 74 |

굳다
kud-	굳다		한국어	강길운	1983ㄱ	29
kud-	굳다		한국어	강길운	1983ㄴ	119
kata	굳다	hard	일본어	金澤庄三郎	1910	9
kut	굳다	hard	한국어	金澤庄三郎	1910	9
kud-	굳다		한국어	김방한	1978	16
ka-ta-si	굳다		일본어	김사엽	1974	462

⟨ㄱ⟩ 59

표제어/어휘	의미		언어	저자	발간년도	쪽수
kut	굳다		한국어	김사엽	1974	462
굿-	굳다		한국어	김선기	1979ㄷ	371
kata	굳다		일본어	文和政	1981	177
kut	굳다		한국어	文和政	1981	177
kut	굳다	to be hard, to be solid, to be firm	한국어	白鳥庫吉	1915ㄱ	19
kut	굳다		한국어	宋敏	1969	74
kŭtŭ-n	굳다	hard	한국어	宋敏	1969	74
kut	굳다	hard	한국어	宋敏	1969	74
kata-ki	굳다	hard	일본어	宋敏	1969	74
kata	굳다	hard	일본어	宋敏	1969	74
kata	굳다	dur	일본어	宋敏	1969	74
kat	굳다		한국어	宋敏	1969	74
kata	굳다		일본어	宋敏	1969	74
kut	굳다	dur, solide	한국어	宋敏	1969	74
kata-i	굳다	to be solid	일본어	이기문	1958	114
kut-	굳다	to be solid	한국어	이기문	1958	114
pañ xa	굳다		한국어	이용주	1980	106
usu	굳다		일본어	이용주	1980	106
kataki	굳다	hard	일본어	Aston	1879	27
kŭtŭn	굳다	hard	한국어	Aston	1879	27
*kutsi :	굳은; 정직한	solid, thick; honest, sincere	한국어	Christopher I. Beckwith	2004	128
kuḍi l kuḍi l		to be strong, to be hardened	한국어	G. J. Ramstedt	1949	132
kutta		to be hard, to be solid, to be firm	한국어	G. J. Ramstedt	1949	132
kutthida		to harden	한국어	G. J. Ramstedt	1949	132
kutč hida		to harden	한국어	G. J. Ramstedt	1949	132
kuḍi rę -ǯ ida		to become hard, to be solid	한국어	G. J. Ramstedt	1949	132
kut hạ da		to be strong, to be solid	한국어	G. J. Ramstedt	1949	132
kutta		to be hard, to be solid, to be firm	한국어	G. J. Ramstedt	1949	132
kudi		firmly, solidly	한국어	G. J. Ramstedt	1949	132
kuǯ i		firmly, solidly	한국어	G. J. Ramstedt	1949	132
kut hạ je		assuredly	한국어	G. J. Ramstedt	1949	132
kusseda		to be strong, to be solid	한국어	G. J. Ramstedt	1949	132
ę nǯ antha	굳다		한국어	G. J. Ramstedt	1949	133
kutta		to be bad, to be sub-normal	한국어	G. J. Ramstedt	1949	133
kata	굳다	hard	일본어	Kanazawa, S	1910	7
kut	굳다	hard	한국어	Kanazawa, S	1910	7
kwat(a)-	굳다	hard	한국어	Martin, S. E.	1966	202
kwat(a)-	굳다	hard	한국어	Martin, S. E.	1966	206
kwat(a)-	굳다	hard	한국어	Martin, S. E.	1966	216
kwat(a)-	굳다	hard	한국어	Martin, S. E.	1966	222
굴						
かき	굴		일본어	김사엽	1974	465
kul	굴		한국어	김사엽	1974	465
kutu	입구		일본어	宋敏	1969	74
kuchi	입	mouth, entrance	일본어	宋敏	1969	74
kúr	속이 빈	hollow, scoop it out	일본어	宋敏	1969	74
kul	굴	hole, cave	한국어	宋敏	1969	74
kur	굴	creuser	일본어	宋敏	1969	74
kul	굴		한국어	宋敏	1969	74

표제어/어휘		의미	언어	저자	발간년도	쪽수
kul	굴	cave	한국어	宋敏	1969	74
kut~kul	굴	trou	한국어	宋敏	1969	74
kur(öi)	굴		한국어	이숭녕	1956	137
kul	굴	Hoehle	한국어	Andre Eckardt	1966	233
ku	구	to speak	한국어	Aston	1879	25
kul	굴	hole, cave	한국어	Aston	1879	25
kuchi	입, 입구	mouth, entrance	일본어	Aston	1879	25
kū l		a cave, a cavern	한국어	G. J. Ramstedt	1949	129
kū de ŋ i	구덩이	hole	한국어	G. J. Ramstedt	1949	129
kur-	굴	cave	한국어	Martin, S. E.	1966	202
kur-	굴	cave	한국어	Martin, S. E.	1966	209
kur-	굴	cave	한국어	Martin, S. E.	1966	217

굴(조개)

kwalgʰ yi	굴	oyster	한국어	Martin, S. E.	1966	202
kwalğ yi	굴	oyster	한국어	Martin, S. E.	1966	211
kwalğ yi	굴	oyster	한국어	Martin, S. E.	1966	213
kwalğ yi	굴	oyster	한국어	Martin, S. E.	1966	216
kul	굴(조개류)	oyster	한국어	宋敏	1969	74
kaki	굴(조개류)	oyster	일본어	宋敏	1969	74

굴뚝

nupta	굴뚝		한국어	宮崎道三郎	1906	26
スサロ	굴뚝		한국어	宮崎道三郎	1906	7
kulttok	굴뚝		한국어	김공칠	1989	9
kudo	굴뚝		일본어	김공칠	1989	9
kū lttuk	굴뚝		한국어	김승곤	1984	244
kur-	굴뚝		한국어	박은용	1974	227
kul-ttuk	굴뚝	a chimney, a flue	한국어	白鳥庫吉	1915ㄱ	14
kuto	굴뚝		일본어	송민	1965	41
kultok	굴뚝		한국어	송민	1965	41
kudo	곡돌		일본어	宋敏	1969	74
kultok	굴뚝		한국어	宋敏	1969	74
kur	굴뚝	chimney	한국어	이기문	1958	113
kur-ttuk	굴뚝	chimney	한국어	이기문	1958	113
kul-tuŋ	굴뚝		한국어	이숭녕	1956	178
kū lttuk		a chimney	한국어	G. J. Ramstedt	1949	129

굵다

Fu-to	굵다		일본어	김사엽	1974	396
kulk	굵다		한국어	김사엽	1974	396

굶다

kurm-	굶다		한국어	강길운	1981ㄱ	32
kulm-	굶다		한국어	강길운	1983ㄴ	114
korh-	곯다, 주리다		한국어	강길운	1983ㄴ	115
korh-	주리다		한국어	강길운	1983ㄴ	116
kulm-	굶다		한국어	강길운	1983ㄴ	116
kulm-	주리다, 굶다		한국어	강길운	1983ㄴ	126
kulam-	주리다		한국어	강길운	1983ㄴ	131
korh-	곯다, 주리다		한국어	강길운	1983ㄴ	133
uru	굶다	to starve	일본어	김공칠	1989	17
uu	굶다	to starve	일본어	김공칠	1989	17
cu ri	굶다	to starve	한국어	김공칠	1989	17

굽

ma-ga-ri	굽		일본어	김사엽	1974	391

표제어/어휘		의미	언어	저자	발간년도	쪽수
kup		a bottom, a base	한국어	G. J. Ramstedt	1949	130
굽다						
oheuge	굽은		일본어	강길운	1981ㄴ	8
egub-	에굽다		한국어	강길운	1983ㄴ	107
kubi	굽이		한국어	강길운	1983ㄴ	116
egub-	구부러지다		한국어	강길운	1983ㄴ	120
kop	굽다		일본어	김공칠	1989	15
kuma	굽다		한국어	김공칠	1989	15
kup	굽다		한국어	김사엽	1974	391
ku-ma	굽다		일본어	김사엽	1974	451
kop	굽다		한국어	김사엽	1974	451
kus-	굽다		한국어	박은용	1974	226
*kuku-	굽다		한국어	박은용	1974	238
迂	굽어 멀리 돌다		한국어	辛 容泰	1987	134
汚	움푹 파인 웅덩이		한국어	辛 容泰	1987	134
盂	둥글게 파인 접시		한국어	辛 容泰	1987	134
宇	둥글게 굽은 지붕		한국어	辛 容泰	1987	134
구무	속이 빈 상태		한국어	신용태	1985	410
곰ㄱ	움푹한 것		한국어	신용태	1985	410
굶	속이 빈 상태		한국어	신용태	1985	410
굽	굽다		한국어	신용태	1985	410
곱	굽다		한국어	신용태	1985	410
곱	잘게 다듬다		한국어	신용태	1985	410
굼ㄱ	움폭한 것		한국어	신용태	1985	410
koma-goma	자세함이나 세밀함		일본어	신용태	1985	411
곱	잘게 다듬다		한국어	신용태	1985	411
kubo	움푹한 곳		일본어	신용태	1985	411
kubo	움푹한 곳		일본어	신용태	1985	411
옴ㅎ	움푹한 것		한국어	신용태	1985	411
koma	자세함이나 세밀함		일본어	신용태	1985	411
koma-nuku	좌우 팔을 안으로 굽혀서 서로 끼는 동작		일본어	신용태	1985	411
곰ㄱ	움푹한 것		한국어	신용태	1985	411
곰곰	아주 자세함		한국어	신용태	1985	411
굶	속이 빈 상태		한국어	신용태	1985	411
kubi	목		일본어	신용태	1985	411
kuma	굽다		일본어	신용태	1985	411
kuhasi	곱다		일본어	신용태	1985	411
kuha-si	곱다		일본어	신용태	1985	411
굼ㄱ	움푹한 것		한국어	신용태	1985	411
kuphida		to bend, to bow forward	한국어	G. J. Ramstedt	1949	131
kuphi rida		to bend, to bow forward	한국어	G. J. Ramstedt	1949	131
kuphi sim		to bend, to bow forward	한국어	G. J. Ramstedt	1949	131
kuphi-ʒ e ŋ		to bend, to bow forward	한국어	G. J. Ramstedt	1949	131
kobi rida		to curve, to bend over	한국어	G. J. Ramstedt	1949	131
kophi rida		to curve, to bend over	한국어	G. J. Ramstedt	1949	131
kobi re -ʒ ida		to bend, to bend the fingers, to count on the	한국어	G. J. Ramstedt	1949	131
kopč hu		a hunchback	한국어	G. J. Ramstedt	1949	131
kubi rida		to bend, to bow forward	한국어	G. J. Ramstedt	1949	131
kopč hju		a hunchback	한국어	G. J. Ramstedt	1949	131
kopta		to bend, to bend the fingers, to count on the	한국어	G. J. Ramstedt	1949	131
kobi l kobi l		to be bent, to be zigzag	한국어	G. J. Ramstedt	1949	131
kubi re-ʒ ida		to be crooked, to be bent in, to be bowed over	한국어	G. J. Ramstedt	1949	131

표제어/어휘		의미	언어	저자	발간년도	쪽수
kuphi̞ ṛe̞ -ʒida		to be crooked, to be bent in, to be bowed over	한국어	G. J. Ramstedt	1949	131
kupta		to be crooked, to be bent in, to be bowed over	한국어	G. J. Ramstedt	1949	131
kob-, kub-	굽은	bent, curved	한국어	Johannes Rahder	1959	71
굽다(燒)						
くべる	굽다		일본어	김사엽	1974	451
kup	굽다		한국어	김사엽	1974	451
kup	굽다		한국어	김사엽	1974	480
あぶる	굽다		일본어	김사엽	1974	480
kubu	굽다		일본어	송민	1973	52
kup-	굽다		한국어	송민	1973	52
kup-	굽다	ê tre courbé, voû té	한국어	宋敏	1969	74
kobu	굽다	tumeur, bosse	일본어	宋敏	1969	74
kupta		to roast, to broil	한국어	G. J. Ramstedt	1949	131
kū pta		to roast, to broil	한국어	G. J. Ramstedt	1949	131
kū i		broiled meat; baked food	한국어	G. J. Ramstedt	1949	131
kubi		broiled meat; baked food	한국어	G. J. Ramstedt	1949	131
굽음						
mo-mo	굽음		일본어	김사엽	1974	382
ku-pïl	굽음		한국어	김사엽	1974	382
굽이						
kubi̞	굽이		한국어	강길운	1981ㄱ	32
ku-se	굽이		일본어	김사엽	1974	453
ku-pʌ j	굽이		한국어	김사엽	1974	453
?kïm	굽이		한국어	이용주	1980	73
kuma	굽이		일본어	이용주	1980	73
굽히다						
くぐむ	굽히다		일본어	김사엽	1974	454
kup-pʰ i	굽히다		한국어	김사엽	1974	454
굿다						
kuj-(id)	굿다		한국어	강길운	1987	27
ma-ga	굿다		일본어	김사엽	1974	392
mə č	굿다		한국어	김사엽	1974	392
gud	굿다		한국어	김선기	1968ㄴ	24
siitakeru		bad	일본어	김선기	1978ㅁ	352
waruki		bad	일본어	김선기	1978ㅁ	352
굿다		bad	한국어	김선기	1978ㅁ	352
권위						
munduŋ	반가운 상대자호칭		한국어	강길운	1982ㄴ	33
mondum	권위		일본어	강길운	1982ㄴ	33
권죽						
maku	권죽		일본어	김공칠	1989	5
malme i	권죽		한국어	김공칠	1989	5
귀						
mimi		ear	일본어	강영봉	1991	8
kwi		ear	한국어	강영봉	1991	8
kui	귀	ear	한국어	金澤庄三郞	1910	18

표제어/어휘	의미		언어	저자	발간년도	쪽수
kowe	sound	sound	일본어	金澤庄三郎	1910	18
kiku	listen	listen	일본어	金澤庄三郎	1910	18
kowe	소리	sound	일본어	金澤庄三郎	1910	9
kui	귀	ear	한국어	金澤庄三郎	1910	9
ki-ku	듣다	listen	일본어	金澤庄三郎	1910	9
kui	귀		일본어	김공칠	1988	192
kui	귀		한국어	김공칠	1988	192
kiku	듣다		일본어	김공칠	1988	192
kui	귀		한국어	김공칠	1989	10
kwi	귀	ear	한국어	김동소	1972	137
kwi	귀	ear	한국어	김동소	1972	137
みみ	귀		일본어	김사엽	1974	386
kuj	귀		한국어	김사엽	1974	386
mimi	귀	ear	일본어	김선기	1968ㄱ	23
gui	귀	ear	한국어	김선기	1968ㄱ	23
mimi	귀		일본어	김선기	1976ㅇ	359
귀	귀		한국어	김선기	1976ㅇ	359
kui	귀		한국어	大野晋	1975	88
クイ	귀		한국어	大野晋	1975	88
mimi	귀		일본어	大野晋	1975	88
キク	듣다		일본어	大野晋	1975	88
kus	귀		한국어	박은용	1974	225
kui	귀	the ear	한국어	白鳥庫吉	1915ㄱ	13
kui	귀		한국어	송민	1973	36
kiku	귀		일본어	宋敏	1969	74
kui	귀		한국어	宋敏	1969	74
tuiʦ gi	귀		한국어	이숭녕	1956	178
kŭ i	귀	ear	한국어	이용주	1980	80
mimi	귀	ear	일본어	이용주	1980	80
mimi	귀	ear	일본어	이용주	1980	95
kisár, -a	귀	ear	일본어	이용주	1980	95
kŭ i	귀	ear	한국어	이용주	1980	95
mımi	귀	ear	일본어	이용주	1980	99
kui	귀	ear	한국어	이옹주	1980	99
*ŋ w(위첨자)i	귀	ear	한국어	이용주	1980	99
mimi	귀	ear	일본어	長田夏樹	1966	82
kü	귀	ear	한국어	長田夏樹	1966	82
kui ẹ dupta	귀 어듭다	to be deaf	한국어	G. J. Ramstedt	1949	128
kui mẹ kta	귀먹다	to be deaf	한국어	G. J. Ramstedt	1949	128
kui		the ear; the eye of a needle; a corner, an	한국어	G. J. Ramstedt	1949	128
kwi	귀		한국어	Hulbert, H. B.	1905	116
kui	귀	ear	한국어	Johannes Rahder	1959	43
kiku	listen(듣다)		일본어	Kanazawa, S	1910	15
kowe	sound(소리)		일본어	Kanazawa, S	1910	15
kui	귀	ear	한국어	Kanazawa, S	1910	15
kui	귀	ear	한국어	Kanazawa, S	1910	7
kowe	소리(sound)		일본어	Kanazawa, S	1910	7
ki-ku	듣다(listen)		일본어	Kanazawa, S	1910	7

그

kɯ	그		한국어	강길운	1981ㄱ	32
kɯ	그		한국어	강길운	1983ㄴ	116
kɯ	그		한국어	강길운	1983ㄴ	119
kɯ		he	한국어	강영봉	1991	9
kare		he	일본어	강영봉	1991	9

표제어/어휘		의미	언어	저자	발간년도	쪽수
keu	그	this	한국어	金澤庄三郎	1910	31
ka	저	that	일본어	金澤庄三郎	1910	31
so	그		일본어	김공칠	1989	7
chyö	그		한국어	김공칠	1989	7
cʌ	그가	he	한국어	김동소	1972	138
ki	그가	he	한국어	김동소	1972	138
kɯ	그		한국어	김방한	1979	8
č ə	그		한국어	김사엽	1974	431
tsö	그		일본어	김사엽	1974	431
kï	그		한국어	김사엽	1974	466
ka	그		일본어	김사엽	1974	466
ka	그		일본어	김선기	1968ㄱ	43
ko	그	that	일본어	김선기	1968ㄱ	43
gə	그	that	한국어	김선기	1968ㄱ	43
gɯ	그	that	한국어	김선기	1968ㄱ	43
ka	그		일본어	文和政	1981	176
keu	그		한국어	文和政	1981	177
ge	중칭(단수지시대명사)		한국어	박시인	1970	63
ko	그	this	일본어	宋敏	1969	74
kïy	그	that	한국어	宋敏	1969	74
kü	그		한국어	이숭녕	1956	94
kɯˇ	그	he	한국어	이용주	1980	84
kare	그	he	일본어	이용주	1980	84
keu	그	that (2rd person)	한국어	Aston	1879	52
ka	그 (3인칭)	that (3rd person)	일본어	Aston	1879	52
kē		there, you there, you	한국어	G. J. Ramstedt	1949	114
ki̯ ne		you, that	한국어	G. J. Ramstedt	1949	114
koman tuda		to leave it at that much, to cease	한국어	G. J. Ramstedt	1949	114
kē nē		you, that	한국어	G. J. Ramstedt	1949	114
ki̯ nedi̯ I ki̯ nene		you, that(pl.)	한국어	G. J. Ramstedt	1949	114
ki̯ ge		there	한국어	G. J. Ramstedt	1949	114
konom		that fellow, he there	한국어	G. J. Ramstedt	1949	114
koman		that amount, that much	한국어	G. J. Ramstedt	1949	114
ki̯ man		that amount, that much	한국어	G. J. Ramstedt	1949	114
ki̯		that	한국어	G. J. Ramstedt	1949	114
ke̯ nē		you, that	한국어	G. J. Ramstedt	1949	114
ki̯ gi̯ i		there	한국어	G. J. Ramstedt	1949	114
keu	그	3rd pers. Sing.	한국어	Hulbert, H. B.	1905	
keu	그	that	한국어	Hulbert, H. B.	1905	
ka	저(that)		일본어	Kanazawa, S	1910	18
keu	그	this	한국어	Kanazawa, S	1910	18

그~

sö	그~		일본어	이용주	1980	72
č ö	그~		한국어	이용주	1980	72

그늘

ka-kə	그늘		일본어	김사엽	1974	464
kʌ -nʌ l	그늘		한국어	김사엽	1974	464
	그늘		한국어	김선기	1976ㄷ	337
hodo	그늘		일본어	송민	1965	38
pochi	그늘		한국어	송민	1965	38

그들

| cʌ hi i | 그들 | they | 한국어 | 김동소 | 1972 | 141 |

⟨ㄱ⟩ 65

표제어/어휘	의미		언어	저자	발간년도	쪽수
kɨtil	그들	they	한국어	김동소	1972	141
ge-der	중칭(복수지시대명사)		한국어	박시인	1970	63
kare	그들	they	일본어	이용주	1980	84
그러므로						
kare	그러므로		일본어	김공칠	1989	9
koro	그러므로		한국어	김공칠	1989	9
그루						
kï-lï	그루		한국어	김사엽	1974	460
かぶ	그루		일본어	김사엽	1974	460
그루갈이						
kị ru (in kị ru-다시)		again, one more, secondly	한국어	이기문	1958	111
kị rgẹ ri		a second crop - the same year	한국어	G. J. Ramstedt	1949	118
kị ru		a second crop - the same year	한국어	G. J. Ramstedt	1949	118
kị rg-i		a second crop - the same year	한국어	G. J. Ramstedt	1949	118
kị rū	그루	a second crop	한국어	G. J. Ramstedt	1949	118
그루터기						
ku-Fi-se	그루터기		일본어	김사엽	1974	452
kï-lï-h	그루터기		한국어	김사엽	1974	452
그르다						
kïlï-	그르다	be mistaken	한국어	宋敏	1969	74
kurúp-	비뚤어지다	become crazy	일본어	宋敏	1969	74
kɔ rɔ -	그르다	wrong	한국어	Martin, S. E.	1966	203
kɔ rɔ -	그르다	wrong	한국어	Martin, S. E.	1966	219
그릇						
kɯrɯs	그릇		한국어	강길운	1983ㄱ	48
maru	그릇		일본어	김공칠	1989	19
kɯrɯ	그릇		한국어	김방한	1978	33
kï-lïs	그릇		한국어	김사엽	1974	387
mi-ka	그릇		일본어	김사엽	1974	387
u-tu-Fa	그릇		일본어	김사엽	1974	473
kï-lïs	그릇		한국어	김사엽	1974	473
그리고						
to		and	일본어	강영봉	1991	8
jə ŋ /to		and	한국어	강영봉	1991	8
그리다(畵)						
ka-ki	그리다		일본어	김사엽	1974	465
kï-li	그리다		한국어	김사엽	1974	465
그리워하다						
kohu	그리워하다		일본어	김공칠	1989	10
kï-li	그리워하다		한국어	김사엽	1974	446
ko-Fï	그리워하다		일본어	김사엽	1974	446
그림						
kaku	그리다		일본어	김승곤	1984	199

표제어/어휘		의미	언어	저자	발간년도	쪽수
kol-lai-	그림	bild	한국어	白鳥庫吉	1914ㄷ	322
kol-t'angmök-	그림	bild	한국어	白鳥庫吉	1914ㄷ	322
kol-t'eul-li-	그림	bild	한국어	白鳥庫吉	1914ㄷ	322
koi-ro-om	그림	bild	한국어	白鳥庫吉	1914ㄷ	322
kirida		to sketch	한국어	G. J. Ramstedt	1949	118
kirim		a picture, a sketch, a drawing	한국어	G. J. Ramstedt	1949	118
그림자						
Kɯri-me	그림자		한국어	강길운	1982ㄴ	24
nikuri	그림자		일본어	강길운	1982ㄴ	24
nikuri	그림자		일본어	강길운	1982ㄴ	34
Kɯri-me	그림자		한국어	강길운	1982ㄴ	34
kage	그림자		일본어	김공칠	1989	15
keri	그림자		한국어	김공칠	1989	15
ka-kə	그림자		일본어	김사엽	1974	464
kï-li-maj	그림자		한국어	김사엽	1974	464
*kɯrime	그림자		한국어	박은용	1974	222
kirimei	그림자	shadow	한국어	이기문	1958	112
kirimei	그림자	shadow	한국어	이기문	1958	112
kaga	그림자		일본어	이용주	1979	113
kïrimcəy	그림재 그림자		한국어	이용주	1979	113
kïriməy	그림자		한국어	이용주	1979	113
kïrïmwy	그르매 그림자		한국어	이용주	1979	113
keulim	그림		한국어	宋敏	1969	74
kage	그림자	a shadow	일본어	宋敏	1969	74
kirimǯa		a shadow, a reflexion	한국어	G. J. Ramstedt	1949	118
그물						
kɯmɯr	그물		한국어	강길운	1983ㄱ	37
kɯmɯr	그물		한국어	강길운	1983ㄱ	42
kɯmɯr	그물		한국어	강길운	1983ㄴ	112
kɯmur	그물		한국어	강길운	1983ㄴ	117
ko	그물코		한국어	강길운	1983ㄴ	117
tuna-g-	잇다		일본어	강길운	1987	17
mɯr	물		한국어	강길운	1987	17
kɯmur	그물	net	한국어	김공칠	1988	83
kïmul	그물	net	한국어	김공칠	1988	83
ami	그물	net	일본어	김공칠	1988	83
tsa-de	그물		일본어	김사엽	1974	443
sa-to	그물		한국어	김사엽	1974	443
kï-mul	그물		한국어	김사엽	1974	479
あみ	그물		일본어	김사엽	1974	479
tuna	그물		일본어	石井 博	1992	92
cur	그물		한국어	石井 博	1992	92
sade	그물		일본어	송민	1973	34
sadul	그물		일본어	송민	1973	34
그믈다(舊)						
kï-mïl	그믈다		한국어	김사엽	1974	451
gu-mo-ri	그믈다		일본어	김사엽	1974	451
그믐						
つごもり	그믐		일본어	김사엽	1974	421
kï-mïm	그믐		한국어	김사엽	1974	421
kumoru	그믐		일본어	宋敏	1969	74
kumum	그믐		한국어	宋敏	1969	74

표제어/어휘		의미	언어	저자	발간년도	쪽수
kį mį mnal		the last day of a morth	한국어	G. J. Ramstedt	1949	117
kkį mį rę -ʒ ida		to be clouded, to grow dim	한국어	G. J. Ramstedt	1949	117
kį mį mbam		a dark night, a night without moon	한국어	G. J. Ramstedt	1949	117
kį mį m pam		a dark night, a night without moon	한국어	G. J. Ramstedt	1949	117
kį mį m	그믐	the last day of the month	한국어	G. J. Ramstedt	1949	117
kį mį m		the last day of a morth	한국어	G. J. Ramstedt	1949	117
그을다						
Fu-su-Fë	그을다		일본어	김사엽	1974	397
kï-zïl	그을다		한국어	김사엽	1974	397
kömöŋ	그을다		한국어	이숭녕	1956	116
그을리다						
kɯsɯr-	그을리다		한국어	강길운	1982ㄴ	24
kohuye	그을리다		일본어	강길운	1982ㄴ	24
kohuye	그을리다		일본어	강길운	1982ㄴ	27
kɯsɯr-	그을리다		한국어	강길운	1982ㄴ	27
くゆる	그을리다		일본어	김사엽	1974	451
kï-zïl	그을리다		한국어	김사엽	1974	451
그을음						
susu	그을음		일본어	이용주	1980	72
sus	그을음		한국어	이용주	1980	72
그음						
ki-Fa-mi	그음		일본어	김사엽	1974	455
kï-zïm	그음		한국어	김사엽	1974	455
그저께						
kɯjə k'ɪ	그저께		한국어	강길운	1982ㄴ	24
hoš iki	그저께		일본어	강길운	1982ㄴ	24
kɯjə k'ɪ	그저께		한국어	강길운	1982ㄴ	32
hoš iki	그저께		일본어	강길운	1982ㄴ	32
kï-č ə j	그제		한국어	김사엽	1974	456
ki-tsö	그제		일본어	김사엽	1974	456
kuič öi	그제		한국어	이숭녕	1956	92
küč ököi	그저께		한국어	이숭녕	1956	145
그치다						
kɯ ĕ -	그치다		한국어	강길운	1983ㄱ	42
kɯ č '-	그치다		한국어	강길운	1983ㄴ	112
kɯ č '-	그치다		한국어	강길운	1983ㄴ	116
kïč ʰ	그치다		한국어	김사엽	1974	427
たつ	그치다		일본어	김사엽	1974	427
근본						
ɯst-ɯm	근본		한국어	강길운	1983ㄱ	30
motohe	근본		일본어	김공칠	1980	93
밑	밑		한국어	김공칠	1980	93
mötö	근본		일본어	김공칠	1989	12
mötö	근본		일본어	大野晋	1980	20
근심						
kakaru	근심		일본어	김공칠	1989	6
köl	근심		한국어	김공칠	1989	6

근심하다

표제어/어휘	의미		언어	저자	발간년도	쪽수
oroka	근심하다		일본어	김공칠	1989	7
örisyök, eureu	근심하다		한국어	김공칠	1989	7

근원

표제어/어휘	의미		언어	저자	발간년도	쪽수
äjar	근원		한국어	강길운	1977	14
etok	근원		일본어	강길운	1982ㄴ	20
tʼə/tʼʌr	터, 근원		한국어	강길운	1982ㄴ	20
tʼʌr	근원		한국어	강길운	1982ㄴ	23
etok	근원		일본어	강길운	1982ㄴ	23
fara	근원		일본어	김공칠	1988	193
pər	근원		한국어	김공칠	1988	193
para	근원		일본어	김공칠	1989	7
pölphan	근원		한국어	김공칠	1989	7
덜	근원		한국어	김선기	1976ㄴ	329

글

표제어/어휘	의미		언어	저자	발간년도	쪽수
kure	글		일본어	김공칠	1989	6
keul	글		한국어	김공칠	1989	6
kïl	글		한국어	大野晋	1975	52
keul	글		한국어	宋敏	1969	74
karu	글	to scratch, to write	일본어	宋敏	1969	74
kaku	글		일본어	宋敏	1969	74
kul	글		한국어	宋敏	1960	74
kïl	글		한국어	宋敏	1969	74
kïr	글	a letter	한국어	이기문	1958	112
글	글		한국어	이탁	1946ㄱ	13
글	글		한국어	이탁	1946ㄷ	17
bun	글		일본어	村山七郞	1963	27
kwr	글		한국어	村山七郞	1963	27
kwl	글		한국어	村山七郞	1963	27

글월

표제어/어휘	의미		언어	저자	발간년도	쪽수
kïl-βal	글월		한국어	김사엽	1974	396
kïl-wal	글월		한국어	김사엽	1974	396
ふみ	글월		일본어	김사엽	1974	396
keu-răt	글월	character writing	한국어	白鳥庫吉	1914ㄷ	306

긁다

표제어/어휘	의미		언어	저자	발간년도	쪽수
kɯlg-	긁다		한국어	강길운	1982ㄴ	17
ikere/kiki	긁다		일본어	강길운	1982ㄴ	17
kɯlg-	긁다		한국어	강길운	1982ㄴ	24
kiki/ikere	긁다		일본어	강길운	1982ㄴ	24
kɯlg-	긁다		한국어	강길운	1982ㄴ	36
ikere	긁다		일본어	강길운	1982ㄴ	36
tɯk-tɯk	거칠게 긁는 모양		한국어	강길운	1983ㄴ	109
kak-		to scratch	일본어	강영봉	1991	11
kɯlk-/kokcu-		to scratch	한국어	강영봉	1991	11
kak-u	긁다	scratch	일본어	金澤庄三郞	1910	9
keurk	긁다	scratch	한국어	金澤庄三郞	1910	9
kïlk-	할퀴다	scratch	한국어	김동소	1972	140
kïlk-	할퀴다	scratch	한국어	김동소	1972	140
かく	긁다		일본어	김사엽	1974	465
kïlk	긁다		한국어	김사엽	1974	465
keurk	긁다		한국어	文和政	1981	177
kaku	긁다		일본어	文和政	1981	177
kura	긁다		한국어	박은용	1974	212

표제어/어휘		의미	언어	저자	발간년도	쪽수
keul-keui	긁다	to rake, to scratch, to scrape	한국어	白鳥庫吉	1914ㄷ	306
keul-pang	긁다	to scratch, to lear	한국어	白鳥庫吉	1914ㄷ	306
keurk	긁다		한국어	宋敏	1969	74
kïrk	긁다		한국어	宋敏	1969	74
kaku	긁다		일본어	宋敏	1969	74
kulk	긁다		한국어	宋敏	1969	74
kaku	긁다	to scratch	일본어	이용주	1980	83
kɯ가-	긁다	to scratch	한국어	이용주	1980	83
kiki	긁다	to scratch	일본어	이용주	1980	96
kaku	긁다	to scratch	일본어	이용주	1980	96
kɯrk-	긁다	to scratch	한국어	이용주	1980	96
ki̱ re̱ ŋ i		a kind of drag-net, a sort of fish-rake	한국어	G. J. Ramstedt	1949	115
ki̱ re̱ -ā nda		to take in the arms	한국어	G. J. Ramstedt	1949	115
ki̱ re̱ -ʒ üida		to seize, to grab, to gain	한국어	G. J. Ramstedt	1949	115
ki̱ lkta		to rake, to scratch, to scrape	한국어	G. J. Ramstedt	1949	115
ki̱ kta		to rake, to scratch, to scrape	한국어	G. J. Ramstedt	1949	115
ki̱ re̱ ŋ iʒ il ha̱ da		to oppress or squeeze the people - as a	한국어	G. J. Ramstedt	1949	115
ki̱ re̱ -me̱ kta		to grab, to grasp at	한국어	G. J. Ramstedt	1949	115
ki̱ lge̱ ŋ iʒ il ha̱ da		to draw in a net, to squeeze money out of	한국어	G. J. Ramstedt	1949	115
ki̱ lge̱ ŋ i		a comb, a rake	한국어	G. J. Ramstedt	1949	115
ki̱ lkta, ki̱ lta, 긁다		to rake, to scratch, to scrpae	한국어	G. J. Ramstedt	1949	115
keurk	긁다	scratch	한국어	Kanazawa, S	1910	7
kak-u	긁다	scratch	일본어	Kanazawa, S	1910	7
kă lk-	긁다	scratch	한국어	Martin, S. E.	1966	202
kálk-	긁다	scratch	한국어	Martin, S. E.	1966	203
kálk-	긁다	scratch	한국어	Martin, S. E.	1966	210
kálk-	긁다	scratch	한국어	Martin, S. E.	1966	221

금
asi	금		한국어	강길운	1977	14
*ā si	황금		한국어	강길운	1979	13
仇	금		한국어	강길운	1983ㄱ	29
asi	금		한국어	강길운	1983ㄱ	29
kugane	금		일본어	김방한	1980	21
alti	금		한국어	김선기	1976ㄴ	329
kin	금		일본어	김승곤	1984	243
kogane		gold	일본어	G. J. Ramstedt	1949	116
kongani		gold	일본어	G. J. Ramstedt	1949	116
ki̱ m		metal, gold	한국어	G. J. Ramstedt	1949	116
komparu		the golden springtime	일본어	G. J. Ramstedt	1949	116
ki̱ m		the price, the value	한국어	G. J. Ramstedt	1949	116
ki̱ m		this	한국어	G. J. Ramstedt	1949	116

금(경계)
ひび	금		일본어	김사엽	1974	399
kïm	금		한국어	김사엽	1974	399
k<ī ˇ >m kada		to be cracked - as crackle ware	한국어	G. J. Ramstedt	1949	117
k<ī ˇ >mgada		to be cracked - as crackle ware	한국어	G. J. Ramstedt	1949	117

표제어/어휘		의미	언어	저자	발간년도	쪽수
k<ī ˘ >m		a crack, a crease	한국어	G. J. Ramstedt	1949	117
k<ī ˘ >m nada		to spread apart, to split, to crack	한국어	G. J. Ramstedt	1949	117
kupui	금		한국어	宋敏	1969	74
kum	금	limit	한국어	宋敏	1969	74
kuma	금	limit	일본어	宋敏	1969	74
kïm	금		한국어	宋敏	1969	74
kum	금		일본어	宋敏	1969	74
kuma	금		일본어	宋敏	1969	74
kuma	금	limit	일본어	Aston	1879	21
kum	금	limit	한국어	Aston	1879	21
금속						
suku	광채있는 쇠		일본어	김승곤	1984	198
k<i_ >m	금		한국어	김승곤	1984	243
kuri	구리		한국어	김승곤	1984	244
금지된 산						
mori	금지된 산		일본어	김공칠	1989	9
me llim	금지된 산		한국어	김공칠	1989	9
급병						
sar	악귀로 인한 급병		한국어	강길운	1982ㄴ	16
sarak	변사		일본어	강길운	1982ㄴ	16
sar	악귀로 인한 급병		한국어	강길운	1982ㄴ	28
sarak	변사		일본어	강길운	1982ㄴ	28
sar	악귀로 인한 급병		한국어	강길운	1982ㄴ	35
sarak	변사		일본어	강길운	1982ㄴ	35
하모(긍정 감탄사)						
hami	판단,놀람 감탄사		일본어	강길운	1982ㄴ	16
hamo	긍정감탄사		한국어	강길운	1982ㄴ	16
hamo	긍정감탄사		한국어	강길운	1982ㄴ	31
hami	판단,놀람 감탄사		일본어	강길운	1982ㄴ	31
-기						
ki	기		일본어	宋敏	1969	75
ki	기		한국어	宋敏	1969	75
ki	기	Suffix	한국어	Andre Eckardt	1966	232
ki (gi)	기	verbial noun	한국어	G. J. Ramstedt	1928	80
ki-		factitive suffix	한국어	G. J. Ramstedt	1949	111
기계						
pata	기계		일본어	이용주	1980	72
poit' ïl	기계		한국어	이용주	1980	72
기다						
kïj	기다		한국어	김사엽	1974	403
Fa-Fi	기다		일본어	김사엽	1974	403
kị ida	기다	to go on all fours	한국어	G. J. Ramstedt	1949	115
kị <iˆ >da		to go on all fours	한국어	G. J. Ramstedt	1949	115
kị ida		to creep, to crawl (of worms and insects)	한국어	G. J. Ramstedt	1949	115
k<ī ˘ >da		to go on all fours	한국어	G. J. Ramstedt	1949	115
기다리다						
kitere	기다리다		일본어	강길운	1981ㄴ	8

표제어/어휘	의미		언어	저자	발간년도	쪽수
kidɯ ri-	기다리다		한국어	강길운	1981ㄴ	8
ki-tʌ -li	기다리다		한국어	김사엽	1974	390
ma-ta	기다리다		일본어	김사엽	1974	390
ma-tu	기다리다		일본어	김사엽	1974	390
kitu ri	기다리다		한국어	박은용	1974	214
kida̧ rida		to await, to expect	한국어	G. J. Ramstedt	1949	111
kidurguda		to await, to expect	한국어	G. J. Ramstedt	1949	111
kida̧ rida	기다리다	to wait	한국어	G. J. Ramstedt	1949	111
기둥						
ikuš be	기둥		일본어	강길운	1982ㄴ	17
kid	기둥		한국어	강길운	1982ㄴ	17
kid	기둥		한국어	강길운	1982ㄴ	18
ikuš be	기둥		일본어	강길운	1982ㄴ	18
kid	기둥		한국어	강길운	1983ㄱ	30
kid	기둥		한국어	강길운	1983ㄴ	117
karä	서까래		한국어	강길운	1983ㄴ	120
tɯ lpo	들보		한국어	강길운	1983ㄴ	123
Fa-si-ra	기둥		일본어	김사엽	1974	405
ki-toŋ	기둥		한국어	김사엽	1974	405
kidoŋ	기둥		한국어	이숭녕	1956	98
kid/kit	기둥		한국어	이숭녕	1956	98
기러기						
kirö-ki	기러기	wild goose	한국어	金澤庄三郞	1910	9
kari	기러기	wild goose	일본어	金澤庄三郞	1910	9
kirö-ki	기러기	wild goose	한국어	金澤庄三郞	1910	16
kari	기러기	wild goose	일본어	金澤庄三郞	1910	16
kiröki	기러기		한국어	金澤庄三郞	1914	220
kiriki	기러기		한국어	김공칠	1989	6
kari	기러기		일본어	김공칠	1989	6
ka-ri	기러기		일본어	김사엽	1974	458
ki-lʌ -ki	기러기		한국어	김사엽	1974	458
kari	기러기		일본어	김선기	1977ㄷ	355
giregi	기러기		한국어	김선기	1977ㄷ	355
kari	기러기		일본어	文和政	1981	177
kirō -ki	기러기		한국어	文和政	1981	177
köreum	기러기	gans	한국어	白鳥庫吉	1914ㄷ	315
kö-ru-	기러기	gans	한국어	白鳥庫吉	1914ㄷ	315
ki-rök-l	기러기	swan	한국어	白鳥庫吉	1914ㄷ	315
kari	기러기	a wild goose	일본어	宋敏	1969	75
kari	기러기		일본어	宋敏	1969	75
kala-ki	기러기		한국어	宋敏	1969	75
kïiryöki	기러기		한국어	宋敏	1969	75
kirok	기러기		한국어	宋敏	1969	75
kirö-ki	기러기		한국어	宋敏	1969	75
kirȩ ki	기러기	a wild goose	한국어	이기문	1958	114
kị ryȩ ki	기러기	a wild goose	한국어	이기문	1958	114
kị ryȩ k	기러기	a wild goose	한국어	이기문	1958	114
kị rȩ ki	기러기	a wild goose	한국어	이기문	1958	114
kirögi	기러기		한국어	이숭녕	1956	157
kari	기러기		일본어	이용주	1980	72
kïiryöki	기러기		한국어	이용주	1980	72
kari	기러기	a wild goose	일본어	Aston	1879	25
kalaki	기러기	a wild goose	한국어	Aston	1879	25
kari	기러기	wild goose	일본어	Kanazawa, S	1910	7
kirö-ki	기러기	wild goose	한국어	Kanazawa, S	1910	7

표제어/어휘		의미	언어	저자	발간년도	쪽수
kari	기러기(wild goose)		일본어	Kanazawa, S	1910	13
kirö-ki	기러기(wild goose)		한국어	Kanazawa, S	1910	13
기르다						
kiri̯	기르다	to bring up, domesticate	한국어	김공칠	1989	18
ka-Fu	기르다		일본어	김사엽	1974	460
čʰi	기르다		한국어	김사엽	1974	460
기르다	기르다		한국어	김해진	1947	10
kilṭi lda	기르다		한국어	G. J. Ramstedt	1949	113
kilṭi rida		to domesticate - animals	한국어	G. J. Ramstedt	1949	113
kiri̯ da		to bring up, to domesticate, to tame	한국어	G. J. Ramstedt	1949	113
kilṭi da		to be tame, to become domesticated	한국어	G. J. Ramstedt	1949	113
기름						
kirɯm	기름, 비게		한국어	강길운	1982ㄴ	17
kiripu	비게		일본어	강길운	1982ㄴ	17
kirɯm	기름, 비게		한국어	강길운	1982ㄴ	27
kiripu	비게		일본어	강길운	1982ㄴ	27
kirɯm	기름, 비게		한국어	강길운	1982ㄴ	34
kiripu	비게		일본어	강길운	1982ㄴ	34
kirɯm	기름, 비게		한국어	강길운	1982ㄴ	35
kiripu	비게		일본어	강길운	1982ㄴ	35
コイ	肥大		일본어	고재휴	1940ㄱ	7
コグ	肥大		일본어	고재휴	1940ㄱ	7
하루	肥大		일본어	고재휴	1940ㄱ	7
기름	기름		한국어	고재휴	1940ㄱ	7
걸다	기름		한국어	고재휴	1940ㄱ	7
하루	식물		일본어	고재휴	1940ㄱ	7
コヤシ	기름		일본어	고재휴	1940ㄱ	7
기리후	기름		일본어	고재휴	1940ㄱ	7
기름디다	기름		한국어	고재휴	1940ㄱ	7
aburu	기름	oil, fat	일본어	김공칠	1988	83
kirɛm	기름	oil, fat	한국어	김공칠	1988	83
purəj	부레	fish oil	한국어	김공칠	1988	83
kilim	지방	grease	한국어	김동소	1972	138
kilim	지방	grease	한국어	김동소	1972	138
ma-raŋ-gu	기름		한국어	박은용	1974	113
abura	기름	fat	일본어	이용주	1980	81
kiɯm	기름	fat	한국어	이용주	1980	81
kírou	기름	fat	일본어	이용주	1980	95
abura	기름	fat	일본어	이용주	1980	95
kirǔm	기름	fat	한국어	이용주	1980	95
abura	기름	grease	일본어	이용주	1980	99
kirɛm	기름	grease	한국어	이용주	1980	99
*gážu	기름	grease	한국어	이용주	1980	99
abura	지방	grease	일본어	長田夏樹	1966	82
kirym	지방	grease	한국어	長田夏樹	1966	82
Kirum/기름	기름		한국어	Arraisso	1896	21
기름지다						
koyu	기름지다		일본어	송민	1965	41
kel	기름지다		한국어	송민	1965	41
기미						
ki-muj	기미		한국어	김사엽	1974	438

표제어/어휘		의미	언어	저자	발간년도	쪽수
しみ	기미		일본어	김사엽	1974	438
či-mi	기미		한국어	김사엽	1974	438
ki-mi	기미		한국어	김사엽	1974	438
kęmdjeŋ		darkness	한국어	G. J. Ramstedt	1949	105
kęmda	검다		한국어	G. J. Ramstedt	1949	105
kęmįi		dark spots - on the face	한국어	G. J. Ramstedt	1949	105

기뻐하다
kül-	기쁘다		한국어	강길운	1977	15
pak-	기뻐하다	to be glad	한국어	강길운	1978	42
širapipi	기쁘다		일본어	강길운	1981ㄴ	9
yö-rö-kö-Fo-	喜		일본어	김사엽	1974	378
kit-kï	喜		한국어	김사엽	1974	378
kkiruktăi-	기뻐하다		한국어	白鳥庫吉	1914ㄷ	316
ko-eul	기뻐하다	das gluck	한국어	白鳥庫吉	1914ㄷ	317
koenko-ol	기뻐하다	gluck	한국어	白鳥庫吉	1914ㄷ	317
kippuda		to be glad, to be happy, to be delighted	한국어	G. J. Ramstedt	1949	113
kitta		to cheer up	한국어	G. J. Ramstedt	1949	113
kippįda		to be glad, to be happy, to be delighted	한국어	G. J. Ramstedt	1949	113
kikkępta		to be glad, to be happy, to be delighted	한국어	G. J. Ramstedt	1949	113

기생충
syəkha	서캐		한국어	강길운	1983ㄴ	112
sirami		louse	일본어	강영봉	1991	10
nɯi		louse	한국어	강영봉	1991	10

기와
kapara	기와		일본어	김공칠	1989	6
kiwa	기와		한국어	김공칠	1989	6
ka-Fa-ra	기와		일본어	김사엽	1974	461
ki-wa	기와		한국어	김사엽	1974	461
kawara	기와		일본어	김승곤	1984	193
개와	기와		한국어	김해진	1947	13
가와라	기와		일본어	김해진	1947	13
kapara	기와		일본어	宋敏	1969	75
lapara	기와		일본어	宋敏	1969	75
kaua	기와		한국어	宋敏	1969	75
kiwa	기와		한국어	宋敏	1969	75

기와집
tisä	기와		한국어	강길운	1982ㄴ	17
čisei	집		일본어	강길운	1982ㄴ	17

기울(麩)
ki-ul	기울		한국어	김사엽	1974	397
ふすま	기울		일본어	김사엽	1974	397
kiul		the shorts from wheat	한국어	G. J. Ramstedt	1949	114
kiuri		the shorts from wheat	한국어	G. J. Ramstedt	1949	114

기울다
kip	기울다		한국어	김사엽	1974	422
つくろふ	기울다		일본어	김사엽	1974	422
ka-bu-tsu	기울다		일본어	김사엽	1974	460
ki-ul	기울다		한국어	김사엽	1974	460

표제어/어휘		의미	언어	저자	발간년도	쪽수
kiulda		to lean, to incline, to slant	한국어	G. J. Ramstedt	1949	114
kiulda, kiuda	기울다	to be bent sideways	한국어	G. J. Ramstedt	1949	114
kiurę -ʒida		to lean, to incline, to slant	한국어	G. J. Ramstedt	1949	114
kiut hạ da		to be sloping	한국어	G. J. Ramstedt	1949	114
kiuda		to lean, to incline, to slant	한국어	G. J. Ramstedt	1949	114
kiurida		to lean something over, to bend over, to incline	한국어	G. J. Ramstedt	1949	114
kiurę -čhida		to lean something over, to bend over, to incline	한국어	G. J. Ramstedt	1949	114
kiurę -thę rida		to lean something over, to bend over, to incline	한국어	G. J. Ramstedt	1949	114
기원						
heaṣ i	기원		일본어	강길운	1982ㄴ	16
asi	기원		한국어	강길운	1982ㄴ	16
aš in	새 것		일본어	강길운	1982ㄴ	16
기이						
kii	기이		일본어	고창식	1976	25
기이	기이		한국어	고창식	1976	25
기장						
pʰ i	피		한국어	김사엽	1974	401
ki-bi	기장		일본어	김사엽	1974	455
ki-č aŋ	기장		한국어	김사엽	1974	455
stə k	기장		일본어	송민	1973	34
sitöki	기장		일본어	송민	1973	34
kizaŋ	기장		한국어	이숭녕	1956	185
kicañ	기장		한국어	이용주	1980	105
kimi	기장		일본어	이용주	1980	105
phi	기장, 피		한국어	長田夏樹	1966	114
比要	피		일본어	長田夏樹	1966	114
fiye	피		일본어	長田夏樹	1966	114
kicang	기장	millet	한국어	Johannes Rahder	1959	41
afa	기장		일본어	Martin, S. E.	1975	110
awa	기장		일본어	Martin, S. E.	1975	110
apa	기장		일본어	Martin, S. E.	1975	110
기저귀						
mutugi	기저귀		일본어	石井 博	1992	90
poroki	기저귀		한국어	石井 博	1992	90
긷다(汲)						
kit	긷다		한국어	김사엽	1974	451
ku-ma	긷다		일본어	김사엽	1974	451
길						
ikuš i-ru	길		일본어	강길운	1981ㄴ	5
kir	길		한국어	강길운	1981ㄴ	5
kir	길		한국어	강길운	1982ㄴ	17
kiroru	길		일본어	강길운	1982ㄴ	17
ikuš i-ru	길		일본어	강길운	1982ㄴ	17
kir	길		한국어	강길운	1982ㄴ	17
kir	길		한국어	강길운	1982ㄴ	18
ikuš i-ru	길		일본어	강길운	1982ㄴ	18
kir	길		한국어	강길운	1982ㄴ	27

표제어/어휘	의미		언어	저자	발간년도	쪽수
kiroru	길		일본어	강길운	1982ㄴ	27
ikuš i-ru	길		일본어	강길운	1982ㄴ	34
kir	길		한국어	강길운	1982ㄴ	34
miti		road	일본어	강영봉	1991	11
cil		road	한국어	강영봉	1991	11
ti	길	road	일본어	김공칠	1989	17
cil	길	road	한국어	김공칠	1989	17
kil	길	path	한국어	김동소	1972	139
kil	길	path	한국어	김동소	1972	139
mi-ti	길		일본어	김사엽	1974	387
kil	길		한국어	김사엽	1974	387
なれ	길		일본어	김사엽	1974	411
kil	길		한국어	김사엽	1974	411
ta-ma-ti	길		일본어	김사엽	1974	424
č il	길		한국어	김사엽	1974	424
miti	길	path	일본어	김선기	1968ㄱ	28
gir	길	path	한국어	김선기	1968ㄱ	28
gor	길	path	한국어	김선기	1968ㄱ	28
gar	길	path	한국어	김선기	1968ㄱ	28
gar	길	road	한국어	김선기	1968ㄴ	25
gil	길		한국어	김선기	1977ㄷ	355
kil	길	gehen	한국어	白鳥庫吉	1914ㄷ	314
ci	길	way	일본어	이기문	1973	6
miti	길	road	일본어	이용주	1980	81
kǐ r(h)	길	road	한국어	이용주	1980	81
miti	길	path	일본어	이용주	1980	99
kirx	길	path	한국어	이용주	1980	99
*ŋ w(위첨자)ili	길	path	한국어	이용주	1980	99
kil	길	way, road, means	한국어	G. J. Ramstedt	1949	112
kil	길	way, road, stripe	한국어	G. J. Ramstedt	1949	112
길다						
kir-	길다		한국어	강길운	1983ㄱ	22
kir-	길다		한국어	강길운	1983ㄴ	116
kir-	길다		한국어	강길운	1983ㄴ	130
huri-huri	키가큰모양		한국어	강길운	1983ㄴ	133
naga-		long	일본어	강영봉	1991	10
cil-		long	한국어	강영봉	1991	10
osa	길다		일본어	김공칠	1989	19
kil-	긴	long	한국어	김동소	1972	139
kai-	긴	long	한국어	김동소	1972	139
kil-(ta)	길다		한국어	김방한	1976	19
kil-(ta)	길다		한국어	김방한	1977	6
kil-	길다		한국어	김방한	1978	9
kil(-ta)	길다		한국어	김방한	1979	8
na-ga-ku	길다		일본어	김사엽	1974	414
kil	길다		한국어	김사엽	1974	414
gar	길다	long	한국어	김선기	1968ㄱ	34
nagaraku	길다	long	일본어	김선기	1968ㄱ	34
gir	길다	long	한국어	김선기	1968ㄱ	34
gir	길다		한국어	김선기	1968ㄴ	24
kir-	길다		한국어	박은용	1974	236
č eung-să ing	길다	lang	한국어	白鳥庫吉	1914ㄷ	313
kinč eung-	길다	lang	한국어	白鳥庫吉	1914ㄷ	313
č yang-ryïng-	길다	lang	한국어	白鳥庫吉	1914ㄷ	313
kil	길다		한국어	이숭녕	1956	147
nagasi	길다	long	일본어	이용주	1980	83

표제어/어휘	의미		언어	저자	발간년도	쪽수
kīr-	길다	long	한국어	이용주	1980	83
nagasi	길다	long	일본어	이용주	1980	99
kir	길다	long	한국어	이용주	1980	99
*ŋ áR(상하좌)	길다	long	한국어	이용주	1980	99
*naga ~	길다	long	일본어	Christopher I. Beckwith	2004	133
*namey	길다	long	한국어	Christopher I. Beckwith	2004	133
*namey :	길다	long	한국어	Christopher I. Beckwith	2004	133
kī n č i msäŋ	긴 짐승	the long animal	한국어	G. J. Ramstedt	1949	13
kī nari	뱀	a snake, a viper	한국어	G. J. Ramstedt	1949	13
kil-	길다	be long	한국어	Johannes Rahder	1959	40
or?(a)-	길다	long	한국어	Martin, S. E.	1966	198
길마(鞍)						
ku-ra	길마		일본어	김사엽	1974	450
ki-lĭ-ma	길마		한국어	김사엽	1974	450
kura	기르마		일본어	宋敏	1969	75
kirɑ ma	기르마		한국어	宋敏	1969	75
김						
kim	김		한국어	宋敏	1969	75
iki	김		일본어	宋敏	1969	75
kī m	김	steam, vapor	한국어	G. J. Ramstedt	1949	112
kim		steam	한국어	G. J. Ramstedt	1949	112
김(잡초, 해초)						
nö-ri	김		일본어	김사엽	1974	407
č im	김		한국어	김사엽	1974	407
kim	김		한국어	김사엽	1974	407
kī m		weeds	한국어	G. J. Ramstedt	1949	112
kī m meda		to weed	한국어	G. J. Ramstedt	1949	112
kī m	김	weeds	한국어	Poppe, N	1965	180
깃						
kič '	깃		한국어	강길운	1983ㄴ	120
kit	깃	a coat collar	한국어	김공칠	1989	13
Fa-ne	깃		일본어	김사엽	1974	407
kis	깃		한국어	김사엽	1974	407
kir.u	깃		일본어	宋敏	1969	75
kit	깃		한국어	宋敏	1969	75
kit	깃	a coat collar	한국어	宋敏	1969	75
kishi	깃	shore, beach	일본어	宋敏	1969	75
kishi		a coat collar	일본어	G. J. Ramstedt	1949	114
kit	깃	a coat collar	한국어	G. J. Ramstedt	1949	114
kī t		un washed and unstarched cloth	한국어	G. J. Ramstedt	1949	114
kidot		clothes made of unwashed and	한국어	G. J. Ramstedt	1949	114
kit		a numerative of divisions or parts given to each	한국어	G. J. Ramstedt	1949	114
kit		a coat collar	한국어	G. J. Ramstedt	1949	114
kit		a coat collar	한국어	G. J. Ramstedt	1949	114
kikkę t		clothes made of unwashed and	한국어	G. J. Ramstedt	1949	114

⟨ㄱ⟩ 77

표제어/어휘		의미	언어	저자	발간년도	쪽수
깃털						
fane		feather	일본어	강영봉	1991	9
cis		feather	한국어	강영봉	1991	9
kis	깃털	feather	한국어	김동소	1972	137
cis	깃털	feather	한국어	김동소	1972	137
tʃĭ s	깃	feather	한국어	이용주	1980	80
Hane	깃털	feather	일본어	이용주	1980	80
fane	깃	feather	일본어	이용주	1980	99
cich	깃	feather	한국어	이용주	1980	99
*kʷ ana	깃	feather	한국어	이용주	1980	99
thel	깃털	feather	한국어	長田夏樹	1966	82
hame	깃털	feather	일본어	長田夏樹	1966	82
깊다						
puksi	깊다		한국어	김공칠	1989	19
fukasi	깊다		일본어	김공칠	1989	19
Fu-ka-ku	깊다		일본어	김사엽	1974	398
kipʰ	깊다		한국어	김사엽	1974	398
ki-rǎ mč i-	깊다	tief	한국어	白鳥庫吉	1914ㄷ	315
ki-rǎ m	깊다	tief	한국어	白鳥庫吉	1914ㄷ	315
puka	깊다		일본어	송민	1966	22
poksa	깊다		한국어	송민	1966	22
kiph-	깊다	deep	한국어	宋敏	1969	75
kipá	깊다	extreme	일본어	宋敏	1969	75
伏斯	깊다		한국어	辛 容泰	1987	132
深	깊다		한국어	辛 容泰	1987	132
pok-si	깊다		한국어	유창균	1960	22
hukasi	깊다		일본어	유창균	1960	22
fuka	깊은	deep	일본어	이기문	1963	102
poksa	깊은	deep	한국어	이기문	1963	102
kip'-	깊다	tief	한국어	Andre Eckardt	1966	232
^pʊ ka[布可]	깊다	deep	일본어	Christopher I. Beckwith	2004	108
^puk[伏]	깊다	deep	한국어	Christopher I. Beckwith	2004	108
^pʊ ka[布可]	깊다	deep	일본어	Christopher I. Beckwith	2004	109
*puk[伏]	깊다	deep	한국어	Christopher I. Beckwith	2004	109
^puk[伏]	깊다	deep	한국어	Christopher I. Beckwith	2004	111
^pʊ ka[布可]	깊다	deep	일본어	Christopher I. Beckwith	2004	111
*puk :	깊다	deep	한국어	Christopher I. Beckwith	2004	135
^pʊ ka-	깊다	deep	일본어	Christopher I. Beckwith	2004	135
kiphi		depth, deeply, carefully	한국어	G. J. Ramstedt	1949	113
keperi-be	깊고 부드러운 물	to be deep, to be profound	일본어	G. J. Ramstedt	1949	113
kī pta		to stitch	한국어	G. J. Ramstedt	1949	113
kipta	깊다	to be deep, to be profound	한국어	G. J. Ramstedt	1949	113
kī pta		to mend, to darn, to stitch	한국어	G. J. Ramstedt	1949	113
kipti̯ ri		a wet low paddy-field	한국어	G. J. Ramstedt	1949	113
nopti̯ ri		a high paddy-field	한국어	G. J. Ramstedt	1949	113
kipta		to be deep, to be profound	한국어	G. J. Ramstedt	1949	113
kiphi̯ n pam		late in the night, in the depth of the night	한국어	G. J. Ramstedt	1949	113

78 한국어와 일본어의 비교어휘

표제어/어휘		의미	언어	저자	발간년도	쪽수
kipxa-	깊다	deep	한국어	Martin, S. E.	1966	200
kipxa-	깊다	deep	한국어	Martin, S. E.	1966	202
kipxa-	깊다	deep	한국어	Martin, S. E.	1966	205
kipxa-	깊다	deep	한국어	Martin, S. E.	1966	212
kipxa-	깊다	deep	한국어	Martin, S. E.	1966	223
-까(의문)						
hă r-ka	할까	for interrogotive ending	한국어	金澤庄三郞	1910	57
su-ru-ka	할까	for interrogotive ending	일본어	金澤庄三郞	1910	57
ikka		is it, is he	한국어	G. J. Ramstedt	1949	80
ol-kka	올까	to arrive	한국어	G. J. Ramstedt	1949	80
su-ru-ka		for interrogotive ending	일본어	Kanazawa, S	1910	
hă r-ka		for interrogotive ending	한국어	Kanazawa, S	1910	
까다						
むく	까다		일본어	김사엽	1974	385
pkʌ	까다		한국어	김사엽	1974	385
ka-Fe-ru	까다		일본어	김사엽	1974	460
skʌ	까다		한국어	김사엽	1974	460
kkada		to shell, to peel off	한국어	G. J. Ramstedt	1949	83
까닭						
yu-we	까닭		일본어	김사엽	1974	380
ač ʰ	까닭		한국어	김사엽	1974	380
tʌ -lo	까닭으로		한국어	김사엽	1974	425
ta-më	까닭으로		일본어	김사엽	1974	425
까마귀						
kere	까마귀	crow	한국어	강길운	1978	42
karasu	까마귀		일본어	김공칠	1989	4
kamace i	까마귀		한국어	김공칠	1989	4
ka-ra-tsu	까마귀		일본어	김사엽	1974	458
ka-ma-koj	까마귀		한국어	김사엽	1974	458
까마귀	까마귀		한국어	김선기	1977ㄷ	357
karasu	까마귀		일본어	김선기	1977ㄷ	358
kamagui		a crow, a raven	한국어	G. J. Ramstedt	1949	91
-까지						
ma-de	까지		일본어	김사엽	1974	389
skʌ -č i	까지		한국어	김사엽	1974	389
kkạ ǯ i		till, even to	한국어	G. J. Ramstedt	1949	101
kkẹ ǯ i		till, even to	한국어	G. J. Ramstedt	1949	101
imamttä-kkẹ t		until now, even now	한국어	G. J. Ramstedt	1949	101
imamttäkkẹ ǯ		until now, even now	한국어	G. J. Ramstedt	1949	101
himkkẹ t		with all one's might, according to possibility	한국어	G. J. Ramstedt	1949	101
kkạ ǯ i	까지	till, even to -	한국어	G. J. Ramstedt	1949	101
까치						
カチドリ	까치		일본어	권덕규	1923ㄴ	128
까치	까치		한국어	권덕규	1923ㄴ	128
カササギ	까치		일본어	권덕규	1923ㄴ	128
kachi	까치		한국어	김공칠	1989	4
kasasagi	까치		일본어	김공칠	1989	4
ka-tsa-tsa-ki	까치		일본어	김사엽	1974	464

표제어/어휘	의미		언어	저자	발간년도	쪽수
ka-čʰi	까치		한국어	김사엽	1974	464
가치	까치		한국어	김선기	1977ㄷ	351
kasasagi	까치		일본어	송민	1973	33
kač'ič ak	까치		한국어	宋敏	1969	75
kka'chi	까치		한국어	宋敏	1969	75
kasa-sagi	까치	magpie	일본어	宋敏	1969	75
ka'chi	까치		한국어	宋敏	1969	75
kasasagi	까치		일본어	宋敏	1969	75
kasa-sagi	까치		일본어	宋敏	1969	75
kach'ichyak	까치		한국어	宋敏	1969	75
カチドリ	까치		일본어	이명섭	1962	6
katsxá	까치	magpie	한국어	Martin, S. E.	1966	202
katsxá	까치	magpie	한국어	Martin, S. E.	1966	204
katsxá	까치	magpie	한국어	Martin, S. E.	1966	208
katsxá	까치	magpie	한국어	Martin, S. E.	1966	215
katsxá	까치	magpie	한국어	Martin, S. E.	1966	221
깍다(刮/削)						
kɯlg-	깍다(刮)		한국어	강길운	1983ㄱ	38
そぐ	깎다(削)		일본어	김사엽	1974	431
skak'	깎다(削)		한국어	김사엽	1974	431
ki-tsa-kë	깍다(刮, 削)		일본어	김사엽	1974	457
skak-k	깍다(削)		한국어	김사엽	1974	457
kas-k	깎다(削)		한국어	김사엽	1974	449
ke-du-ru	깎다(削)		일본어	김사엽	1974	449
gak	깎다	to cut	한국어	Hulbert, H. B.	1905	
깔다						
skʌl	깔다		한국어	김사엽	1974	440
si-ki	깔다		일본어	김사엽	1974	440
kkā da		to spread out - as a mat	한국어	G. J. Ramstedt	1949	88
kkalda		to spread out - as a mat	한국어	G. J. Ramstedt	1949	88
깨끗하다						
ki-yo-ki	깨끗다		일본어	김사엽	1974	455
č oh	깨끗다		한국어	김사엽	1974	455
깨다						
k'E-	깨다		한국어	강길운	1983ㄴ	119
wente	깨다		일본어	강길운	1987	14
さめる	깨다		일본어	김사엽	1974	442
skʌ j	깨다		한국어	김사엽	1974	442
깨닫다						
skʌ j-tʌ t	깨닫다		한국어	김사엽	1974	443
さとる	깨닫다		일본어	김사엽	1974	443
깨물다						
nə hɯr-	깨물다		한국어	강길운	1982ㄴ	30
niye	깨물다		일본어	강길운	1982ㄴ	30
mul-	물다	bite	한국어	김동소	1972	136
kɛ mur	깨물다	bite	한국어	김선기	1968ㄱ	20
kamu	깨물다	bite	일본어	김선기	1968ㄱ	20
kamu	깨물다		일본어	宋敏	1969	75
kaimul	깨물다		한국어	宋敏	1969	75

표제어/어휘		의미	언어	저자	발간년도	쪽수
깨치다						
こはす	깨치다		일본어	김사엽	1974	447
pskaj-hjə	깨치다		한국어	김사엽	1974	447
꺼리다						
muiu	꺼리다		한국어	김공칠	1989	6
imu	꺼리다		일본어	김공칠	1989	6
ki-ra-Fu	꺼리다		일본어	김사엽	1974	455
skə -li	꺼리다		한국어	김사엽	1974	455
os kö-ri	꺼리다	avoir feur	한국어	白鳥庫吉	1914ㄷ	327
ko-ro	꺼리다	erschrecken	한국어	白鳥庫吉	1914ㄷ	328
ko-roro	꺼리다	erschrecken	한국어	白鳥庫吉	1914ㄷ	328
ko-ro-	꺼리다	erschrecken	한국어	白鳥庫吉	1914ㄷ	328
kira	꺼리다		일본어	宋敏	1969	75
köri	꺼리다		한국어	宋敏	1969	75
kkẹ rida		to avoid, to shun, to dread	한국어	G. J. Ramstedt	1949	118
kkị rida	꺼리다	to avoid, to shun	한국어	G. J. Ramstedt	1949	118
kkị rida		to avoid, to shun, to dread	한국어	G. J. Ramstedt	1949	118
꺼지다						
skə -č i	꺼지다		한국어	김사엽	1974	455
きゆ	꺼지다		일본어	김사엽	1974	455
꺾다						
kaye	꺾다		일본어	강길운	1987	14
suru	꺾다		일본어	김공칠	1989	7
seul	꺾다		한국어	김공칠	1989	7
kkẹ kta		to break - as a stick, to silence in argument	한국어	G. J. Ramstedt	1949	103
껍						
kab'u	껍	couvrir	일본어	宋敏	1969	75
kɔ p	껍	encore	한국어	宋敏	1969	75
껍다						
kɔ p	껍다	couvrir	한국어	宋敏	1969	75
kab	껍다	couvrir	일본어	宋敏	1969	75
껍질						
kə p'ɯ r	거풀		한국어	강길운	1983ㄴ	107
hə mɯ r	허물		한국어	강길운	1983ㄴ	108
hə mɯ r	허물		한국어	강길운	1983ㄴ	119
ponɪ	보니,속껍질		한국어	강길운	1983ㄴ	124
kaikori	껍질	shell	일본어	김공칠	1989	12
kʌ phul	나무껍질	bark(of a tree)	한국어	김동소	1972	136
kkʌ pcil	나무껍질	bark(of a tree)	한국어	김동소	1972	136
kawa	껍질	skin	일본어	김선기	1968ㄱ	31
gə pur	껍질	skin	한국어	김선기	1968ㄱ	31
kă -ri t' i-	껍질	rinde	한국어	白鳥庫吉	1914ㄷ	299
ka-ri-u-	껍질	rinde	한국어	白鳥庫吉	1914ㄷ	299
këpcil	껍질		한국어	宋敏	1969	75
kapá	껍질	bark	일본어	宋敏	1969	75
kak	껍질		한국어	이숭녕	1956	160
kap	껍질		한국어	이숭녕	1956	160
kafa	껍질	bark	일본어	이용주	1980	101
kepcir	껍질	bark	한국어	이용주	1980	101
kaHa	껍질	bark	일본어	이용주	1980	81

표제어/어휘		의미		언어	저자	발간년도	쪽수
kə ptʃ ir	겁질	bark		한국어	이용주	1980	81
kawa	나무껍질	bark		일본어	長田夏樹	1966	82
qkepcil	나무껍질	bark		한국어	長田夏樹	1966	82
-께(所)							
ke	께			일본어	강길운	1982ㄴ	27
ke	께			한국어	강길운	1982ㄴ	27
꼬다							
azanafu	새끼를 꼬다			일본어	송민	1973	38
kkoda		to twist together, to plait, to join		한국어	G. J. Ramstedt	1949	119
꼬리							
k'oŋ ji	꽁지			한국어	강길운	1983ㄴ	109
k'ori	꼬리			한국어	강길운	1983ㄴ	120
koŋ ji	꽁지			한국어	강길운	1983ㄴ	120
ㅅ리	꼬리			한국어	강길운	1987	23
bo, boro	꼬리	tail		일본어	김공칠	1989	18
kkori	꼬리	tail		한국어	김공칠	1989	18
kkoli	꼬리	tail		한국어	김동소	1972	141
kkoli	꼬리	tail		한국어	김동소	1972	141
sko-li	尾子, 尾			한국어	김사엽	1974	376
wo	尾			일본어	김사엽	1974	376
kori	꼬리	tail		한국어	김선기	1968ㄱ	31
wo	꼬리	tail		일본어	김선기	1968ㄱ	31
꼬리	꼬리			한국어	김선기	1977ㄴ	377
ㅅ리	꼬리			한국어	김선기	1977ㄴ	377
skori	꼬리			한국어	김선기	1977ㄴ	377
kop-	꼬리	hinterteil		한국어	白鳥庫吉	1914ㄷ	324
kko-ri	꼬리	hinten		한국어	白鳥庫吉	1914ㄷ	327
ʔ kori	꼬리			한국어	이숭녕	1956	123
ʔ kori	꼬리			한국어	이숭녕	1956	155
koreŋ i	꼬리			한국어	이숭녕	1956	155
kol+aŋ -dɛ ŋ i	꼬리			한국어	이숭녕	1956	179
wo	꼬리	tail		일본어	이용주	1980	80
skorĭ	ㅅ고리	tail		한국어	이용주	1980	80
sár, -á	꼬리	tail		일본어	이용주	1980	95
wo	꼬리	tail		일본어	이용주	1980	95
skori	꼬리	tail		한국어	이용주	1980	95
o	꼬리	tail		일본어	長田夏樹	1966	82
qkori	꼬리	tail		한국어	長田夏樹	1966	82
tsxyori	꼬리	tail		한국어	Martin, S. E.	1966	204
tsxyori	꼬리	tail		한국어	Martin, S. E.	1966	208
tsxyori	꼬리	tail		한국어	Martin, S. E.	1966	209
tsxyori	꼬리	tail		한국어	Martin, S. E.	1966	212
tsxyori	꼬리	tail		한국어	Martin, S. E.	1966	218
꼬치							
ku-si	꼬치			일본어	김사엽	1974	453
kot-čʰ i	꼬치			한국어	김사엽	1974	453
kutsyi	꼬치	skewer		한국어	Martin, S. E.	1966	202
kutsyi	꼬치	skewer		한국어	Martin, S. E.	1966	208
kutsyi	꼬치	skewer		한국어	Martin, S. E.	1966	213
꼭두각시							
くぐつ	꼭두각시			일본어	김사엽	1974	454

표제어/어휘		의미	언어	저자	발간년도	쪽수
kok-to	꼭두각시		한국어	김사엽	1974	454
꼭지						
konkoči	꼭지		일본어	강길운	1982ㄴ	21
k'okci	꼭지		한국어	강길운	1982ㄴ	21
k'okci	꼭지		한국어	강길운	1982ㄴ	28
konkoči	꼭지		일본어	강길운	1982ㄴ	28
へた	꼭지		일본어	김사엽	1974	395
kok-či	꼭지		한국어	김사엽	1974	395
top	꼭지	Knopf	한국어	G. J. Ramstedt	1939ㄱ	481
꿀						
ka-ta	꿀		일본어	김사엽	1974	463
skol	꿀		한국어	김사엽	1974	463
ʔkol	꿀		한국어	이숭녕	1956	143
kkol		forage, pasture	한국어	G. J. Ramstedt	1949	121
kkol	꿀	forage, pasture	한국어	G. J. Ramstedt	1949	121
꿍무리						
siri	꿍무리		일본어	이용주	1980	72
tui	꿍무리		한국어	이용주	1980	72
꽃						
faŋa		flower	일본어	강영봉	1991	9
kocaŋ		flower	한국어	강영봉	1991	9
koc	꽃		한국어	김공칠	1988	193
koc	꽃	flower	한국어	김동소	1972	138
kkoch	꽃	flower	한국어	김동소	1972	138
Fa-na	꽃		일본어	김사엽	1974	404
kot	꽃		한국어	김사엽	1974	404
hana	꽃		일본어	김선기	1968ㄴ	28
koc	꽃	flower	한국어	김선기	1968ㄴ	28
ölk-pak-l	꽃	see hund mit grossen zeichmnegen	한국어	白鳥庫吉	1914ㄴ	157
kusa	꽃		일본어	송민	1965	43
koč	꽃		한국어	송민	1965	43
koč	꽃		한국어	송민	1973	55
pana	꽃		일본어	송민	1974	16
kot	꽃		한국어	宋敏	1969	75
kusá	꽃	grass	일본어	宋敏	1969	75
kushi	꽃		일본어	宋敏	1969	75
kotchi	꽃		한국어	宋敏	1969	75
kos	꽃		한국어	宋敏	1969	75
koc	꽃		한국어	宋敏	1969	75
kuśi	꽃		일본어	宋敏	1969	75
kusí	꽃		일본어	宋敏	1969	75
kusi	꽃		일본어	宋敏	1969	75
koc(h)	꽃	flower	한국어	宋敏	1969	75
hana	꽃		일본어	유창균	1960	15
koč	꽃		한국어	이숭녕	1956	103
kozaŋ	꽃		한국어	이숭녕	1956	103
koc-soŋi	꽃송이		한국어	이숭녕	1956	182
pana	꽃	flower	일본어	이용주	1980	100
koc	꽃	flower	한국어	이용주	1980	100
*kʷaná	꽃	flower	한국어	이용주	1980	100
Hana	꽃	flower	일본어	이용주	1980	81
kotʃ	곶	flower	한국어	이용주	1980	81

표제어/어휘	의미		언어	저자	발간년도	쪽수
koc	꽃		한국어	長田夏樹	1966	81
kuś a	풀		일본어	長田夏樹	1966	81
kkot < kočˇ	꽃	a flower	한국어	G. J. Ramstedt	1928	72
kusa	꽃, 풀	grass, flower	일본어	G. J. Ramstedt	1928	72
kkočˇ	꽃	Blume	한국어	G. J. Ramstedt	1939ㄱ	485
kusa	꽃	Kraut	일본어	G. J. Ramstedt	1939ㄱ	485
pur-kothi		a spark of fire	한국어	G. J. Ramstedt	1949	127
mur-kothi		a drop of water	한국어	G. J. Ramstedt	1949	127
kot		any little bit, a crumb	한국어	G. J. Ramstedt	1949	127
kkoct	꽃	Blume	한국어	G.J. Ramstedt	1952	24

꽹과리
k'wäŋ gwari	꽹과리		한국어	강길운	1982ㄴ	27
koingara	부르짖다		일본어	강길운	1982ㄴ	27

꾀꼬리
kos-ko-li	꾀꼬리		한국어	김사엽	1974	474
u-gu-Fi-tsu	꾀꼬리		일본어	김사엽	1974	474

꾸다
sku	꾸다		한국어	김사엽	1974	463
ka-se	꾸다		일본어	김사엽	1974	463
kkuda		to borrow	한국어	G. J. Ramstedt	1949	128
kkuī da		to loan, to lend	한국어	G. J. Ramstedt	1949	128
kkujida		to loan, to lend	한국어	G. J. Ramstedt	1949	128
pilda		to loan, to lend	한국어	G. J. Ramstedt	1949	128

꾸리다
ku-li	꾸리다		한국어	김사엽	1974	450
ku-ri-ya	꾸리다		일본어	김사엽	1974	450
kkuri.i-da	꾸리다	enveloper	한국어	宋敏	1969	75
kuru-m.u	꾸리다	enveloper	일본어	宋敏	1969	75

꾸미다
pi-zï	扮		한국어	김사엽	1974	379
yö-tsö-Fi	裝		일본어	김사엽	1974	379
sku-mi	꾸미다		한국어	김사엽	1974	463
ka-dza-ri	꾸미다		일본어	김사엽	1974	463
kazari	꾸밈		일본어	김승곤	1984	199

꾸짖다
しかる	꾸짖다		일본어	김사엽	1974	440
ku-čˇ ičˇ	꾸짖다		한국어	김사엽	1974	440
ku-čˇ it	꾸짖다		한국어	김사엽	1974	440
kku-čˇ it ta	꾸짖다	to blame, to reproach, to reprove harshly	한국어	白鳥庫吉	1915ㄱ	17
kkuǯ itta		to blame, to scold, to reprove harshly	한국어	G. J. Ramstedt	1949	133
kkuǯ juŋ		to blame, to scold, to reprove harshly	한국어	G. J. Ramstedt	1949	133

꿀
ㅅ굴	꿀		한국어	고재휴	1940ㄱ	10
게라안	꿀		일본어	고재휴	1940ㄱ	10
게라	꿀		일본어	고재휴	1940ㄱ	10
hachi	꿀		일본어	金澤庄三郎	1914	219
pör	꿀		한국어	金澤庄三郎	1914	219

표제어/어휘		의미	언어	저자	발간년도	쪽수
pör	꿀		한국어	金澤庄三郎	1914	220
kkul	꿀	honey, foreign syrap	한국어	白鳥庫吉	1915ㄱ	13
kkul		honey	한국어	G. J. Ramstedt	1949	129
kkur		honey	한국어	G. J. Ramstedt	1949	129
꿀벌						
벌	벌		한국어	권덕규	1923ㄴ	128
ハチ	벌		일본어	권덕규	1923ㄴ	128
pör	벌	bee	한국어	金澤庄三郎	1910	15
hachi	벌	bee	일본어	金澤庄三郎	1910	15
hachi	벌	bee	일본어	金澤庄三郎	1910	9
pör	벌	bee	한국어	金澤庄三郎	1910	9
fati	벌		일본어	김공칠	1988	193
pə r	벌		한국어	김공칠	1988	193
Fa-ti	벌		일본어	김사엽	1974	404
pə l	벌		한국어	김사엽	1974	404
p'eor	벌	bee	한국어	김선기	1968ㄴ	27
pöl	벌	A bee	한국어	白鳥庫吉	1914ㄱ	182
pə r	벌		한국어	小倉進平	1934	22
hachi	벌	a bee	일본어	宋敏	1969	84
pati	벌	bee	일본어	宋敏	1969	84
hachi	벌	a bee	일본어	이기문	1973	5
ハチ	벌		일본어	이명섭	1962	6
pöl	벌		한국어	이용주	1980	72
pati	벌		일본어	이용주	1980	72
hachi	벌	a bee	일본어	Aston	1879	25
pŭ l	벌	a bee	한국어	Aston	1879	25
hachi	벌	bee	일본어	Kanazawa, S	1910	11
pör	벌	bee	한국어	Kanazawa, S	1910	11
hachi	벌	bee	일본어	Kanazawa, S	1910	6
pör	벌	bee	한국어	Kanazawa, S	1910	6
pal(y)i	벌	bee	한국어	Martin, S. E.	1966	199
pal(y)i	벌	bee	한국어	Martin, S. E.	1966	210
pal(y)i	벌	bee	한국어	Martin, S. E.	1966	213
pal(y)l	벌	bee	한국어	Martin, S. E.	1966	216
꿩						
skwə ŋ	꿩		한국어	김사엽	1974	457
ki-gi-si	꿩		일본어	김사엽	1974	457
kigisi	꿩		일본어	長田夏樹	1966	112
skueñ	꿩		한국어	長田夏樹	1966	112
^tawr[刀(臘)]	꿩	pheasant	한국어	Christopher I. Beckwith	2004	110
*tawr	꿩	pheasant	한국어	Christopher I. Beckwith	2004	121
kwëng, kkong	꿩	pheasant	한국어	Johannes Rahder	1959	42
꿰다						
koc	꿰다		한국어	김공칠	1988	193
kusi	꿰다		일본어	김공칠	1988	193
꿰매다						
ukomuye	결합		일본어	강길운	1982ㄴ	19
k' wemä	꿰매다		한국어	강길운	1982ㄴ	19
nupu	꿰매다		일본어	김공칠	1989	7
nubi	꿰매다		한국어	김공칠	1989	7

⟨ㄱ⟩ 85

표제어/어휘		의미	언어	저자	발간년도	쪽수
끄다						
pskï	끄다		한국어	김사엽	1974	449
けす	끄다		일본어	김사엽	1974	449
kke̞ -ǯida		to extinguish (v.t.), to go out (the fire)	한국어	G. J. Ramstedt	1949	115
kki̞ da		to extinguish (v.t.), to go out (the fire)	한국어	G. J. Ramstedt	1949	115
끄르다						
끌러놓다	끄르다		한국어	김선기	1979ㄷ	369
toku	끄르다		일본어	김선기	1979ㄷ	369
kɯru-	끄르다		한국어	박은용	1974	238
kki̞ lli̞ da		to unfasten, to loosen	한국어	G. J. Ramstedt	1949	116
kki̞ lle̞ -ǯida		to become unfastened, to get loose	한국어	G. J. Ramstedt	1949	116
kki̞ ri̞ da		to unfasten, to loosen	한국어	G. J. Ramstedt	1949	118
ki̞ ri̞ da	끄르다	to unfasten, to loosen	한국어	G. J. Ramstedt	1949	118
kki̞ lli̞ da		to unfasten, to loosen	한국어	G. J. Ramstedt	1949	118
ki̞ lle̞ -ǯida		to get loose	한국어	G. J. Ramstedt	1949	118
ki̞ ri̞ da		to unfasten, to loosen	한국어	G. J. Ramstedt	1949	118
kki̞ lli̞ da		to get loose	한국어	G. J. Ramstedt	1949	118
끈						
Fi-mo	끈		일본어	김사엽	1974	399
skïn	끈		한국어	김사엽	1974	399
korä	수갑		한국어	김승곤	1984	244
taž g<i̯ >i	처녀들이머리에매는끈		한국어	김승곤	1984	253
kki̞ n		a string, a cord	한국어	G. J. Ramstedt	1949	117
maŋ-kki̞ n		head-band	한국어	G. J. Ramstedt	1949	117
끊다						
k'ɯnh-	끊다		한국어	강길운	1981ㄱ	33
kʌ ʒ -	베다		한국어	강길운	1983ㄴ	115
k'ɯnh-	끊다		한국어	강길운	1983ㄴ	116
k'ɯnh-	끊다		한국어	강길운	1983ㄴ	117
kʌ ʒ -	베다,자르다		한국어	강길운	1983ㄴ	119
pʌ ri-	바르다,베다		한국어	강길운	1983ㄴ	126
s'ə hɯr-	썰다		한국어	강길운	1983ㄴ	128
ni-kamu	끊다		일본어	김공칠	1989	20
tatsu	끊다		일본어	김공칠	1989	8
tteut, teu	끊다		한국어	김공칠	1989	8
kki nh-	베다	cut	한국어	김동소	1972	137
kki nh-	베다	cut	한국어	김동소	1972	137
むしる	끊다		일본어	김사엽	1974	385
mu-či	끊다		한국어	김사엽	1974	385
k'ïnh	끊다		한국어	김사엽	1974	455
きる	끊다		일본어	김사엽	1974	455
끌						
skïl	끌		한국어	김사엽	1974	408
のみ	끌		일본어	김사엽	1974	408
keul-uöl	끌	a comb, a rake	한국어	白鳥庫吉	1914ㄷ	306
keul-nilk-	끌다	a chisel	한국어	白鳥庫吉	1914ㄷ	306
kkë t	끌		한국어	宋敏	1969	75
kïr	끌		일본어	宋敏	1969	75
kir.i	끌		일본어	宋敏	1969	75
kkë l	끌		한국어	宋敏	1969	75

표제어/어휘		의미	언어	저자	발간년도	쪽수
끌다						
kɯʒ	끌다		한국어	강길운	1981ㄱ	32
hehem	끌다		일본어	강길운	1981ㄴ	10
hyə-	끌다		한국어	강길운	1981ㄴ	10
kɯʒ-	끌다		한국어	강길운	1983ㄱ	48
ik'ɯr-	이끌다		한국어	강길운	1983ㄴ	109
ik'ɯr-	이끌다		한국어	강길운	1983ㄴ	110
kɯʒ-	끌다		한국어	강길운	1983ㄴ	116
kɯʒ-	끌다		한국어	강길운	1983ㄴ	118
k'ɯt'	끌다		한국어	강길운	1983ㄴ	118
ik'ɯr-	이끌다		한국어	강길운	1983ㄴ	119
ik'ɯr-	이끌다		한국어	강길운	1983ㄴ	130
papu	끌다		일본어	김공칠	1989	7
pöt	끌다		한국어	김공칠	1989	7
piku	끌다		일본어	김공칠	1989	7
ppai	끌다		한국어	김공칠	1989	7
kki i l-	글어당기다	pull	한국어	김동소	1972	139
kki l-	글어당기다	pull	한국어	김동소	1972	139
Fi-ka	끌다		일본어	김사엽	1974	401
Fi-kë	끌다		일본어	김사엽	1974	401
kïs	끌다		한국어	김사엽	1974	401
i-	끌다		한국어	송민	1973	43
wi-	끌다		일본어	송민	1973	43
nöbu	끌다		일본어	송민	1973	52
kɯz-	귯ㅅ(다)	to pull	한국어	이용주	1980	83
Hiku	끌다	to pull	일본어	이용주	1980	83
끌어안다						
nikoro	끌어안다		일본어	강길운	1982ㄴ	34
k'ɯrə(-an)-	끌어안다		한국어	강길운	1982ㄴ	34
끓이다						
niru	끓이다	boil	일본어	김공칠	1989	18
ką lhi-da	끓이다		한국어	이숭녕	1955	15
kasi-gu	끓이다		일본어	이숭녕	1955	15
끝						
kɯt'	끝		한국어	강길운	1982ㄴ	24
keš	끝		일본어	강길운	1982ㄴ	24
kɯt'	끝		한국어	강길운	1982ㄴ	27
keš	끝		일본어	강길운	1982ㄴ	27
suehe	끝		일본어	김공칠	1980	93
글	끝		한국어	김공칠	1980	93
kï-č i	끝		한국어	김사엽	1974	404
はて	끝		일본어	김사엽	1974	404
skït	끝		한국어	김사엽	1974	432
tsu-we	끝		일본어	김사엽	1974	432
kʌ-č aŋ	끝		한국어	김사엽	1974	465
ka-gi-ri	끝		일본어	김사엽	1974	465
kot	끝	rand	한국어	白鳥庫吉	1914ㄷ	312
keutć i-	끝	fin	한국어	白鳥庫吉	1914ㄷ	312
kkeutmar-öi	끝	edge	한국어	白鳥庫吉	1914ㄷ	312
kent-č yö-ra	끝	fertig	한국어	白鳥庫吉	1914ㄷ	312
kil-č č eukha-	끝	saum	한국어	白鳥庫吉	1914ㄷ	313
kil-	끝	saum	한국어	白鳥庫吉	1914ㄷ	313
kę t*j ro	끝	end,aft,tail	한국어	G. J. Ramstedt	1939ㄴ	461
katč *l	끝	to the side of, towarda,	한국어	G. J. Ramstedt	1939ㄴ	461

표제어/어휘		의미	언어	저자	발간년도	쪽수
		near				
kę t*e	끝	end, aft, tail	한국어	G. J. Ramstedt	1939ㄴ	461
kę t	끝	end, aft, tail	한국어	G. J. Ramstedt	1939ㄴ	461
kkį t	끝	the end	한국어	G. J. Ramstedt	1949	119
kį tč ida		to stop, to cease, to finish	한국어	G. J. Ramstedt	1949	119
kį tthida		to stop, to cease, to finish	한국어	G. J. Ramstedt	1949	119
magam kithi		the last end	한국어	G. J. Ramstedt	1949	119
kkį t		the end, a point, an extremity, a limit	한국어	G. J. Ramstedt	1949	119
kį t		the end, the last limit	한국어	G. J. Ramstedt	1949	119
kent	끝		한국어	Hulbert, H. B.	1905	117
끼						
ke	끼	meal	일본어	金澤庄三郞	1910	9
ki	끼	meal	한국어	金澤庄三郞	1910	9
pski	끼		한국어	김사엽	1974	462
かたき	끼		일본어	김사엽	1974	462
ki	끼		한국어	宋敏	1969	75
kïi	끼		한국어	宋敏	1969	75
ke	끼		일본어	宋敏	1969	75
kë	끼		일본어	宋敏	1969	75
ke	끼	meal	일본어	Kanazawa, S	1910	7
ki	끼	meal	한국어	Kanazawa, S	1910	7
끼다						
k'ɪ-	끼다		한국어	강길운	1983ㄴ	118
はさむ	끼다		일본어	김사엽	1974	405
pski	끼다		한국어	김사엽	1974	405
Fa-kë	끼다		일본어	김사엽	1974	406
ski	끼다		한국어	김사엽	1974	406
ka-ka-ri	끼다		일본어	김사엽	1974	466
pki	끼다		한국어	김사엽	1974	466
kkak-č i kki ta	깍지 끼다	to crash the hands firmly	한국어	白鳥庫吉	1915ㄱ	8
kǎ p	끼다		한국어	辛 容泰	1987	141
俠	끼다		한국어	辛 容泰	1987	141
夾	끼다		한국어	辛 容泰	1987	141
挾	끼다		한국어	辛 容泰	1987	141
kǎ p	끼다		한국어	辛 容泰	1987	142
夾	끼다		한국어	辛 容泰	1987	142
kkiję ę ntta		to splash, to sprinkle over	한국어	G. J. Ramstedt	1949	111
kkiī da	끼다		한국어	G. J. Ramstedt	1949	111
kkida	끼다	to fit into, to place between	한국어	G. J. Ramstedt	1949	111
kkida		to splash, to sprinkle over	한국어	G. J. Ramstedt	1949	111
kkiū da		to insert, to be attached to	한국어	G. J. Ramstedt	1949	111
kkiī da		to insert, to be attached to	한국어	G. J. Ramstedt	1949	111
kkič hida		to have sprinkled over, to raise, to make rise	한국어	G. J. Ramstedt	1949	111
kkida		to fit into, to place between	한국어	G. J. Ramstedt	1949	111

ㄴ

ㄴ(관형격조사)

표제어/어휘		의미	언어	저자	발간년도	쪽수
n	ㄴ	one of the attributive forms of the Korean verb	한국어	Aston	1879	59
no	관형격조사	a genitive termination	일본어	Aston	1879	59
n	ㄴ	present-perfect participle	한국어	G. J. Ramstedt	1928	77

나

표제어/어휘		의미	언어	저자	발간년도	쪽수
na	나		한국어	강길운	1981ㄱ	32
či	오등		일본어	강길운	1981ㄴ	6
na	나		한국어	강길운	1983ㄱ	25
na	나		한국어	강길운	1983ㄴ	127
wa/na		I	일본어	강영봉	1991	10
na		I	한국어	강영봉	1991	10
와따시	나		일본어	고헌	1979	5
wattasi	나		일본어	고헌	1979	5
ワタシ	나		일본어	고헌	1979	5
a	나	I	한국어	김공칠	1988	83
ana	자기	oneself	일본어	김공칠	1988	83
a	나	I	일본어	김공칠	1988	83
na	자기	oneself	한국어	김공칠	1988	83
tog<ĭ >i	자기	porcelain	한국어	김공칠	1989	13
na	나		한국어	김공칠	1989	14
ana	자기		일본어	김공칠	1989	14
na	자기		한국어	김공칠	1989	14
na	나		일본어	김공칠	1989	14
O	나		한국어	김공칠	1989	4
a	나		일본어	김공칠	1989	4
ono	자기		일본어	김공칠	1989	7
nai, na	자기		한국어	김공칠	1989	7
a	나		한국어	김공칠	1989	9
a	나		일본어	김공칠	1989	9
na	나	I	한국어	김동소	1972	138
na	나	I	한국어	김동소	1972	138
na	나	I	한국어	김방한	1976	20
na	나		한국어	김방한	1978	10
na	나		한국어	김방한	1979	8
わたくし	私		일본어	김사엽	1974	377
a-lʌm	私		한국어	김사엽	1974	377
na	나		일본어	김사엽	1974	414
na	나		한국어	김사엽	1974	414
ö-nö	나		일본어	김사엽	1974	468
na	나		한국어	김사엽	1974	468
ore	나	I	일본어	김선기	1968ㄱ	19
uri	나	I	한국어	김선기	1968ㄱ	19
wore	나	I	일본어	김선기	1968ㄱ	19
ware	나	I	일본어	김선기	1968ㄱ	19
worejori	내게서	from me	일본어	김선기	1978ㄱ	327
worega	내가	I	일본어	김선기	1978ㄱ	327
woreno	나의	my	일본어	김선기	1978ㄱ	327
woreni	나에게	to me	일본어	김선기	1978ㄱ	327

〈ㄴ〉 89

표제어/어휘		의미		언어	저자	발간년도	쪽수
worewo	나를	me		일본어	김선기	1978ㄱ	327
woreni	내게	to me		일본어	김선기	1978ㄱ	327
a	저가			일본어	김선기	1978ㄱ	331
are	저가			일본어	김선기	1978ㄱ	331
areni	저에게			일본어	김선기	1978ㄱ	331
avewo	저에서			일본어	김선기	1978ㄱ	331
arejori	저와			일본어	김선기	1978ㄱ	331
ano	저의			일본어	김선기	1978ㄱ	331
areno	저의			일본어	김선기	1978ㄱ	331
na	나'의 단수			한국어	文和政	1981	173
uri	나'의 복수			한국어	文和政	1981	173
waga	나			일본어	文和政	1981	174
wa	나			일본어	文和政	1981	174
naı	나			한국어	文和政	1981	174
a	나			일본어	文和政	1981	176
a	나			한국어	文和政	1981	177
na	1인칭대명사(단수)			한국어	박시인	1970	63
ze	원칭(단수지시대명사)			한국어	박시인	1970	63
önö	나			일본어	宋敏	1969	75
na	나			한국어	宋敏	1969	75
ono	나			일본어	宋敏	1969	75
na	나			일본어	宋敏	1969	75
ana	나			일본어	宋敏	1969	75
naı	나			한국어	宋敏	1969	75
a, wa	나	I		일본어	이용주	1980	101
nax	나	I		한국어	이용주	1980	101
na	나	I		일본어	이용주	1980	84
ware	나	I		일본어	이용주	1980	84
na	나	I		한국어	이용주	1980	84
na	나	ich		한국어	Andre Eckardt	1966	234
na		I		한국어	G. J. Ramstedt	1949	156
č a	자기	self		한국어	G. J. Ramstedt	1949	17
č e ga	저	one-self		한국어	G. J. Ramstedt	1949	17
č e	저	one-self		한국어	G. J. Ramstedt	1949	17
č a gi i	자기	self		한국어	G. J. Ramstedt	1949	17
č e	저	my-as used by servants		한국어	G. J. Ramstedt	1949	25
č e	저	self		한국어	G. J. Ramstedt	1949	25
nä		I		한국어	G. J. Ramstedt	1949	67
na	나	I		한국어	Hulbert, H. B.	1905	
na	나	I		한국어	Poppe, N	1965	194

나가다

naga-	나가다			한국어	강길운	1981ㄱ	33
epusu	나가다			일본어	강길운	1981ㄴ	8
naga-	외출하다			한국어	강길운	1983ㄴ	106
naga-	나가다			한국어	강길운	1983ㄴ	130
na	나가다			한국어	김사엽	1974	415
な	나가다			일본어	김사엽	1974	415

나그네

ta-Fi	나그네			일본어	김사엽	1974	426
na-kʌ -naj	나그네			한국어	김사엽	1974	426

나누다

pyə rɯ -	분배			한국어	강길운	1980	18
karʌ -	가르다			한국어	강길운	1983ㄴ	113

90 한국어와 일본어의 비교어휘

표제어/어휘		의미	언어	저자	발간년도	쪽수
karʌ r	분파		한국어	강길운	1983ㄴ	117
karʌ -	가르다		한국어	강길운	1983ㄴ	117
nʌ n-ho	나누다		한국어	김사엽	1974	452
くばる	나누다		일본어	김사엽	1974	452
nɐ n	나누다		한국어	박은용	1975	157
pag, pak	나누다	divide	한국어	Hulbert, H. B.	1905	120

나다

na-	나다		한국어	강길운	1983ㄴ	130
idsu	나다		일본어	김공칠	1989	10
nʌ l	나다		한국어	김방한	1978	41
na	나다		한국어	김사엽	1974	411
na-ri	나다		일본어	김사엽	1974	411
でる	나다		일본어	김사엽	1974	418
na	나다		한국어	김사엽	1974	418
dase	나다		일본어	김선기	1976ㄷ	338
dasu	나다		일본어	김선기	1976ㄷ	338
na	haiga nada		한국어	김선기	1976ㄷ	338
de	hi ga deta		일본어	김선기	1976ㄷ	338
-na-	조동사		한국어	박은용	1974	159
nā -	조동사	to move outwards or forth	한국어	박은용	1974	160
nā -gada	조동사	to go out	한국어	박은용	1974	160
nā -di̧ lda	조동사	to go and como in(again)	한국어	박은용	1974	160
nā da	조동사	to be born, to spring forth	한국어	박은용	1974	160
na ta	나다	to bear, to bring forth, to produce, to beget, to	한국어	白鳥庫吉	1914ㄱ	143
nai ta	내다	to emit, to give forth, to make, to produce	한국어	白鳥庫吉	1914ㄱ	143
nai mil ta	내밀다	to grow out, to protrude	한국어	白鳥庫吉	1914ㄱ	143
moyu	나다		일본어	송민	1973	36
na-	나다		한국어	송민	1973	39
moyasu	나다		일본어	송민	1973	40
moyu	나다		일본어	송민	1973	40
nal	나다	to go or come out	한국어	宋敏	1969	75
naru	나다	to be	일본어	宋敏	1969	75
nár	나다	become	일본어	宋敏	1969	75
na	나다		한국어	宋敏	1969	75
naru	나다		일본어	宋敏	1969	75
nasu	나다		일본어	宋敏	1969	75
nam	남		한국어	이숭녕	1956	110
나-	나다		한국어	이원진	1940	18
ナスン	生む		일본어	이원진	1940	18
ナス	生む		일본어	이원진	1940	18
ナシユリ	生む		일본어	이원진	1940	18
ナシユン	生む		일본어	이원진	1940	18
나-	나다		한국어	이원진	1951	18
ナシユリ	生む		일본어	이원진	1951	18
ナシユン	生む		일본어	이원진	1951	18
ナス	生む		일본어	이원진	1951	18
ナスン	生む		일본어	이원진	1951	18
na-da	나다	herauskommen, entstehen	한국어	G. J. Ramstedt	1939ㄱ	479
nā da		to be born, to spring forth	한국어	G. J. Ramstedt	1949	157
näję -pa̧ rida		to throw away	한국어	G. J. Ramstedt	1949	157
näję -nō ttha		to let go, to set free	한국어	G. J. Ramstedt	1949	157
nā -gada		to go out	한국어	G. J. Ramstedt	1949	157
nǎda		to emit, to give forth, to produce, to make	한국어	G. J. Ramstedt	1949	157

표제어/어휘		의미	언어	저자	발간년도	쪽수
nā-ɟi lda		to go and come in (again); to move, to act,	한국어	G. J. Ramstedt	1949	157
na	나다	rise	한국어	Hulbert, H. B.	1905	
나라						
urne	나라	country	한국어	강길운	1978	41
moš iri	나라		일본어	강길운	1981ㄴ	6
나라	나라		한국어	권덕규	1923ㄴ	127
ナラ	나라		일본어	권덕규	1923ㄴ	127
na-la	나라		한국어	김사엽	1974	411
なら	나라		일본어	김사엽	1974	411
구려	나라		한국어	김선기	1976ㄴ	324
nara	나라		한국어	김승곤	1984	247
溝婁	나라		한국어	박은용	1974	114
na	나라	earth	일본어	宋敏	1969	75
nara	나라	the state, the country	한국어	宋敏	1969	75
nu	땅	land, country	한국어	이기문	1958	115
nei	땅	land, country	한국어	이기문	1958	115
nara	나라	country	한국어	이기문	1958	115
na	나라	land, earth	한국어	이기문	1971	431
na	나라	land, earth	한국어	이기문	1971	431
na	나라	land, earth	한국어	이기문	1971	431
ナラ	나라		일본어	이명섭	1962	5
*pi y : ^pi y	나라	country, nation	한국어	Christopher I. Beckwith	2004	135
nara		the state, the country, the kingdom; the king, the	한국어	G. J. Ramstedt	1949	161
areru		to shake, to toss	일본어	G. J. Ramstedt	1949	161
aruru		to shake, to toss	일본어	G. J. Ramstedt	1949	161
naraŋ		the state, the land	한국어	G. J. Ramstedt	1949	161
naranim		the king	한국어	G. J. Ramstedt	1949	161
ta̧ i		palce	한국어	G. J. Ramstedt	1949	161
naye		earthquake	일본어	G. J. Ramstedt	1949	161
tokoro		palce	일본어	G. J. Ramstedt	1949	161
나락						
naraku	나락		일본어	고창식	1976	25
나락	나락		한국어	고창식	1976	25
nad	나락		한국어	이숭녕	1956	134
narak	나락		한국어	이숭녕	1956	134
나란하다						
narabu	나란하다		일본어	宋敏	1969	75
nara-b-u	나란하다		일본어	宋敏	1969	75
narasu	나란하다		일본어	宋敏	1969	75
naran	나란하다		일본어	宋敏	1969	75
naran'i	나란하다		한국어	宋敏	1969	75
나루						
narʌ	나루	river, ferry	한국어	강길운	1978	41
noro	나루		한국어	강길운	1983ㄱ	27
naru	나루		한국어	김방한	1976	20
nɐ rɐ	나루		한국어	박은용	1975	153
tu	나루		일본어	石井 博	1992	93
nʌ l	나루		한국어	石井 博	1992	93
na gu	나루		한국어	이숭녕	1956	165
nɐ rɐ	나루		한국어	이숭녕	1956	165

표제어/어휘		의미	언어	저자	발간년도	쪽수
nalu	나루터	ferry	일본어	宋敏	1969	75
nalï	나르다	carry, convey	한국어	宋敏	1969	75
*ʊ ~*wə y~*ʊ y	나루	ford	한국어	Christopher I. Beckwith	2004	141
naru		a ford, a ferry place	한국어	G. J. Ramstedt	1949	161

나르다

ninafu	나르다	to carry	일본어	김공칠	1989	16
narị da	나르다	to move, to remove, to carry from one place to	한국어	G. J. Ramstedt	1949	161
noš -	나르다	carry	한국어	Martin, S. E.	1966	206
noš -	나르다	carry	한국어	Martin, S. E.	1966	212
noš -	나르다	carry	한국어	Martin, S. E.	1966	220
noš -	나르다	carry	한국어	Martin, S. E.	1966	223

나른하다

nʌ -lon-hʌ	나른하다		한국어	김사엽	1974	408
のどけし	나른하다		일본어	김사엽	1974	408
nalgin hạ da		to be fine, to be slender, to be thin; to be weary, to	한국어	G. J. Ramstedt	1949	161
nalssin hạ da		to be fine, to be slender, to be thin; to be weary, to	한국어	G. J. Ramstedt	1949	161
narị n hạ da		to be fine or slender	한국어	G. J. Ramstedt	1949	161

나무

kar	나무	tree	한국어	강길운	1978	41
namo	나무		한국어	강길운	1983ㄱ	30
kori	버들의 일종		한국어	강길운	1983ㄴ	117
namo	나무		한국어	강길운	1983ㄴ	120
sorɯrɯ	소나무		한국어	강길운	1983ㄴ	128
č aŋ -	나무하다		한국어	강길운	1983ㄴ	128
č ak	나무		한국어	강길운	1983ㄴ	128
č ɯmge	큰나무		한국어	강길운	1983ㄴ	129
naŋ gu	나무		한국어	강길운	1983ㄴ	134
naŋ gi	나무		한국어	강길운	1983ㄴ	134
kori	버들의 한 종류		한국어	강길운	1983ㄴ	135
ki<*kẹ i	나무		일본어	김공칠	1989	19
kyẹ i	나무		한국어	김공칠	1989	19
namo	나무	tree	한국어	김동소	1972	141
namu	나무	tree	한국어	김동소	1972	141
miki	幹		일본어	김선기	1968ㄱ	33
ki:	나무	tree	일본어	김선기	1968ㄱ	33
namu	나무	tree	한국어	김선기	1968ㄱ	33
namagu	나무	tree	한국어	김선기	1968ㄱ	33
namg	나무	tree	한국어	김선기	1968ㄱ	33
namg i	나무		한국어	김선기	1968ㄴ	20
mu-t'u	나무		한국어	박은용	1974	113
namu	나무	A tree; a plant; wood	한국어	白鳥庫吉	1914ㄱ	147
kï	나무		일본어	송민	1974	16
斤乙	나무		한국어	辛 容泰	1987	132
木	나무		한국어	辛 容泰	1987	132
kï	나무	tree	일본어	이기문	1963	102
?	나무	tree	한국어	이기문	1963	102
namu	나무		한국어	이숭녕	1956	118
neŋ guari	덜 탄 나무		한국어	이숭녕	1956	124
namo	나무		한국어	이숭녕	1956	142
ki	나무	tree	일본어	이용주	1980	101

표제어/어휘		의미	언어	저자	발간년도	쪽수
namo~namk	나무	tree	한국어	이용주	1980	101
namo	나모	tree	한국어	이용주	1980	81
kï	나무	tree	일본어	이용주	1980	81
ní	나무	tree	일본어	이용주	1980	95
kï	나무	tree	일본어	이용주	1980	95
namo	나무	tree	한국어	이용주	1980	95
ki	나무	tree	일본어	長田夏樹	1966	82
namu	나무	tree	한국어	長田夏樹	1966	82
^ki	나무	tree, wood	일본어	Christopher I. Beckwith	2004	111
^ki[紀]	나무	tree, wood	일본어	Christopher I. Beckwith	2004	111
*kir[斤]	나무	tree, wood	한국어	Christopher I. Beckwith	2004	111
^ki	나무	tree	일본어	Christopher I. Beckwith	2004	114
^ki[紀]	나무	tree	일본어	Christopher I. Beckwith	2004	114
*kir[斤]	나무	tree, wood	한국어	Christopher I. Beckwith	2004	114
^ki ~ ^ki [紀]	나무, 숲	tree, wood	일본어	Christopher I. Beckwith	2004	125
*ki r : ^ki n ~	나무	tree, wood	한국어	Christopher I. Beckwith	2004	126
*ki ~ ^ki [紀]	나무	tree	일본어	Christopher I. Beckwith	2004	126
*miŋ ki r :	동백나무	scholar tree, Sophora japonica	한국어	Christopher I. Beckwith	2004	131
nạ mạ k	나무	tree	한국어	G. J. Ramstedt	1954	12
namu	나무	tree	한국어	Hulbert, H. B.	1905	121
kiy	나무		일본어	Martin, S. E.	1975	110
kiy	나무		일본어	Martin, S. E.	1975	110
kogi	나무		일본어	Martin, S. E.	1975	110

나무껍질

kawa	나무껍질		일본어	김선기	1968ㄱ	33
gə bdag	나무껍질		한국어	김선기	1968ㄱ	33

나무라다

na-mʌ -la	나무라다		한국어	김사엽	1974	413
なじる	나무라다		일본어	김사엽	1974	413
namurada		to blame, to scold, to reprimand	한국어	G. J. Ramstedt	1949	160

나무판

ita	널		일본어	김공칠	1988	205
nə r	널		한국어	김공칠	1988	205

나물

na-mul	나물		한국어	김사엽	1974	414
na	나물		일본어	김사엽	1974	414
tsa-ka-na	나물		일본어	김사엽	1974	445
nʌ -mʌ l	나물		한국어	김사엽	1974	445
nazuna	나물		일본어	송민	1965	39
nari	나물		한국어	송민	1965	39
na	나물		일본어	宋敏	1969	75
ná	나물		일본어	宋敏	1969	75

표제어/어휘		의미	언어	저자	발간년도	쪽수
namul	나물		한국어	宋敏	1969	75
nɔ mɔ lh	나물	greens	한국어	宋敏	1969	75
na̜ ma̜ r	나물	raw vegetables	한국어	이기문	1958	115
나부끼다						
na-bi-ki	나부끼다		일본어	김사엽	1974	412
na-pʌ s-ki	나부끼다		한국어	김사엽	1974	412
나비						
tefu	나비		일본어	石井 博	1992	93
napu	나비		한국어	石井 博	1992	93
nabe i	나비		한국어	이숭녕	1956	105
나쁘다						
š irun	나쁜		일본어	강길운	1981ㄴ	9
wen	나쁜		일본어	강길운	1982ㄴ	25
wä-	나쁜		한국어	강길운	1982ㄴ	25
wen	나쁜		일본어	강길운	1982ㄴ	33
wä-	나쁜		한국어	강길운	1982ㄴ	33
ne s-		bad	한국어	강영봉	1991	8
asi		bad	일본어	강영봉	1991	8
asi	나쁜	bad	일본어	김공칠	1989	17
mak	나쁘다		한국어	김공칠	1989	6
maga	나쁘다		일본어	김공칠	1989	6
naʔ pi -	나쁜	bad	한국어	김동소	1972	136
nappɨ -	나쁜	bad	한국어	김동소	1972	136
a-si-ka-ru	나쁘다		일본어	김사엽	1974	482
kuč	나쁘다		한국어	김사엽	1974	482
keu-rat-ć i-	나쁜	für schlecht halten	한국어	白鳥庫吉	1914ㄷ	309
keu-rat	나쁜	schlecht	한국어	白鳥庫吉	1914ㄷ	309
*asi	나쁘다	bad, evil	일본어	Christopher I. Beckwith	2004	112
^atś i[安之]	나쁘다	bad, evil	일본어	Christopher I. Beckwith	2004	112
나아가다						
nas	나아가다		한국어	김사엽	1974	434
すすむ	나아가다		일본어	김사엽	1974	434
nas-	나아가다		한국어	송민	1973	39
나이						
tö-si	나이		일본어	김사엽	1974	417
na-hi	나이		한국어	김사엽	1974	417
nā	나이의 방언		한국어	김승곤	1984	246
nah	나이		한국어	石井 博	1992	93
tosi	나이		일본어	石井 博	1992	93
nah	나이		한국어	송민	1973	39
nah	나이		한국어	송민	1973	40
toś i	나이		일본어	宋敏	1969	75
nahi	나이		한국어	宋敏	1969	75
nasi	나이		한국어	이숭녕	1956	155
nasaŋ i	나이		한국어	이숭녕	1956	155
neŋ i	나이		한국어	이숭녕	1956	155
nǎ	해; 나이	year	한국어	이용주	1980	81
tösi	해, 나이	year	일본어	이용주	1980	81
he ˇ i	해; 나이	year	한국어	이용주	1980	81
nā		age	한국어	G. J. Ramstedt	1949	157

표제어/어휘		의미	언어	저자	발간년도	쪽수
nā i manhi̦ n		aged, with long life	한국어	G. J. Ramstedt	1949	157
nā -me̦ kta		to grow old	한국어	G. J. Ramstedt	1949	157
nā		age	한국어	G. J. Ramstedt	1949	157
나체						
pə rgə -	나체		한국어	강길운	1981ㄴ	10
heraske	나체		일본어	강길운	1981ㄴ	10
나타나다						
na-tʰ a-na	나타나다		한국어	김사엽	1974	479
あらはれる	나타나다		일본어	김사엽	1974	479
ara-faru	나타나다		일본어	大野晋	1980	16
arafaru	나타나다, 겉으로 나오다		일본어	송민	1973	36
nat-	나타나다		한국어	송민	1973	39
natʰ -	나타나다		한국어	송민	1973	39
나풀						
napá	밧줄	rope	일본어	宋敏	1969	75
kkïnapul	끄나풀	piece of string	한국어	宋敏	1969	75
낙인						
rakuin	낙인		일본어	고창식	1976	25
낙인	낙인		한국어	고창식	1976	25
낚시						
naks-	낚다		한국어	강길운	1983ㄴ	106
mana	물고기		한국어	강길운	1983ㄴ	125
turu	낚시		일본어	石井 博	1992	93
naks-	낚시		한국어	石井 博	1992	93
날(生)						
なま	날		일본어	김사엽	1974	412
nʌ l	날		한국어	김사엽	1974	412
nal	날	uncooked	한국어	白鳥庫吉	1914ㄱ	143
nal-köt	날것	what is law, what is uncooked	한국어	白鳥庫吉	1914ㄱ	143
na̦ r	날	raw, uncooked	한국어	이기문	1958	116
nal-ʒ a̦		what is raw	한국어	G. J. Ramstedt	1949	159
nal-kke̦ t		what is raw	한국어	G. J. Ramstedt	1949	159
nalke̦ t		what is raw	한국어	G. J. Ramstedt	1949	159
nal		raw, uncooked	한국어	G. J. Ramstedt	1949	159
날(刃)						
は	날		일본어	김사엽	1974	407
nʌ l	날		한국어	김사엽	1974	407
nal	날		한국어	김사엽	1974	462
na̦ r	날	blade	한국어	이기문	1958	115
nal		the edge, the blade	한국어	G. J. Ramstedt	1949	159
날(日)						
nac/nal		day	한국어	강영봉	1991	8
firu		day	일본어	강영봉	1991	8
날	날		한국어	권덕규	1923ㄴ	126
nar	날		한국어	金澤庄三郞	1914	220
nar	날		한국어	金澤庄三郞	1914	222
nal	날		한국어	김방한	1978	6

표제어/어휘	의미		언어	저자	발간년도	쪽수
nu-ki	날		일본어	김사엽	1974	410
nʌl	날		한국어	김사엽	1974	410
nʌl	날		한국어	김사엽	1974	426
たて	날		일본어	김사엽	1974	426
ka	날		일본어	김사엽	1974	466
nal	날		한국어	김사엽	1974	466
nal	날	The sun, day, the weather	한국어	白鳥庫吉	1914ㄱ	144
as	날이 밝는다, 날이 샌다		일본어	송민	1974	7
nal	날	sun	한국어	Edkins, J	1896ㄴ	365
nal		the sun, the day, the weather	한국어	G. J. Ramstedt	1949	159
nal	날	day	한국어	Hulbert, H. B.	1905	
nal	날	day	한국어	Poppe, N	1965	138

날개

nalkɛ	날개	wing	한국어	김동소	1972	141
nɐlkɛ	날개	wing	한국어	김동소	1972	141
於支	날개		한국어	김동소	1972	146
tu-ba-tsa	날개		일본어	김사엽	1974	420
nʌl-kaj	날개		한국어	김사엽	1974	420
hane	날개	feathes	일본어	김선기	1968ㄱ	29
nargɛ	날개	feathes	한국어	김선기	1968ㄱ	29
nalda	날다		한국어	김승곤	1984	247
nɐˇrkăi	날개	wing	한국어	이용주	1980	81
Hane	날개	wing	일본어	이용주	1980	81

날다

nʌr-	날다		한국어	강길운	1983ㄴ	111
nʌlä	날개		한국어	강길운	1983ㄴ	111
nʌr-	날다		한국어	강길운	1983ㄴ	120
tob		to fly	일본어	강영봉	1991	9
nal-/t'ɯ-		to fly	한국어	강영봉	1991	9
nɐl-	날다	fly	한국어	김동소	1972	138
nal-	날다	fly	한국어	김동소	1972	138
nʌl	날다		한국어	김방한	1978	31
nʌl	날다		한국어	김방한	1978	32
tö-Fu	날다		일본어	김사엽	1974	416
nʌl	날다		한국어	김사엽	1974	416
tobu	날다	fly	일본어	김선기	1968ㄱ	41
nar	날다	fly	한국어	김선기	1968ㄱ	41
nər-	날다		한국어	박은용	1975	157
nɔ	날다	fly	한국어	宋敏	1969	75
nor	날다	ride, mount	일본어	宋敏	1969	75
nɐr-	날다	to fly	한국어	이용주	1980	83
töbu	날다	to fly	일본어	이용주	1980	83
töbu	날다	fly	일본어	이용주	1980	99
nɐr	날다	fly	한국어	이용주	1980	99
*tožu	날다	fly	한국어	이용주	1980	99
*tö-[登]	날다	to fly	일본어	Christopher I. Beckwith	2004	111
nal	날다	fly	한국어	Edkins, J	1895	409
nalgä		the wing - of a bird	한국어	G. J. Ramstedt	1949	159
nąllida		to scatter, to spread, to flutter, to flap	한국어	G. J. Ramstedt	1949	159
nąlčhida		to scatter, to spread, to flutter, to flap	한국어	G. J. Ramstedt	1949	159

표제어/어휘		의미	언어	저자	발간년도	쪽수
na̧ lda		to fly	한국어	G. J. Ramstedt	1949	159
na̧ da		to fly	한국어	G. J. Ramstedt	1949	159
narä		the wing - of a bird	한국어	G. J. Ramstedt	1949	159
nalč hi		on the wing - of shooting	한국어	G. J. Ramstedt	1949	159
nana̧ n pä		a speedy boat	한국어	G. J. Ramstedt	1949	159
nallä		the wing - of a bird	한국어	G. J. Ramstedt	1949	159

날카롭다
ne lkhap-	날카로운	sharp	한국어	김동소	1972	140
nalkhalop-	날카로운	sharp	한국어	김동소	1972	140
tu̇ r-	날카롭다		한국어	박은용	1975	136
ne r	날카롭다		한국어	박은용	1975	153
ne ˇ rkav-	날카롭다	sharp	한국어	이용주	1980	84
tosi	날카롭다	sharp	일본어	이용주	1980	84
ne ˇ rkav-	날카롭다	sharp	한국어	이용주	1980	96
' e' én	날카롭다	sharp	일본어	이용주	1980	96
tosi	날카롭다	sharp	일본어	이용주	1980	96
nalkharopta		to be sharp, to have an edge	한국어	G. J. Ramstedt	1949	159
nalkhapta		to be sharp, to have an edge	한국어	G. J. Ramstedt	1949	159

낡다
ne lk-	낡은	old	한국어	김동소	1972	139
nalk-	낡은	old	한국어	김동소	1972	139
nʌ lk	낡다		한국어	김사엽	1974	395
ふるびる	낡다		일본어	김사엽	1974	395
na-re	낡다		일본어	김사엽	1974	411
nʌ lk	낡다		한국어	김사엽	1974	411
otoroheru	낡다	old	일본어	김선기	1978ㄷ	345
furusi	낡은	old	일본어	이용주	1980	100
ne rke m	낡은	old	한국어	이용주	1980	100
*gʷ uṅ u	낡은	old	한국어	이용주	1980	100

남(南)
urut	남	south	한국어	강길운	1978	41
öburi	남		한국어	강길운	1978	41
särubu	남		한국어	강길운	1978	41
kudä	남	south	한국어	강길운	1978	42
ma	남쪽		한국어	강길운	1981ㄱ	32
š um	남쪽		일본어	강길운	1982ㄴ	28
*sebe	남쪽		한국어	강길운	1982ㄴ	28
š um	남쪽		일본어	강길운	1982ㄴ	34
*sebe	남쪽		한국어	강길운	1982ㄴ	34
ma	남		한국어	강길운	1983ㄱ	46
mi-na-mi	남		일본어	김사엽	1974	386
mʌ	남		한국어	김사엽	1974	386
tś i̇ ri		north	한국어	Christopher I. Beckwith	2004	250

남(他)
Fo-ka	남		일본어	김사엽	1974	394
nʌ m	남		한국어	김사엽	1974	394

남근
č aji	남근		한국어	강길운	1983ㄴ	132
しじ	남근		일본어	김사엽	1974	439
č a-č i	남근		한국어	김사엽	1974	439

표제어/어휘		의미	언어	저자	발간년도	쪽수
huŋ uri	남성의 생식기		일본어	김승곤	1984	235
č a-č i	자지	The male sexual member of a child	한국어	白鳥庫吉	1916ㄱ	151
coc	자지	penis	한국어	이기문	1958	107
caci	자지	penis of a child	한국어	이기문	1958	107
자지		penis	한국어	최남선	1929	131
ツヅ	자지	penis	일본어	최남선	1929	144
č ặž i	자지	penis	한국어	G. J. Ramstedt	1949	25
č ā ž i	자지	penis	한국어	G. J. Ramstedt	1949	25
남기다						
ki-tʰ i	남기다		한국어	김사엽	1974	408
nö-kö-si	남기다		일본어	김사엽	1974	408
남다						
name-	남다	to be too many(much)	한국어	강길운	1978	41
p'uji-	남아있다		한국어	강길운	1983ㄴ	137
nömu	남다		한국어	金澤庄三郎	1914	220
amar-u	남다		일본어	김공칠	1988	199
name r-	남다		한국어	김공칠	1988	199
nam	남다	to be left over	한국어	김공칠	1988	83
ama-ru	남다	to be left over	일본어	김공칠	1988	83
nam	남다		한국어	김사엽	1974	408
nö-kö-ri	남다		일본어	김사엽	1974	408
nam-	남다		한국어	박은용	1975	151
nökö-r-	남다	to remain	일본어	송민	1974	16
amar.i	남다		일본어	宋敏	1969	76
nam	남다		한국어	宋敏	1969	76
nạ mažˇ i		surplus	한국어	G. J. Ramstedt	1949	160
nạ mda	남다	to remain, to be over and above	한국어	G. J. Ramstedt	1949	160
nạ mda		to remain, to be over and above	한국어	G. J. Ramstedt	1949	160
nạ mž ję ž i		surplus	한국어	G. J. Ramstedt	1949	160
nạ mgida		to leave over and above, to have more, to add	한국어	G. J. Ramstedt	1949	160
남동생						
otö	남동생	younger brother	일본어	김공칠	1989	16
aza, azi	남동생	younger brother	한국어	김공칠	1989	16
남자						
pusuji	남자	man	한국어	강길운	1978	42
wotoko		man	일본어	강영봉	1991	10
sə nai		man	한국어	강영봉	1991	10
sə nahä	남자	man(male human)	한국어	김동소	1972	139
namca	남자	man(male human)	한국어	김동소	1972	139
namcin	남자		한국어	김동소	1972	148
wo	남자	man	일본어	김선기	1968ㄱ	25
ɛ bi	남자	man	한국어	김선기	1968ㄱ	25
wo	남자	man	일본어	이용주	1980	79
namtʃ in	남진	man	한국어	이용주	1980	79
otoko	남자	man	일본어	長田夏樹	1966	82
namza	남자	man	한국어	長田夏樹	1966	82
남편						
sə ban/namp		husband	한국어	강영봉	1991	10

표제어/어휘		의미	언어	저자	발간년도	쪽수
wofito		husband	일본어	강영봉	1991	10
ciapi	남편	husband	한국어	김동소	1972	138
namphjʌ n-	남편	husband	한국어	김동소	1972	138
tuma	남편	husband	일본어	이용주	1980	80
wo	남편	husband	일본어	이용주	1980	80
syā ' ŏ ŋ	샤옹	husband	한국어	이용주	1980	80
kuza	남편, 사람	vir, homo	한국어	Johannes Rahder	1959	36

납

namur	납		한국어	강길운	1983ㄱ	27
nab	납		한국어	강길운	1983ㄱ	27
namari	납	lead	일본어	金澤庄三郞	1910	11
nap	납	lead	한국어	金澤庄三郞	1910	11
namari	납		일본어	김공칠	1989	19
naimul(namu	납		한국어	김공칠	1989	19
namari	납		일본어	김공칠	1989	7
nap	납		한국어	김공칠	1989	7
namul	납		한국어	김방한	1976	21
namul	납		한국어	김방한	1977	8
namali	납		일본어	김방한	1977	8
nap	납		한국어	김방한	1978	11
namari	납		일본어	김방한	1978	11
namul	납		한국어	김방한	1978	11
nap	납		한국어	김사엽	1974	412
na-ma-ri	납		일본어	김사엽	1974	412
nap	납		한국어	大野晋	1975	52
nap	납	Lead	한국어	白鳥庫吉	1914ㄱ	144
namari	납		일본어	송민	1965	38
nap	납		한국어	송민	1965	38
namwl	납		한국어	송민	1966	22
namari	납		일본어	송민	1966	22
namwl	납		한국어	송민	1966	22
namari	납		일본어	송민	1973	34
nap	납		일본어	송민	1973	34
namari	납	plumbum, lead	일본어	宋敏	1969	76
nap	납	plumbum, lead	한국어	宋敏	1969	76
nap	납		한국어	宋敏	1969	76
namari	납		일본어	宋敏	1969	76
namari	납		일본어	유창균	1960	22
namur	납		한국어	유창균	1960	22
namari	납		일본어	이기문	1973	13
乃勿	납		한국어	이기문	1973	13
nab	납		한국어	村山七郞	1963	28
namari	납		일본어	村山七郞	1963	28
namut	납		한국어	村山七郞	1963	28
*namari~^na	납	lead(metal)	일본어	Christopher I. Beckwith	2004	133
*namur :	납	lead(metal)	한국어	Christopher I. Beckwith	2004	133
namari		plumbum, lead	일본어	G. J. Ramstedt	1949	160
nap		plumbum, lead	한국어	G. J. Ramstedt	1949	160
nap	납	lead	한국어	Kanazawa, S	1910	8
namari	납	lead	일본어	Kanazawa, S	1910	8

납거미

| nabakč i | | the breadth | 일본어 | G. J. Ramstedt | 1949 | 160 |

표제어/어휘	의미		언어	저자	발간년도	쪽수
nặpčak	broad, flat		일본어	G. J. Ramstedt	1949	160
hirakumo	a flat spider		일본어	G. J. Ramstedt	1949	160
nap-kẹ̆-mïi	a flat spider		한국어	G. J. Ramstedt	1949	160

낫

sal	낫		한국어	宮崎道三郎	1906	12
anta	낫	sickle	일본어	金澤庄三郎	1910	11
nat	낫	sickle	한국어	金澤庄三郎	1910	11
kyəm	낫		한국어	김공칠	1989	9
nat	낫		한국어	김공칠	1989	9
kama	낫		일본어	김공칠	1989	9
kusiro	낫		일본어	김공칠	1989	9
nata	낫		일본어	김공칠	1989	9
nat	낫		한국어	김사엽	1974	413
なた	낫		일본어	김사엽	1974	413
nat	낫		한국어	김승곤	1984	247
nata	낫		일본어	文和政	1981	176
nat	낫		한국어	文和政	1981	176
nat	낫		일본어	송민	1973	34
nat	낫		한국어	송민	1973	55
nata	낫		일본어	宋敏	1969	76
nas	낫		한국어	宋敏	1969	76
nat	낫		한국어	宋敏	1969	76
nata	낫	a hatchet, a big knife	일본어	宋敏	1969	76
nat	낫	a sickle	한국어	宋敏	1969	76
nata	낫	hatchet	일본어	宋敏	1969	76
di	낫		일본어	宋敏	1969	76
ナタ	낫		일본어	이명섭	1962	5
nata	낫		일본어	이용주	1980	106
nat	낫		한국어	이용주	1980	106
nata	낫	a hatchet, a sickle	일본어	G. J. Ramstedt	1928	72
nat	낫	a hatchet, a sickle	한국어	G. J. Ramstedt	1928	72
bï-gak	낫	sickle	한국어	G. J. Ramstedt	1928	81
nata	낫	Sichel	일본어	G. J. Ramstedt	1939ㄱ	485
nat	낫	Sichel	한국어	G. J. Ramstedt	1939ㄱ	485
nat	낫	a sickle	한국어	G. J. Ramstedt	1949	162
nata	낫	a sickle, a hatchet, a big knife	일본어	G. J. Ramstedt	1949	162
nat	낫	sickle	한국어	Kanazawa, S	1910	8
anta	낫	sickle	일본어	Kanazawa, S	1910	8
nap-	낫	better	한국어	Martin, S. E.	1966	215
nas(a)	낫	hatchet	한국어	Martin, S. E.	1966	215

낫다

anare	낫다		일본어	강길운	1982ㄴ	36
naʒ-	낫다		한국어	강길운	1982ㄴ	36
naʒ-	낫다		한국어	강길운	1983ㄴ	113
naʒ-	낫다		한국어	강길운	1983ㄴ	127
naʒ-	낫다		한국어	강길운	1983ㄴ	130
naʒ-	낫다		한국어	강길운	1983ㄴ	133
ma-tsa-re	낫다		일본어	김사엽	1974	390
nïl	낫다		한국어	김사엽	1974	390
nas	낫다		한국어	김사엽	1974	391
ma-tsa-re	낫다		일본어	김사엽	1974	391
na-Fo-ru	낫다		일본어	김사엽	1974	412
nas	낫다		한국어	김사엽	1974	412
nas-	낫다		한국어	송민	1973	39

표제어/어휘		의미	언어	저자	발간년도	쪽수
naforu	병이 낫다		일본어	송민	1973	39
na(s)	낫다	get/be better	한국어	宋敏	1969	76
nápo	낫다	more, further	일본어	宋敏	1969	76
nat	낫다		한국어	宋敏	1969	76
napo	낫다		일본어	宋敏	1969	76
nā tta	낫다	to excel, to be better than, to have recovered	한국어	G. J. Ramstedt	1949	162
na-o	낫다	good	한국어	Hulbert, H. B.	1905	121
nap-	낫다	better	한국어	Martin, S. E.	1966	199
nap-	낫다	better	한국어	Martin, S. E.	1966	206
nas(a)	낫다	hatchet	한국어	Martin, S. E.	1966	206
nas(a)	낫다	hatchet	한국어	Martin, S. E.	1966	212
nas(a)	낫다	hatchet	한국어	Martin, S. E.	1966	222

낮

nat	낮	day	한국어	金澤庄三郞	1910	11
natsu	여름	summer	일본어	金澤庄三郞	1910	11
nac	낮	day(opposite of night)	한국어	김동소	1972	137
nac	낮	day(opposite of night)	한국어	김동소	1972	137
Fi-ru	낮		일본어	김사엽	1974	399
nač	낮		한국어	김사엽	1974	399
nas	낮		한국어	김사엽	1974	399
nə rum	낮		한국어	徐廷範	1985	241
nə t	낮		한국어	徐廷範	1985	241
natsu	낮		일본어	宋敏	1969	76
nyǔ lǔ m	낮	summer	한국어	宋敏	1969	76
nat	낮		한국어	宋敏	1969	76
natsu	낮	summer	일본어	宋敏	1969	76
nač	낮		한국어	이숭녕	1956	168
firu	낮	day	일본어	이용주	1980	101
nac	낮	day	한국어	이용주	1980	101
Hiru	낮	day	일본어	이용주	1980	81
nă ʧ	낮	day	한국어	이용주	1980	81
nat/낫	낮		한국어	Arraisso	1896	21
nat	낮	daytime	한국어	Edkins, J	1895	409
naʒ e		a day time, during the day	한국어	G. J. Ramstedt	1949	162
nat		the day - in contrast to night; noon, midday	한국어	G. J. Ramstedt	1949	162
naʒ o		twilight	한국어	G. J. Ramstedt	1949	162
naʒ u		twilight	한국어	G. J. Ramstedt	1949	162
kuź al, kolxa-	낮	day	한국어	Johannes Rahder	1959	65
nat	낮	day	한국어	Kanazawa, S	1910	8
natsu	여름(summer)		일본어	Kanazawa, S	1910	8

낮다

nʌ č -	낮다		한국어	강길운	1983ㄴ	120
nʌ č	낮다		한국어	김사엽	1974	401
ひくい	낮다		일본어	김사엽	1974	401
nă -č ă khă ta	나직하다	To be low, to be inferior	한국어	白鳥庫吉	1914ㄱ	144
nă -peu si	낮다	flatly, squarely, at an incline	한국어	白鳥庫吉	1914ㄱ	144
nă t-ta	낮다	To be low, to be inferior	한국어	白鳥庫吉	1914ㄱ	144
nă t-č ´ ota	낮추다	To lower, to let down	한국어	白鳥庫吉	1914ㄱ	144
nă -ri	내리	family descent	한국어	白鳥庫吉	1914ㄱ	144
nă -rita	내리다	To come down, to descend	한국어	白鳥庫吉	1914ㄱ	144

표제어/어휘		의미	언어	저자	발간년도	쪽수
asa-	낮다	peu profond	일본어	宋敏	1969	76
nat-	낮다	peu profond	한국어	宋敏	1969	76
nač -ta	낮다		한국어	이숭녕	1956	114
nač -	낮다	zu Grunde gehen	한국어	Andre Eckardt	1966	234
nḁtta	낮다	to be low	한국어	G. J. Ramstedt	1949	162
낯						
nan/nota	낯		일본어	강길운	1982ㄴ	23
nač	낯		한국어	강길운	1982ㄴ	23
nač	낯		한국어	강길운	1982ㄴ	30
nan/nota	낯		일본어	강길운	1982ㄴ	30
nʌč'	낯		한국어	강길운	1983ㄴ	113
nat	낯		한국어	金澤庄三郎	1914	220
naziru	꾸짖다		일본어	김공칠	1988	192
nɛs~nach	낯		한국어	김공칠	1988	192
na	이름		일본어	김공칠	1988	192
nɛ scista	正色		한국어	김공칠	1988	192
ka-Fo	낯		일본어	김사엽	1974	459
nʌčʰ	낯		한국어	김사엽	1974	459
nɛ c'	낯		한국어	박은용	1975	157
tura	낯		일본어	石井 博	1992	93
nach	낯		한국어	石井 博	1992	93
낳다						
mu-tsu	낳다		일본어	김사엽	1974	385
nah	낳다		한국어	김사엽	1974	385
うむ	낳다		일본어	김사엽	1974	472
nah	낳다		한국어	김사엽	1974	472
낳-	낳다		한국어	김선기	1979ㄷ	369
umu	낳다		일본어	송민	1973	36
nah-	낳다		한국어	송민	1973	39
umu	낳다		일본어	송민	1973	40
umaru	낳다		일본어	송민	1973	40
nattha		to bear, to bring forth	한국어	G. J. Ramstedt	1949	162
na, nani	낳다	to be born	한국어	Hulbert, H. B.	1905	
keming	낳다	give birth	한국어	Johannes Rahder	1959	62
내						
na/nai	내		일본어	강길운	1981ㄴ	6
nä	내		한국어	강길운	1981ㄴ	6
nä	내		한국어	강길운	1982ㄴ	25
nai	내		일본어	강길운	1982ㄴ	25
nai	내		일본어	강길운	1982ㄴ	30
na	내		일본어	강길운	1982ㄴ	30
nä	내		한국어	강길운	1982ㄴ	30
mai	내		한국어	김방한	1980	13
mi	내		한국어	김방한	1980	13
mai	내		한국어	김방한	1980	13
na	내		한국어	김방한	1980	14
na	내		한국어	김방한	1980	14
na-li	내		한국어	김사엽	1974	414
na-ga-re	내		일본어	김사엽	1974	414
nari	내		일본어	송민	1965	38
nai	내		한국어	송민	1965	38
nare	내		일본어	宋敏	1969	76
nai	내		한국어	宋敏	1969	76

표제어/어휘		의미	언어	저자	발간년도	쪽수
kafa	내		일본어	辛 容泰	1987	142
nai	내		한국어	이숭녕	1956	93
nämul		a brook	한국어	G. J. Ramstedt	1949	158
sinä		a brook	한국어	G. J. Ramstedt	1949	158
na		a brook	일본어	G. J. Ramstedt	1949	158
nä	내	brook	한국어	G. J. Ramstedt	1949	158
nä		a brook	한국어	G. J. Ramstedt	1949	158
내기						
かけ	내기		일본어	김사엽	1974	464
nak-i	내기		한국어	김사엽	1974	464
내기하다						
かける	내기하다		일본어	김사엽	1974	464
tə-nï	내기하다		한국어	김사엽	1974	464
내내						
nai-nai	내내	again and again	한국어	宋敏	1969	76
nao	노	again, still more	일본어	宋敏	1969	76
nawo	내내	still, more	일본어	宋敏	1969	76
nō	노	again and again	한국어	宋敏	1969	76
nai-nai		again and again	한국어	G. J. Ramstedt	1949	158
nao		still more	일본어	G. J. Ramstedt	1949	159
nawo		still more	일본어	G. J. Ramstedt	1949	159
nō -oi-ja		again and again	한국어	G. J. Ramstedt	1949	171
nawo		again, still more	일본어	G. J. Ramstedt	1949	171
내다						
i-ta-si	내다		일본어	김사엽	1974	477
naj	내다		한국어	김사엽	1974	477
na teul ta	나가고 들어오다	to go out and come in	한국어	白鳥庫吉	1916ㄴ	327
na ka ta	나가다	to go out-often translated to come out	한국어	白鳥庫吉	1916ㄴ	327
na o ta	나오다	to come out-often translated go out	한국어	白鳥庫吉	1916ㄴ	327
nai ta	내다	To emit, to give forth	한국어	白鳥庫吉	1916ㄴ	327
nai tat ta	내닫다	to run out, to go quickly from the inside	한국어	白鳥庫吉	1916ㄴ	327
내리다						
rai-	내리다		일본어	강길운	1982ㄴ	23
nʌri-	내리다		한국어	강길운	1982ㄴ	23
nʌri-	내리다		한국어	강길운	1982ㄴ	33
rai-	내리다		일본어	강길운	1982ㄴ	33
huru	내리다		일본어	김공칠	1989	10
öru	내리다		한국어	김공칠	1989	14
ku-da-ri	내리다		일본어	김사엽	1974	453
nʌ-li	내리다		한국어	김사엽	1974	453
na̜ rida	내리다	to come down, to descend	한국어	G. J. Ramstedt	1949	161
närida		to come down, to descend	한국어	G. J. Ramstedt	1949	161
närję -oda		to come down, to descend	한국어	G. J. Ramstedt	1949	161
na̜ -č-		to be low, to be down	한국어	G. J. Ramstedt	1949	161
närję -gada		to come down, to descend	한국어	G. J. Ramstedt	1949	161
내부						
onna	내부		일본어	강길운	1981ㄴ	5
an	내부		한국어	강길운	1981ㄴ	5

표제어/어휘		의미	언어	저자	발간년도	쪽수
내장						
wata		guts	일본어	강영봉	1991	9
pɛ sə l		guts	한국어	강영봉	1991	9
냄비						
nam-bi	냄비		한국어	김사엽	1974	412
na-bë	냄비		일본어	김사엽	1974	412
nabe	남비	pan	일본어	宋敏	1969	76
lampi	남비	a frying pan	한국어	宋敏	1969	76
nabe	남비	a frying pan	일본어	宋敏	1969	76
nampi	남비		한국어	宋敏	1969	76
nambi	남비		한국어	宋敏	1969	76
nabe	남비		일본어	宋敏	1969	76
nabë	남비		일본어	宋敏	1969	76
nabë	냄비		일본어	이용주	1980	72
nampi	냄비		한국어	이용주	1980	72
nabe		a frying pan, a small dish for rice	일본어	G. J. Ramstedt	1949	135
nambi		a frying pan, a small dish for rice	한국어	G. J. Ramstedt	1949	135
냄새						
mathɯ-		to smell	한국어	강영봉	1991	11
kag-		to smell	일본어	강영봉	1991	11
nɛ msɛ math-	냄새맡다	smell	한국어	김동소	1972	140
nɛ mat-	냄새맡다	smell	한국어	김동소	1972	140
niwoi	냄새		일본어	김공칠	1989	4
ne	냄새		한국어	김공칠	1989	4
naj-om	냄새		한국어	김사엽	1974	410
ni-Fo-Fe	냄새		일본어	김사엽	1974	410
niwoi	냄새	smell	일본어	宋敏	1969	76
nè	냄새	smell	한국어	宋敏	1969	76
neｲ	냄새		한국어	이숭녕	1956	124
miwoi	내	smell	일본어	Aston	1879	24
nè	내	smell	한국어	Aston	1879	24
näamsä		a smell, a stink	한국어	G. J. Ramstedt	1949	158
nä		smoke	한국어	G. J. Ramstedt	1949	158
nä näda		to emit a stench	한국어	G. J. Ramstedt	1949	158
nē pta		to smell - as smoke	한국어	G. J. Ramstedt	1949	158
nä nada		to stench	한국어	G. J. Ramstedt	1949	158
nä		a smell, a stink	한국어	G. J. Ramstedt	1949	158
nä-amsä	냄새	a smell, an odour, a stench, a stink	한국어	G. J. Ramstedt	1949	9
냉이						
nadura	냉이		일본어	김공칠	1989	5
naŋ i	냉이		한국어	김공칠	1989	5
na-du-na	냉이		일본어	김사엽	1974	413
na-zi	냉이		한국어	김사엽	1974	413
naduna	냉이	shepherd's purse	일본어	宋敏	1969	76
nas	냉이		한국어	宋敏	1969	76
nazi < *nasi	냉이	the shepherd's purse	한국어	이기문	1958	115
너						
ji	너		한국어	강길운	1981ㄱ	32
ji	너		한국어	강길운	1981ㄴ	6
kwə re	너		한국어	강길운	1981ㄴ	6

〈ㄴ〉 105

표제어/어휘	의미		언어	저자	발간년도	쪽수
nə	너		한국어	강길운	1981ㄴ	6
ji	너		한국어	강길운	1982ㄴ	20
e-koro	너의	너의	일본어	강길운	1982ㄴ	20
eč i	너희		일본어	강길운	1982ㄴ	20
kwə re	너		한국어	강길운	1982ㄴ	20
nei	그		일본어	강길운	1982ㄴ	22
nə	너		한국어	강길운	1982ㄴ	22
nə	너		한국어	강길운	1982ㄴ	31
nei	그		일본어	강길운	1982ㄴ	31
č i	너		한국어	강길운	1983ㄴ	110
ŋ yanä	자네,너		한국어	강길운	1983ㄴ	121
cʰ yanä	너		한국어	강길운	1983ㄴ	129
na	너	you	일본어	金澤庄三郎	1910	31
nö	너	you	한국어	金澤庄三郎	1910	31
naga	너, 나		일본어	김공칠	1989	5
nə ko	너, 나		한국어	김공칠	1989	5
nʌ hi i	너희	ye	한국어	김동소	1972	141
nʌ hi i	너희	ye	한국어	김동소	1972	141
nʌ	너	thou	한국어	김동소	1972	141
nʌ	너	thou	한국어	김동소	1972	141
na	너		일본어	김사엽	1974	414
nə	너		한국어	김사엽	1974	414
imasi	너	thou	일본어	김선기	1968ㄱ	19
Ji:	너	thou	한국어	김선기	1968ㄱ	19
nimJa	너	thou	한국어	김선기	1968ㄱ	19
Je	너	thou	한국어	김선기	1968ㄱ	19
si	너	thou	일본어	김선기	1968ㄱ	19
sitomo	너랑		일본어	김선기	1978ㄱ	329
si	네가		일본어	김선기	1978ㄱ	329
sino	너의		일본어	김선기	1978ㄱ	329
siwo	너를		일본어	김선기	1978ㄱ	329
sini	너에게		일본어	김선기	1978ㄱ	329
sijori	네게서		일본어	김선기	1978ㄱ	329
nexyi	너'의 복수		한국어	文和政	1981	173
ne	너'의 단수		한국어	文和政	1981	173
nei	너		한국어	文和政	1981	174
na	너		일본어	文和政	1981	174
naga	너		일본어	文和政	1981	174
na	너		일본어	文和政	1981	176
no	너		한국어	文和政	1981	177
ne	2인칭대명사(단수)		한국어	박시인	1970	63
nehi	2인칭대명사(복수)		한국어	박시인	1970	63
너	너		한국어	박은용	1975ㄴ	54
č 'ä -kya	자기	you	한국어	白鳥庫吉	1916ㄱ	149
č 'ä -nöi	너	you-used to inferior	한국어	白鳥庫吉	1916ㄱ	149
č 'ä -nöi-nöi	너	you-among intimate friends or to inferior	한국어	白鳥庫吉	1916ㄱ	149
č 'ä -nä i	자네	you-used between intimate friends	한국어	白鳥庫吉	1916ㄱ	149
nŭ	너	you	한국어	宋敏	1969	76
na	너		일본어	宋敏	1969	76
önö	너		일본어	宋敏	1969	76
no	너		한국어	宋敏	1969	76
nö	너		한국어	宋敏	1969	76
na	너	you	일본어	宋敏	1969	76
ki·sama	너의 卑稱		일본어	이규창	1979	20
nə p-	너	thou	한국어	이용주	1980	84

표제어/어휘		의미	언어	저자	발간년도	쪽수
nə hɯi	너희	ye	한국어	이용주	1980	84
namutati	너희	ye	일본어	이용주	1980	84
nare	너희	ye	일본어	이용주	1980	84
nare	너	thou	일본어	이용주	1980	84
nę˘rkav-	너	thou	일본어	이용주	1980	99
nex	너	thou	한국어	이용주	1980	99
*nä	너	thou	한국어	이용주	1980	99
ナミ	あなた(당신)		일본어	이원진	1940	17
ら-	お前		일본어	이원진	1940	17
ナン	あなた(당신)		일본어	이원진	1940	17
너	너		한국어	이원진	1940	17
ナ-キヤ	あなた達(당신들)		일본어	이원진	1940	17
ナ	あなた(당신)		일본어	이원진	1940	17
너	너		한국어	이원진	1951	17
ナ	あなた(당신)		일본어	이원진	1951	17
ナミ	あなた(당신)		일본어	이원진	1951	17
ナン	あなた(당신)		일본어	이원진	1951	17
ナ-キヤ	あなた達(당신들)		일본어	이원진	1951	17
ら-	お前		일본어	이원진	1951	17
na	너	you	일본어	Aston	1879	24
nǔ	너	you	한국어	Aston	1879	24
nē l		te	한국어	G. J. Ramstedt	1949	163
nę		tu	한국어	G. J. Ramstedt	1949	163
nę ŗi l		te	한국어	G. J. Ramstedt	1949	163
nę j i		te	한국어	G. J. Ramstedt	1949	163
nege		te	한국어	G. J. Ramstedt	1949	163
ne		te	한국어	G. J. Ramstedt	1949	163
nę llo	너		한국어	G. J. Ramstedt	1949	163
nę j ige		tibi	한국어	G. J. Ramstedt	1949	163
neį i		te	한국어	G. J. Ramstedt	1949	163
na	너	you	일본어	Kanazawa, S	1910	18
nö	너	you	한국어	Kanazawa, S	1910	18

너구리

nę kuri	너구리	badger	한국어	이기문	1958	115
nę ŋ uri	너구리	badger	한국어	이기문	1958	115
tanuki	너구리		일본어	村山七郎	1963	28
yasi	너구리		한국어	村山七郎	1963	28
nę guri		a badger	한국어	G. J. Ramstedt	1949	163
thjo		badger	한국어	G. J. Ramstedt	1949	163
hį lk-thjo		sable	한국어	G. J. Ramstedt	1949	163

너그럽다

nëkïlëw/p	너그럽다	generous	한국어	宋敏	1969	76
nokò r	너그럽다	remain	일본어	宋敏	1969	76

너끈

n[ə]kɯn	너끈		한국어	강길운	1982ㄴ	23
nuye-an	너끈		일본어	강길운	1982ㄴ	23
n[ə]kɯn	너끈		한국어	강길운	1982ㄴ	30
nuye-an	너끈		일본어	강길운	1982ㄴ	30
nuye-an	너끈		일본어	강길운	1982ㄴ	37
nə k'ɯn	너끈		한국어	강길운	1982ㄴ	37

너르다

nə rɯ	너르다		한국어	강길운	1983ㄴ	108
ə -uj	너르다		한국어	김사엽	1974	380

⟨ㄴ⟩ 107

표제어/어휘		의미		언어	저자	발간년도	쪽수
ゆるい	너르다			일본어	김사엽	1974	380
넉넉							
nə k-nə k	넉넉			한국어	강길운	1982ㄴ	18
inunuke	축복			일본어	강길운	1982ㄴ	18
nə k-nə k	넉넉			한국어	강길운	1982ㄴ	23
inunuke	축복			일본어	강길운	1982ㄴ	23
넉살							
nò ko-nò ko	넉살	brazenly		일본어	宋敏	1969	76
nëk-sal	넉살	brazeness		한국어	宋敏	1969	76
넋							
nə ks	넋			한국어	김사엽	1974	425
ta-ma-si-Fi	넋			일본어	김사엽	1974	425
i-nö-ti	넋			일본어	김사엽	1974	476
nə ks	넋			한국어	김사엽	1974	476
널							
nə r	널			한국어	강길운	1982ㄴ	31
net	널			일본어	강길운	1982ㄴ	31
i-ta	널판			일본어	김사엽	1974	478
nə l	널판			한국어	김사엽	1974	478
ita	널빤지			일본어	이용주	1980	105
ner	널빤지			한국어	이용주	1980	105
넓다							
nə rɯ -	너르다			한국어	강길운	1983ㄴ	132
manesi	넓다			일본어	김공칠	1989	10
piro	넓다			일본어	김공칠	1989	7
pöröng	넓다			한국어	김공칠	1989	7
nobu	뜰, 넓다			일본어	김공칠	1989	7
nöpeui	뜰, 넓다			한국어	김공칠	1989	7
nʌ lp-	넓은	widc		한국이	김동소	1972	141
nʌ li -	넓은	wide		한국어	김동소	1972	141
nə -lï	넓다			한국어	김사엽	1974	398
Fi-rö-si	넓다			일본어	김사엽	1974	398
hiroi	넓은			일본어	김승곤	1984	199
Firö	넓다			일본어	大野晋	1980	18
firö	넓다			일본어	大野晋	1980	20
nə p-	넓다			한국어	박은용	1975	154
nə ru	넓다			한국어	박은용	1975	155
nə p-	넓다			한국어	송민	1973	52
nöp	넓다			한국어	宋敏	1969	76
nò b(i)	늘이다	stretch		일본어	宋敏	1969	76
nob	늘이다	être étendu		일본어	宋敏	1969	76
nöbu	늘이다			일본어	宋敏	1969	76
nobu	늘이다			일본어	宋敏	1969	76
nëp	넓다	wide		한국어	宋敏	1969	76
nopui	넓다			한국어	宋敏	1969	76
nɔ lp	넓다	être étendu		한국어	宋敏	1969	76
nöb	넓다			한국어	이숭녕	1956	146
firosi	넓다	wide		일본어	이용주	1980	102
nep, (nerp)	넓다	wide		한국어	이용주	1980	102
Hirösi	넓다	wide		일본어	이용주	1980	84
nə p-	넓다	wide		한국어	이용주	1980	84
^pirö[比呂]	넓다	wide, broad, vast		일본어	Christopher I.	2004	134

표제어/어휘		의미	언어	저자	발간년도	쪽수
nẹlpta		to be broad, to be wide (the dress)	한국어	Beckwith G. J. Ramstedt	1949	163
nẹlbun		broad	한국어	G. J. Ramstedt	1949	163
nẹlbẹkči		the breadth	한국어	G. J. Ramstedt	1949	163
nẹlbi		the breadth	한국어	G. J. Ramstedt	1949	163
nẹlda-		to be broad, to be wide (the dress)	한국어	G. J. Ramstedt	1949	163
nelb-	넓다	wide	한국어	Martin, S. E.	1966	200
nelb	넓다	wide	한국어	Martin, S. E.	1966	207
nelb-	넓다	wide	한국어	Martin, S. E.	1966	211
nelb-	넓다	wide	한국어	Martin, S. E.	1966	214
넘기다						
nə mgi-	넘기다		한국어	강길운	1983ㄴ	107
nə mgi-	넘기다		한국어	강길운	1983ㄴ	132
nə m-kï	넘기다		한국어	김사엽	1974	408
nö-ma	넘기다		일본어	김사엽	1974	408
넘다						
aburu	넘다	overflow	일본어	김공칠	1988	83
nə mta	넘다	overflow	한국어	김공칠	1988	83
koye	넘다		일본어	김공칠	1989	5
kə nnə	넘다		한국어	김공칠	1989	5
ko-yu-re	넘다		일본어	김사엽	1974	448
nə m	넘다		한국어	김사엽	1974	448
nə m-	넘다		한국어	박은용	1975	153
nöm ta	넘다	So run over; to pass beyond	한국어	白鳥庫吉	1914ㄱ	148
nẹ m-	넘다	to run over, to pass beyond	한국어	이기문	1958	115
nam-	넘다	to run over, to pass beyond	한국어	이기문	1958	115
nẹ mda	넘다	to be over, to be left, to be too much	한국어	G. J. Ramstedt	1949	163
nẹ mu		too, too much	한국어	G. J. Ramstedt	1949	163
nẹ mda		to pass beyond, to be too much, to run over	한국어	G. J. Ramstedt	1949	163
nẹ mẹ		over, beyond	한국어	G. J. Ramstedt	1949	163
nẹ mgida		to carry over, to transfer beyond	한국어	G. J. Ramstedt	1949	163
넘치다						
nə m-či hi	넘치다		한국어	김방한	1978	39
あふれる	넘치다		일본어	김사엽	1974	480
nə ms-ti	넘치다		한국어	김사엽	1974	480
넙						
nora~no	넙	plaine	일본어	宋敏	1969	76
nɔ p	넙	plateau, plaine	한국어	宋敏	1969	76
넣다						
nyə h-	넣다		한국어	강길운	1983ㄴ	133
nə h	넣다		한국어	김사엽	1974	474
いれる	넣다		일본어	김사엽	1974	474
넣-	넣다		한국어	김선기	1979ㄷ	369
nẹ ttha		to put in, to place inside	한국어	G. J. Ramstedt	1949	164

〈ㄴ〉 109

표제어/어휘		의미	언어	저자	발간년도	쪽수
-네						
nä	네	man, person	한국어	宋敏	1969	76
ne	네	person	일본어	宋敏	1969	76
넷						
ine	넷		일본어	강길운	1981ㄴ	7
ne	넷		한국어	강길운	1981ㄴ	7
ne	넷		한국어	강길운	1982ㄴ	18
ine	넷		일본어	강길운	1982ㄴ	18
neh	넷		한국어	강길운	1983ㄱ	25
ine	넷		일본어	강길운	1983ㄱ	25
neh	넷		한국어	강길운	1983ㄱ	46
neh	넷		한국어	강길운	1983ㄴ	127
yo		four	일본어	강영봉	1991	9
nwis/jɐ sə s/jɐ s		four	한국어	강영봉	1991	9
nes	네개	four	한국어	김동소	1972	138
nes	네개	four	한국어	김동소	1972	138
nei	넷		한국어	김방한	1968	270
nei	넷		한국어	김방한	1968	271
nei	넷		한국어	김방한	1977	7
nə i	넷		한국어	김방한	1978	10
nə i	넷		한국어	김방한	1980	20
yö-tu	四		일본어	김사엽	1974	379
nëj-h	四		한국어	김사엽	1974	379
nit	넷		한국어	김선기	1968ㄴ	37
nes	넷		한국어	김선기	1968ㄴ	37
neog	넷		한국어	김선기	1968ㄴ	37
ne	넷		한국어	김선기	1968ㄴ	37
na	넷		한국어	김선기	1968ㄴ	37
ni	넷		한국어	김선기	1968ㄴ	37
nag	넷		한국어	김선기	1977	10
yötu	넷		일본어	김선기	1977	10
neg	넷		한국어	김선기	1977	10
네ㅎ	넷	four	한국어	김선기	1977ㅇ	329
yö-tu	四		일본어	김승곤	1984	256
ney	四		한국어	김승곤	1984	256
nə i	넷		한국어	박은용	1975	158
nɔ is	넷		한국어	小倉進平	1950	720
nɔ k-tɐ r	넷		한국어	小倉進平	1950	720
nɔ -tɔ s č a	넷		한국어	小倉進平	1950	720
nɔ -tɔ s tiɔ m	넷		한국어	小倉進平	1950	720
nɔ -tɔ s ri	넷		한국어	小倉進平	1950	720
nɔ k-rian	넷		한국어	小倉進平	1950	720
nɔ k-sɐ	넷		한국어	小倉進平	1950	720
nɔ i-mo-č in	넷		한국어	小倉進平	1950	720
nɔ -tɔ s sa-	너댓 사람		한국어	小倉進平	1950	720
nɔ k	넷		한국어	小倉進平	1950	720
nɔ i	넷		한국어	小倉進平	1950	720
nɔ	넷		한국어	小倉進平	1950	720
net	넷		한국어	小倉進平	1950	720
kɐ nɔ i-hɐ n	넷		한국어	小倉進平	1950	720
nɔ i-sa-rɐ m	네 사람		한국어	小倉進平	1950	720
nɔ -p' un	네 분		한국어	小倉進平	1950	720
nɔ -tɔ s č ip	너댓 집		한국어	小倉進平	1950	720
nɔ ih	넷		한국어	小倉進平	1950	720
*döγ ü	넷	four	한국어	이용주	1980	100
neix~nek	넷	four	한국어	이용주	1980	100

표제어/어휘		의미	언어	저자	발간년도	쪽수
yötu <	넷	four	일본어	이용주	1980	100
nə̄	네	four	한국어	이용주	1980	85
yösi	넷	four	일본어	이용주	1980	85
yö	넷	four	일본어	이용주	1980	96
nə̄i(h)	넷	four	한국어	이용주	1980	96
' ínep	넷	four	일본어	이용주	1980	96
nə i			한국어	村山七郎	1963	29
nə i			한국어	村山七郎	1963	29
nə i			한국어	村山七郎	1963	29
yö-tu			일본어	村山七郎	1963	29

녀다
| iku | 녀다 | | 일본어 | 김선기 | 1968ㄱ | 41 |
| jej | 녀다 | | 한국어 | 김선기 | 1968ㄱ | 41 |

녘
かは	녘		일본어	김사엽	1974	461
njə k	녘		한국어	김사엽	1974	461
nję k	녘	side	한국어	G. J. Ramstedt	1949	29

녜
| nai | 녜 | | 일본어 | 宋敏 | 1969 | 76 |
| niei | 녜 | | 한국어 | 宋敏 | 1969 | 76 |

노
*salbi	노		한국어	강길운	1982ㄴ	17
asap	노		일본어	강길운	1982ㄴ	17
no	노끈		한국어	강길운	1982ㄴ	21
noye	노를 꼬다		일본어	강길운	1982ㄴ	21
no	노끈		한국어	강길운	1982ㄴ	30
noye	노를 꼬다		일본어	강길운	1982ㄴ	30
no	줄	rope	한국어	김동소	1972	140
no	줄	rope	한국어	김동소	1972	140
na-Fa	노		일본어	김사엽	1974	412
no-h	노		한국어	김사엽	1974	412
nafe	노		일본어	송민	1973	53
noh	노		한국어	송민	1973	53
no	노		한국어	宋敏	1969	76
no	노	corde	한국어	宋敏	1969	76
na	노		한국어	宋敏	1969	76
napa	노		일본어	宋敏	1969	76
nahi	노	corder	일본어	宋敏	1969	76
no	노		한국어	이숭녕	1956	101
noŋ	노		한국어	이숭녕	1956	101
noŋ i	노		한국어	이숭녕	1956	155
no	노		한국어	이숭녕	1956	155
nox	노끈	rope	한국어	이용주	1980	100
*nakʷ a	노끈	rope	한국어	이용주	1980	100
nafa	노끈	rope	일본어	이용주	1980	100
tuna	노끈	rope	일본어	이용주	1980	81
no(h)	노	rope	한국어	이용주	1980	81

노구솥
š u	노구솥		일본어	강길운	1981ㄴ	7
sot'	노구솥		한국어	강길운	1981ㄴ	7
nampi	노구솥		한국어	김공칠	1989	7
nabe	노구솥		일본어	김공칠	1989	7

〈ㄴ〉 111

표제어/어휘		의미		언어	저자	발간년도	쪽수
노랗다							
kora	노란	yellow		한국어	강길운	1978	42
syo-ra(召羅)	노랗다			한국어	金澤庄三郎	1939	3
nulu-	노란	yellow		한국어	김동소	1972	141
nolah-	노란	yellow		한국어	김동소	1972	141
kiroi	노랗다	yellow		일본어	김선기	1968ㄱ	35
norah	노랗다	yellow		한국어	김선기	1968ㄱ	35
siragy	黃葉			한국어	김선기	1968ㄱ	35
noraŋ	노랗다			한국어	이숭녕	1956	115
noraŋ	노란			한국어	이숭녕	1956	127
norɛ	노랗다			한국어	이숭녕	1956	158
*ki	노랗다	yellow		일본어	이용주	1980	83
nurɯ˘ -	누르다	yellow		한국어	이용주	1980	83
ki < *kii?	노란	yellow		일본어	이용주	1980	101
nury	노란	yellow		한국어	이용주	1980	101
kuə r		yellow		한국어	Christopher I. Beckwith	2004	250
Kweru	노랗다			한국어	Christopher I. Beckwith	2004	251
노래							
norä	노래			한국어	강길운	1982ㄴ	20
neina	노래			일본어	강길운	1982ㄴ	20
ninano	노래			한국어	강길운	1982ㄴ	20
norä	노래			한국어	강길운	1982ㄴ	31
neina	노래			일본어	강길운	1982ㄴ	31
ninano	노래			한국어	강길운	1982ㄴ	31
ninano	노래			한국어	강길운	1982ㄴ	36
neina	노래			일본어	강길운	1982ㄴ	36
norä	노래			한국어	강길운	1982ㄴ	36
tuŋ -tuŋ	노래			한국어	강길운	1983ㄱ	31
動動	노래			한국어	강길운	1983ㄱ	31
tuŋ -tuŋ	노래			한국어	강길운	1983ㄴ	115
norE	노래			한국어	강길운	1983ㄴ	116
nolä	노래			한국어	강길운	1983ㄴ	130
nilliri	닐리리			한국어	강길운	1983ㄴ	130
ur-	새가 울다			한국어	강길운	1987	27
norai	법, 노래			한국어	김공칠	1989	7
nori	법, 노래			일본어	김공칠	1989	7
노래하다							
utaf-		to sing		일본어	강영봉	1991	11
pullɯ -		to sing		한국어	강영봉	1991	11
sabe(duru)	노래하다, 지저귀다	to sing, chirp		일본어	김공칠	1989	16
norä	노래하다, 지저귀다	song		한국어	김공칠	1989	18
nolɛ he -	노래하다	sing		한국어	김동소	1972	140
nolɛ ha-	노래하다	sing		한국어	김동소	1972	140
utaHu	노래 부르다	to sing		일본어	이용주	1980	82
nor' ä ipɯ rɯ -	노래 부르다	to sing		한국어	이용주	1980	82
nō rä		a song, a chant		한국어	G. J. Ramstedt	1949	171
nwɔ r-	노래하다	sing		한국어	Martin, S. E.	1966	207
nwɔ r-	노래하다	sing		한국어	Martin, S. E.	1966	209
nwɔ r-	노래하다	sing		한국어	Martin, S. E.	1966	216
노루							
ノロ	노루			일본어	권덕규	1923ㄴ	128
노루	노루			한국어	권덕규	1923ㄴ	128

표제어/어휘		의미	언어	저자	발간년도	쪽수
のろ	노루		일본어	김사엽	1974	407
no-lo	노루		한국어	김사엽	1974	407
kozika	노루		일본어	송민	1966	22
kosaya	노루		한국어	송민	1966	22
noro	노루	cerf	일본어	宋敏	1969	76
nuru	노루	cerf	한국어	宋敏	1969	76
ノロ	노루		일본어	이명섭	1962	6
norgi	노루		한국어	이숭녕	1956	153
nore	노루		한국어	이숭녕	1956	153
*kʊ si : ^kʊ si	노루	roe-deer	한국어	Christopher I. Beckwith	2004	129
^kudzika	노루	roe-deer	일본어	Christopher I. Beckwith	2004	129
na̧ ra̧		a deer, a river-deer	한국어	G. J. Ramstedt	1949	172
noro		a deer, a river-deer	한국어	G. J. Ramstedt	1949	172
noru		a deer, a river-deer	한국어	G. J. Ramstedt	1949	172
nuru		a deer, a river-deer	한국어	G. J. Ramstedt	1949	172
noru	노루	a roe deer	한국어	G. J. Ramstedt	1949	172

노릇
| na-bu-ri | 노릇 | | 일본어 | 김사엽 | 1974 | 412 |
| no-lʌs | 노릇 | | 한국어 | 김사엽 | 1974 | 412 |

노리다
ne-ra-Fi	노리다		일본어	김사엽	1974	409
no-li	노리다		한국어	김사엽	1974	409
noru	노리다		일본어	宋敏	1969	76
noli-	노리다		한국어	宋敏	1969	76
nori	노리다		한국어	宋敏	1969	76
nirám-	노리다	stare	일본어	宋敏	1969	76
nyory-	노리다	stare	한국어	Martin, S. E.	1966	206
nyory-	노리다	stare	한국어	Martin, S. E.	1966	209
nyory-	노리다	stare	한국어	Martin, S. E.	1966	213
nyory-	노리다	stare	한국어	Martin, S. E.	1966	218

녹나무
| kusu(noki) | 녹나무 | | 일본어 | 김공칠 | 1989 | 11 |
| koso(hata) | 녹나무 | | 한국어 | 김공칠 | 1989 | 11 |

녹다
sorɯ rɯ	녹는 모양		한국어	강길운	1983ㄴ	128
nog-	녹다		한국어	강길운	1983ㄴ	131
sorɯ rɯ	녹는 모양		한국어	강길운	1983ㄴ	138
nok	녹다		한국어	김공칠	1989	12
とける	녹다		일본어	김사엽	1974	417
nok	녹다		한국어	김사엽	1974	417
녹-	녹다		한국어	김선기	1979ㄷ	371
tokeru	녹다		일본어	김선기	1979ㄷ	372
녹-	녹다		한국어	김선기	1979ㄷ	372
tok	녹다	fondre	일본어	宋敏	1969	76
nok	녹다	fondre	한국어	宋敏	1969	76

녹쓸다
バタヌギー	녹쓸다		한국어	宮崎道三郎	1906	16
ビタンキ,ビ	녹쓸다		한국어	宮崎道三郎	1906	19
さび	녹쓸다		일본어	김사엽	1974	442
po-mʌj	녹쓸다		한국어	김사엽	1974	442

〈ㄴ〉 113

표제어/어휘			의미	언어	저자	발간년도	쪽수
논							
non		논	a paddy field, a rice field	한국어	김공칠	1989	13
non		논	ricefield	한국어	김공칠	1989	16
non		논		한국어	김사엽	1974	429
た		논		일본어	김사엽	1974	429
nó, nórá		논	field	일본어	宋敏	1969	76
non		논	paddy field	한국어	宋敏	1969	76
ta		논		일본어	이용주	1980	105
non		논		한국어	이용주	1980	105
non			a paddy field, a rice field	한국어	G. J. Ramstedt	1949	171
no			meadow plain	일본어	G. J. Ramstedt	1949	171
nora			moor	일본어	G. J. Ramstedt	1949	171
논리							
ronri		논리		일본어	고창식	1976	25
논리		논리		한국어	고창식	1976	25
놀							
nui		화염		일본어	강길운	1982ㄴ	19
nor		놀		한국어	강길운	1982ㄴ	19
nui		화염		일본어	강길운	1982ㄴ	30
nor		놀		한국어	강길운	1982ㄴ	30
nị bur			the red sky, red clouds	한국어	G. J. Ramstedt	1949	171
nị buri			the red sky, red clouds	한국어	G. J. Ramstedt	1949	171
nō l			the red sky, red clouds	한국어	G. J. Ramstedt	1949	171
놀거							
nalg-		놀거		한국어	이숭녕	1955	18
nụ lg		놀거		한국어	이숭녕	1955	18
nayu		놀거		일본어	이숭녕	1955	18
놀다							
nor-		놀다		한국어	강길운	1983ㄱ	43
nor-		놀디		찬국이	강길오	1903ㄴ	130
nor-		놀다		한국어	강길운	1983ㄴ	131
asob-			to play	일본어	강영봉	1991	10
nol-			to play	한국어	강영봉	1991	10
nol-		놀다	play	한국어	김동소	1972	139
nol-		놀다	play	한국어	김동소	1972	139
aso-bu		놀다		일본어	大野晋	1980	15
norä		놀다	chant	한국어	宋敏	1969	76
nölda		놀다	to take leisure	한국어	宋敏	1969	76
nar-		놀다	sound	일본어	宋敏	1969	76
nol-		놀다	play	한국어	宋敏	1969	76
nora~no		놀다	an idler	일본어	宋敏	1969	76
ne		놀다	son, voix	일본어	宋敏	1969	76
asobu		놀다	to play	일본어	이용주	1980	83
nō r-		놀다	to play	한국어	이용주	1980	83
nollida			to sport, to play, to provide amusement	한국어	G. J. Ramstedt	1949	171
nō lda		놀다	to take leisure, to amuse oneself	한국어	G. J. Ramstedt	1949	171
nō da			to take leisure, to amuse oneself	한국어	G. J. Ramstedt	1949	171
nō rị m			gaming, gambling	한국어	G. J. Ramstedt	1949	171
nori			game, sport	한국어	G. J. Ramstedt	1949	171
nō lda			to take leisure, to amuse	한국어	G. J. Ramstedt	1949	171

표제어/어휘		의미	언어	저자	발간년도	쪽수
noroke		oneself love affairs	일본어	G. J. Ramstedt	1949	171
놀라다						
nolla-	놀라다		한국어	강길운	1983ㄱ	30
nolla-	놀라다		한국어	강길운	1983ㄴ	127
hnolla-	놀라다		한국어	강길운	1983ㄴ	131
odöroku	놀라다		한국어	김공칠	1989	14
*nülral>nolral	놀라다		일본어	김공칠	1989	14
おどろく	놀라다		일본어	김사엽	1974	468
nol-la	놀라다		한국어	김사엽	1974	468
sos<i_ >ra-ʒ ida	소스라치다		한국어	김승곤	1984	252
놈						
Fi-tö	놈		일본어	김사엽	1974	400
nom	놈		한국어	김사엽	1974	400
nom	놈	Mann	한국어	Andre Eckardt	1966	234
높다						
nob-	높다		한국어	강길운	1981ㄱ	30
nup	고원		일본어	강길운	1981ㄱ	30
nob-	높다		한국어	강길운	1981ㄴ	10
nup	고원		일본어	강길운	1982ㄴ	19
nob-	높다		한국어	강길운	1982ㄴ	19
nupuri	오르다		일본어	강길운	1982ㄴ	19
nup	고원		일본어	강길운	1982ㄴ	30
nob-	높다		한국어	강길운	1982ㄴ	30
nupuri	오르다		일본어	강길운	1982ㄴ	30
undu	높다		한국어	강길운	1983ㄱ	23
nop	높다	high	한국어	金澤庄三郞	1910	11
nobo-ru	오르다	climb	일본어	金澤庄三郞	1910	11
noppo	키큰사람	a tall person, a daddy long legs	일본어	김공칠	1989	13
nopta	키큰사람	a tall person, a daddy long legs	한국어	김공칠	1989	13
taka	높다		일본어	김공칠	1989	8
ta-ka-ku	높다		일본어	김사엽	1974	429
nopʰ	높다		한국어	김사엽	1974	429
nopta	높다		한국어	김승곤	1984	248
noppo	키큰사람		일본어	김승곤	1984	248
*tə r	높다		한국어	박은용	1974	124
no	높다		한국어	박은용	1975	156
nopph-	높다		한국어	石井 博	1992	93
tappa	높다		일본어	石井 博	1992	93
nopʰ -	높다		한국어	송민	1973	52
nopʰ -	높다		한국어	송민	1973	55
nopta	높다	to be high	한국어	宋敏	1969	76
noboru	오르다		일본어	宋敏	1969	76
nop	높다		한국어	宋敏	1969	76
noboru	높다		일본어	宋敏	1969	76
nop	높다		한국어	宋敏	1969	77
nöböru	높다		일본어	宋敏	1969	77
noppo	키 큰 사람	a tall person	일본어	宋敏	1969	77
tal-	높다		한국어	이숭녕	1956	140
nop-ci-mak	높지막		한국어	이숭녕	1956	187
*ta-[多]	높다; 산	high; mountain	일본어	Christopher I. Beckwith	2004	111
^tar[達]	높다; 산	high; mountain	한국어	Christopher I.	2004	111

⟨ㄴ⟩ 115

표제어/어휘		의미	언어	저자	발간년도	쪽수
^tar [達] ~	높은	high	한국어	Beckwith Christopher I. Beckwith	2004	136
^taka[多加]	높은	high	일본어	Christopher I. Beckwith	2004	137
nophida		to make high, to elevate; to esteem, to honour	한국어	G. J. Ramstedt	1949	171
nopta		to be high, to be elevated	한국어	G. J. Ramstedt	1949	171
nophi		highly, the height	한국어	G. J. Ramstedt	1949	171
noppo		a tall person, a daddy long-legs	일본어	G. J. Ramstedt	1949	171
nop	높다	high	한국어	Kanazawa, S	1910	8
nobo-ru	오르다(climb)		일본어	Kanazawa, S	1910	8
놓다						
noh-	놓다		한국어	강길운	1983ㄴ	113
noh-	놓다		한국어	강길운	1983ㄴ	131
noh-	놓다		한국어	강길운	1983ㄴ	131
pe ri	놓다		한국어	김공칠	1989	10
hahuru	놓다		일본어	김공칠	1989	10
noh	놓다		한국어	김사엽	1974	403
はふる	놓다		일본어	김사엽	1974	403
ö-kï	놓다		일본어	김사엽	1974	470
noh	놓다		한국어	김사엽	1974	470
놓-	놓다		한국어	김선기	1979ㄷ	369
noh-	놓다		한국어	송민	1973	39
noh-	놓다	put aside	한국어	宋敏	1969	77
nigás-	놓다	release it	일본어	宋敏	1969	77
nok(e)	떠나다	leave, finish	일본어	宋敏	1969	77
noh-	놓다		한국어	宋敏	1969	77
nyoğ -	놓다	release	한국어	Martin, S. E.	1966	204
nogʰ -	놓다	release	한국어	Martin, S. E.	1966	204
nyoğ -	놓다	release	한국어	Martin, S. E.	1966	206
noğ -	놓다	release	한국어	Martin, S. E.	1966	206
nox	놓다	put aside	한국어	Martin, S. E.	1966	207
noğ -	놓다	release	한국어	Martin, S. E.	1966	218
nox-	놓다	put aside	한국어	Martin, S. E.	1966	218
nyoğ -	놓다	release	한국어	Martin, S. E.	1966	218
noh-	놓다(놓아주다)		한국어	Miller, R. A. 김방한 역	1980	110
nog-e-	도망가다		일본어	Miller, R. A. 김방한 역	1980	110
nig-e-	상대방의 힘이나 영향에서 달아나다		일본어	Miller, R. A. 김방한 역	1980	110
놓치다						
noh-č hi-	놓치다		한국어	김방한	1978	39
noh-čʰi	놓치다		한국어	김사엽	1974	411
にがす	놓치다		일본어	김사엽	1974	411
누구						
nu	누구		한국어	강길운	1981ㄱ	30
nu	누구		한국어	강길운	1981ㄱ	32
nu	누구		한국어	강길운	1981ㄴ	6
nu	누(구)		한국어	강길운	1982ㄴ	31
ne	어느		일본어	강길운	1982ㄴ	31
nu	누구		한국어	강길운	1983ㄴ	115

표제어/어휘		의미	언어	저자	발간년도	쪽수
nu	누구		한국어	강길운	1983ㄴ	127
nwi	뉘		한국어	김공칠	1988	196
yo	뉘		일본어	김공칠	1988	196
idure	누구		한국어	김공칠	1989	14
nu	누구		한국어	김공칠	1989	14
nu	누구		일본어	김공칠	1989	14
ta	누구		일본어	김공칠	1989	7
nui	누구		한국어	김공칠	1989	7
nuko	누구	who?	한국어	김동소	1972	141
nuku	누구	who?	한국어	김동소	1972	141
nu(-ku)	누구		일본어	김방한	1979	8
ta	누구		일본어	김사엽	1974	429
nu	누구		한국어	김사엽	1974	429
nu:	누구		한국어	김선기	1968ㄱ	43
nugu	누구		한국어	김선기	1968ㄱ	43
nu~	의문인칭대명사		한국어	박은용	1974	194
nu kɑ	누구	Who, Whose, Someone	한국어	白鳥庫吉	1914ㄱ	149
nu-ku	누구	Who, Whose, Someone	한국어	白鳥庫吉	1914ㄱ	149
nui	누구	Who, Whose, Someone	한국어	白鳥庫吉	1914ㄱ	149
ta	누구		일본어	石井 博	1992	93
nu	누구		한국어	石井 博	1992	93
nui	누구		한국어	이숭녕	1956	93
nu	누구		한국어	이용주	1979	113
idure	누구		일본어	이용주	1979	113
ta	누구	who	일본어	이용주	1980	84
nŭ	누	who	한국어	이용주	1980	84
nén	누구	who	일본어	이용주	1980	95
ta	누구	who	일본어	이용주	1980	95
nŭ	누구	who	한국어	이용주	1980	95
ta	누구	who	일본어	이용주	1980	99
nu	누구	who	한국어	이용주	1980	99
*tä	누구	who	한국어	이용주	1980	99
누굿하다						
ぬくし	누굿하다		일본어	김사엽	1974	410
nu-kïs-hʌ	누굿하다		한국어	김사엽	1974	410
누나						
nesaŋ	누나		일본어	김승곤	1984	
nu	누나		한국어	김승곤	1984	248
čjē-čjē	누나	an older sister	한국어	G. J. Ramstedt	1949	26
누누						
ruru	누누		일본어	고창식	1976	25
누누	누누		한국어	고창식	1976	25
누다						
nu-	누다		한국어	강길운	1981ㄱ	30
ru	변소		일본어	강길운	1982ㄴ	19
nu-	누다		한국어	강길운	1982ㄴ	19
ru	변소		일본어	강길운	1982ㄴ	33
nu-	누다		한국어	강길운	1982ㄴ	33
nuda		to relieve the wants of nature	한국어	G. J. Ramstedt	1949	172
누르다						
nurɯ-	누르다		한국어	강길운	1980	14

표제어/어휘	의미		언어	저자	발간년도	쪽수
nurɯ-	누르다		한국어	강길운	1982ㄴ	21
rori	잠기다		일본어	강길운	1982ㄴ	21
nurɯ-	누르다		한국어	강길운	1982ㄴ	33
rori	잠기다		일본어	강길운	1982ㄴ	33
fasamu<*p-	누르다	to press	일본어	김공칠	1989	12
kol	누르다		한국어	김방한	1980	13
ku	누르다		한국어	김방한	1980	13
kul	누르다		한국어	김방한	1980	13
nurï	누르다		한국어	김방한	1980	15
那論義	누르다		한국어	김방한	1980	21
nu-lï	누르다		한국어	김사엽	1974	457
きいろ	누르다		일본어	김사엽	1974	457
č ir<i̯ >da	누르다		한국어	김승곤	1984	237
č i-č i ta	누르다	peser, presser	한국어	白鳥庫吉	1916ㄴ	325
ap	누르다	to press down	한국어	G. J. Ramstedt	1949	13
nuri̯ da	누르다	to press down	한국어	G. J. Ramstedt	1949	13
nū ri̯ da	누르다	to press down, to squeeze, to crush	한국어	G. J. Ramstedt	1949	173
e̦ mnuri̯ da		to press down, to squeeze, to subject, to	한국어	G. J. Ramstedt	1949	173
nullida		to be coerced, to be kept in subjection	한국어	G. J. Ramstedt	1949	173
nū ri̯ da		to press down, to squeeze, to subject, to	한국어	G. J. Ramstedt	1949	173

누비다

표제어/어휘	의미		언어	저자	발간년도	쪽수
nuh-u	누비다	quilting	일본어	金澤庄三郞	1910	11
nupi	누비다	quilting	한국어	金澤庄三郞	1910	11
nu-Fa	누비다		일본어	김사엽	1974	409
nu-pi	누비다		한국어	김사엽	1974	409
nufu	누비다		일본어	송민	1973	52
nupi-	누비다		한국어	송민	1973	52
nipi-	누비다	to quilt, to stitch in rows	한국어	이기문	1958	113
nupi-	누비다	to quilt, to stitch in rows	한국어	이기문	1958	113
nufu	누비다	sew	일본어	이용주	1980	102
xo, nupi	누비다	sew	한국어	이용주	1980	102
nup	누비	coudre	한국어	宋敏	1969	77
nup	꿰매다	sew	일본어	宋敏	1969	77
nubi	누비	piquer, coudre	한국어	宋敏	1969	77
nupi	누비	to quilt	한국어	宋敏	1969	77
nuh	누비	piquer, coudre	일본어	宋敏	1969	77
nupi	누비		한국어	宋敏	1969	77
nuh-u	누비		일본어	宋敏	1969	77
nupu	누비		일본어	宋敏	1969	77
nuh	누비	coudre	일본어	宋敏	1969	77
nupi	누비다	quilting	한국어	Kanazawa, S	1910	8
nuh-u	누비다	quilting	일본어	Kanazawa, S	1910	8
nup(y)-	누비다	sew	한국어	Martin, S. E.	1966	200
nup(y)	누비다	sew	한국어	Martin, S. E.	1966	207
nup(y)-	누비다	sew	한국어	Martin, S. E.	1966	213
nup(y)-	누비다	sew	한국어	Martin, S. E.	1966	217

누이

표제어/어휘	의미		언어	저자	발간년도	쪽수
ane	누이	elder sister	일본어	김공칠	1988	83
nu	누이	elder sister	한국어	김공칠	1988	83
a-ne	누이		일본어	김사엽	1974	481
nu	누이		한국어	김사엽	1974	481

표제어/어휘		의미	언어	저자	발간년도	쪽수
nu-ïj	누이		한국어	김사엽	1974	481
nubi	누이		한국어	김선기	1968ㄴ	30
nui	누이		한국어	김선기	1968ㄴ	30
ane	누이		일본어	김선기	1968ㄴ	31
nubi	누이		한국어	김선기	1977ㅁ	356
nubɛ	누이		한국어	김선기	1977ㅁ	356
nuŋ u	누이		한국어	김선기	1977ㅁ	356
누이	누이		한국어	김선기	1977ㅁ	356
nuibi	누이		한국어	김선기	1977ㅁ	356
ane	姉		일본어	김선기	1977ㅁ	357
nimo	누이		일본어	김선기	1977ㅁ	357
nu-na	누나	A sister	한국어	白鳥庫吉	1914ㄱ	148
nu-eui	누이	A sister-of a brother	한국어	白鳥庫吉	1914ㄱ	149
누의	누이	sister	한국어	홍기문	1934ㄹ	253
네	손윗누이	sister	일본어	홍기문	1934ㄹ	253
nuẹ		sister (of a brother)	한국어	G. J. Ramstedt	1949	172
nuị̈ i		slster (of a brother)	한국어	G. J. Ramstedt	1949	172
nuna		sister (of a brother)	한국어	G. J. Ramstedt	1949	172
nu-nim		sister (of a brother)	한국어	G. J. Ramstedt	1949	172
nu	누이'의 방언	sister	한국어	G. J. Ramstedt	1949	172

누이다

nu-ïj	누이다		한국어	김사엽	1974	441
tsa-ta-tsu	누이다		일본어	김사엽	1974	441

눅다

nuk	눅다		한국어	김사엽	1974	413
なごし	눅다		일본어	김사엽	1974	413
nukta	눅다		한국어	김승곤	1984	248
nuki	눅다		한국어	宋敏	1969	77
nuru	눅다		일본어	宋敏	1969	77
nuk-	눅다	to be loose	한국어	이기문	1958	116
nukta		to be soft, to be slack, to be loose, to be cheap	한국어	G. J. Ramstedt	1949	172
nugị rẹ -ʒ ida		to become slack, to be loose	한국어	G. J. Ramstedt	1949	172
nugida		to make loose, to soften	한국어	G. J. Ramstedt	1949	172

눈

ubas	눈		일본어	강길운	1981ㄴ	5
nuk' ar/nunk'	눈		한국어	강길운	1982ㄴ	19
nukara	보다		일본어	강길운	1982ㄴ	19
nukara	보다		일본어	강길운	1982ㄴ	31
nuk' ar/nunk'	눈깔		한국어	강길운	1982ㄴ	31
nunkar	눈		한국어	강길운	1983ㄴ	112
nuk'ar	눈		한국어	강길운	1983ㄴ	127
nunk'ar	눈		한국어	강길운	1983ㄴ	127
ma/me		eye	일본어	강영봉	1991	9
nun		eye	한국어	강영봉	1991	9
nunkata	눈		한국어	김공칠	1988	192
nukidu	읽다		일본어	김공칠	1988	192
nu	이마		일본어	김공칠	1988	192
nun	눈		한국어	김공칠	1988	192
nun	눈		일본어	김공칠	1989	14
nadare	눈		일본어	김공칠	1989	14
nun	눈		일본어	김공칠	1989	15
kumo	눈		일본어	김공칠	1989	6

표제어/어휘	의미		언어	저자	발간년도	쪽수
kurumi	눈		한국어	김공칠	1989	6
nun	눈	eye	한국어	김동소	1972	137
nun	눈	eye	한국어	김동소	1972	137
nun	눈		한국어	김방한	1978	25
më	눈		일본어	김사엽	1974	384
nun	눈		한국어	김사엽	1974	384
nun	눈		한국어	김사엽	1974	384
më	눈		일본어	김사엽	1974	384
na	namita(눈물)의 'na'		일본어	김선기	1968ㄱ	13
nu	nunmul(눈물)의 'nun'		한국어	김선기	1968ㄱ	13
me	눈	eye	일본어	김선기	1968ㄱ	17
nun	눈		한국어	김선기	1976ㅇ	359
mi, me	눈		일본어	김선기	1976ㅇ	359
nun	눈	eye	한국어	김승곤	1984	248
ヌン	눈		한국어	大野晋	1975	88
ネム	째려보다		일본어	大野晋	1975	88
ナク	울다		일본어	大野晋	1975	88
nun	눈	eye	한국어	大野晋	1975	88
ma	눈	eye	일본어	大野晋	1975	88
ja-sa	눈		한국어	박은용	1974	113
nun	눈	The eye	한국어	白鳥庫吉	1914ㄱ	149
nun, nut	눈		한국어	徐廷範	1985	238
nun	눈	oeil	한국어	宋敏	1969	77
nozo-k.u	눈	regarder	일본어	宋敏	1969	77
nun	눈		한국어	宋敏	1969	77
nemu	흘겨보다		일본어	宋敏	1969	77
nun	눈		한국어	이숭녕	1956	143
nun	눈		한국어	이숭녕	1956	177
nun-tak-či	눈		한국어	이숭녕	1956	177
më	눈	eye	일본어	이용주	1980	80
nŭn	눈	eye	한국어	이용주	1980	80
më	눈	eye	일본어	이용주	1980	99
*ŋw(위첨자)ä	눈	eye	한국어	이용주	1980	99
nun	눈	eye	한국어	이용주	1980	99
me	눈	eye	일본어	長田夏樹	1966	82
nun	눈	eye	한국어	長田夏樹	1966	82
nun	눈	eye, sight	한국어	G. J. Ramstedt	1949	10
nunči hi		the intension	한국어	G. J. Ramstedt	1949	172
nun thi da		to bud	한국어	G. J. Ramstedt	1949	172
nun		the eye	한국어	G. J. Ramstedt	1949	172
nunń mul		tears	한국어	G. J. Ramstedt	1949	172
nunmul		tears	한국어	G. J. Ramstedt	1949	172
nu kara		to see	일본어	G. J. Ramstedt	1949	172
mey	눈		일본어	Martin, S. E.	1975	110
me	눈		일본어	Martin, S. E.	1975	110
magi	눈		일본어	Martin, S. E.	1975	110
nun	눈		한국어	Polivanov	1927	16
nun	눈	eye	한국어	Poppe, N	1965	180

눈(雪)

yuki		snow	일본어	강영봉	1991	11
nun		snow	한국어	강영봉	1991	11
nun	눈	snow	한국어	김공칠	1989	17
yuki	눈	snow	일본어	김공칠	1989	17
nun	눈	snow	한국어	김동소	1972	140
nun	눈	snow	한국어	김동소	1972	140

표제어/어휘	의미		언어	저자	발간년도	쪽수
yu-ki	雪		일본어	김사엽	1974	380
nun	雪		한국어	김사엽	1974	380
nun	눈	Snow	한국어	白鳥庫吉	1914ㄱ	149
yuki	눈	snow	일본어	이용주	1980	100
nun	눈	snow	한국어	이용주	1980	100
*düŋ ü	눈	snow	한국어	이용주	1980	100
nū n	눈	snow	한국어	이용주	1980	81
Yuki	눈	snow	일본어	이용주	1980	81
nū n	눈	Schnee	한국어	G. J. Ramstedt	1939ㄱ	482
nū n paŋ ul		a snow flake	한국어	G. J. Ramstedt	1949	172
nū n-pā l		a snow flake	한국어	G. J. Ramstedt	1949	172
nū n		snow	한국어	G. J. Ramstedt	1949	172
nū n sẹ gi		the thawing of the snow	한국어	G. J. Ramstedt	1949	172
nū n	눈	snow	한국어	Poppe, N	1965	180
눈물						
na-mida	눈물	tear	일본어	金澤庄三郞	1910	11
nun-mur	눈물	tear	한국어	金澤庄三郞	1910	11
namida	눈물		일본어	김공칠	1989	10
nun-mur	눈물		한국어	김공칠	1989	10
nun-mïl	눈물		한국어	김사엽	1974	411
na-mi-ta	눈물		일본어	김사엽	1974	411
눈물	눈물		한국어	김선기	1977ㄴ	383
mizu	눈물		일본어	김선기	1977ㄴ	383
namita	눈물		일본어	김선기	1977ㄴ	383
namida	눈물		일본어	文和政	1981	177
nul mil	눈물		한국어	文和政	1981	177
na-mida	눈물		일본어	宋敏	1969	77
nunmïl	눈물		한국어	宋敏	1969	77
nun-mur	눈물		한국어	宋敏	1969	77
na'.mida	눈물	larmes	일본어	宋敏	1969	77
nun.mul	눈물	larmes	한국어	宋敏	1969	77
namida	눈물		일본어	이용주	1979	113
nunsmïl	눈물		한국어	이용주	1979	113
namida	눈물		일본어	이용주	1980	73
nunmïl	눈물		한국어	이용주	1980	73
na-mida	눈물	tear	일본어	Kanazawa, S	1910	8
nun-mur	눈물	tear	한국어	Kanazawa, S	1910	8
눈부시다						
まぶしい	눈부시다		일본어	김사엽	1974	388
nun-pʌ -si	눈부시다		한국어	김사엽	1974	388
pʌ -si-pʌ -zʌ	눈부시다		한국어	김사엽	1974	388
눈알						
nun	눈알		한국어	강길운	1982ㄴ	19
num	공, 구슬		일본어	강길운	1982ㄴ	19
nun	눈알		한국어	강길운	1982ㄴ	31
num	공, 구슬		일본어	강길운	1982ㄴ	31
눋다						
nut	눋다		한국어	김사엽	1974	448
こげる	눋다		일본어	김사엽	1974	448
nutta	눋다		한국어	김승곤	1984	249
nul/t	눋다	scorch	한국어	宋敏	1969	77
núru	미지근해지다	be tepid	일본어	宋敏	1969	77
nut		charcoal	한국어	G. J. Ramstedt	1949	173

표제어/어휘		의미	언어	저자	발간년도	쪽수
nutta		to burn - as cloth before a fire	한국어	G. J. Ramstedt	1949	173
nur(u)-	눋다	scorch	한국어	Martin, S. E.	1966	207
nyor¹-	눋다	scorch	한국어	Martin, S. E.	1966	207
nur(u)-	눋다	scorch	한국어	Martin, S. E.	1966	209
nyor¹-	눋다	scorch	한국어	Martin, S. E.	1966	211
nur(u)-	눋다	scorch	한국어	Martin, S. E.	1966	217
nyor¹-	눋다	scorch	한국어	Martin, S. E.	1966	219
nur(u)	눋다	scorch	한국어	Martin, S. E.	1966	222
nyor¹-	눋다	scorch	한국어	Martin, S. E.	1966	223

눕다

ブム	눕다		한국어	宮崎道三郎	1906	15
nu	눕다	lay oneself down	일본어	金澤庄三郎	1910	11
nu-p	눕다	lay oneself down	한국어	金澤庄三郎	1910	11
nup-	눕다	lie	한국어	김동소	1972	139
nup-	눕다	lie	한국어	김동소	1972	139
nup	눕다		한국어	김사엽	1974	409
ne	눕다		일본어	김사엽	1974	409
tsa-ne	눕다		일본어	김사엽	1974	443
č a-nup	눕다		한국어	김사엽	1974	443
nupta	눕다		한국어	김승곤	1984	248
nu-i ta	누이다	to lay down; to put down on the side	한국어	白鳥庫吉	1914ㄱ	150
nu-ö-č i ta	눕다	to sleep	한국어	白鳥庫吉	1914ㄱ	150
nup to	눕다	To lie down; to be bedfast	한국어	白鳥庫吉	1914ㄱ	150
nu-p	눕다		한국어	宋敏	1969	77
nupta	눕다	to lie down	한국어	宋敏	1969	77
nu	눕다	to be lying down	한국어	宋敏	1969	77
nuru	눕다	to be in bed	일본어	宋敏	1969	77
nemu	눕다	qui a sommeil	일본어	宋敏	1969	77
nuw/p	눕다		한국어	宋敏	1969	77
nup	눕다		한국어	宋敏	1969	77
nui	눕다		한국어	宋敏	1969	77
nu	눕다		한국어	宋敏	1969	77
nu	눕다		일본어	宋敏	1969	77
ne, nu	눕다		일본어	宋敏	1969	77
ne	눕다		일본어	宋敏	1969	77
nu	눕다	to sleep	일본어	宋敏	1969	77
nup	눕다	être couché	한국어	宋敏	1969	77
nu	눕다		일본어	이용주	1979	113
neru	눕다		일본어	이용주	1979	113
nup-	눕다		한국어	이용주	1979	113
nuβ -	눕다		한국어	이용주	1979	113
nuru	눕다		일본어	이용주	1979	113
köyu, fusu	눕다	lie	일본어	이용주	1980	101
nuv	눕다	lie	한국어	이용주	1980	101
nuvə ˇ ' is-	누벙잇다	to lie	한국어	이용주	1980	82
köyaru	눕다	to lie	일본어	이용주	1980	82
にプユリ	眠る		일본어	이원진	1940	18
ニンジユン	眠る		일본어	이원진	1940	18
ニウ	眠る		일본어	이원진	1940	18
누우	눕다		한국어	이원진	1940	18
ニウ	眠る		일본어	이원진	1951	18
にプユリ	眠る		일본어	이원진	1951	18
ニンジユン	眠る		일본어	이원진	1951	18
누우	눕다		한국어	이원진	1951	18

표제어/어휘		의미	언어	저자	발간년도	쪽수
nuru	눕다	to be lying down	일본어	Aston	1879	24
nu	눕다	to be lying down	한국어	Aston	1879	24
nuida		to law down, to put down	한국어	G. J. Ramstedt	1949	173
neru		to sleep	일본어	G. J. Ramstedt	1949	173
nu-	자다	to sleep	일본어	G. J. Ramstedt	1949	173
nupta	눕다	lie down	한국어	G. J. Ramstedt	1949	173
nï pta		to lie down, to be bed bound	한국어	G. J. Ramstedt	1949	173
nï bida		to law down, to put down	한국어	G. J. Ramstedt	1949	173
nupta		to lie down, to be bed bound	한국어	G. J. Ramstedt	1949	173
nu	눕다	lay oneself down	일본어	Kanazawa, S	1910	8
nu-p	눕다	lay oneself down	한국어	Kanazawa, S	1910	8
nup-	눕다	lie down	한국어	Martin, S. E.	1966	199
nup-	눕다	lie down	한국어	Martin, S. E.	1966	206
nup-	눕다	lie down	한국어	Martin, S. E.	1966	217

뉘
idure	뉘		일본어	宋敏	1969	77
ta	뉘		일본어	宋敏	1969	77
nui	뉘		한국어	宋敏	1969	77

뉘우치다
ku-yu	뉘우치다		일본어	김사엽	1974	455
nuj-učʰ	뉘우치다		한국어	김사엽	1974	455

느끼다
nak	눈물을 흘리다	weep, wail	일본어	宋敏	1969	77
nïkki	느끼다	feel	한국어	宋敏	1969	77
naku	느끼다		일본어	宋敏	1969	77
nutki	느끼다		한국어	宋敏	1969	77

-느냐
su-ya	느냐	for interrogotive ending	일본어	金澤庄三郎	1910	57
hă -nă n-ya	느냐	for interrogotive ending	한국어	金澤庄三郎	1910	57
su-ya	for interrogotive ending		일본어	Kanazawa, S	1910	18
hă -nă n-ya	for interrogotive ending		한국어	Kanazawa, S	1910	18

느른하다
nóro-	게으르다	sluggish	일본어	宋敏	1969	77
ni/lïnha-	느른하다	be languid	한국어	宋敏	1969	77

느릅나무
nire	느릅나무		일본어	김공칠	1989	11
neureum	느릅나무		한국어	김공칠	1989	11
nï-lïm	느릅나무		한국어	김사엽	1974	410
ni-re	느릅나무		일본어	김사엽	1974	410

느리다
kumtɯ-	굼뜨다		한국어	강길운	1983ㄴ	109
kumtɯ-	굼뜨다		한국어	강길운	1983ㄴ	119
noroi	느리다	slow	일본어	김공칠	1989	13
nuru	느리다		일본어	김공칠	1989	7
neurit	느리다		한국어	김공칠	1989	7
nʌ l-oj	느리다		한국어	김사엽	1974	407

〈ㄴ〉 123

표제어/어휘		의미		언어	저자	발간년도	쪽수
のろい	느리다			일본어	김사엽	1974	407
nu-ru-ku	느리다			일본어	김사엽	1974	409
nï-lïj	느리다			한국어	김사엽	1974	409
nuru	느리다			일본어	宋敏	1969	77
nurit	느리다			한국어	宋敏	1969	77
në..r.i	느리다	aller document		한국어	宋敏	1969	77
nor.o	느리다	lent, paresseux		일본어	宋敏	1969	77
nora		an idler, a profligate, a looker after pleasure		일본어	G. J. Ramstedt	1949	171
nora	게으름뱅이	an idler		일본어	G. J. Ramstedt	1949	171
norjaŋ i ro		slowly, without haste		한국어	G. J. Ramstedt	1949	171
nō rjaŋ		slowly, without haste		한국어	G. J. Ramstedt	1949	171
noroi		slow, tardy		일본어	G. J. Ramstedt	1949	171
norori		slowly		일본어	G. J. Ramstedt	1949	171
nor-	느리다	slow		한국어	Martin, S. E.	1966	206
nor-	느리다	slow		한국어	Martin, S. E.	1966	209
nor-	느리다	slow		한국어	Martin, S. E.	1966	220
nor-	느리다	slow		한국어	Martin, S. E.	1966	221
-는							
nan	강조형	emphatic particle		일본어	Aston	1879	50
năn	는	postposition		한국어	Aston	1879	50
nạn		the emphatic particle		한국어	G. J. Ramstedt	1949	160
nịn		an ending - the appositive case 'as for'		한국어	G. J. Ramstedt	1949	170
nạn		an ending - the appositive case 'as for'		한국어	G. J. Ramstedt	1949	170
늘리다							
nɯri-	늘리다			한국어	강길운	1982ㄴ	24
nini	늘리다			일본어	강길운	1982ㄴ	24
nini	늘리다			일본어	강길운	1982ㄴ	30
nɯri-	늘리다			한국어	강길운	1982ㄴ	30
nini	늘리다			일본어	강길운	1902ㄴ	36
nɯri-	늘리다			한국어	강길운	1982ㄴ	36
nobu	늘리다	to lengthen		일본어	김공칠	1989	18
nï-li	늘리다			한국어	김사엽	1974	408
のばす	늘리다			일본어	김사엽	1974	408
늘어서다							
narabu	늘어서다			일본어	김공칠	1989	7
naran	늘어서다			한국어	김공칠	1989	7
늙다							
furu-		old		일본어	강영봉	1991	10
nɯlk-		old		한국어	강영봉	1991	10
nïls	늙다			한국어	김사엽	1974	409
ねびる	늙다			일본어	김사엽	1974	409
ö-i	늙다			일본어	김사엽	1974	470
nïls	늙다			한국어	김사엽	1974	470
늙다	늙다	old		한국어	김선기	1978ㄷ	344
nága-	길다	be long		일본어	宋敏	1969	77
nïk-	늙다	get old		한국어	宋敏	1969	77
nịkta		to be old - of living things, plants		한국어	G. J. Ramstedt	1949	170
nịlkta		to be old - of living things, plants		한국어	G. J. Ramstedt	1949	170

표제어/어휘			의미	언어	저자	발간년도	쪽수
nį ltta			to be old - of living things, plants	한국어	G. J. Ramstedt	1949	170
nį lkta	늙다		to be old - of living things	한국어	G. J. Ramstedt	1949	170
nį lgi n-i			an old person	한국어	G. J. Ramstedt	1949	170
능금							
nį ŋgum			the apple	한국어	G. J. Ramstedt	1949	135
ringo			the apple	일본어	G. J. Ramstedt	1949	135
nį ŋgi m			the apple	한국어	G. J. Ramstedt	1949	135
늦-							
notï	늦		later on	일본어	宋敏	1969	77
nïc-	늦		be late	한국어	宋敏	1969	77
늦다							
nɯj-	늦다			한국어	강길운	1983ㄱ	27
nɯj-	늦다			한국어	강길운	1983ㄱ	37
おそい	늦다			일본어	김사엽	1974	469
nïč	늦다			한국어	김사엽	1974	469
늦다			late	한국어	김선기	1978ㅁ	357
nocyi	늦다		late	한국어	Martin, S. E.	1966	206
nocyi	늦다		late	한국어	Martin, S. E.	1966	208
nocyi	늦다		late	한국어	Martin, S. E.	1966	213
nocyi	늦다		late	한국어	Martin, S. E.	1966	220
늪							
nɯp	늪			한국어	강길운	1980	14
nup'	늪			한국어	강길운	1981ㄴ	6
mɯp'	늪			한국어	강길운	1982ㄴ	24
*nem	못			일본어	강길운	1982ㄴ	24
mɯp'	늪			한국어	강길운	1982ㄴ	34
mem	못			일본어	강길운	1982ㄴ	34
nu, numa	늪			일본어	김공칠	1989	12
neup	늪			한국어	김공칠	1989	7
numa	늪			일본어	김공칠	1989	7
ny-ma	늪			일본어	김사엽	1974	409
nïpʰ	늪			한국어	김사엽	1974	409
nüb	늪			한국어	박시인	1970	160
nu	늪			일본어	박시인	1970	160
nop	늪			한국어	宋敏	1969	77
nup	늪			한국어	宋敏	1969	77
nïph	늪			한국어	宋敏	1969	77
numa	늪			일본어	宋敏	1969	77
numá	늪		marsh	일본어	宋敏	1969	77
^yabu[也父]	늪		overgrown place; marsh	일본어	Christopher I. Beckwith	2004	112
^yabu[也父]	늪		overgrown place; marsh	일본어	Christopher I. Beckwith	2004	143
nį p			a lake, a pond	한국어	G. J. Ramstedt	1949	170
nup			a lake, a pond; a brook	한국어	G. J. Ramstedt	1949	170
nį p	늪		a lake, a pond	한국어	G. J. Ramstedt	1949	170
nɔ mpxa	늪		marsh	한국어	Martin, S. E.	1966	200
nɔ mpxa	늪		marsh	한국어	Martin, S. E.	1966	204
nɔ mpxa	늪		marsh	한국어	Martin, S. E.	1966	206
nɔ mpxa	늪		marsh	한국어	Martin, S. E.	1966	219
nɔ mpxa	늪		marsh	한국어	Martin, S. E.	1966	223

표제어/어휘		의미	언어	저자	발간년도	쪽수
니르다						
noru	니르다		일본어	이용주	1979	113
nöru	니르다		일본어	이용주	1979	113
nirï-	니르다		한국어	이용주	1979	113
-님						
s'l	님		한국어	강길운	1983ㄴ	128
nirimu	님		일본어	김공칠	1988	196
nim	님		한국어	김공칠	1988	196
nim	님	Master; mistress; my love-used in songs; an	한국어	白鳥庫吉	1914ㄱ	149
nim	님	Herr	한국어	Andre Eckardt	1966	234
nin	님	expresses esteem or veneration and is used	한국어	G. J. Ramstedt	1949	167
nim		expresses esteem or veneration and is used	한국어	G. J. Ramstedt	1949	167
e̯ me̯ nim		the mother	한국어	G. J. Ramstedt	1949	167

ㄷ

표제어/어휘		의미	언어	저자	발간년도	쪽수
다-						
taɔ	다다		한국어	宋敏	1969	77
tukús	다써버리다	exhaust	일본어	宋敏	1969	77
다(多)						
Itö	다(多)		한국어	김공칠	1989	15
Ito	다(多)		일본어	김공칠	1989	15
다각						
다각	다각		한국어	고창식	1976	25
takaku	다각		일본어	고창식	1976	25
다니다						
tʌnni-	다니다		한국어	강길운	1981ㄴ	5
tʌnni-	다니다		한국어	강길운	1981ㄴ	8
tʌnni-	다니다		한국어	강길운	1982ㄴ	18
i tone	왕복하다		일본어	강길운	1982ㄴ	18
tʌnni-	다니다		한국어	강길운	1982ㄴ	23
i tone	왕복하다		일본어	강길운	1982ㄴ	23
ka-yo-Fa	다니다		일본어	김사엽	1974	458
tʌ-ni	다니다		한국어	김사엽	1974	458
다닫다						
ta-do-ri	다닫다		일본어	김사엽	1974	426
ta-tʌt	다닫다		한국어	김사엽	1974	426
tatɔt	다닫다		한국어	宋敏	1969	77
itar	다닫다	reach	일본어	宋敏	1969	77
-들						
-tur	복수접미사		한국어	박은용	1974	174
-taˇci	복수접미사		일본어	박은용	1974	185
-ra	복수접미사		일본어	박은용	1974	186
-라						
-ra	명령형어미		한국어	박은용	1974	147
-ro	명령형어미		일본어	박은용	1974	147
다루다						
tal-ho	다루다		한국어	김사엽	1974	481
あつかふ	다루다		일본어	김사엽	1974	481
tarjida	다루다	to work, to soften, to make pliant, to use at will	한국어	G. J. Ramstedt	1949	258
다르다						
hokasi/atasi		other	일본어	강영봉	1991	10
the na-/t'e na		other	한국어	강영봉	1991	10
tten	다른	other	한국어	김동소	1972	139
ttan	다른	other	한국어	김동소	1972	139
よそ	他, 外		일본어	김사엽	1974	379
njən	外, 他		한국어	김사엽	1974	379

〈ㄷ〉 127

표제어/어휘	의미	언어	저자	발간년도	쪽수
tare n	다른	other	한국어	이용주	1980	101
kötö, foka	다른	other	일본어	이용주	1980	101
tare n	다른	other	한국어	이용주	1980	84
atasi	다른	other	일본어	이용주	1980	84

다름

こと	다름		일본어	김사엽	1974	447
ta-lʌ m	다름		한국어	김사엽	1974	447

다리

tʌ ri	다리		한국어	강길운	1981ㄱ	32
ure	다리		일본어	강길운	1981ㄴ	4
ari	다리		한국어	강길운	1981ㄴ	4
tʌ ri	다리		한국어	강길운	1983ㄱ	36
karʌ r	다리		한국어	강길운	1983ㄴ	106
tʌ ri	다리		한국어	강길운	1983ㄴ	110
karʌ r	다리		한국어	강길운	1983ㄴ	120
tʌ ri	다리		한국어	강길운	1983ㄴ	122
tari	다리		한국어	강길운	1983ㄴ	131
tʌ ri	다리		한국어	강길운	1983ㄴ	136
asi		leg	일본어	강영봉	1991	10
kadal		leg	한국어	강영봉	1991	10
pal	다리		한국어	김공칠	1989	14
pagi	다리	foot	일본어	김공칠	1989	16
pal	다리	foot	한국어	김공칠	1989	16
pal	다리	foot	한국어	김공칠	1989	17
tali	다리	leg	한국어	김동소	1972	139
tali	다리	leg	한국어	김동소	1972	139
たり	다리		일본어	김사엽	1974	424
ta-li	다리		한국어	김사엽	1974	424
tʌ l-pi	다리		한국어	김사엽	1974	425
ta-Fu-tsa	다리		일본어	김사엽	1974	425
hə -tʰ ïj	다리		한국어	김사엽	1974	433
tsu-ne	다리		일본어	김사엽	1974	433
a-li	다리		한국어	김사엽	1974	482
a-si	다리		일본어	김사엽	1974	482
kal	갈오리, 가랭이		한국어	김용태	1990	15
tā l	다리		한국어	김용태	1990	15
tari	다리		한국어	大野晋	1975	89
fagi	종아리		일본어	大野晋	1975	89
kara	다리		일본어	大野晋	1980	23
teul na-mo	다리	a support used in shoeing horses	한국어	白鳥庫吉	1916ㄱ	183
teul sal	다리	the post used on the end of a lever for raising	한국어	白鳥庫吉	1916ㄱ	183
t'eul	다리	support	한국어	白鳥庫吉	1916ㄱ	183
tā -ri	다리	The leg, a stand, a frame	한국어	白鳥庫吉	1916ㄱ	183
par	발	foot, leg	한국어	이기문	1958	106
tạ ri	다리	bridge, ladder	한국어	이기문	1958	107
*kʷ áR(상하좌	다리	leg	한국어	이용주	1980	100
tari	다리	leg	한국어	이용주	1980	100
fagi	다리	leg	일본어	이용주	1980	100
tari	다리	leg	한국어	이용주	1980	80
asi	다리	leg	일본어	이용주	1980	80
asi	다리	leg	일본어	이용주	1980	96
rucikír, -i	다리	leg	일본어	이용주	1980	96

표제어/어휘			의미	언어	저자	발간년도	쪽수
tari	다리		leg	한국어	이용주	1980	96
tạ ri	다리		the legs, a leg, a stand, a frame	한국어	G. J. Ramstedt	1949	257
다만							
ただ	다만			일본어	김사엽	1974	428
ta-mʌ n	다만			한국어	김사엽	1974	428
tamɛ	다만			한국어	박은용	1975	140
ta-man	다만		Only, alone used as introductly word in sageum	한국어	白鳥庫吉	1916ㄱ	182
ta-mot	다만		only, nearly	한국어	白鳥庫吉	1916ㄱ	182
tamạ in	다만		only	한국어	이기문	1958	107
tamạ n	다만		only	한국어	이기문	1958	107
taman	다만		only	한국어	이기문	1958	107
다물다							
tamʌ r-	다물다			한국어	강길운	1983ㄴ	106
tamʌ r-	다물다			한국어	강길운	1983ㄴ	123
tamʌ r-	입다물다			한국어	강길운	1983ㄴ	126
tamɯ r-	다물다			한국어	강길운	1983ㄴ	138
つぐむ	다물다			일본어	김사엽	1974	422
ta-mïl	다물다			한국어	김사엽	1974	422
damar-	다물다		be silent	일본어	宋敏	1969	77
tamul-	다물다		shut mouth	한국어	宋敏	1969	77
tamaru	다물다		to be silent	일본어	宋敏	1969	77
tam<ï ˇ >lda	다물다		to close the mouth	한국어	宋敏	1969	77
damaru	다물다		to be silent	일본어	G. J. Ramstedt	1949	254
tamị lda	다물다		to close the mouth, to be silent	한국어	G. J. Ramstedt	1949	254
tamwar-	다물다		shut mouth	한국어	Martin, S. E.	1966	201
tamwar-	다물다		shut mouth	한국어	Martin, S. E.	1966	205
tamwar-	다물다		shut mouth	한국어	Martin, S. E.	1966	209
tamwar-	다물다		shut mouth	한국어	Martin, S. E.	1966	216
다발							
たば	다발			일본어	김사엽	1974	426
ta-pal	다발			한국어	김사엽	1974	426
ta-pal	다발		A bundle of vegetables	한국어	白鳥庫吉	1916ㄱ	183
tába	다발		bunch	일본어	宋敏	1969	77
tapal	다발			한국어	宋敏	1969	77
taba	다발			일본어	宋敏	1969	77
tabal	다발		bunch	한국어	Martin, S. E.	1966	200
tabal	다발		bunch	한국어	Martin, S. E.	1966	205
tabal	다발		bunch	한국어	Martin, S. E.	1966	210
tabal	다발		bunch	한국어	Martin, S. E.	1966	215
다북쑥							
ta-pot	蓬			한국어	김사엽	1974	379
yö-mö-gï	蓬			일본어	김사엽	1974	379
다섯							
itu			five	일본어	강영봉	1991	9
tasə s/tas			five	한국어	강영봉	1991	9
tase s	다섯		five	한국어	김동소	1972	137
tasʌ s	다섯		five	한국어	김동소	1972	137
tas	다섯			한국어	김방한	1968	270
tas	다섯			한국어	김방한	1968	271

표제어/어휘	의미		언어	저자	발간년도	쪽수
ta-sɒ s	다섯		한국어	김방한	1976	20
tʌ -sʌ s	다섯		한국어	김방한	1977	7
tas(-	다섯		한국어	김방한	1978	10
ta-sʌ s	다섯		한국어	김방한	1979	8
ta(-sʌ s)	다섯		한국어	김방한	1980	20
i-tu	다섯		일본어	김사엽	1974	477
ta-sʌ s	다섯		한국어	김사엽	1974	477
dat	닷		한국어	김선기	1968ㄴ	40
dasheot	다섯		한국어	김선기	1968ㄴ	40
dasheosh	다섯		한국어	김선기	1968ㄴ	40
itsu	다섯		일본어	김선기	1968ㄴ	42
udzu	다섯		일본어	김선기	1968ㄴ	42
tashush	다섯		일본어	김선기	1968ㄴ	42
tases	다섯		한국어	김선기	1977	21
jtutu	다섯		일본어	김선기	1977	21
다	다섯	five	한국어	김선기	1977ㅇ	330
itu-tu	오		일본어	김승곤	1984	256
tas	오		한국어	김승곤	1984	256
ta-s	오		한국어	김승곤	1984	257
tas-	다섯		한국어	박은용	1974	200
suin	쉰		한국어	박은용	1974	200
tas<ȧ >s	다섯	five	한국어	이기문	1958	117
tunga	다섯	five	한국어	이기문	1958	117
tunȝ a	다섯	five	한국어	이기문	1958	117
itutu	다섯	five	일본어	이용주	1980	101
tase s	다섯	five	한국어	이용주	1980	101
itu	다섯	five	일본어	이용주	1980	85
tase ˇ s	다섯	five	한국어	이용주	1980	85
ʼ asíknep	다섯	five	일본어	이용주	1980	95
itu	다섯	five	일본어	이용주	1980	95
tase ˇ s	다섯	five	한국어	이용주	1980	95
itu-tu	다섯		일본어	村山七郎	1963	29
tase s	다섯		일본어	村山七郎	1963	29
tasɛ s	다섯		한국어	村山七郎	1963	29
tasə s	다섯		한국어	村山七郎	1963	29
itsu	다섯	five	일본어	Aston	1879	59
tasat	다섯	five	한국어	Edkins, J	1896ㄱ	232
itsutsu	다섯	five	일본어	Edkins, J	1896ㄱ	232
itsuts	다섯	five	일본어	Edkins, J	1898	339
itut	다섯	five	일본어	Edkins, J	1898	339
tat	다섯	five	한국어	Edkins, J	1898	339
ta-sa̧ s	다섯		한국어	G. J. Ramstedt	1949	77

다소
| aru/iku | | some | 일본어 | 강영봉 | 1991 | 11 |
| ə tʼə ŋ | | some | 한국어 | 강영봉 | 1991 | 11 |

다스리다
mud-	다스리다		한국어	강길운	1981ㄴ	10
おさめる	다스리다		일본어	김사엽	1974	469
ta-sʌ l	다스리다		한국어	김사엽	1974	469
tas-	다스리다		한국어	박은용	1975	141
tasa̧ ri-	다스리다	to rule, to govern	한국어	이기문	1958	107
dasaril	다스리다		한국어	Edkins, J	1895	411

다습다
| tɔ s | 다습다 | be warm | 한국어 | 宋敏 | 1969 | 78 |

표제어/어휘	의미		언어	저자	발간년도	쪽수
átu	뜨겁다	be hot	일본어	宋敏	1969	78
다시						
pata	다시, 게다가	again, besides	일본어	김공칠	1989	16
tto	다시, 게다가	again, besides	한국어	김공칠	1989	16
sairo	새로, 다시		한국어	김공칠	1989	9
sarani	새로, 다시		일본어	김공칠	1989	9
na-Fo	다시		일본어	김사엽	1974	412
nʌ -oj	다시		한국어	김사엽	1974	412
tsa-ra-ni	다시		일본어	김사엽	1974	441
nʌ -oj	다시		한국어	김사엽	1974	441
tasi	다시		한국어	박은용	1975	137
tahom	다시		한국어	박은용	1975	138
tasi	다시	anew, again	한국어	이기문	1958	107
-씩						
*-tutu	분배접미사		일본어	박은용	1974	187
-sik	분배접미사		한국어	박은용	1974	187
다짐						
たしか	다짐		일본어	김사엽	1974	428
ta-č im	다짐		한국어	김사엽	1974	428
다투다						
tʌ t-tʰ o	다투다		한국어	김사엽	1974	428
ta-ta-ka-Fë	다투다		일본어	김사엽	1974	428
tatak-ap	다투		일본어	宋敏	1969	77
tɔ 'tʰɔ	다투	fight	한국어	宋敏	1969	77
tátáx(wa)-	다투다	fight	한국어	Martin, S. E.	1966	204
tátáx(wa)-	다투다	fight	한국어	Martin, S. E.	1966	205
tátáx(wa)-	다투다	fight	한국어	Martin, S. E.	1966	206
tátáx(wa)-	다투다	fight	한국어	Martin, S. E.	1966	216
tátáx(wa)-	다투다	fight	한국어	Martin, S. E.	1966	220
tátáx(wa)-	다투다	fight	한국어	Martin, S. E.	1966	224
다하다						
tsukiru	다하다		일본어	김공칠	1989	4
tsuka	다하다		일본어	김공칠	1989	8
tahi	다하다		한국어	김공칠	1989	8
tu-kï	다하다		일본어	김사엽	1974	423
ta-ʌ	다하다		한국어	김사엽	1974	423
다히						
tukám	다히	grasp	일본어	宋敏	1969	77
tsŭ kŭ	다하다		일본어	宋敏	1969	77
tahi	다히		한국어	宋敏	1969	77
닥나무						
taku	닥	paper mulberry tree	일본어	金澤庄三郎	1910	12
tak	닥	paper mulberry tree	한국어	金澤庄三郎	1910	12
taku	닥나무		일본어	김공칠	1989	5
stak	닥나무		한국어	김공칠	1989	5
tak	닥		한국어	김사엽	1974	429
ta-ku	닥		일본어	김사엽	1974	429
tak	닥나무		한국어	송민	1973	44
kazo	닥나무		일본어	송민	1973	44
kadi	닥나무		일본어	송민	1973	44

〈ㄷ〉 131

표제어/어휘		의미	언어	저자	발간년도	쪽수
tafë	닥나무		일본어	송민	1973	54
tak	닥나무		한국어	송민	1973	54
taku	닥나무		일본어	宋敏	1969	77
tak	닥나무		한국어	宋敏	1969	77
taku	닥나무		일본어	이용주	1980	72
taku	닥나무		한국어	이용주	1980	72
taku	닥	paper mulberry tree	일본어	Kanazawa, S	1910	9
tak	닥	paper mulberry tree	한국어	Kanazawa, S	1910	9
닦다						
togu	닦다	rub up	일본어	金澤庄三郞	1910	12
tak	닦다	rub up	한국어	金澤庄三郞	1910	12
ssi s-	닦다	wipe	한국어	김동소	1972	141
takk-	닦다	wipe	한국어	김동소	1972	141
ぬぐふ	닦다		일본어	김사엽	1974	410
tak	닦다		한국어	김사엽	1974	410
togu	닦다		일본어	宋敏	1969	78
tog-u	닦다		일본어	宋敏	1969	78
tak	닦다		한국어	宋敏	1969	78
task	닦다		한국어	宋敏	1969	78
tog-	닦다	polish	일본어	宋敏	1969	78
task-	닦다	to cook dry	한국어	이기문	1958	118
nögöHu	닦다	to wipe	일본어	이용주	1980	83
takta	닦다	to settle, to complete	한국어	G. J. Ramstedt	1949	250
takta	닦다	to clean, to polish, to fix up	한국어	G. J. Ramstedt	1949	251
togu	닦다	rub up	일본어	Kanazawa, S	1910	9
tak	닦다	rub up	한국어	Kanazawa, S	1910	9
tosg-	닦다	polish	한국어	Martin, S. E.	1966	224
닦다(修)						
tasg-	닦다		한국어	강길운	1983ㄱ	29
tak'-	닦다		한국어	강길운	1983ㄱ	29
tas-kï	닦다		한국어	김사엽	1974	469
wo-tsa-mu	닦다		일본어	김사엽	1974	469
단단하다						
kata	단단하다		한국어	박은용	1974	214
^kʊ [古]	단단한	thick, dense	일본어	Christopher I. Beckwith	2004	128
단지						
tanji	단지		한국어	강길운	1982ㄴ	18
itangi	대접		일본어	강길운	1982ㄴ	18
tanji	단지		한국어	강길운	1983ㄴ	123
단풍나무						
*š tope	단풍나무		일본어	강길운	1982ㄴ	17
*sit	단풍나무		한국어	강길운	1982ㄴ	17
*š tope	단풍나무		일본어	강길운	1982ㄴ	28
*sit	단풍나무		한국어	강길운	1982ㄴ	28
sit	단풍나무		한국어	이숭녕	1956	118
닫다						
yə r-	닫다		한국어	강길운	1983ㄱ	47
tad-	닫다		한국어	강길운	1983ㄴ	123
tat	닫다	close	한국어	金澤庄三郞	1910	12
tods-u	닫다	close	일본어	金澤庄三郞	1910	12

표제어/어휘	의미		언어	저자	발간년도	쪽수
tatta	닫다	to shut, to close	한국어	김공칠	1989	13
tozu	닫다		일본어	김공칠	1989	8
tat	닫다		한국어	김공칠	1989	8
Fa-si-ru	닫다		일본어	김사엽	1974	405
tʌt	닫다		한국어	김사엽	1974	405
tö-di-te	닫다		일본어	김사엽	1974	416
tat	닫다		한국어	김사엽	1974	416
tat-	닫다		한국어	박은용	1975	142
tate-	닫다	closing	일본어	宋敏	1969	78
tatta	닫다	to shut, to close	한국어	宋敏	1969	78
tó(i)	닫다	close it	일본어	宋敏	1969	78
tat	닫다		한국어	宋敏	1969	78
tozu	닫다		일본어	宋敏	1969	78
tödu	닫다		일본어	宋敏	1969	78
tods-u	닫다		일본어	宋敏	1969	78
tati	닫다		한국어	이용주	1980	72
tödu	닫다		일본어	이용주	1980	72
tatta	닫다	to shut, to close - a door, etc.	한국어	G. J. Ramstedt	1949	259
tate-	여닫다	closing	일본어	G. J. Ramstedt	1949	259
tat	닫다	shut	한국어	Hulbert, H. B.	1905	123
tods-u	닫다	close	일본어	Kanazawa, S	1910	9
tat	닫다	close	한국어	Kanazawa, S	1910	9
tod-	닫다	close it	한국어	Martin, S. E.	1966	206
tod-	닫다	close it	한국어	Martin, S. E.	1966	220
달						
sar	달	moon	한국어	강길운	1978	42
tʌr	달		한국어	강길운	1983ㄱ	36
tel	달	moon	한국어	김동소	1972	139
tal	달	moon	한국어	김동소	1972	139
tu-kï	달		일본어	김사엽	1974	423
tʌl	달		한국어	김사엽	1974	423
tuki	달	moon	일본어	김선기	1968ㄱ	26
dar	달	moon	한국어	김선기	1968ㄱ	26
dar	달	moon	한국어	김선기	1968ㄴ	25
tuki	달		일본어	김선기	1976ㄷ	337
dar	달		한국어	김선기	1976ㄷ	337
tăl	달	moon, a month, a moon	한국어	白鳥庫吉	1916ㄱ	178
tal	달		한국어	小倉進平	1935	26
tăl	달		한국어	宋敏	1969	78
tsuki	달	the moon	일본어	宋敏	1969	78
tukí	달	moon	일본어	宋敏	1969	78
tɑl	달		한국어	宋敏	1969	78
tal	달		한국어	宋敏	1969	78
tuku	달		일본어	宋敏	1969	78
tsuki	달		일본어	宋敏	1969	78
tɔl	달		한국어	宋敏	1969	78
tuku	달		일본어	이용주	1980	72
tel	달		한국어	이용주	1980	72
teˇr	달	moon	한국어	이용주	1980	81
tukï	달	moon	일본어	이용주	1980	81
tukï	달	moon	일본어	이용주	1980	95
(kunne-)cup	달	moon	일본어	이용주	1980	95
teˇr	달	moon	한국어	이용주	1980	95
tuki	달	moon	일본어	이용주	1980	99
ter	달	moon	한국어	이용주	1980	99

표제어/어휘		의미	언어	저자	발간년도	쪽수
*tuR(상하좌	달	moon	한국어	이용주	1980	99
つチ	달		일본어	이원진	1940	13
て-タ"	달		일본어	이원진	1940	13
てタ"	달		일본어	이원진	1940	13
てタ"ンクミ	달		일본어	이원진	1940	13
달	달		한국어	이원진	1940	13
ツき	달		일본어	이원진	1940	13
すチュ	달		일본어	이원진	1940	13
てクキヨカ"	달		일본어	이원진	1940	13
てキ	달		일본어	이원진	1940	13
てキ	달		일본어	이원진	1951	13
てタ"ンクミ	太陽		일본어	이원진	1951	13
て-タ"	太陽		일본어	이원진	1951	13
てタ"	太陽		일본어	이원진	1951	13
てクキヨカ"	달		일본어	이원진	1951	13
つチ	달		일본어	이원진	1951	13
ツき	달		일본어	이원진	1951	13
すチュ	달		일본어	이원진	1951	13
달	달		한국어	이원진	1951	13
cuki	달	moon	일본어	長田夏樹	1966	83
tal	달	moon	한국어	長田夏樹	1966	83
tal	달	moon	한국어	Edkins, J	1896ㄴ	365
tal	달		한국어	Hulbert, H. B.	1905	116
txexe	달	moon	한국어	Martin, S. E.	1966	205
tɔ lğ yi	달	moon	한국어	Martin, S. E.	1966	211
tɔ lğ yi	달	moon	한국어	Martin, S. E.	1966	213
tɔ lğ yi	달	moon	한국어	Martin, S. E.	1966	219
tukiy	달		일본어	Martin, S. E.	1975	110
tukiy	달		일본어	Martin, S. E.	1975	110
tukugi	달		일본어	Martin, S. E.	1975	110

달갈

ko		egg	일본어	강영봉	1991	9
tɐ ksɛ gi		egg	한국어	강영봉	1991	9

달구다

yak-u	달다	to set fire to	일본어	宋敏	1969	78
talda	달다	to be hot, to be burnt	한국어	宋敏	1969	78

달다

umasi	달다		일본어	김공칠	1989	6
masi	달다		한국어	김공칠	1989	6
つるす	달다		일본어	김사엽	1974	418
tʌ l	달다		한국어	김사엽	1974	418
tal keum hă	달큼하다	to be sweetish	한국어	白鳥庫吉	1916ㄱ	181
tă l ta	달다	To be sweet	한국어	白鳥庫吉	1916ㄱ	181
tă ta	달다	to be sweet	한국어	白鳥庫吉	1916ㄱ	181
teul-keum	들큼하다	to be sweetish	한국어	白鳥庫吉	1916ㄱ	181
taru	달다		일본어	송민	1965	39
tɐ l	달다		한국어	송민	1965	39
tal-da	달다		한국어	이숭녕	1956	113

달라다

tal-	달다	give me	한국어	宋敏	1969	78
yar-	달다	give	일본어	宋敏	1969	78
tă go	달다	give me!	한국어	G. J. Ramstedt	1949	247

달래

표제어/어휘	의미		언어	저자	발간년도	쪽수
firu	달래		일본어	김공칠	1989	14
p'il	달래		한국어	김공칠	1989	14
p'il	달래		일본어	김공칠	1989	14
mira	달래		한국어	김공칠	1989	14
mira	달래		일본어	송민	1973	54
mira	달래, 풀		일본어	이용주	1980	72
pïl	달래, 풀		한국어	이용주	1980	72

달래다

표제어/어휘	의미		언어	저자	발간년도	쪽수
なだめる	달래다		일본어	김사엽	1974	413
tal-laj	달래다		한국어	김사엽	1974	413
i-tsa-na-Fi	달래다		일본어	김사엽	1974	478
tal-aj	달래다		한국어	김사엽	1974	478
it	달래다		한국어	김사엽	1974	478
tarai-	달래다		한국어	박은용	1975	161

달리다

표제어/어휘	의미		언어	저자	발간년도	쪽수
tʌr-	달리다		한국어	강길운	1982ㄴ	20
etara	돌입		일본어	강길운	1982ㄴ	20
etara	돌입		일본어	강길운	1982ㄴ	23
tʌr-	달리다		한국어	강길운	1982ㄴ	23
kuru	달리다		한국어	강길운	1983ㄴ	114
kuru-	달리다		한국어	강길운	1983ㄴ	116
kuru-	달리다		한국어	강길운	1983ㄴ	130
tʌr-	달리다		한국어	강길운	1983ㄴ	132
fasi-ru	달리다		일본어	김공칠	1989	14
fasu	달리다		일본어	김공칠	1989	14
te t	달리다		한국어	大野晋	1975	89
fasu	달리다		일본어	大野晋	1975	89
ta-ra ka ta	달리다	to go quickly, to go running	한국어	白鳥庫吉	1916ㄴ	322
tal-nyö teul ta	달리다	to pounce on, to spring upon, to attack	한국어	白鳥庫吉	1916ㄴ	322
ta-ra o ta	달리다	to come quickly	한국어	白鳥庫吉	1916ㄴ	322
tal-ni ta	달리다	To go at a gallop	한국어	白鳥庫吉	1916ㄴ	322
ta-ra na ta	달리다	to run away, to run off, to flee	한국어	白鳥庫吉	1916ㄴ	322
tsure	달리다		일본어	송민	1965	38
tari	달리다		한국어	송민	1965	38
tạr-	말을 타고 달리다	to go at a gallop	한국어	이기문	1958	108
tara	달리다		한국어	Hulbert, H. B.	1905	119

달아나다

표제어/어휘	의미		언어	저자	발간년도	쪽수
tʌrana	달아나다		한국어	강길운	1981ㄴ	10
yainuina	달아나다		일본어	강길운	1982ㄴ	23
tʌrana-	달아나다		한국어	강길운	1982ㄴ	23
tʌrana-	달아나다		한국어	강길운	1982ㄴ	33
yainuina	달아나다		일본어	강길운	1982ㄴ	33
yainuina	달아나다		일본어	강길운	1982ㄴ	36
tʌrana-	달아나다		한국어	강길운	1982ㄴ	36
noh-	달아나다		한국어	강길운	1983ㄱ	31
tarana/다라		to run	한국어	Arraisso	1896	21

달팽이

표제어/어휘	의미		언어	저자	발간년도	쪽수
tuburi	달팽이	snail	일본어	김공칠	1989	17
tolbongi,	달팽이	snail	한국어	김공칠	1989	17
tʌl-pʰa-ni	달팽이		한국어	김사엽	1974	419

표제어/어휘	의미		언어	저자	발간년도	쪽수
tu-bu-ri	달팽이		일본어	김사엽	1974	419

닭

표제어/어휘	의미		언어	저자	발간년도	쪽수
tʌl	닭		한국어	강길운	1977	14
tʌlg	닭		한국어	강길운	1983ㄱ	36
tʌlg	닭		한국어	강길운	1983ㄱ	37
tărk	닭	chicken	한국어	金澤庄三郞	1910	12
tori	새	bird	일본어	金澤庄三郞	1910	12
tori	새	bird	일본어	金澤庄三郞	1910	16
tărk	닭	chicken	한국어	金澤庄三郞	1910	16
töri	닭		일본어	김공칠	1988	194
terk	닭		한국어	김공칠	1988	194
tori	새		일본어	김선기	1977ㄷ	356
tark	닭		한국어	김선기	1977ㄷ	356
tori	닭		일본어	大野晋	1975	43
töri	닭		일본어	大野晋	1975	43
tălk	닭	Fowls, chickens, hen	한국어	白鳥庫吉	1916ㄱ	179
tori	닭	bird	일본어	宋敏	1969	78
tal-k	닭	common fowl	한국어	宋敏	1969	78
tori	닭	chicken	일본어	宋敏	1969	78
tărk	닭		한국어	宋敏	1969	78
tark	닭		한국어	宋敏	1969	78
talk	닭		한국어	宋敏	1969	78
tori	닭		일본어	宋敏	1969	78
röri	닭		일본어	宋敏	1969	78
tɔlk	닭	chicken	한국어	宋敏	1969	78
tori	닭		일본어	신용태	1985	418
tek	닭		한국어	이숭녕	1956	182
ニワトい	닭		일본어	이원진	1940	14
닭	닭		한국어	이원진	1940	14
ニワトリ	닭		일본어	이원진	1940	14
トリ	닭		일본어	이원진	1940	14
ミャトイ	닭		일본어	이원진	1940	14
トイ	닭		일본어	이원진	1940	14
トル	닭		일본어	이원진	1940	14
ニワトリ	닭		일본어	이원진	1951	14
닭	닭		한국어	이원진	1951	14
ニワトい	닭		일본어	이원진	1951	14
トル	닭		일본어	이원진	1951	14
トリ	닭		일본어	이원진	1951	14
トイ	닭		일본어	이원진	1951	14
ミャトイ	닭		일본어	이원진	1951	14
닥	닭		한국어	최현배	1927	6
달	닭		한국어	최현배	1927	6
닭	닭		한국어	최현배	1927	6
도리	닭		일본어	최현배	1927	6
tąlk	닭	fowls, chickens, hens	한국어	G. J. Ramstedt	1949	253
tori	새(bird)		일본어	Kanazawa, S	1910	13
tărk	닭	chicken	한국어	Kanazawa, S	1910	13
tărk	닭	chicken	한국어	Kanazawa, S	1910	9
tori	새(bird)		일본어	Kanazawa, S	1910	9
torkyi	닭	chicken	한국어	Martin, S. E.	1966	205
torkyi	닭	chicken	한국어	Martin, S. E.	1966	210
tɔrkyi	닭	chicken	한국어	Martin, S. E.	1966	213
torkyi	닭	chicken	한국어	Martin, S. E.	1966	220
tori	새		일본어	Miller, R. A. 김방한 역	1980	156

표제어/어휘		의미	언어	저자	발간년도	쪽수
töri	새		일본어	Miller, R. A. 김방한 역	1980	156
tă lk	닭		한국어	Miller, R. A. 김방한 역	1980	156
talk	닭		한국어	Miller, R. A. 김방한 역	1980	156
닮다						
noru, niru	닮다	to resemble	일본어	김공칠	1989	16
talm	닮다	to resemble	한국어	김공칠	1989	16
tam	닮다		한국어	김사엽	1974	410
にる	닮다		일본어	김사엽	1974	410
talm ta	닮다	To resemble, to be like, to copy, to imitate	한국어	白鳥庫吉	1916ㄱ	180
*wi[位]	닮다	to resemble, look like	한국어	Christopher I. Beckwith	2004	142
taltha	닮다	to bo worn, to bc rubbcd	한국어	G. J. Ramstedt	1949	253
talmda	닮다	to take after, to be like, to resemble	한국어	G. J. Ramstedt	1949	253
담그다						
ひたす	담그다		일본어	김사엽	1974	400
tʌ m-k	담그다		한국어	김사엽	1974	400
담다						
tam-	담다		한국어	강길운	1983ㄴ	106
tam-	담다		한국어	강길운	1983ㄴ	123
tam	담다	contain	한국어	金澤庄三郞	1910	12
tsum-u	싣다	load	일본어	金澤庄三郞	1910	12
kö-më	담다		일본어	김사엽	1974	446
kï-mo	담다		한국어	김사엽	1974	446
tam-	담다		한국어	박은용	1975	159
tam ta	담다	To put in, to fill into-a dish, basket etc.	한국어	白鳥庫吉	1916ㄱ	182
tu ta	두다	to put, to place	한국어	白鳥庫吉	1916ㄱ	182
tsum-u	쌓다		일본어	宋敏	1969	78
tsumu	담다		일본어	宋敏	1969	78
tumu	담다		일본어	宋敏	1969	78
tam	담다		한국어	宋敏	1969	78
tum-	담다	heap	일본어	宋敏	1969	78
tam-	담다	to put into a dish etc.	한국어	이기문	1958	118
tsum-u	싣다	load	일본어	Kanazawa, S	1910	10
tam	담다	contain	한국어	Kanazawa, S	1910	10
당기다						
hehem	당기다		일본어	강길운	1982ㄴ	32
ḣ yə -	당기다		한국어	강길운	1982ㄴ	32
h'yə -	당기다		한국어	강길운	1983ㄴ	112
h'yə	당기다		한국어	강길운	1983ㄴ	134
fik-		to pull	일본어	강영봉	1991	10
tɐ nki-/tɐ ri		to pull	한국어	강영봉	1991	10
tare -	잡아당기다		한국어	박은용	1975	163
FikaFë	당기다		일본어	송민	1974	7
닿다						
tu-ka	닿다		일본어	김사엽	1974	422
tah	닿다		한국어	김사엽	1974	422

⟨ㄷ⟩ 137

표제어/어휘	의미		언어	저자	발간년도	쪽수
tsugu	닿다		일본어	김선기	1979ㄷ	369
닿-	닿다		한국어	김선기	1979ㄷ	369
pur-	닿다	to touch	일본어	송민	1974	14
túk	닿다	arrive, contact	일본어	宋敏	1969	78
tah-	닿다	arrive, contact, touch	한국어	宋敏	1969	78
대						
top	대나무		일본어	강길운	1982ㄴ	26
tyə	대나무		한국어	강길운	1982ㄴ	26
tyə	대나무		한국어	강길운	1982ㄴ	30
top	대나무		일본어	강길운	1982ㄴ	30
タケ	대나무		일본어	권덕규	1923ㄴ	129
대	대나무		한국어	권덕규	1923ㄴ	129
take	대	bamboo	일본어	金澤庄三郎	1910	12
tai	대	bamboo	한국어	金澤庄三郎	1910	12
tai	대	bamboo	한국어	金澤庄三郎	1910	21
ika-da	뗏목	ship made of tree or bamboo	일본어	金澤庄三郎	1910	21
ttöi	뗏목	ship made of tree or bamboo	한국어	金澤庄三郎	1910	21
take	대	bamboo	일본어	金澤庄三郎	1910	21
sasa	대나무	the bamboo grass	일본어	김공칠	1989	13
taj	대		한국어	김사엽	1974	418
te	대		일본어	김사엽	1974	418
ta-kë	대		일본어	김사엽	1974	428
taj	대		한국어	김사엽	1974	428
take	대		일본어	김승곤	1984	193
tai	대	A bamboo, the numerative of stalks, long	한국어	白鳥庫吉	1916ㄱ	175
tam-pă is-tai	대	A bamboo, the numerative of stalks, long	한국어	白鳥庫吉	1916ㄱ	175
sasa	대나무		일본어	송민	1973	55
tay	대	bamboo, stick	한국어	宋敏	1969	78
take	대		일본어	宋敏	1060	78
takë	대		일본어	宋敏	1969	78
tai	대		한국어	宋敏	1969	78
tè	대		한국어	宋敏	1969	78
tui	대		한국어	宋敏	1969	78
take	대	a bamboo	일본어	宋敏	1969	78
take	대	bamboo	일본어	宋敏	1969	78
タケ	대나무		일본어	이명섭	1962	6
take	대	a bamboo	일본어	Aston	1879	22
tè	대	a bamboo	한국어	Aston	1879	22
*na : ^na ~	대나무	bamboo	한국어	Christopher I. Beckwith	2004	132
*sino~^sinu	대나무	small bamboo, a kind of bamboo	일본어	Christopher I. Beckwith	2004	132
tä		pipe	한국어	G. J. Ramstedt	1949	93
tai		pipe	한국어	G. J. Ramstedt	1949	93
take	대	bamboo	일본어	Kanazawa, S	1910	17
ttöi	뗏목	ship made of tree or bamboo	한국어	Kanazawa, S	1910	17
ika-da	뗏목	ship made of tree or bamboo	일본어	Kanazawa, S	1910	17
tai	대	bamboo	한국어	Kanazawa, S	1910	17
tai	대	bamboo	한국어	Kanazawa, S	1910	9
take	대	bamboo	일본어	Kanazawa, S	1910	9

표제어/어휘		의미	언어	저자	발간년도	쪽수
taxye	대나무	bamboo	한국어	Martin, S. E.	1966	204
taxye	대나무	bamboo	한국어	Martin, S. E.	1966	205
taxye	대나무	bamboo	한국어	Martin, S. E.	1966	214
taxye	대나무	bamboo	한국어	Martin, S. E.	1966	215
대다						
Fa-te	대다		일본어	김사엽	1974	404
putʰ	대다		한국어	김사엽	1974	404
a-te	대다		일본어	김사엽	1974	481
ta-hi	대다		한국어	김사엽	1974	481
대답하다						
nye	대답하다		한국어	김공칠	1989	9
nai	대답하다		일본어	김공칠	1989	9
kʌ lm	대답하다		한국어	김사엽	1974	447
こたふ	대답하다		일본어	김사엽	1974	447
대롱						
kor	대롱		한국어	강길운	1983ㄱ	35
kuda	대롱		일본어	김공칠	1989	12
ˆtʊ tʊ [都都]	대롱	pipe, tube	일본어	Christopher I. Beckwith	2004	111
대마도						
Tsushima	대마도		일본어	김계원	1967	12
두 섬	대마도		한국어	김계원	1967	12
대머리						
mɯita	대머리		한국어	김공칠	1988	192
muku	벗기다		일본어	김공칠	1988	192
대소변						
しい	대소변		일본어	김사엽	1974	440
し	대소변		일본어	김사엽	1974	440
sjo-ma	대소변		한국어	김사엽	1974	440
대신						
kara	대신		한국어	강길운	1977	14
ka-Fa-ri	대신		일본어	김사엽	1974	461
kʌ -lʌ m	대신		한국어	김사엽	1974	461
대신하다						
kaparu	대신하다		일본어	김공칠	1989	6
kă l	대신하다		한국어	김공칠	1989	6
대야						
yaŋ pʼun	놋대야		한국어	강길운	1983ㄴ	111
tarapi	대야	washtub	일본어	宋敏	1969	78
ta'ya	대야		한국어	宋敏	1969	78
taja	대야		한국어	이숭녕	1956	107
tɛ jaŋ	대야		한국어	이숭녕	1956	107
대인						
u-si	대인		일본어	김사엽	1974	474
us-čʰi	대인		한국어	김사엽	1974	474
褥薩(두싸,수	대인		한국어	김태중	1936	365

⟨ㄷ⟩ 139

표제어/어휘		의미	언어	저자	발간년도	쪽수
더						
itö	더		일본어	宋敏	1969	78
tö	더		한국어	宋敏	1969	78
të	더	suffix with a sense of past tense	한국어	G. J. Ramstedt	1928	76
tŭ	더	more, continually, further	한국어	Hulbert, H. B.	1905	
-더냐						
hă -tön-ya	더냐	for interrogotive ending	한국어	金澤庄三郎	1910	57
si-tari-ya	더냐	for interrogotive ending	일본어	金澤庄三郎	1910	57
si-tari-ya		for interrogotive ending	일본어	Kanazawa, S	1910	18
hă -tön-ya		for interrogotive ending	한국어	Kanazawa, S	1910	18
더덕						
totoki	더덕	Arthraxon hispidus	일본어	金澤庄三郎	1910	12
tötök	더덕	Arthraxon hispidus	한국어	金澤庄三郎	1910	12
totoki	더덕		일본어	宋敏	1969	78
tötök	더덕		한국어	宋敏	1969	78
totoki	더덕	Arthraxon hispidus	일본어	Kanazawa, S	1910	9
tötök	더덕	Arthraxon hispidus	한국어	Kanazawa, S	1910	9
더듬다						
さぐる	더듬다		일본어	김사엽	1974	445
tə -tïm	더듬다		한국어	김사엽	1974	445
tadunu	더듬다		일본어	宋敏	1969	78
tötïm	더듬다		한국어	宋敏	1969	78
더디다						
tə -tïjm	더디다		한국어	김사엽	1974	470
ö-ku-re	더디다		일본어	김사엽	1974	470
tẹ tị i-	더디다	to delay	한국어	이기문	1958	118
-더래도						
tare-do	더래도	for concessinve ending	일본어	金澤庄三郎	1910	58
töră i-to	더래도	for concessinve ending	한국어	金澤庄三郎	1910	58
tare-do		for concessinve ending	일본어	Kanazawa, S	1910	18
töră i-to		for concessinve ending	한국어	Kanazawa, S	1910	18
더럭더럭						
ダラダラ	더럭더럭		일본어	권덕규	1923ㄴ	128
더럭더럭	더럭더럭		한국어	권덕규	1923ㄴ	128
ダラダラ	더럭더럭		일본어	이명섭	1962	6
더럽다						
ač i	더럽다		일본어	강길운	1982ㄴ	16
ač yə d-	싫다		한국어	강길운	1982ㄴ	16
ci-ci	오물		한국어	강길운	1982ㄴ	16
kapa	더러워지다		일본어	강길운	1982ㄴ	22
kə m-	검다		한국어	강길운	1982ㄴ	22
kə m-	검다		한국어	강길운	1982ㄴ	26
kapa	더러워지다		일본어	강길운	1982ㄴ	26
kitana		dirty	일본어	강영봉	1991	8
tə rə p-		dirty	한국어	강영봉	1991	8

표제어/어휘		의미	언어	저자	발간년도	쪽수
tʌlʌp	더러운	dirty	한국어	김동소	1972	137
tʌlʌp-	더러운	dirty	한국어	김동소	1972	137
ki-ta-na-ku	더럽다		일본어	김사엽	1974	456
tə-lə p	더럽다		한국어	김사엽	1974	456
덜	더럽다		한국어	김선기	1976ㄱ	327
keu-rim	더럽다	to be dirty	한국어	白鳥庫吉	1914ㄷ	310
kurä m	더럽다	to blacken with smoke	한국어	白鳥庫吉	1914ㄷ	310
tö-rop ta	더럽다	to be dirty, to be foul, to be soiled	한국어	白鳥庫吉	1916ㄴ	310
tö-rö-hi ta	더럽다	to be soil, to dirty	한국어	白鳥庫吉	1916ㄴ	310
yogor(e)	덖	get dirty	일본어	宋敏	1969	78
tëkk-	덖	get dirty	한국어	宋敏	1969	78
doro	진흙	mud	일본어	宋敏	1969	78
doró	진흙	mud	일본어	宋敏	1969	78
tŭ tŭ	더럽다	dirty	한국어	宋敏	1969	78
të'lëw/p	더럽다	be muddy	한국어	宋敏	1969	78
tārə v-	더럽ㅇ다	dirty	한국어	이용수	1980	84
kitanasi	더럽다	dirty	일본어	이용주	1980	84
' icákkere	더럽다	dirty	일본어	이용주	1980	95
kitanasi	더럽다	dirty	일본어	이용주	1980	95
tārə v-	더럽다	dirty	한국어	이용주	1980	95
doro	진흙	mud	일본어	Aston	1879	25
darake	(흙탕물이) 튀어 더럽다	bespattered	일본어	Aston	1879	25
tŭ lŭ	더럽다	dirty	한국어	Aston	1879	25
tẹrepta	더럽다	to be dirty, to be foul, to be soiled	한국어	G. J. Ramstedt	1949	263
deg-, desg-	더럽다	dirty	한국어	Martin, S. E.	1966	203
ter(e)-	더럽다	muddy	한국어	Martin, S. E.	1966	205
deg-, desg-	더럽다	dirty	한국어	Martin, S. E.	1966	207
ter(e)-	더럽다	muddy	한국어	Martin, S. E.	1966	209
deg-, desg-	더럽다	dirty	한국어	Martin, S. E.	1966	221
deg-, desg-	더럽다	dirty	한국어	Martin, S. E.	1966	224
더미						
tɔ mi	더미	tas	한국어	宋敏	1969	78
tsum	더미	entasser	일본어	宋敏	1969	78
tɔ m-	더미	heap	한국어	Martin, S. E.	1966	201
tɔ m-	더미	heap	한국어	Martin, S. E.	1966	205
tɔ m-	더미	heap	한국어	Martin, S. E.	1966	219
더불다						
tə -pï-lə	더불어		한국어	김사엽	1974	415
tö-mö-ni	더불어		일본어	김사엽	1974	415
tə bu r-	더불다		한국어	박은용	1975	164
tɔ pur.	더불다	accompagner, servir	한국어	宋敏	1969	78
tat,tob.u	더불다	re17ve17rer	일본어	宋敏	1969	78
tẹ pi̯ r-	더불다	to take with, to be accompanied by	한국어	이기문	1958	118
더욱						
tə	더욱		한국어	김사엽	1974	476
i-to	더욱		일본어	김사엽	1974	476
tə u-	넘다		한국어	박은용	1975	135
더하다						
tor-ak	더하다	to add	한국어	강길운	1978	41

〈ㄷ〉 141

표제어/어휘	의미		언어	저자	발간년도	쪽수
nɯr-	늘다		한국어	강길운	1983ㄴ	109
kötö	더하다		일본어	김공칠	1988	193
kɛ t	더하다		한국어	김공칠	1988	193
tso-Fë	더하다		일본어	김사엽	1974	430
tə -ï	더하다		한국어	김사엽	1974	430
söfu	더하다		일본어	文和政	1981	177
tə -	더하다		한국어	文和政	1981	177
던지다						
tə di	던지다		한국어	강길운	1983ㄴ	137
sutu	던지다	to throw out	일본어	김공칠	1989	17
ssot	던지다	to throw out	한국어	김공칠	1989	17
tʌ nci-	던지다	throw	한국어	김동소	1972	141
tʌ ci-	던지다	throw	한국어	김동소	1972	141
tə -ti	던지다		한국어	김사엽	1974	413
なげる	던지다		일본어	김사엽	1974	413
tə ti-	던지다		한국어	박은용	1975	146
nagu	던지다	throw	일본어	이용주	1980	100
teti	던지다	throw	한국어	이용주	1980	100
*na´(a이	던지다	throw	한국어	이용주	1980	100
tə tï -	더디다	to throw	한국어	이용주	1980	83
nagu	던지다	to throw	일본어	이용주	1980	83
tẹ nǯ ida	던지다	to throw	한국어	G. J. Ramstedt	1954	16
덜다						
tə l	덜다		한국어	김사엽	1974	408
のぞく	덜다		일본어	김사엽	1974	408
tə r-	덜다		한국어	박은용	1975	145
otór	덜다	be inferior	일본어	宋敏	1969	78
tël	덜다	substract	한국어	宋敏	1969	78
덤						
tamɛ	덤		한국어	박은용	1975	144
tɔ m	덤	filet	한국어	宋敏	1060	78
tamo	덤	sorte de filet	일본어	宋敏	1969	78
덤비다						
i-dö-mi	덤비다		일본어	김사엽	1974	476
tə m-pi	덤비다		한국어	김사엽	1974	476
tëmpi	덤비다	rush, jump at	한국어	宋敏	1969	78
tob	덤비다	jump	일본어	宋敏	1969	78
덥다						
ikir-u	덥다		일본어	김공칠	1988	199
niki	덥다		한국어	김공칠	1988	199
tʌ p-	뜨거운	hot(warm)	한국어	김동소	1972	138
tʌ p-	뜨거운	hot(warm)	한국어	김동소	1972	138
あつい	덥다		일본어	김사엽	1974	481
tə p	덥다		한국어	김사엽	1974	481
tatɯ th	덥다	hot	한국어	김선기	1968ㄱ	36
kɯ rh	덥다	hot	한국어	김선기	1968ㄱ	36
igɯ r igɯ r	덥다	hot	한국어	김선기	1968ㄱ	36
də b	덥다	hot	한국어	김선기	1968ㄱ	36
waku	덥다	hot	일본어	김선기	1968ㄱ	36
atatamu	덥다	hot	일본어	김선기	1968ㄱ	36
atataka	덥다	hot	일본어	김선기	1968ㄱ	36
덥다	덥다		한국어	김선기	1978ㄴ	326

표제어/어휘	의미		언어	저자	발간년도	쪽수
atsui	덥다		일본어	김승곤	1984	198
tə p-	덥다		한국어	박은용	1975	171
tö	덥다		한국어	宋敏	1969	78
tomo-s.u	덥다	allumer un feu, une torche	일본어	宋敏	1969	78
tɔ p	덥다	être chaud	한국어	宋敏	1969	78
atsu	덥다		일본어	宋敏	1969	78
atusi	덥다	hot	일본어	이용주	1980	101
tev	덥다	hot	한국어	이용주	1980	101
tēv-	덥다	warm	한국어	이용주	1980	84
atatakësi	덥다	warm	일본어	이용주	1980	84
atatakësi	덥다	warm	일본어	이용주	1980	95
sírpopke	덥다	warm	일본어	이용주	1980	95
tēv-	덥다	warm	한국어	이용주	1980	95
tẹ pta	덥다	to be warm, to be hot, to be feverish	한국어	G. J. Ramstedt	1949	263
tẹ un	더운	warm	한국어	G.J. Ramstedt	1952	23
tẹ un narae	더운 나라에	in einem warmem Lande	한국어	G.J. Ramstedt	1952	23
(a-)tɔ -	덥다	hot	한국어	Martin, S. E.	1966	205
(a-)tɔ -	덥다	hot	한국어	Martin, S. E.	1966	219
(a-)tɔ -	덥다	hot	한국어	Martin, S. E.	1966	224
덩굴						
churki	덩굴		한국어	김공칠	1989	11
turu	덩굴		일본어	김공칠	1989	11
tsura	덩굴		일본어	김공칠	1989	8
töngkul	덩굴		한국어	김공칠	1989	8
tsuru	덩쿨		일본어	宋敏	1969	78
tongkul	덩쿨		한국어	宋敏	1969	78
tömbul	덩굴		한국어	이숭녕	1956	161
tömp'ul	덩굴		한국어	이숭녕	1956	161
töŋ k'ul	덩굴		한국어	이숭녕	1956	161
tönp'ul	덩굴		한국어	이숭녕	1956	161
덩이						
tə ŋ i	덩이		한국어	강길운	1982ㄴ	22
taku	덩이		일본어	강길운	1982ㄴ	22
tə ŋ i	덩이		한국어	강길운	1982ㄴ	29
taku	덩이		일본어	강길운	1982ㄴ	29
tə ŋ i	덩이		한국어	박은용	1975	139
덫						
wana	덫		일본어	강길운	1987	17
たたり	덫		일본어	김사엽	1974	427
tə t	덫		한국어	김사엽	1974	427
tot	덫	a trap	한국어	G. J. Ramstedt	1949	274
덮개						
가리-개	가리개		한국어	강길운	1987	21
덮개	덮개		한국어	강길운	1987	21
tjöp-gai	덮개		한국어	이숭녕	1956	166
kawa	껍질	a cover, a case(hide, bark, skin etc)	일본어	G. J. Ramstedt	1949	95
kap	덮개	a cover, a case	한국어	G. J. Ramstedt	1949	95
top	덮개		한국어	Hulbert, H. B.	1905	117
덮다						
säbi-	씌우다		한국어	강길운	1983ㄴ	134

표제어/어휘	의미		언어	저자	발간년도	쪽수
tə p'-	덮다		한국어	강길운	1983ㄴ	134
tə p-pʰ	덮다		한국어	김사엽	1974	426
たばぶ	덮다		일본어	김사엽	1974	426
tuə i	덮다		한국어	박은용	1975	169
*tosp-	덮다		한국어	박은용	1975	171
kat-ot	덮다	baumrinde	한국어	白鳥庫吉	1914ㄷ	304
kat	덮다	bedecken	한국어	白鳥庫吉	1914ㄷ	304
kat-pa-ć i	덮다	bedecken	한국어	白鳥庫吉	1914ㄷ	304
köt	덮다	bedecken	한국어	白鳥庫吉	1914ㄷ	304
töp-kai	덮다	a coverlet, a quilt, a blanket	한국어	白鳥庫吉	1916ㄴ	309
töp ho not t'a	덮다	to hide, to conceal, to cover over	한국어	白鳥庫吉	1916ㄴ	309
töp ta	덮다	to cover	한국어	白鳥庫吉	1916ㄴ	309
töp-hö tu ta	덮다	to hide, to conceal	한국어	白鳥庫吉	1916ㄴ	309
tuph-	덮다	to cover	한국어	이기문	1958	107
tę ph-	덮다	to cover	한국어	이기문	1958	107
덮	어떤 물체 위를 덮는 것		한국어	신용태	1985	402
tabi	되풀이, 같은 것을 쌓다		일본어	신용태	1985	403
taba	어떤 물체를 겹겹이 쌓아올린 상태		일본어	신용태	1985	403
tŭ p	덮다	to cover	한국어	Hulbert, H. B.	1905	

데

tE	데		한국어	강길운	1982ㄴ	25
tE	데		한국어	강길운	1982ㄴ	29
ti	데		일본어	김사엽	1974	424
tʌ	데		한국어	김사엽	1974	424
tu i	곳		한국어	박은용	1975	143
tɔ (y)	데	place that	한국어	宋敏	1969	78
tạ i	데		한국어	宋敏	1969	78
to	데	place	일본어	宋敏	1969	78
tokoro	데	place	일본어	宋敏	1969	78
tạ i	데	place, site	한국어	G. J. Ramstedt	1949	248

데굴데굴

*tikiru	돌다		일본어	강길운	1982ㄴ	20
tegul-tegul	데굴데굴		한국어	강길운	1982ㄴ	20

데리다

tari	데리다	get accompanied by	한국어	金澤庄三郎	1910	12
tsure	잇닿다	be adjacent to	일본어	金澤庄三郎	1910	12
tömo-nafu	데리고 가다		일본어	송민	1973	38
tur(e)	동반하다	accompany	일본어	宋敏	1969	77
tsure	운반하다		일본어	宋敏	1969	77
tsure-ru	동반하다	to accompany	일본어	宋敏	1969	77
tari	데리다		한국어	宋敏	1969	77
taly-ŭ	데리다		한국어	宋敏	1969	77
tsuku	붙다		일본어	宋敏	1969	77
tɔ 'li	데리다		한국어	宋敏	1969	77
tsureru	다리다		일본어	이용주	1979	113
tari-	다리다		한국어	이용주	1979	113
tarida	데리다	to draw, to pull	한국어	G. J. Ramstedt	1949	257
tsure	잇닿다(be adjacent to)		일본어	Kanazawa, S	1910	10
tari	데리다	get accompanied by	한국어	Kanazawa, S	1910	10

144 한국어와 일본어의 비교어휘

표제어/어휘		의미	언어	저자	발간년도	쪽수
도						
tuku	(윷놀이에서) 도		일본어	송민	1973	51
to	(윷놀이에서) 도		한국어	송민	1973	51
-도						
tu	도	복수접미사	일본어	강길운	1982ㄴ	29
to	도		한국어	宋敏	1969	78
do	도	although	일본어	宋敏	1969	78
to	도	even, also	한국어	Aston	1879	50
to	그리고 (접미사)	and	일본어	Aston	1879	50
도(桃)						
isæ ras	도(桃)		한국어	김공칠	1989	9
yasura	도(桃)		일본어	김공칠	1989	9
도끼						
tok'ü	도끼		한국어	강길운	1981ㄱ	32
tos-kü	도끼		한국어	강길운	1983ㄱ	22
tok'I	도끼		한국어	강길운	1983ㄴ	115
tok'ü	도끼		한국어	강길운	1983ㄴ	122
tokkeui	도끼	axe	한국어	金澤庄三郎	1910	12
tatsuki	도끼	axe	일본어	金澤庄三郎	1910	12
tokkeui	도끼		한국어	김공칠	1989	10
to-kki	도끼		한국어	김방한	1976	18
toskui	도끼		한국어	김방한	1977	6
to-čʌi	도끼		한국어	김방한	1977	6
to-kki	도끼		한국어	김방한	1977	6
tos-kui	도끼		한국어	김방한	1978	8
to-čʌi	도끼		한국어	김방한	1978	8
tokki	도끼		한국어	김방한	1978	8
tokki	도끼		한국어	김방한	1979	8
tos-kuj	도끼		한국어	김사엽	1974	427
ta-tu-ki	도끼		일본어	김사엽	1974	427
ən	도끼		한국어	김사엽	1974	468
wo-no	도끼		일본어	김사엽	1974	468
nata	도끼		일본어	김승곤	1984	247
su-tʃ'ɔŋ-i	도끼		한국어	박은용	1974	113
tok-ki	도끼		한국어	小倉進平	1934	26
ta-tsu-ki	도끼	Axe	일본어	小倉進平	1934	26
əs	도끼		한국어	송민	1966	22
os	도끼		한국어	송민	1966	22
tos	도끼		한국어	송민	1966	22
tatsuki	도끼		일본어	宋敏	1969	78
tokkeui	도끼		한국어	宋敏	1969	78
toku	도끼		한국어	이숭녕	1956	165
tots	도끼		한국어	이숭녕	1956	165
toskui	도끼		한국어	長田夏樹	1966	116
多都歧	도끼		일본어	長田夏樹	1966	116
tatuki	도끼		일본어	長田夏樹	1966	116
^ü~^i [於]	도끼	broad-axe	한국어	Christopher I. Beckwith	2004	141
*üki~ügyi~^y	도끼	broad-axe	일본어	Christopher I. Beckwith	2004	141
tokki̭ i	도끼	an axe, a hatchet	한국어	G. J. Ramstedt	1949	271
tokki̭ i	도끼	axe	한국어	G. J. Ramstedt	1949	28
tokkeui	도끼	axe	한국어	Kanazawa, S	1910	9
tatsuki	도끼	axe	일본어	Kanazawa, S	1910	9

〈ㄷ〉 145

표제어/어휘		의미	언어	저자	발간년도	쪽수
도둑						
syokzi	도둑		한국어	김공칠	1989	5
tokusa	도둑		일본어	김공칠	1989	5
kä-ri-o-	도둑	dieb	한국어	白鳥庫吉	1914ㄷ	300
kä-ri-u-	도둑		한국어	白鳥庫吉	1914ㄷ	300
kä-ri-on mä l	도둑	dieb	한국어	白鳥庫吉	1914ㄷ	300
doro·bo:	도둑		일본어	이규창	1979	20
to-duk	도둑		한국어	이숭녕	1956	177
도랑						
tor/tor-aŋ	도랑		한국어	강길운	1982ㄴ	21
torai	강폭		일본어	강길운	1982ㄴ	21
tor/tor-aŋ	도랑		한국어	강길운	1982ㄴ	30
torai	강폭		일본어	강길운	1982ㄴ	30
torai	강폭		일본어	강길운	1982ㄴ	35
tor	도랑		한국어	강길운	1982ㄴ	35
turök	도랑		한국어	金澤庄三郎	1914	220
turöng	도랑		한국어	金澤庄三郎	1914	220
どぶ	도랑		일본어	김사엽	1974	416
to-laŋ	도랑		한국어	김사엽	1974	416
돌앙	도랑		한국어	김선기	1976ㅁ	334
도리						
tori	도리		한국어	강길운	1983ㄴ	115
tori	도리		한국어	강길운	1983ㄴ	123
toli	도리	crossbeam	한국어	宋敏	1969	79
yíta	도리	board	일본어	宋敏	1969	79
si·yo:	할 道理		일본어	이규창	1979	20
tori	도리	all of the beams except the main beam	한국어	이기문	1958	118
도마뱀						
tokage	도마뱀	lizard	일본어	김공칠	1989	17
tonga	도마뱀	lizard	한국어	김공칠	1989	17
도미						
tomi	도미		일본어	김공칠	1989	15
tapi	도미		한국어	김공칠	1989	15
ta-Fi	도미		일본어	김사엽	1974	426
to-mi	도미		한국어	김사엽	1974	426
tai	도미		일본어	송민	1973	33
tapi	도미		일본어	宋敏	1969	79
tomi	도미		한국어	宋敏	1969	79
tápi	도미	seabream	일본어	宋敏	1969	79
多比	도미		일본어	長田夏樹	1966	116
tafi	도미		일본어	長田夏樹	1966	116
tomi	도미		한국어	長田夏樹	1966	116
twɔmbi	도미	seabream	한국어	Martin, S. E.	1966	200
twɔmbi	도미	scabream	한국어	Martin, S. E.	1966	205
twɔmbi	도미	seabream	한국어	Martin, S. E.	1966	212
도읍						
moro	모두/도읍		일본어	김공칠	1989	7
mora	모두/도읍		한국어	김공칠	1989	7
도적						
tokusa	도적		일본어	김공칠	1989	6

표제어/어휘	의미		언어	저자	발간년도	쪽수
sokusai	도적		한국어	김공칠	1989	6
독(甕)						
tog	독		한국어	강길운	1983ㄴ	122
コリチャク	독		한국어	宮崎道三郎	1906	12
pyöng	독		한국어	김공칠	1989	7
pe	독		일본어	김공칠	1989	7
tu-ki	독		일본어	김사엽	1974	423
tok	독		한국어	김사엽	1974	423
かめ	독		일본어	김사엽	1974	459
tok	독		한국어	김사엽	1974	459
p?	독		일본어	송민	1973	34
togi i	독	earthenware pottery	한국어	宋敏	1969	79
tokuri	독	earthenware pottery	일본어	宋敏	1969	79
tok	독	a large earthenware jar	한국어	G. J. Ramstedt	1949	271
독단						
tokudaŋ	독단		일본어	고창식	1976	25
독단	독단		한국어	고창식	1976	25
돈						
ton	돈		한국어	김사엽	1974	461
かね	돈		일본어	김사엽	1974	461
ton	돈	money, cash	한국어	白鳥庫吉	1916ㄴ	306
ton or toni	돈	a money, a cash	한국어	Aston	1879	19
zeni	돈	a money, a cash	일본어	Aston	1879	19
돋						
tot	돋		한국어	宋敏	1969	79
buta	돋		일본어	宋敏	1969	79
돋다						
tot	돋다	rise	한국어	金澤庄三郎	1910	12
tats-u	서다	stand	일본어	金澤庄三郎	1910	12
nö-bo-re	돋다		일본어	김사엽	1974	408
tot	돋다		한국어	김사엽	1974	408
i-de	돋다		일본어	김사엽	1974	477
tot	돋다		한국어	김사엽	1974	477
tot-čˇi ta	돋다	to bring out, to show, to improve	한국어	白鳥庫吉	1916ㄴ	310
tot ta	돋다	to spring up, to grow out, to rise, to develop	한국어	白鳥庫吉	1916ㄴ	310
tat-a-na ta	돋다	to grow (of vegetables)	한국어	白鳥庫吉	1916ㄴ	310
to-to ta	돋다	to heap up, to raise	한국어	白鳥庫吉	1916ㄴ	310
tot-	돋다		한국어	宋敏	1969	79
tats.u	돋다		일본어	宋敏	1969	79
tatsu	돋다		일본어	宋敏	1969	79
tats-u	돋다		일본어	宋敏	1969	79
tatu	돋다		일본어	宋敏	1969	79
tot	돋다		한국어	宋敏	1969	79
totta	돋다	to rise, to raise	한국어	G. J. Ramstedt	1949	270
tats-u	서다(stand)	stand	일본어	Kanazawa, S	1910	9
tot	돋다	rise	한국어	Kanazawa, S	1910	9
돌						
tor-ak	돌		한국어	강길운	1977	15
tor	돌		한국어	강길운	1980	21

〈ㄷ〉 147

표제어/어휘	의미		언어	저자	발간년도	쪽수
tor	돌		한국어	강길운	1982ㄱ	181
돍	돌		한국어	권덕규	1923ㄴ	129
tor	돌		한국어	金澤庄三郎	1914	221
tor	돌		한국어	金澤庄三郎	1914	222
ti	숫돌		일본어	김공칠	1988	194
torh	돌		한국어	김공칠	1988	194
tork	돌		한국어	김공칠	1989	12
tol	돌	stone	한국어	김동소	1972	140
tol	돌	stone	한국어	김동소	1972	140
巴衣	돌		한국어	김동소	1972	145
tō l	돌		한국어	김방한	1977	19
tol	돌		한국어	김방한	1977	19
:돌ㅎ	돌		한국어	김방한	1978	18
tō l	돌		한국어	김방한	1978	18
tol-h	돌		한국어	김방한	1978	4
tō k	돌		한국어	김방한	1978	40
tō l	돌		한국어	김방한	1978	40
tō l-h	돌		한국어	김방한	1978	40
トシ	돌	stone	일본어	김선기	1968ㄱ	23
dor	돌	stone	한국어	김선기	1968ㄱ	23
dor	돌	stone	한국어	김선기	1968ㄱ	46
dorg	돌	stone	한국어	김선기	1968ㄱ	46
dog	돌	stone	한국어	김선기	1968ㄴ	46
dolg	돌		한국어	김선기	1968ㄴ	20
dog	돌		한국어	김선기	1968ㄴ	26
dol	돌		한국어	김선기	1968ㄴ	26
돌	돌		한국어	김선기	1976ㄱ	327
듥	돌		한국어	김선기	1976ㅂ	331
돌	돌		한국어	김용태	1990	18
kara-usu	돌		일본어	大野晋	1980	22
돋, 돌	돌		한국어	徐廷範	1985	237
tol	돌		한국어	小倉進平	1935	26
tō l	돌		한국어	송민	1965	39
tolh	돌		한국어	宋敏	1969	79
yisi	돌	stone	일본어	宋敏	1969	79
isi	돌		일본어	이기문	1973	10
tol-mak	돌		한국어	이숭녕	1956	187
tō r(h)	돌	stone	한국어	이용주	1980	82
isi	돌	stone	일본어	이용주	1980	82
sumá	돌	stone	일본어	이용주	1980	95
isi	돌	stone	일본어	이용주	1980	95
tō r(h)	돌	stone	한국어	이용주	1980	95
*di su	돌	stone	한국어	이용주	1980	99
isi	돌	stone	일본어	이용주	1980	99
torx	돌	stone	한국어	이용주	1980	99
tuti	壽		일본어	長田夏樹	1966	118
torx	돌		한국어	長田夏樹	1966	118
tol	돌	stone	한국어	長田夏樹	1966	83
isi	돌	stone	일본어	長田夏樹	1966	83
tol	돌		한국어	최학근	1959ㄱ	46
tol/돌	돌		한국어	Arraisso	1896	21
tol	돌	stone	한국어	Edkins, J	1895	409
tō l	돌	stone	한국어	G. J. Ramstedt	1928	74
tō r	돌	stone	한국어	G. J. Ramstedt	1928	74
tol	돌	a stone, a pebble	한국어	G. J. Ramstedt	1949	272
dyoš	돌	stone	한국어	Martin, S. E.	1966	207
dyoš	돌	stone	한국어	Martin, S. E.	1966	212

148 한국어와 일본어의 비교어휘

표제어/어휘		의미	언어	저자	발간년도	쪽수
dyoš	돌	stone	한국어	Martin, S. E.	1966	221
tol	돌		한국어	Miller, R. A. 김방한 역	1980	85
tolh	돌		한국어	Miller, R. A. 김방한 역	1980	85
tol(tor-)	돌		한국어	Polivanov	1927	16
tol	tor-i		한국어	Polivanov	1927	17
tol	돌	stone	한국어	Poppe, N	1965	138
tol	돌	stone	한국어	Poppe, N	1965	157
돌(1년)						
tosi	해		일본어	徐廷範	1985	237
tols	돐	anniversary	한국어	宋敏	1969	79
tosi	돐	year	일본어	宋敏	1969	79
tol	돌	a full year, anniversary	한국어	G. J. Ramstedt	1949	272
돌다						
tur-	멀리돌다		한국어	강길운	1983ㄴ	130
tol-	돌다	turn	한국어	김동소	1972	141
tol-	돌다	turn	한국어	김동소	1972	141
wo-dö-ri	돌다		일본어	김사엽	1974	468
tol	돌다		한국어	김사엽	1974	468
tor-	돌다		한국어	박은용	1975	166
yór	돌다	twist it araund	일본어	宋敏	1969	79
tur.u-	돌다	tourner	한국어	宋敏	1969	79
tor.	돌다	entourner	일본어	宋敏	1969	79
tol	돌다	go around	한국어	宋敏	1969	79
tor-	돌다	to turn round	한국어	이기문	1958	118
tol	돌다		한국어	이숭녕	1956	146
magaru	돌다	to turn	일본어	이용주	1980	82
tol-	돌다	to go around	한국어	G. J. Ramstedt	1949	13
tol	돌다	turn around, to revolve	한국어	Hulbert, H. B.	1905	
tol, tor	돌다	back turn	한국어	Hulbert, H. B.	1905	
tora	돌다	turn	한국어	Hulbert, H. B.	1905	122
dor-	돌다	twist	한국어	Martin, S. E.	1966	207
dor-	돌다	twist	한국어	Martin, S. E.	1966	210
dyoš	돌다	stone	한국어	Martin, S. E.	1966	218
dor-	돌다	twist	한국어	Martin, S. E.	1966	218
돌리다						
pit'ɯr-	비틀다		한국어	강길운	1983ㄴ	110
ka-Fe-ri	돌리다		일본어	김사엽	1974	460
to-lʌ	돌리다		한국어	김사엽	1974	460
돌출하다						
p'udagü	돌출부		한국어	강길운	1982ㄴ	18
*petuk	돌출		일본어	강길운	1982ㄴ	18
etuk	돌출		일본어	강길운	1982ㄴ	34
p'udagü	돌출부		한국어	강길운	1982ㄴ	34
듣	듣나다		한국어	신용태	1985	416
tatu	평면에서 일어선 모양		일본어	신용태	1985	416
돕다						
kurudor	돕다		한국어	강길운	1977	15
ta-tsu-kë	돕다		일본어	김사엽	1974	428
top	돕다		한국어	김사엽	1974	428

〈ㄷ〉 149

표제어/어휘		의미	언어	저자	발간년도	쪽수
top-	돕다	to help	한국어	이기문	1958	118
toβ om	도움		한국어	이숭녕	1956	110
*sa-	돕다	abundant, flourishing	일본어	Christopher I. Beckwith	2004	112
^tsa	돕다	abundant, flourishing	일본어	Christopher I. Beckwith	2004	112
kkidi da	돕다	to help, to assist	한국어	G. J. Ramstedt	1949	112
tŏ pta	돕다	to aid, to help, to assist	한국어	G. J. Ramstedt	1949	273
thopta	돕다	to search, to seek	한국어	G. J. Ramstedt	1949	284
돗자리						
tsuto	그령	Eragrostis ferruginea	일본어	金澤庄三郎	1910	12
tot	돗		한국어	金澤庄三郎	1910	12
tot	돗자리		한국어	김사엽	1974	420
tu-to	돗자리		일본어	김사엽	1974	420
tot č ari	돗자리		한국어	白鳥庫吉	1916ㄴ	311
tot	돗자리	A grass mat	한국어	白鳥庫吉	1916ㄴ	311
č i-č eulk	돗자리		한국어	白鳥庫吉	1916ㄴ	311
tsuto	돗		일본어	宋敏	1969	79
tuto	돗		일본어	宋敏	1969	79
tot	돗		한국어	宋敏	1969	79
tot	돗		한국어	Kanazawa, S	1910	10
tsuto	그령	Eragrostis ferruginea	일본어	Kanazawa, S	1910	10
돗	돗자리		한국어	Miller, R. A. 김방한 역	1980	12
동(東)						
^-katś i ~ ~-	동	east	일본어	Christopher I. Beckwith	2004	123
*katś i : ^kati	동	east	한국어	Christopher I. Beckwith	2004	123
동굴						
hora	동굴	a cave	일본어	김공칠	1989	13
horo	동굴	a cave	한국어	김공칠	1989	13
동그라미						
toguro	동그라미		일본어	宋敏	1969	79
tongorami	동그라미		한국어	宋敏	1969	79
동무						
topa	군집		일본어	강길운	1982ㄴ	29
toŋ mo	동무		한국어	강길운	1982ㄴ	29
동모	동무		한국어	권덕규	1923ㄴ	126
トモ	동무		일본어	권덕규	1923ㄴ	126
tongmo	동모	conspiracy	한국어	金澤庄三郎	1910	12
tomo	벗	friend	일본어	金澤庄三郎	1910	12
toŋ -mo	동무		한국어	김사엽	1974	415
tö-mö	동무		일본어	김사엽	1974	415
tong-mo	동모	play fellows, a companion, a comrade	한국어	白鳥庫吉	1916ㄴ	307
tomo	동무		일본어	宋敏	1969	79
tongmo	동무		한국어	宋敏	1969	79
トモ	동모		일본어	이명섭	1962	6
tongmo	동모	conspiracy	한국어	Kanazawa, S	1910	9
tomo	벗	friend	일본어	Kanazawa, S	1910	9

동사 파생 형태소

표제어/어휘		의미	언어	저자	발간년도	쪽수
-pu-[富]	동사 파생 형태소	verb derivational morpheme	일본어	Christopher I. Beckwith	2004	119
*pi[比]	동사 파생 형태소	verb derivational morpheme	한국어	Christopher I. Beckwith	2004	119
*-pu-	동사 파생 형태소	verb derivational morpheme	일본어	Christopher I. Beckwith	2004	119
-paw-[保]	동사 파생 형태소	verb derivational morpheme	일본어	Christopher I. Beckwith	2004	119

동산

tuj-an	동산		한국어	김사엽	1974	430
tsö-nö	동산		일본어	김사엽	1974	430

동생

asi	동생		한국어	강길운	1981ㄱ	31
aki	동생		일본어	강길운	1982ㄴ	16
ak'i	동생		한국어	강길운	1982ㄴ	16
äk'i	동생		한국어	강길운	1982ㄴ	16
au	동생		한국어	김승곤	1984	232
nę	동생	younger brother	한국어	G. J. Ramstedt	1949	163

동아

to-ga	동아		일본어	김사엽	1974	417
toŋ -a	동아		한국어	김사엽	1974	417

동이

poč ike	동이		일본어	강길운	1981ㄴ	7
イサラツ	동이		한국어	宮崎道三郎	1906	27
sora	동이		한국어	김공칠	1989	9
sara	동이		일본어	김공칠	1989	9
tong-hă i	동이		한국어	白鳥庫吉	1916ㄴ	308
tong-eui	동이	a small water-jar	한국어	白鳥庫吉	1916ㄴ	308

동이다

tong-č ul	동이다	a rope	한국어	白鳥庫吉	1916ㄴ	307
tong-hi ta	동이다	to tie, to bind, to pinion, to chackle	한국어	白鳥庫吉	1916ㄴ	307
tong-sa-ra ta	동이다	to fasten junks together by the sterns-as resting	한국어	白鳥庫吉	1916ㄴ	307
ton-gi ta	동이다	to bind, to wrap	한국어	白鳥庫吉	1916ㄴ	307
tong-ki ta	동이다	to bind, to tie up	한국어	白鳥庫吉	1916ㄴ	307
tong-ko ta	동이다	to be round	한국어	白鳥庫吉	1916ㄴ	307
tong-č ul-ki	동이다	a rope for binding a burden	한국어	白鳥庫吉	1916ㄴ	307
tong-keu-yö	동이다	a joining of two different kinds of objects as wood	한국어	白鳥庫吉	1916ㄴ	307
tong na-mo	동이다	small bundle of grass limbs for fuel	한국어	白鳥庫吉	1916ㄴ	307
tongki	동이다		한국어	宋敏	1969	79
tsuku	동이다		일본어	宋敏	1969	79

돛

tos	돛		한국어	김사엽	1974	394
ほ	돛		일본어	김사엽	1974	394

돼지

tot	돼지	pig	일본어	金澤庄三郎	1910	9

⟨ㄷ⟩ 151

표제어/어휘	의미		언어	저자	발간년도	쪽수
bu-ta	돼지	pig	한국어	金澤庄三郎	1910	9
toi-achi	돼지		한국어	金澤庄三郎	1960	2
buta	돼지		일본어	김공칠	1989	10
tot	돼지		한국어	김공칠	1989	10
fugu	돼지		일본어	김공칠	1989	11
puk	돼지		한국어	김공칠	1989	11
wusi	돼지		한국어	김공칠	1989	19
tot	돼지		한국어	김선기	1977	357
buta	돼지		일본어	김선기	1977	357
*ul-	돼지		한국어	박은용	1974	125
*us-	돼지		한국어	박은용	1974	125
toi-a-č i	돼지	a pig	한국어	白鳥庫吉	1915ㄱ	3
tot	돼지	A pig	한국어	白鳥庫吉	1916ㄴ	310
toi-a-č i	돼지	a pig	한국어	白鳥庫吉	1916ㄴ	310
osakam	돼지		한국어	송민	1966	22
tot	돼지		한국어	송민	1966	22
*tor	돼지	a pig boar	한국어	이기문	1958	108
tot	돼지	a pig boar	한국어	이기문	1958	108
tŏ d	돼지	Schwein	한국어	Andre Eckardt	1966	238
^wi[爲]	돼지	boar, pig	일본어	Christopher I. Beckwith	2004	141
^ʊ [烏]	돼지	pig	한국어	Christopher I. Beckwith	2004	141
tot	돼지	pig	일본어	Kanazawa, S	1910	6
bu-ta	돼지	pig	한국어	Kanazawa, S	1910	6

되
toi	되		한국어	박은용	1975	165
turube	되		일본어	송민	1965	39
twe	되		한국어	송민	1965	39
toi	되	a dry measure containing one tenth peck	한국어	이기문	1958	118
toi	되		한국어	이숭녕	1956	144
soktø	석되		한국어	이숭녕	1956	144
masu	되		일본어	이용주	1980	72
mal	되		한국어	이용주	1980	72
mari	술이나 물을 넣는 컵모양의 용기		일본어	Miller, R. A. 김방한 역	1980	155
masu	곡식이나 액체의 양을 다는 사각형의 되		일본어	Miller, R. A. 김방한 역	1980	155
mal	곡식이나 물을 되는 용량의 단위,용기		한국어	Miller, R. A. 김방한 역	1980	155

되게하다
| いたす | 되게하다 | | 일본어 | 김사엽 | 1974 | 477 |
| i-lʌ | 되게하다 | | 한국어 | 김사엽 | 1974 | 477 |

되다
idu-u	나다	happen	일본어	金澤庄三郎	1910	9
toi	되다	become	한국어	金澤庄三郎	1910	9
toi	되다		한국어	김공칠	1989	10
はかる	되다		일본어	김사엽	1974	406
toj	되다		한국어	김사엽	1974	406
na-ri	되다		일본어	김사엽	1974	411
tʌ -oj	되다		한국어	김사엽	1974	411
toi	되다		한국어	宋敏	1969	79
ids-u	되다		일본어	宋敏	1969	79

표제어/어휘		의미	언어	저자	발간년도	쪽수
idu-u	나다	happen	일본어	Kanazawa, S	1910	7
toi	되다	become	한국어	Kanazawa, S	1910	7
되돌리다						
esep	대답		일본어	강길운	1982ㄴ	20
*jäm	되돌리다		한국어	강길운	1982ㄴ	20
jäm-či-	되돌리다		한국어	강길운	1982ㄴ	25
esep	대답		일본어	강길운	1982ㄴ	25
두껍다						
tukkʌp-	두꺼운	thick	한국어	김동소	1972	141
tuʔkʌp-	두꺼운	thick	한국어	김동소	1972	141
atu	두껍다		일본어	宋敏	1969	79
tut'	두껍다		한국어	宋敏	1969	79
atu	두껍다	be thick	일본어	宋敏	1969	79
tutkë	두껍다	be thick	한국어	宋敏	1969	79
atusi	두껍다	thick	일본어	이용주	1980	83
tutkəv-	둘겁ㅇ다	thick	한국어	이용주	1980	83
(a-)tu(t)-	두껍다	thick	한국어	Martin, S. E.	1966	205
(a-)tu(t)-	두껍다	thick	한국어	Martin, S. E.	1966	217
(a-)tu(t)-	두껍다	thick	한국어	Martin, S. E.	1966	224
두다						
ok-u	두다		일본어	김공칠	1988	199
noh-	두다		한국어	김공칠	1988	199
tum	둠		한국어	이숭녕	1956	110
tuda	두다	to put, to place, to leave, to let alone, to let go	한국어	G. J. Ramstedt	1949	275
tu	두다	to place set	한국어	Hulbert, H. B.	1905	
두더지						
mogura,	두더쥐	mole	일본어	김공칠	1989	16
nezumi	두더지		일본어	김선기	1977	359
dudedzi	두더지		한국어	김선기	1977	359
tudegi	두더쥐		한국어	이숭녕	1956	153
tuduigi	두더쥐		한국어	이숭녕	1956	153
tudüigi	두더쥐		한국어	이숭녕	1956	153
tu-ze-gi	두더쥐		한국어	이숭녕	1956	185
두던						
tutí	두던	bank, level, ridge	일본어	宋敏	1969	79
tu'tën	두던	bank, level, ridge	한국어	宋敏	1969	79
두둑						
두듥	두둑		한국어	권덕규	1923ㄴ	128
tuɾəm	두둑		한국어	박은용	1975	139
kuro	두둑		일본어	이용주	1980	105
korañ	두둑		한국어	이용주	1980	105
두드리다						
pyə ri-	쇠를 두드리다		한국어	강길운	1979	6
mač -tu-tĭ-lim	맞두드림		한국어	김사엽	1974	389
ma-tu-ri	맞두드림		일본어	김사엽	1974	389
tu-tĭ-lim	두드림		한국어	김사엽	1974	421
tu-du-mi	두드림		일본어	김사엽	1974	421
tu-tĭ-li	두드리다		한국어	김사엽	1974	428
ta-ta-ki	두드리다		일본어	김사엽	1974	428

표제어/어휘	의미		언어	저자	발간년도	쪽수
tu-ta-ri ta	두드리다	To beat, to rop, to thump	한국어	白鳥庫吉	1916ㄱ	182
tto-tak tto-tak	또닥또닥		한국어	白鳥庫吉	1916ㄱ	182
ttu-tak ttu-tak	두드리다	rapping, hammering	한국어	白鳥庫吉	1916ㄱ	182
teută -l	두들기다	to beat	한국어	宋敏	1969	79
tatak-u	두들기다	to beat	일본어	宋敏	1969	79
tutïl	두들기다		한국어	宋敏	1969	79
tataku	두들기다		일본어	宋敏	1969	79
tatalki	두들기다		한국어	宋敏	1969	79
tu-tu-ri	두드리다		한국어	송민	1974	11
tu-tï-ri	두드리다		한국어	송민	1974	11
tataku	두드리다		일본어	이용주	1979	113
tutïri-	두드리다		한국어	이용주	1979	113
tataku	두드리다	to beat	일본어	Aston	1879	22
teută l	두드리다	to beat	한국어	Aston	1879	22

두려워하다

표제어/어휘	의미		언어	저자	발간년도	쪽수
mɯʒi-	두려워하다		한국어	강길운	1983ㄱ	42
osor-		to fear	일본어	강영봉	1991	9
mɛ sɛ p-		to fear	한국어	강영봉	1991	9
osoru	두려워하다		일본어	김공칠	1989	7
usil	두려워하다		한국어	김공칠	1989	7
tuljʌ wʌ ha-	두려워하다	fear	한국어	김동소	1972	137
tuli-	두려워하다	fear	한국어	김동소	1972	137
o-bi-yu	두려워하다		일본어	김사엽	1974	468
č ə -hə -hʌ	두려워하다		한국어	김사엽	1974	468
č ə -pʰ ï	두려워하다		한국어	김사엽	1974	468
turï -	두리다	to fear	한국어	이용주	1980	82
*ösöru	두렵다	to fear	일본어	이용주	1980	82
*ösöru	두렵다	to fear	일본어	이용주	1980	95
sitóma	두렵다	to fear	일본어	이용주	1980	95
turï -	두렵다	to fear	한국어	이용주	1980	95

두루미

표제어/어휘	의미		언어	저자	발간년도	쪽수
ツル	두루미		일본어	권덕규	1923ㄴ	126
학	두루미		한국어	권덕규	1923ㄴ	126
tsuru	두루미	crane	일본어	金澤庄三郎	1910	12
turu-mi	두루미	crane	한국어	金澤庄三郎	1910	12
tu-lu-mi	두루미		한국어	김사엽	1974	427
ta-du	두루미		일본어	김사엽	1974	427
tsuru	두루미		일본어	김선기	1977ㄷ	356
turumi	두루미		한국어	김선기	1977ㄷ	356
tu-ru-mi	두루미	The crane-Grus viridirostris	한국어	白鳥庫吉	1916ㄴ	313
tsu-ru	두루미		일본어	小倉進平	1934	26
tu-ru-mi	두루미		한국어	小倉進平	1934	26
tsuru	두루미		일본어	송민	1965	38
turumi	두루미		한국어	송민	1965	38
turu	두루미		일본어	宋敏	1969	79
tur͏̈umi	두루미	grue	한국어	宋敏	1969	79
tsur͏̈u	두루미	grue	일본어	宋敏	1969	79
turumi	두루미	crane	한국어	宋敏	1969	79
túru	두루미	crane	일본어	宋敏	1969	79
tsuru	두루미	a stork	일본어	宋敏	1969	79
tulumi	두루미	a kind of stork	한국어	宋敏	1969	79
turumi	두루미		한국어	宋敏	1969	79
tsuru	두루미		일본어	宋敏	1969	79
turu-mi	두루미		한국어	宋敏	1969	79
turu	두루미		일본어	신용태	1985	418

표제어/어휘		의미	언어	저자	발간년도	쪽수
ツル	두루미		일본어	이명섭	1962	6
tulumi	두루미	a kind of stork	한국어	Aston	1879	23
tsuru	두루미	a kind of stork	일본어	Aston	1879	23
tsuru	두루미	crane	일본어	Kanazawa, S	1910	10
turu-mi	두루미	crane	한국어	Kanazawa, S	1910	10
turum, turu,	두루미	crane	한국어	Martin, S. E.	1966	201
turum/turu/tu	두루미	crane	한국어	Martin, S. E.	1966	209
turum/turu/tu	두루미	crane	한국어	Martin, S. E.	1966	217
두르다						
mongkori	두르다		한국어	김공칠	1989	6
meguru	두르다		일본어	김공칠	1989	6
toṙ.	두르다	entourer	일본어	宋敏	1969	79
tuṙu	두르다	entourer	한국어	宋敏	1969	79
fïüər	울타리		한국어	신용태	1987	126
kuru, guru	회전		일본어	신용태	1987	127
turü	두르다		한국어	이숭녕	1956	141
turü	두르다		한국어	이숭녕	1956	158
두엄						
つみこえ	두엄		일본어	김사엽	1974	419
tu-həm	두엄		한국어	김사엽	1974	419
두텁다						
atu	두텁다		일본어	김공칠	1989	15
tut	두텁다		한국어	김공칠	1989	15
あつし	두텁다		일본어	김사엽	1974	481
tu-tʰəp	두텁다		한국어	김사엽	1974	481
tytkev	두텁다	thick	한국어	이용주	1980	102
atusi	두텁다	thick	일본어	이용주	1980	102
atu	두텁다		일본어	이용주	1980	72
tut'	두텁다		한국어	이용주	1980	72
둘						
*peki	이		한국어	강길운	1979	9
tu	둘		한국어	강길운	1981ㄴ	6
tu	둘		일본어	강길운	1981ㄴ	6
tu	두		한국어	강길운	1982ㄴ	18
tu	둘		일본어	강길운	1982ㄴ	18
tu	두		한국어	강길운	1982ㄴ	29
tu	둘		일본어	강길운	1982ㄴ	29
tur-	둘다		한국어	강길운	1983ㄴ	109
tur	둘		한국어	강길운	1983ㄴ	131
tul	두 개	two	한국어	김동소	1972	141
tul	두 개	two	한국어	김동소	1972	141
tul	둘		한국어	김방한	1968	270
tul*	둘		한국어	김방한	1968	271
Fu-ta	둘		일본어	김사엽	1974	396
tu-pïl	둘		한국어	김사엽	1974	396
duburugan	둘		한국어	김선기	1968ㄱ	46
huta	둘		일본어	김선기	1968ㄱ	46
du:r	둘	two	한국어	김선기	1968ㄱ	46
dur	둘		한국어	김선기	1968ㄴ	32
du	두		한국어	김선기	1968ㄴ	32
dueo	두어	about two	한국어	김선기	1968ㄴ	32
du:	둘		한국어	김선기	1968ㄴ	32
du:rh	둘		한국어	김선기	1968ㄴ	32

〈ㄷ〉 155

표제어/어휘	의미		언어	저자	발간년도	쪽수
duwr	둘		한국어	김선기	1968ㄴ	32
dvburugan	둘		한국어	김선기	1977	27
futatu	둘		일본어	김선기	1977	27
tul	이		한국어	김승곤	1984	256
Futa-tu	이		일본어	김승곤	1984	256
tul	이		한국어	김승곤	1984	257
dul	이		한국어	김승곤	1984	257
두	두, 둘		한국어	김해진	1947	11
du	둘, 두		한국어	박시인	1970	95
tur	둘		한국어	박은용	1974	196
tuwur	둘	two	한국어	박은용	1974	197
ツフリ	둘		일본어	박은용	1974	197
tuburˇ	둘		한국어	박은용	1974	197
tulh	둘	two	한국어	宋敏	1969	79
*tubur	둘	two	한국어	이기문	1958	105
tuɟr	둘	two	한국어	이기문	1958	105
tur	둘	two	한국어	이기문	1958	105
tur	둘	two	한국어	이기문	1958	113
*tubur (Chi.	둘	two	한국어	이기문	1958	113
tuɟr	둘	two	한국어	이기문	1958	113
turx	둘	two	한국어	이용주	1980	101
futatu	둘	two	일본어	이용주	1980	101
tū r(h)	둘	two	한국어	이용주	1980	85
Huta	둘	two	일본어	이용주	1980	85
Huta	둘	two	일본어	이용주	1980	95
rū r(h)	둘	two	한국어	이용주	1980	95
túp	둘	two	일본어	이용주	1980	95
tul	둘		한국어	村山七郎	1963	29
tul	둘		한국어	村山七郎	1963	29
futa-tu	둘		일본어	村山七郎	1963	29
tuβ wl	둘		한국어	村山七郎	1963	29
tu	둘	zwei	한국어	Andre Eckardt	1966	239
tɨl/둘	둘		한국어	Arraisso	1896	21
istheun nal	이튿날	two days	한국어	Aston	1879	60
futa-tsu	둘	two	일본어	Aston	1879	60
tu-l	둘	two	한국어	Aston	1879	60
teul or iteul	들(복수접미사)	plural suffix	한국어	Aston	1879	60
tachi	복수 조사	plural termination	일본어	Aston	1879	60
tul	둘	two	한국어	Edkins, J	1895	410
tu	둘	two	한국어	Edkins, J	1896ㄱ	232
tul	둘	two	한국어	Edkins, J	1898	339
irŭ -nas	둘	two	한국어	Hulbert, H. B.	1905	121
turxye, tur	둘	two	한국어	Martin, S. E.	1966	205
turxye, tur	둘	two	한국어	Martin, S. E.	1966	206
turxye, tur	둘	two	한국어	Martin, S. E.	1966	210
turxye, tur	둘	two	한국어	Martin, S. E.	1966	215
turxye, tur	둘	two	한국어	Martin, S. E.	1966	217

둥글다

둥글	둥글다		한국어	권덕규	1923ㄴ	129
tungur	둥글다		한국어	金澤庄三郞	1914	220
tungur	둥글다		한국어	金澤庄三郞	1914	221
toguro	둥글다		일본어	김공칠	1989	8
tongkorami	둥글다		한국어	김공칠	1989	8
tuŋ ki l-	둥근	round	한국어	김동소	1972	140
tuŋ ki l-	둥근	round	한국어	김동소	1972	140
tulʌ p-	둥글다		한국어	김동소	1972	149

표제어/어휘		의미	언어	저자	발간년도	쪽수
duŋ gɯr	둥글다	full	한국어	김선기	1968ㄱ	37
muraki	둥글다	full	일본어	김선기	1968ㄱ	37
maruki	달/둥글		일본어	김선기	1976ㄷ	339
tuŋ gurge	달/둥글		한국어	김선기	1976ㄷ	339
durjeshi	달/둥글		한국어	김선기	1976ㄷ	339
duŋ gul	달/둥글		한국어	김선기	1976ㄷ	339
duŋ gɯl	달/둥글		한국어	김선기	1976ㄷ	339
maruku	달/둥글		일본어	김선기	1976ㄷ	339
duŋ gur-	둥글다		한국어	김선기	1978ㄴ	321
turyə˘ v-	두렵으다	round	한국어	이용주	1980	84
marö	둥글다	round	일본어	이용주	1980	84
sikánnatki	둥글다	round	일본어	이용주	1980	95
marö-	둥글다	round	일본어	이용주	1980	95
turyə˘ v-	둥글다	round	한국어	이용주	1980	95
marösi	둥글다	round	일본어	이용주	1980	99
turjev	둥글다	round	한국어	이용주	1980	99
*gʷ äń ö	둥글디	round	한국어	이용주	1980	99
*mawr :	둥근	round, circle	한국어	Christopher I. Beckwith	2004	129
maru	둥근	round(thing), circle	일본어	Christopher I. Beckwith	2004	129

둥금
| ta-ma | 둥금 | | 일본어 | 김사엽 | 1974 | 425 |
| tum | 둥금 | | 한국어 | 김사엽 | 1974 | 425 |

둥둥
tuŋ -tuŋ	둥둥		한국어	강길운	1982ㄴ	29
tun-tun	북		일본어	강길운	1982ㄴ	29
tung	북소리		한국어	박은용	1975	170

둥우리
| tu-ï-li | 둥우리 | | 한국어 | 김사엽 | 1974 | 417 |
| とぐら | 둥우리 | | 일본어 | 김사엽 | 1974 | 417 |

둥지
kis	둥지		한국어	강길운	1983ㄴ	120
tsu	둥지		일본어	김사엽	1974	436
kis	둥지		한국어	김사엽	1974	436

뒤
hemak	뒤		일본어	강길운	1981ㄴ	6
koma	뒤		한국어	강길운	1981ㄴ	6
hemak	뒤		일본어	강길운	1982ㄴ	19
kom	뒤		한국어	강길운	1982ㄴ	19
koma	뒤		한국어	강길운	1982ㄴ	32
hemak	후에		일본어	강길운	1982ㄴ	32
tü	뒤		한국어	강길운	1983ㄱ	46
se		back	일본어	강영봉	1991	8
tuɦ		back	한국어	강영봉	1991	8
뒤ㅎ	뒤		한국어	김공칠	1980	93
sirihe	뒤		일본어	김공칠	1980	93
usiro	뒤		일본어	김공칠	1989	15
tui<*turi	뒤		한국어	김공칠	1989	15
shiri	뒤		일본어	김공칠	1989	7
tui	뒤		한국어	김공칠	1989	7
nö-ti	뒤		일본어	김사엽	1974	408

⟨ㄷ⟩ 157

표제어/어휘	의미		언어	저자	발간년도	쪽수
tuj-h	뒤		한국어	김사엽	1974	408
きた	뒤		일본어	김사엽	1974	456
tuj-h	뒤		한국어	김사엽	1974	456
u-si-rö	뒤		일본어	김사엽	1974	473
tuj	뒤		한국어	김사엽	1974	473
tui	뒤		한국어	김승곤	1984	253
siri	뒤		일본어	文和政	1981	177
usiro	뒤		일본어	文和政	1981	177
turi>tui	뒤		한국어	文和政		177
tui	뒤	After, behind, the back, North	한국어	白鳥庫吉	1916ㄴ	311
soṅa	뒤	hinter hin	한국어	白鳥庫吉	1916ㄴ	312
tui	뒤		한국어	송민	1965	42
siri	뒤		일본어	송민	1965	42
shiri	뒤		일본어	宋敏	1969	79
siri	뒤		일본어	宋敏	1969	79
usirö	뒤		일본어	宋敏	1969	79
tui	뒤		한국어	宋敏	1969	79
tuyh	뒤		한국어	이용주	1979	113
usiro	뒤		일본어	이용주	1979	113
tuix	뒤		한국어	長田夏樹	1966	106
siri	뒤		일본어	長田夏樹	1966	106
*tśiri	뒤	back, behind	일본어	Christopher I. Beckwith	2004	112
^siri[斯理]	뒤	back, behind	일본어	Christopher I. Beckwith	2004	112
^tsʷiar[絶]	뒤	back, behind; name of the Northern Tribe of	한국어	Christopher I. Beckwith	2004	112
*tsʷiar :	뒤; 북	back, behind; north	한국어	Christopher I. Beckwith	2004	139
*tsʷiar[絶]	뒤	back, behind	한국어	Christopher I. Beckwith	2004	139
*tsiri ^ȝiri[斯	뒤, 끈무ㅣㅣ	back, behind; rump, buttocks	일본어	Christopher I. Beckwith	2004	140
jęjro	뒤	back,behind,after	한국어	G. J. Ramstedt	1939ㄴ	461
jęp*e	뒤	up to,until and including,till	한국어	G. J. Ramstedt	1939ㄴ	461
tsye	뒤	back	한국어	Martin, S. E.	1966	208
tsye	뒤	back	한국어	Martin, S. E.	1966	214

뒤집히다

opu	뒤집히다		일본어	김공칠	1989	7
öp	뒤집히다		한국어	김공칠	1989	7

드디어

tu-Fi-ni	드디어		일본어	김사엽	1974	419
tï-tʌj-jə	드디어		한국어	김사엽	1974	419

드러나다

arafa	밖에 드러나 있는 상태		일본어	송민	1973	36
turona	드러나다		한국어	宋敏	1969	79
teru	드러나다		일본어	宋敏	1969	79

드레

turube	드레		일본어	宋敏	1969	79
teure	드레		한국어	宋敏	1969	79

표제어/어휘		의미	언어	저자	발간년도	쪽수
드리다						
pa-tʰi	드리다		한국어	김사엽	1974	390
まだす	드리다		일본어	김사엽	1974	390
드리우다						
tï-li	드리우다		한국어	김사엽	1974	424
ta-re	드리우다		일본어	김사엽	1974	424
드물다						
tomo-si	결핍	poverty	일본어	金澤庄三郎	1910	12
teumu	드물다	rare	한국어	金澤庄三郎	1910	12
tö-mo-si	드물다		일본어	김사엽	1974	416
tï-mïl	드물다		한국어	김사엽	1974	416
tomosi	드물다		일본어	송민	1965	39
twmwl	드물다		한국어	송민	1965	39
tïm	드물다		한국어	宋敏	1969	79
tama-tama	드물다	rarely	일본어	宋敏	1969	79
tïmïl	드물다	be rare	한국어	宋敏	1969	79
tömö-si	드물다		일본어	宋敏	1969	79
tomo-si	드물다		일본어	宋敏	1969	79
teumu	드물다		한국어	宋敏	1969	79
tomo-si	결핍(poverty)		일본어	Kanazawa, S	1910	9
teumu	드물다	rare	한국어	Kanazawa, S	1910	9
듣다						
kik-		to hear	일본어	강영봉	1991	9
tɯt-		to hear	한국어	강영봉	1991	9
kiku	듣다		일본어	김공칠	1989	10
ti t-	듣다	hear	한국어	김동소	1972	138
ti t-	듣다	hear	한국어	김동소	1972	138
si-ta-ta-ru	듣다		일본어	김사엽	1974	439
ptït-tït	듣다		한국어	김사엽	1974	439
ki-ku	듣다		일본어	김사엽	1974	457
tït	듣다		한국어	김사엽	1974	457
dɯd	듣다	hear	한국어	김선기	1968ㄱ	39
dɯr	듣다	hear	한국어	김선기	1968ㄱ	39
kiku	듣다		일본어	김선기	1976ㅇ	359
tyt	듣다		한국어	大野晋	1975	88
kiku	듣다		일본어	大野晋	1975	88
tɯt-	떨어지다		한국어	박은용	1975	147
tɯt-	듣다		한국어	박은용	1975	147
tɯt-	떨어지다		한국어	박은용	1975	168
kiku	듣다		일본어	송민	1973	36
tɯt-~r-	듣다~ㄹ다	to hear	한국어	이용주	1980	82
kiku	듣다	to hear	일본어	이용주	1980	82
kiku	듣다	hear	일본어	이용주	1980	99
tyt	듣다	hear	한국어	이용주	1980	99
*kʷökʷü	듣다	hear	한국어	이용주	1980	99
gui	귀	ear	한국어	이탁	1964	153
du t	듣다	to hear	한국어	이탁	1964	153
tŭ d-	듣다	hoeren	한국어	Andre Eckardt	1966	239
들						
들	들		한국어	권덕규	1923ㄴ	127
tŭ r	들		한국어	金澤庄三郎	1914	220
tŭ r	들		한국어	金澤庄三郎	1914	221
tŭ r	들		한국어	金澤庄三郎	1914	222

표제어/어휘	의미		언어	저자	발간년도	쪽수
tŭr	들		한국어	金澤庄三郎	1977	123
tĭ-lĭ	들		한국어	김사엽	1974	407
no-ra	들		일본어	김사엽	1974	407
no	들		일본어	김사엽	1974	407
tʌl	들		한국어	김사엽	1974	427
ta-ti	들		일본어	김사엽	1974	427
hara	들		일본어	김승곤	1984	199
nohara	들		일본어	김승곤	1984	199
pḙl	벌판의 벌		한국어	김승곤	1984	250
hira	평야		일본어	김승곤	1984	250
mʌi	들		한국어	김완진	1965	83
turu	들		한국어	박은용	1975	159
tati	들		일본어	송민	1965	39
tɛl	들		한국어	송민	1965	39
tati	들		일본어	宋敏	1969	79
tïl	들		한국어	宋敏	1969	79
harˬa	들	plaine, lande	일본어	宋敏	1969	79
들	상류의 땅을 침식하여 퇴적 시킨 땅		한국어	신용태	1985	417
pödök	들		한국어	이숭녕	1956	160
podap	들		한국어	이숭녕	1956	160
podoŋ	들		한국어	이숭녕	1956	160
pəl	들판		한국어	村山七郎	1963	32
kuə?	들판		한국어	村山七郎	1963	32
fara<*para	들판		일본어	村山七郎	1963	32
^nʊ [努]	들	land, moor	일본어	Christopher I. Beckwith	2004	110
tul	들	prairie	한국어	G. J. Ramstedt	1928	70
tïl	들	prairie	한국어	G. J. Ramstedt	1928	70
tal/dal(tar/da	들		한국어	Polivanov	1927	17
tɯl	들		한국어	Polivanov	1927	17

-들

표제어/어휘	의미		언어	저자	발간년도	쪽수
一utara	복수접미사		일본어	강길운	1981ㄴ	7
一tʌr	복수접미사		한국어	강길운	1981ㄴ	7
utara	들(복수)	복수접미사	일본어	강길운	1982ㄴ	19
tʌr	들(복수)	복수접미사	한국어	강길운	1982ㄴ	19
	들(복수)	복수접미사	한국어	강길운	1982ㄴ	23
	들(복수)	복수접미사	일본어	강길운	1982ㄴ	23
	들(복수)	복수접미사	한국어	강길운	1982ㄴ	35
	들(복수)	복수접미사	일본어	강길운	1982ㄴ	35
-utar	복수조사		일본어	강길운	1987	5
-tʌr	복수조사		한국어	강길운	1987	5
-tati	복수조사		일본어	강길운	1987	6
nnun'의 'n'		eye	한국어	김선기	1968ㄱ	16
ta	namita(눈물)의 'ta'		일본어	김선기	1968ㄱ	16
zu	mi-zu		일본어	김선기	1976ㅁ	330
l	mu-l		한국어	김선기	1976ㅁ	330
ta	na-mi-ta(涙)		일본어	김선기	1976ㅁ	330
tachi	들	suffix	일본어	宋敏	1969	79
tɔl	들	espace libre	한국어	宋敏	1969	79
taći	들	suff. plur	일본어	宋敏	1969	79
täl	들	suff. plur	한국어	宋敏	1969	79
teul	들	suffix	한국어	宋敏	1969	79
들ㅎ	집단,복수형		한국어	신용태	1985	417
tati	복수		일본어	이용주	1980	72
tïl	복수		한국어	이용주	1980	72

표제어/어휘	의미		언어	저자	발간년도	쪽수
dɨl	들	the plural sign	한국어	G. J. Ramstedt	1949	266
tɨl	들	the plural sign	한국어	G. J. Ramstedt	1949	266
čɨpt<iˇ>l	집들	die Häuser	한국어	G.J. Ramstedt	1952	16
teul	the universal ending of the plural	a crowd, herd	한국어	Hulbert, H. B.	1905	
teul	들	the plural ending	한국어	Hulbert, H. B.	1905	121
teul	들	heap	한국어	Hulbert, H. B.	1905	121
heui	들	the plural ending	한국어	Hulbert, H. B.	1905	121
muri	들	the plural ending	한국어	Hulbert, H. B.	1905	121
tɨl	복수접미사	plural suffix	한국어	Poppe, N	1965	190

들다(擧)

표제어/어휘	의미		언어	저자	발간년도	쪽수
tɯr-	들다		한국어	강길운	1983ㄱ	35
tɯr-	들다		한국어	강길운	1983ㄱ	37
tɯr-	들다		한국어	강길운	1983ㄴ	116
tukʼə-	들다		한국어	강길운	1983ㄴ	122
tor-u	얻다	get	일본어	金澤庄三郎	1910	12
turu	들다		일본어	김공칠	1989	15
tïl	들다		한국어	김공칠	1989	15
a-kë	들다		일본어	김사엽	1974	482
tïl	들다		한국어	김사엽	1974	482
tɯr-	들다		한국어	박은용	1975	169
tor-u	얻다	get	일본어	Kanazawa, S	1910	9

들다(入)

표제어/어휘	의미		언어	저자	발간년도	쪽수
tɯr-	들다		한국어	강길운	1981ㄱ	33
tɯr-	들다		한국어	강길운	1983ㄱ	37
tɯr-	들다		한국어	강길운	1983ㄱ	47
tɯr-	들어오다		한국어	강길운	1983ㄴ	116
teur	들다	enter	한국어	金澤庄三郎	1910	12
teur	들다		한국어	김공칠	1989	10
i-ri	들다		일본어	김사엽	1974	475
tïl	들다		한국어	김사엽	1974	475
tʉ-	들다		한국어	박은용	1975	146
tʉr-	들다		한국어	박은용	1975	149
tor-u	들다		일본어	宋敏	1969	79
turu	들다		일본어	宋敏	1969	79
teur	들다		한국어	宋敏	1969	79
tïl	들다		한국어	宋敏	1969	79
yir	들다	enter	일본어	宋敏	1969	79
tïl	들다	enter	한국어	宋敏	1969	79
伊	들다		한국어	辛 容泰	1987	132
入	들다		한국어	辛 容泰	1987	132
tɨlda	들다	to enter	한국어	G. J. Ramstedt	1949	266
teur	들다	enter	한국어	Kanazawa, S	1910	9

들레다

표제어/어휘	의미		언어	저자	발간년도	쪽수
toyo-mu	들에다		일본어	이숭녕	1955	18
tŭr-ǫi-da	들에다		한국어	이숭녕	1955	18

들어가다

표제어/어휘	의미		언어	저자	발간년도	쪽수
iu	들어가다	to enter	일본어	김공칠	1989	16
iru	들어가다		일본어	大野晋	1980	18
*I : ^yi [伊]	들어가다	to enter	한국어	Christopher I. Beckwith	2004	121
*ir-~^yir-	들어가다	to enter	일본어	Christopher I. Beckwith	2004	121

〈ㄷ〉 161

표제어/어휘	의미		언어	저자	발간년도	쪽수
dyar-	들어가다	enter	한국어	Martin, S. E.	1966	207
dyar-	들어가다	enter	한국어	Martin, S. E.	1966	209
dyar-	들어가다	enter	한국어	Martin, S. E.	1966	213
들이받다						
ta-ti-lʌ	들이받다		한국어	김사엽	1974	421
tu-tu-ki	들이받다		일본어	김사엽	1974	421
등						
tïŋ	등		일본어	김공칠	1989	15
sö, se	등		한국어	김공칠	1989	15
se, sö	등	back of body	일본어	김공칠	1989	17
tiŋ	등	back(person's)	한국어	김동소	1972	136
tiŋ	등	back(person's)	한국어	김동소	1972	136
tïŋ	등		한국어	김사엽	1974	432
se-na-ka	등		일본어	김사엽	1974	432
sö se	등		일본어	文和政	1981	177
tïŋ	등		한국어	文和政	1981	177
čan-teung-i	등	the back	한국어	白鳥庫吉	1916ㄴ	327
sa-teung-i	등	The back	한국어	白鳥庫吉	1916ㄴ	327
se	등		일본어	宋敏	1969	79
tïŋ	등		한국어	宋敏	1969	79
tyñ	등	back	한국어	이용주	1980	100
*šä	등	back	한국어	이용주	1980	00
se	등	back	일본어	이용주	1980	100
sö	등		일본어	이용주	1980	72
tïŋ	등		한국어	이용주	1980	72
se	등		일본어	이용주	1980	72
tɯŋ	등	back	한국어	이용주	1980	80
sö	등	back	일본어	이용주	1980	80
se	등	back	일본어	이용주	1980	80
setúr, -i	등	back	일본어	이용주	1980	95
sö	등	back	일본어	이용주	1980	95
tɯŋ	등	back	한국어	이봉수	1980	95
śö	등		일본어	長田夏樹	1966	107
tyñ	등		한국어	長田夏樹	1966	107
따갑다						
ttakaʷ/p	따갑다	be hot	한국어	宋敏	1969	79
at(a)taká	따갑다	be warm	일본어	宋敏	1969	79
ta-kap-ta	따갑다		한국어	이숭녕	1956	114
따다						
tu-mi	따다		일본어	김사엽	1974	419
ptʌ	따다		한국어	김사엽	1974	419
*pata-	따다	to pick (fruits etc.)	한국어	이기문	1958	109
ptạ-	따다	to pick (fruits etc.)	한국어	이기문	1958	109
ttada	따다	to pick fruit, to arrest, to lance	한국어	G. J. Ramstedt	1949	246
ttada	따다	to omit, to drop, to be left out	한국어	G. J. Ramstedt	1949	246
ta	따다	to pluck	한국어	Hulbert, H. B.	1905	
따뜻하다						
t'akʼɯn	따뜻하다		한국어	강길운	1981ㄱ	32
t'akʼɯn	따끈		한국어	강길운	1983ㄴ	106
t'akʼɯn	따끈		한국어	강길운	1983ㄴ	109

표제어/어휘	의미		언어	저자	발간년도	쪽수
tʼa kʼɯ n	따끈한		한국어	강길운	1983ㄴ	122
아따따까이	따뜻하다		일본어	고헌	1979	5
attattakkai	따뜻하다		일본어	고헌	1979	5
アタタカイ	따뜻하다		일본어	고헌	1979	5
atata(ka)	따뜻하다		일본어	김공칠	1989	6
ttă tă t	따뜻하다		한국어	김공칠	1989	6
あたたけし	따뜻하다		일본어	김사엽	1974	482
tʌ -tʌ s-hʌ	따뜻하다		한국어	김사엽	1974	482
atata	따뜻하다		일본어	송민	1965	38
tattat	따뜻하다		한국어	송민	1965	38
atata(ka)	따뜻하다		일본어	宋敏	1969	79
ttattat	따뜻하다		한국어	宋敏	1969	79
atataka	따뜻하다		일본어	宋敏	1969	79
tattat	따뜻하다		한국어	宋敏	1969	79
(a-)tata-ka(-	따뜻하다	hot	한국어	Martin, S. E.	1966	203
(a-)tata-ka(-	따뜻하다	hot	한국어	Martin, S. E.	1966	205
(a-)tata-ka(-	따뜻하다	hot	한국어	Martin, S. E.	1966	206
(a-)tata-ka(-	따뜻하다	hot	한국어	Martin, S. E.	1966	215
(a-)tata-ka(-	따뜻하다	hot	한국어	Martin, S. E.	1966	224
(a-)tata-ka(-	따뜻하다	hot	한국어	Martin, S. E.	1966	224
따르다						
tʼ aro-	따르다		한국어	강길운	1982ㄴ	33
yairarire	따르다		일본어	강길운	1982ㄴ	33
tʼ aro-	따르다		한국어	강길운	1982ㄴ	36
yairarire	따르다		일본어	강길운	1982ㄴ	36
tugu	따르다	follow	일본어	김공칠	1989	17
pal	따르다		한국어	김사엽	1974	430
そふ	따르다		일본어	김사엽	1974	430
stʌ -lo	따르다		한국어	김사엽	1974	468
ö-Fi	따르다		일본어	김사엽	1974	468
ttă -ră ta	따르다	To pour into, to put in	한국어	白鳥庫吉	1916ㄱ	183
ttä-ro ta	따르다	to pour from one into another	한국어	白鳥庫吉	1916ㄱ	183
tsuṙ u	따르다	emmener avec soi	일본어	宋敏	1969	79
ttaṙ	따르다	suivre	한국어	宋敏	1969	79
*amda	따르다	to follow, to be the next, to be behind	한국어	G. J. Ramstedt	1949	9
tarŭ	따르다	follow	한국어	Hulbert, H. B.	1905	120
tsyocağ a-	따르다	follow	한국어	Martin, S. E.	1966	208
따름						
tʌ -lʌ m	따름		한국어	김사엽	1974	408
nö-mï	따름		일본어	김사엽	1974	408
따보						
ʔ tapu	따보		한국어	宋敏	1969	80
ʔ tapo	따보		한국어	宋敏	1969	80
sape	따보		일본어	宋敏	1969	80
sapi	따보		일본어	宋敏	1969	80
따비						
sta-pïj	따비		한국어	김사엽	1974	442
tsa-Fi	따비		일본어	김사엽	1974	442
따오기						
とき	따오기		일본어	김사엽	1974	417

⟨ㄷ⟩ 163

표제어/어휘	의미		언어	저자	발간년도	쪽수
ta-ok-i	따오기		한국어	김사엽	1974	417
따위						
ta-β i	따위		한국어	김사엽	1974	428
ta-gu-Fi	따위		일본어	김사엽	1974	428
딱딱하다						
tak-tak-kʌ	딱딱하다		한국어	김사엽	1974	429
ta-ki-ta-ki-si	딱딱하다		일본어	김사엽	1974	429
딸						
stʌ l	딸		한국어	김방한	1977	20
stʌ l	딸		한국어	김방한	1978	29
ptʌ l	딸		한국어	김사엽	1974	385
mu-tsu-me	딸		일본어	김사엽	1974	385
딸	딸		한국어	김선기	1977ㅁ	359
ttă l	딸	A daughter	한국어	白鳥庫吉	1916ㄱ	179
d'al	딸	Tochter	한국어	Andre Eckardt	1966	229
ttal < ptal	딸, 소녀	daughter, girl	한국어	G. J. Ramstedt	1928	71
딸리다						
talyŭ	딸리다	to accompany	한국어	Aston	1879	23
tsureru	딸리다	to accompany	일본어	Aston	1879	23
땀						
stɐ m	땀		한국어	김공칠	1989	14
ase	땀		일본어	김공칠	1989	14
あせ	땀		일본어	김사엽	1974	482
stʌ m	땀		한국어	김사엽	1974	482
땀	땀		한국어	김선기	1977ㄴ	380
ase	땀		일본어	文和政	1981	178
stɐ m	땀		한국어	文和政	1981	178
asɐ	땀		일본어	宋敏	1969	80
?tɐ m	땀		한국어	宋敏	1969	80
stɐ m	땀		한국어	長田夏樹	1966	107
aś e	땀		일본어	長田夏樹	1966	107
땅						
kur	땅		한국어	강길운	1977	15
na	땅	land	한국어	강길운	1978	43
arɯ	땅	land	한국어	강길운	1978	43
ya/yač i	땅/장소		일본어	강길운	1981ㄴ	6
na	땅		한국어	강길운	1981ㄴ	6
t' ah	땅		한국어	강길운	1981ㄴ	6
t' ah	땅		한국어	강길운	1982ㄴ	29
yač i	진흙		일본어	강길운	1982ㄴ	29
toi	땅		일본어	강길운	1982ㄴ	29
nak	장소		일본어	강길운	1982ㄴ	30
*na	땅	땅(지명)	한국어	강길운	1982ㄴ	30
ya-yač i	땅		일본어	강길운	1982ㄴ	30
t' ahi	땅		한국어	강길운	1982ㄴ	33
toi	땅		일본어	강길운	1982ㄴ	33
yač i	진흙		일본어	강길운	1982ㄴ	33
mut'	물		한국어	강길운	1983ㄴ	125
tta	땅	land	한국어	金澤庄三郎	1910	12
tsuchi	黃	soil	일본어	金澤庄三郎	1910	12
tu(ti)	땅		일본어	김공칠	1980	110

표제어/어휘	의미		언어	저자	발간년도	쪽수
tah	땅		한국어	김공칠	1980	110
*toh	땅		한국어	김공칠	1980	110
sta	땅		한국어	김공칠	1988	205
sita	땅		일본어	김공칠	1988	205
kusi	땅이름, 버릇, 꼬챙이		일본어	김공칠	1989	5
kochi/kos	땅이름, 버릇, 꼬챙이		한국어	김공칠	1989	5
sta-h	땅		한국어	김방한	1978	29
tu-ti	땅		일본어	김사엽	1974	421
sta	땅		한국어	김사엽	1974	421
stʌ	땅		한국어	김사엽	1974	421
na	땅	earth	한국어	김선기	1968ㄱ	28
壽	땅	earth	한국어	김선기	1968ㄱ	28
땅	땅	earth	한국어	김선기	1968ㄱ	28
tuti	땅	earth	일본어	김선기	1968ㄱ	28
nta	땅	earth, soil	일본어	김선기	1976ㅂ	332
aka-da	땅	red ochre	일본어	김선기	1976ㅂ	332
mta	땅	earth, soil	일본어	김선기	1976ㅂ	332
スタグ	땅		일본어	김선기	1976ㅂ	332
ㅅ닥	땅		한국어	김선기	1976ㅂ	332
ㅅ달	땅		한국어	김선기	1976ㅂ	332
	땅		한국어	김선기	1977ㄴ	377
stagu	땅		일본어	김선기	1977ㄴ	377
no	땅		한국어	박은용	1974	114
na	땅		한국어	박은용	1974	114
ttang	땅	The earth, the soil, the land	한국어	白鳥庫吉	1916ㄱ	174
tta	땅	The earth, the soil, the land	한국어	白鳥庫吉	1916ㄱ	174
tuti	땅		일본어	송민	1965	39
aka-da	땅	red ochre	일본어	宋敏	1969	80
tta	땅	the earth, the soil, the land	한국어	宋敏	1969	80
stah	땅	graund	한국어	宋敏	1969	80
sita	땅	bottom	일본어	宋敏	1969	80
tta	땅		한국어	宋敏	1969	80
ta, tang	땅		한국어	宋敏	1969	80
tsuchi	땅		일본어	宋敏	1969	80
內	땅		한국어	辛 容泰	1987	132
壤	땅		한국어	辛 容泰	1987	132
na	땅	earth, soil	일본어	이기문	1963	101
na	땅	earth, soil	한국어	이기문	1963	101
ʔtaŋ	땅		한국어	이숭녕	1956	107
stă h	짜	earth	한국어	이용주	1980	81
hă rk	짜	earth	한국어	이용주	1980	81
tuti	땅, 壽	earth	일본어	이용주	1980	81
tuti	땅	earth	일본어	이용주	1980	95
stă h	땅	earth	한국어	이용주	1980	95
tóy	땅	earth	일본어	이용주	1980	95
*suti	땅	earth	한국어	이용주	1980	99
stax	땅	earth	한국어	이용주	1980	99
tuti	땅	earth	일본어	이용주	1980	99
ト - シ	땅		일본어	이원진	1940	13
땅(시옷계	땅		한국어	이원진	1940	13
ト -	땅		일본어	이원진	1940	13
ト - シ	平地		일본어	이원진	1951	13
땅(시옷계	땅		한국어	이원진	1951	13

〈ㄷ〉 165

표제어/어휘		의미	언어	저자	발간년도	쪽수
ト -	平地		일본어	이원진	1951	13
d'ang	땅	Erde	한국어	Andre Eckardt	1966	229
^nʊ [奴]	땅	land, earth	한국어	Christopher I. Beckwith	2004	110
^nʊ [奴~弩]	땅	land, earth	한국어	Christopher I. Beckwith	2004	132
^nʊ [努~怒]~	땅	land, field, moor, plain	일본어	Christopher I. Beckwith	2004	132
*nʊ [奴~弩]	땅	land, earth	한국어	Christopher I. Beckwith	2004	133
mta	땅	Erde	일본어	G. J. Ramstedt	1939ㄱ	486
akada	땅	Roterde	일본어	G. J. Ramstedt	1939ㄱ	486
tta	땅	Feld	한국어	G. J. Ramstedt	1939ㄱ	486
tang	땅	the earth, ground	한국어	Hulbert, H. B.	1905	
tta	땅	land	한국어	Kanazawa, S	1910	9
tsuchi	土(soil)		일본어	Kanazawa, S	1910	9
tut(l)	땅	earth	한국어	Martin, S. E.	1966	205
tut(l)	땅	earth	한국어	Martin, S. E.	1966	206
tut(l)	땅	earth	한국어	Martin, S. E.	1966	213
tut(l)	땅	earth	한국어	Martin, S. E.	1966	217
땋다						
tah	땋다		한국어	김사엽	1974	380
yu-Fu	땋다		일본어	김사엽	1974	380
땋-	땋다		한국어	김선기	1979ㄷ	369
ttatha	땋다	to plait, to braid	한국어	G. J. Ramstedt	1949	259
때						
turu	때		일본어	강길운	1982ㄴ	25
t'E	때		한국어	강길운	1982ㄴ	25
t'E	때		한국어	강길운	1982ㄴ	36
turu	때		일본어	강길운	1982ㄴ	36
l' .uɪ-	때		한국어	강길운	1983ㄱ	31
	때		한국어	강실눈	1987	23
uthai	즉각		한국어	강길운	1987	23
ste i	때		한국어	김공칠	1988	205
sada	때		일본어	김공칠	1988	205
sida	때		일본어	김공칠	1988	205
ma	때	occasion	일본어	김공칠	1989	12
ma	때	occasion, place	일본어	김공칠	1989	13
ptaj	때		한국어	김사엽	1974	417
tö-ki	때		일본어	김사엽	1974	417
stʌ j	때		한국어	김사엽	1974	483
a-ka	때		일본어	김사엽	1974	483
ptʌ j	때		한국어	김사엽	1974	483
トキ	때		일본어	김선기	1968ㄱ	12
tjak	때		한국어	김선기	1968ㄱ	12
tai	때		한국어	김선기	1968ㄱ	12
toki	때		일본어	김선기	1968ㄱ	12
djeg	때		한국어	김선기	1968ㄴ	28
dai	때	time	한국어	김선기	1968ㄴ	28
tae	때	time	한국어	김선기	1968ㄴ	28
bsdai	때		한국어	김선기	1968ㄴ	28
ttai	때		한국어	김선기	1976ㅅ	347
č ek	때		한국어	김선기	1976ㅅ	347
toki	때		일본어	김선기	1976ㅅ	347
ttai	때	Time, times	한국어	白鳥庫吉	1916ㄱ	175

표제어/어휘		의미	언어	저자	발간년도	쪽수
č ök-öi	적에	at the time, as, when	한국어	白鳥庫吉	1916ㄱ	175
? tɛ	때		한국어	이숭녕	1956	144
pskïi	때		한국어	이용주	1979	113
kë-	때		일본어	이용주	1979	113
pskï	때		한국어	이용주	1979	113
Dai/ㅅ다ㅣ	때	time	한국어	Arraisso	1896	21
ttä < ptai	때	time, age	한국어	G. J. Ramstedt	1928	71
ttai	때	Zeit, Saison	한국어	G. J. Ramstedt	1939ㄱ	484
pYeš yi	때	time	한국어	Martin, S. E.	1966	213
aka	때		일본어	Martin, S. E.	1975	110
aka	때		일본어	Martin, S. E.	1975	110
aka	때		일본어	Martin, S. E.	1975	110
때다(燒)						
mu-huj	때다		한국어	김사엽	1974	382
もやす	때다		일본어	김사엽	1974	382
ta-hi	때다		한국어	김사엽	1974	429
ta-ku	때다		일본어	김사엽	1974	429
때리다						
č i-	때리다		한국어	강길운	1983ㄱ	32
t' i-	때리다		한국어	강길운	1983ㄱ	32
t'ʌ ri-	때리다		한국어	강길운	1983ㄴ	111
t'ʌ ri-	때리다		한국어	강길운	1983ㄴ	132
ttɛ li-	때리다	hit	한국어	김동소	1972	138
thi-	때리다	hit	한국어	김동소	1972	138
sta-li	때리다		한국어	김사엽	1974	414
なぐる	때리다		일본어	김사엽	1974	414
-때문에						
yuwe/kara		because	일본어	강영봉	1991	8
me/nan		because	한국어	강영봉	1991	8
tame	때문		일본어	宋敏	1969	80
taimun	때문		한국어	宋敏	1969	80
떠나다						
ama-ru	떠나다	be left over	일본어	김공칠	1989	17
nam-	떠나다	be left over	한국어	김공칠	1989	17
Fa-na-re	떠나다		일본어	김사엽	1974	404
stə -na	떠나다		한국어	김사엽	1974	404
ta-ti	떠나다		일본어	김사엽	1974	427
stə -na	떠나다		한국어	김사엽	1974	427
akaru	떠나다		일본어	大野晋	1980	15
asa	떠나다		일본어	大野晋	1980	15
떠다니다						
tatayo(pu)	떠다닐		일본어	김공칠	1989	7
ttötă n	떠다닐		한국어	김공칠	1989	7
tatayo	떠다니다		일본어	宋敏	1969	80
tötan	떠다니다		한국어	宋敏	1969	80
떠들다						
sus	떠들다		한국어	김사엽	1974	441
su-zï	떠들다		한국어	김사엽	1974	441
tsa-wa-ku	떠들다		일본어	김사엽	1974	441

⟨ㄷ⟩ 167

표제어/어휘		의미	언어	저자	발간년도	쪽수
떡						
떡	떡		한국어	권덕규	1923ㄱ	60
Shicoki	율병		일본어	권덕규	1923ㄱ	60
stök	떡	rice cake	한국어	金澤庄三郎	1910	11
sitoki	떡	rice cake	일본어	金澤庄三郎	1910	11
shitogi	떡		일본어	김계원	1967	17
stok	떡		한국어	김계원	1967	17
stə k	떡		한국어	김공칠	1989	9
stə k	떡		한국어	김사엽	1974	439
しとぎ	떡		일본어	김사엽	1974	439
sitogi	떡		일본어	김선기	1977ㄴ	377
	떡		한국어	김선기	1977ㄴ	377
sitoki	떡		일본어	宋敏	1969	80
stëk	떡	kind of ricecake	한국어	宋敏	1969	80
sitogi	떡	kind of ricecake	일본어	宋敏	1969	80
sitöki	떡		일본어	宋敏	1969	80
sitogi	떡		일본어	宋敏	1969	80
stök	떡		한국어	宋敏	1969	80
ツトキ	떡		일본어	이명섭	1962	6
ttę k	떡	bread	한국어	G. J. Ramstedt	1954	16
stök	떡	rice cake	한국어	Kanazawa, S	1910	9
sitoki	떡	rice cake	일본어	Kanazawa, S	1910	9
떨다						
turuse	떨다		일본어	강길운	1982ㄴ	29
*t'ə r-	떨다		한국어	강길운	1982ㄴ	29
turuse	떨다		일본어	강길운	1982ㄴ	35
*t'ə r-	떨다		한국어	강길운	1982ㄴ	35
ふるふ	떨다		일본어	김사엽	1974	395
ptə l	떨다		한국어	김사엽	1974	395
ptə l	떨다		한국어	김사엽	1974	402
Fa-ra-Fu	떨다		일본어	김사엽	1974	402
ttöl ni ta	떨다	to tremble, to shiver, to shake	한국어	白鳥庫吉	1916ㄴ	305
ttöl ta	떨다	to shake, to beat, to tremble, to shiver	한국어	白鳥庫吉	1916ㄴ	305
ttẹlda	떨다	to tremble, to shiver, to shake	한국어	G. J. Ramstedt	1949	262
떨어뜨리다						
turuse	떨어뜨리다		일본어	강길운	1981ㄴ	9
t'ə rə -	떨어뜨리다		한국어	강길운	1981ㄴ	9
ötu	떨어뜨리다		일본어	大野晋	1980	20
떨어지다						
t'ə r-	떨어뜨리다		한국어	강길운	1983ㄴ	122
ti-	떨어지다		한국어	강길운	1983ㄴ	122
t'ə llə ci-		to fall	한국어	강영봉	1991	9
tir-/		to fall	일본어	강영봉	1991	9
chi	떨어지다		한국어	김공칠	1989	7
otsu	떨어지다		일본어	김공칠	1989	7
ttʌ lʌ ci-	떨어지다	fall	한국어	김동소	1972	137
ttʌ lʌ ciö-	떨어지다	fall	한국어	김동소	1972	137
ö-ti	떨어지다		일본어	김사엽	1974	469
ptə -ti	떨어지다		한국어	김사엽	1974	469
btara	떨어지다		한국어	김선기	1968ㄴ	29
tara	떨어지다	to fall	한국어	김선기	1968ㄴ	29

표제어/어휘		의미		언어	저자	발간년도	쪽수
ㅂ덜	떨어지다	scatter		한국어	김선기	1976ㅂ	333
karu	떨어지다			일본어	大野晉	1980	22
러디다	떨어지다			한국어	신용태	1985	417
tiru	떨어지다			일본어	신용태	1985	418
tamete	떨어지다			일본어	이용주	1980	71
taɤ miti	떨어지다			일본어	이용주	1980	71
ptə rə ˘ tĭ -	ㅂ더러디다	to fall		한국어	이용주	1980	83
*ötu	떨어지다	to fall		일본어	이용주	1980	83
ptə rə ˘ tĭ -	떨어지다	to fall		한국어	이용주	1980	95
*ötu	떨어지다	to fall		일본어	이용주	1980	95
hácir	떨어지다	to fall		일본어	이용주	1980	95
tŭ ry-jinta	떨어지다	to fall		한국어	Hulbert, H. B.	1905	
tŭ rŭ jinda	떨어지다	lower		한국어	Hulbert, H. B.	1905	122
떫다							
しぶい	떫다			일본어	김사엽	1974	438
stə lp	떫다			한국어	김사엽	1974	438
떳떳하다							
tu-ne	떳떳함			일본어	김사엽	1974	420
tə t-tə t	떳떳함			한국어	김사엽	1974	420
toko	떳떳			일본어	宋敏	1969	80
töttöt	떳떳			한국어	宋敏	1969	80
떼(잔디)							
me	떼	sod		일본어	金澤庄三郞	1910	11
um	떼	sod		한국어	金澤庄三郞	1910	11
tteui	떼	sod		한국어	金澤庄三郞	1910	9
chi-gaya	떼	sod of a day lily		일본어	金澤庄三郞	1910	9
tteui	떼	sod		한국어	Kanazawa, S	1910	6
chi-gaya	떼	sod of a day lily		일본어	Kanazawa, S	1910	6
um	떼	sod		한국어	Kanazawa, S	1910	8
me	떼	sod		일본어	Kanazawa, S	1910	8
또							
matasi	또			일본어	김공칠	1989	10
sto	또			한국어	김방한	1978	29
ma-ta	또			일본어	김사엽	1974	390
pto	또			한국어	김사엽	1974	390
tto < pto	또	again		한국어	G. J. Ramstedt	1928	71
똑똑							
shita-taru	떨어지다	to drip		일본어	Aston	1879	22
steus-steus	똑똑	drip		한국어	Aston	1879	22
똥							
ötok	똥	tung		한국어	강길운	1978	42
t'oŋ	똥			한국어	강길운	1981ㄴ	4
otom	똥			일본어	강길운	1981ㄴ	4
otom	똥			일본어	강길운	1982ㄴ	21
t'oŋ	똥			한국어	강길운	1982ㄴ	21
mʌ r	똥			한국어	강길운	1983ㄱ	36
kusasi	똥			일본어	김공칠	1989	19
kuso	똥			일본어	김공칠	1989	19
tton <*sito	똥			한국어	김공칠	1989	19
kuripta,	똥			한국어	김공칠	1989	19
마렵다	대소변을 보고싶다			한국어	김용태	1990	16

⟨ㄷ⟩ 169

표제어/어휘	의미		언어	저자	발간년도	쪽수
ㅁㄹ	똥과 오줌		한국어	김용태	1990	16
mar-u	배설기관		일본어	김용태	1990	16
ttong	똥	Dung, excrement	한국어	白鳥庫吉	1916ㄴ	307
stoŋ	똥		한국어	이숭녕	1955	12
sito	똥		일본어	이숭녕	1955	13
ツ-	똥		일본어	이원진	1940	17
똥	똥		한국어	이원진	1940	17
똥	똥		한국어	이원진	1951	17
ツ-	똥		일본어	이원진	1951	17
stoñ	똥		한국어	長田夏樹	1966	112
俱蘇摩麿	똥		일본어	長田夏樹	1966	112
久曾	똥		일본어	長田夏樹	1966	112
kuśo	똥		일본어	長田夏樹	1966	112
*kotoñ	똥		한국어	長田夏樹	1966	112
*ktoñ	똥		한국어	長田夏樹	1966	112
뚝뚝						
t'ɯttɯr-	뚝뚝떨어지다,		한국어	강길운	1981ㄴ	9
čičik	뚝뚝떨어지다,		일본어	강길운	1981ㄴ	9
뚫다						
t:ur-	뚫다		한국어	강길운	1983ㄱ	31
turi	뚫다		한국어	강길운	1983ㄱ	31
tɯlβ-	뚫다		한국어	강길운	1983ㄴ	132
tɯlβ-	뚫다		한국어	강길운	1983ㄴ	136
nu-ku	뚫다		일본어	김사엽	1974	410
tïlp	뚫다		한국어	김사엽	1974	410
tïlp	뚫다		한국어	김사엽	1974	474
うがつ	뚫다		일본어	김사엽	1974	474
tsura(nuku)	뚫다		일본어	宋敏	1969	80
chira, tul	뚫다		한국어	宋敏	1969	80
ttuṙ-	뚫다	percer	한국어	宋敏	1969	80
tsuṙ	뚫다		일본어	宋敏	1969	80
tturi	뚫다	to put a ring through the nose of a cow	한국어	G. J. Ramstedt	1949	277
tul	뚫다		한국어	Hulbert, H. B.	1905	118
뛰다						
pom.no	뛰다		한국어	김공칠	1989	14
fodo-fasiru	뛰다		일본어	김공칠	1989	14
ttui ta	뛰다	to leap, to spring, to swing	한국어	白鳥庫吉	1916ㄱ	161
ttui	뛰다	bondir	한국어	宋敏	1969	80
tob	뛰다	sauter, voler	일본어	宋敏	1969	80
뜨다						
uk-		to float	일본어	강영봉	1991	9
thɯ-		to float	한국어	강영봉	1991	9
tti-	뜨다	float	한국어	김동소	1972	138
tti-	뜨다	float	한국어	김동소	1972	138
	다		한국어	김선기	1976ㄷ	338
uka	뜨다		일본어	大野晋	1980	19
ukaru	뜨다		일본어	大野晋	1980	19
ptɯ˘-	ㅂ드다	to float	한국어	이용주	1980	83
uku	뜨다	to float	일본어	이용주	1980	83
pékanke	뜨다	to float	한국어	이용주	1980	95
uku	뜨다	to float	일본어	이용주	1980	95
ptɯ˘-	뜨다	to float	한국어	이용주	1980	95

표제어/어휘		의미	언어	저자	발간년도	쪽수
tṭi da	뜨다	to rise (the sun, the moon), to arise, to float up	한국어	G. J. Ramstedt	1949	264
tṭi da	뜨다	to cut up - a corner, to open - the eyes, to be	한국어	G. J. Ramstedt	1949	264
tṭi da	뜨다	to draw - a line, to follow a pattern	한국어	G. J. Ramstedt	1949	264
tṭi da	뜨다	to make like, to follow a pattern, to draw a model	한국어	G. J. Ramstedt	1949	265
뜯다						
tats-u	뜯다	tear	일본어	金澤庄三郎	1910	12
tteut	뜯다	tear	한국어	金澤庄三郎	1910	12
とる	뜯다		일본어	김사엽	1974	415
stït	뜯다		한국어	김사엽	1974	415
tteut	뜯다		한국어	宋敏	1969	80
tatsu	뜯다		일본어	宋敏	1969	80
tats-u	뜯다		일본어	宋敏	1969	80
tat	뜯다		한국어	宋敏	1969	80
tats-u	뜯다	tear	일본어	Kanazawa, S	1910	9
tteut	뜯다	tear	한국어	Kanazawa, S	1910	9
뜸						
tteum	뜸	rush mat	한국어	金澤庄三郎	1910	12
toma	뜸	rush mat	일본어	金澤庄三郎	1910	12
ptïm	뜸		한국어	김사엽	1974	393
Fo-to	뜸		일본어	김사엽	1974	393
とま	뜸		일본어	김사엽	1974	415
t'ïm	뜸		한국어	김사엽	1974	415
sitomi	뜸		일본어	김선기	1977ㄴ	377
	뜸		한국어	김선기	1977ㄴ	377
toma	뜸		일본어	宋敏	1969	80
tteum	뜸		한국어	宋敏	1969	80
tum	뜸		한국어	宋敏	1969	80
toma	뜸	a mat	일본어	宋敏	1969	80
stum	뜸	a mat	한국어	宋敏	1969	80
ツトミ	뜸		일본어	이명섭	1962	6
stum	뜸	a mat	한국어	Aston	1879	22
toma	뜸	a mat	일본어	Aston	1879	22
tteum	뜸	rush mat	한국어	Kanazawa, S	1910	9
toma	뜸	rush mat	일본어	Kanazawa, S	1910	9
뜸뜨다						
すゑる	뜸뜨다		일본어	김사엽	1974	432
ptï	뜸뜨다		한국어	김사엽	1974	432
뜻뜻하다						
steus-steus	뜻뜻하다	drip	한국어	宋敏	1969	80
shita-tar-u	뜻뜻하다	to drip	일본어	宋敏	1969	80
띠						
tu	띠		일본어	김공칠	1989	5
tɯi	띠		한국어	김공칠	1989	5
um	띠		한국어	김공칠	1989	6
me	띠		일본어	김공칠	1989	6
musu	띠		일본어	김공칠	1989	7
tteui	띠		한국어	김공칠	1989	7
tara	띠		일본어	김공칠	1989	7

표제어/어휘	의미	언어	저자	발간년도	쪽수
um	띠	한국어	김공칠	1989	7
stïj	띠	한국어	김사엽	1974	424
ti-nu	띠	일본어	김사엽	1974	424
ptuj	띠	한국어	김사엽	1974	459
ka-ya	띠	일본어	김사엽	1974	459
	띠	한국어	김선기	1977ㄴ	377
sute	띠	일본어	김선기	1977ㄴ	377
toro	띠	일본어	송민	1965	42
tui	띠	한국어	송민	1965	42
tteui	띠	한국어	宋敏	1969	80
tu	띠	일본어	宋敏	1969	80
tui	띠	한국어	宋敏	1969	80
? tï	띠	한국어	宋敏	1969	80
chira, tul	띠	일본어	宋敏	1969	80
chi-gaya	띠	일본어	宋敏	1969	80
tara	띠	일본어	宋敏	1969	80

ㄹ

표제어/어휘		의미	언어	저자	발간년도	쪽수
-ㄹ		관형격조사				
tsu			일본어	Aston	1879	59
ㅣㄹ		a genitive termination	한국어	Aston	1879	59
		one of the attributive forms of the Korean verb				
tsu or chi	수사파생접미사	one of the attributive forms of the Korean verb	일본어	Aston	1879	59
ㅣㄹ		future-present participle	한국어	G. J. Ramstedt	1928	78
-라면						
mina		if	한국어	강영봉	1991	10
mosi		if	일본어	강영봉	1991	10
-로고나						
rokana	로고나	for exclamaitive ending	일본어	金澤庄三郎	1910	56
rokona	로고나	for exclamaitive ending	한국어	金澤庄三郎	1910	56
rokana		for exclamaitive ending	일본어	Kanazawa, S	1910	18
rokona		for exclamaitive ending	한국어	Kanazawa, S	1910	18
롱						
č iomap	寵		일본어	강길운	1982ㄴ	30
s' eə b-	寵		한국어	강길운	1982ㄴ	30
č iomap	寵		일본어	강길운	1982ㄴ	34
s' eə b-	寵		한국어	강길운	1982ㄴ	34

〈ㅁ〉

표제어/어휘	의미	언어	저자	발간년도	쪽수
마(식물)					
yə l	열씨	한국어	강길운	1979	6
ma	마	한국어	김사엽	1974	472
u-mo	마	일본어	김사엽	1974	472
asa	마	일본어	송민	1973	44
umo	마	일본어	宋敏	1969	80
ma	마	한국어	宋敏	1969	80
sam	마	한국어	이용주	1980	106
wo	마	일본어	이용주	1980	106
sam	마	한국어	이용주	1980	72
asa	마	일본어	이용주	1980	72
ma	마	한국어	長田夏樹	1966	107
umo	마	일본어	長田夏樹	1966	107
asa	마	일본어	Miller, R. A. 김방한 역	1980	154
sam	마	한국어	Miller, R. A. 김방한 역	1980	154
마구					
magu	마구	한국어	강길운	1983ㄴ	125
ma-ko	마구	한국어	김사엽	1974	400
Fi-ta	마구	일본어	김사엽	1974	400
마기					
magi	마기	indeed	한국어	宋敏	1969	80
mā	마기	expressing surprise	일본어	宋敏	1969	80
magi		(what) indeed? (why) forsooth?	한국어	G. J. Ramstedt	1949	137
mā		expressing surprise	일본어	G. J. Ramstedt	1949	137
마늘					
Fi-ru	마늘	일본어	김사엽	1974	399
ma-nʌ l	마늘	한국어	김사엽	1974	399
man<i_>l	마늘	한국어	김승곤	1984	245
mail	마늘	한국어	송민	1966	22
mira	마늘	일본어	송민	1966	22
nir a	마늘	일본어	宋敏	1969	80
manal	마늘	한국어	宋敏	1969	80
mira	마늘	garlic	일본어	이기문	1963	102
?	마늘	garlic	한국어	이기문	1963	102
mane l	마늘		한국어	이숭녕	1956	102
manoŋ	마늘		한국어	이숭녕	1956	102
*meyr :	마늘	garlic	한국어	Christopher I. Beckwith	2004	131
manir		garlic	한국어	G. J. Ramstedt	1949	140
manil		garlic	한국어	G. J. Ramstedt	1949	140
마다					
mada	마다	per	한국어	金澤庄三郎	1910	11

표제어/어휘		의미	언어	저자	발간년도	쪽수
mata-si	또	and	일본어	金澤庄三郎	1910	11
gö-tö	마다		일본어	김사엽	1974	447
ma-ta	마다		한국어	김사엽	1974	447
ma-ta	마다	each, every	한국어	白鳥庫吉	1915ㄱ	31
mata	마다		일본어	宋敏	1969	80
mada	마다		한국어	宋敏	1969	80
mata-si	또(and)		일본어	Kanazawa, S	1910	8
mada	마다	per	한국어	Kanazawa, S	1910	8
마디						
mɐ te i	마디		한국어	김공칠	1989	15
fusi	마디		일본어	김공칠	1989	15
Fu-si	마디		일본어	김사엽	1974	397
mʌ-tʌj	마디		한국어	김사엽	1974	397
ma-teung	마디	a joint, a phrase, a clause, a tune	한국어	白鳥庫吉	1915ㄱ	31
ma-tă i	마디	a joint, a section, a paragraph	한국어	白鳥庫吉	1915ㄱ	31
pusi	마디		일본어	宋敏	1969	80
mɒ tɒ	마디		한국어	宋敏	1969	80
sonmadʒi i		the joints of the finger	한국어	G. J. Ramstedt	1949	137
tämadʒi i		the sections of a bamboo	한국어	G. J. Ramstedt	1949	137
madʒi i		a joint, a phrase, a section	한국어	G. J. Ramstedt	1949	137
mada i		a joint, a phrase, a section	한국어	G. J. Ramstedt	1949	137
tämmadʒi i		the sections of a bamboo	한국어	G. J. Ramstedt	1949	137
마땅히						
まさに	마땅히		일본어	김사엽	1974	391
mas-taŋ-i	마땅히		한국어	김사엽	1974	391
마루						
mu-ro	마루		일본어	김사엽	1974	384
ma-lo	마루		한국어	김사엽	1974	384
muro	마루		일본어	宋敏	1969	80
maru	마루		한국어	宋敏	1969	80
마룻대						
mɐ rɛ	마룻대		일본어	김공칠	1989	15
mune	마룻대		일본어	김공칠	1989	15
mʌ-lʌ	마룻대		한국어	김사엽	1974	384
mu-ne	마룻대		일본어	김사엽	1974	384
마르다						
mʌ rʌ-	마르다		한국어	강길운	1983ㄱ	36
kado	마르다	coner	일본어	김공칠	1989	16
kusëk,	마르다	coner	한국어	김공칠	1989	16
mali -	마른	dry	한국어	김동소	1972	137
me li -	마른	dry	한국어	김동소	1972	137
かれる	마르다		일본어	김사엽	1974	458
mʌ-lʌ	마르다		한국어	김사엽	1974	458
marɯ	마르다	dry	한국어	김선기	1968ㄱ	37
karu	마르다	dry	일본어	김선기	1968ㄱ	38
hosu	마르다	fire	일본어	김선기	1968ㄱ	38
mar<i_ >da	마르다		한국어	김승곤	1984	246
마르다	마르다		한국어	김해진	1947	12
kare	마르다		일본어	大野晋	1980	22
mɐ rɛ	재단하다		한국어	박은용	1974	267

표제어/어휘		의미	언어	저자	발간년도	쪽수
mara-	마르다		한국어	이숭녕	1956	158
marŭ-	마르다	trocknen	한국어	Andre Eckardt	1966	233
marŭ-	마르다	trocknen	한국어	Andre Eckardt	1966	234
mal	마르다	to be dry, to be thirsty	한국어	Hulbert, H. B.	1905	
마름						
mʌl	마름		한국어	김사엽	1974	383
mo	마름		일본어	김사엽	1974	383
Fi-si	마름		일본어	김사엽	1974	400
ma-lam	마름		한국어	김사엽	1974	400
마리(頭)						
마리	마리		한국어	김선기	1976ㅇ	357
atama	마리		일본어	김선기	1976ㅇ	357
pari	머리		한국어	박은용	1974	246
mari	머리'의 옛말	the head	한국어	G. J. Ramstedt	1949	141
마마						
まま	마마		일본어	김사엽	1974	388
ma-ma	마마		한국어	김사엽	1974	388
마무르다						
ma-mʌl-o	마무르다		한국어	김사엽	1974	389
まとめる	마무르다		일본어	김사엽	1974	389
마시다						
nɯs-ki-	삼키다		한국어	강길운	1980	13
mus-	삼키다		일본어	강길운	1980	13
nom		to drink	일본어	강영봉	1991	8
masi-/nemki-		to drink	한국어	강영봉	1991	8
masi-	마시다	drink	한국어	김동소	1972	137
masi-	마시다	drink	한국어	김동소	1972	137
ma-si	飮		한국어	김사엽	1974	376
wo-su	食, 飮		일본어	김사엽	1974	376
masi	마시다	drink	한국어	김선기	1968ㄱ	39
nomu	마시다	drink	일본어	김선기	1968ㄱ	39
masi-	마시다		한국어	박은용	1974	267
ma-si ta	마시다	to drink	한국어	白鳥庫吉	1915ㄱ	34
wosu, nömu	마시다	drink	일본어	이용주	1980	101
masi	마시다	drink	한국어	이용주	1980	101
nömu	마시다	to drink	일본어	이용주	1980	82
masĭ-	마시다	to drink	한국어	이용주	1980	82
masi-	마시다	trinken	한국어	Andre Eckardt	1966	234
마을						
kü	마을	village	한국어	강길운	1978	42
kotan	마을		일본어	강길운	1981ㄱ	30
kotan	마을		일본어	강길운	1981ㄴ	5
땀	마을		한국어	강길운	1982ㄱ	183
걸/거리	마을		한국어	강길운	1982ㄱ	184
깍단	마을		한국어	강길운	1982ㄱ	184
Kotan	마을		일본어	강길운	1982ㄱ	184
mʌʒʌr	마을		한국어	강길운	1982ㄴ	23
moš iri	나라		일본어	강길운	1982ㄴ	23
mʌʒʌr	마을		한국어	강길운	1982ㄴ	33
moš iri	나라		일본어	강길운	1982ㄴ	33
mʌʒʌr	마을		한국어	강길운	1982ㄴ	36

표제어/어휘	의미		언어	저자	발간년도	쪽수
moširi	나라		일본어	강길운	1982ㄴ	36
pɯr~pər-	벌		한국어	강길운	1983ㄴ	124
pur~pər~puri	고을		한국어	강길운	1983ㄴ	126
ムラ	마을		일본어	권덕규	1923ㄴ	127
마을	마을		한국어	권덕규	1923ㄴ	127
pur	마을		한국어	金澤庄三郎	1904	2
maur	마을		한국어	金澤庄三郎	1904	2
mura	마을	village	일본어	金澤庄三郎	1910	11
maeur	마을	village	한국어	金澤庄三郎	1910	11
kohori	마을		일본어	김공칠	1989	5
ko' ol	마을		한국어	김공칠	1989	5
pul	마을		한국어	김공칠	1989	8
pure	마을		일본어	김공칠	1989	8
mu-ra	마을		일본어	김사엽	1974	384
mʌ-zʌl	마을		한국어	김사엽	1974	384
mura	마을		일본어	김선기	1976ㄷ	340
mazarh	마을		한국어	김선기	1976ㄷ	340
岐	城		한국어	김선기	1976ㄷ	340
只	城		한국어	김선기	1976ㄷ	340
支	城		한국어	김선기	1976ㄷ	340
ma-eul	마을	a village, a settlement	한국어	白鳥庫吉	1915ㄱ	25
mɒ ɒ	마을		한국어	宋敏	1969	80
mā l	마을	village	한국어	宋敏	1969	80
muṙ a	마을	village	일본어	宋敏	1969	80
maul	마을		한국어	宋敏	1969	80
maeur	마을		한국어	宋敏	1969	80
mura	마을		일본어	宋敏	1969	80
masöl	마을		한국어	宋敏	1969	80
洞	마을		한국어	辛 容泰	1987	132
穴	마을		한국어	辛 容泰	1987	132
ムラ	마을		일본어	이명섭	1962	6
mə ze r	마을		한국어	이용주	1979	113
mura	마을		일본어	이용주	1979	113
pwli	마을		한국어	村山七郎	1963	32
fure-fule	마을		일본어	村山七郎	1963	32
puli	마을		한국어	村山七郎	1963	32
fure<*pule	마을		일본어	村山七郎	1963	33
puli	마을		한국어	村山七郎	1963	33
kafar, kaïr,	마을	village	한국어	Johannes Rahder	1959	70
pur(i), par	마을	town	한국어	Johannes Rahder	1959	70
kor	마을	village	한국어	Johannes Rahder	1959	70
mura	마을	village	일본어	Kanazawa, S	1910	8
maeur	마을	village	한국어	Kanazawa, S	1910	8
mura	마을		일본어	Martin, S. E.	1975	110
mura	마을		일본어	Martin, S. E.	1975	110
mura	마을		일본어	Martin, S. E.	1975	110

마음

표제어/어휘	의미		언어	저자	발간년도	쪽수
kokoro		heart	일본어	강영봉	1991	9
masim		heart	한국어	강영봉	1991	9
kököro	마음		일본어	김공칠	1989	19
kör	마음		한국어	김공칠	1989	19
kö-kö-rö	마음		일본어	김사엽	1974	448
mʌ-ʌm	마음		한국어	김사엽	1974	448

표제어/어휘		의미	언어	저자	발간년도	쪽수
ココロ	마음	heart	일본어	김선기	1968ㄱ	17
마음	마음	heart	한국어	김선기	1968ㄱ	17
mʌzʌm	마음	heart	한국어	김선기	1968ㄱ	17
hutokoro	胸中		일본어	김선기	1968ㄱ	17
mazam	마음		한국어	김선기	1976ㄷ	341
ura	마음		일본어	大野晉	1980	19
*me re	마음		한국어	박은용	1974	272
mă -ă m	마음	heart, mind, design, thought	한국어	白鳥庫吉	1915ㄱ	24
omopu	마음		일본어	宋敏	1969	80
maam	마음		한국어	宋敏	1969	80
居尸	마음		한국어	辛 容泰	1987	132
心	마음		한국어	辛 容泰	1987	132
ma z<á >m	마음	mind	한국어	이기문	1958	114
*mula	마음	heart	한국어	이용주	1980	99
murato	마음	heart	일본어	이용주	1980	99
me ze m	마음	heart	한국어	이용주	1980	99
*kür[居尸]	마음	heart	한국어	Christopher I. Beckwith	2004	115
*ki r	마음	heart	한국어	Christopher I. Beckwith	2004	115
^ki ki ri	마음	heart	일본어	Christopher I. Beckwith	2004	115
^kükürü[許許]	마음	heart	일본어	Christopher I. Beckwith	2004	115
*kür ~ *ki r :	마음	heart	한국어	Christopher I. Beckwith	2004	128
*ki ki ri ~	마음	heart	일본어	Christopher I. Beckwith	2004	128
mā ïm or	마음	heart, mind	한국어	G. J. Ramstedt	1928	74
마작						
ma-č ak	마작		한국어	김사엽	1974	386
mu-ka-Fi	마작		일본어	김사엽	1974	386
마지막						
wo-Fa-ra	終		일본어	김사엽	1974	375
mʌ -čʰʌ m	終		한국어	김사엽	1974	375
마치다						
mʌ č i-	마치다		한국어	강길운	1982ㄴ	23
mongeš -ta	마치다		일본어	강길운	1982ㄴ	23
mongeš -ta	마치다		일본어	강길운	1982ㄴ	33
mʌ č i-	마치다		한국어	강길운	1982ㄴ	33
はてる	마치다		일본어	김사엽	1974	404
mʌ čʰ	마치다		한국어	김사엽	1974	404
마치다	마치다		한국어	김선기	1979ㄴ	374
mă t-č ' o ta	마치다	to finish, to end, to conclude	한국어	白鳥庫吉	1915ㄱ	32
ma ȝ imak		the last, the latest	한국어	G. J. Ramstedt	1949	142
ma tč hida		to finish, to end; to conclude	한국어	G. J. Ramstedt	1949	142
matthida		to finish, to end; to conclude	한국어	G. J. Ramstedt	1949	142
ma tč him		the end, the finish	한국어	G. J. Ramstedt	1949	142

표제어/어휘		의미		언어	저자	발간년도	쪽수
마흔							
mazan	마흔			한국어	김방한	1968	270
mazan	마흔			한국어	김방한	1968	272
josodzi	마흔			일본어	김선기	1977	28
mahun	마흔			한국어	김선기	1977	28
mahun	마흔			한국어	김선기	1977	29
josodzi	마흔			일본어	김선기	1977	29
마*(반치음)	마흔			한국어	김선기	1977ㅈ	326
막							
maka	막			일본어	宋敏	1969	80
mak	막			한국어	宋敏	1969	80
막다							
mag-	막다			한국어	강길운	1982ㄴ	22
omaka	종결			일본어	강길운	1982ㄴ	22
mak-	차단하다			한국어	강길운	1983ㄴ	127
mak	막다			한국어	김사엽	1974	397
ふたぐ	막다			일본어	김사엽	1974	397
kari	막다			한국어	박은용	1974	219
mak ta	막다	to cork, to stop up, to obstruct, to settle, to end, be defeated		한국어	白鳥庫吉	1915ㄱ	26
mak(e)-	막다			일본어	宋敏	1969	80
mak-	막다	block		한국어	宋敏	1969	80
mak	막다	to stop up, obstruct		한국어	Hulbert, H. B.	1905	
mak	막다	shut up		한국어	Hulbert, H. B.	1905	123
mak-	막다	block it		한국어	Martin, S. E.	1966	201
mak-	막다	block it		한국어	Martin, S. E.	1966	203
mak-	막다	block it		한국어	Martin, S. E.	1966	215
막대							
makat	막대			한국어	박은용	1974	273
mak tai	막대	a stick, staff		한국어	白鳥庫吉	1915ㄱ	27
makatahï	막다히	stick		한국어	이용주	1980	81
sawo(?)	막대	stick		일본어	이용주	1980	81
maktä		a stick, a staff		한국어	G. J. Ramstedt	1949	138
maktagi		a stick, a staff		한국어	G. J. Ramstedt	1949	138
maktai		a stick, a staff		한국어	G. J. Ramstedt	1949	138
막대기							
č aŋ -č g	장작			한국어	강길운	1983ㄴ	121
č imtä	장대			한국어	강길운	1983ㄴ	126
č imt'ä	장대			한국어	강길운	1983ㄴ	129
tiphe	막대기	a pole, a stick		한국어	김공칠	1989	13
tsue<*tupe	막대기	stick		일본어	김공칠	1989	13
tube	막대기	pole, stick		일본어	김공칠	1989	17
tiphe	막대기	pole, stick		한국어	김공칠	1989	17
maktɛ	막대기	stick		한국어	김동소	1972	140
maktɛ ki	막대기	stick		한국어	김동소	1972	140
mak-tak-i	막대기	a stick, staff		한국어	白鳥庫吉	1915ㄱ	27
tagi	in composition as mak-tagi	a walkingstick or staff		한국어	Hulbert, H. B.	1905	
막히다							
mu/muk	막힌			일본어	강길운	1981ㄴ	10
mə -kul-uj	막히다			한국어	김사엽	1974	466
ka-ka-Fa-ru	막히다			일본어	김사엽	1974	466

표제어/어휘		의미	언어	저자	발간년도	쪽수
mak-hi ta	막히다	to be stopped, to be obstructed	한국어	白鳥庫吉	1915ㄱ	27

만(期間)

man	만		한국어	김사엽	1974	392
ma	만		일본어	김사엽	1974	392

만(萬)

yorozu	만		일본어	김공칠	1989	8
yörö, yöröt	만		한국어	김공칠	1989	8
dzwmwn	만		한국어	김선기	1977	34
ti	만		일본어	김선기	1977	34
여럿	여럿		한국어	김선기	1977ㅈ	331
Jorodzu	만		일본어	김선기	1977ㅈ	331
*tə mu-	만		한국어	박은용	1974	115
cʉ mu n	만		한국어	박은용	1974	209

만나다

a-Fa	만나다		일본어	김사엽	1974	480
mas-na	만나다		한국어	김사엽	1974	480
irafu	만나다		일본어	大野晋	1980	17
pak	만나다		한국어	송민	1966	22
^pai k[伯]	만나다	to encounter, meet	한국어	Christopher I. Beckwith	2004	134
mannada		to meet, to find, to encounter	한국어	G. J. Ramstedt	1949	141
mannada		to meet, to find, to encounter	한국어	G. J. Ramstedt	1949	157
nåda		to cause to meet, to let find; to make to hit	한국어	G. J. Ramstedt	1949	157
nã a oda		to appear before	한국어	G. J. Ramstedt	1949	157
nã a gada		to go to encounter, to enter into the presence of	한국어	G. J. Ramstedt	1949	157
mac-	만나다	meet	한국어	Martin, S. E.	1966	200
mac-	만나다	meet	한국어	Martin, S. E.	1966	208

만들다

mʌ ndʌ r-	만들다		한국어	강길운	1981ㄱ	33
mʌ ndʌ r-	만들다		한국어	강길운	1983ㄴ	126
il	만들다		한국어	김사엽	1974	413
na-tsu	만들다		일본어	김사엽	1974	413
mʌ jŋ -kʌ l	만들다		한국어	김사엽	1974	422
tu-ku-ru	만들다		일본어	김사엽	1974	422
mʌ n-tʌ l	만들다		한국어	김사엽	1974	448
こしらふ	만들다		일본어	김사엽	1974	448
nasu	naru의 타동사		일본어	송민	1973	38
make	만들다		일본어	宋敏	1969	80
mainkul	만들다		한국어	宋敏	1969	80
man	만들다		한국어	Hulbert, H. B.	1905	119

만만

만만	만만		한국어	고창식	1976	25
manman	만만		일본어	고창식	1976	25

만약

mosi	만약	if	일본어	이용주	1980	85
he ˇ takā	하다가	if	한국어	이용주	1980	85

표제어/어휘		의미	언어	저자	발간년도	쪽수
많다						
toe/toye	많다		일본어	강길운	1981ㄱ	31
tö	많다		한국어	강길운	1981ㄱ	31
kaji-kaji	가지가지		한국어	강길운	1983ㄴ	106
kə mr-ɯ gi	많이		한국어	강길운	1983ㄴ	108
kaji-kaji	가지가지		한국어	강길운	1983ㄴ	117
kə rɯ -gi	많이		한국어	강길운	1983ㄴ	119
manhʌ -	많다		한국어	강길운	1983ㄴ	125
pagɯl-pagɯl	바글바글		한국어	강길운	1983ㄴ	126
nasugi	넉넉히		한국어	강길운	1983ㄴ	127
kaji-kaji	가지가지		한국어	강길운	1983ㄴ	129
ofo-		many	일본어	강영봉	1991	10
ha-		many	한국어	강영봉	1991	10
mane-si	넓다	large	일본어	金澤庄三郎	1910	10
man	많다	much; many	한국어	金澤庄三郎	1910	10
man	많다	much; many	한국어	金澤庄三郎	1910	11
momo	백	hundred	일본어	金澤庄三郎	1910	11
man	많다	much; many	한국어	金澤庄三郎	1910	21
muri	넓다	large	한국어	金澤庄三郎	1910	21
a-mane-si	넓다	large	일본어	金澤庄三郎	1910	21
momo	넓다	large	일본어	金澤庄三郎	1910	21
mora	넓다	large	한국어	金澤庄三郎	1910	21
mure	넓다	large	일본어	金澤庄三郎	1910	21
moro	넓다	large	일본어	金澤庄三郎	1910	21
mane-si	넓다	large	일본어	金澤庄三郎	1910	21
mane-si	보편적	general	일본어	金澤庄三郎	1910	32
man	많다	many	한국어	金澤庄三郎	1910	32
mina	모두	all	일본어	金澤庄三郎	1910	32
man	많다		한국어	金澤庄三郎	1914	220
manh	많다	many	한국어	김공칠	1988	83
amanesi	넓다	wide	일본어	김공칠	1988	83
manesi	많다		일본어	김공칠	1989	10
ohoku	많다		일본어	김공칠	1989	5
phukta	많다		한국어	김공칠	1989	5
mani	많다		한국어	김공칠	1989	7
momo	많다		일본어	김공칠	1989	7
pho	많다		한국어	김공칠	1989	7
po	많다		일본어	김공칠	1989	7
manh-	많은	many	한국어	김동소	1972	139
manh-	많은	many	한국어	김동소	1972	139
ha-	많다		일본어	김동소	1972	149
manh	많다		한국어	김사엽	1974	389
ma-ne-ku	많다		일본어	김사엽	1974	389
ha	많다		한국어	김사엽	1974	467
ö-Fo-ki	많다		일본어	김사엽	1974	467
あまねし	많다		일본어	김사엽	1974	480
manh	많다		한국어	김사엽	1974	480
mane-si	많다		일본어	김선기	1968ㄱ	45
manh	많다	many	한국어	김선기	1968ㄱ	45
많다	많다		한국어	김해진	1947	12
man	많다		한국어	宋敏	1969	80
manh	많다		한국어	宋敏	1969	80
mane	많다	be many	일본어	宋敏	1969	80
mani	많다		한국어	宋敏	1969	80
mane	많다		일본어	宋敏	1969	80
momo	많다		일본어	宋敏	1969	80
mane-si	많다		일본어	宋敏	1969	80

표제어/어휘	의미		언어	저자	발간년도	쪽수
manʰɔ	많다		한국어	宋敏	1969	80
han	많다		한국어	이숭녕	1956	168
manxe	많은	many	한국어	이용주	1980	101
manesi	많은	many	일본어	이용주	1980	101
*öHösi-	많다	many	일본어	이용주	1980	83
mā nheˇ-	많다	many	한국어	이용주	1980	83
manhŭn	많은	viel	한국어	Andre Eckardt	1966	233
*sapa [佐波]	많은	much, abundant	일본어	Christopher I. Beckwith	2004	136
man-k(h)e	많게	so that it will be much	한국어	Johannes Rahder	1959	34
man-hi	많이	much	한국어	Johannes Rahder	1959	34
mane-si	보편적	general	일본어	Kanazawa, S	1910	18
mina	모두	all	일본어	Kanazawa, S	1910	18
man	많다	many	한국어	Kanazawa, S	1910	18
momo	넓다	large	일본어	Kanazawa, S	1910	16
man	많다	much; many	한국어	Kanazawa, S	1910	16
muri	넓다	large	한국어	Kanazawa, S	1910	16
mure	넓다	large	일본어	Kanazawa, S	1910	16
a-mane-si	넓다	large	일본어	Kanazawa, S	1910	16
mane-si	넓다	large	일본어	Kanazawa, S	1910	16
mora	넓다	large	한국어	Kanazawa, S	1910	16
moro	넓다	large	한국어	Kanazawa, S	1910	16
mane-si	넓다	large	일본어	Kanazawa, S	1910	8
man	많다	much; many	한국어	Kanazawa, S	1910	8
momo	백	hundred	일본어	Kanazawa, S	1910	8
op(o)-	많다	plentiful	한국어	Martin, S. E.	1966	198
op-	많다	plentiful	한국어	Martin, S. E.	1966	198
op-	많다	plentiful	한국어	Martin, S. E.	1966	200

많이

opirika	많은		일본어	강길운	1982ㄴ	22
p'[ʌ]riri	많이		한국어	강길운	1982ㄴ	22
*popirika	많이		일본어	강길운	1982ㄴ	23
p'ʌp'iri	많이		한국어	강길운	1982ㄴ	23
ōi<*opo-ki	많이	much, many	일본어	김공칠	1989	13
obithada	많이	to have plenty	한국어	김공칠	1989	13
hajöŋ	많이		한국어	이숭녕	1956	129
mane	많이, 널리		일본어	이용주	1980	72
manh	많이, 널리		한국어	이용주	1980	72
mani/만히	많이		한국어	Arraisso	1896	21
man	많이	many	한국어	Hulbert, H. B.	1905	

맡기다

matkita	맡기다		한국어	김공칠	1989	9
maku(makas	맡기다		일본어	김공칠	1989	9

맏다

まつ	맏다		일본어	김사엽	1974	390
mʌs	맏다		한국어	김사엽	1974	390
mʌt	맏다		한국어	김사엽	1974	390

말(단위)

mal	말		한국어	김사엽	1974	390
ma-tsu	말		일본어	김사엽	1974	390
mal	곡식을 세는 단위		한국어	김승곤	1984	245

표제어/어휘		의미	언어	저자	발간년도	쪽수
mogä	보리나 밀의 한줌을 묶은 다발		한국어	김승곤	1984	246
mar-	말		한국어	박은용	1974	268
masu	말		일본어	徐廷範	1985	237
맏, 말	말		한국어	徐廷範	1985	237
mal	말		일본어	송민	1973	34
masu	말		일본어	송민	1973	34
mal	말		한국어	이숭녕	1955	15
masu	말		일본어	이숭녕	1955	15
mal	말	a dry measure containing ten "pints"	한국어	白鳥庫吉	1915ㄱ	28
masu	말	a measure of capacity	일본어	宋敏	1969	81
masu	말	mesure	일본어	宋敏	1969	81
mar̆ i	말	recipient	일본어	宋敏	1969	81
masu	말	a dry measure	일본어	이기문	1958	112
mar	말	a dry measure	한국어	이기문	1958	112
masu	말	a measure of capacity	일본어	이기문	1973	5
mal	말	a measure of capacity	한국어	Aston	1879	26
masu	말	a measure of capacity	일본어	Aston	1879	26
mal	말	a dry measure containing ten pints	한국어	G. J. Ramstedt	1949	138
mal	말	a large plaited basket in the form of a bottle -	한국어	G. J. Ramstedt	1949	138
malu	말	a large plaited basket in the form of a bottle -	한국어	G. J. Ramstedt	1949	138

말(馬)

표제어/어휘		의미	언어	저자	발간년도	쪽수
kara	말		한국어	강길운	1977	14
umma	말		일본어	강길운	1982ㄴ	19
mʌr	말		한국어	강길운	1982ㄴ	19
mʌ	말		한국어	강길운	1983ㄱ	30
ウマ	말		일본어	권덕규	1923ㄴ	128
말	말		한국어	권덕규	1923ㄴ	128
mă r	말	horse	한국어	金澤庄三郞	1910	12
uma	말	horse	일본어	金澤庄三郞	1910	12
mă r	말		한국어	金澤庄三郞	1914	220
mă r	말		한국어	金澤庄三郞	1914	221
ipe	말	house	일본어	김공칠	1989	16
cip	말	house	한국어	김공칠	1989	16
mă l	말		한국어	김공칠	1989	8
uma	말		일본어	김공칠	1989	8
mʌl	말		한국어	김방한	1978	16
u-ma	말		일본어	김사엽	1974	472
mʌl	말		한국어	김사엽	1974	472
mari	말		한국어	김선기	1977	355
mori	말		한국어	김선기	1977	355
mol	말		한국어	김선기	1977	355
me l	말		한국어	김선기	1977	355
mal	말		한국어	김선기	1977	355
uma	말		일본어	김선기	1977	356
몰	말		한국어	박은용	1975ㄴ	54
me r	말		한국어	박은용	1974	270
mă l	말	a horse	한국어	白鳥庫吉	1915ㄱ	27
mar	말		한국어	小倉進平	1934	23
uma	말		일본어	小倉進平	1934	24
mal	말		한국어	宋敏	1969	80
umă	말	horse	일본어	宋敏	1969	80

⟨ㅁ⟩ 183

표제어/어휘		의미	언어	저자	발간년도	쪽수
mŭ ma	말	a horse	일본어	宋敏	1969	80
mɔ l	말		한국어	宋敏	1969	80
mɒ r	말		한국어	宋敏	1969	80
uma	말		일본어	宋敏	1969	80
mạ r	말	horse	한국어	이기문	1958	114
고라	말		한국어	이기문	1978	22
가라	말		한국어	이기문	1978	22
me i	말		한국어	이숭녕	1956	121
me ŋ i-sɛ ŋ i	새끼말		한국어	이숭녕	1956	182
mə l	말		한국어	이용주	1979	113
mŭ ma	말		일본어	이용주	1979	113
말	말		한국어	이원진	1940	14
ンマ	말		일본어	이원진	1940	14
ま-	말		일본어	이원진	1940	14
ヌ-マ	말		일본어	이원진	1940	14
ウマ	말		일본어	이원진	1940	14
ま-	말		일본어	이원진	1951	14
ンマ	말		일본어	이원진	1951	14
말	말		한국어	이원진	1951	14
ウマ	말		일본어	이원진	1951	14
ヌ-マ	말		일본어	이원진	1951	14
uma	말		일본어	長田夏樹	1966	107
me r	말		한국어	長田夏樹	1966	107
mal	말	Pferd	한국어	Andre Eckardt	1966	233
mŭ ma	말	a horse	일본어	Aston	1879	26
mal	말	a horse	한국어	Aston	1879	26
^uma[宇麻]	말	horse	일본어	Christopher I. Beckwith	2004	129
mal	말	horse	한국어	Edkins, J	1895	409
mar < *mŏ r	말	horse	한국어	G. J. Ramstedt	1928	70
mal < *mŏ r	말	horse	한국어	G. J. Ramstedt	1928	70
mạ l		a horse	한국어	G. J. Ramstedt	1949	138
mạ r		a horse	한국어	G. J. Ramstedt	1949	138
mor		a horse	한국어	G. J. Ramstedt	1949	138
mă r	말	horse	한국어	Kanazawa, S	1910	10
uma	말	horse	일본어	Kanazawa, S	1910	10
mal	말	horse	한국어	Poppe, N	1965	180

말(言)

mawosu	말		일본어	김공칠	1989	6
malsă m	말		한국어	김공칠	1989	6
mal	말		한국어	김사엽	1974	447
kö-tö	말		일본어	김사엽	1974	447
말	말		한국어	박은용	1975ㄴ	54
mao-su	말		일본어	이숭녕	1955	16
mal	말		한국어	이숭녕	1955	16

말다(捲)

mʌ r	말다		한국어	강길운	1983ㄱ	36
mʌ r-	말다		한국어	강길운	1983ㄱ	37
mʌ l	말다		한국어	김사엽	1974	391
まく	말다		일본어	김사엽	1974	391
mar-	말다		한국어	박은용	1974	266

말다(不)

majiki	부정사		일본어	김공칠	1989	4
mar	부정사		한국어	김공칠	1989	4

표제어/어휘		의미		언어	저자	발간년도	쪽수
まな	말다			일본어	김사엽	1974	389
mal	말다			한국어	김사엽	1974	389
mazi	말다			일본어	김선기	1968ㄱ	47
mar	말다			한국어	김선기	1968ㄱ	47
마	말다			한국어	김해진	1947	12
mar-	말다			한국어	박은용	1974	266
mal ta	말다	to cease, to stop, to refrain from		한국어	白鳥庫吉	1915ㄱ	29
ma-ta	말다	to prevent, to stop, to forbid, to avoid, to refuse		한국어	白鳥庫吉	1915ㄱ	29
maji-ki	말다	neg. termination		일본어	宋敏	1969	81
mal	말다	neg. verb		한국어	宋敏	1969	81
mar-	말다	to cease, to refrain from		한국어	이기문	1958	114
ma-	말다	nicht duerfen		한국어	Andre Eckardt	1966	233
majiki	부정 어미	neg. termination		일본어	Aston	1879	26
mal-	말다	negative verb		한국어	Aston	1879	26
mal	말다	do not		한국어	Edkins, J	1895	409
malguda		to stop, to hinder, to forbid, to wean off		한국어	G. J. Ramstedt	1949	138
mallida		to stop, to hinder, to forbid, to wean off		한국어	G. J. Ramstedt	1949	138
mã da		to stop, to refrain from, to cease; to shun, to avoid		한국어	G. J. Ramstedt	1949	138
malda		to stop, to refrain from, to cease; to shun, to avoid		한국어	G. J. Ramstedt	1949	138
malda		to bend, to curl up		한국어	G. J. Ramstedt	1949	141
mal	don't	denoting negative command or prohibition		한국어	Hulbert, H. B.	1905	
mara	말다	prohibition		한국어	Hulbert, H. B.	1905	122

말다(混)

mʌl	말다			한국어	김사엽	1974	480
a-Fe	말다			일본어	김사엽	1974	480
meːr-	말다			한국어	박은용	1974	259
mazu	말다			일본어	송민	1965	39
meːl	말다			한국어	송민	1965	39
maze	말다			일본어	이숭녕	1955	16
mazu	말다			일본어	이숭녕	1955	16
mal-da	말다			한국어	이숭녕	1955	16

말뚝

mal-h	말뚝			한국어	김사엽	1974	452
ku-Fi	말뚝			일본어	김사엽	1974	452
mal-tuk	말뚝			한국어	이숭녕	1956	177
mal-tok	말뚝			한국어	이숭녕	1956	177

말리다

mariˑn		dry		한국어	G. J. Ramstedt	1949	141
malliuda		to be dried up		한국어	G. J. Ramstedt	1949	141
mallida		to dry		한국어	G. J. Ramstedt	1949	141
mariˑda		to get dry		한국어	G. J. Ramstedt	1949	141

말미

mal-mʌj	由, 事由			한국어	김사엽	1974	379
yö-si	由, 因, 緣			일본어	김사엽	1974	379

〈ㅁ〉 185

표제어/어휘		의미	언어	저자	발간년도	쪽수
말씀						
kʌ rʌ -	말씀		한국어	강길운	1983ㄱ	43
ma-u-tse	말씀		일본어	김사엽	1974	392
mal-sʌ m	말씀		한국어	김사엽	1974	392
mal sä m	말씀	word, speech, saying	한국어	白鳥庫吉	1915ㄱ	28
mawosu	말씀		일본어	宋敏	1969	81
malsam	말씀		한국어	宋敏	1969	81
말하다						
kʌ rʌ -	말하다		한국어	강길운	1981ㄱ	33
kʌ rʌ -	말하다		한국어	강길운	1983ㄱ	36
nə sɯ re	너스레		한국어	강길운	1983ㄴ	108
nirɯ-	이르다		한국어	강길운	1983ㄴ	109
iba-gu	말.이야기		한국어	강길운	1983ㄴ	110
nirɯ -	이르다		한국어	강길운	1983ㄴ	110
kʌ rʌ -	말하다		한국어	강길운	1983ㄴ	113
pur-	자백하다		한국어	강길운	1983ㄴ	114
kʌ rʌ -	말하다		한국어	강길운	1983ㄴ	116
nö-	말하다		한국어	강길운	1983ㄴ	121
pur-	자백하다		한국어	강길운	1983ㄴ	124
ö-t'l-	외치다		한국어	강길운	1983ㄴ	125
mʌ rʌ	말하다		한국어	강길운	1983ㄴ	125
kʌ rʌ -	말하다		한국어	강길운	1983ㄴ	130
ö-	외치다		한국어	강길운	1983ㄴ	134
iba-gü	말하다		한국어	강길운	1983ㄴ	136
if-		to say	일본어	강영봉	1991	11
ke t-/se rɯ-		to say	한국어	강영봉	1991	11
kötö	가로다		일본어	김공칠	1988	198
ke t	가로다		한국어	김공칠	1988	198
malha-	말하다	say	한국어	김동소	1972	140
malhe -	말하다	say	한국어	김동소	1972	140
nire -	말하다		한국어	김동소	1972	145
*kɒ t	말하다		한국어	김동소	1972	149
로되	말하되		한국어	김동소	1972	149
론	말한		한국어	김동소	1972	149
ka-ta-ri	말하다		일본어	김사엽	1974	462
kʌ -lo	말하다		한국어	김사엽	1974	462
gara	말하다	say	한국어	김선기	1968ㄱ	41
katara	말하다		일본어	김선기	1968ㄱ	41
mo:s	말하다		일본어	김선기	1968ㄱ	41
iwagu	말하다		일본어	김승곤	1984	192
ke r-	말하다		한국어	박은용	1974	222
ke r-	말하다		한국어	박은용	1974	234
mal hä ta	말하다	to speak, to say, to tell, to express	한국어	白鳥庫吉	1915ㄱ	28
ifu	말하다		일본어	송민	1973	36
ifu	말하다		일본어	송민	1973	52
nire -	니라다	to say	한국어	이용주	1980	82
iHu	말하다	to say	일본어	이용주	1980	82
kă ră da	말하다	to say, to instruct, to tell	한국어	G. J. Ramstedt	1949	10
맑다						
sar	맑다		한국어	강길운	1977	14
mʌ lg-	맑다		한국어	강길운	1983ㄱ	36
tsu-me	맑다		일본어	김사엽	1974	433
mʌ lk	맑다		한국어	김사엽	1974	433
ake	맑다		일본어	김선기	1976ㄷ	337

표제어/어휘	의미		언어	저자	발간년도	쪽수
개	맑다		한국어	김선기	1976ㄷ	337
개운	맑다		한국어	김선기	1976ㄷ	337
맑	맑다		한국어	김선기	1976ㄷ	337
밝	맑다		한국어	김선기	1976ㄷ	337
malg	맑다		한국어	김선기	1976ㄹ	329
me r-	맑다		한국어	박은용	1974	
āzayaka	맑은	clear	일본어	송민	1974	14
malk	맑다	clear, pure	한국어	Hulbert, H. B.	1905	
맛						
omau	맛		일본어	강길운	1982ㄴ	22
mas	맛		한국어	강길운	1982ㄴ	22
adi	맛	taste	일본어	김공칠	1988	83
mas	맛	taste	한국어	김공칠	1988	83
mat	맛		한국어	김사엽	1974	389
まて	맛		일본어	김사엽	1974	389
u-ma	맛		일본어	김사엽	1974	472
mas	맛		한국어	김사엽	1974	472
mat	맛	tast, flavor, interest	한국어	白鳥庫吉	1915ㄱ	31
mas	맛		한국어	宋敏	1969	81
uma-	맛	flavorful	일본어	宋敏	1969	81
mat	맛		한국어	宋敏	1969	81
umasi	맛		일본어	宋敏	1969	81
uma	맛		일본어	宋敏	1969	81
aźi	맛		일본어	宋敏	1969	81
ama	맛		일본어	宋敏	1969	81
mas	맛	flavor	한국어	宋敏	1969	81
맛보다						
mat po ta	맛보다	to taste, to try by tasting	한국어	白鳥庫吉	1915ㄱ	31
nam-a-ru	맛보다	tasting	일본어	송민	1974	16
망울						
ma-rö	망울		일본어	김사엽	1974	388
ma-ol	망울		한국어	김사엽	1974	388
me ŋ	망울		한국어	박은용	1974	262
mang-ul	망울	a ball, a disk	한국어	白鳥庫吉	1915ㄱ	35
망치						
machi	망치		한국어	이용주	1980	105
wönö	망치		일본어	이용주	1980	105
맞다						
ka-na-Fi	맞다		일본어	김사엽	1974	461
mač	맞다		한국어	김사엽	1974	461
ataru	맞다		일본어	大野晋	1980	15
atu	맞다		일본어	大野晋	1980	15
mač	맞다		한국어	송민	1974	11
mac	맞다	correct	한국어	宋敏	1969	81
mac-	맞다		한국어	宋敏	1969	81
masa-	맞다		일본어	宋敏	1969	81
mát	맞다		일본어	宋敏	1969	81
matč hoda		to fix together, to put together, to match, to	한국어	G. J. Ramstedt	1949	143
mats(a)-	맞다	correct	한국어	Martin, S. E.	1966	200
mats(a)-	맞다	correct	한국어	Martin, S. E.	1966	208

〈ㅁ〉 187

표제어/어휘		의미	언어	저자	발간년도	쪽수
맞다(매를)						
matta		to smash, to demolish, to pound	한국어	G. J. Ramstedt	1949	143
č inmatta		to smash, to demolish, to pound	한국어	G. J. Ramstedt	1949	143
matta		to smash	한국어	G. J. Ramstedt	1949	143
masadida		to become smashed, to be beaten down, to be	한국어	G. J. Ramstedt	1949	143
masa-thida		to smash, to crush	한국어	G. J. Ramstedt	1949	143
맞다(迎)						
mu-ka-Fë	맞다		일본어	김사엽	1974	386
mač	맞다		한국어	김사엽	1974	386
mu-ka-Fë	맞이하다		일본어	김승곤	1984	196
ma	맞다		한국어	송민	1974	11
mukaFë	맞다		일본어	송민	1974	7
mat-ta	맞다	sich gegenüberstehen	한국어	G. J. Ramstedt	1939ㄱ	479
matta		to go out to meet, to meet as a friend; to fit, to	한국어	G. J. Ramstedt	1949	143
말						
matʰ	말		한국어	김사엽	1974	383
mo-tö	말		일본어	김사엽	1974	383
맡기다						
まかす	맡기다		일본어	김사엽	1974	392
mas-ti	맡기다		한국어	김사엽	1974	392
matta		to be entrusted with, to take charge of, to be	한국어	G. J. Ramstedt	1949	142
makkida		to entrust to, to put in the care of	한국어	G. J. Ramstedt	1949	142
맡다						
matʰ	맡다		한국어	김사엽	1974	465
ka-ku	맡다		일본어	김사엽	1974	465
kagu	맡다		일본어	大野晋	1975	88
mat	맡다		한국어	大野晋	1975	88
kagu	맡다	smell	일본어	이용주	1980	100
*ŋʷá	맡다	smell	한국어	이용주	1980	100
mat	맡다	smell	한국어	이용주	1980	100
mà-	맡다	to smell	한국어	이용주	1980	82
kagu	맡다(냄새를)	to smell	일본어	이용주	1980	82
매						
taka	매	hawk, falcon	일본어	김공칠	1989	17
thugon	매	hawk, falcon	한국어	김공칠	1989	17
taka	매		일본어	김선기	1977ㄷ	359
mai	매		한국어	김선기	1977ㄷ	359
mă i	매		한국어	白鳥庫吉	1915ㄱ	26
kuti	매		일본어	송민	1973	33
mä		a falcon	한국어	G. J. Ramstedt	1949	137
매(鞭)						
maj	매		한국어	김사엽	1974	384
mu-ti	매		일본어	김사엽	1974	384
mai	매	a paddle or baton for beating criminals	한국어	白鳥庫吉	1915ㄱ	27

매끄럽다

표제어/어휘		의미	언어	저자	발간년도	쪽수
namer-		smooth	일본어	강영봉	1991	11
mincirə p-		smooth	한국어	강영봉	1991	11

매다

표제어/어휘		의미	언어	저자	발간년도	쪽수
mä-	매다		한국어	강길운	1980	21
mäj-	매다		한국어	강길운	1980	21
mE-	매다		한국어	강길운	1982ㄴ	25
mui	묶다		일본어	강길운	1982ㄴ	25
mui	묶다		일본어	강길운	1982ㄴ	32
mus	매다		한국어	강길운	1982ㄴ	32
mE-	매다		한국어	강길운	1982ㄴ	32
mä-	매다	tie	한국어	김동소	1972	141
mɛ -	매다	tie	한국어	김동소	1972	141
mʌ j	매다		한국어	김사엽	1974	385
mu-tsu	매다		일본어	김사엽	1974	385
mak-	매다	tie up	일본어	宋敏	1969	81
mɔ y	매다		한국어	宋敏	1969	81
musubu	매다	tie	일본어	이용주	1980	102
mɐ i	매다	tie	한국어	이용주	1980	102
musubu	매다	to tie	일본어	이용주	1980	83
mɐ i-	매다	to tie	한국어	이용주	1980	83
mę ida		to weed	한국어	G. J. Ramstedt	1949	143
mạ in		only, bare	한국어	G. J. Ramstedt	1949	143
mui-muję		to brush away, to sweeo off	일본어	G. J. Ramstedt	1949	143
mę ida		to tie to wrap	한국어	G. J. Ramstedt	1949	143
mui		to tie, to bind, to make a bundle	일본어	G. J. Ramstedt	1949	144
mạ i-	매다	to tie, to warp up, to make a knot	한국어	G. J. Ramstedt	1949	9
mă	매다	to bind, tie	한국어	Hulbert, H. B.	1905	
máxy-	매다	tie up	한국어	Martin, S. E.	1966	200
máxy-	매다	tie up	한국어	Martin, S. E.	1966	204
máxy-	매다	tie up	한국어	Martin, S. E.	1966	213
máxy-	매다	tie up	한국어	Martin, S. E.	1966	220

매달다

표제어/어휘		의미	언어	저자	발간년도	쪽수
tʌ r-	매달다		한국어	강길운	1981ㄴ	8
u' tara	매달다		일본어	강길운	1981ㄴ	8
tʌ r-	매달다		한국어	강길운	1982ㄴ	19
u' koro	매달다		일본어	강길운	1982ㄴ	19
u' tara	매달다		일본어	강길운	1982ㄴ	23
tʌ r-	매달다		한국어	강길운	1982ㄴ	23
tʌ r-	매달다		한국어	강길운	1982ㄴ	35
u' koro	매달다		일본어	강길운	1982ㄴ	35
köl	매달다		일본어	김공칠	1989	15
kaku	매달다		한국어	김공칠	1989	15
tal ta	달다	to hang, to hoist-as a sail	한국어	白鳥庫吉	1916ㄱ	181
teu-ri-u ta	달다	to let down, to hang down	한국어	白鳥庫吉	1916ㄱ	181
tal	매달다	suspendre, pendre	한국어	宋敏	1969	78
taru	매달다		일본어	宋敏	1969	78
tar-u	매달다		일본어	宋敏	1969	78
tar	매달다		한국어	宋敏	1969	78
tari	매달다		한국어	宋敏	1969	78
tɔ l	매달다	hang	한국어	宋敏	1969	78
tur-	매달다	hang it up	일본어	宋敏	1969	78

표제어/어휘		의미	언어	저자	발간년도	쪽수
tar.	매달다	pendre	일본어	宋敏	1969	78
talda	달다	to hang, to hoist-as a sail	한국어	G. J. Ramstedt	1949	252
매듭						
mEdɯb	매듭		한국어	강길운	1982ㄴ	25
eibi te	매듭		일본어	강길운	1982ㄴ	25
むすび	매듭		일본어	김사엽	1974	385
mʌ-tʌjp	매듭		한국어	김사엽	1974	385
매무시						
mʌj-mït-ki	매무시		한국어	김사엽	1974	447
こなし	매무시		일본어	김사엽	1974	447
매미						
mʌj-ja-mi	매미		한국어	김사엽	1974	431
se-Fi	매미		일본어	김사엽	1974	431
meiami	매미		한국어	박은용	1974	262
me-rɛŋi	매미		한국어	이숭녕	1956	184
매우						
t<⁻ö>	되다		한국어	강길운	1982ㄴ	25
toi	甚惡		일본어	강길운	1982ㄴ	25
t<⁻ö>	되다		한국어	강길운	1982ㄴ	29
toi	甚惡		일본어	강길운	1982ㄴ	29
mă i-u	매우	very, exceedingly	한국어	白鳥庫吉	1915ㄱ	25
mäo		very, exceedingly	한국어	G. J. Ramstedt	1949	144
meu		very, exceedingly	한국어	G. J. Ramstedt	1949	144
mäu		very, exceedingly	한국어	G. J. Ramstedt	1949	144
mäpta		to be acrid, to be peppery	한국어	G. J. Ramstedt	1949	144
mäu		very, exceedingly	한국어	G. J. Ramstedt	1949	144
mao	매우	very	한국어	Hulbert, H. B.	1905	
매장하다						
mu	막힘		일본어	강길운	1982ㄴ	19
mud-	묻다		한국어	강길운	1982ㄴ	19
mu	막힘		일본어	강길운	1982ㄴ	32
mud-	묻다		한국어	강길운	1982ㄴ	32
umeru	묻다		일본어	김공칠	1989	4
mye	묻다		한국어	김공칠	1989	4
mut	묻다		한국어	김사엽	1974	472
u-me	묻다		일본어	김사엽	1974	472
mut-ta	묻다	to bury, to inter	한국어	白鳥庫吉	1915ㄱ	40
mut-ta	묻다	to soil	한국어	白鳥庫吉	1915ㄱ	40
mutthida		to be buried, to be hidden	한국어	G. J. Ramstedt	1949	156
mutta	묻다	to bury, to inter	한국어	G. J. Ramstedt	1949	156
mutta		to bury, to inter, to cover with earth	한국어	G. J. Ramstedt	1949	156
mutčhida		to be buried, to be hidden	한국어	G. J. Ramstedt	1949	156
mutta		to adhere, to sick to, to stain, to soil	한국어	G. J. Ramstedt	1949	156
mudęm		a grave	한국어	G. J. Ramstedt	1949	156
mutčhida		to coat with, to stain, to soil	한국어	G. J. Ramstedt	1949	156
맨						
す	맨		일본어	김사엽	1974	436
mʌjn	맨		한국어	김사엽	1974	436

표제어/어휘		의미	언어	저자	발간년도	쪽수
mänduri		form, looks	한국어	G. J. Ramstedt	1949	137
mē n-bal		bare feet	한국어	G. J. Ramstedt	1949	144
mē n		bare	한국어	G. J. Ramstedt	1949	144
mē psal		cleaned rice	한국어	G. J. Ramstedt	1949	144
man	맨	alone, only	한국어	Hulbert, H. B.	1905	

맵다
ka-ra-ku	맵다		일본어	김사엽	1974	458
mʌ jp	맵다		한국어	김사엽	1974	458
다		spicy	한국어	김선기	1978ㅁ	355
karai	맵다		일본어	김승곤	1984	193
kara-si	맵다		일본어	大野晋	1980	23

맺다
mE-	맺다		한국어	강길운	1981ㄴ	10
mui	맺다		일본어	강길운	1981ㄴ	10
naṣ	맺다		일본어	김공칠	1989	14
di	맺다		한국어	김공칠	1989	14
musubu	맺다		일본어	김공칠	1989	7
mus	맺다		한국어	김공칠	1989	7
mu-tsu-Fi	맺다		일본어	김사엽	1974	385
mʌ jč	맺다		한국어	김사엽	1974	385

머금다
くくむ	머금다		일본어	김사엽	1974	454
mə -kum	머금다		한국어	김사엽	1974	454
mə bu-m-	머금다		한국어	박은용	1974	274
kám-	머금다	bite, eat	일본어	宋敏	1969	81
mëkum	머금다	hold in mouth	한국어	宋敏	1969	81

머리
pari	머리	head	한국어	강길운	1978	42
pake	머리		일본어	강길운	1981ㄱ	30
pak	머리		한국어	강길운	1981ㄱ	30
sap	머리		한국어	강길운	1981ㄴ	5
pak	머리		한국어	강길운	1981ㄴ	5
pake	머리		일본어	강길운	1981ㄴ	5
sapa	머리		일본어	강길운	1981ㄴ	5
*koru	머리		한국어	강길운	1982ㄱ	181
pak	머리		한국어	강길운	1982ㄴ	16
pake	머리		일본어	강길운	1982ㄴ	16
sapa	머리		일본어	강길운	1982ㄴ	28
*sab	머리		한국어	강길운	1982ㄴ	28
pak	머리		한국어	강길운	1982ㄴ	31
pa	머리, 위		일본어	강길운	1982ㄴ	31
pake	머리		일본어	강길운	1982ㄴ	31
kə bul-jə bul	헝크러진머리모양		한국어	강길운	1983ㄴ	117
k'ar	모발		한국어	강길운	1983ㄴ	120
kasira		head	일본어	강영봉	1991	9
mə ri		head	한국어	강영봉	1991	9
kabu	머리	head	일본어	김공칠	1989	16
tsumuri	머리		일본어	김공칠	1989	8
möri	머리		한국어	김공칠	1989	8
mʌ li	머리	head	한국어	김동소	1972	138
mʌ li	머리	head	한국어	김동소	1972	138
mʌ ri	머리		한국어	김방한	1977	5
mari	머리	head	한국어	김방한	1978	7

표제어/어휘	의미		언어	저자	발간년도	쪽수
つぶり	머리		일본어	김사엽	1974	419
tʌj-ko-li	머리		한국어	김사엽	1974	419
かみ	머리		일본어	김사엽	1974	459
ma-li	머리		한국어	김사엽	1974	459
kasira	머리	head	일본어	김선기	1968ㄱ	23
məri	머리	head	한국어	김선기	1968ㄱ	23
mari	머리		한국어	김선기	1968ㄴ	30
degi	꼭대기		한국어	김선기	1976ㄱ	325
대가리	머리		한국어	김선기	1976ㄱ	325
kashira	머리		일본어	김선기	1976ㅇ	357
daegari	머리		한국어	김선기	1976ㅇ	357
miri	머리		한국어	박은용	1974	260
mori	머리	the head	한국어	白鳥庫吉	1915ㄱ	35
mori	머리		한국어	宋敏	1969	81
mɔri	머리		한국어	宋敏	1969	81
tsumuri	머리		일본어	宋敏	1969	81
tsu.biri	머리	tete	일본어	宋敏	1969	81
골	머리		한국어	신용태	1985	408
möri	머리		한국어	이숭녕	1956	123
kasira	머리	head	일본어	이용주	1980	80
məri	머리	head	한국어	이용주	1980	80
カナマづ	머리		일본어	이원진	1940	16
골치	머리		한국어	이원진	1940	16
골	머리		한국어	이원진	1940	16
カマテ	머리		일본어	이원진	1940	16
カナマづ	머리		일본어	이원진	1951	16
カマテ	머리		일본어	이원진	1951	16
골	머리		한국어	이원진	1951	16
골치	머리		한국어	이원진	1951	16
meri	머리	head	한국어	長田夏樹	1966	82
atama	머리	head	일본어	長田夏樹	1966	82
*kan:ˆkən	머리	head	한국어	Christopher I. Beckwith	2004	122
*kabu [加夫]	머리	head	일본어	Christopher I. Beckwith	2004	122
*kaube	머리	head	일본어	Christopher I. Beckwith	2004	122
*kasira ~	머리	head	일본어	Christopher I. Beckwith	2004	123
mẹlmī		sea-sickness	한국어	G. J. Ramstedt	1949	146
mari		the head	한국어	G. J. Ramstedt	1949	146
mẹri		the head	한국어	G. J. Ramstedt	1949	146
t'ŭl	머리		한국어	Hulbert, H. B.	1905	116
머리	머리		한국어	Miller, R. A. 김방한 역	1980	15
kķil	머리	hair	한국어	Poppe, N	1965	189
kökül	머리 숱	tuft of hair	한국어	Poppe, N	1965	189

머리깎다

soru	머리깎다		일본어	김공칠	1989	7
ssö	머리깎다		한국어	김공칠	1989	7

머리카락

moru	머리카락		일본어	강길운	1981ㄱ	30
məri	머리카락		한국어	강길운	1981ㄱ	30
moru	머리카락		일본어	강길운	1981ㄴ	5
məri	머리카락		한국어	강길운	1981ㄴ	5

표제어/어휘		의미	언어	저자	발간년도	쪽수
moru	머리카락		일본어	강길운	1982ㄴ	23
mə ri	머리카락		한국어	강길운	1982ㄴ	23
mə ri	머리카락		한국어	강길운	1982ㄴ	33
moru	머리카락		일본어	강길운	1982ㄴ	33
mə ri	머리카락		한국어	강길운	1982ㄴ	36
moru	머리카락		일본어	강길운	1982ㄴ	36
ke		hair	일본어	강영봉	1991	9
mə ri-thə rə k		hair	한국어	강영봉	1991	9
kami	머리카락	hair of the head	일본어	김공칠	1989	16
kkïl	머리카락	hair	한국어	김공칠	1989	16
kë	머리카락	hair	일본어	김공칠	1989	16
khalak	머리카락	hair of the head	한국어	김공칠	1989	18
ka, kë	머리카락	hair	일본어	김공칠	1989	18
malithʌ l	머리카락	hair	한국어	김동소	1972	138
mʌ likhalak	머리카락	hair	한국어	김동소	1972	138
ma-li	머리털		한국어	김사엽	1974	459
かみ	머리털		일본어	김사엽	1974	459
kar	머리카락	hair	한국어	김선기	1968ㄱ	24
karag	머리카락	hair	한국어	김선기	1968ㄱ	24
ke	kaminoke	hair	일본어	김선기	1968ㄱ	24
kasira	머리카락		일본어	大野晋	1980	22
keul-heui-	머리카락	sprouted beans-used an article of food	한국어	白鳥庫吉	1914ㄷ	290
mö-ri k' a-rak	머리카락	rauch	한국어	白鳥庫吉	1914ㄷ	290
kkeul	머리카락	haire of a horse for sale	한국어	白鳥庫吉	1914ㄷ	290
kioreum	머리카락	haar	한국어	白鳥庫吉	1914ㄷ	290
keu-ru	머리카락	haar	한국어	白鳥庫吉	1914ㄷ	290
keu-ru-t' ök-l	머리카락	haar	한국어	白鳥庫吉	1914ㄷ	290
kë	머리털	hair	일본어	이용주	1980	80
t' ə r	털	hair	한국어	이용주	1980	80
ハラず	터럭		일본어	이원진	1940	16
칼	터럭		한국어	이원진	1940	16
ラカず	터럭		일본어	이원진	1940	16
カマチ	터럭		일본어	이원진	1940	16
アカマず	터럭		일본어	이원진	1940	16
カラズ	터럭		일본어	이원진	1940	16
ラカず	터럭		일본어	이원진	1951	16
칼	터럭		한국어	이원진	1951	16
ハラず	터럭		일본어	이원진	1951	16
カラズ	터럭		일본어	이원진	1951	16
カマチ	터럭		일본어	이원진	1951	16
アカマず	터럭		일본어	이원진	1951	16
thel	머리카락	hair	한국어	長田夏樹	1966	82
ke	머리카락	hair	일본어	長田夏樹	1966	82
mŭ rӑ	머리카락		한국어	Hulbert, H. B.	1905	116

머물다

mə -mïl	머물다		한국어	김사엽	1974	415
tö-ma-ra	머물다		일본어	김사엽	1974	415
mẹ mị r-	머물다	to stay, to remain	한국어	이기문	1958	114
mẹ mị lda		to stop, to stay, to remain	한국어	G. J. Ramstedt	1949	146
mẹ mị rị da		to stop, to stay, to remain	한국어	G. J. Ramstedt	1949	146
mẹ mč hjuda		to stop, to stay, to remain	한국어	G. J. Ramstedt	1949	146
mẹ mị da		to stop, to stay, to remain	한국어	G. J. Ramstedt	1949	146

먹다

*jwa-	드시다		한국어	강길운	1981ㄱ	30

표제어/어휘	의미		언어	저자	발간년도	쪽수
č i-e-p	먹다		일본어	강길운	1981ㄱ	30
ibe/ibehe	먹을 것		일본어	강길운	1981ㄴ	7
nib	먹을 것		한국어	강길운	1981ㄴ	7
č yə	젓가락		한국어	강길운	1983ㄴ	128
č a-si-	먹다		한국어	강길운	1983ㄴ	130
mə k-		to eat	한국어	강영봉	1991	9
kuf-		to eat	일본어	강영봉	1991	9
ke	먹다		일본어	김공칠	1989	10
ki	먹다		한국어	김공칠	1989	10
mʌ k-	먹다	eat	한국어	김동소	1972	137
mʌ k-	먹다	eat	한국어	김동소	1972	137
mə k	먹다		한국어	김사엽	1974	403
Fa-mu	먹다		일본어	김사엽	1974	403
mə k	먹다		한국어	김사엽	1974	452
ku-Fi	먹다		일본어	김사엽	1974	452
kurahu	먹다	eat	일본어	김선기	1968ㄱ	39
taberu	먹다	eat	일본어	김선기	1968ㄱ	39
Jsi	먹다	eat	한국어	김선기	1968ㄱ	39
mə g	먹다	eat	한국어	김선기	1968ㄱ	39
kufu	먹다		일본어	大野晋	1975	88
mek	먹다		한국어	大野晋	1975	88
mə k-	먹다		한국어	박은용	1974	259
mə k	먹다		한국어	박은용	1974	260
mök ta	먹다	to eat, to drink, to smoke	한국어	白鳥庫吉	1915ㄱ	34
č a-si ta	자시다	to eat, to smoke, to drink, to partake of	한국어	白鳥庫吉	1916ㄱ	147
č ap-su si ta	잡수시다	to eat, to smoke, to drink, to partake of	한국어	白鳥庫吉	1916ㄱ	147
č ap-sup ta	잡습다	to eat, to smoke, to drink, to partake of	한국어	白鳥庫吉	1916ㄱ	147
mę k-um-	머금다	to hold (water) in the mouth	한국어	이기문	1958	115
mę k	먹다	to eat	한국어	이기문	1958	115
kuHu	먹다	to eat	일본어	이용주	1980	82
mə k-	먹다	to eat	한국어	이용주	1980	82
mek	먹다	eat	한국어	이용주	1980	99
kufu	먹다	eat	일본어	이용주	1980	99
*ŋ w(위첨자)ů	먹다	eat	한국어	이용주	1980	99
masi	마시다	to drink	한국어	이탁	1964	153
mul	물	water	한국어	이탁	1964	153
č ję n-megi	젖먹이	a baby	한국어	G. J. Ramstedt	1949	145
mę kta		to eat, to eat or to drink, to partake, to get, to optain	한국어	G. J. Ramstedt	1949	145
megida		to feed	한국어	G. J. Ramstedt	1949	145
mek, meg	먹다	eat, feed	한국어	Hulbert, H. B.	1905	121
mŭ k, mŭ g	먹다	eat, feed	한국어	Hulbert, H. B.	1905	121

먹이

표제어/어휘	의미		언어	저자	발간년도	쪽수
moʒ i	먹이		한국어	강길운	1981ㄴ	7
imok	먹이		일본어	강길운	1981ㄴ	7
mosi	모이		한국어	강길운	1983ㄴ	114
mosi	모이		한국어	강길운	1983ㄴ	126
moʒ i	모이		한국어	강길운	1983ㄴ	133

먹이다

표제어/어휘	의미		언어	저자	발간년도	쪽수
まき	먹이다		일본어	김사엽	1974	391
mo-zi	먹이다		한국어	김사엽	1974	391

표제어/어휘		의미	언어	저자	발간년도	쪽수
먼저						
ma-du	먼저		일본어	김사엽	1974	390
mon-č jə	먼저		한국어	김사엽	1974	390
moncyë	먼저		한국어	宋敏	1969	81
mádu	먼저	first of all	일본어	宋敏	1969	81
末豆	먼저		일본어	長田夏樹	1966	116
madu	먼저		일본어	長田夏樹	1966	116
moncje	먼저		한국어	長田夏樹	1966	116
먼지						
tiri		dust	일본어	강영봉	1991	8
kudum/mᴇnci		dust	한국어	강영봉	1991	8
tikɯr		塵	한국어	김선기	1968ㄱ	28
mon-č i	먼지		한국어	白鳥庫吉	1915ㄱ	40
tiri	먼지	dust	일본어	이용주	1980	100
tythyr	먼지	dust	한국어	이용주	1980	100
*tüžü	먼지	dust	한국어	이봉수	1980	100
tiri	먼지	dust	일본어	이용주	1980	95
tɯt'ɯr	먼지	dust	한국어	이용주	1980	95
sírma	먼지	dust	일본어	이용주	1980	95
멀다						
tur-	멀리 돌다		한국어	강길운	1983ㄴ	122
gullə	멀게, 둘려		한국어	강길운	1983ㄴ	122
məl-		far	한국어	강영봉	1991	9
tofo-		far	일본어	강영봉	1991	9
faro	멀다		일본어	김공칠	1989	14
məl	멀다		한국어	김공칠	1989	14
paruka	멀다		일본어	김공칠	1989	7
pöri	멀다		한국어	김공칠	1989	7
mʌl-	멀리	far	한국어	김동소	1972	137
mʌl-	멀리	far	한국어	김동소	1972	137
tö-Fo-si	멀다		일본어	김사엽	1974	416
məl	멀다		한국어	김사엽	1974	416
mar-	멀다		한국어	박은용	1974	258
mər-	멀다		한국어	박은용	1974	265
paro	멀다		일본어	宋敏	1969	81
möl	멀다		한국어	宋敏	1969	81
meֵr-	멀다	to be distant	한국어	이기문	1958	114
paro	멀다		일본어	이용주	1980	72
möl	멀다		한국어	이용주	1980	72
*töHösi	멀다	far	일본어	이용주	1980	84
mə̄r-	멀다	far	한국어	이용주	1980	84
mēda		to be far, to be distant	한국어	G. J. Ramstedt	1949	145
mēlda		to be far, to be distant	한국어	G. J. Ramstedt	1949	145
meֵlĩ da		to remove father away	한국어	G. J. Ramstedt	1949	145
meֵ lĩ		far away	한국어	G. J. Ramstedt	1949	145
mö	멀다	far	한국어	Hulbert, H. B.	1905	
mör, möl	멀다	to be long	한국어	Hulbert, H. B.	1905	
멈칫						
mongeš-na	점차		일본어	강길운	1982ㄴ	21
muŋgɯs	멈칫		한국어	강길운	1982ㄴ	21
mongeš-na	점차		일본어	강길운	1982ㄴ	33
muŋgɯs	멈칫		한국어	강길운	1982ㄴ	33

표제어/어휘		의미	언어	저자	발간년도	쪽수
메다(肩)						
mə i-	메다		한국어	박은용	1974	266
möi ta	메다	to carry on the shoulder	한국어	白鳥庫吉	1915ㄱ	33
ni-nafu	메다, 어깨에 메고 옮기다		일본어	송민	1973	38
mẹ i-	메다	to carry on the shoulder	한국어	이기문	1958	114
mē da	메다	to carry on the shoulder	한국어	G. J. Ramstedt	1949	144
mẹ ida	메다	to carry on the shoulder	한국어	G. J. Ramstedt	1949	144
meū da		to lay a yoke on the ox	한국어	G. J. Ramstedt	1949	145
meī da		to load on the neck, to yoke	한국어	G. J. Ramstedt	1949	145
메다(塞)						
omu	메다		일본어	강길운	1981ㄴ	9
mye-	메다		한국어	강길운	1981ㄴ	9
omu	막음		일본어	강길운	1982ㄴ	22
mye	메다		한국어	강길운	1982ㄴ	22
mE	메다		한국어	강길운	1982ㄴ	25
moi	메다		일본어	강길운	1982ㄴ	25
mE	메다		한국어	강길운	1982ㄴ	33
moi	메다		일본어	강길운	1982ㄴ	33
myè	메다		한국어	宋敏	1969	81
ume-ru	메다	to fill up	일본어	宋敏	1969	81
메아리						
ko-ta-ma	메아리		일본어	김사엽	1974	447
moj-a-ri	메아리		한국어	김사엽	1974	447
메우다						
myè	메우다	to fill up	한국어	Aston	1879	21
umeru	메우다	to fill up	일본어	Aston	1879	21
메주						
메주	메주		한국어	권덕규	1923ㄴ	127
ミソ	메주		일본어	권덕규	1923ㄴ	127
miso	메주		일본어	김공칠	1989	5
mecyu	메주		한국어	김공칠	1989	5
kuki	메주		일본어	김공칠	1989	5
tutumi	메주		일본어	김공칠	1989	5
kuku	메주		한국어	김공칠	1989	5
tuŋ tuŋ i	메주		한국어	김공칠	1989	5
mjə co	메주		한국어	박은용	1974	268
mjə č u	메주		한국어	송민	1973	48
mjə č u	메주		한국어	송민	1973	54
miso	메주		일본어	이기문	1973	13
ミソ	메주		일본어	이명섭	1962	6
메추리						
u-du-ra	메추리		일본어	김사엽	1974	472
mo-čʰʌ-la-ki	메추리		한국어	김사엽	1974	472
moic'-o-ra-	메추리		한국어	박은용	1974	275
멧부리						
Fu-ru	멧부리		일본어	김사엽	1974	395
pu-li	멧부리		한국어	김사엽	1974	395

표제어/어휘		의미	언어	저자	발간년도	쪽수
멧제비						
koš uyep	산비둘기		일본어	강길운	1982ㄴ	21
kujebi	멧제비		한국어	강길운	1982ㄴ	21
koš uyep	산비둘기		일본어	강길운	1982ㄴ	27
kujebi	멧제비		한국어	강길운	1982ㄴ	27
며느리						
myönari	며느리	daughter-in-law	한국어	金澤庄三郎	1910	12
u-hanari	후처	second wife	일본어	金澤庄三郎	1910	12
myönari	며느리	daughter-in-law	한국어	金澤庄三郎	1910	21
u-hanari	후처	second wife	일본어	金澤庄三郎	1910	21
yome	며느리		일본어	김공칠	1989	5
myə nɐ ri	며느리		한국어	김공칠	1989	5
u-Fa-na-ri	며느리		일본어	김사엽	1974	472
mjə -nʌ -li	며느리		한국어	김사엽	1974	472
u-hanari	며느리		일본어	宋敏	1969	81
upanari	며느리		일본어	宋敏	1969	81
myönari	며느리		한국어	宋敏	1969	81
myönɒ ri	며느리		한국어	宋敏	1969	81
mję ni ri		a daughter-in-law	한국어	G. J. Ramstedt	1949	147
mję nuri		a daughter-in-law	한국어	G. J. Ramstedt	1949	147
mję nạ ri		a daughter-in-law	한국어	G. J. Ramstedt	1949	147
u-hanari	후처	second wif	일본어	Kanazawa, S	1910	10
myönari	며느리	daughter-in-law	한국어	Kanazawa, S	1910	10
myönari	며느리	daughter-in-law	한국어	Kanazawa, S	1910	17
u-hanari	후처	second wife	일본어	Kanazawa, S	1910	17
면(綿)						
yufu	면		일본어	이용주	1980	106
soom	면		한국어	이용주	1980	106
멸하다						
Fo-rö-bu	멸하다		일본어	김사엽	1974	392
paj-a	멸하다		한국어	김사엽	1974	392
명백하다						
fira	명백한	a plain	일본어	김공칠	1989	12
pẹl	명백한	a plain	한국어	김공칠	1989	12
명사 파생 형태소						
*-ti~^-ti[知]	명사 파생 형태소	noun derivational morpheme	일본어	Christopher I. Beckwith	2004	119
*tsi : ^tsi[次]	명사 파생 형태소	noun derivational morpheme	한국어	Christopher I. Beckwith	2004	119
*-tu-~^-tʊ -[都]	명사 파생 형태소		일본어	Christopher I. Beckwith	2004	120
명사파생접미사(도구)						
-ke	명사파생접미사(도구)		한국어	강길운	1987	20
-kä	명사파생접미사(도구)		한국어	강길운	1987	20
-ke	명사파생접미사(도구)		일본어	강길운	1987	21
몇						
myöt	몇	how many?, several, many	한국어	白鳥庫吉	1915ㄱ	38
myöt-č ' i	몇		한국어	白鳥庫吉	1915ㄱ	38
mję t	몇	how many	한국어	宋敏	1969	81
m̩ ma	몇	where	일본어	宋敏	1969	81

표제어/어휘		의미	언어	저자	발간년도	쪽수
e̯ na̯		which	한국어	G. J. Ramstedt	1949	147
we̯ na̯		which	한국어	G. J. Ramstedt	1949	147
mje̯ t		how many?, several	한국어	G. J. Ramstedt	1949	147
we̯ tte̯		how	한국어	G. J. Ramstedt	1949	147
e̯ tte̯		how	한국어	G. J. Ramstedt	1949	147
모						
mo	모	edge	한국어	金澤庄三郎	1910	11
mo	모	edge	일본어	金澤庄三郎	1910	11
mo	모		일본어	김공칠	1989	5
mo	모		한국어	김공칠	1989	5
kata	모		일본어	김공칠	1989	6
kyöt	모		한국어	김공칠	1989	6
tsu-mi	모		일본어	김사엽	1974	433
mo	모		한국어	김사엽	1974	433
mo	모		한국어	김승곤	1984	246
mo	모		일본어	김승곤	1984	246
mo	모		일본어	宋敏	1969	81
mo	모		한국어	宋敏	1969	81
mo	모	an angel, a corner	한국어	宋敏	1969	81
mo	모	the corners	일본어	宋敏	1969	81
yomo		the four corners	일본어	G. J. Ramstedt	1949	149
sotomo		the outside corner	일본어	G. J. Ramstedt	1949	149
mo		an angle, a corner	한국어	G. J. Ramstedt	1949	149
mo		an angle, a corner	일본어	G. J. Ramstedt	1949	149
mo	모	edge	한국어	Kanazawa, S	1910	8
mo	모	edge	일본어	Kanazawa, S	1910	8
모기						
ka-a	모기		일본어	김사엽	1974	466
mo-kʌj	모기		한국어	김사엽	1974	466
mogi	모기	mosquito	한국어	Hulbert, H. B.	1905	
모꼬지						
mok'oji	모꼬지		한국어	강길운	1982ㄴ	22
omekap	연회		일본어	강길운	1982ㄴ	22
모두						
kul	모두		한국어	강길운	1977	15
si'	모두		한국어	강길운	1983ㄱ	31
si'=	모두		한국어	강길운	1983ㄴ	110
si'=	모두		한국어	강길운	1983ㄴ	128
č ö	모두		한국어	강길운	1983ㄴ	129
mor	모두		한국어	강길운	1983ㄴ	135
mina		all	일본어	강영봉	1991	8
me n/modo		all	한국어	강영봉	1991	8
mata-si	전체	total	일본어	金澤庄三郎	1910	11
moto	모으다	together	한국어	金澤庄三郎	1910	11
ta	모두		한국어	김공칠	1989	14
ta	모든	all(of a number)	한국어	김동소	1972	136
ta	모든	all(of a number)	한국어	김동소	1972	136
mu-ta	모두		일본어	김사엽	1974	385
mo-ta	모두		한국어	김사엽	1974	385
mi-na	모두		일본어	김사엽	1974	386
mo-ta	모두		한국어	김사엽	1974	386
moto	모다; 모도; 다아	all	한국어	이용주	1980	84
ta'a	모다; 모도; 다아	all	한국어	이용주	1980	84

표제어/어휘	의미		언어	저자	발간년도	쪽수
moteˇn	모다; 모도; 다아	all	한국어	이용주	1980	84
mïna	모두	all	일본어	이용주	1980	84
모도	모두		한국어	이원진	1940	18
ス-ムル	悉く		일본어	이원진	1940	18
ムツト	悉く		일본어	이원진	1940	18
ム-ナ	悉く		일본어	이원진	1940	18
ム-ル	悉く		일본어	이원진	1940	18
ン-ナ	悉く		일본어	이원진	1940	18
모도	모두		한국어	이원진	1951	18
ン-ナ	悉く		일본어	이원진	1951	18
ム-ル	悉く		일본어	이원진	1951	18
ム-ナ	悉く		일본어	이원진	1951	18
ス-ムル	悉く		일본어	이원진	1951	18
ムツト	悉く		일본어	이원진	1951	18
moto	모으다	together	한국어	Kanazawa, S	1910	8
mata-si	전체	total	일본어	Kanazawa, S	1910	8

모든

표제어/어휘	의미		언어	저자	발간년도	쪽수
mo-rö	모든		일본어	김사엽	1974	382
mo-t'n	모든		한국어	김사엽	1974	382
mo:do	모든	all	한국어	김선기	1968ㄱ	45
mata-si	모든		일본어	김선기	1968ㄱ	45
mo:dɯn	모든		한국어	김선기	1968ㄱ	45
mörö	모든	all	일본어	이용주	1980	99
moten	모든	all	한국어	이용주	1980	99
*möžü	모든	all	한국어	이용주	1980	99

모래

표제어/어휘	의미		언어	저자	발간년도	쪽수
isago/sunago		sand	일본어	강영봉	1991	11
mosal		sand	한국어	강영봉	1991	11
molɛ	모래	sand	한국어	김동소	1972	140
molɛ	모래	sand	한국어	김동소	1972	140
mol-kaj	모래		한국어	김사엽	1974	434
すな	모래		일본어	김사엽	1974	434
mo-laj	모래		한국어	김사엽	1974	434
suna	모래	sand	일본어	김선기	1968ㄱ	28
morɛ	모래	sand	한국어	김선기	1968ㄱ	28
mol-lai	모래	sand	한국어	白鳥庫吉	1915ㄱ	38
mo-rai	모래	sand	한국어	白鳥庫吉	1915ㄱ	38
mo-sai	모래	sand	한국어	白鳥庫吉	1915ㄱ	38
mo-rai	모래		한국어	小倉進平	1934	24
mor'ăi	몰애	sand	한국어	이용주	1980	82
isago	모래	sand	일본어	이용주	1980	82
ム-ナグ	모래		한국어	이원진	1940	13
몰개	모래		한국어	이원진	1940	13
몰개	모래		한국어	이원진	1951	13
ム-ナグ	모래 砂		일본어	이원진	1951	13
suna	모래	sand	일본어	長田夏樹	1966	83
morä	모래	sand	한국어	長田夏樹	1966	83
^su[須]	모래	sand	일본어	Christopher I. Beckwith	2004	133
*nair:	모래	sand	한국어	Christopher I. Beckwith	2004	133
morä		sand	한국어	G. J. Ramstedt	1949	151
morgä		sand	한국어	G. J. Ramstedt	1949	151
morsä		sand	한국어	G. J. Ramstedt	1949	151
mosä		sand	한국어	G. J. Ramstedt	1949	151

표제어/어휘		의미	언어	저자	발간년도	쪽수
morä-thop		sand flats	한국어	G. J. Ramstedt	1949	151
mosä-ttaŋ		sandy land, sand ground	한국어	G. J. Ramstedt	1949	151
mollä		sand	한국어	G. J. Ramstedt	1949	151

모략

mo-rjĕ		planning	한국어	G. J. Ramstedt	1949	149
mo-sa hạ da		to plan, to propose	한국어	G. J. Ramstedt	1949	149
mo-rjĕ k		stratagem, artifice, craft	한국어	G. J. Ramstedt	1949	149
mo		plot, scheme, stratagem	한국어	G. J. Ramstedt	1949	149

모르다

morʌ -	모르다		한국어	강길운	1980	21
morø-	모르다		한국어	강길운	1981ㄴ	10
morʌ -	모르다		한국어	강길운	1982ㄴ	19
muk	비밀한	비밀한	일본어	강길운	1982ㄴ	19
muk	비밀한	비밀한	일본어	강길운	1982ㄴ	32
morʌ -	모르다		한국어	강길운	1982ㄴ	32
모 다	모르다		한국어	김선기	1979ㄱ	371
mō rị da		to be ignorant, to not know	한국어	G. J. Ramstedt	1949	151
mō ruda		to be ignorant, to not know	한국어	G. J. Ramstedt	1949	151
mollida		not allow to know, to cause ignorance	한국어	G. J. Ramstedt	1949	151

모시

kara-musi	모시	ramie	일본어	金澤庄三郞	1910	9
mosi	모시	ramie	한국어	金澤庄三郞	1910	9
むし	모시		일본어	김사엽	1974	385
mo-si	모시		한국어	김사엽	1974	385
모시	모시		한국어	박은용	1974	110
mosi	모시		한국어	박은용	1974	276
mo-si	모시		한국어	白鳥庫吉	1915ㄱ	38
musi	모시		일본어	송민	1965	43
mosi	모시		한국어	송민	1965	43
mosi	모시		한국어	송민	1973	46
kara-musi	모시		일본어	송민	1973	46
musi	모시		일본어	송민	1973	47
musi	모시		일본어	宋敏	1969	81
mosi	모시	urticea	한국어	宋敏	1969	81
mosi	모시		한국어	宋敏	1969	81
kara-musi	모시		일본어	宋敏	1969	81
muśi	모시	ordie de Chine	일본어	宋敏	1969	81
musi	모시		일본어	이기문	1973	13
kara-musi	모시	ramie	일본어	Kanazawa, S	1910	7
mosi	모시	ramie	한국어	Kanazawa, S	1910	7

모시다

moj-si	모시다		한국어	김사엽	1974	403
はべる	모시다		일본어	김사엽	1974	403

모시풀

karamusi	모시풀		일본어	김공칠	1989	4
mosi	모시풀		한국어	김공칠	1989	4

모양

siri	모양, 형편		한국어	강길운	1982ㄴ	17
š riki	모양		일본어	강길운	1982ㄴ	17
š iri	모양		일본어	강길운	1982ㄴ	17

표제어/어휘	의미		언어	저자	발간년도	쪽수
š ke	양식의		일본어	강길운	1982ㄴ	17
sik	모양의		한국어	강길운	1982ㄴ	17
jɯɜ	모양		한국어	강길운	1982ㄴ	24
š ir	표면		일본어	강길운	1982ㄴ	24
š ke	양식의		일본어	강길운	1982ㄴ	28
	모양의		한국어	강길운	1982ㄴ	28
	모양, 형편		한국어	강길운	1982ㄴ	29
š ir	표면		일본어	강길운	1982ㄴ	29
š iri	모양		일본어	강길운	1982ㄴ	29
š riki	모양		일본어	강길운	1982ㄴ	29
jɯɜ	모양		한국어	강길운	1982ㄴ	29
š riki	처럼		일본어	강길운	1982ㄴ	35
	모양, 형편		한국어	강길운	1982ㄴ	35
š ir	표면		일본어	강길운	1982ㄴ	36
jɯɜ	모양		한국어	강길운	1982ㄴ	36
č ïs	모양		한국어	김사엽	1974	462
ka-ta-ti	모양		일본어	김사엽	1974	462
kuma	모양		일본어	이용주	1980	72
kom	모양		한국어	이용주	1980	72
모으다						
muri	모으다		한국어	김공칠	1989	4
muragaru	모으다		일본어	김공칠	1989	4
muu -	모으다		한국어	박은용	1974	263
*muhu	모으다		한국어	박은용	1974	272
kamiaFë	모으다		일본어	송민	1974	7
kötöaFë	모으다		일본어	송민	1974	7
FikiaFë	모으다		일본어	송민	1974	7
sasiaFë	모으다		일본어	송민	1974	7
mukiaFë	모으다		일본어	송민	1974	7
kakiaFë	모으다		일본어	송민	1974	7
motta	모으다	to gather together, to assemble	한국어	G. J. Ramstedt	1949	152
mor-	모으다	accumulate	한국어	Martin, S. E.	1966	209
모이다						
tu-do-Fi	모이다		일본어	김사엽	1974	420
mot	모이다		한국어	김사엽	1974	420
mor-	모이다	accumulate	한국어	Martin, S. E.	1966	201
모자						
kamtu	감투		한국어	김승곤	1984	241
a-yam	모자	hut	한국어	白鳥庫吉	1914ㄴ	165
kan-č ya mă l	모자	filzmütze	한국어	白鳥庫吉	1914ㄷ	294
*kar	모자	a hat	한국어	이기문	1958	112
kat	모자	a hat	한국어	이기문	1958	112
kasa	모자	a hat	일본어	이기문	1958	112
모조리						
sak-no	없이	없이	일본어	강길운	1982ㄴ	16
s'ak	남김없이	남김없이	한국어	강길운	1982ㄴ	16
모질다						
wa-ru-si	惡		일본어	김사엽	1974	376
mo-til	惡, 暴		한국어	김사엽	1974	376
mo-č i ta	모질다	to be resolute, to be determined	한국어	白鳥庫吉	1915ㄱ	26

표제어/어휘		의미	언어	저자	발간년도	쪽수
ma-č il-ta	모질다	to be wicked, to be evil, to be bad	한국어	白鳥庫吉	1915ㄱ	26
asi	모질다	bad	일본어	이용주	1980	84
mõ tǐ r-	모딜다	bad	한국어	이용주	1980	84
mo chil	모질다	vice	한국어	Edkins, J	1895	409
mõ ʒ ilda	모질다	wicked	한국어	G. J. Ramstedt	1949	152

모퉁이

tsu-mi	모퉁이		일본어	김사엽	1974	433
mo-loŋ -i	모퉁이		한국어	김사엽	1974	433
ka-do	모퉁이		일본어	김사엽	1974	462
mo-loŋ -i	모퉁이		한국어	김사엽	1974	462
mo-t'ong-i	모퉁이	bend	한국어	白鳥庫吉	1916ㄴ	326
mo-t'ong-i	모퉁이	tu angle, a corner, bend	한국어	白鳥庫吉	1916ㄴ	326
mo-t' oŋ i	모퉁이		한국어	이숭녕	1956	179

모형

korom	모형		한국어	김공칠	1989	20
kata	모형		일본어	김공칠	1989	20

목

mogaji	모가지		한국어	강길운	1983ㄴ	113
mok	목		한국어	강길운	1983ㄴ	126
mogaji	모가지		한국어	강길운	1983ㄴ	127
mof	목		한국어	강길운	1983ㄴ	136
kubi		neck	일본어	강영봉	1991	10
yagegi/mokd		neck	한국어	강영봉	1991	10
mok	목	neck	한국어	김동소	1972	139
mok	목	neck	한국어	김동소	1972	139
くび	목		일본어	김사엽	1974	452
mo-kaj	목		한국어	김사엽	1974	452
kubi	목	neck	일본어	김선기	1968ㄱ	20
mog	목	neck	한국어	김선기	1968ㄱ	20
kubi	목		일본어	大野晋	1975	97
mok	목		한국어	大野晋	1975	97
mok	목		한국어	박은용	1974	269
mok	목	the neck, the throat, the narrowest part, the most	한국어	白鳥庫吉	1915ㄱ	34
mok-a-č i	목	neck, throat	한국어	白鳥庫吉	1915ㄱ	34
mok	목	neck	한국어	宋敏	1969	81
muk	목	turn one's head	일본어	宋敏	1969	81
mok	목	the neck	한국어	이기문	1958	114
te-meŋ i	목		한국어	이숭녕	1956	188
kubi	목	neck	일본어	이용주	1980	80
mok	목	neck	한국어	이용주	1980	80
*ŋ w(위첨자)ú	목	neck	한국어	이용주	1980	99
kubi	목	neck	일본어	이용주	1980	99
mok	목	neck	한국어	이용주	1980	99
mok	목	neck	한국어	長田夏樹	1966	82
kubi	목	neck	일본어	長田夏樹	1966	82
mok	목	the neck, the throat, the narrowest part	한국어	G. J. Ramstedt	1949	150
muk-	목	head	한국어	Martin, S. E.	1966	201
muk-	목	head	한국어	Martin, S. E.	1966	203
muk-	목	head	한국어	Martin, S. E.	1966	217
kunbyi	목		일본어	Martin, S. E.	1975	110
kubi	목		일본어	Martin, S. E.	1975	110

표제어/어휘	의미	언어	저자	발간년도	쪽수
kunpi	목		일본어	Martin, S. E.	1975	110

목가
| kasi | 목가 | | 일본어 | 김공칠 | 1989 | 15 |
| kal | 목가 | | 한국어 | 김공칠 | 1989 | 15 |

목수
panč o	목수		일본어	강길운	1981ㄴ	7
panč o	목수		일본어	강길운	1982ㄴ	26
p'yə nsu	목수		한국어	강길운	1982ㄴ	26
panč o	목수		일본어	강길운	1982ㄴ	30
p'yə nsu	목수		한국어	강길운	1982ㄴ	30
p'yə nsu	목수		한국어	강길운	1982ㄴ	31
panč o	목수		일본어	강길운	1982ㄴ	31

목욕
mokuyoku	목욕		일본어	고창식	1976	25
목욕	목욕		한국어	고창식	1976	25
hu·ro	목욕		일본어	이규창	1979	20

목욕시키다
| amu | 목욕시키다 | to bathe | 일본어 | 김공칠 | 1989 | 17 |
| kam | 목욕시키다 | to bathe | 한국어 | 김공칠 | 1989 | 17 |

몰다
kurɯ	몰다		한국어	강길운	1983ㄱ	36
mor-	몰다		한국어	박은용	1974	263
mol ta	몰다	to chase, to drive, to urge on	한국어	白鳥庫吉	1915ㄱ	27
maˑri	몰다	balle	일본어	宋敏	1969	81
mol	몰다	drive	한국어	宋敏	1969	81
mor	몰다	heap them up	일본어	宋敏	1969	81
mot	몰다		한국어	宋敏	1969	81
maˑru	몰다	tout	일본어	宋敏	1969	81
moto	몰다		한국어	宋敏	1969	81
moda	몰다	tout	일본어	宋敏	1969	81
moˑro	몰다	tous	일본어	宋敏	1969	81
moˑr	몰다		한국어	宋敏	1969	81
mol	몰다		한국어	宋敏	1969	81
mïl	몰다		한국어	宋敏	1969	81
muta	몰다		일본어	宋敏	1969	81
mörö	몰다		일본어	宋敏	1969	81
moro	몰다		일본어	宋敏	1969	81
mata-si	몰다		일본어	宋敏	1969	81
mora	몰다		한국어	宋敏	1969	81
moˑri	몰다	balle	한국어	宋敏	1969	81
mạ lmorikkun		a horse driver, a coachman	한국어	G. J. Ramstedt	1949	151
molda	몰다	to chase, to drive, to urge on	한국어	G. J. Ramstedt	1949	151
mor-gu-		to retreat, to be chased back; to allow to chase,	한국어	G. J. Ramstedt	1949	151
mollida		to retreat, to be chased back; to allow to chase,	한국어	G. J. Ramstedt	1949	151
mori		the drive, driver, drift	한국어	G. J. Ramstedt	1949	151
molda		to drive, to chase, to urge on	한국어	G. J. Ramstedt	1949	151

〈ㅁ〉 203

표제어/어휘		의미	언어	저자	발간년도	쪽수

몸

mi	몸	body	일본어	金澤庄三郎	1910	11
mom	몸	body	한국어	金澤庄三郎	1910	11
mi	몸		일본어	김공칠	1988	192
mom	몸		한국어	김공칠	1988	192
mukuro	몸		일본어	김공칠	1988	192
momo	몸		일본어	김공칠	1988	198
mom	몸		한국어	김공칠	1988	198
momo	몸		한국어	김공칠	1989	8
mokuro	몸		일본어	김공칠	1989	8
mï	몸		일본어	김사엽	1974	388
mom	몸		한국어	김사엽	1974	388
mom	몸	body	한국어	김선기	1968ㄱ	47
mi	몸	body	일본어	김선기	1968ㄱ	47
mom	몸		한국어	김선기	1976ㅇ	356
mom	몸		한국어	박은용	1974	259
ko-rop-	몸	bild	한국어	白鳥庫吉	1914ㄷ	322
mom	몸	the body, the person, the form	한국어	白鳥庫吉	1915ㄱ	35
mi	몸	corps	일본어	宋敏	1969	81
mi	몸		일본어	宋敏	1969	81
mu	몸		일본어	宋敏	1969	81
mom	몸		한국어	宋敏	1969	81
mon	몸		한국어	宋敏	1969	81
mi	몸	body	일본어	宋敏	1969	81
na	몸, 자기		한국어	이용주	1980	72
önö	몸, 자기		일본어	이용주	1980	72
mom	몸		한국어	長田夏樹	1966	81
mï	몸		일본어	長田夏樹	1966	81
*mu	몸		일본어	長田夏樹	1966	81
mi	몸	body	일본어	Aston	1879	21
mom	몸	body	한국어	Aston	1879	21
mŏ mttä		to menstruate	한국어	G. J. Ramstedt	1949	151
mŏ m	몸	the body	한국어	G. J. Ramstedt	1949	151
mŏ m haٜ da		to menstruate	한국어	G. J. Ramstedt	1949	151
mŏ m		the body, the person, the form	한국어	G. J. Ramstedt	1949	151
mŏ m-so		oneself, himself	한국어	G. J. Ramstedt	1949	151
mom	몸		한국어	Hulbert, H. B.	1905	118
mi	몸	body	일본어	Kanazawa, S	1910	8
mom	몸	body	한국어	Kanazawa, S	1910	8
myom	몸	body	한국어	Martin, S. E.	1966	200
myom	몸	body	한국어	Martin, S. E.	1966	201
myom	몸	body	한국어	Martin, S. E.	1966	218

못

mot	못		한국어	김선기	1968ㄱ	47
nami	못		일본어	송민	1966	22
nami	못		한국어	송민	1966	22
mot	못		한국어	宋敏	1969	81
imada	못		일본어	宋敏	1969	81
mada	못		일본어	宋敏	1969	81
outi	못		일본어	宋敏	1969	81

못(淵)

puti	못		일본어	이용주	1979	113
mis	못		한국어	이용주	1979	113

표제어/어휘		의미	언어	저자	발간년도	쪽수
못(釘)						
kugi	못		일본어	이용주	1980	105
mot	못		한국어	이용주	1980	105
mot	못		한국어	김사엽	1974	454
ku-ki	못		일본어	김사엽	1974	454
못되다						
*baži	못되다	bad	한국어	이용주	1980	100
warusi	못되다	bad	일본어	이용주	1980	100
motir	못되다	bad	한국어	이용주	1980	100
못하다						
ma-si-zi	못		일본어	김사엽	1974	390
mot-ta	못		한국어	김사엽	1974	390
i-ma-da	못		일본어	김사엽	1974	475
mot	못		한국어	김사엽	1974	475
mot	못	non, ne pas, ne pouvoir pas	한국어	白鳥庫吉	1915ㄱ	39
mõpsi̯n		useless, bad	한국어	G. J. Ramstedt	1949	152
mõt		not, impossibly	한국어	G. J. Ramstedt	1949	152
mõri̯da		to be ignorant, to not know	한국어	G. J. Ramstedt	1949	152
mõǯarada		to be insufficient	한국어	G. J. Ramstedt	1949	152
mõpsi̯l		useless, bad	한국어	G. J. Ramstedt	1949	152
몽골이						
meguru	몽골이		일본어	宋敏	1969	81
momgkori	몽골이		한국어	宋敏	1969	81
몽둥이						
ko	몽둥이		일본어	김공칠	1989	15
ki	몽둥이		한국어	김공칠	1989	15
mong-tong-i	몽둥이	a club, a baton	한국어	白鳥庫吉	1915ㄱ	27
moŋdɛŋi	몽둥이		한국어	이숭녕	1956	179
뫼						
moi	뫼	forest, woods	한국어	宋敏	1969	81
mori	뫼	forest	일본어	宋敏	1969	81
moṙi	뫼	hauteur	일본어	宋敏	1969	81
mö	뫼		한국어	宋敏	1969	81
mure	뫼		일본어	宋敏	1969	82
mo'lo	뫼	mountain	한국어	宋敏	1969	82
moyh	뫼	mountain	한국어	宋敏	1969	82
mine	뫼	peak	일본어	宋敏	1969	82
mori	뫼	peak	일본어	宋敏	1969	82
moi	뫼		한국어	宋敏	1969	82
ムイ	뫼		일본어	이원진	1940	13
モ-	뫼		일본어	이원진	1940	13
マツつジ	뫼		일본어	이원진	1940	13
뫼	뫼		한국어	이원진	1940	13
ムリ	뫼		일본어	이원진	1940	13
ムミ	뫼		일본어	이원진	1940	13
ムミタツ	뫼		일본어	이원진	1940	13
マツつジ	山頂		일본어	이원진	1951	13
ムミタツ	岡		일본어	이원진	1951	13
モ-	原		일본어	이원진	1951	13
ムイ	岡		일본어	이원진	1951	13
뫼	뫼		한국어	이원진	1951	13

〈ㅁ〉 205

표제어/어휘	의미		언어	저자	발간년도	쪽수
ムミ	罔		일본어	이원진	1951	13
ムリ	罔		일본어	이원진	1951	13
moi	뫼	mountain	한국어	Hulbert, H. B.	1905	

무
muk'l	무우		한국어	강길운	1983ㄴ	125
muʒu	무우		한국어	강길운	1983ㄴ	125
mus	무		한국어	박은용	1974	275
musu	무		한국어	이숭녕	1956	151
mukki	무		한국어	이숭녕	1956	151
mukku	무		한국어	이숭녕	1956	164
ウム-	무		일본어	이원진	1940	14
カラﾝム	무		일본어	이원진	1940	14
む	무		일본어	이원진	1940	14
ﾝム	무		일본어	이원진	1940	14
무	무		한국어	이원진	1940	14
む	무		일본어	이원진	1951	14
ﾝム	무		일본어	이원진	1951	14
カラﾝム	무		일본어	이원진	1951	14
ウム-	무		일본어	이원진	1951	14
무	무		한국어	이원진	1951	14
musu	무		한국어	長田夏樹	1966	114
mużu	무		한국어	長田夏樹	1966	114
muudiinaa	무		일본어	長田夏樹	1966	114
musu		the rape, the radish	한국어	G. J. Ramstedt	1949	156
mū		the rape, the radish	한국어	G. J. Ramstedt	1949	156
muu		the rape, the radish	한국어	G. J. Ramstedt	1949	156

무겁다
omo		heavy	일본어	강영봉	1991	9
pe-		heavy	한국어	강영봉	1991	9
kasanu	무겁다		일본어	김공칠	1989	18
kɐlp-	무겁다		한국어	김공칠	1989	18
mukʌp-	무거운	heavy	한국어	김동소	1972	138
mukʌp-	무거운	heavy	한국어	김동소	1972	138
おもい	무겁다		일본어	김사엽	1974	467
mï-kə p	무겁다		한국어	김사엽	1974	467
omo-	무겁다	heavy	일본어	宋敏	1969	82
mïkëʷ	무겁다		한국어	宋敏	1969	82
重	무겁다		한국어	辛容泰	1987	132
別	무겁다		한국어	辛容泰	1987	132
omosi	무겁다	heavy	일본어	이용주	1980	102
mykev	무겁다	heavy	한국어	이용주	1980	102
*ömösi	무겁다	heavy	일본어	이용주	1980	84
muːkə v-	므겁ㅇ다	heavy	한국어	이용주	1980	84
^piay[幣]	무겁다	-fold	일본어	Christopher I. Beckwith	2004	109
*piar[別]	무겁다	-fold	한국어	Christopher I. Beckwith	2004	109
(o-)mo-	무겁다	heavy	한국어	Martin, S. E.	1966	201

무기
hot'oŋ	대포		한국어	강길운	1983ㄴ	119
swamo	무기		일본어	김승곤	1984	

무늬
| mun | 무늬 | | 한국어 | 김사엽 | 1974 | 384 |

표제어/어휘		의미	언어	저자	발간년도	쪽수
むら	무늬		일본어	김사엽	1974	384
koi-rop-	무늬	körper	한국어	白鳥庫吉	1914ㄷ	322
kisa	나무 무늬		일본어	송민	1973	54
무당						
epakaš i	교훈		일본어	강길운	1982ㄴ	20
paksʌ	박수		한국어	강길운	1982ㄴ	20
muk'ɯri	복술		한국어	강길운	1987	26
mut-ku-ri	무꾸리	the foretelling of events by divination	한국어	白鳥庫吉	1914ㄱ	143
mutang	무당	a witch, a sorcerers, a female fortune-teller	한국어	白鳥庫吉	1914ㄱ	143
mut-ku-ri hă	무꾸리하다	to foretell the future by divination	한국어	白鳥庫吉	1914ㄱ	143
무덤						
はか	무덤		일본어	김사엽	1974	406
mut-ə m	무덤		한국어	김사엽	1974	406
keulč it-	무덤	to chisel, to gouge out	한국어	白鳥庫吉	1914ㄷ	306
mu-töm	무덤	a grave, a tomb	한국어	白鳥庫吉	1915ㄱ	35
무디다						
mudl-	무디다		한국어	강길운	1981ㄴ	10
moire	무딘, 늦은		일본어	강길운	1981ㄴ	10
moire	무디다		일본어	강길운	1982ㄴ	21
mudɪ -	무디다		한국어	강길운	1982ㄴ	21
mudɪ -	무디다		한국어	강길운	1982ㄴ	33
moire	무디다		일본어	강길운	1982ㄴ	33
nibu-		dull	일본어	강영봉	1991	8
muk'i-		dull	한국어	강영봉	1991	8
mutö-	무딘	dull(knife)	한국어	김동소	1972	137
muti-	무딘	dull(knife)	한국어	김동소	1972	137
mutui-	무디다		한국어	박은용	1974	268
mu-teui ta	무디다	to be blunt, to be dull, to be obtuse	한국어	白鳥庫吉	1915ㄱ	35
mutui-	무디다	to be blunt, to be dull	한국어	이기문	1958	114
mutɯ i-	무듸다	dull	한국어	이용주	1980	84
nibusi	무디다	dull	일본어	이용주	1980	84
muḍį ida		to be blunt, to be dull, to be obtuse	한국어	G. J. Ramstedt	1949	152
muḍį ida	무디다	to be blunt	한국어	G. J. Ramstedt	1949	152
무르						
mï-lï	무르		한국어	김사엽	1974	383
mo-ku	무르		일본어	김사엽	1974	383
무르다(爛)						
munin	썩은	썩은	일본어	강길운	1982ㄴ	19
murɯ -	무르다(썩다)		한국어	강길운	1982ㄴ	19
munin	썩은	썩은	일본어	강길운	1982ㄴ	32
mɯ rɯ -	무르다(썩다)		한국어	강길운	1982ㄴ	32
munin	썩은	썩은	일본어	강길운	1982ㄴ	36
mɯ rɯ -	무르다(썩다)		한국어	강길운	1982ㄴ	36
mï-lï	무르다		한국어	김사엽	1974	382
mo-rö-si	무르다		일본어	김사엽	1974	382
무르다	무르다	soft	한국어	김선기	1978ㄷ	345
mu-su	무르다		일본어	이숭녕	1955	16

표제어/어휘		의미	언어	저자	발간년도	쪽수
mŭ rŭ -da	무르다		한국어	이숭녕	1955	16
moro-ki	무르다	be fragile	일본어	宋敏	1969	82
mïlɔ -	무르다	be soft	한국어	宋敏	1969	82
moro-ki	무르다	easily clumbled	일본어	宋敏	1969	82
mur̆ ə̆-da	무르다	être mou, tendre	한국어	宋敏	1969	82
mor̆ o-i	무르다	fragile	일본어	宋敏	1969	82
meyleu-l	무르다	soft	한국어	宋敏	1969	82
meuleul	무르다	soft	한국어	Aston	1879	21
moro ki	쉽게 부서지다	easily crumbled	일본어	Aston	1879	21

무르다(退)

ha-	무르다/물러나다		일본어	강길운	1982ㄴ	26
hyə -	무르다/물러나다		한국어	강길운	1982ㄴ	26
h̆ yə -	무르다/물러나다		한국어	강길운	1982ㄴ	31
ha-	무르다/물러나다		일본어	강길운	1982ㄴ	31
mi̯ ri̯ -	무르다	to come back, to turn back	한국어	이기문	1958	114
mulle̯ -oda		to come back from	한국어	G. J. Ramstedt	1949	155
mullida		to put off, to put away, to drive off, to expel	한국어	G. J. Ramstedt	1949	155
mulle̯ -gada		to retire from	한국어	G. J. Ramstedt	1949	155
muri̯ da		to return, to send back; to go back, to keep oneself	한국어	G. J. Ramstedt	1949	155
*mulda	무르다	to give way, to turn back	한국어	G. J. Ramstedt	1949	29

무릎쓰다

mu-lïp-sʻ ï	무릎쓰다		한국어	김사엽	1974	466
ka-ka-bu-ru	무릎쓰다		일본어	김사엽	1974	466

무릎

murub	무릎		한국어	강길운	1983ㄱ	31
mulop	무릎	knee	한국어	김동소	1972	138
muli ph	무릎	knee	한국어	김동소	1972	130
Fi-dza	무릎		일본어	김사엽	1974	401
mu-lïpʰ	무릎		한국어	김사엽	1974	401
hiza	무릎		일본어	김선기	1968ㄱ	46
murɯ b	무릎	knee	한국어	김선기	1968ㄱ	46
murub	무릎		한국어	김선기	1968ㄱ	46
tokmurɯ b	무릎		한국어	김선기	1968ㄱ	46
murʌ b	무릎		한국어	김선기	1968ㄱ	46
무	무릎		한국어	김선기	1977ㄱ	237
hiza	무릎		일본어	김선기	1977ㄱ	327
karagu	무릎		일본어	大野晋	1980	22
mu-reup	무릎	the knee	한국어	白鳥庫吉	1915ㄱ	40
murïp	무릎		한국어	宋敏	1969	82
piza	무릎		일본어	宋敏	1969	82
Hiza	무릎	knee	일본어	이용주	1980	80
murup	무릎	knee	한국어	이용주	1980	80
fiza	무릎	knee	일본어	이용주	1980	99
murup	무릎	knee	한국어	이용주	1980	99
*pizä	무릎	knee	일본어	이용주	1980	99
hiza	무릎	knee	일본어	長田夏樹	1966	82
muryph	무릎	knee	한국어	長田夏樹	1966	82
muri̯ p	무릎	knee	한국어	G. J. Ramstedt	1949	155
muri̯ p		the knee	한국어	G. J. Ramstedt	1949	155

무리

표제어/어휘		의미	언어	저자	발간년도	쪽수
pur	무리	group, party	한국어	강길운	1978	41
mora	무리	crowd	한국어	金澤庄三郎	1910	11
muri	무리	crowd	한국어	金澤庄三郎	1910	11
moro	무리	crowd	일본어	金澤庄三郎	1910	11
mure	무리	crowd	일본어	金澤庄三郎	1910	11
mure	무리	crowd	일본어	金澤庄三郎	1910	32
mora	무리	crowd	한국어	金澤庄三郎	1910	32
moro	무리	crowd	일본어	金澤庄三郎	1910	32
muri	무리	crowd	한국어	金澤庄三郎	1910	32
mu-ra	무리		일본어	김사엽	1974	384
mul	무리		한국어	김사엽	1974	384
mure	무리		일본어	김승곤	1984	193
mul	무리		한국어	김승곤	1984	246
mure	무리	a flock	일본어	宋敏	1969	82
murï	무리	troupe	한국어	宋敏	1969	82
mure	무리	troupe	일본어	宋敏	1969	82
muri	무리	an assemblage	한국어	宋敏	1969	82
muri	무리		한국어	宋敏	1969	82
muli	무리		한국어	宋敏	1969	82
mul	무리		한국어	宋敏	1969	82
mure	무리		일본어	宋敏	1969	82
mura	무리		일본어	宋敏	1969	82
muré	무리	crowd	일본어	宋敏	1969	82
ヨロヅ	무리		일본어	이명섭	1962	6
mura	무리		일본어	이용주	1980	72
mul	무리		한국어	이용주	1980	72
mure	무리, 떼	a flock	일본어	Aston	1879	21
muri	무리	an assemblage	한국어	Aston	1879	21
muragaru	모으다	to assemble	일본어	Aston	1879	21
muri	무리	assemblage	한국어	Aston	1879	25
mure	무리, 떼	an assemblage, a flock	일본어	Aston	1879	25
mura	마을	a village	일본어	Aston	1879	25
muri		a company, a number of; an ending marking	한국어	G. J. Ramstedt	1949	155
moro	무리	crowd	일본어	Kanazawa, S	1910	18
muri	무리	crowd	한국어	Kanazawa, S	1910	18
mora	무리	crowd	한국어	Kanazawa, S	1910	18
mure	무리	crowd	일본어	Kanazawa, S	1910	18
mure	무리	crowd	일본어	Kanazawa, S	1910	8
muri	무리	crowd	한국어	Kanazawa, S	1910	8
moro	무리	crowd	일본어	Kanazawa, S	1910	8
mora	무리	crowd	한국어	Kanazawa, S	1910	8
mur(ye)	무리	crowd	한국어	Martin, S. E.	1966	200
mur(ye)	무리	crowd	한국어	Martin, S. E.	1966	208
mur(ye)	무리	crowd	한국어	Martin, S. E.	1966	214
mur(ye)	무리	crowd	한국어	Martin, S. E.	1966	216

무명

무명	무명		한국어	이원진	1940	17
ミンシ	무명		일본어	이원진	1940	17
みみン	무명		일본어	이원진	1940	17
みみン	무명		일본어	이원진	1951	17
ミンシ	무명		일본어	이원진	1951	17
무명	무명		한국어	이원진	1951	17

무섭다

표제어/어휘	의미		언어	저자	발간년도	쪽수
nɯʒi-	무서워하다		한국어	강길운	1983ㄴ	112
mɯʒi-	무서워하다		한국어	강길운	1983ㄴ	133
みかし	무섭다		일본어	김사엽	1974	387
mï-zïj-ə p	무섭다		한국어	김사엽	1974	387
musję pta		to fear, to be terrible, to be formidable	한국어	G. J. Ramstedt	1949	155

무시

musi	무시		일본어	고창식	1976	25
무시	무시		한국어	고창식	1976	25

무엇

muʌs	무엇	what?	한국어	김동소	1972	141
muʌs	무엇	what?	한국어	김동소	1972	141
musam	무엇		한국어	김선기	1968ㄱ	45
mɯsɯ	무엇		한국어	김선기	1968ㄱ	45
nani	무엇		일본어	김선기	1968ㄱ	45
mjet	무엇		한국어	김선기	1968ㄱ	45
iku	무엇		일본어	大野晋	1980	18
mu-öt	무엇	what-an interrogative pronoun	한국어	白鳥庫吉	1915ㄱ	38
nani	무엇	what	일본어	이용주	1980	85
mɯsɯˇkə s	므스것	what	한국어	이용주	1980	85
musi n		what kind of	한국어	G. J. Ramstedt	1949	153
muę t		what, something	한국어	G. J. Ramstedt	1949	153
muǔ	무엇	the interrogative used also indefinitely	한국어	Hulbert, H. B.	1905	

무이다

はげる	무이다		일본어	김사엽	1974	405
mu-ïj	무이다		한국어	김사엽	1974	405

무지개

nuju, niji	무지개	rainbow	일본어	김공칠	1989	16
nuji	무지개	rainbow	한국어	김공칠	1989	16
čige		a bearer's rack	한국어	G. J. Ramstedt	1949	156
muʒigē		the rainbow	한국어	G. J. Ramstedt	1949	156

묵다

ひねる	묵다		일본어	김사엽	1974	399
muk	묵다		한국어	김사엽	1974	399
muk-	묵다		한국어	송민	1973	55
muka-si	묵다		일본어	송민	1973	55
muk	묵다	age, stay	한국어	宋敏	1969	82
muk-	묵다	être ancien	한국어	宋敏	1969	82
muka.śi	묵다	l'antiquité	일본어	宋敏	1969	82
mukasi	묵다	long ago	일본어	宋敏	1969	82
mugi		old remainder	한국어	G. J. Ramstedt	1949	153
mukta		to stay, to remain; to be old, to be stale, to be a	한국어	G. J. Ramstedt	1949	153
mugę ri		old remainder	한국어	G. J. Ramstedt	1949	153

묶다

ə lg-	얽다		한국어	강길운	1983ㄴ	135
tabari	묶다		일본어	김공칠	1989	5
tabal	묶다		한국어	김공칠	1989	5

표제어/어휘		의미	언어	저자	발간년도	쪽수
tsuka	묶다		일본어	김공칠	1989	8
tongki	묶다		한국어	김공칠	1989	8
くくる	묶다		일본어	김사엽	1974	454
mukk	묶다		한국어	김사엽	1974	454
kuru-meku	묶다		일본어	大野晋	1980	23
moks-	묶다		한국어	박은용	1974	258
pa	묶다	binden	한국어	G.J. Ramstedt	1952	17
koru	묶다	to tie up, cord, plait	일본어	Johannes Rahder	1959	67
문						
ohontoki	문		일본어	강길운	1981ㄴ	4
to	문		한국어	김사엽	1974	418
to	문		일본어	김사엽	1974	418
i-Fe	문		일본어	김사엽	1974	475
ipʰ	문		한국어	김사엽	1974	475
kado	문		일본어	大野晋	1980	22
開	문짝		한국어	辛 容泰	1987	132
冬比	문짝		한국어	辛 容泰	1987	132
문둥						
mondum	앓다		일본어	강길운	1982ㄴ	21
muŋ duŋ	나병(환자)		한국어	강길운	1982ㄴ	21
munduŋ	나병(환자)		한국어	강길운	1982ㄴ	33
mondum-	앓다		일본어	강길운	1982ㄴ	33
문득						
ふと	문득		일본어	김사엽	1974	396
mïn-tïk	문득		한국어	김사엽	1974	396
mutti̯ k		suddenly, all at once	한국어	G. J. Ramstedt	1949	156
mutti̯ k mutti̯ k		every little while, quite frequently	한국어	G. J. Ramstedt	1949	156
munti̯ k		suddenly, all at once	한국어	G. J. Ramstedt	1949	156
문신						
삭이다	새기다		한국어	김용태	1990	19
tsak	문신		일본어	김용태	1990	19
문양						
are	문양		한국어	김공칠	1989	18
aya	문양		일본어	김공칠	1989	18
문지르다						
sur-		to rub	일본어	강영봉	1991	11
pubi-		to rub	한국어	강영봉	1991	11
suru	문지르다	to rub	일본어	김공칠	1989	17
mun-či-rä ta	문지르다	To rub, to brush, to scrub	한국어	白鳥庫吉	1916ㄴ	322
psuch-	문지르다	to rub with hands	한국어	이기문	1958	106
묻다(周)						
mut	묻다		한국어	김사엽	1974	416
to-Fi	묻다		일본어	김사엽	1974	416
mut-ta	묻다	to inquire of, to ask, to interrogate	한국어	白鳥庫吉	1914ㄱ	143
mut-čă p ta	윗사람에게 묻다	to ask respectfully, to inquire of a superior	한국어	白鳥庫吉	1914ㄱ	143
mutta <	묻다	to inquire	한국어	G. J. Ramstedt	1928	73

⟨ㅁ⟩ 211

표제어/어휘		의미	언어	저자	발간년도	쪽수
murëtta	물었다	to inquire	한국어	G. J. Ramstedt	1928	73
물						
mur	물		한국어	강길운	1979	9
miz	물		일본어	강길운	1979	9
mɯr	물		한국어	강길운	1981ㄴ	6
*mi	물		한국어	강길운	1982ㄱ	183
peč a/peč i	물, 강		일본어	강길운	1982ㄴ	24
mɯr	물, *내		한국어	강길운	1982ㄴ	24
mur	물, 강		한국어	강길운	1982ㄴ	34
peč a/peč i	강		일본어	강길운	1982ㄴ	34
mɯr	물, 강		한국어	강길운	1982ㄴ	35
peč i	강		일본어	강길운	1982ㄴ	35
peč i	물		일본어	강길운	1983ㄱ	28
mur	물		한국어	강길운	1983ㄱ	35
yə ur	여울		한국어	강길운	1983ㄴ	112
tor=	도랑,하천		한국어	강길운	1983ㄴ	113
p'ure	물푸레		한국어	강길운	1983ㄴ	114
kud	구덩이		한국어	강길운	1983ㄴ	114
kof	곶		한국어	강길운	1983ㄴ	118
koj	곶		한국어	강길운	1983ㄴ	119
nyə ur	여울		한국어	강길운	1983ㄴ	120
yə ul	여울		한국어	강길운	1983ㄴ	121
tor	도랑		한국어	강길운	1983ㄴ	122
tʌ m-	물에빠지다		한국어	강길운	1983ㄴ	123
tadä	만,물굽이		한국어	강길운	1983ㄴ	123
ㅔ 'ure	물푸레		한국어	강길운	1983ㄴ	124
mɯ r	물		한국어	강길운	1983ㄴ	125
nodɯ r	물가		한국어	강길운	1983ㄴ	130
tor	도랑		한국어	강길운	1983ㄴ	130
koj	곶		한국어	강길운	1983ㄴ	132
mur	물		한국어	강길운	1983ㄴ	136
midu-k-	적시다		일본어	강길운	1987	17
mɯ r-g-	묽다		힌국어	강길운	1987	l7
mata	가랭이		일본어	강길운	1987	17
ミツ	물		일본어	권덕규	1923ㄴ	127
물	물		한국어	권덕규	1923ㄴ	127
midsu	물	water	일본어	金澤庄三郎	1910	11
mur	물	water	한국어	金澤庄三郎	1910	11
mur	물		한국어	金澤庄三郎	1914	220
bi	물	water	일본어	김공칠	1989	17
mi	물		일본어	김공칠	1989	19
mi l	물	water	한국어	김동소	1972	141
mil-	물	water	한국어	김동소	1972	141
mi	물		일본어	김동소	1972	145
買	물		한국어	김동소	1972	145
mɯ l	물		한국어	김방한	1978	16
mïl	물		한국어	김방한	1980	13
mïl	물		한국어	김방한	1980	13
mi-du	물		일본어	김사엽	1974	387
mïl	물		한국어	김사엽	1974	387
mur	물	water	한국어	김선기	1968ㄱ	26
mizu	물	water	일본어	김선기	1968ㄱ	27
mai	買	water	한국어	김선기	1968ㄱ	27
mul	물		한국어	김선기	1976ㅁ	329
miə r	물		한국어	김선기	1976ㅁ	329
mer	물		한국어	김선기	1976ㅁ	329

212 한국어와 일본어의 비교어휘

표제어/어휘	의미		언어	저자	발간년도	쪽수
믈	물		한국어	김선기	1976ㅁ	329
말	勿'의 훈독		한국어	김선기	1976ㅁ	330
mɑi	米		한국어	김선기	1976ㅁ	330
umi	바다		일본어	김선기	1976ㅁ	330
izumi	샘		일본어	김선기	1976ㅁ	330
mi	namita(눈물)		일본어	김선기	1976ㅁ	330
美	물		일본어	김선기	1976ㅁ	330
mai	買		한국어	김선기	1976ㅁ	330
mizu	물		일본어	김선기	1976ㅁ	330
nami	물결		일본어	김승곤	1984	197
nasumu	진츩		일본어	김승곤	1984	197
nagareru	흐른다		일본어	김승곤	1984	197
neru	칠하다		일본어	김승곤	1984	197
naku	울다		일본어	김승곤	1984	197
nomu	마시다		일본어	김승곤	1984	197
nori	김		일본어	김승곤	1984	197
nerusi	따뜻하다		일본어	김승곤	1984	197
nigoru	탁하게되다		일본어	김승곤	1984	197
numa	늪		일본어	김승곤	1984	197
mi	물		일본어	김승곤	1984	246
mui	물		한국어	김승곤	1984	246
mïl	물		한국어	文和政	1981	177
*mödö-ru	허물		일본어	文和政	1981	177
midu	물		일본어	文和政	1981	177
mïr	허물		한국어	文和政	1981	177
midu	물		일본어	박시인	1970	160
mur	물		한국어	박시인	1970	160
u-k'c	물		한국어	박은용	1974	113
muɾr	물		한국어	박은용	1974	272
mul	물	water, liquid, juice	한국어	白鳥庫吉	1915ㄱ	38
izumi	샘		일본어	徐廷範	1985	242
ido	우물		일본어	徐廷範	1985	243
mur	물		한국어	小倉進平	1934	23
midzu	물	Wasser	일본어	小倉進平	1934	24
mizu	물		일본어	송민	1965	39
mwl	물		한국어	송민	1965	39
mul	물		한국어	宋敏	1969	82
meul	물	water, river, lake	한국어	宋敏	1969	82
mul	물	water, liguid, juice	한국어	宋敏	1969	82
midzu	물	water	일본어	宋敏	1969	82
midu	물	water	일본어	宋敏	1969	82
mi	물	water	일본어	宋敏	1969	82
maɾu	물	pelote, balle	일본어	宋敏	1969	82
mïl	물		한국어	宋敏	1969	82
mizu	물		일본어	宋敏	1969	82
midu	물		일본어	宋敏	1969	82
midsu	물		일본어	宋敏	1969	82
mul	물	tourner	한국어	宋敏	1969	82
買	물		한국어	辛 容泰	1987	132
水	물		한국어	辛 容泰	1987	132
mizu	물		일본어	유창균	1960	20
məi	물		한국어	유창균	1960	20
mi-du(水)	물		일본어	이근수	1982	17
믈	물		한국어	이근수	1982	17
賣 mai	水, 川, 井		한국어	이근수	1982	17
midu	물	water	일본어	이기문	1958	115
mïɾr	물	water	한국어	이기문	1958	115

표제어/어휘		의미	언어	저자	발간년도	쪽수
midzu	물	water	일본어	이기문	1973	5
ミヅ	물		일본어	이명섭	1962	6
mül	물		한국어	이숭녕	1956	119
midu	물		일본어	이용주	1980	73
mïl	물		한국어	이용주	1980	73
midu	물	water	일본어	이용주	1980	82
muˇr	물	water	한국어	이용주	1980	82
midu	물	water	일본어	이용주	1980	99
myr	물	water	한국어	이용주	1980	99
*mürǘ	물	water	한국어	이용주	1980	99
mul	물	water	한국어	長田夏樹	1966	83
mizu	물	water	일본어	長田夏樹	1966	83
물	물		한국어	최현배	1927	6
미수(반치음)	물		일본어	최현배	1927	6
mul	물	Wasser	한국어	Andre Eckardt	1966	234
midzu	물	water, river, lake	일본어	Aston	1879	26
meul	물	water, river, lake	한국어	Aston	1879	26
^mi[美]	물	water	일본어	Christopher I. Beckwith	2004	110
^mey[買]	물	water	한국어	Christopher I. Beckwith	2004	110
^mi[美]	물	water	일본어	Christopher I. Beckwith	2004	115
mïl	물	water	한국어	G. J. Ramstedt	1928	70
mul	물	water	한국어	G. J. Ramstedt	1928	70
si̯ mul		twenty	한국어	G. J. Ramstedt	1949	153
muri		a heap, a company, a number	한국어	G. J. Ramstedt	1949	153
mut		a numerative of bundles, loads, etc.; several, all	한국어	G. J. Ramstedt	1949	153
mul		a numerative of gatherings of fruit,	한국어	G. J. Ramstedt	1949	153
mi̯r		water, liquid, juice	한국어	G. J. Ramstedt	1949	154
mul		water, liquid, juice	한국어	G. J. Ramstedt	1949	154
mizu		water	일본어	G. J. Ramstedt	1949	154
mi		water	일본어	G. J. Ramstedt	1949	154
mur		water, liquid, juice	한국어	G. J. Ramstedt	1949	154
khomul		snivel	한국어	G. J. Ramstedt	1949	154
khommuri		snivel	한국어	G. J. Ramstedt	1949	154
mintu-chi		a water nymph	일본어	G. J. Ramstedt	1949	154
izu-mi		a spring	일본어	G. J. Ramstedt	1949	154
ata-mi		a geyser	일본어	G. J. Ramstedt	1949	154
nunmul		the tears	한국어	G. J. Ramstedt	1949	154
midsu	물	water	일본어	Kanazawa, S	1910	8
mur	물	water	한국어	Kanazawa, S	1910	8
myaldu	물	water	한국어	Martin, S. E.	1966	200
myaldu	물	water	한국어	Martin, S. E.	1966	210
myaldu	물	water	한국어	Martin, S. E.	1966	213
myaldu	물	water	한국어	Martin, S. E.	1966	217
mul	물	water	한국어	Poppe, N	1965	191

물가

pyər	물가		한국어	강길운	1981ㄱ	30
piš/peš	물가, 낭떠러지		일본어	강길운	1981ㄱ	30
pyər	물가		한국어	강길운	1981ㄴ	6
mulkka		the border of river, the beach	한국어	G. J. Ramstedt	1949	81

표제어/어휘		의미	언어	저자	발간년도	쪽수
mul-ka		the border of river, the beach	한국어	G. J. Ramstedt	1949	81
물건						
モノ	물건		일본어	권덕규	1923ㄴ	127
몬	물건		한국어	권덕규	1923ㄴ	127
monö	물건		일본어	김공칠	1988	198
mon	물건		한국어	김공칠	1988	198
mono	물건	goods, things	한국어	김공칠	1989	13
mono	물건	things	일본어	김공칠	1989	13
mö-nö	물건		일본어	김사엽	1974	382
mon	물건		한국어	김사엽	1974	382
mono	물건		일본어	김승곤	1984	200
ka-ryöp-	물건	feilen	한국어	白鳥庫吉	1914ㄷ	302
ka-č i	물건	art	한국어	白鳥庫吉	1914ㄷ	302
ka-č yö-o-	물건	art	한국어	白鳥庫吉	1914ㄷ	302
물결						
na-mi	물결		일본어	김사엽	1974	412
kjə l	물결		한국어	김사엽	1974	412
kjə r	물결		한국어	송민	1973	54
^nami[那美]	물결	wave	일본어	Christopher I. Beckwith	2004	110
^nami[那美]	물결	wave	일본어	Christopher I. Beckwith	2004	133
물고기						
uwo		fish	일본어	강영봉	1991	9
parws-kwegi		fish	한국어	강영봉	1991	9
mulkoki	물고기	fish	한국어	김동소	1972	137
mulkoki	물고기	fish	한국어	김동소	1972	137
sakana	물고기	fish	일본어	김선기	1968ㄱ	30
mulgogi	물고기	fish	한국어	김선기	1968ㄱ	30
kokï	고기	fish	한국어	이용주	1980	80
na	물고기	fish	일본어	이용주	1980	80
uwo	물고기	fish	일본어	이용주	1980	80
sakana	물고기	fish	일본어	長田夏樹	1966	82
kogi	물고기	fish	한국어	長田夏樹	1966	82
물다						
mul-		to bite	한국어	강영봉	1991	8
kam-		to bite	일본어	강영봉	1991	8
mul-	물다	bite	한국어	김동소	1972	136
mï	물다		한국어	김사엽	1974	459
ka-mi	물다		일본어	김사엽	1974	459
kabu-ru	물다		일본어	大野晋	1980	22
kamu	물다		일본어	大野晋	1980	22
murə	물다		한국어	宋敏	1969	82
mɯ r-	믈다	to bite	한국어	이용주	1980	82
kamu	물다	to bite	일본어	이용주	1980	82
kamu	물다	bite	일본어	이용주	1980	99
myr	물다	bite	한국어	이용주	1980	99
*ŋ w(위첨자)ä	물다	bite	한국어	이용주	1980	99
mū da		to be bitten, to be pinched, to be crushed	한국어	G. J. Ramstedt	1949	154
mullida		to be bitten, to be pinched, to be crushed	한국어	G. J. Ramstedt	1949	154

표제어/어휘		의미	언어	저자	발간년도	쪽수
mulda		to bite	한국어	G. J. Ramstedt	1949	154
물다(배상)						
modoru	물다		일본어	宋敏	1969	82
modós	물다	return, pay back	일본어	宋敏	1969	82
mïr	물다		한국어	宋敏	1969	82
mödöru	물다		일본어	宋敏	1969	82
mul	물다	repay	한국어	宋敏	1969	82
mū lda		to be spoiled, to be partially decayed	한국어	G. J. Ramstedt	1949	154
mū lda	물다	to be spoiled, to be partially decayed	한국어	G. J. Ramstedt	1949	154
mold-	물다	repay	한국어	Martin, S. E.	1966	201
mold-	물다	repay	한국어	Martin, S. E.	1966	210
mold-	물다	repay	한국어	Martin, S. E.	1966	218
mold-	물다	repay	한국어	Martin, S. E.	1966	221
물들다						
tə lm	물들다		한국어	김사엽	1974	430
tsö-me	물들다		일본어	김사엽	1974	430
mudi lda		to be dyed, to be coloured, to be tained, to	한국어	G. J. Ramstedt	1949	153
물러나다						
murɯ-	물러나다		한국어	강길운	1983ㄱ	37
mödoru	물러나다		일본어	김공칠	1989	14
mïrïl	물러나다		한국어	김공칠	1989	14
ma-ka-ra	물러나다		일본어	김사엽	1974	391
mï-lï	물러나다		한국어	김사엽	1974	391
mïl-lə -na	물러나다		한국어	김사엽	1974	437
しりぞく	물러나다		일본어	김사엽	1974	437
물방울						
steut	물방울		한국어	김공칠	1989	4
shitataru	물방울		일본어	김공칠	1989	4
물수리						
mi-tsa-kö	물수리		일본어	김사엽	1974	387
mï-su-li	물수리		한국어	김사엽	1974	387
묶다						
mulg-	묶다		한국어	강길운	1987	17
pɯ r	불		한국어	강길운	1987	17
묶-	묶다		한국어	강길운	1987	17
mïlk	묶다		한국어	김사엽	1974	388
ma-re	묶다		일본어	김사엽	1974	388
mulkta		to be watery, to be thin (liquid)	한국어	G. J. Ramstedt	1949	154
mulkkhida		to make tender, to soften	한국어	G. J. Ramstedt	1949	154
뭇다						
musk	묶다	bind into bundles	일본어	宋敏	1969	82
musubu	묶다		일본어	宋敏	1969	82
mus	묶다		한국어	宋敏	1969	82
mus	묶다	a bundle	한국어	宋敏	1969	82

표제어/어휘		의미	언어	저자	발간년도	쪽수
물						
mut'	물		한국어	강길운	1983ㄴ	112
mi-ti-nö-ku	물		일본어	김사엽	1974	384
mutʰ	물		한국어	김사엽	1974	384
mut	물		한국어	박은용	1974	263
mut	물	terra firma, land	한국어	白鳥庫吉	1915ㄱ	40
미르						
miru	용		한국어	박은용	1974	272
miduti	미르		일본어	宋敏	1969	82
mirï	미르		한국어	宋敏	1969	82
미리						
č ire	미리		한국어	김승곤	1984	237
mili	미리		한국어	宋敏	1969	82
madzu	미리	previously	일본어	宋敏	1969	82
madzu	미리	previously	일본어	Aston	1879	25
mili	미리	previously	한국어	Aston	1879	25
pada	미리		일본어	Martin, S. E.	1975	110
faya	미리		일본어	Martin, S. E.	1975	110
haya	미리		일본어	Martin, S. E.	1975	110
미치다						
mata	미치다		일본어	김공칠	1989	6
mit	미치다		한국어	김공칠	1989	6
ku-ru-Fi	미치다		일본어	김사엽	1974	450
mi-čʰi	미치다		한국어	김사엽	1974	450
kurufu	미치다		일본어	大野晋	1980	23
mitč hida		to be mad, to be wild, to be eccentric	한국어	G. J. Ramstedt	1949	149
민속						
minsoku	민속		일본어	고창식	1976	25
민속	민속		한국어	고창식	1976	25
믿다						
mista	믿다		한국어	김공칠	1989	5
miti	믿다		일본어	김공칠	1989	5
ta-nö-mu	믿다		일본어	김사엽	1974	426
mit	믿다		한국어	김사엽	1974	426
mippi da		to be worthy of confidence, to be	한국어	G. J. Ramstedt	1949	149
mippuda		to be worthy of confidence, to be	한국어	G. J. Ramstedt	1949	149
mitta		to trust, to believe, to have confidence in	한국어	G. J. Ramstedt	1949	149
밀						
mir	밀		한국어	金澤庄三郎	1914	221
むぎ, こむぎ	밀		일본어	김사엽	1974	386
mil	밀		한국어	김사엽	1974	386
mir	밀	wheat	한국어	白鳥庫吉	1915ㄱ	32
mugi	밀	wheat	일본어	宋敏	1969	82
milk	밀		한국어	宋敏	1969	82
mugi	밀		일본어	宋敏	1969	82
mili	밀		한국어	宋敏	1969	82
mir	메밀	wheat	한국어	이기문	1958	114

⟨ㅁ⟩ 217

표제어/어휘			의미	언어	저자	발간년도	쪽수
mirx	보리			한국어	長田夏樹	1966	114
mugi	보리			일본어	長田夏樹	1966	114
mil			wheat, barley, millet	한국어	G. J. Ramstedt	1949	148
cha-mir			wheat	한국어	G. J. Ramstedt	1949	148
munki	밀			일본어	Martin, S. E.	1975	110
mungi	밀			일본어	Martin, S. E.	1975	110
mugi	밀			일본어	Martin, S. E.	1975	110

밀감

mikan			the sweet orange, the mandarin	일본어	G. J. Ramstedt	1949	148
mirkan			the sweet orange, the mandarin	한국어	G. J. Ramstedt	1949	148

밀다

os-			to push	일본어	강영봉	1991	11
milli-			to push	한국어	강영봉	1991	11
mil-	밀다		push	한국어	김동소	1972	139
mil-	밀다		push	한국어	김동소	1972	139
ö-si	밀다			일본어	김사엽	1974	469
mil	밀다			한국어	김사엽	1974	469
mir-	밀다			한국어	박은용	1974	262
mil	밀다			한국어	宋敏	1969	82
mits-uru	밀다		to be full	일본어	宋敏	1969	82
mir	밀다			한국어	辛 容泰	1987	138
mil-	밀다			한국어	이숭녕	1956	157
*ösu	밀다		to push	일본어	이용주	1980	83
mīr-	밀다		to push	한국어	이용주	1980	83
mil	밀다		to be full	한국어	Aston	1879	25
mitsuru	밀다		to be full	일본어	Aston	1879	25
mīlpalǯida			to become deformed - of a horse's hoof, when	한국어	G. J. Ramstedt	1949	148
mīlda			to shove, to push, to rise - of the tides	한국어	G. J. Ramstedt	1949	148
mīl-čhida			to push forwards	한국어	G. J. Ramstedt	1949	148
mīl-mul			the tide	한국어	G. J. Ramstedt	1949	148
mīl-dačhi			sliding door	한국어	G. J. Ramstedt	1949	148
midačhi			sliding door	한국어	G. J. Ramstedt	1949	148
mīlčhi			a breaking stick	한국어	G. J. Ramstedt	1949	148
mīda			to shove, to push, to rise - of the tides	한국어	G. J. Ramstedt	1949	148

밉다

im-u	밉다		hateful	일본어	金澤庄三郎	1910	18
mui-p	밉다		hateful	한국어	金澤庄三郎	1910	18
im-u	밉다		hateful	일본어	金澤庄三郎	1910	9
mui-p	밉다		hateful	한국어	金澤庄三郎	1910	9
muiu	밉다			한국어	宋敏	1969	82
mui-p	밉다			한국어	宋敏	1969	82
im.~ib	밉다			일본어	宋敏	1969	82
imu	밉다			일본어	宋敏	1969	82
mui	밉다			한국어	宋敏	1969	82
mip-saŋ	밉상			한국어	이숭녕	1956	181
imu	밉다		hateful	일본어	Kanazawa, S	1910	14
muip	밉다		hateful	한국어	Kanazawa, S	1910	14
im-u	밉다		hateful	일본어	Kanazawa, S	1910	7
mui-p	밉다		hateful	한국어	Kanazawa, S	1910	7

표제어/어휘		의미	언어	저자	발간년도	쪽수
밋밋하다						
name	밋밋하다	smooth	일본어	이용주	1980	84
me isme ishe	밋밋하다	smooth	한국어	이용주	1980	84
및						
made	까지	till; to	일본어	金澤庄三郞	1910	10
mit	및	and	한국어	金澤庄三郞	1910	10
made	까지	till; to	일본어	金澤庄三郞	1910	20
mit	및	and	한국어	金澤庄三郞	1910	20
mir	및	and	한국어	金澤庄三郞	1910	20
mitsu	까지	till; to	일본어	金澤庄三郞	1910	20
mitu	및		일본어	宋敏	1969	82
mit	및	get full	한국어	宋敏	1969	82
michï	및		일본어	宋敏	1969	82
made	및		일본어	宋敏	1969	82
mit	및		한국어	宋敏	1969	82
mata	및		일본어	宋敏	1969	82
mir	및	and	한국어	Kanazawa, S	1910	16
mitsu	까지	till; to	일본어	Kanazawa, S	1910	16
made	까지	till; to	일본어	Kanazawa, S	1910	16
mit	및	and	한국어	Kanazawa, S	1910	16
made	까지	till; to	일본어	Kanazawa, S	1910	8
mit	및	and	한국어	Kanazawa, S	1910	8
밑						
moto	원본		일본어	강길운	1982ㄴ	33
mit'	원본		한국어	강길운	1982ㄴ	33
moto	밑	lower (part)	일본어	金澤庄三郞	1910	11
mit	밑	lower (part)	한국어	金澤庄三郞	1910	11
mö-tö	밑		일본어	김사엽	1974	383
mit	밑		한국어	김사엽	1974	383
mit	밑		한국어	박은용	1974	261
moto	밑	base, root, origin	일본어	宋敏	1969	82
moto	밑	orgin, bottom	일본어	宋敏	1969	82
moto	밑	base	일본어	宋敏	1969	82
mith	밑	bottom, base	한국어	宋敏	1969	82
mis	밑		한국어	宋敏	1969	82
mötö	밑		일본어	宋敏	1969	82
moto	밑		일본어	宋敏	1969	82
mit	밑		한국어	宋敏	1969	82
mis	밑, 근원	origin, bottom	한국어	Aston	1879	21
moto	밑, 근원	origin, bottom	일본어	Aston	1879	21
moto	밑	bottom	일본어	Aston	1879	22
mis	밑	bottom	한국어	Aston	1879	22
kʻẹt	밑	rib	한국어	G. J. Ramstedt	1939ㄴ	461
midi		the root, the origin, the lower part, the base, the	한국어	G. J. Ramstedt	1949	148
mit		the root, the origin, the lower part, the base, the	한국어	G. J. Ramstedt	1949	148
mitč hi		the root, the origin, the lower part, the base, the	한국어	G. J. Ramstedt	1949	148
mithe		under, at the foot of	한국어	G. J. Ramstedt	1949	149
moto	밑	lower (part)	일본어	Kanazawa, S	1910	8
mit	밑	lower (part)	한국어	Kanazawa, S	1910	8

〈ㅂ〉 219

표제어/어휘		의미	언어	저자	발간년도	쪽수
바						
アビ	바		한국어	宮崎道三郎	1906	9
바	바		한국어	권덕규	1923ㄴ	128
バ	바		일본어	권덕규	1923ㄴ	128
ha	바	person	일본어	金澤庄三郎	1910	14
pa	바	person	한국어	金澤庄三郎	1910	14
ba	곳	place	일본어	金澤庄三郎	1910	9
pa	곳	place	한국어	金澤庄三郎	1910	9
ha	놈	person	일본어	金澤庄三郎	1910	9
pa	놈	person	한국어	金澤庄三郎	1910	9
pa	바		한국어	金澤庄三郎	1914	222
pa	바		일본어	김승곤	1984	249
pa	바		한국어	김승곤	1984	249
pa	바	That which; the thing what	한국어	白鳥庫吉	1914ㄱ	161
pa	곳		한국어	小倉進平	1934	23
ha	바		일본어	宋敏	1969	82
pa	바		일본어	宋敏	1969	82
wa	바		일본어	宋敏	1969	82
wo	바		일본어	宋敏	1969	82
pa	바		한국어	宋敏	1969	82
ha	바	the thing which	한국어	Aston	1879	21
ha	접속사	distinctive particle	일본어	Aston	1879	21
ha	바	person	일본어	Kanazawa, S	1910	11
pa	바	person	한국어	Kanazawa, S	1910	11
ba	곳	place	일본어	Kanazawa, S	1910	6
pa	곳	place	한국어	Kanazawa, S	1910	6
ha	놈	person	일본어	Kanazawa, S	1910	6
pa	놈	person	한국어	Kanazawa, S	1910	6
바구니						
paguni	바구니		한국어	강길운	1983ㄴ	126
kori	바구니	basket	일본어	김공칠	1989	13
kori	바구니	basket	한국어	김공칠	1989	13
pa-ko-ni	바구니		한국어	김사엽	1974	405
Fa-ko	바구니		일본어	김사엽	1974	405
miko	바구니		일본어	石井 博	1992	90
pakoni	바구니		한국어	石井 博	1992	90
pako	바구니	box	일본어	宋敏	1969	83
pakon	바구니		일본어	宋敏	1969	83
pakon	바구니		한국어	宋敏	1969	83
pako'ni	바구니	basket	한국어	宋敏	1969	83
faka	바구니		일본어	이남덕	1977	200
kori	바구니	basket	한국어	Johannes Rahder	1959	67
바글						
wak	바글	boil	일본어	宋敏	1969	83
pakïl	바글	boiling	한국어	宋敏	1969	83
바깥						
fata, fadare	바깥		일본어	김공칠	1989	14
pat	바깥		한국어	김공칠	1989	14

표제어/어휘		의미	언어	저자	발간년도	쪽수
바꾸다						
kayu	바꾸다		일본어	김공칠	1989	18
keːr-	바꾸다		한국어	김공칠	1989	18
ka-Fe-ru	바꾸다		일본어	김사엽	1974	460
pas-ko	바꾸다		한국어	김사엽	1974	460
kalda	바꾸다		한국어	김승곤	1984	241
pasgo-	바꾸다		한국어	박은용	1974	251
kayu	바꾸다		일본어	송민	1965	41
keːl	바꾸다		한국어	송민	1965	41
bák(e)	바꾸다	change	일본어	宋敏	1969	83
pakku	바꾸다	exchange	한국어	宋敏	1969	83
pak-ku	바꾸다	to buy(lit to change)	한국어	Hulbert, H. B.	1905	
bak-, bask-	바꾸다	change	한국어	Martin, S. E.	1966	203
bak-, bask-	바꾸다	change	한국어	Martin, S. E.	1966	215
bak-, bask-	바꾸다	change	한국어	Martin, S. E.	1966	224
바느질하다						
nuf-		to sew	일본어	강영봉	1991	11
nubi-/cup-		to sew	한국어	강영봉	1991	11
바늘						
hari	바늘	needle	일본어	金澤庄三郎	1910	9
panăːr	바늘	needle	한국어	金澤庄三郎	1910	9
pa-nïl	바늘	needle	한국어	김공칠	1989	18
pari	바늘		일본어	김공칠	1989	7
panăːl	바늘		한국어	김공칠	1989	7
Fa-ri	바늘		일본어	김사엽	1974	402
pa-nʌl	바늘		한국어	김사엽	1974	402
hari	바늘		일본어	김승곤	1984	192
hari	바늘		일본어	김승곤	1984	250
panil	바늘		한국어	김승곤	1984	250
pan?l	바늘		일본어	송민	1973	34
pari	바늘		일본어	송민	1973	34
pa'nɔːl	바늘		한국어	宋敏	1969	83
pári	바늘	needle	일본어	宋敏	1969	83
parnăːr	바늘		한국어	宋敏	1969	83
hari	바늘		일본어	宋敏	1969	83
pari	바늘		일본어	宋敏	1969	83
panïl	바늘		한국어	宋敏	1969	83
panal	바늘		한국어	宋敏	1969	83
paneːl	바늘		한국어	이숭녕	1956	102
panoŋ	바늘		한국어	이숭녕	1956	102
fari	바늘		일본어	이용주	1980	106
paneːr	바늘		한국어	이용주	1980	106
ハーイ	바늘		일본어	이원진	1940	17
바늘	바늘		한국어	이원진	1940	17
ビル	바늘		일본어	이원진	1940	17
バリ	바늘		일본어	이원진	1940	17
バイ	바늘		일본어	이원진	1940	17
はリ	바늘		일본어	이원진	1940	17
ハーイ	바늘		일본어	이원진	1951	17
바늘	바늘		한국어	이원진	1951	17
ビル	바늘		일본어	이원진	1951	17
バイ	바늘		일본어	이원진	1951	17
バリ	바늘		일본어	이원진	1951	17
はリ	바늘		일본어	이원진	1951	17
fari	바늘		일본어	長田夏樹	1966	116

표제어/어휘	의미		언어	저자	발간년도	쪽수
paneːr	바늘		한국어	長田夏樹	1966	116
pa-got		a right angled awl or punch	한국어	G. J. Ramstedt	1949	169
mi-niːl		a barb, a point	한국어	G. J. Ramstedt	1949	169
pa-soi		a large, flat needle - used by native physicians	한국어	G. J. Ramstedt	1949	169
paniːl		a needle	한국어	G. J. Ramstedt	1949	169
paniːl	바늘	a needle	한국어	G. J. Ramstedt	1949	188
panäːr	바늘	needle	한국어	Kanazawa, S	1910	6
hari	바늘	needle	일본어	Kanazawa, S	1910	6
paryɔl	바늘	needle	한국어	Martin, S. E.	1966	199
paryɔl	바늘	needle	한국어	Martin, S. E.	1966	209
paryɔl	바늘	needle	한국어	Martin, S. E.	1966	210
paryɔl	바늘	needle	한국어	Martin, S. E.	1966	215
paryɔl	바늘	needle	한국어	Martin, S. E.	1966	219
바다						
海	바다		한국어	강길운	1979	12
官	바다		한국어	강길운	1979	12
patah	바다		한국어	강길운	1981ㄴ	5
patui	바다		일본어	강길운	1981ㄴ	5
parʌ	바다		한국어	강길운	1982ㄱ	178
atui	바다		일본어	강길운	1982ㄴ	34
pata	바다		한국어	강길운	1982ㄴ	34
pada	바다		한국어	강길운	1983ㄴ	127
umi/wata		sea	일본어	강영봉	1991	11
padaŋ/nabul		sea	한국어	강영봉	1991	11
wada	바다	sea	일본어	金澤庄三郎	1910	12
pata	바다	sea	한국어	金澤庄三郎	1910	12
wada	바다	sea	일본어	金澤庄三郎	1910	25
wata	바다	sea	일본어	金澤庄三郎	1910	25
pada	바다	sea	한국어	金澤庄三郎	1910	25
una-bara	바다	sea-plain	일본어	김공칠	1989	17
nami	바다		한국어	김공칠	1989	19
patan	바다		한국어	김공칠	1989	20
wata	바다		일본어	김공칠	1989	20
pata	바다	sea	한국어	김동소	1972	140
pata	바다	sea	한국어	김동소	1972	140
wa-ta	海		일본어	김사엽	1974	377
pa-lʌ	海		한국어	김사엽	1974	377
바다	바다		한국어	김선기	1976ㅁ	330
barar	바		한국어	김선기	1976ㅁ	330
wata	바다		일본어	김선기	1976ㅁ	330
바		sea	한국어	김선기	1978ㅁ	353
바라	바다		한국어	김해진	1947	12
pa-ta	바다	to see	한국어	白鳥庫吉	1914ㄱ	182
pata	바다		한국어	小倉進平	1934	23
wata	바다		일본어	송민	1965	39
parɛ	바다		한국어	송민	1965	39
palɔl	바다		한국어	宋敏	1969	83
pata	바다		한국어	宋敏	1969	83
wata	바다	sea	일본어	宋敏	1969	83
pada	바다		한국어	宋敏	1969	83
wata	바다		일본어	宋敏	1969	83
wada	바다		일본어	宋敏	1969	83
wata	바다	mer	일본어	宋敏	1969	83
namu	바다	sea, large pond	일본어	이기문	1963	101

표제어/어휘	의미		언어	저자	발간년도	쪽수
nami	바다	sea, large pond	한국어	이기문	1963	101
wata	바다	sea	일본어	이기문	1973	5
pata	바다	sea	한국어	이기문	1973	5
patang	바다	sea	한국어	이기문	1973	5
pada	바다		한국어	이숭녕	1956	102
padaŋ	바다		한국어	이숭녕	1956	102
pada	바다		한국어	이숭녕	1956	136
padak	바다		한국어	이숭녕	1956	136
wata	바다		일본어	이용주	1979	124
*bata	바다	sea	한국어	이용주	1980	100
wata	바다	sea	일본어	이용주	1980	100
patax	바다	sea	한국어	이용주	1980	100
umi	바다	sea	일본어	이용주	1980	82
pată (h)	바다	sea	한국어	이용주	1980	82
palal<*patal	바다		한국어	村山七郎	1963	28
wata	바다		일본어	村山七郎	1963	28
patan	바다		한국어	村山七郎	1963	28
wata	바다	sea	일본어	Aston	1879	21
pata,	바다	sea	한국어	Aston	1879	21
*pa [波]	바다	sea	한국어	Christopher I. Beckwith	2004	134
pada	바다	sea	한국어	Kanazawa, S	1910	18
wada	바다	sea	일본어	Kanazawa, S	1910	18
wata	바다	sea	일본어	Kanazawa, S	1910	18
pata	바다	sea	한국어	Kanazawa, S	1910	10
wada	바다	sea	일본어	Kanazawa, S	1910	10
balál	바다	sea	한국어	Martin, S. E.	1966	201
balál	바다	sea	한국어	Martin, S. E.	1966	210
balál	바다	sea	한국어	Martin, S. E.	1966	215
balál	바다	sea	한국어	Martin, S. E.	1966	220

바닥

표제어/어휘	의미		언어	저자	발간년도	쪽수
pa-tak	바닥		한국어	김사엽	1974	395
べた	바닥		일본어	김사엽	1974	395
kara-antta	가라앉다		한국어	김승곤	1984	242
padak	바닥		한국어	김승곤	1984	249
patak	손바닥		한국어	박은용	1974	242
pataŋ	바닥		한국어	박은용	1974	244
pata-	바닥		한국어	박은용	1974	245
padak	바닥	pied, semelle, base	한국어	宋敏	1969	83
bata~bada~	바닥	plante du pied	일본어	宋敏	1969	83
padak	바닥	the bottom	한국어	宋敏	1969	83
pan-nu-bata	바닥	the sole of the foot	일본어	宋敏	1969	83
pataŋ	바닥	bottom, sole	한국어	이기문	1958	109
patak	바닥	bottom, sole	한국어	이기문	1958	109
patak	밑바닥, (발)바닥, (河의)바닥		한국어	Miller, R. A. 김방한 역	1980	141

바디

표제어/어휘	의미		언어	저자	발간년도	쪽수
patai	바디		한국어	박은용	1974	244
patui	바디		한국어	宋敏	1969	83
pata	바디		일본어	宋敏	1969	83
pạ t<à ˘ >i	바디	a part of a weaving machine	한국어	이기문	1958	109

바라다

표제어/어휘	의미		언어	저자	발간년도	쪽수
fosigaru/fosi	바라다		일본어	김공칠	1989	4

표제어/어휘		의미	언어	저자	발간년도	쪽수
pil/pă lă	바라다		한국어	김공칠	1989	4
Fo-ru	바라다		일본어	김사엽	1974	392
pʌ -la	바라다		한국어	김사엽	1974	392
para	바라다		한국어	金澤庄三郎	1904	2
hari	바라다		일본어	金澤庄三郎	1910	15
hara	원하다	wish	일본어	金澤庄三郎	1910	15
pă ra	바라다	hope	한국어	金澤庄三郎	1910	15
para	바라다	hope	한국어	金澤庄三郎	1910	9
pă ra	바라다	hope	한국어	金澤庄三郎	1910	9
hor-u	원하다	wish	일본어	金澤庄三郎	1910	9
hara	원하다	wish	일본어	金澤庄三郎	1910	9
hoshi-ki	바라다	desirous	일본어	宋敏	1969	83
pɔ 'la	바라다	desire	한국어	宋敏	1969	83
poru	바라다		일본어	송민	1965	39
pe ra	바라다		한국어	송민	1965	39
pă ra	바라다		한국어	宋敏	1969	83
pora	바라다		한국어	宋敏	1969	83
polphan	바라다		한국어	宋敏	1969	83
pɒ rɒ	바라다		한국어	宋敏	1969	83
para	바라다		한국어	宋敏	1969	83
pöru	바라다		일본어	宋敏	1969	83
poru	바라다		일본어	宋敏	1969	83
por-	바라다		일본어	宋敏	1969	83
para	바라다		일본어	宋敏	1969	83
hara	바라다		일본어	宋敏	1969	83
hor-u	바라다		일본어	宋敏	1969	83
pạ ra-	바라다	to look towards, to look with expectation	한국어	이기문	1958	110
para-	바라다	hoffen	한국어	Andre Eckardt	1966	235
pạ rada	바라다	wünschen, hoffen	한국어	G. J. Ramstedt	1949	189
hara	원하다	wish	일본어	Kanazawa, S	1910	6
pă ra	바라다	hope	한국어	Kanazawa, S	1910	6
hor-u	원하다	wish	일본어	Kanazawa, S	1910	7
para	바라다	hope	한국어	Kanazawa, S	1910	7
po?r(a)-	바라다	desire	한국어	Martin, S. E.	1966	199
por(a)-	바라다	desire	한국어	Martin, S. E.	1966	208
por(a)-	바라다	desire	한국어	Martin, S. E.	1966	220
por(a)-	바라다	desire	한국어	Martin, S. E.	1966	224
바라지						
paraka	천장		일본어	강길운	1982ㄴ	31
paraji	바라지		한국어	강길운	1982ㄴ	31
paraji	바라지		한국어	강길운	1982ㄴ	35
paraka	천장		일본어	강길운	1982ㄴ	35
paradi	바라지	a window in the wall	한국어	이기문	1958	109
paraž	바라지	a window in the wall	한국어	이기문	1958	109
바람						
opara	바람		일본어	강길운	1981ㄴ	5
pʌ rʌ m	바람		한국어	강길운	1981ㄴ	5
opara	바람		일본어	강길운	1982ㄴ	22
pʌ rʌ m	바람		한국어	강길운	1982ㄴ	22
pʌ rʌ m	바람		한국어	강길운	1982ㄴ	23
opara	바람		일본어	강길운	1982ㄴ	23
opara	바람		일본어	강길운	1982ㄴ	35
pʌ rʌ m	바람		한국어	강길운	1982ㄴ	35
opara	바람		일본어	강길운	1982ㄴ	37

표제어/어휘		의미		언어	저자	발간년도	쪽수
pʌrʌm	바람			한국어	강길운	1982ㄴ	37
kal-pʌrʌm	서풍			한국어	강길운	1983ㄴ	120
바(아래아)람	바람			한국어	고재휴	1940ㅁ	동아일보
pe lam	바람	wind		한국어	김동소	1972	141
palam	바람	wind		한국어	김동소	1972	141
pʌ -lʌ m	바람			한국어	김사엽	1974	460
かべ	바람			일본어	김사엽	1974	460
pʌ -lʌ m	바람			한국어	김사엽	1974	463
ka-ze	바람			일본어	김사엽	1974	463
baram	바람			한국어	김선기	1976ㄹ	332
be re m	바람			한국어	김선기	1976ㄹ	332
gaze	바람			일본어	김선기	1976ㄹ	333
kaz?a	바람			일본어	大野晋	1975	84
pe re m	바람			한국어	大野晋	1975	84
바롱	바람			한국어	박은용	1975ㄴ	54
piru	바람			일본어	송민	1965	39
piram	바람			한국어	송민	1965	39
kazē	바람	wind		일본어	이용주	1980	100
pe re m	바람	wind		한국어	이용주	1980	100
*kʷ áza	바람	wind		한국어	이용주	1980	100
pe ee m	바ㅏ라ㅏㅁ	wind		한국어	이용주	1980	81
kaze	바람	wind		일본어	이용주	1980	81
*I : ^yi [伊]	바람	breeze, wind		한국어	Christopher I. Beckwith	2004	121
param	바람	a wall		한국어	G. J. Ramstedt	1949	190
parai-para	바람	wind		한국어	Johannes Rahder	1959	55
kanse	바람			일본어	Martin, S. E.	1975	110
kaze	바람			일본어	Martin, S. E.	1975	110
kansagi	바람			일본어	Martin, S. E.	1975	110
바래다							
tsa-ra-tsu	바래다			일본어	김사엽	1974	441
pa-laj	바래다			한국어	김사엽	1974	441
para	바래다			한국어	박은용	1974	243
parä-	바래다	to dry in the sun in order to bleach		한국어	이기문	1958	109
바로							
har-u	바로	just		일본어	金澤庄三郎	1910	9
parä	바로	just		한국어	金澤庄三郎	1910	9
har-u	바로	just		일본어	Kanazawa, S	1910	6
parä	바로	just		한국어	Kanazawa, S	1910	6
바르다							
hiro	바르다	find out		일본어	金澤庄三郎	1910	9
par	바르다	find out		한국어	金澤庄三郎	1910	9
palo-	곧은	straight		한국어	김동소	1972	140
pali -	곧은	straight		한국어	김동소	1972	140
parʌ	바르게			한국어	김방한	1978	33
pʌ -lï	바르다			한국어	김사엽	1974	391
まさし	바르다			일본어	김사엽	1974	391
pa-lʌ	바르다			한국어	김사엽	1974	427
ta-da	바르다			일본어	김사엽	1974	427
hary	바르다			일본어	김승곤	1984	250
par<i_ >da	바르다			한국어	김승곤	1984	250

표제어/어휘	의미		언어	저자	발간년도	쪽수
har-u	바르다		일본어	宋敏	1969	83
par<ī˘>da	바르다		한국어	宋敏	1969	83
pɔ lo	바르다		한국어	宋敏	1969	83
parǎ	바르다		한국어	宋敏	1969	83
haru	바르다		일본어	宋敏	1969	83
pal-lil	바르다		한국어	宋敏	1969	83
paru	바르다		일본어	宋敏	1969	83
par<˘ ï>	바르다		한국어	이용주	1979	113
*marki [莫離]	바른	true, correct, rightful	한국어	Christopher I. Beckwith	2004	129
hiro	바르다	find out	일본어	Kanazawa, S	1910	6
par	바르다	find out	한국어	Kanazawa, S	1910	6
바르다(貼)						
はる	바르다		일본어	김사엽	1974	402
pʌ-lʌ	바르다		한국어	김사엽	1974	402
par-	바르다	paste	일본어	宋敏	1969	83
haru	바르다	to paste	일본어	宋敏	1969	83
haru	바르다		일본어	이용주	1979	113
haru	바르다	to paste	일본어	Aston	1879	21
pallil	바르다	to paste	한국어	Aston	1879	21
pár-	바르다	paste it	한국어	Martin, S. E.	1966	199
pár-	바르다	paste it	한국어	Martin, S. E.	1966	209
pár-	바르다	paste it	한국어	Martin, S. E.	1966	215
pár-	바르다	paste it	한국어	Martin, S. E.	1966	220
pár-	바르다	paste it	한국어	Martin, S. E.	1966	223
바리						
はち	바리		일본어	김사엽	1974	404
pa-li	바리		한국어	김사엽	1974	404
바루	바리		한국어	김해진	1947	13
바보						
afo(o)	바보	fool	일본어	김공칠	1988	83
papo	바보	fool	한국어	김공칠	1988	83
papo	바보		한국어	宋敏	1969	83
apo	바보	fool	일본어	宋敏	1969	83
바쁘다						
せはし	바쁘다		일본어	김사엽	1974	431
pas-pʌ	바쁘다		한국어	김사엽	1974	431
hasami	바쁘다		일본어	宋敏	1969	83
pappoda	바쁘다	to be occupied	한국어	宋敏	1969	83
pappuda	바쁘다	to be busy, to be occupied, to be pressed	한국어	G. J. Ramstedt	1949	189
바야흐로						
pöyahʌ ro	바야흐로		한국어	강길운	1983ㄱ	29
pöyahʌ ro	바야흐로		한국어	강길운	1983ㄴ	124
ma-tsa-ni	바야흐로		일본어	김사엽	1974	391
pʌ-ja-hʌ-lo	바야흐로		한국어	김사엽	1974	391
pajahịro	바야흐로	at that time, then, a time ago	한국어	G. J. Ramstedt	1949	5
바위						
pahö	바위		한국어	강길운	1981ㄱ	32
pahe	바위		한국어	강길운	1983ㄱ	26

표제어/어휘		의미	언어	저자	발간년도	쪽수
pahö	바위		한국어	강길운	1983ㄴ	106
pahö	바위		한국어	강길운	1983ㄴ	124
iha	바위	rock	일본어	金澤庄三郎	1910	9
paui	바위	rock	한국어	金澤庄三郎	1910	9
pa<iˆ>i,	바위		한국어	김공칠	1989	19
ifafo<*i-pafo	바위		일본어	김공칠	1989	19
ipapo	바위		일본어	김공칠	1989	6
pahoi	바위		한국어	김공칠	1989	6
i-Fa	바위		일본어	김사엽	1974	476
pa-hoj	바위		한국어	김사엽	1974	476
pa-hoj	바위		한국어	大野晋	1975	52
pa-ui, pa-hui	바위	A rock; a boulder	한국어	白鳥庫吉	1914ㄱ	163
pahoi	바위		한국어	송민	1965	38
ihaho	바위		일본어	송민	1965	38
ipa	바위	crag	일본어	宋敏	1969	83
paui	바위		한국어	宋敏	1969	83
pa'hoy	바위		한국어	宋敏	1969	83
pahoi	바위		한국어	宋敏	1969	83
ipaho	바위		일본어	宋敏	1969	83
iha	바위		일본어	宋敏	1969	83
ipa	바위		일본어	宋敏	1969	83
pahoi>paui	바위		한국어	村山七郎	1963	27
pawi	바위		한국어	村山七郎	1963	27
ifafo	바위		일본어	村山七郎	1963	27
paui	바위	rock	한국어	Kanazawa, S	1910	7
iha	바위	rock	일본어	Kanazawa, S	1910	7

바지

표제어/어휘		의미	언어	저자	발간년도	쪽수
ソイボマイ	바지		한국어	宮崎道三郎	1906	27
momohiki	바지	pantaloons, trousers	일본어	김공칠	1989	13
paʒi	바지	pantaloons, trousers	한국어	김공칠	1989	13
tatchi	바지		일본어	김공칠	1989	9
pachi	바지		한국어	김공칠	1989	9
patuti	바지		일본어	송민	1973	33
paʒ.i	바지		한국어	宋敏	1969	83
pachi	바지		한국어	宋敏	1969	83
bats'i	바지		일본어	宋敏	1969	83
patsuchi	바지		일본어	宋敏	1969	83
バチ	바지		일본어	이명섭	1962	6

바치

표제어/어휘		의미	언어	저자	발간년도	쪽수
wa-čʰi	匠		한국어	김사엽	1974	377
wa-dza	業, 技		일본어	김사엽	1974	377
pa-čʰi	바치		한국어	김사엽	1974	440
si	바치		일본어	김사엽	1974	440

바퀴

표제어/어휘		의미	언어	저자	발간년도	쪽수
pa'hoy	바퀴		한국어	宋敏	1969	83
wá	바퀴		일본어	宋敏	1969	83

바탕

표제어/어휘		의미	언어	저자	발간년도	쪽수
kuldok	바탕이		한국어	宮崎道三郎	1906	10
na-čʌl	바탕		한국어	김사엽	1974	427
たち	바탕		일본어	김사엽	1974	427
pat'aŋ	바탕		한국어	박은용	1974	242
tai	바탕		한국어	박은용	1975	134
pa-t'ang	바탕	The substance or	한국어	白鳥庫吉	1914ㄱ	170

표제어/어휘		의미	언어	저자	발간년도	쪽수
		clement of which any thing is composed				
potoki	바탕이		일본어	宋敏	1969	83
pat'angi	바탕이		한국어	宋敏	1969	83
박						
imu-be	박	gourd	일본어	金澤庄三郞	1910	17
ihahi-be	박	gourd	일본어	金澤庄三郞	1910	17
tsuru-be	박	gourd	일본어	金澤庄三郞	1910	17
pak	박	gourd	한국어	金澤庄三郞	1910	17
huku-be	박	gourd	일본어	金澤庄三郞	1910	17
na-be	박	gourd	일본어	金澤庄三郞	1910	17
huku-be	박	gourd	일본어	金澤庄三郞	1910	9
pak	박	gourd	한국어	金澤庄三郞	1910	9
pak	박		한국어	김사엽	1974	397
ふくべ	박		일본어	김사엽	1974	397
huku-be	박		일본어	宋敏	1969	83
pukube	박		일본어	宋敏	1969	83
wak	박		일본어	宋敏	1969	83
pak	박		한국어	宋敏	1969	83
pukúbe	박	gourd	일본어	宋敏	1969	83
oak	박		한국어	이숭녕	1956	123
pak	박	a gourd	한국어	G. J. Ramstedt	1949	183
hukube	瓢	gourd	일본어	Kanazawa, S	1910	13
pak	박	gourd	한국어	Kanazawa, S	1910	13
imu-be	忌瓮	gourd	일본어	Kanazawa, S	1910	14
ihahi-be	齊瓮	gourd	일본어	Kanazawa, S	1910	14
tsuru-be	釣瓶	gourd	일본어	Kanazawa, S	1910	14
na-be	鍋	gourd	일본어	Kanazawa, S	1910	14
pak	박	gourd	한국어	Kanazawa, S	1910	7
huku-be	박	gourd	일본어	Kanazawa, S	1910	7
pɔ k(u)	박	gourd	한국어	Martin, S. E.	1966	199
pɔ k(u)	박	gourd	한국어	Martin, S. E.	1966	219
pɔ k(u)	박	gourd	한국어	Martin, S. E.	1966	222
박다						
pak	박다		한국어	김사엽	1974	403
Fa-më	박다		일본어	김사엽	1974	403
밖						
邑勒	마을 밖		한국어	강길운	1979	13
hoka	바깥		일본어	강길운	1980	5
pask	바깥		한국어	강길운	1980	5
hoka	밖	outside	일본어	金澤庄三郞	1910	9
pak	밖	outside	한국어	金澤庄三郞	1910	9
hak-u	밷다	spew	일본어	金澤庄三郞	1910	9
겇	겇		한국어	김공칠	1980	93
tonohe	밖		일본어	김공칠	1980	93
hoka	밖		일본어	김공칠	1989	10
pak	밖		한국어	김공칠	1989	10
pas-k	밖		한국어	김사엽	1974	394
Fo-ka	밖		일본어	김사엽	1974	394
hoka	밖		일본어	김승곤	1984	192
pat	밖	The outside, the exterior	한국어	白鳥庫吉	1914ㄱ	169
pas	밖	The outside, the exterior	한국어	白鳥庫吉	1914ㄱ	169
haka	밖		일본어	宋敏	1969	83
pata	밖		일본어	宋敏	1969	83

표제어/어휘		의미	언어	저자	발간년도	쪽수
pak	밖		한국어	宋敏	1969	83
pas	밖		한국어	宋敏	1969	83
pask	밖		한국어	宋敏	1969	83
poka	밖	other	일본어	宋敏	1969	83
kä tta	밖	behind, back of	한국어	G. J. Ramstedt	1939ㄴ	462
hak-u	뱉다(spew)	spew	일본어	Kanazawa, S	1910	6
pak	밖	outside	한국어	Kanazawa, S	1910	6
pak	밖	outside	한국어	Kanazawa, S	1910	7
hoka	밖	outside	일본어	Kanazawa, S	1910	7
hoka	바깥		일본어	Miller, R. A. 김방한 역	1980	13
반디						
Fo-ta-ru	반디		일본어	김사엽	1974	393
pan-toj	반디		한국어	김사엽	1974	393
potaru	반디		일본어	宋敏	1969	83
pantoi	반디		한국어	宋敏	1969	83
pataru	반디		일본어	宋敏	1969	83
pantui	반디		한국어	宋敏	1969	83
반딧불						
fotaru	반딧불		일본어	長田夏樹	1966	116
*pantori	반딧불		한국어	長田夏樹	1966	116
pantoi	반딧불		한국어	長田夏樹	1966	116
fotaru	반딧불		일본어	長田夏樹	1966	81
pantoï	반딧불		한국어	長田夏樹	1966	81
반죽하다						
ねやす	이기다		일본어	김사엽	1974	409
ni-ki	이기다		한국어	김사엽	1974	409
nigida		to mix - as mortar, to work, to knead	한국어	G. J. Ramstedt	1949	166
nigida		to knead, to work, to mix - in a mortar	한국어	G. J. Ramstedt	1949	166
nikhida		to knead, to work, to mix - in a mortar	한국어	G. J. Ramstedt	1949	166
받다						
wata-su	건네주다	pass over	일본어	金澤庄三郎	1910	12
pat	받다	receive	한국어	金澤庄三郎	1910	12
wata-su	받다	take	일본어	金澤庄三郎	1910	25
pat	받다	take	한국어	金澤庄三郎	1910	25
pat	받다		한국어	김공칠	1989	10
pat	받다		한국어	김공칠	1989	8
fataru	받다		일본어	김공칠	1989	8
pat	受		한국어	김사엽	1974	377
wa-ta-si	渡		일본어	김사엽	1974	377
うける	받다		일본어	김사엽	1974	474
pat	받다		한국어	김사엽	1974	474
patta	받다		한국어	김승곤	1984	250
pat-	받다		한국어	송민	1973	55
pataru	받다		일본어	宋敏	1969	83
pat	받다		한국어	宋敏	1969	83
watar	받다		일본어	宋敏	1969	83
wata-su	받다		일본어	宋敏	1969	83
pad-	받다	erhalten	한국어	Andre Eckardt	1966	235
wata-su	받다	take	일본어	Kanazawa, S	1910	18

표제어/어휘		의미	언어	저자	발간년도	쪽수
pat	받다	take	한국어	Kanazawa, S	1910	18
wata-su	건네주다(pass over)		일본어	Kanazawa, S	1910	10
pat	받다	receive	한국어	Kanazawa, S	1910	10
bat(a)-	받다	receive	한국어	Martin, S. E.	1966	201
bat(a)-	받다	receive	한국어	Martin, S. E.	1966	206
bat(a)-	받다	receive	한국어	Martin, S. E.	1966	222
pakko	받고	in receiving	한국어	Poppe, N	1965	189
pannan	받는	receiving	한국어	Poppe, N	1965	189
pat-ta	받다	to receive	한국어	Poppe, N	1965	189
passe	받세	may receive	한국어	Poppe, N	1965	189
받다(부딪치다)						
patta	받다	to strain off	한국어	G. J. Ramstedt	1949	194
patta	받다	to be close by, to be near	한국어	G. J. Ramstedt	1949	194
patta	받다	to push, to strike against	한국어	G. J. Ramstedt	1949	194
받들다						
matsuru	받들다		일본어	김공칠	1989	9
patteulta	받들다		한국어	김공칠	1989	9
pat-tïl	받들다		한국어	김사엽	1974	444
ささげる	받들다		일본어	김사엽	1974	444
발						
asi		foot	일본어	강영봉	1991	9
pal		foot	한국어	강영봉	1991	9
fasu	달리다		일본어	김공칠	1988	192
par	발		한국어	김공칠	1988	192
feˑgi	발		일본어	김공칠	1988	192
peˑrpta	밟다		한국어	김공칠	1988	192
fasi	가다		일본어	김공칠	1988	192
pal	발		한국어	김공칠	1989	14
kwai	발		한국어	김공칠	1989	19
pal	발	foot	한국어	김동소	1972	138
pal	발	foot	한국어	김동소	1972	138
pʌl	발		한국어	김사엽	1974	398
ひろ	발		일본어	김사엽	1974	398
Fa-ta	발		일본어	김사엽	1974	405
pal	발		한국어	김사엽	1974	405
Fa-gi	발		일본어	김사엽	1974	406
pal	발		한국어	김사엽	1974	406
す	발		일본어	김사엽	1974	436
pal	발		한국어	김사엽	1974	436
aʃi	발	foot	일본어	김선기	1968ㄱ	22
bar	발	foot	한국어	김선기	1968ㄱ	22
발	발		한국어	김선기	1976ㄷ	341
ashi	발		일본어	김선기	1976ㅈ	354
pal	발		한국어	김승곤	1984	250
asi	발		일본어	大野晋	1980	15
para	발		한국어	박은용	1974	244
piro	발		일본어	宋敏	1969	83
pal	발	the fool	한국어	宋敏	1969	83
par	발		한국어	宋敏	1969	83
pal	발		한국어	宋敏	1969	83
paġˑi	발		일본어	宋敏	1969	83
hiza	발		일본어	宋敏	1969	83
hiro	발		일본어	宋敏	1969	83

표제어/어휘		의미	언어	저자	발간년도	쪽수
pasu	발		일본어	宋敏	1969	84
pagi	발		일본어	宋敏	1969	84
pal	발		한국어	宋敏	1969	84
aṡi	발		일본어	宋敏	1969	84
pirö	발		일본어	宋敏	1969	84
asi	발	foot	일본어	이기문	1973	7
pal	발	foot	한국어	이기문	1973	7
asi	발	foot	일본어	이용주	1980	80
pă r	발	foot	한국어	이용주	1980	80
asi	발	foot	일본어	이용주	1980	99
*gʷ ási	발	foot	한국어	이용주	1980	99
par	발	foot	한국어	이용주	1980	99
パき	발		일본어	이원진	1940	17
パン	발		일본어	이원진	1940	17
ピシャ	발		일본어	이원진	1940	17
발	발		한국어	이원진	1940	17
ピシャ	발		일본어	이원진	1951	17
발	발		한국어	이원진	1951	17
パン	발		일본어	이원진	1951	17
パき	발		일본어	이원진	1951	17
pal	발	foot	한국어	長田夏樹	1966	82
hara	발	foot	일본어	長田夏樹	1966	82
pal	발	Fuss	한국어	Andre Eckardt	1966	235
hiza	발	foot	일본어	Aston	1879	26
pal	발	foot	한국어	Aston	1879	26
*a[安]	발	foot	일본어	Christopher I. Beckwith	2004	120
*ɦ a :	발	foot	한국어	Christopher I. Beckwith	2004	120
pal	발	foot	한국어	Edkins, J	1895	409
pal	발	foot	한국어	G. J. Ramstedt	1949	184
pal	발	foot	한국어	Hulbert, H. B.	1905	116
vaš yi	발	foot	한국어	Martin, S. E.	1966	202
vaš yi	발	foot	한국어	Martin, S. E.	1966	212
vaš yi	발	foot	한국어	Martin, S. E.	1966	213
vaš yi	발	foot	한국어	Martin, S. E.	1966	215
pā l	두 팔을 잔뜩 벌린 길이	an arm's length	한국어	Poppe, N	1965	180
pal	발	foot	한국어	Poppe, N	1965	180
발가벗다						
heraske	나체		일본어	강길운	1982ㄴ	22
pə lg-	벌거벗다		한국어	강길운	1982ㄴ	22
pə lg-	벌거벗다		한국어	강길운	1982ㄴ	32
heraske	나체		일본어	강길운	1982ㄴ	32
su	발가벗은	bare	일본어	김공칠	1989	17
hit-, hĭ	발가벗은	bare	한국어	김공칠	1989	17
밝다						
peker	밝다		일본어	강길운	1981ㄴ	10
pʌ lg-	밝다		한국어	강길운	1981ㄴ	10
peker	밝다		일본어	강길운	1982ㄴ	23
pʌ lg-	밝다		한국어	강길운	1982ㄴ	23
pʌ lg-	밝다		한국어	강길운	1982ㄴ	31
peker	밝다		일본어	강길운	1982ㄴ	31
peker	밝다		일본어	강길운	1982ㄴ	36
pʌ lg-	밝다		한국어	강길운	1982ㄴ	36

⟨ㅂ⟩ 231

표제어/어휘	의미		언어	저자	발간년도	쪽수
kä-	밝다		한국어	강길운	1983ㄱ	46
kərə-	밝다		한국어	강길운	1983ㄱ	46
kere-	밝다		한국어	강길운	1983ㄱ	48
park	밝다		한국어	金澤庄三郎	1904	2
părk	밝다	bright	한국어	金澤庄三郎	1910	17
haru	맑다	sunny	일본어	金澤庄三郎	1910	17
părk	밝다	bright	한국어	金澤庄三郎	1910	9
pɛrk	밝다		한국어	김공칠	1989	10
pɛ가-	밝다		한국어	김공칠	1989	18
hayu	밝다		일본어	김공칠	1989	18
pulkɯr	밝다		한국어	김공칠	1989	4
맘겨	밝다		일본어	김공칠	1989	4
pʌlk	밝다		한국어	김사엽	1974	483
あかるい	밝다		일본어	김사엽	1974	483
akeri-ki	밝다		일본어	김선기	1976ㄷ	336
bark-da	밝다		한국어	김선기	1976ㄷ	336
paru	밝다		일본어	宋敏	1969	84
pɔlk	밝다		한국어	宋敏	1969	84
pïlk	밝다		한국어	宋敏	1969	84
pɒrk	밝다		한국어	宋敏	1969	84
pǎrk	밝다		한국어	宋敏	1969	84
pǎlk-	밝다		한국어	宋敏	1969	84
palk	밝다		한국어	宋敏	1969	84
piraku	밝다		일본어	宋敏	1969	84
par	밝다		일본어	宋敏	1969	84
hirak-u	밝다		일본어	宋敏	1969	84
aka	밝다		일본어	宋敏	1969	84
wakar̈.u	밝다		일본어	宋敏	1969	84
ha-yu	밝다		일본어	이숭녕	1955	18
palk-ta	밝다		한국어	이숭녕	1955	18
pɛlgiom	밝음		한국어	이숭녕	1956	111
pɛlgom	밝음		한국어	이숭녕	1956	111
păkr	밝다	bright	한국어	Kanazawa, S	1910	13
păkr	밝다	bright	한국어	Kanazawa, S	1910	6
párk	밝다	bright	한국어	Martin, S. E.	1966	199
válk(a)-	밝다	bright	한국어	Martin, S. E.	1966	202
pá가-	밝다	bright	한국어	Martin, S. E.	1966	210
válk(a)-	밝다	bright	한국어	Martin, S. E.	1966	211
válk(a)-	밝다	bright	한국어	Martin, S. E.	1966	220
pá가-	밝다	bright	한국어	Martin, S. E.	1966	221
válk(a)-	밝다	bright	한국어	Martin, S. E.	1966	222

밝히다

a-ka-si	밝히다		일본어	김사엽	1974	483
pʌlk-hi	밝히다		한국어	김사엽	1974	483

밟다

pʌlβ	밟다		한국어	강길운	1983ㄴ	111
pʌlβ	밟다		한국어	강길운	1983ㄴ	124
Fu-ma	밟다		일본어	김사엽	1974	396
pʌlp	밟다		한국어	김사엽	1974	396
pɛr-	밟다		한국어	박은용	1974	245
붚	밟다		한국어	박은용	1975ㄴ	54
pum-	밟다		일본어	宋敏	1969	84
pǎlp	밟다		한국어	宋敏	1969	84
par̈	밟다		일본어	宋敏	1969	84
pɔlp	밟다		한국어	宋敏	1969	84

표제어/어휘	의미		언어	저자	발간년도	쪽수
pal	발	foot	한국어	G. J. Ramstedt	1928	70
palp-, polp-	밟다	to step	한국어	G. J. Ramstedt	1928	70
palpta	밟다	to tread on, to step, on to trample	한국어	G. J. Ramstedt	1949	186
palp	밟다	to tread upon	한국어	Hulbert, H. B.	1905	
pɔlmp	밟다	tread	한국어	Martin, S. E.	1966	199
pɔlmp-	밟다	tread	한국어	Martin, S. E.	1966	210

밤

표제어/어휘	의미		언어	저자	발간년도	쪽수
pam	밤		한국어	강길운	1981ㄱ	32
pam	밤		한국어	강길운	1983ㄱ	31
pam	밤		한국어	강길운	1983ㄱ	46
pam	밤		한국어	강길운	1983ㄴ	124
pam	밤		한국어	강길운	1983ㄴ	136
yo		night	일본어	강영봉	1991	10
pam		night	한국어	강영봉	1991	10
sng	밤		한국어	宮崎道三郎	1906	4
kuri	밤		일본어	김공칠	1989	9
pam	밤	night	한국어	김동소	1972	139
pam	밤	night	한국어	김동소	1972	139
yo-ru	夜		일본어	김사엽	1974	378
pam	夜		한국어	김사엽	1974	378
ku-ri	밤		일본어	김사엽	1974	450
pam	밤		한국어	김사엽	1974	450
joru	밤	night	일본어	김선기	1968ㄱ	29
bam	밤	night	한국어	김선기	1968ㄱ	29
bam	밤		한국어	김선기	1976ㄷ	336
gara	밤		한국어	김선기	1976ㄷ	337
edum	밤		한국어	김선기	1976ㄷ	337
kuru	밤		일본어	大野晋	1980	23
yo	밤	night	일본어	이용주	1980	81
pǎm	밤	night	한국어	이용주	1980	81
pam/밤	밤		한국어	Arraisso	1896	21
je	밤	night	한국어	Martin, S. E.	1966	208
je	밤	night	한국어	Martin, S. E.	1966	214

밤나무

표제어/어휘	의미		언어	저자	발간년도	쪽수
kuri	밤나무		일본어	김공칠	1989	5
kulpam	밤나무		한국어	김공칠	1989	5
*tʊti[度知]	밤	horse chestnut	일본어	Christopher I. Beckwith	2004	137
^tawŋ [冬]	밤	chestnut	한국어	Christopher I. Beckwith	2004	137
pam	밤	chestnut	한국어	Hulbert, H. B.	1905	

밥

표제어/어휘	의미		언어	저자	발간년도	쪽수
amama	밥		일본어	강길운	1981ㄴ	7
밥	밥		한국어	고재휴	1940ㄷ	194
밥	밥		한국어	고재휴	1940ㄷ	31
메	밥		한국어	권덕규	1923ㄴ	127
メシ	밥		일본어	권덕규	1923ㄴ	127
pap	밥	meal	한국어	金澤庄三郎	1910	9
ihi	밥	meal	일본어	金澤庄三郎	1910	9
ifi	밥		일본어	김공칠	1989	4
pap	밥		한국어	김공칠	1989	4
mo-rɛ-mi	밥		한국어	박은용	1974	113
mama	밥		일본어	石井博	1992	91

표제어/어휘	의미		언어	저자	발간년도	쪽수
pap	밥		한국어	石井 博	1992	91
ihi	밥		일본어	宋敏	1969	84
ipi	밥		일본어	宋敏	1969	84
ápa	밥		일본어	宋敏	1969	84
pap	밥		한국어	宋敏	1969	84
pap	밥	food, cooked rice	한국어	이기문	1958	106
メシ	밥		일본어	이명섭	1962	6
pap	밥	food	한국어	Edkins, J	1895	409
pap	밥	cooked rice, foot, meat and drink	한국어	G. J. Ramstedt	1949	189
ihi	밥	meal	일본어	Kanazawa, S	1910	7
pap	밥	meal	한국어	Kanazawa, S	1910	7
밥통						
faku-be	밥통		일본어	김공칠	1989	4
pakkɯm	밥통		한국어	김공칠	1989	4
밧						
ĥt	밧		일본어	宋敏	1969	84
pɔs	밧		한국어	宋敏	1969	84
밧줄						
pa	바	A rope=as used with beasts	한국어	白鳥庫吉	1914ㄱ	162
pyö-ri	바	the border ropes of a fiching net	한국어	白鳥庫吉	1914ㄱ	162
wo	바	cord, string, strap	일본어	宋敏	1969	82
pa	바	rope	한국어	宋敏	1969	82
방망이						
ko	방망이		한국어	김사엽	1974	456
きね	방망이		일본어	김사엽	1974	456
paŋ-nəŋi	방망이		한국어	이숭녕	1956	188
paŋmaŋi	방망이	a mallet - as for ironing	한국어	G. J. Ramstedt	1949	188
방울지다						
*titik	방울지다		일본어	강길운	1982ㄴ	29
t'ɯrtɯr-	방울지다		한국어	강길운	1982ㄴ	29
밭						
hatake	밭		일본어	강길운	1980	5
pat	밭, 마당		한국어	강길운	1980	5
ハタ	밭		일본어	권덕규	1923ㄴ	129
밭	밭		한국어	권덕규	1923ㄴ	129
pat	밭	field	한국어	金澤庄三郞	1910	9
hata	화전	slash-and-burn field	일본어	金澤庄三郞	1910	9
pat	밭		한국어	金澤庄三郞	1914	219
hata	밭		일본어	金澤庄三郞	1914	219
fatake	밭		일본어	김공칠	1988	194
path	밭		한국어	김공칠	1988	194
patkui	밭		한국어	김공칠	1988	194
Fa-ta-kë	밭		일본어	김사엽	1974	405
pat	밭		한국어	김사엽	1974	405
pat^h	밭		한국어	김사엽	1974	405
hatake	밭		일본어	김선기	1976ㅁ	335
pat	밭		한국어	김선기	1976ㅁ	335
hatake	밭		일본어	김선기	1976ㅂ	333

표제어/어휘		의미		언어	저자	발간년도	쪽수
밭	밭			한국어	김선기	1976ㅂ	333
hadage	밭데기			일본어	김승곤	1984	192
pata	밭			일본어	文和政	1981	176
pat	밭			한국어	文和政	1981	176
hatake	밭			일본어	송민	1965	38
pat	밭			한국어	송민	1965	38
pat	밭			한국어	송민	1973	55
hata	밭			일본어	宋敏	1969	84
hatake	밭			일본어	宋敏	1969	84
patake	밭			일본어	宋敏	1969	84
pataru	밭			일본어	宋敏	1969	84
pat	밭			한국어	宋敏	1969	84
path	밭			한국어	宋敏	1969	84
patake	밭		field	일본어	宋敏	1969	84
hata	밭			일본어	유창균	1960	13
pat	밭			한국어	유창균	1960	13
ハタ	밭			일본어	이명섭	1962	6
pattegi	밭			한국어	이숭녕	1956	178
fata	밭			일본어	이용주	1980	105
path	밭			한국어	이용주	1980	105
ハツエヘ	화전			일본어	이원진	1940	13
밭	밭			한국어	이원진	1940	13
ハタキ	화전			일본어	이원진	1940	13
バル-	화전			일본어	이원진	1940	14
バリ	화전			일본어	이원진	1940	14
バタギ	화전			일본어	이원진	1940	14
バタキ	화전			일본어	이원진	1940	14
밭	밭			한국어	이원진	1951	13
ハタキ	화전 畑			일본어	이원진	1951	13
ハツエヘ	화전 畑			일본어	이원진	1951	13
バリ	화전 畑			일본어	이원진	1951	14
バル-	화전 畑			일본어	이원진	1951	14
バタギ	화전 畑			일본어	이원진	1951	14
バタキ	화전 畑			일본어	이원진	1951	14
hatake	밭		field	일본어	G. J. Ramstedt	1926	27
pat	밭		field	한국어	G. J. Ramstedt	1926	27
pat	밭		a field	한국어	G. J. Ramstedt	1928	72
hata, hatake	밭		a field	일본어	G. J. Ramstedt	1928	72
pat	밭		Feld, Acker	한국어	G. J. Ramstedt	1939ㄱ	484
hata	밭		Acker	일본어	G. J. Ramstedt	1939ㄱ	486
pat	밭		Acker	한국어	G. J. Ramstedt	1939ㄱ	486
pat	밭		field	한국어	Kanazawa, S	1910	6
hata	화전(slash다and다 burn field)			일본어	Kanazawa, S	1910	6
pataxye	밭		field	한국어	Martin, S. E.	1966	199
pataxye	밭		field	한국어	Martin, S. E.	1966	203
pataxye	밭		field	한국어	Martin, S. E.	1966	206
pataxye	밭		field	한국어	Martin, S. E.	1966	214
pataxye	밭		field	한국어	Martin, S. E.	1966	215
pataxye	밭		field	한국어	Martin, S. E.	1966	224
pat	밭		field	한국어	Poppe, N	1965	194
pathe	밭에		on the field	한국어	Poppe, N	1965	194
pač hi	밭이		the field	한국어	Poppe, N	1965	194

배

pai	배			한국어	宋敏	1969	84
poy	배			한국어	宋敏	1969	84

표제어/어휘		의미	언어	저자	발간년도	쪽수
pɔ y	배		한국어	宋敏	1969	84
pè	배		한국어	宋敏	1969	84
pɒ	배		한국어	宋敏	1969	84
pä	배		한국어	宋敏	1969	84
pë	배		일본어	宋敏	1969	84
pará	배		일본어	宋敏	1969	84
para	배		일본어	宋敏	1969	84
heso	배		일본어	宋敏	1969	84
ha	배		일본어	宋敏	1969	84
pɒ i	배		한국어	宋敏	1969	84
배(梨)						
pɛ i(*pɛ ri~*p	배		한국어	김공칠	1989	20
ubara	배		일본어	長田夏樹	1966	107
pɛ i	배		한국어	長田夏樹	1966	107
배(腹)						
honi	배		일본어	강길운	1981ㄴ	5
kon	배		한국어	강길운	1982ㄴ	32
kotu	배		한국어	강길운	1982ㄴ	32
honi	배		일본어	강길운	1982ㄴ	32
pE	배의 들보		한국어	강길운	1983ㄴ	126
pɛ		belly	한국어	강영봉	1991	8
fara		belly	일본어	강영봉	1991	8
pɛ ita	품다		한국어	김공칠	1988	192
faramu	품다		일본어	김공칠	1988	192
fara	배		일본어	김공칠	1988	192
pɛ ®l	배		한국어	김공칠	1988	192
pä	배	belly	한국어	김동소	1972	136
pɛ	배	belly	한국어	김동소	1972	136
pʌ j	배		한국어	김사엽	1974	395
bë	배		일본어	김사엽	1974	395
Fa-ra	배		일본어	김사엽	1974	403
pʌ j	배		한국어	김사엽	1974	403
hara	배	belly	일본어	김선기	1968ㄱ	24
be	배	belly	한국어	김선기	1968ㄱ	24
para	배	belly	일본어	김선기	1968ㄱ	24
	배		한국어	김선기	1977ㄱ	328
hara	배		일본어	김선기	1977ㄱ	329
hara	배		일본어	김승곤	1984	
pă i	배	The addomen; the stomach	한국어	白鳥庫吉	1914ㄱ	163
parɛ	배		일본어	송민	1965	42
pɛ i	배		한국어	송민	1965	42
hara	배	the stomach	일본어	宋敏	1969	84
para	배		일본어	이용주	1980	72
pɛ i	배		한국어	이용주	1980	72
Hara	배	belly	일본어	이용주	1980	80
pɛ ˇ i	배	belly	한국어	이용주	1980	80
hón, -i	배	belly	일본어	이용주	1980	95
Hara	배	belly	일본어	이용주	1980	95
pɛ ˇ i	배	belly	한국어	이용주	1980	95
*parˊ a	배	belly	한국어	이용주	1980	99
fara	배	belly	일본어	이용주	1980	99
pɛ i	배	belly	한국어	이용주	1980	99
フシビヤ	背		일본어	이원진	1940	16
배	배		한국어	이원진	1940	16

표제어/어휘		의미	언어	저자	발간년도	쪽수
メ	배		일본어	이원진	1940	16
フタ-	배		일본어	이원진	1940	16
バタ	배		일본어	이원진	1940	16
フタ	배		일본어	이원진	1940	16
メ	배		일본어	이원진	1951	16
フシビヤ	背		일본어	이원진	1951	16
フタ-	배		일본어	이원진	1951	16
フタ	배		일본어	이원진	1951	16
バタ	배		일본어	이원진	1951	16
배	배		한국어	이원진	1951	16
hara	배	belly	일본어	長田夏樹	1966	82
pä	배	belly	한국어	長田夏樹	1966	82
hara	배	belly	일본어	Aston	1879	21
pè	배	belly	한국어	Aston	1879	21
heso	중앙, 중심	navel	일본어	Aston	1879	21
hara	배	a stomach	일본어	G. J. Ramstedt	1949	182
pai	배	a stomach	한국어	G. J. Ramstedt	1949	182

배(船)

pä	배		한국어	김공칠	1989	12
pai>pä	배	a ship	한국어	김공칠	1989	12
*fai>he	배	ship	일본어	김공칠	1989	12
he(-saki)	배		일본어	김공칠	1989	12
pai	배		일본어	김승곤	1984	249
pat	배		한국어	김승곤	1984	249
hama	항구		일본어	김승곤	1984	249
p?	배		일본어	송민	1973	34
p?l	배		일본어	송민	1973	34
pä	배	a boat	한국어	宋敏	1969	84
púne	배	boat	일본어	宋敏	1969	84
鉛	배		한국어	辛 容泰	1987	132
funa	배		일본어	長田夏樹	1966	116
*pɐ nɐ	배		한국어	長田夏樹	1966	116
*pɐ ni	배		한국어	長田夏樹	1966	116
pɐ i	배		한국어	長田夏樹	1966	116
pä	배	boat, ship	한국어	G. J. Ramstedt	1926	27
he-	배	boat, ship	일본어	G. J. Ramstedt	1926	27
he	배	Boot	일본어	G. J. Ramstedt	1939ㄱ	486
paj	배	Boot	한국어	G. J. Ramstedt	1939ㄱ	486
pai	배	boat, ship	한국어	G. J. Ramstedt	1949	158
ha	배	a ship, a boat	일본어	G. J. Ramstedt	1949	181
he	배	a ship, a boat	일본어	G. J. Ramstedt	1949	181
pai	배	a ship, a boat	한국어	G. J. Ramstedt	1949	181
he	배	a ship, a boat	일본어	G. J. Ramstedt	1954	13
ha	배	a ship, a boat	일본어	G. J. Ramstedt	1954	13
pai	배	a ship, a boat	한국어	G. J. Ramstedt	1954	13
pa	배	boat	한국어	Hulbert, H. B.	1905	120

배꼽

kob	배꼽		한국어	강길운	1983ㄴ	117
kob	배꼽		한국어	강길운	1983ㄴ	136
pä? kop	배꼽	navel	한국어	김동소	1972	139
pɛ kkop	배꼽	navel	한국어	김동소	1972	139
Fo-tsö	배꼽		일본어	김사엽	1974	393
pʌ j-kop	배꼽		한국어	김사엽	1974	393
pɐ itpok	배꼽		한국어	이숭녕	1956	161
pɐ itpop	배꼽		한국어	이숭녕	1956	161

〈ㅂ〉 237

표제어/어휘	의미		언어	저자	발간년도	쪽수
pɛitkop	배꼽		한국어	이숭녕	1956	161
pɛi-t-porok	배꼽		한국어	이숭녕	1956	183
feso	배꼽	navel	일본어	이용주	1980	102
pɛi-s-pok	배꼽	navel	한국어	이용주	1980	102
heso	배꼽	navel	일본어	G. J. Ramstedt	1926	29
pai-kkup	배꼽	the navel	한국어	G. J. Ramstedt	1949	131
päkkop	배꼽	the navel	한국어	G. J. Ramstedt	1949	131
kup		the navel	한국어	G. J. Ramstedt	1949	131
pă-kop	배꼽	navel	한국어	Hulbert, H. B.	1905	120

배다

pʌj	배다		한국어	김사엽	1974	402
Fa-ra-mu	배다		일본어	김사엽	1974	402

배롱

kagari	배롱		일본어	石井 博	1992	88
khokhïl	배롱		한국어	石井 博	1992	88

배열하다

paru	배열하다		일본어	송민	1965	39
pɛr	배열하다		한국어	송민	1965	39

배우다

pEho-	배우다		한국어	강길운	1987	27
まねぶ	배우다		일본어	김사엽	1974	388
pʌj-ho	배우다		한국어	김사엽	1974	388

백

on	백		한국어	김방한	1968	272
ほ	백		일본어	김사엽	1974	394
on	백		한국어	김사엽	1974	394
momo	백		일본어	김선기	1977	28
on	백		한국어	김선기	1977	28
momo	백		일본어	김선기	1977	33
on	백		한국어	김선기	1977	33
온	백		한국어	김선기	1977ㅈ	326
tŏngi	백	100(Fische)	한국어	Andre Eckardt	1966	238
on	백	hundert	한국어	G. J. Ramstedt	1939ㄱ	484

백성

a-lʌm	백성		한국어	김사엽	1974	425
たみ	백성		일본어	김사엽	1974	425

백조

kɔi	백조	swan	한국어	이기문	1963	102
kofu	백조	swan	일본어	이기문	1963	102
˄kukupi	백조	swan	일본어	Christopher I. Beckwith	2004	129
*kʊɦiy:	백조	swan, Cygnus bewicki	한국어	Christopher I. Beckwith	2004	129

백화

pe'tat	白樺		일본어	강길운	1982ㄴ	20
poč	白樺		한국어	강길운	1982ㄴ	20

표제어/어휘		의미	언어	저자	발간년도	쪽수
뱀						
femi		snake	일본어	강영봉	1991	11
pejə m		snake	한국어	강영봉	1991	11
pă iam	뱀	snake	한국어	金澤庄三郎	1910	15
hamo	칠성장어	lamprey	일본어	金澤庄三郎	1910	15
hamo	칠성장어	lamprey	일본어	金澤庄三郎	1910	9
pă iam	뱀	snake	한국어	金澤庄三郎	1910	9
pe iam	뱀		한국어	김공칠	1989	10
femi	뱀		일본어	김공칠	1989	4
pe iam	뱀		한국어	김공칠	1989	4
pɛ m	뱀	snake	한국어	김동소	1972	140
pe jam	뱀	snake	한국어	김동소	1972	140
pʌ -jam	뱀		한국어	김사엽	1974	394
paj-mi	뱀		한국어	김사엽	1974	394
Fë-mi	뱀		일본어	김사엽	1974	394
はむ	뱀		일본어	김사엽	1974	403
pʌ -jam	뱀		한국어	김사엽	1974	403
paiyam	뱀		한국어	宋敏	1969	84
pébi	뱀	snake	일본어	宋敏	1969	84
pɒ iyam	뱀		한국어	宋敏	1969	84
pă iam	뱀		한국어	宋敏	1969	84
pemi	뱀		일본어	宋敏	1969	84
pamu	뱀		일본어	宋敏	1969	84
hamo	뱀		일본어	宋敏	1969	84
pɒ y'yam	뱀		한국어	宋敏	1969	84
ヘミ	뱀		일본어	이명섭	1962	6
pe jam	뱀		한국어	이숭녕	1956	92
pe jami	뱀		한국어	이숭녕	1956	92
wöröti	뱀	snake	일본어	이용주	1980	100
pe jam	뱀	snake	한국어	이용주	1980	100
*bpŕ o	뱀	snake	한국어	이용주	1980	100
pe ˇ ' yam	배암	snake	한국어	이용주	1980	80
Hëmi	뱀	snake	일본어	이용주	1980	80
バウ"	뱀		일본어	이원진	1940	14
ハブ	뱀		일본어	이원진	1940	14
バブ	뱀		일본어	이원진	1940	14
뱀	뱀		한국어	이원진	1940	14
ハブ	뱀		일본어	이원진	1951	14
バブ	뱀		일본어	이원진	1951	14
バウ"	뱀		일본어	이원진	1951	14
뱀	뱀		한국어	이원진	1951	14
hebi	뱀	snake	일본어	G. J. Ramstedt	1926	29
päami	뱀	snake	한국어	G. J. Ramstedt	1926	29
pă -am	뱀		한국어	Hulbert, H. B.	1905	117
pă iam	뱀	snake	한국어	Kanazawa, S	1910	12
hamo	칠성장어(lamprey)		일본어	Kanazawa, S	1910	12
hamo	칠성장어(lamprey)		일본어	Kanazawa, S	1910	6
pă iam	뱀	snake	한국어	Kanazawa, S	1910	6
뱉다						
opatek	불을 뿜다		일본어	강길운	1982ㄴ	22
pät' -	뱉다		한국어	강길운	1982ㄴ	22
fak-		to spit	일본어	강영봉	1991	11
pak' ɯ -		to spit	한국어	강영봉	1991	11
pias-	토하다	puke	한국어	김동소	1972	139
pɛ th-	토하다	puke	한국어	김동소	1972	139
はく	뱉다		일본어	김사엽	1974	406

표제어/어휘	의미		언어	저자	발간년도	쪽수
patʰ	뱉다		한국어	김사엽	1974	406
pat-	뱉다		한국어	박은용	1974	252
piök	뱉다		한국어	宋敏	1969	84
pas	뱉다		한국어	宋敏	1969	84
pák	뱉다		일본어	宋敏	1969	84
paku	뱉다		일본어	宋敏	1969	84
Haku	뱉다	to spit	일본어	이용주	1980	82
päatta	뱉다	to spit out	한국어	G. J. Ramstedt	1949	15
č hum patta	침 뱉다	to spit	한국어	G. J. Ramstedt	1949	15
bár(y)-	뱉다	split open	한국어	Martin, S. E.	1966	201
p-a-x, paxy-	뱉다	spit	한국어	Martin, S. E.	1966	204
p-a-x,paxy-	뱉다	spit	한국어	Martin, S. E.	1966	213
p-a-x,paxy-	뱉다	spit	한국어	Martin, S. E.	1966	215

버금

표제어/어휘	의미		언어	저자	발간년도	쪽수
つぎ	버금		일본어	김사엽	1974	423
pə -kïm	버금		한국어	김사엽	1974	423
beogwm	버금	next	한국어	김선기	1968ㄴ	34

버드나무

표제어/어휘	의미		언어	저자	발간년도	쪽수
pə tu	버드나무		한국어	박은용	1974	250
pe̞ ṭi r	버드나무	willow tree	한국어	이기문	1958	109
*ya	버드나무	willow	한국어	Christopher I. Beckwith	2004	112
^ya[夜]	버드나무	willow	일본어	Christopher I. Beckwith	2004	112
^yaw[要]	버드나무	willow	한국어	Christopher I. Beckwith	2004	112
^ki ~ ^kü [去]	버드나무	poplar, willow	한국어	Christopher I. Beckwith	2004	125
*maki r :	버드나무	a kind of tree	한국어	Christopher I. Beckwith	2004	129

버들

표제어/어휘	의미		언어	저자	발간년도	쪽수
pötïl	버들		일본어	김공칠	1989	15
ya-na-gï	버들		일본어	김사엽	1974	381
pə -tïl	버들		한국어	김사엽	1974	381
pö-teu na-	버들	Willow	한국어	白鳥庫吉	1914ㄱ	173
pö-teul	버들	Willow	한국어	白鳥庫吉	1914ㄱ	173
pə t r	버들		한국어	小倉進平	1934	23
pötïl	버들		한국어	宋敏	1969	84
potaru	버들		일본어	宋敏	1969	84
^ya-	버들	willow	일본어	Christopher I. Beckwith	2004	142
*ya :	버들	willow	한국어	Christopher I. Beckwith	2004	142
^yanagi[夜那]	버들	willow	일본어	Christopher I. Beckwith	2004	142

버렁

표제어/어휘	의미		언어	저자	발간년도	쪽수
piro	버렁		일본어	宋敏	1969	84
pöröng	버렁		한국어	宋敏	1969	84

버릇

표제어/어휘	의미		언어	저자	발간년도	쪽수
pe̞ ri̞ t	버릇	a habit	한국어	김공칠	1989	12
furi	버릇	a habit	일본어	김공칠	1989	12
ふり	버릇		일본어	김사엽	1974	396

표제어/어휘		의미	언어	저자	발간년도	쪽수
pə-lĭs	버릇		한국어	김사엽	1974	396
pʌj-hʌs	버릇		한국어	김사엽	1974	453
くせ	버릇		일본어	김사엽	1974	453
pö-rä t	버릇	A habit; a vice	한국어	白鳥庫吉	1914ㄱ	175
furi	버릇		일본어	宋敏	1969	84
pę rïot	버릇		한국어	宋敏	1969	84

버리다
pă ri	버리다	desert	한국어	金澤庄三郎	1910	9
hahur-u	놓아주다	release	일본어	金澤庄三郎	1910	9
pʌ-li	버리다		한국어	김사엽	1974	434
tsu-te	버리다		일본어	김사엽	1974	434
utu	버리다		일본어	大野晋	1980	19
muku	버리다		일본어	石井 博	1992	91
pʌ ri-	버리다		한국어	石井 博	1992	91
pă ri	버리다		한국어	宋敏	1969	84
po'li	버리다		한국어	宋敏	1969	84
parap	버리다		일본어	宋敏	1969	84
papuru	버리다		일본어	宋敏	1969	84
hahur-u	버리다		일본어	宋敏	1969	84
puri	버리다		한국어	宋敏	1969	84
pŏ ri-	버리다	verlieren	한국어	Andre Eckardt	1966	236
hahur-u	놓아주다	release	일본어	Kanazawa, S	1910	6
pă ri	버리다	desert	한국어	Kanazawa, S	1910	6
páry-	버리다	sweep away	한국어	Martin, S. E.	1966	199
pɔ ry	버리다	wield	한국어	Martin, S. E.	1966	199
pɔ ry-	버리다	wield	한국어	Martin, S. E.	1966	209
páry-	버리다	sweep away	한국어	Martin, S. E.	1966	209
páry-	버리다	sweep away	한국어	Martin, S. E.	1966	213
pɔ ry-	버리다	wield	한국어	Martin, S. E.	1966	221
páry-	버리다	sweep away	한국어	Martin, S. E.	1966	221

버티다
pa-tʰ oj	버티다		한국어	김사엽	1974	444
ささふ	버티다		일본어	김사엽	1974	444

번개
mna-pī kajī	번개		일본어	小倉進平	1950	697
m'na-pī karï	번개		일본어	小倉進平	1950	697
m'ina-put'irï	번개		일본어	小倉進平	1950	697
inazuma	번개		일본어	小倉進平	1950	697
inab'ikaji	번개		일본어	小倉進平	1950	697
mna-puturï	번개		일본어	小倉進平	1950	697
bön-göi	번개		한국어	이숭녕	1956	167
pandʑi kpandʑi	번개	to flash	한국어	G. J. Ramstedt	1949	187
pę ngä	번개	lightning	한국어	G. J. Ramstedt	1949	197
pandʑi k	번개	to flash	한국어	G. J. Ramstedt	1949	197

번쩍번쩍
mʌ lgo' mʌ lgo'	번쩍번쩍		한국어	강길운	1982ㄴ	24
miru	번쩍번쩍		일본어	강길운	1982ㄴ	24
mʌ lgot-	번쩍번쩍		한국어	강길운	1982ㄴ	32
miru	번쩍번쩍		일본어	강길운	1982ㄴ	32

벋다
uparu	벋다		일본어	강길운	1982ㄴ	22
pə d-	벋다		한국어	강길운	1982ㄴ	22

표제어/어휘	의미		언어	저자	발간년도	쪽수

벌

표제어/어휘	의미		언어	저자	발간년도	쪽수
pati	벌		일본어	송민	1965	39
pəl	벌		한국어	송민	1965	39
pëli	벌		한국어	宋敏	1969	84
pöröng	벌		한국어	宋敏	1969	84
por i	벌		한국어	宋敏	1969	84
har a	벌		일본어	宋敏	1969	84
pör	벌		한국어	宋敏	1969	84
pöl	벌		한국어	宋敏	1969	84
pɔl	벌		한국어	宋敏	1969	84
pǐl	벌		한국어	宋敏	1969	84
hachi	벌		일본어	宋敏	1969	84
pẹ	벌		한국어	宋敏	1969	84
pati	벌		일본어	宋敏	1969	84
para	벌		일본어	宋敏	1969	84
pachi	벌		일본어	宋敏	1969	84
hira	벌		일본어	宋敏	1969	84
haći	벌		일본어	宋敏	1969	84
pël	벌		한국어	宋敏	1969	84
hure	벌		일본어	宋敏	1969	84
pati	벌		일본어	Martin, S. E.	1975	110
hati	벌		일본어	Martin, S. E.	1975	110
fati	벌		일본어	Martin, S. E.	1975	110
hara	벌		일본어	김선기	1976ㅁ	335
벌	벌		한국어	김선기	1976ㅁ	335

벌(野)

표제어/어휘	의미		언어	저자	발간년도	쪽수
ihare	벌판	open field	일본어	金澤庄三郎	1910	17
pör	벌판	open field	한국어	金澤庄三郎	1910	17
ko-hure	벌판	open field	일본어	金澤庄三郎	1910	17
kohori	벌판	open field	한국어	金澤庄三郎	1910	17
koeur	벌판	open field	한국어	金澤庄三郎	1910	17
nahori	벌판	open field	일본어	金澤庄三郎	1910	17
nadari	벌판	open field	일본어	金澤庄三郎	1910	17
kaharu	벌판	open field	일본어	金澤庄三郎	1910	17
hure	벌판	open field	일본어	金澤庄三郎	1910	17
kaheru	벌판	open field	일본어	金澤庄三郎	1910	17
pör	벌	open field	한국어	金澤庄三郎	1910	9
hure	벌	open field	일본어	金澤庄三郎	1910	9
pŏr	벌		한국어	金澤庄三郎	1977	117
t'yŏ-pŏr	함경도 삼수의 천평		한국어	金澤庄三郎	1977	117
ko-pŏr	벌		한국어	金澤庄三郎	1977	117
cho-k'ăfŭr	벌		한국어	金澤庄三郎	1977	118
cho	밤		한국어	金澤庄三郎	1977	118
k'ăfŭr	벌		한국어	金澤庄三郎	1977	118
puri 夫里	벌		한국어	김방한	1980	10
pïl 火	벌		한국어	김방한	1980	10
pəl	벌		한국어	김방한	1980	11
hara	벌		일본어	김방한	1980	11
pəl	벌		한국어	김사엽	1974	403
Fa-ra	벌		일본어	김사엽	1974	403
pər	마을		한국어	박은용	1974	242
pöl-ttö-ku-ni	벌	A plane; a flat piece of country	한국어	白鳥庫吉	1914ㄱ	182
pöl-p'an	벌	A plane; a prairie	한국어	白鳥庫吉	1914ㄱ	182
pára	벌	field	일본어	宋敏	1969	84
pər 伐	벌		한국어	유창균	1960	13

표제어/어휘		의미	언어	저자	발간년도	쪽수
hara	벌		일본어	유창균	1960	13
kohori	벌판	open field	한국어	Kanazawa, S	1910	14
ko-hure	벌판	open field	한국어	Kanazawa, S	1910	14
koeur	벌판	open field	한국어	Kanazawa, S	1910	14
nahori	벌판	open field	일본어	Kanazawa, S	1910	14
nadari	벌판	open field	일본어	Kanazawa, S	1910	14
kaharu	벌판	open field	일본어	Kanazawa, S	1910	14
ihare	벌판	open field	일본어	Kanazawa, S	1910	14
hure	벌판	open field	일본어	Kanazawa, S	1910	14
pör	벌판	open field	한국어	Kanazawa, S	1910	14
kaheru	벌판	open field	일본어	Kanazawa, S	1910	14
pör	벌	open field	한국어	Kanazawa, S	1910	7
hure	벌	open field	일본어	Kanazawa, S	1910	7
par(a)	벌	plain	한국어	Martin, S. E.	1966	199
par(a)	벌	plain	한국어	Martin, S. E.	1966	209
par(a)	벌	plain	한국어	Martin, S. E.	1966	216
par(a)	벌	plain	한국어	Martin, S. E.	1966	222

벌(꿀)

pə r	벌		한국어	강길운	1980	5
haci	벌		일본어	강길운	1980	5
sugaru	벌꿀		일본어	김공칠	1989	11
skur	벌꿀		한국어	김공칠	1989	11
pöl	벌	Honig	한국어	白鳥庫吉	1914ㄱ	182

벌다

hïr a	벌다		일본어	宋敏	1969	84
hira-ku	벌다		일본어	宋敏	1969	84
pę̄lda	벌다		한국어	宋敏	1969	84
pɔ l	벌다		한국어	宋敏	1969	84
pę lda	벌다	to earn	한국어	G. J. Ramstedt	1949	197

벌레

pʌ le	벌레	worm	한국어	김동소	1972	141
pʌ lle	벌레	worm	한국어	김동소	1972	141
mu-si	벌레		일본어	김사엽	1974	385
pə -lə -č i	벌레		한국어	김사엽	1974	385
musi	벌레		일본어	김선기	1977ㄴ	382
버레	벌레		한국어	김선기	1977ㄴ	382
pör-öi	벌레		한국어	이숭녕	1956	153
pölgi	벌레		한국어	이숭녕	1956	153
pöregi	벌레		한국어	이숭녕	1956	153
pö-rɛ gi	벌레		한국어	이숭녕	1956	183
musi	벌레	worm	일본어	이용주	1980	100
perei	벌레	worm	한국어	이용주	1980	100
*mǔ si	벌레	worm	일본어	이용주	1980	100
pŏ llä	벌레	Wurm	한국어	Andre Eckardt	1966	236
pę kkada	벌레	to go sideways	한국어	G. J. Ramstedt	1949	196
pę rē	벌레	an insect/a bug	한국어	G. J. Ramstedt	1949	198
pę sä	벌레	a mongrel creature	한국어	G. J. Ramstedt	1949	199

벌리다

Fi-ra-ka	벌리다		일본어	김사엽	1974	399
pə -li	벌리다		한국어	김사엽	1974	399
pe r-	벌리다		한국어	박은용	1974	240
pə l	열다		한국어	박은용	1974	243
pə r	벌리다		한국어	박은용	1974	250

표제어/어휘	의미		언어	저자	발간년도	쪽수
pə r-	벌리다		한국어	박은용	1974	256
po'li	벌리다		한국어	宋敏	1969	84
par	벌리다		일본어	宋敏	1969	84
pöri	벌리다		한국어	宋敏	1969	84
poru	벌리다		한국어	宋敏	1969	84
pori	벌리다		한국어	宋敏	1969	84
war	벌리다		일본어	宋敏	1969	84
poruka	벌리다		일본어	宋敏	1969	84
paru	벌리다		일본어	宋敏	1969	84
pöri	벌리다		일본어	宋敏	1969	84
pɔ li	벌리다		한국어	宋敏	1969	84
벌써						
tsu-de-ni	벌써		일본어	김사엽	1974	434
pʌ l-sjə	벌써		한국어	김사엽	1974	434
pol'syë	벌써		한국어	宋敏	1969	84
mó-paya	벌써	already	일본어	宋敏	1969	84
pal-sǫ	벌써		한국어	이숭녕	1955	18
haya	벌써		일본어	이숭녕	1955	18
haya-si	벌써		일본어	이숭녕	1955	18
범						
holaŋ	범		한국어	강길운	1983ㄱ	30
とら	범		일본어	김사엽	1974	415
pə m	범		한국어	김사엽	1974	415
ho	범		일본어	宋敏	1969	84
pɔ m	범		한국어	宋敏	1969	84
pẹ̄m	범	a tiger	한국어	宋敏	1969	84
ō -kami	범	the wolf	일본어	宋敏	1969	84
pẹ m	범	tiger	한국어	G. J. Ramstedt	1949	197
범하다						
kjə -o	범하다		한국어	김사엽	1974	470
wo-ka-tsu	범하다		일본어	김사엽	1974	470
벗						
pöt	벗	A friend	한국어	白鳥庫吉	1914ㄱ	176
pöt hä ta	벗	to be familiar with; to treat in a friendly way	한국어	白鳥庫吉	1914ㄱ	176
adaš	벗	Freund	한국어	白鳥庫吉	1914ㄱ	177
woto	벗		일본어	宋敏	1969	84
pët	벗		한국어	宋敏	1969	84
pŏ d	벗	Freund	한국어	Andre Eckardt	1966	236
벗다						
pə ski-	벗기다		한국어	강길운	1983ㄴ	108
pə ski-	벗기다		한국어	강길운	1983ㄴ	125
Fa-ki	벗기다		일본어	김사엽	1974	406
pə s-ki	벗기다		한국어	김사엽	1974	406
padus	벗다		일본어	宋敏	1969	85
pas	벗다		한국어	宋敏	1969	85
pos-gi-	벗기다		한국어	최학근	1959ㄱ	52
pẹ tta	벗다	to take off/ to strip off	한국어	G. J. Ramstedt	1949	199
pas-	벗다	to undress oneself	한국어	G. J. Ramstedt	1949	9
pẹ s-	벗다	to undress oneself	한국어	G. J. Ramstedt	1949	9

표제어/어휘		의미	언어	저자	발간년도	쪽수
벙어리						
pə -wə -li	벙어리		한국어	김사엽	1974	469
o-Fu-si	벙어리		일본어	김사엽	1974	469
pöng-ö-ri	벙어리	A deaf mute	한국어	白鳥庫吉	1914ㄱ	175
pöpöri	벙어리		한국어	이숭녕	1956	161
poŋ öri	벙어리		한국어	이숭녕	1956	161
벚나무						
pe' tat	白樺		일본어	강길운	1982ㄴ	31
poč	樺		한국어	강길운	1982ㄴ	31
베						
yuhu	베	cotton cloth	일본어	金澤庄三郞	1910	12
poi	베	cotton cloth	한국어	金澤庄三郞	1910	12
aratafe	베	woven cloth	일본어	김공칠	1988	83
poi, pe	베	woven cloth	한국어	김공칠	1988	83
yuhu	베		일본어	김공칠	1989	10
poi	베		한국어	김공칠	1989	10
poi	베	Linen; hempcloth	한국어	白鳥庫吉	1914ㄱ	174
kʌ nïnpoy	베		한국어	石井 博	1992	93
katabira	휘장		일본어	石井 博	1992	93
yuhu	베		일본어	宋敏	1969	85
poi	베		한국어	宋敏	1969	85
yuhu	베	cotton cloth	일본어	Kanazawa, S	1910	10
poi	베	cotton cloth	한국어	Kanazawa, S	1910	10
베다						
saku	베다	to carve, cut in	일본어	김공칠	1989	17
sagi	베다	to carve, cut in	한국어	김공칠	1989	17
ə -hi	刻		한국어	김사엽	1974	376
we-ri	彫雕		일본어	김사엽	1974	376
ma-ki	베다		일본어	김사엽	1974	391
pjə j	베다		한국어	김사엽	1974	391
ki-ra	베다		일본어	김사엽	1974	455
pa-hi	베다		한국어	김사엽	1974	455
puj	베다		한국어	김사엽	1974	458
かる	베다		일본어	김사엽	1974	458
karu	베다		일본어	大野晋	1980	22
pah	베다		한국어	박은용	1974	240
peh-	베다		한국어	박은용	1974	245
pə hĭ -	버히다	to cut	한국어	이용주	1980	82
kiru	베다	to cut	일본어	이용주	1980	82
hagu	벗기다	to strip off	일본어	Aston	1879	27
pahil	베다	to pluck out	한국어	Aston	1879	27
pi	베다	to cut	한국어	Hulbert, H. B.	1905	
pağ y-	베다	cut	한국어	Martin, S. E.	1966	213
베틀						
t' ɯ r	베틀		한국어	강길운	1983ㄱ	48
turi	베틀		일본어	김공칠	1989	15
(waka)	베틀		한국어	김공칠	1989	15
pateui	베틀		한국어	김공칠	1989	7
pata	베틀		일본어	김공칠	1989	7
Fa-ta	베틀		일본어	김사엽	1974	405
poj-tʰ ïl	베틀		한국어	김사엽	1974	405
pata	베틀		일본어	宋敏	1969	85
poit"ïl	베틀		한국어	宋敏	1969	85

〈ㅂ〉 245

표제어/어휘	의미		언어	저자	발간년도	쪽수
wosa	베틀		일본어	이용주	1980	106
pe te o	베틀		한국어	이용주	1980	106
fata	베틀		일본어	Martin, S. E.	1975	110
hata	베틀		일본어	Martin, S. E.	1975	110
pata	베틀		일본어	Martin, S. E.	1975	110
베풀다						
make	베풀다		일본어	김공칠	1989	6
mǎ ingkeul	베풀다		한국어	김공칠	1989	6
paru	베풀다		일본어	김공칠	1989	7
pöri	베풀다		한국어	김공칠	1989	7
Fo-do-kö-tsu	베풀다		일본어	김사엽	1974	393
pə j-pʰ ïl	베풀다		한국어	김사엽	1974	393
벼						
ho	벼	grain	일본어	金澤庄三郎	1910	9
pyö	벼	rice plant	한국어	金澤庄三郎	1910	9
pyö	벼		한국어	김공칠	1989	10
wa-se	벼		일본어	김사엽	1974	432
suj	벼		한국어	김사엽	1974	432
i-ne	벼		일본어	김사엽	1974	476
ni	벼		한국어	김사엽	1974	476
벼	벼		한국어	김원표	1948	19
마이(mai)	쌀		일본어	김원표	1948	20
베이(Pei)	쌀		일본어	김원표	1948	20
살[肉]	쌀		한국어	김원표	1948	21
살(sal)	쌀		한국어	김원표	1948	21
Psal	쌀		한국어	김원표	1948	21
쌀(ssal)	쌀		한국어	김원표	1948	21
사람	쌀		한국어	김원표	1948	21
사라	쌀		한국어	김원표	1948	21
보살(Posal)	껍질을 벗긴 곡식		한국어	김원표	1948	21
사를[活]	쌀		한국어	김원표	1948	21
싸리(sari)	쌀		한국어	긴원표	1948	22
ho	벼		일본어	文和政	1981	176
pyō	벼		한국어	文和政	1981	177
pyö	벼	Paddy; rice-unhulled or in the ear	한국어	白鳥庫吉	1914ㄱ	186
nn'i	벼		일본어	小倉進平	1950	697
in'i	벼		일본어	小倉進平	1950	697
ʔ nɛ	벼		일본어	小倉進平	1950	697
ine	벼		일본어	小倉進平	1950	697
ʔ n'e:	벼		일본어	小倉進平	1950	697
ʔ n'i	벼		일본어	小倉進平	1950	697
ʔ 'i	벼		일본어	小倉進平	1950	698
ʔ n'e	벼		일본어	小倉進平	1950	698
m-be	벼		일본어	小倉進平	1950	700
mine	벼		일본어	小倉進平	1950	704
sine	벼		일본어	小倉進平	1950	704
"rice-plant"	벼		일본어	小倉進平	1950	704
i-ssal	멥쌀		한국어	小倉進平	1950	705
i-s-pi	볏짚 부스러기로 만든 비		한국어	小倉進平	1950	705
i-pap	쌀밥		한국어	小倉進平	1950	705
iɔ ŋ	이삭		한국어	小倉進平	1950	706
i-sak	이삭		한국어	小倉進平	1950	706
siu	벼		한국어	小倉進平	1950	706
i-sak	벼		한국어	小倉進平	1950	706

표제어/어휘	의미		언어	저자	발간년도	쪽수
mio	볏모		한국어	小倉進平	1950	706
i-pʼur	쌀풀		한국어	小倉進平	1950	706
i-sak	볏모		한국어	小倉進平	1950	706
i-s-čip	볏짚		한국어	小倉進平	1950	706
i-sak		A head-of grain;an ear-of	한국어	小倉進平	1950	706
i-pi		A corn-stalk broom	한국어	小倉進平	1950	706
i-pʼap	쌀밥		한국어	小倉進平	1950	706
i-pap		Boiled rice	한국어	小倉進平	1950	706
i-čip		Rice straw	한국어	小倉進平	1950	706
i-sak	벼		한국어	小倉進平	1950	706
i-sak č up-ta		glaner	한국어	小倉進平	1950	706
i-pʼur		Rice paste	한국어	小倉進平	1950	706
i-ssar		White rice	한국어	小倉進平	1950	706
i-sak č up-ta		To glean	한국어	小倉進平	1950	706
i-sak čɛ-ra-ta	벼		한국어	小倉進平	1950	707
psi-stɔ-rɔ-čiɔ-	벼		한국어	小倉進平	1950	707
i-pap	벼		한국어	小倉進平	1950	707
i-pʼap	벼		한국어	小倉進平	1950	707
i-pap(i-bap)	벼		한국어	小倉進平	1950	707
i-pʼap(i-pʼap)	벼		한국어	小倉進平	1950	707
i-pʼur	벼		한국어	小倉進平	1950	707
tʃ-rʌn i-sa-kèr	벼		한국어	小倉進平	1950	707
č iɔ k-ʌn i-sak	벼		한국어	小倉進平	1950	707
i-č p	벼		한국어	小倉進平	1950	707
l	쌀의 의미		한국어	小倉進平	1950	707
i-sak pʼɛ i-ta	벼		한국어	小倉進平	1950	707
i-sak siɔi	거두다		한국어	小倉進平	1950	707
i-sak pɛ i-ta	벼		한국어	小倉進平	1950	707
i-pʼur(i-pʼur)	벼		한국어	小倉進平	1950	707
ssèr	벼		한국어	小倉進平	1950	707
ip-ssar	벼		한국어	小倉進平	1950	707
i-sak č u-u-	이삭 줍는 사람		한국어	小倉進平	1950	707
ki-č aŋ i-sa-ki	벼		한국어	小倉進平	1950	707
sèr	벼		한국어	小倉進平	1950	707
piɔ-i-sak	벼		한국어	小倉進平	1950	707
i-sak na-ta	벼		한국어	小倉進平	1950	707
i-ssar	벼		한국어	小倉進平	1950	707
i-sak	벼		한국어	小倉進平	1950	707
i-sak	벼		한국어	小倉進平	1950	707
i-pi	벼		한국어	小倉進平	1950	707
psɛ ar	벼		한국어	小倉進平	1950	707
oaŋ-mi (waŋ-	고려 왕조의 쌀		한국어	小倉進平	1950	708
ip-sal	벼		한국어	小倉進平	1950	708
i-ʔsal	벼		한국어	小倉進平	1950	708
waŋ	벼		한국어	小倉進平	1950	708
waŋ mi	벼		한국어	小倉進平	1950	708
waŋ-mi	벼		한국어	小倉進平	1950	708
ip-sal	벼		한국어	小倉進平	1950	708
ri-ʔsal	벼		한국어	小倉進平	1950	708
rip-sal	벼		한국어	小倉進平	1950	708
oaŋ-tai kɔp-til	벼		한국어	小倉進平	1950	708
ip-ʔsal	벼		한국어	小倉進平	1950	708
ni-psɛr-pap	큰쌀밥		한국어	小倉進平	1950	709
ni-čʼɛr-psɛr	찰벼		한국어	小倉進平	1950	709
ni-čʼɛ psɛr-i	찰벼		한국어	小倉進平	1950	709

표제어/어휘	의미		언어	저자	발간년도	쪽수
ni--psar	큰쌀		한국어	小倉進平	1950	709
ni-ssɛr	멥쌀		한국어	小倉進平	1950	709
ni-ssɛr	쌀		한국어	小倉進平	1950	709
ni-psɛ-ri	멥쌀		한국어	小倉進平	1950	709
tio-hen ni-	멥쌀		한국어	小倉進平	1950	709
ni-psɛ-ri	밥을짓다		한국어	小倉進平	1950	709
ni-ssɛr	벼		한국어	小倉進平	1950	709
stɔ-nu-rʃn	벼		한국어	小倉進平	1950	709
ʔnɛ	벼		일본어	小倉進平	1950	709
ʔn'i	벼		일본어	小倉進平	1950	709
nn'i	벼		일본어	小倉進平	1950	709
in'i	벼		일본어	小倉進平	1950	709
nis-tip	벼		한국어	小倉進平	1950	709
ni-p'ur	벼		한국어	小倉進平	1950	709
ro-sɔ o-nos-ta	벼		한국어	小倉進平	1950	709
ʔn'e	벼		일본어	小倉進平	1950	709
ni-psɛr sɔ-hop	멥쌀		한국어	小倉進平	1950	709
ni	벼		한국어	小倉進平	1950	710
marak	껍질을 벗기지않은 쌀		한국어	小倉進平	1950	721
pyö	벼		일본어	송민	1973	34
pyö	벼		한국어	宋敏	1969	85
pyë	벼		한국어	宋敏	1969	85
pha	벼		한국어	宋敏	1969	85
pó	벼		일본어	宋敏	1969	85
ho	벼		일본어	宋敏	1969	85
po	벼		일본어	宋敏	1969	85
ウケ	벼		일본어	이명섭	1962	6
イニ	벼		일본어	이원진	1940	14
ンニ	벼		일본어	이원진	1940	14
니	벼		한국어	이원진	1940	14
니	벼		한국어	이원진	1951	14
ンニ	벼		일본어	이원진	1951	14
イニ	벼		일본어	이원진	1951	14
pyö	벼	rice plant	한국어	Kanazawa, S	1910	7
ho	벼	grain	일본어	Kanazawa, S	1910	7
pYe	벼	riceplant	한국어	Martin, S. E.	1966	199
pYe	벼	riceplant	한국어	Martin, S. E.	1966	214
pYe	벼	riceplant	한국어	Martin, S. E.	1966	224

벼랑

pyər	언덕		한국어	강길운	1980	18
piš	벼랑		일본어	강길운	1982ㄴ	26
pyər	벼랑		한국어	강길운	1982ㄴ	26
peš	벼랑		일본어	강길운	1982ㄴ	26
pyər	벼랑		한국어	강길운	1982ㄴ	31
peš	벼랑		일본어	강길운	1982ㄴ	31
piš	벼랑		일본어	강길운	1982ㄴ	31
peš	벼랑		일본어	강길운	1982ㄴ	34
pyər	벼랑		한국어	강길운	1982ㄴ	34
piš	벼랑		일본어	강길운	1982ㄴ	34
pjə-lo	벼랑		한국어	김사엽	1974	464
がけ	벼랑		일본어	김사엽	1974	464
piə ra-ŋ	언덕		한국어	박은용	1974	249
pirɛi	벼랑	precipice	한국어	이기문	1958	106
pyɛrá	벼랑	precipice	한국어	이기문	1958	106
pyɛro	벼랑	precipice	한국어	이기문	1958	106
pyɛraŋ	벼랑	precipice	한국어	이기문	1958	106

표제어/어휘	의미		언어	저자	발간년도	쪽수
pijaŋ, pial	벼랑		한국어	이숭녕	1956	100
pjöre	벼랑		한국어	이숭녕	1956	100
pjöraŋ,	벼랑		한국어	이숭녕	1956	100
pire	벼랑		한국어	이숭녕	1956	100
piraŋ	벼랑		한국어	이숭녕	1956	100
piŋ ə	벼랑		한국어	이숭녕	1956	100
pjöra	벼랑		한국어	이숭녕	1956	132
perak	벼랑		한국어	이숭녕	1956	132
piröi	벼랑		한국어	이숭녕	1956	156
pieŋ i	벼랑		한국어	이숭녕	1956	156
pöre	벼랑		한국어	이숭녕	1956	156
pereŋ i	벼랑		한국어	이숭녕	1956	156
pireŋ i	벼랑		한국어	이숭녕	1956	156
벼리						
tu-na	벼리		일본어	김사엽	1974	420
pjə -li	벼리		한국어	김사엽	1974	420
벼알						
u-kë	벼알		일본어	김사엽	1974	474
u-kʰ ə j	벼알		한국어	김사엽	1974	474
변						
mar	변		한국어	김공칠	1988	193
me re ta	변		한국어	김공칠	1988	193
maru	변		일본어	김공칠	1988	193
별						
byə l	별		한국어	강길운	1979	5
*bir	별		한국어	강길운	1979	5
pyə r, pir	별		한국어	강길운	1982ㄱ	180
fosi		star	일본어	강영봉	1991	11
pel		star	한국어	강영봉	1991	11
fosi	별		일본어	김공칠	1988	193
pi ə r	별		한국어	김공칠	1988	193
pję l	별	a star	한국어	김공칠	1989	12
pjʌ l	별	star	한국어	김동소	1972	140
pjʌ l	별	star	한국어	김동소	1972	140
pjə l	별		한국어	김방한	1978	18
:별	별		한국어	김방한	1978	18
Fo-si	별		일본어	김사엽	1974	394
pjə l	별		한국어	김사엽	1974	394
ホシ	별	star	일본어	김선기	1968ㄱ	23
bjə r	별	star	한국어	김선기	1968ㄱ	23
bjor	별	star	한국어	김선기	1968ㄱ	26
bjer	별	star	한국어	김선기	1968ㄱ	26
hoʃ i	별	star	일본어	김선기	1968ㄱ	26
byori	별		한국어	김선기	1968ㄴ	24
bjer	별		한국어	김선기	1976ㄷ	341
bjor	별		한국어	김선기	1976ㄷ	341
hoshi	별		일본어	김선기	1976ㄷ	341
별	별		한국어	김선기	1976ㅁ	335
hosi	별		일본어	김선기	1976ㅁ	335
hosi	별		일본어	김승곤	1984	199
pyöl	별	A star	한국어	白鳥庫吉	1914ㄱ	187
posi	별		일본어	송민	1965	39
pjə l	별		한국어	송민	1965	39

표제어/어휘		의미	언어	저자	발간년도	쪽수
poshi	별		일본어	宋敏	1969	85
posi	별	star	일본어	宋敏	1969	85
pyŭ l	별		한국어	宋敏	1969	85
pyöl	별		한국어	宋敏	1969	85
pyɔ l	별		한국어	宋敏	1969	85
pyël	별		한국어	宋敏	1969	85
pösi	별		일본어	宋敏	1969	85
pira	별		일본어	宋敏	1969	85
hoṡ i	별		일본어	宋敏	1969	85
hoshi	별		일본어	宋敏	1969	85
pjẹ l	별		한국어	宋敏	1969	85
fosi	별	star	일본어	이기문	1958	112
pyẹ r	별	star	한국어	이기문	1958	112
hoshi	별	star	일본어	이기문	1973	5
pyöl	별		한국어	이용주	1980	72
pösi	별		일본어	이용주	1980	72
pyə˘ r	별	star	한국어	이용주	1980	81
*Hosi	별	star	일본어	이용주	1980	81
fosi	별	star	일본어	이용주	1980	99
pjer	별	star	한국어	이용주	1980	99
*pŏsi	별	star	일본어	이용주	1980	99
hosi	별	star	일본어	長田夏樹	1966	83
pjel	별	star	한국어	長田夏樹	1966	83
hoshi	별	a star	일본어	Aston	1879	25
pyŭ l	별	a star	한국어	Aston	1879	25
pYeš yi	별	star	한국어	Martin, S. E.	1966	199
pYeš yi	별	star	한국어	Martin, S. E.	1966	212
salpyi	별	star	한국어	Martin, S. E.	1966	213
pYeš yi	별	star	한국어	Martin, S. E.	1966	214
Pyeš yi	별	star	한국어	Martin, S. E.	1966	223
볏집						
pcrɑ	볏집		일본어	김공칠	1989	15
pyöt	볏집		한국어	김공칠	1989	15
병						
tanji	병		한국어	강길운	1981ㄴ	7
tokuri, tokkuri	병	bottle	일본어	김공칠	1989	13
al-	병	sickness	한국어	김공칠	1989	17
pyöŋ	병		일본어	송민	1973	34
pyöŋ	병		한국어	宋敏	1969	85
pyöng	병		한국어	宋敏	1969	85
pë	병		일본어	宋敏	1969	85
pe	병		일본어	宋敏	1969	85
병아리						
pi-juk	병아리		한국어	김사엽	1974	399
ひとに	병아리		일본어	김사엽	1974	399
pyöng-a-ri	병아리	A chicken; young fowls	한국어	白鳥庫吉	1914ㄱ	187
hiyoki < fiyoko	병아리	a young chicken	일본어	이기문	1958	109
piyuk	병아리	a young chicken	한국어	이기문	1958	109
pe-gɛ ŋ i	병아리		한국어	이숭녕	1956	187
-보						
po	보	접미사	한국어	강길운	1982ㄴ	20
pe	보	접미사	일본어	강길운	1982ㄴ	20
	보	접미사	일본어	강길운	1982ㄴ	31

표제어/어휘		의미	언어	저자	발간년도	쪽수
	보	접미사	한국어	강길운	1982ㄴ	31
akambo	보	a baby	일본어	宋敏	1969	85
po	보	person, fellow	한국어	宋敏	1969	85
보내다						
soŋ I -	보내다		한국어	강길운	1983ㄴ	128
po-naj	보내다		한국어	김사엽	1974	470
ö-ku-ri	보내다		일본어	김사엽	1974	470
po-nai	보내다		한국어	박은용	1974	252
po-nai ta	보내다	To send; to dispatch	한국어	白鳥庫吉	1914ㄱ	175
ponai-	보내다	to send	한국어	이기문	1958	106
*po-	보내다'의 어근	to send	한국어	이기문	1958	106
보다						
yə ȝ -	엿다		한국어	강길운	1983ㄴ	111
yə ȝ -	엿보다		한국어	강길운	1983ㄴ	112
tirɯ	내려보다		한국어	강길운	1983ㄴ	122
po-	보다		한국어	강길운	1983ㄴ	125
yə ȝ -	엿보다		한국어	강길운	1983ㄴ	133
yə ze-	엿보다		한국어	강길운	1983ㄴ	137
mir		to see	일본어	강영봉	1991	11
po-		to see	한국어	강영봉	1991	11
hora(interj.)	봐	see! look on'	일본어	김공칠	1989	12
poda	봐	to see'	한국어	김공칠	1989	12
mir	보다		한국어	김공칠	1989	15
po-	보다	see	한국어	김동소	1972	140
po-	보다	see	한국어	김동소	1972	140
mi-ru	보다		일본어	김사엽	1974	386
po	보다		한국어	김사엽	1974	386
mi	보다	see	일본어	김선기	1968ㄱ	39
bo	보다	see	한국어	김선기	1968ㄱ	39
miru	보다		일본어	김승곤	1984	200
보다	보다, 발견하다		한국어	김해진	1947	12
po	보다		한국어	大野晋	1975	88
miru	보다		일본어	大野晋	1975	88
po ta	보다	To see; to look; to apprehend	한국어	白鳥庫吉	1914ㄱ	177
miru	보다		일본어	石井 博	1992	90
po-	보다		한국어	石井 博	1992	90
kuso-maru	보다		일본어	石井 博	1992	91
po-	보다		한국어	石井 博	1992	91
po-	보다	see	한국어	宋敏	1969	85
hara	보다		일본어	宋敏	1969	85
moru	보다		일본어	宋敏	1969	85
wo	보다		일본어	宋敏	1969	85
wosopar	보다		일본어	宋敏	1969	85
poara	보다		한국어	宋敏	1969	85
poda	보다		한국어	宋敏	1969	85
pol'syë	보다		한국어	宋敏	1969	85
pom	봄		한국어	이숭녕	1956	110
miru	보다	to see	일본어	이용주	1980	82
pŏ -	보다	to see	한국어	이용주	1980	82
po	보다	see	한국어	이용주	1980	99
*mi	보다	see	한국어	이용주	1980	99
miru	보다	see	일본어	이용주	1980	99
po-	보다	sehen	한국어	Andre Eckardt	1966	236

〈ㅂ〉 251

표제어/어휘		의미	언어	저자	발간년도	쪽수
poda	보다	see, consider	한국어	Edkins, J	1895	409
po	보다	to see	한국어	Hulbert, H. B.	1905	
bo-	보다	see	한국어	Martin, S. E.	1966	201
bo-	보다	see	한국어	Martin, S. E.	1966	218
보드랍다						
po-tʌ-lap	보드랍다		한국어	김사엽	1974	381
ya-Fa-ra-ka	보드랍다		일본어	김사엽	1974	381
보라						
pora	보라		한국어	石井 博	1992	91
murasaki	보라		일본어	石井 博	1992	91
pora	보라	a reddish colour/ a light purple colour	한국어	G. J. Ramstedt	1949	206
보람						
si-ru-si	보람		일본어	김사엽	1974	436
po-lam	보람		한국어	김사엽	1974	436
poram	보람		한국어	김승곤	1984	251
보름						
porom	보름		한국어	김공칠	1989	20
moti-duki	보름		일본어	김공칠	1989	20
mo-ti-du-kï	보름		일본어	김사엽	1974	383
po-lïm	보름		한국어	김사엽	1974	383
moti-duki	보름		일본어	이용주	1980	106
porom	보름		한국어	이용주	1980	106
poriɯm	보름	fifteen days	한국어	G. J. Ramstedt	1949	206
보리						
mugi	보리		일본어	김공칠	1989	15
mil	보리		한국어	김공칠	1989	15
mu-gi	보리		일본어	김사엽	1974	386
po-li	보리		한국어	김사엽	1974	386
보리	보리		한국어	김원표	1949	32
무기	보리		일본어	김원표	1949	33
보리	보리		한국어	김해진	1947	12
보리	보리		한국어	박은용	1975ㄴ	54
mirx	보리		한국어	이용주	1980	105
mugi	보리		일본어	이용주	1980	105
mugi	보리		일본어	이용주	1980	72
mil	보리		한국어	이용주	1980	72
bori/보리	보리		한국어	Arraisso	1896	20
pori	보리	barley	한국어	G. J. Ramstedt	1949	206
보살(쌀)						
po-sar	보살		한국어	小倉進平	1950	710
hɛ in (hɛ n)	보살		한국어	小倉進平	1950	710
čˀ (tʃ o)	보살		한국어	小倉進平	1950	710
čˀap-psɛ r	찹쌀		한국어	小倉進平	1950	712
tʃˀap-sal	찹쌀		한국어	小倉進평	1950	712
čˀe r-psɛ r	찹쌀		한국어	小倉進平	1950	712
psɛ -rɛ rtɛ -tˀ o-보살			한국어	小倉進平	1950	712
psɛ r	보살		한국어	小倉進平	1950	712
ʔ sal	보살		한국어	小倉進平	1950	712
psɛ -rɛ r ki-tʃ r-보살			한국어	小倉進平	1950	712
psɛ r sʃ r-tˀ a 보살			한국어	小倉進平	1950	712

표제어/어휘		의미	언어	저자	발간년도	쪽수
tʃ'alp-sal	찹쌀		한국어	小倉進平	1950	712
mep-sal	멥쌀		일본어	小倉進平	1950	712
me-ʔ sal	멥쌀		일본어	小倉進平	1950	712
me-ki-dʒ aŋ	보살		한국어	小倉進平	1950	713
psɛ r	보살		한국어	小倉進平	1950	713
tʃ'alp-sal	찹쌀		한국어	小倉進平	1950	713
tʃ'ap-sal	찹쌀		한국어	小倉進平	1950	713
me-dʒ o	보살		한국어	小倉進平	1950	713
me-be	보살		한국어	小倉進平	1950	713
mep-sal	멥쌀		한국어	小倉進平	1950	713
psɛ r	보살		한국어	小倉進平	1950	713
met-ʔ tɔ k	보살		한국어	小倉進平	1950	713
maru	보살		한국어	小倉進平	1950	714
ar-eum	보살		한국어	小倉進平	1950	714
Na-rak	보살		한국어	小倉進平	1950	715
oang-mi	보살		한국어	小倉進平	1950	715
lip-ssar	흰쌀		한국어	小倉進平	1950	715
pyö-să r	보살		한국어	小倉進平	1950	716
piɔ -sǁ r	보살		한국어	小倉進平	1950	716
piɔ -sɛ r	보살		한국어	小倉進平	1950	716
piɔ -sǁ r	보살		한국어	小倉進平	1950	716
pyö-să r	보살		한국어	小倉進平	1950	716
ku-sir-hɛ -	보살		한국어	小倉進平	1950	716
pyö	보살		한국어	小倉進平	1950	716
po-sar	보살		한국어	小倉進平	1950	716
piɔ -(i)-sir	벼가 있는것		한국어	小倉進平	1950	717
ku-sir	보살		한국어	小倉進平	1950	717
ku-sir a-ni-	보살		한국어	小倉進平	1950	717
ku-ǁ is č ip	보살		한국어	小倉進平	1950	717
ku-uis	보살		한국어	小倉進平	1950	717
piɔ	벼인		한국어	小倉進平	1950	717
ku-sir sik-ki-ta	보살		한국어	小倉進平	1950	717
piɔ -sir	보살의 어원		한국어	小倉進平	1950	718
na-rak	보살		한국어	小倉進平	1950	718
na-rok	보살		한국어	小倉進平	1950	718
ip-sar	이씨의 쌀		한국어	小倉進平	1950	718
waŋ -mi	왕씨의 쌀		한국어	小倉進平	1950	718
na-ruk	보살		한국어	小倉進平	1950	718
no-rak	보살		한국어	小倉進平	1950	718

보이다
shimesu	보이다		일본어	김공칠	1989	7
sam	보이다		한국어	김공칠	1989	7

보지
poki	보지		일본어	강길운	1981ㄴ	5
poji	보지		한국어	강길운	1981ㄴ	5
poki	보지		일본어	강길운	1982ㄴ	21
poji	보지		한국어	강길운	1982ㄴ	21
poki	보지		일본어	강길운	1982ㄴ	31
poji	보지		한국어	강길운	1982ㄴ	31
pochi	보지	vulva	한국어	金澤庄三郎	1910	9
hodo	보지	vulva	일본어	金澤庄三郎	1910	9
Fo-tö	보지		일본어	김사엽	1974	393
po-ti	보지		한국어	김사엽	1974	393
hodo	여성의생식기		일본어	김승곤	1984	
po-č i	보지	The femel genital	한국어	白鳥庫吉	1914ㄱ	176

표제어/어휘	의미		언어	저자	발간년도	쪽수
		member				
foto	여성의 음부		일본어	石井 博	1992	90
tubi	여성의 음부		일본어	石井 博	1992	90
보지	여성의 음부		한국어	石井 博	1992	90
sip	여성의 음부		한국어	石井 博	1992	90
pochi	보지		한국어	宋敏	1969	85
poci	보지		한국어	宋敏	1969	85
hoda	보지		일본어	宋敏	1969	85
pötö	보지		일본어	宋敏	1969	85
podo	보지		일본어	宋敏	1969	85
fodo	보지	vulva	일본어	이기문	1958	109
*poti	보지	vulva	한국어	이기문	1958	109
podäŋ i	보지	vulva	한국어	이기문	1958	109
poci	보지	vulva	한국어	이기문	1958	109
ハフ	陰門		일본어	이원진	1940	17
보지	음부		한국어	이원진	1940	17
ポ-	陰門		일본어	이원진	1940	17
び-	陰門		일본어	이원진	1940	17
ひ	陰門		일본어	이원진	1940	17
ピ	陰門		일본어	이원진	1940	17
び-	陰門		일본어	이원진	1951	17
ポ-	陰門		일본어	이원진	1951	17
보지	음부		한국어	이원진	1951	17
ハフ	陰門		일본어	이원진	1951	17
ひ	陰門		일본어	이원진	1951	17
ピ	陰門		일본어	이원진	1951	17
Pii(비이)	보지	vulva	일본어	최남선	1929	130
ホト(보도)	보지	vulva	일본어	최남선	1929	130
ツビ	보지	vulva	일본어	최남선	1929	144
hodo	보지	vulva	일본어	Kanazawa, S	1910	7
pochi	보지	vulva	한국어	Kanazawa, S	1910	7

보태다
ku-Fa-Fe	보태다		일본이	김사엽	1974	452
po-tʰ ʌ j	보태다		한국어	김사엽	1974	452
kufafu	보태다		일본어	大野晋	1980	23

보행
kati	보행		일본어	이용주	1980	72
köl	보행		한국어	이용주	1980	72

보호하다
kabafu	보호하다, 덮다	to protect, cover	일본어	김공칠	1989	18
kam-	보호하다, 덮다	to hide	한국어	김공칠	1989	18

복
pok	복		한국어	金澤庄三郞	1914	219
huku	복		일본어	金澤庄三郞	1914	219
púgu	복		일본어	宋敏	1969	85
puku	복		일본어	宋敏	1969	85
pok	복		한국어	宋敏	1969	85
^saṭ i [佐知]	복	prosperous, prosperity	일본어	Christopher I. Beckwith	2004	136
pok	복	fortune/luck	한국어	G. J. Ramstedt	1949	204

복어
ふぐ	복어		일본어	김사엽	1974	397

표제어/어휘		의미	언어	저자	발간년도	쪽수
pok	복어		한국어	김사엽	1974	397
pug(u)	복어	swellfish	한국어	Martin, S. E.	1966	199
pug(u)	복어	swellfish	한국어	Martin, S. E.	1966	203
pug(u)	복어	swellfish	한국어	Martin, S. E.	1966	217
pug(u)	복어	swellfish	한국어	Martin, S. E.	1966	222
볶다						
pok	볶다		한국어	김사엽	1974	475
いる	볶다		일본어	김사엽	1974	475
iru	볶다		일본어	大野晋	1980	18
posk-	볶다	parch	한국어	宋敏	1969	85
pos-	볶다	dry it	일본어	宋敏	1969	85
pokta	볶다	to cook dry/to parch	한국어	G. J. Ramstedt	1949	205
takta	볶다	to parch, to roast	한국어	G. J. Ramstedt	1949	251
본처						
kheunömi	본처	legal wife	한국어	金澤庄三郎	1910	20
konami	전처	former wife	일본어	金澤庄三郎	1910	20
kheunömi	본처	legal wife	한국어	金澤庄三郎	1910	9
konami	전처	former wife	일본어	金澤庄三郎	1910	9
kheunömi	본처	legal wife	한국어	Kanazawa, S	1910	16
konami	전처(former wife)		일본어	Kanazawa, S	1910	16
konami	전처(former wife)		일본어	Kanazawa, S	1910	7
kheunömi	본처	legal wife	한국어	Kanazawa, S	1910	7
볼						
por	볼		한국어	강길운	1983ㄴ	113
fofo	볼		일본어	김공칠	1988	192
fofowemu	볼		일본어	김공칠	1988	192
por	볼		한국어	김공칠	1988	192
pol	볼		한국어	김사엽	1974	393
Fo-Fo	볼		일본어	김사엽	1974	393
pol	볼		한국어	김승곤	1984	251
hō	볼		일본어	김승곤	1984	251
ho	볼		일본어	김승곤	1984	251
phyam	볼	the cheek	한국어	白鳥庫吉	1914ㄱ	174
pphyam	볼	the cheek	한국어	白鳥庫吉	1914ㄱ	174
pol	볼	The cheek, the side	한국어	白鳥庫吉	1914ㄱ	174
pol t'ong-I,	볼	the cheeks	한국어	白鳥庫吉	1914ㄱ	174
pol	볼		한국어	宋敏	1969	85
pó-po	볼	cheek	일본어	宋敏	1969	85
hoho	볼		일본어	宋敏	1969	85
ho	볼		일본어	宋敏	1969	85
pol	볼	the cheep	한국어	宋敏	1969	85
por	볼	the cheek	한국어	이기문	1958	110
por-chi	볼치	the cheek	한국어	이기문	1958	110
poltɛgi	볼		한국어	이숭녕	1956	178
pol	볼	cheek	한국어	Martin, S. E.	1966	199
pol	볼	cheek	한국어	Martin, S. E.	1966	210
pol	볼	cheek	한국어	Martin, S. E.	1966	218
볼기						
epoki	아래		일본어	강길운	1982ㄴ	20
polgi	볼기		한국어	강길운	1982ㄴ	20
polgi/*pok	볼기		한국어	강길운	1982ㄴ	31
epoki	아래		일본어	강길운	1982ㄴ	31
mitʰ	볼기		한국어	김사엽	1974	437

표제어/어휘		의미		언어	저자	발간년도	쪽수
si-ri	볼기			일본어	김사엽	1974	437
siri	볼기			일본어	김선기	1977ㄴ	376
불기	볼기			한국어	김선기	1977ㄴ	376
borgi	볼기			한국어	김선기	1977ㄴ	376
por-ki	볼기		hips	한국어	이기문	1958	110
por-ki-ccak	볼기짝		hips	한국어	이기문	1958	110
pol-gi	볼기			한국어	이숭녕	1956	154

봄
haru	봄			일본어	강길운	1980	5
*por<*bor	봄			한국어	강길운	1980	5
paikara	봄			일본어	강길운	1982ㄴ	31
*por	봄			한국어	강길운	1982ㄴ	31
paru	봄			일본어	김공칠	1989	7
pom	봄			한국어	김공칠	1989	7
Fa-ru	봄			일본어	김사엽	1974	402
pom	봄			한국어	김사엽	1974	402
pom	봄		spring	한국어	김선기	1976ㅅ	341
haru	봄			일본어	김선기	1976ㅅ	342
sumo	봄			일본어	김선기	1976ㅅ	342
paru	봄			일본어	김선기	1976ㅅ	342
씨름	봄			한국어	김선기	1976ㅅ	342
haru	봄			일본어	徐廷範	1985	237
pom	봄			한국어	宋敏	1969	85
paru	봄			일본어	宋敏	1969	85
faru	봄			일본어	이용주	1980	106
pom	봄			한국어	이용주	1980	106

봉사
ibad-	공헌, 봉사			한국어	강길운	1982ㄴ	17
ipuni	봉사			일본어	강길운	1982ㄴ	17

봉우리
mine	봉우리			일본어	김공칠	1989	20
to:ge	봉우리			일본어	김선기	1976ㅂ	337
mine	봉우리			일본어	김선기	1976ㅂ	337
mine	봉우리			일본어	村山七郎	1963	28
š uni	봉우리			한국어	村山七郎	1963	28
sunwlk	봉우리			한국어	村山七郎	1963	28
pu-ri	산마루			한국어	최학근	1959ㄱ	51

부끄럽다
faji	부끄럽다			일본어	김공칠	1989	4
peus	부끄럽다			한국어	김공칠	1989	4
Fa-du-ka-si	부끄럽다			일본어	김사엽	1974	404
pus-kï-lə p	부끄럽다			한국어	김사엽	1974	404
peus	부끄럽다			한국어	宋敏	1969	85
haji	부끄럽다		shame	일본어	宋敏	1969	85
peus	부끄럽다		shame	한국어	Aston	1879	21
haji	부끄럽다		shame	일본어	Aston	1879	21

부딛다
putïyc	부딛다			한국어	宋敏	1969	85
út	부딛다		hit	일본어	宋敏	1969	85

부락
夫里	마을			한국어	강길운	1979	12

표제어/어휘	의미		언어	저자	발간년도	쪽수
*pur	마을		한국어	강길운	1980	6
hure	마을		일본어	강길운	1980	6
puraku	부락		일본어	고창식	1976	25
부락	부락		한국어	고창식	1976	25
piri	부락	village	한국어	Hulbert, H. B.	1905	122
부러다						
waȑ	부러다		일본어	宋敏	1969	85
puȑɔ	부러다		한국어	宋敏	1969	85
부레						
pu-lə j	부레		한국어	김사엽	1974	480
a-bu-ra	부레		일본어	김사엽	1974	480
부르다(呼)						
hotui	부르다		일본어	강길운	1981ㄴ	10
öt'i-/hot'oŋ-či-부르다, 부르짖다			한국어	강길운	1981ㄴ	10
pɯrɯ-	부르다		한국어	강길운	1983ㄱ	48
pɯrɯ-	소환하다		한국어	강길운	1983ㄴ	109
pɯrɯ-	부르다		한국어	강길운	1983ㄴ	124
yo-bu	呼		일본어	김사엽	1974	379
pï-lï	呼, 號		한국어	김사엽	1974	379
pu-răta	부르다	To call, to summon	한국어	白鳥庫吉	1914ㄱ	183
puȑ	부르다		한국어	宋敏	1969	85
huȑ	부르다		일본어	宋敏	1969	85
놀	노래		한국어	이탁	1949	11
purú-	부르다	rufen	한국어	Andre Eckardt	1966	237
pullŭ	부르다	call	한국어	Hulbert, H. B.	1905	122
부르다(飽)						
はる	부르다		일본어	김사엽	1974	402
pï-lï	부르다		한국어	김사엽	1974	402
huguru	부르다	full	일본어	김선기	1968ㄱ	37
buru	부르다	full	한국어	김선기	1968ㄱ	37
부르짖다						
hawa-ašte	부르짖다		일본어	강길운	1982ㄴ	26
kwata-nä-	부르짖다		한국어	강길운	1982ㄴ	26
부리						
puburi	부리		한국어	강길운	1981ㄴ	5
papuš	입술		일본어	강길운	1982ㄴ	31
puburi	부리		한국어	강길운	1982ㄴ	31
papuš	입술		일본어	강길운	1982ㄴ	35
puburi	부리		한국어	강길운	1982ㄴ	35
puri	부리		한국어	金澤庄三郎	1914	221
はし	부리		일본어	김사엽	1974	405
pu-li	부리		한국어	김사엽	1974	405
pu-li	부리		한국어	김사엽	1974	452
くちばし	부리		일본어	김사엽	1974	452
puru	돌출		한국어	박은용	1974	255
pu-ri	부리	a beak, a bill	한국어	白鳥庫吉	1914ㄱ	179
ppul	부리	a horn	한국어	白鳥庫吉	1914ㄱ	179
pong-o-ri	부리	1) A hill peak; the top of the mountain; 2) 화대 an	한국어	白鳥庫吉	1914ㄱ	179
hashi	부리		일본어	宋敏	1969	85
pŭli	부리		한국어	宋敏	1969	85

〈ㅂ〉 257

표제어/어휘		의미	언어	저자	발간년도	쪽수
puri	부리	the peak (of a mountain), the beak, the bud (of a	한국어	이기문	1958	110
pǔ li	부리	beak	한국어	Aston	1879	25
hashi	부리	beak	일본어	Aston	1879	25
부리다						
pï-lï	부리다		한국어	김사엽	1974	423
tu-ka-Fe	부리다		일본어	김사엽	1974	423
おろす	부리다		일본어	김사엽	1974	466
pï-li	부리다		한국어	김사엽	1974	466
pirup-	부리다		일본어	宋敏	1969	85
tsukau	부리다		일본어	宋敏	1969	85
pïˑli	부리다		한국어	宋敏	1969	85
purida	부리다		한국어	宋敏	1969	85
purida		to be self-important	한국어	G. J. Ramstedt	1949	103
부모						
eš ikop	부모		일본어	강길운	1981ㄴ	4
ə š i	부모		한국어	강길운	1981ㄴ	4
ə š i	부모		한국어	강길운	1982ㄴ	22
ə š ikop	부모		일본어	강길운	1982ㄴ	22
ə -zi	부모		한국어	김사엽	1974	467
ö-ya	부모		일본어	김사엽	1974	467
or?a	부모	parent	한국어	Martin, S. E.	1966	198
부부						
kasi-bə si	부부		한국어	강길운	1981ㄴ	4
kasi-bə si	부부		한국어	강길운	1982ㄴ	27
koš -mat	혼인		일본어	강길운	1982ㄴ	27
부비다						
pupɯ˘ i-	부비다	to rub	한국어	이용주	1980	83
suru	부비다	to rub	일본어	이용주	1980	83
부수다						
pʌ ʒ	부수다		한국어	강길운	1981ㄱ	32
mʌ s-	부수다		한국어	강길운	1982ㄴ	24
meš ke	부수다		일본어	강길운	1982ㄴ	24
mʌ s-	부수다		한국어	강길운	1982ㄴ	33
meš ke	부수다		일본어	강길운	1982ㄴ	33
bʌ ʒ -	부수다		한국어	강길운	1983ㄱ	36
ɯ k'ä-	으깨다		한국어	강길운	1983ㄴ	109
mʌ sʌ -	부수다		한국어	강길운	1983ㄴ	114
pʌ ʒ -	부수다		한국어	강길운	1983ㄴ	115
ïk'ä-	으깨다		한국어	강길운	1983ㄴ	118
pʌ ʒ -	부수다		한국어	강길운	1983ㄴ	124
mʌ sʌ -	부수다		한국어	강길운	1983ㄴ	126
č oji-	강타하다		한국어	강길운	1983ㄴ	135
리-	부수다		한국어	강길운	1987	23
pasje-ʒ ida	바셔지다		한국어	김승곤	1984	250
kar-	부수다		한국어	박은용	1974	229
k' al-ć i	부수다	stück	한국어	白鳥庫吉	1914ㄷ	291
bɔ s-	부수다	break	한국어	Martin, S. E.	1966	212
부스럼						
pare	부스럼		일본어	김공칠	1989	8
pï-zï-lïm	부스럼		한국어	김사엽	1974	392

표제어/어휘	의미		언어	저자	발간년도	쪽수
Fö-rö-si	부스럼		일본어	김사엽	1974	392
かさ	부스럼		일본어	김사엽	1974	464
pï-sï-lïm	부스럼		한국어	김사엽	1974	464
pɨ s-	부스럼		한국어	박은용	1974	256
pusil-mŏ k	부스럼		한국어	이숭녕	1956	188
부스스						
mososo	일어남		일본어	강길운	1982ㄴ	21
pusɯsɯ/p'u	부스스		한국어	강길운	1982ㄴ	21
mososo	일어남		일본어	강길운	1982ㄴ	34
pusɯsɯ/p'u	부스스		한국어	강길운	1982ㄴ	34
부아						
pu-hwa	부아		한국어	김사엽	1974	398
Fu-ku-Fu-ku-	부아		일본어	김사엽	1974	398
부하	부아		한국어	김선기	1977ㄱ	329
pu-hua	부아	The lungs	한국어	白鳥庫吉	1914ㄱ	179
부엉이						
puhə ŋ	부엉이		한국어	강길운	1980	6
hukuro	부엉이		일본어	강길운	1980	6
Fu-ku-ro-Fu	부엉이		일본어	김사엽	1974	397
pu-hə ŋ -i	부엉이		한국어	김사엽	1974	397
pukuro	부엉이		일본어	宋敏	1969	85
püongi	부엉이		한국어	宋敏	1969	85
^tʊ ku[都久]	부엉이	owl	일본어	Christopher I. Beckwith	2004	111
^tʊ ku[都久]	부엉이		일본어	Christopher I. Beckwith	2004	139
*tsʊ : ^tsʊ	부엉이	owlet	한국어	Christopher I. Beckwith	2004	139
부엌						
ボチ	부엌		한국어	宮崎道三郎	1906	15
Fë-tu-Fi	부엌		일본어	김사엽	1974	394
pï-ə k	부엌		한국어	김사엽	1974	394
pusak	부엌	kitchen	한국어	이기문	1958	111
pusap	부엌	kitchen	한국어	이기문	1958	111
pusẹ k	부엌	kitchen	한국어	이기문	1958	111
pusẹ p	부엌	kitchen	한국어	이기문	1958	111
pi̯ zẹ k	부엌	kitchen	한국어	이기문	1958	111
pi̯ zẹ p	부엌	kitchen	한국어	이기문	1958	111
pyź ep	부엌		한국어	長田夏樹	1966	81
fetufi	부엌		일본어	長田夏樹	1966	82
부자						
とみ	부자		일본어	김사엽	1974	415
ka-ʌ m	부자		한국어	김사엽	1974	415
부지런하다						
pʌ jʌ ri	부지런히		한국어	강길운	1983ㄴ	111
pʌ č ʌ ri	부지런히		한국어	강길운	1983ㄴ	125
tu-to-më	부지런하다		일본어	김사엽	1974	420
pï-č i-lə n-hʌ	부지런하다		한국어	김사엽	1974	420
부채						
afuki	부채	fan	일본어	김공칠	1988	83

표제어/어휘		의미	언어	저자	발간년도	쪽수
puche	부채	fan	한국어	김공칠	1988	83
pu-čʽöi	부채		한국어	白鳥庫吉	1914ㄱ	186
puch-ęi	부채	a fan	한국어	이기문	1958	111
puch-	부치다	to fan	한국어	이기문	1958	111
부처						
cyël	부처	budah	한국어	김공칠	1989	17
Fo-tö-kë	부처		일본어	김사엽	1974	393
pu-tʰjə	부처		한국어	김사엽	1974	393
püt'je	부처	Buddha	한국어	김완진	1970	3
부쳐	부처		한국어	김해진	1947	12
putjə	부처		한국어	박은용	1974	252
부쳐	부처		한국어	방종현	1939	529
putjö	부처		한국어	이숭녕	1956	168
부추						
mi-ra	부추		일본어	김사엽	1974	386
pu-čʰʌj, pu-	부추		한국어	김사엽	1974	386
買尸	부추		한국어	辛容泰	1987	132
*mira ~	부추	leeks, Chinese chives, fragrant-flowered garlic;	일본어	Christopher I. Beckwith	2004	131
čōl	부추'의 방언	a kind of edible herb	한국어	G. J. Ramstedt	1949	39
부추기다						
はげます	부추기다		일본어	김사엽	1974	406
pu-čʰju-ki	부추기다		한국어	김사엽	1974	406
부치다						
huȓuh.u	부치다		일본어	宋敏	1969	85
put	부치다		한국어	宋敏	1969	85
부풀다						
ehopuni	부풀다		일본어	강길운	1982ㄴ	20
pup'ɯr-	부풀다		한국어	강길운	1982ㄴ	20
pup'ɯr-	부풀다		한국어	강길운	1982ㄴ	21
ehopuni	부풀다		일본어	강길운	1982ㄴ	21
pup'ɯr-	부풀다		한국어	강길운	1983ㄴ	114
pup'ɯr-	부풀다		한국어	강길운	1983ㄴ	124
Fu-ku-re	부풀다		일본어	김사엽	1974	397
pu-pʰïl	부풀다		한국어	김사엽	1974	397
pus	부풀다	swell	한국어	김선기	1968ㄴ	27
fukuru	부풀다	swell	일본어	이용주	1980	100
pury	부풀다	swell	한국어	이용주	1980	100
*püR(상하좌)	부풀다	swell	한국어	이용주	1980	100
Haru	부풀다	to swell	일본어	이용주	1980	83
pɯp'ˇr-	부풀다	to swell	한국어	이용주	1980	83
pu	부풀다	to swell, enlarge	한국어	Hulbert, H. B.	1905	
부피						
かさ	부피		일본어	김사엽	1974	464
put-pʰi	부피		한국어	김사엽	1974	464
부화						
puku	부화		일본어	宋敏	1969	85
puxua	부화		한국어	宋敏	1969	85

표제어/어휘		의미	언어	저자	발간년도	쪽수
북						
puk	북		한국어	이숭녕	1956	152
pukki	북		한국어	이숭녕	1956	152
puk	북		한국어	이숭녕	1956	160
pup	북		한국어	이숭녕	1956	160
*tśiri[助利]	북	north	한국어	Christopher I. Beckwith	2004	112
*tśɨri:	북	north	한국어	Christopher I. Beckwith	2004	139
*tśɨri	북	north	한국어	Christopher I. Beckwith	2004	139
북(鼓)						
kosafura	북		일본어	김공칠	1989	5
peːr	북		한국어	김공칠	1989	5
tu-du-mi	북		일본어	송민	1974	11
pukku	북		한국어	이숭녕	1956	165
puk	북		한국어	이숭녕	1956	165
fii	북		일본어	이용주	1980	106
puk	북		한국어	이용주	1980	106
^tʊtʊmi[都都]	북	drum	일본어	Christopher I. Beckwith	2004	137
^tawŋ[冬]	북	drum	한국어	Christopher I.	2004	137
분뇨						
māra/毛矣	분뇨		한국어	이숭녕	1955	3
mari/麻理	분뇨		일본어	이숭녕	1955	8
maru	放便		일본어	이숭녕	1955	9
mari	放便		일본어	이숭녕	1955	9
mare	放便		일본어	이숭녕	1955	9
bari/婆理	馬尿		일본어	이숭녕	1955	9
maru/麻留	便器		일본어	이숭녕	1955	9
マル	糞		일본어	이원진	1940	16
ツ-マイミ	肛門		일본어	이원진	1940	16
っビヌミ-	肛門		일본어	이원진	1940	16
マンジュ	陰門		일본어	이원진	1940	16
ウヤムマ	陰門		일본어	이원진	1940	16
マラ	陰莖		일본어	이원진	1940	16
マイヌミ-	肛門		일본어	이원진	1940	16
ツ-マユン	糞		일본어	이원진	1940	16
クスマユン	糞		일본어	이원진	1940	16
マリ	臀		일본어	이원진	1940	16
マイ	臀		일본어	이원진	1940	16
ガマク	臀		일본어	이원진	1940	16
매	분뇨		한국어	이원진	1940	16
マルン	糞		일본어	이원진	1940	16
クスマユン	糞		일본어	이원진	1951	16
マイヌミ-	肛門		일본어	이원진	1951	16
ツ-マイミ	肛門		일본어	이원진	1951	16
っビヌミ-	肛門		일본어	이원진	1951	16
マンジュ	陰門		일본어	이원진	1951	16
ウヤムマ	陰門		일본어	이원진	1951	16
マラ	陰莖		일본어	이원진	1951	16
매	분뇨		한국어	이원진	1951	16
マルン	糞		일본어	이원진	1951	16
ツ-マユン	糞		일본어	이원진	1951	16

⟨ㅂ⟩ 261

표제어/어휘		의미		언어	저자	발간년도	쪽수
マリ	臀			일본어	이원진	1951	16
マイ	臀			일본어	이원진	1951	16
ガマク	臀			일본어	이원진	1951	16
マル	糞			일본어	이원진	1951	16
분리되다							
*piar : ^piarli	분리된		apart, separate	한국어	Christopher I. Beckwith	2004	134
*pe[敝]	분리된		apart, separate	일본어	Christopher I. Beckwith	2004	134
분홍							
ke-re-na-wi	분홍			일본어	김사엽	1974	450
ku-lə -nu-lu	분홍			한국어	김사엽	1974	450
붇다							
pur-	붇다			한국어	강길운	1982ㄴ	34
uare	증가			일본어	강길운	1982ㄴ	34
put	붇다			한국어	김사엽	1974	390
ma-tsu	붇다			일본어	김사엽	1974	390
ふえる	붇다			일본어	김사엽	1974	398
pu-lï	붇다			한국어	김사엽	1974	398
pɯ s	붇다			한국어	박은용	1974	255
put-	붇다			한국어	宋敏	1969	85
huto-	붇다			일본어	宋敏	1969	85
불							
atʌ l	불			한국어	강길운	1977	15
pul	불			한국어	강길운	1979	14
fuč i	불			일본어	강길운	1981ㄱ	30
pɯ r	불			한국어	강길운	1981ㄱ	30
fuč i/abe	불			일본어	강길운	1981ㄴ	7
pɯ r	불			한국어	강길운	1981ㄴ	7
pɯ r	불			한국어	강길운	1982ㄴ	17
abe	불			일본어	강길운	1982ㄴ	17
fuč i	불			일본어	강길운	1982ㄴ	17
fuč i	불			일본어	강길운	1982ㄴ	24
pɯ r	불			한국어	강길운	1982ㄴ	24
pɯ r	불			한국어	강길운	1982ㄴ	32
fuč i	불			일본어	강길운	1982ㄴ	32
pɯ r	불			한국어	강길운	1982ㄴ	35
fuč i	불			일본어	강길운	1982ㄴ	35
kə rə -	밝다			한국어	강길운	1983ㄴ	116
t'ä	불			한국어	강길운	1983ㄴ	123
pɯ r-g-	붉다			한국어	강길운	1987	17
pul			fire	한국어	강영봉	1991	9
firu			fire	일본어	강영봉	1991	9
pɯ r	불			한국어	김공칠	1988	194
f불				일본어	김공칠	1988	194
pur	불		fire	한국어	김공칠	1988	83
aburu	굽다		expose to fire	일본어	김공칠	1988	83
pul	불		fire	한국어	김동소	1972	137
pul	불		fire	한국어	김동소	1972	137
pïl	불			한국어	김사엽	1974	401
ひ, ほ	불			일본어	김사엽	1974	401
aburu	炙, 燒			일본어	김선기	1968ㄱ	38
hi	불			일본어	김선기	1968ㄱ	38

표제어/어휘	의미		언어	저자	발간년도	쪽수
bur	불		한국어	김선기	1968ㄱ	38
Fu-zi-jama	화산		일본어	김승곤	1984	197
keburi	연기		일본어	김승곤	1984	198
kujuru	연기, 불같이 치솟는 것		일본어	김승곤	1984	198
nobasu	연장하다		일본어	김승곤	1984	198
hotobori	열		일본어	김승곤	1984	197
ikiru	열		일본어	김승곤	1984	198
hoja-hoja	열이 있는 모양		일본어	김승곤	1984	197
hataru	반딧불		일본어	김승곤	1984	197
hi	불		일본어	김승곤	1984	198
horamu	불꽃		일본어	김승곤	1984	197
taku	불을 때다		일본어	김승곤	1984	198
kiru	불을 붙이다		일본어	김승곤	1984	198
t'o-ha-ri	불		한국어	박은용	1974	113
pɨr	불		한국어	박은용	1974	247
pɨl	불		한국어	박은용	1974	249
pɨs-	불		한국어	박은용	1974	256
pul	불	Fire	한국어	白鳥庫吉	1914ㄱ	180
pul-al	불	the testichs	한국어	白鳥庫吉	1914ㄱ	180
pul	불	The testicles	한국어	白鳥庫吉	1914ㄱ	180
p<ï̆>l	불		한국어	宋敏	1969	85
hi	불	fire, sun	일본어	宋敏	1969	85
pïl	불		한국어	宋敏	1969	85
peul	불		한국어	宋敏	1969	85
puguri	불		일본어	宋敏	1969	85
pí	불		일본어	宋敏	1969	85
pi	불		일본어	宋敏	1969	85
hi	불		일본어	宋敏	1969	85
furi	불		일본어	宋敏	1969	85
pul	불		한국어	宋敏	1969	85
pö	불		일본어	宋敏	1969	85
hi	불		일본어	유창균	1960	14
hi	불		일본어	이용주	1979	112
pïl(블)	불		한국어	이용주	1979	112
pul(불)	불		한국어	이용주	1979	112
Hï	불	fire	일본어	이용주	1980	81
pu˘r	불	fire	한국어	이용주	1980	81
pu˘r	불	fire	한국어	이용주	1980	95
'apé	불	fire	일본어	이용주	1980	95
Hï	불	fire	일본어	이용주	1980	95
*pür	불	fire	한국어	이용주	1980	99
pyr	불	fire	한국어	이용주	1980	99
fi	불	fire	일본어	이용주	1980	99
불	불		한국어	이원진	1940	18
ひ-	火		일본어	이원진	1940	18
び-	火		일본어	이원진	1940	18
び-	火		일본어	이원진	1940	18
び-	火		일본어	이원진	1951	18
び-	火		일본어	이원진	1951	18
ひ-	火		일본어	이원진	1951	18
불	불		한국어	이원진	1951	18
pul	불	fire	한국어	長田夏樹	1966	83
hi	불	fire	일본어	長田夏樹	1966	83
pul	불		한국어	최학근	1959ㄱ	52
pul	불	Feuer	한국어	Andre Eckardt	1966	236
peul	불	fire	한국어	Aston	1879	26
hi	불, 해	fire, sun	일본어	Aston	1879	26

표제어/어휘	의미		언어	저자	발간년도	쪽수
pul	불	fire	한국어	Hulbert, H. B.	1905	
pyal	불	fire	한국어	Martin, S. E.	1966	210
pyal	불	fire	한국어	Martin, S. E.	1966	213

불꽃튀기다

upuš	불꽃튀기다		일본어	강길운	1982ㄴ	19
pɯзɪ-	불꽃튀기다	불꽃튀기다	한국어	강길운	1982ㄴ	19
upuš	불꽃튀기다		일본어	강길운	1982ㄴ	24
pɯзɪ-	불꽃튀기다	불꽃튀기다	한국어	강길운	1982ㄴ	24

불다

huk-	불다		일본어	강길운	1980	6
pur-	불다		한국어	강길운	1980	6
epara	불다		일본어	강길운	1981ㄴ	8
pɯr-	불다		한국어	강길운	1981ㄴ	8
epara	불다		일본어	강길운	1982ㄴ	20
pɯr-	불다		한국어	강길운	1982ㄴ	20
pur-	불다		한국어	강길운	1983ㄴ	125
fuk-		to blow	일본어	강영봉	1991	8
pul-		to blow	한국어	강영봉	1991	8
pur	불다	blow	한국어	金澤庄三郎	1910	18
pur	불다	blow	한국어	金澤庄三郎	1910	9
pur	불다		한국어	김공칠	1989	10
fuku	불다		일본어	김공칠	1989	4
pɯl	불다		한국어	김공칠	1989	4
pul-	불다	blow(of wind)	한국어	김동소	1972	136
pul-	불다	blow(of wind)	한국어	김동소	1972	136
블다	불다		한국어	김동소	1972	143
bulda	불다		한국어	김동소	1972	143
huku	불다		일본어	김동소	1972	143
불다	불다		한국어	김동소	1972	143
pɯl-	불다		한국어	김방한	1978	16
Fu ki	불다		일본어	김사엽	1974	398
pïl	불다		한국어	김사엽	1974	398
kur-	불다		한국어	박은용	1974	227
pu r	불다		한국어	박은용	1974	246
pu r-	불다		한국어	박은용	1974	254
pu ta	불다	To blow	한국어	白鳥庫吉	1914ㄱ	181
pul ta	불다	To blow	한국어	白鳥庫吉	1914ㄱ	181
pu	불다		한국어	宋敏	1969	85
fuku	불다	to blow	일본어	宋敏	1969	85
pur	불다		한국어	宋敏	1969	85
pul-	불다		한국어	宋敏	1969	85
huk	불다		일본어	宋敏	1969	85
pul	불다		한국어	宋敏	1969	85
puku	불다		일본어	宋敏	1969	85
hur-u	불다		일본어	宋敏	1969	85
hur̈ .u	불다		일본어	宋敏	1969	85
pïl	불다		한국어	宋敏	1969	86
púy(e)	불다		일본어	宋敏	1969	86
puku	불다		일본어	宋敏	1969	86
pulo	불다		한국어	宋敏	1969	86
púk	불다	blow	일본어	宋敏	1969	86
pul	불다		한국어	宋敏	1969	86
pur-	불다	to blow (fire etc.)	한국어	이기문	1958	110
pïr-	불다	to blow (fire etc.)	한국어	이기문	1958	110
pu l-da	불다		한국어	이숭녕	1955	18

표제어/어휘		의미	언어	저자	발간년도	쪽수
fuya-ku	불다		일본어	이숭녕	1955	18
fuku	불다	blow	일본어	이용주	1980	100
pur	불다	blow	한국어	이용주	1980	100
*püR(상하좌)	불다	blow	한국어	이용주	1980	100
pū r-	불다	to blow	한국어	이용주	1980	83
Huku	불다	to blow	일본어	이용주	1980	83
pul-	불다		한국어	최학근	1959ㄱ	52
pu	불다	to swell, to be distended	한국어	Hulbert, H. B.	1905	
pu	불다	to blow	한국어	Hulbert, H. B.	1905	
pur	불다	blow	일본어	Kanazawa, S	1910	14
hur-u	내리다	lower	일본어	Kanazawa, S	1910	7
pur	불다	blow	한국어	Kanazawa, S	1910	7
pyal	불다	fire	한국어	Martin, S. E.	1966	199
pɔ lg?	불다	blow	한국어	Martin, S. E.	1966	199
pɔ lğ -	불다	blow	한국어	Martin, S. E.	1966	211

불사르다

taku	불사르다		일본어	김공칠	1989	7
tă l	불사르다		한국어	김공칠	1989	7

불쌍하다

a-Fa-re	불쌍하다		일본어	김사엽	1974	480
ə -jə t-pïm	불쌍하다		한국어	김사엽	1974	480

불쌍한

pulš yaŋ -hʌ -	불쌍한		한국어	강길운	1987	26
ka·wai·so:	뿔쌍한		일본어	이규창	1979	20

불알

pul-al	불알		한국어	김사엽	1974	397
ふぐり	불알		일본어	김사엽	1974	397
p<i_ >r-al	불알		한국어	김승곤	1984	251
fuguri	불알		일본어	김승곤	1984	251
pur-al	불알	the testicles	한국어	G. J. Ramstedt	1949	6
pi̯ r-al	불알	the testicles	한국어	G. J. Ramstedt	1949	6

불어나다

pi	불어나다		일본어	송민	1965	41
puyu	불어나다		일본어	송민	1965	41
pɯl	불어나다		한국어	송민	1965	41

불에 드러나다

aburu	불에 드러나다	expose to fire	일본어	김공칠	1989	17
pul	불에 드러나다	fire	한국어	김공칠	1989	17

불을 붙이다

とぼす	불을 붙이다		일본어	김사엽	1974	416
pï-tʰ i	불을 붙이다		한국어	김사엽	1974	416

불이다

hisago	불이다	float	일본어	Edkins, J	1895	410
pooril	불이다	float	한국어	Edkins, J	1895	410

붉게물들이다

ifurere/fure	붉게물들이다		일본어	강길운	1981ㄴ	8
pɯ rg->purg-	붉게물들이다		한국어	강길운	1981ㄴ	8

붉다

표제어/어휘	의미		언어	저자	발간년도	쪽수
pɯrg-	붉다		한국어	강길운	1982ㄴ	18
ifurere	붉다		일본어	강길운	1982ㄴ	18
fire	붉다		일본어	강길운	1982ㄴ	18
pɯrg-	붉다		한국어	강길운	1982ㄴ	24
fure	붉다		일본어	강길운	1982ㄴ	24
hure	붉다		일본어	강길운	1982ㄴ	32
pɯrg-	붉다		한국어	강길운	1982ㄴ	32
pɯrg-	붉다		한국어	강길운	1982ㄴ	36
fure	붉다		일본어	강길운	1982ㄴ	36
pɯlg-	붉다		한국어	강길운	1983ㄱ	37
pulg-	붉다		한국어	강길운	1987	17
ə ri	붉다		한국어	강길운	1987	17
ə r(i)-g-	붉다		한국어	강길운	1987	17
ə lg-	붉다		한국어	강길운	1987	17
븕-	붉다		한국어	강길운	1987	17
읽-	붉다		한국어	강길운	1987	17
purk	붉다		한국어	金澤庄三郞	1904	2
aka	붉다	red	일본어	김공칠	1988	83
pul	붉다	red	한국어	김공칠	1988	83
sa-pɯ(l)g,	붉다		한국어	김공칠	1989	20
aka	붉다		일본어	김공칠	1989	20
pi lk-	빨간	red	한국어	김동소	1972	139
pulk-	빨간	red	한국어	김동소	1972	139
sapuk	붉다		한국어	김방한	1980	13
sopi	붉다		한국어	김방한	1980	13
a-ka-ki	붉다		일본어	김사엽	1974	483
pïlk	붉다		한국어	김사엽	1974	483
akaku	붉다	red	일본어	김선기	1968ㄱ	35
burgə	붉다	red	한국어	김선기	1968ㄱ	35
parga	붉다	red	한국어	김선기	1968ㄱ	35
붉다	붉다		한국어	김선기	1978ㄹ	353
pɯr-	붉디		한국어	박은용	1974	253
pɯrk-	붉다		한국어	박은용	1974	254
purk-	붉다		한국어	小倉進平	1934	23
pi̯rk-	붉다	to be red	한국어	이기문	1958	110
aka	붉다	be red	일본어	이기문	1973	7
p#lk	붉다	be red	한국어	이기문	1973	7
sapi	붉은	red	한국어	이기문	1963	102
sofo	붉은	red	일본어	이기문	1963	102
pülgöŋ	붉다		한국어	이숭녕	1956	116
akasi	붉다	red	일본어	이용주	1980	83
pɯrk-	붉다	red	한국어	이용주	1980	83
pɯrk-	붉다	red	한국어	이용주	1980	95
húre	붉다	red	일본어	이용주	1980	95
akasi	붉다	red	일본어	이용주	1980	95
*gʷä´(아이	붉다	red	한국어	이용주	1980	99
pyrk	붉다	red	한국어	이용주	1980	99
akasi	붉다	red	일본어	이용주	1980	99
살	붉다		한국어	이탁	1946ㄷ	14
aka	붉다		일본어	村山七郞	1963	27
sa-pw(l)g	붉다		한국어	村山七郞	1963	27
sa-pw(l)gwn	붉다		한국어	村山七郞	1963	27
pwlg-un	붉다		한국어	村山七郞	1963	27
pulk-	붉다		한국어	최학근	1959ㄱ	52
pulkta	붉다	to be redhot	한국어	G. J. Ramstedt	1928	74
válk(a)-	붉다	red	한국어	Martin, S. E.	1966	202

표제어/어휘		의미	언어	저자	발간년도	쪽수
válk(a)-	붉다	red	한국어	Martin, S. E.	1966	210
válk(a)-	붉다	red	한국어	Martin, S. E.	1966	221
válk(a)-	붉다	red	한국어	Martin, S. E.	1966	222

붉은 흙

sopo	붉은 흙		일본어	송민	1966	22
sapok	붉은 흙		한국어	송민	1966	22

붓

hude	붓	writing brush	일본어	金澤庄三郎	1910	13
put	붓	writing brush	한국어	金澤庄三郎	1910	13
ふで	붓		일본어	김사엽	1974	396
put	붓		한국어	김사엽	1974	396
pus	붓		한국어	小倉進平	1934	23
fude	필기구	Schreiben	일본어	小倉進平	1934	23
pude	붓		일본어	宋敏	1969	86
put	붓		한국어	宋敏	1969	86
フデ	붓		일본어	이명섭	1962	6
불	붓		한국어	이탁	1946ㄴ	26
pus or put	붓	a pen	한국어	Aston	1879	19
fude	붓	a pen	일본어	Aston	1879	19
put	붓	writing brush	한국어	Edkins, J	1895	407
p'il	붓	writing brush	한국어	Edkins, J	1895	407
fude	붓	writing brush	일본어	G. J. Ramstedt	1926	27
put	붓	writing brush	한국어	G. J. Ramstedt	1926	27
hyde	붓	writing brush	일본어	Kanazawa, S	1910	11
put	붓	writing brush	한국어	Kanazawa, S	1910	11
pudye	붓	brush	한국어	Martin, S. E.	1966	199
pudye	붓	brush	한국어	Martin, S. E.	1966	206
pudye	붓	brush	한국어	Martin, S. E.	1966	214
pudye	붓	brush	한국어	Martin, S. E.	1966	216

붓다

epusu	내다		일본어	강길운	1982ㄴ	20
pɯs-	붓다		한국어	강길운	1982ㄴ	20
epusu	내다		일본어	강길운	1982ㄴ	24
pɯs-	붓다		한국어	강길운	1982ㄴ	24
pus-	부풀다	swell	한국어	김동소	1972	140
pus-	부풀다	swell	한국어	김동소	1972	140
pɯs-	붓다		한국어	박은용	1974	257
put ta	붓다	To pour	한국어	白鳥庫吉	1914ㄱ	185
pi̭s-	붓다	to pour	한국어	이기문	1958	111
pus-	붓다	to pour	한국어	이기문	1958	111
pu	붓다	to pour	한국어	Hulbert, H. B.	1905	

붙다

č'ak	달라 붙은 모양		한국어	강길운	1983ㄴ	128
pitʰ	붙다		한국어	김사엽	1974	422
つく	붙다		일본어	김사엽	1974	422
haru	붙이다		일본어	김승곤	1984	192

붙이다

tu-kë	붙이다		일본어	김사엽	1974	421
č ih	붙이다		한국어	김사엽	1974	421
pütum	붙임		한국어	이숭녕	1956	111

표제어/어휘		의미	언어	저자	발간년도	쪽수
붙잡다						
tə-uj-č ap	붙잡다		한국어	김사엽	1974	427
ta-du-tsa-Fa-	붙잡다		일본어	김사엽	1974	427
pat	붙잡다		한국어	Hulbert, H. B.	1905	118
put	붙잡다		한국어	Hulbert, H. B.	1905	118
비						
abɯr	비		한국어	강길운	1977	15
pene	가랑비		일본어	강길운	1981ㄱ	30
pi	비		한국어	강길운	1981ㄱ	30
pi	비		한국어	강길운	1981ㄴ	6
pene	비		일본어	강길운	1982ㄴ	20
pi	비		한국어	강길운	1982ㄴ	20
pi	비		한국어	강길운	1982ㄴ	31
pene	비		일본어	강길운	1982ㄴ	31
pü	비		한국어	강길운	1983ㄴ	124
mah	장마	the rainy spell in summer	한국어	김공칠	1988	83
mah	장마	the rainy spell in summer	한국어	김공칠	1988	83
ame	비	rain	일본어	김공칠	1988	83
pi	비	rain	한국어	김공칠	1988	83
pi	비	rain	한국어	김동소	1972	139
pi	비	rain	한국어	김동소	1972	139
bi	비		한국어	김선기	1976ㄱ	327
비	비		한국어	김선기	1976ㄹ	327
pi	조선관역어 '必'		한국어	김선기	1976ㄹ	327
piwi	계림유사 '비미'		한국어	김선기	1976ㄹ	328
pi	比豊郡=雨述縣		한국어	김선기	1976ㄹ	328
ama	비		일본어	김선기	1976ㄹ	329
aga	비		일본어	김선기	1976ㄹ	329
ame	비		일본어	김선기	1976ㄹ	329
ame	비		일본어	小倉進平	1950	704
same	비		일본어	小倉進平	1950	704
pi	비		한국어	宋敏	1969	86
áme	비		일본어	宋敏	1969	86
pi	비		한국어	이숭녕	1956	119
pi-t-č i-rak	비		한국어	이숭녕	1956	183
pi	비	rain	한국어	이용주	1980	101
amĕ, fi	비	rain	일본어	이용주	1980	101
amë	비	rain	일본어	이용주	1980	81
pǐ	비	rain	한국어	이용주	1980	81
'ápto	비	rain	일본어	이용주	1980	96
amë	비	rain	일본어	이용주	1980	96
pǐ	비	rain	한국어	이용주	1980	96
pi	비	rain	한국어	G. J. Ramstedt	1949	200
pi-	비	to cut as with a sickle	한국어	G. J. Ramstedt	1949	200
pi	비	rain	한국어	Hulbert, H. B.	1905	
pi	비	to rain	한국어	Hulbert, H. B.	1905	
pi	비		한국어	Hulbert, H. B.	1905	119
비계						
piye	脂肪		일본어	강길운	1982ㄴ	17
pige	脂肪		한국어	강길운	1982ㄴ	17
piye	비계		일본어	강길운	1982ㄴ	31
pige	비계		한국어	강길운	1982ㄴ	31
piye	비계		일본어	강길운	1982ㄴ	37
pige	비계		한국어	강길운	1982ㄴ	37
abura	비계	grease	일본어	김선기	1968ㄱ	32

표제어/어휘		의미	언어	저자	발간년도	쪽수
bige	비계	grease	한국어	김선기	1968ㄱ	32
비교하다						
jyə sɯ l	비교하다		한국어	강길운	1977	15
ku-ra-bu	비교하다		일본어	김사엽	1974	450
ka-č ∧ l-pi	비교하다		한국어	김사엽	1974	450
비끼						
pis-ki	비끼		한국어	김사엽	1974	405
はす	비끼		일본어	김사엽	1974	405
비다						
pora	비다		일본어	김공칠	1989	15
puil	비다		한국어	김공칠	1989	15
muna-shi	비다		일본어	김공칠	1989	8
puj	비다		한국어	김사엽	1974	435
すく	비다		일본어	김사엽	1974	435
aka	비다		일본어	大野晋	1980	15
ppun	비다	Only-following the noun	한국어	白鳥庫吉	1914ㄱ	179
pui-ta	비다	To be vacant; to be empty	한국어	白鳥庫吉	1914ㄱ	179
pui-i	비다	to be empty; to be vacant	한국어	白鳥庫吉	1914ㄱ	179
pima	비다		일본어	宋敏	1969	86
pora	비다		일본어	宋敏	1969	86
puil	비다		한국어	宋敏	1969	86
pïy	비다	be empty	한국어	宋敏	1969	86
puida	비다	to be vacant/to be empty	한국어	G. J. Ramstedt	1949	207
pui-ta	비다	to be empty	한국어	Hulbert, H. B.	1905	
비단						
no	비단		한국어	김사엽	1974	456
ki-nu	비단		일본어	김사엽	1974	456
kip	비단		한국어	김사엽	1974	456
kil-kún	비단	zwirn	한국어	白鳥庫吉	1914ㄷ	314
kilkö-ri	비단	zwirn	한국어	白鳥庫吉	1914ㄷ	314
kip	비단	zwirn	한국어	白鳥庫吉	1914ㄷ	314
kanïnkip	비단		한국어	石井 博	1992	93
katori	비단		일본어	石井 博	1992	93
pitan	비단		한국어	宋敏	1969	86
pata	비단		일본어	宋敏	1969	86
비둘기						
aki	비둘기	An esrthenware jar	한국어	宮崎道三郎	1906	10
ハト	비둘기		일본어	권덕규	1923ㄴ	128
비듥이	비둘기		한국어	권덕규	1923ㄴ	128
pi-tă rk	비둘기	dove	한국어	金澤庄三郎	1910	15
hato	비둘기	dove	일본어	金澤庄三郎	1910	15
pitä rk	비둘기	dove	한국어	金澤庄三郎	1910	9
hato	비둘기	dove	일본어	金澤庄三郎	1910	9
(pi)dạ lk,	비둘기	the pigeon	한국어	김공칠	1989	13
Fa-to	비둘기		일본어	김사엽	1974	404
pi-tol-ki	비둘기		한국어	김사엽	1974	404
pital-ki	비둘기		한국어	宋敏	1969	86
pitulki	비둘기		한국어	宋敏	1969	86
hato	비둘기	a pigeon	일본어	宋敏	1969	86
pitä rk	비둘기		한국어	宋敏	1969	86
pitalk	비둘기		한국어	宋敏	1969	86
pidạ lk	비둘기		한국어	宋敏	1969	86

표제어/어휘		의미	언어	저자	발간년도	쪽수
tori	비둘기	bird	일본어	宋敏	1969	86
pato	비둘기		일본어	宋敏	1969	86
hato	비둘기		일본어	宋敏	1969	86
pitɒ lki	비둘기		한국어	宋敏	1969	86
ハト	비둘기		일본어	이명섭	1962	6
pi-tu-rogi	비둘기		한국어	이숭녕	1956	184
pitulki	비둘기		한국어	이용주	1980	72
pato	비둘기		일본어	이용주	1980	72
fato	비둘기		일본어	長田夏樹	1966	116
pituri	비둘기		한국어	長田夏樹	1966	116
hato	비둘기	a pigeon	일본어	Aston	1879	21
pitalki	비둘기	a pigeon	한국어	Aston	1879	21
hato	비둘기	dove	일본어	Kanazawa, S	1910	12
pi-tă rk	비둘기	dove	한국어	Kanazawa, S	1910	12
hato	비둘기	dove	일본어	Kanazawa, S	1910	6
pitä rk	비둘기	dove	한국어	Kanazawa, S	1910	6
hato	비둘기		일본어	Martin, S. E.	1975	110
pato(ri)	비둘기		일본어	Martin, S. E.	1975	110
fatwo	비둘기		일본어	Martin, S. E.	1975	110

비듬
pirɛ	비듬		한국어	박은용	1974	249
puke	비듬		일본어	宋敏	1969	86
pilɒ	비듬		한국어	宋敏	1969	86

비로소
hajimete	비로소	for the first time	일본어	Aston	1879	26
piloso	비로소	for the first time	한국어	Aston	1879	26
pilo(su)	비로소	one	한국어	Martin, S. E.	1966	199
pilo(su)	비로소	one	한국어	Martin, S. E.	1966	210
pilo(su)	비로소	one	한국어	Martin, S. E.	1966	212
pilo(su)	비로소	one	한국어	Martin, S. E.	1966	212
pilo(su)	비로소	one	한국어	Martin, S. E.	1966	220

비록
pi-lok	비록		한국어	김사엽	1974	426
たとひ	비록		일본어	김사엽	1974	426
pirok	비록		한국어	이숭녕	1956	183

비롯다
비롯다, 비로소 비롯			한국어	김선기	1979ㄴ	370
haji-mete	비롯다		일본어	宋敏	1969	86
piloso	비롯다		한국어	宋敏	1969	86
pitó-tu	비롯다	one	일본어	宋敏	1969	86

비롯하다
pi-los	비롯하다		한국어	김사엽	1974	405
Fa-zi-më	비롯하다		일본어	김사엽	1974	405

비료
kɯ mur	비료	dung, manure	한국어	강길운	1978	41
kŏ r-ŭ m	비료		한국어	김공칠	1989	19
kuso	비료		일본어	이숭녕	1955	19
ko̥ r-u̥ m	비료		한국어	이숭녕	1955	19

비름
hiru	비름	amaranthus	일본어	金澤庄三郎	1910	9

표제어/어휘		의미	언어	저자	발간년도	쪽수
pir-eum	비름	amaranthus	한국어	金澤庄三郎	1910	9
ひゆ	비름		일본어	김사엽	1974	399
pi-lïm	비름		한국어	김사엽	1974	399
pire m	비름		한국어	박은용	1974	249
pi-reum na-	비름	Spinach used as food	한국어	白鳥庫吉	1914ㄱ	171
pi-reum	비름	Spinuch	한국어	白鳥庫吉	1914ㄱ	171
pi-rɯ̈ m	비름		한국어	小倉進平	1934	23
hiru	비름		일본어	宋敏	1969	86
pilɔ m	비름		한국어	宋敏	1969	86
pir-eum	비름		한국어	宋敏	1969	86
píyu	비름	pigweed	일본어	宋敏	1969	86
pir-eum	비름	amaranthus	한국어	Kanazawa, S	1910	7
hiru	비름	amaranthus	일본어	Kanazawa, S	1910	7
pir?ɔ m	비름	pigweed	한국어	Martin, S. E.	1966	199
pirʼɔ m	비름	pigweed	한국어	Martin, S. E.	1966	201
pirʼɔ m	비름	pigweed	한국어	Martin, S. E.	1966	211
pirʼɔ m	비름	pigweed	한국어	Martin, S. E.	1966	212
pirʼɔ m	비름	pigweed	한국어	Martin, S. E.	1966	219
비만						
piman	비만		일본어	고창식	1976	25
비만	비만		한국어	고창식	1976	25
비비다						
pipi-	문지르다	rub	한국어	김동소	1972	140
pupi l-	문지르다	rub	한국어	김동소	1972	140
지다	어루만지다		한국어	김동소	1972	145
pu-puj	비비다		한국어	김사엽	1974	382
mo-mi	비비다		일본어	김사엽	1974	382
pi-pïj	비비다		한국어	김사엽	1974	448
こする	비비다		일본어	김사엽	1974	448
ka-či-	비비다	ding	한국어	白鳥庫吉	1914ㄷ	302
ka-či ka-či	비비다	reiben	한국어	白鳥庫吉	1914ㄷ	302
pupi i-	비비다	to rub, to grind up	한국어	이기문	1958	110
비오다						
so	비오다		일본어	강길운	1981ㄴ	5
fur-		to rain	일본어	강영봉	1991	11
ne ri-		to rain	한국어	강영봉	1991	11
비웃다						
tsö-si-ru	비웃다		일본어	김사엽	1974	431
pi-us	비웃다		한국어	김사엽	1974	431
비추다						
heriat	비추다		일본어	강길운	1982ㄴ	24
pʌ ʒ E-	비추다		한국어	강길운	1982ㄴ	24
heriat	비추다		일본어	강길운	1982ㄴ	32
pʌ ʒ e-	비추다		한국어	강길운	1982ㄴ	32
pʌ ʒ E-	비추다		한국어	강길운	1982ㄴ	36
heriat	비추다		일본어	강길운	1982ㄴ	36
teru	비추다		일본어	김공칠	1989	8
teuröna	비추다		한국어	김공칠	1989	8
pa̱ z<a̱ >i- < 비치다		to shine	한국어	이기문	1958	110
비치다						
pʌ ʒ E-	비치다		한국어	강길운	1983ㄱ	36

표제어/어휘		의미	언어	저자	발간년도	쪽수
Fa-ye	비치다		일본어	김사엽	1974	406
pi-čʰoj	비치다		한국어	김사엽	1974	406
teru	비치다		일본어	김승곤	1984	198
haeru	비치다		일본어	김승곤	1984	199
비틀다						
hiner	비틀다		일본어	강길운	1980	6
pit'ɯr-	비틀다		한국어	강길운	1980	6
pɪt'ɯr-	비틀다, 떨다		한국어	강길운	1983ㄴ	125
빌다(乞/借)						
kö-Fa	빌다		일본어	김사엽	1974	446
pil	빌다		한국어	김사엽	1974	446
pil-li ta	빌다(借)	to lend, to loan-other things than money	한국어	白鳥庫吉	1914ㄱ	170
pil ta	빌다(借)	to borrow	한국어	白鳥庫吉	1914ㄱ	171
pil-ö-mök ta	빌다	to beg food	한국어	白鳥庫吉	1914ㄱ	171
pil-öng	빌다	a beggar	한국어	白鳥庫吉	1914ㄱ	171
pil-ö-mök ta	빌다	to beg for a living	한국어	白鳥庫吉	1914ㄱ	171
빌다(祈)						
ipa(pu)	빌다		일본어	김공칠	1989	6
pi	빌다		한국어	김공칠	1989	6
pʰïl	빌다		한국어	김사엽	1974	394
Fo-ku	빌다		일본어	김사엽	1974	394
pil	빌다		한국어	김사엽	1974	475
i-Fa-Fi	빌다		일본어	김사엽	1974	475
nʌ-ol	빌다		한국어	김사엽	1974	476
i-nö-ri	빌다		일본어	김사엽	1974	476
pir-	빌다		한국어	박은용	1974	247
pil ta	빌다	to supplicate	한국어	白鳥庫吉	1914ㄱ	170
pil ta	빌다	To pray	한국어	白鳥庫吉	1914ㄱ	170
ipa	빌다		일본어	宋敏	1969	86
ipapu	빌다		일본어	宋敏	1969	86
pi	빌다		한국어	宋敏	1969	86
pir-	빌다	to pray	한국어	이기문	1958	109
pil-	빌다		한국어	최학근	1959ㄱ	52
pil-	빌다	fragen, bitten	한국어	Andre Eckardt	1966	235
pil-	빌다	fragen, bitten	한국어	Andre Eckardt	1966	236
pä lä	바라다	to request	한국어	Aston	1879	25
pil	빌다	to pray	한국어	Aston	1879	25
hoshiki	원하다	desirous	일본어	Aston	1879	25
horu or	원하다	to wish	일본어	Aston	1879	25
pil-da	빌다	bitten, beten	한국어	G. J. Ramstedt	1939ㄱ	482
pil-	빌다	to pray	한국어	G. J. Ramstedt	1949	201
pil	빌다	to pray	한국어	Hulbert, H. B.	1905	
빗						
pis	빗		한국어	김사엽	1974	453
くし	빗		일본어	김사엽	1974	453
pit	빗		한국어	김승곤	1984	251
pis	빗	aslant, obeliquely	한국어	이기문	1958	109
pit	빗	a comb	한국어	G. J. Ramstedt	1949	202
빚다						
ka-mi	빚다		일본어	김사엽	1974	459
pič	빚다		한국어	김사엽	1974	459

표제어/어휘		의미	언어	저자	발간년도	쪽수
pit ta	빚다	To roll into balls-as damplings etc; to mix up;	한국어	白鳥庫吉	1914ㄱ	173
빛						
kə rə	빛		한국어	강길운	1977	14
pis	빛		한국어	김공칠	1988	194
fi	빛		일본어	김공칠	1988	194
fikari	빛	the light	일본어	김공칠	1989	12
Fi-ka-ri	빛		일본어	김사엽	1974	401
pič ʰ	빛		한국어	김사엽	1974	401
mepusi	눈부시다		일본어	김승곤	1984	199
kagayaku	빛나다		일본어	김승곤	1984	199
hikari	빛		일본어	김승곤	1984	192
pika-pika	번쩍번쩍		일본어	김승곤	1984	199
kirameku	반짝 빛나다		일본어	김승곤	1984	200
hikari	빛		일본어	김승곤	1984	192
kira-kira	반짝반짝		일본어	김승곤	1984	200
pic	빛		한국어	박은용	1974	248
pit na ta	빛	to Shine; to be bright; to be brilliant	한국어	白鳥庫吉	1914ㄱ	172
pit č 'oi ta	빛	to Shine; to reflect; to enlighten	한국어	白鳥庫吉	1914ㄱ	172
pyöt	빛	light-of the sun as opposed to shade;	한국어	白鳥庫吉	1914ㄱ	172
pit	빛	color	한국어	白鳥庫吉	1914ㄱ	172
pis	빛		한국어	白鳥庫吉	1914ㄱ	172
nă t ko-on	낯 고운 빛		한국어	白鳥庫吉	1914ㄱ	172
pit	빛		한국어	宋敏	1969	86
hir u	빛		일본어	宋敏	1969	86
비쳐지	빛		한국어	이기문	1978	24
pič	빛	Licht	한국어	Andre Eckardt	1966	235
빛깔						
gar	빛깔		한국어	김선기	1976ㄷ	336
kari	hikari		일본어	김선기	1976ㄷ	336
빛나다						
aka-ru	빛나다	to shine	일본어	김공칠	1988	83
pɔ lk	새벽빛	dawn bright	한국어	김공칠	1988	83
pulkwr	빛나다	to shine	한국어	김공칠	1988	83
fikaru	빛나다	to shine	일본어	김공칠	1989	12
sayaka	빛나는	bright	일본어	송민	1974	14
^sakai-	빛나는	flourishing, glory, splendor, abundant,	일본어	Christopher I. Beckwith	2004	136
-gilan	빛나는	lightning	한국어	Johannes Rahder	1959	45
빠르다						
yak=	빠르다		한국어	강길운	1983ㄴ	111
paya	빠르다		일본어	김공칠	1989	7
pă l	빠르다		한국어	김공칠	1989	7
Fa-ya-ki	빠르다		일본어	김사엽	1974	403
pʌ -lʌ	빠르다		한국어	김사엽	1974	403
paya	빠르다		일본어	송민	1965	41
pe rɐ	빠르다		한국어	송민	1965	41
ppal	빠르다		한국어	宋敏	1969	86
páya	빠르다	be fast	일본어	宋敏	1969	86

표제어/어휘	의미		언어	저자	발간년도	쪽수
ppɒ rïl	빠르다		한국어	宋敏	1969	86
paya	빠르다		일본어	宋敏	1969	86
paga	빠르다		일본어	宋敏	1969	86
pal	빠르다		한국어	宋敏	1969	86
spɔ (l)	빠르다		한국어	宋敏	1969	86
ppa̧ ri̧ da	빠르다	to be quick	한국어	G. J. Ramstedt	1949	192
pár?(a)	빠르다	fast	한국어	Martin, S. E.	1966	199
pár¹-	빠르다	fast	한국어	Martin, S. E.	1966	211
pár¹(a)-	빠르다	fast	한국어	Martin, S. E.	1966	220
pár¹(a)-	빠르다	fast	한국어	Martin, S. E.	1966	221
pár¹(a)-	빠르다	fast	한국어	Martin, S. E.	1966	222
pár¹(a)-	빠르다	fast	한국어	Martin, S. E.	1966	223
빠지다						
kud	빠지다		한국어	강길운	1981ㄴ	5
esum/sum	빠지다		일본어	강길운	1981ㄴ	8
빨간색						
p'alga-hʌ -	빨갛다		한국어	강길운	1983ㄴ	111
pʌ rg-	빨갛다		한국어	강길운	1983ㄴ	111
p'algan	빨간		한국어	강길운	1983ㄴ	123
aka-		red	일본어	강영봉	1991	11
pulk-		red	한국어	강영봉	1991	11
*śai y	빨강	red	한국어	Christopher I. Beckwith	2004	135
*śapi y ~	빨강	red	한국어	Christopher I. Beckwith	2004	136
빨다						
ppe l-	빨다	suck	한국어	김동소	1972	140
ppal-	빨다	suck	한국어	김동소	1972	140
tsu-Fu	빨다		일본어	김사엽	1974	433
spʌ l	빨다		한국어	김사엽	1974	433
arap-	빨다		일본어	宋敏	1969	86
spɔ l	빨다		한국어	宋敏	1969	86
sufu	빨다	suck	일본어	이용주	1980	100
spe r	빨다	suck	한국어	이용주	1980	100
*jˇ upu	빨다	suck	한국어	이용주	1980	100
빨다(洗)						
a-ra-Fu	빨다		일본어	김사엽	1974	479
spʌ l	빨다		한국어	김사엽	1974	479
bal-la	빨다	to wash clothes	한국어	Hulbert, H. B.	1905	
vár(a)-	빨다	wash	한국어	Martin, S. E.	1966	202
vár(a)-	빨다	wash	한국어	Martin, S. E.	1966	209
vár(a)-	빨다	wash	한국어	Martin, S. E.	1966	221
vár(a)-	빨다	wash	한국어	Martin, S. E.	1966	222
빨리						
빨리(시웃계)	빨리		한국어	이원진	1940	17
ヘ - サン	무이(빨리)		일본어	이원진	1940	17
ペ - サ	무이(빨리)		일본어	이원진	1940	17
ベイシャ -	무이(빨리)		일본어	이원진	1940	17
ビヤ -	무이(빨리)		일본어	이원진	1940	17
빨리(시웃계)	빨리		한국어	이원진	1951	17
ビヤ -	무이(빨리)		일본어	이원진	1951	17
ベイシャ -	무이(빨리)		일본어	이원진	1951	17

표제어/어휘		의미	언어	저자	발간년도	쪽수
ペ-サ	무이(빨리)		일본어	이원진	1951	17
ヘ-サン	무이(빨리)		일본어	이원진	1951	17
balli	빨리	quickly	한국어	Hulbert, H. B.	1905	
빨다						
pʌ-zʌ-a	빨다		한국어	김사엽	1974	453
ku-da-ku	빨다		일본어	김사엽	1974	453
빼다						
pabuk	빼다		일본어	宋敏	1969	86
pahi-l	빼다		한국어	宋敏	1969	86
spa	빼다		한국어	宋敏	1969	86
hag-u	빼다		일본어	宋敏	1969	86
빼앗다						
u-ba-Fi	빼앗다		일본어	김사엽	1974	472
as	빼앗다		한국어	김사엽	1974	472
atta	빼앗다	to wrest from, to take away	한국어	G. J. Ramstedt	1949	15
ppä-atta	빼앗다	to wrest from	한국어	G. J. Ramstedt	1949	15
bă	빼앗다	to seize	한국어	Hulbert, H. B.	1905	
빽빽하다						
čʰʌjk-hʌ	빽빽하다		한국어	김사엽	1974	440
si-kë-ki	빽빽하다		일본어	김사엽	1974	440
뺨						
pojyo-kä	뺨		한국어	강길운	1981ㄴ	4
hida	뺨		일본어	김승곤	1984	
fofo	뺨, 볼		일본어	김공칠	1989	4
pol	뺨, 볼		한국어	김공칠	1989	4
tura	뺨		일본어	송민	1974	16
頬	뺨		한국어	辛容泰	1987	141
pjamtagu	뺨		한국어	이숭녕	1956	180
pjam-tagui	뺨		한국어	이숭녕	1956	180
pjam	뺨		한국어	이숭녕	1956	180
fofo	뺨		일본어	長田夏樹	1966	112
*papam	뺨		한국어	長田夏樹	1966	112
*ppam	뺨		한국어	長田夏樹	1966	112
spam	뺨		한국어	長田夏樹	1966	112
保保	뺨		일본어	長田夏樹	1966	112
pol/pol-tá-gu	뺨		한국어	최학근	1959ㄱ	51
byam	뺨	cheek	한국어	Hulbert, H. B.	1905	
뻗다						
nïl	뻗다	to be streching	한국어	김공칠	1989	18
papu	뻗다		일본어	宋敏	1969	86
pöt	뻗다		한국어	宋敏	1969	86
pŭt	뻗다	to support, to bolster	한국어	Hulbert, H. B.	1905	
뼈						
fone		bone	일본어	강영봉	1991	8
k'waŋ		bone	한국어	강영봉	1991	8
pyö	뼈	bone	한국어	金澤庄三郞	1910	13
ha	이빨	tooth	일본어	金澤庄三郞	1910	13
ho-ne	뼈	bone	일본어	金澤庄三郞	1910	9
ha	이빨	tooth	일본어	金澤庄三郞	1910	9

〈ㅂ〉 275

표제어/어휘		의미	언어	저자	발간년도	쪽수
pyö	뼈	bone	한국어	金澤庄三郎	1910	9
pyö	뼈		한국어	김공칠	1989	10
pone	뼈		일본어	김공칠	1989	8
pyö	뼈		한국어	김공칠	1989	8
ppjʌ	뼈	bone	한국어	김동소	1972	136
ppjʌ	뼈	bone	한국어	김동소	1972	136
Fo-ne	뼈		일본어	김사엽	1974	393
p' jə k-ta-ku	뼈		한국어	김사엽	1974	393
p' jə	뼈		한국어	김사엽	1974	393
gor	골		한국어	김선기	1968ㄱ	30
bone	뼈	bone	일본어	김선기	1968ㄱ	30
hone	뼈	bone	일본어	김선기	1968ㄱ	30
pje	뼈	bone	한국어	김선기	1968ㄱ	30
hone	뼈		일본어	김승곤	1984	
ha	뼈		일본어	文和政	1981	176
pyō	뼈		한국어	文和政	1981	177
kirə	뼈		한국어	박은용	1974	233
ppyök ta-kui	뼈다귀	bone	한국어	白鳥庫吉	1914ㄱ	186
ppyö	뼈	A bone	한국어	白鳥庫吉	1914ㄱ	186
poné	뼈	bone	일본어	宋敏	1969	86
hone	뼈		일본어	宋敏	1969	86
pone	뼈		일본어	宋敏	1969	86
pyö	뼈		한국어	宋敏	1969	86
p' yö	뼈		한국어	宋敏	1969	86
spyë	뼈		한국어	宋敏	1969	86
p' e-dagu	뼈		한국어	이숭녕	1956	179
pjγ -k-tagui	뼈		한국어	이숭녕	1956	180
pjŏ	뼈		한국어	이숭녕	1956	180
pone	뼈		일본어	이용주	1979	113
spyə	뼈		한국어	이용주	1979	113
fone	뼈	bone	일본어	이용주	1980	101
spje	뼈	bone	한국어	이용주	1980	101
spyə˘	ㅅ벼	bone	한국어	이용주	1980	80
*Hone	뼈	hone	일본어	이용주	1980	80
hone	뼈	bone	일본어	長田夏樹	1966	82
qpje	뼈	bone	한국어	長田夏樹	1966	82
kō l		a valley, a street, a lane, a hollow	한국어	G. J. Ramstedt	1949	121
kol		bone, the bones	한국어	G. J. Ramstedt	1949	121
kol	골	bone, the bones	한국어	G. J. Ramstedt	1949	121
kol-hoi	골회	bone-ash	한국어	G. J. Ramstedt	1949	121
kol-hoi	골회	bone-ash, bones and ashes	한국어	G. J. Ramstedt	1949	121
pyö	뼈	bone	한국어	Kanazawa, S	1910	11
ha	이빨(tooth)		일본어	Kanazawa, S	1910	11
ha	이빨(tooth)		일본어	Kanazawa, S	1910	6
pyö	뼈	bone	한국어	Kanazawa, S	1910	6
ho-ne	뼈	bone	일본어	Kanazawa, S	1910	7
pyö	뼈	bone	한국어	Kanazawa, S	1910	7
p(Y)enye	뼈	bone	한국어	Martin, S. E.	1966	199
p(Y)enye	뼈	bone	한국어	Martin, S. E.	1966	207
p(Y)enye	뼈	bone	한국어	Martin, S. E.	1966	214
penye	뼈	bone	한국어	Martin, S. E.	1966	214
pYenye	뼈	bone	한국어	Martin, S. E.	1966	214
pYenye,pen	뼈	bone	한국어	Martin, S. E.	1966	224

표제어/어휘		의미	언어	저자	발간년도	쪽수
뽕나무						
spoñ <*kpoñ	뽕나무		한국어	김공칠	1989	20
kufa	뽕나무		일본어	김공칠	1989	20
khfa	뽕나무		일본어	이용주	1980	106
spoñ	뽕나무		한국어	이용주	1980	106
kufa	뽕나무		일본어	長田夏樹	1966	112
*kopoñ	뽕나무		한국어	長田夏樹	1966	112
*kpoñ	뽕나무		한국어	長田夏樹	1966	112
spoñ	뽕나무		한국어	長田夏樹	1966	112
久波	뽕나무		일본어	長田夏樹	1966	112
뿌리						
č am	뿌리		한국어	강길운	1979	9
č am	뿌리		한국어	강길운	1983ㄱ	27
斬	뿌리		한국어	강길운	1983ㄱ	31
č am	뿌리		한국어	강길운	1983ㄱ	31
pulhü	뿌리		한국어	강길운	1983ㄴ	112
pulhü	뿌리		한국어	강길운	1983ㄴ	125
cʰ 'am	뿌리		한국어	강길운	1983ㄴ	128
꼭지	뿌리		한국어	강길운	1987	27
k' ok(id)	뿌리		한국어	강길운	1987	27
ne		root	일본어	강영봉	1991	11
pulhwi		root	한국어	강영봉	1991	11
ne	뿌리	root	일본어	김공칠	1989	16
pulhi l	뿌리	root	한국어	김동소	1972	140
ppuli	뿌리	root	한국어	김동소	1972	140
puri	뿌리	root	한국어	김선기	1968ㄱ	33
bulhui	뿌리	root	한국어	김선기	1968ㄱ	33
ne	뿌리	root	일본어	김선기	1968ㄱ	34
nemoto	뿌리	root	일본어	김선기	1968ㄱ	34
purhui	뿌리		한국어	박은용	1974	254
ppul-hi	뿌리	A root	한국어	白鳥庫吉	1914ㄱ	181
ppu-ri	뿌리	a root, origin, source	한국어	白鳥庫吉	1914ㄱ	181
ppu-rök-č i	뿌리	A root	한국어	白鳥庫吉	1914ㄱ	181
ppu-rök-i	뿌리	A root	한국어	白鳥庫吉	1914ㄱ	181
purhui	뿌리	root	한국어	이기문	1958	110
puregi	뿌리		한국어	이숭녕	1956	154
purigi	뿌리		한국어	이숭녕	1956	154
pul-hui	뿌리		한국어	이숭녕	1956	154
purhǔ i	불휘	root	한국어	이용주	1980	81
ne	뿌리	root	일본어	이용주	1980	81
ne	뿌리	root	일본어	長田夏樹	1966	82
qpuri	뿌리	root	한국어	長田夏樹	1966	82
p' u-ri	뿌리		한국어	최학근	1959ㄱ	49
^tś i ə m	뿌리	root	한국어	Christopher I. Beckwith	2004	110
^tś i ə m[斬]	뿌리	root, base ~ tree root	한국어	Christopher I. Beckwith	2004	139
pulhui	뿌리	root	한국어	G. J. Ramstedt	1949	209
뿌리다						
まく	뿌리다		일본어	김사엽	1974	391
spĭ-li	뿌리다		한국어	김사엽	1974	391
ma-ki	뿌리다		일본어	김사엽	1974	391
pih	뿌리다		한국어	김사엽	1974	391
spu-li	뿌리다		한국어	김사엽	1974	395
Fu-ri	뿌리다		일본어	김사엽	1974	395

표제어/어휘	의미		언어	저자	발간년도	쪽수
*pi ri-	뿌리다	to sprinkle, to water	한국어	이기문	1958	107
spi ri-	뿌리다	to sprinkle, to water	한국어	이기문	1958	107
ppurida	뿌리다	to sprinkle/to scatter	한국어	G. J. Ramstedt	1949	211

뿔

표제어/어휘	의미		언어	저자	발간년도	쪽수
p'ɯr	뿔		한국어	강길운	1983ㄱ	30
p'ɯr	뿔		한국어	강길운	1983ㄱ	37
p'ur	뿔		한국어	강길운	1983ㄱ	47
p'ɯr	뿔		한국어	강길운	1983ㄴ	116
p'ur	뿔		한국어	강길운	1983ㄴ	126
p'ur	뿔		한국어	강길운	1983ㄴ	135
tuno<*tunya	뿔		일본어	김공칠	1989	19
ppul	뿔	horn	한국어	김동소	1972	138
ppul	뿔	horn	한국어	김동소	1972	138
pur	뿔	horn	한국어	김선기	1968ㄱ	31
ppal	뿔		한국어	宋敏	1969	86
ppul	뿔		한국어	宋敏	1969	86
ppul	뿔	corne	한국어	宋敏	1969	86
hone	뿔		일본어	宋敏	1969	86
har i	뿔		일본어	宋敏	1969	86
hō	뿔		일본어	宋敏	1969	86
tuno	뿔	horn	일본어	이용주	1980	80
spɯr	ㅅ블	horn	한국어	이용주	1980	80
cuno	뿔	horn	일본어	長田夏樹	1966	82
qpul	뿔	horn	한국어	長田夏樹	1966	82
b'ul	뿔	Horn	한국어	Andre Eckardt	1966	228
ppul	뿔	horn	한국어	Poppe, N	1965	189
spur	뿔	horn	한국어	Poppe, N	1965	189

표제어/어휘		의미		언어	저자	발간년도	쪽수
人							
사							
*dök	사			한국어	강길운	1979	9
ソヒ	사			일본어	김선기	1977人	332
スヰ	사			한국어	김선기	1977人	332
ne	넷, 네			한국어	박시인	1970	95
yo	사			일본어	박시인	1970	95
사귀다							
ŏ rŭ	사귀다, 구애하다			한국어	김공칠	1989	18
asanafu	사귀다, 구애하다			일본어	김공칠	1989	18
mazu	사귀다, 섞다			일본어	김공칠	1989	19
mɛ I<*mɛ ri	사귀다, 섞다			한국어	김공칠	1989	19
사나이							
sʌ n	사나이			한국어	김사엽	1974	432
sʌ -na-hʌ	사나이			한국어	김사엽	1974	432
se	사나이			일본어	김사엽	1974	432
wo	사나이			일본어	이용주	1979	124
wotöko,	사나이/아들	man		일본어	이용주	1980	101
se naxe i,	사나이/아들	man		한국어	이용주	1980	101
사납다							
mʌ jp	사납다			한국어	김사엽	1974	428
たけし	사납다			일본어	김사엽	1974	428
sa-o-nap	사납다			한국어	김사엽	1974	434
すさまじ	사납다			일본어	김사엽	1974	434
사내							
sʌ n	사내			한국어	강길운	1981ㄴ	4
sʌ n	남자			한국어	강길운	1982ㄴ	23
sanike	자손			일본어	강길운	1982ㄴ	23
sanike	자손			일본어	강길운	1982ㄴ	28
sʌ n	남자			한국어	강길운	1982ㄴ	28
san	사내			한국어	김계원	1967	17
seno	낭군			일본어	김계원	1967	17
se	사내			일본어	김공칠	1989	10
su	사내			한국어	김공칠	1989	10
sʌ -na-hʌ	사내			한국어	김사엽	1974	431
se-na	사내			일본어	김사엽	1974	431
sena	사내			일본어	宋敏	1969	86
sana	사내			한국어	宋敏	1969	86
su	사내			한국어	이용주	1980	72
se	사내			일본어	이용주	1980	72
사냥하다							
kar-		to hunt		일본어	강영봉	1991	10
sanoŋ hə -		to hunt		한국어	강영봉	1991	10
sanhäŋ he -	사냥하다	hunt		한국어	김동소	1972	138
sanjaŋ ha-	사냥하다	hunt		한국어	김동소	1972	138
사다							
kafu	사다			일본어	송민	1973	52

〈ㅅ〉 279

표제어/어휘		의미	언어	저자	발간년도	쪽수
sada	사다	to buy	한국어	G. J. Ramstedt	1949	20
sā da	사다		한국어	G. J. Ramstedt	1949	217
sada	사다	to buy	한국어	G. J. Ramstedt	1949	217
sada	사다	to buy	한국어	G. J. Ramstedt	1949	217
사둘						
dade	사둘		일본어	宋敏	1969	86
sadul	사둘		한국어	宋敏	1969	86
사람						
guru	사람		일본어	강길운	1981ㄴ	4
一guri	사람		한국어	강길운	1981ㄴ	4
kuru	사람		일본어	강길운	1982ㄴ	18
kuri	사람(접미사)		한국어	강길운	1982ㄴ	18
kuru	사람		일본어	강길운	1982ㄴ	27
kuri	사람(접미사)		한국어	강길운	1982ㄴ	27
kuru	사람		일본어	강길운	1982ㄴ	35
kuri	사람(접미사)		한국어	강길운	1982ㄴ	35
fito		person	일본어	강영봉	1991	10
saru m		person	한국어	강영봉	1991	10
kun	사람		한국어	金澤庄三郞	1914	220
a-chŏ n	관아의 서리		한국어	金澤庄三郞	1977	112
kan	관직		한국어	金澤庄三郞	1977	112
han	관직		한국어	金澤庄三郞	1977	112
ch'an	관직		한국어	金澤庄三郞	1977	112
kot-han	소작인		한국어	金澤庄三郞	1977	112
kyo-kun	가마꾼		한국어	金澤庄三郞	1977	113
namu-kun	나무꾼		한국어	金澤庄三郞	1977	113
sak-kun	인부		한국어	金澤庄三郞	1977	113
po	사람	person, fellow	한국어	김공칠	1989	12
ne<*nai	사람	person	일본어	김공칠	1989	13
nä	사람	a man, person	한국어	김공칠	1989	13
ṣaɭe m	사람	person	한국어	김동소	1972	139
salam	사람	person	한국어	김동소	1972	139
saram	사람		한국어	김방한	1979	4
Fi-tö	사람		일본어	김사엽	1974	400
sa-lʌ m	사람		한국어	김사엽	1974	400
去士	健居士		한국어	김선기	1976ㄴ	328
saram	사람		한국어	김선기	1976ㅇ	354
hito	사람		일본어	김선기	1976ㅇ	354
나라	나라		한국어	김해진	1947	11
saton	인척		한국어	徐廷範	1985	243
sʌ n	장정		한국어	徐廷範	1985	243
sanike	자손		일본어	徐廷範	1985	243
ainu	사람		일본어	徐廷範	1985	245
斯盧, 斯羅	사람		한국어	徐廷範	1985	245
tane	종족		일본어	徐廷範	1985	249
ture	처		일본어	徐廷範	1985	249
totto	어머니, 젖		일본어	徐廷範	1985	249
toto	아빠		일본어	徐廷範	1985	249
tsitsi	아버지		일본어	徐廷範	1985	249
stʌ l	딸		한국어	徐廷範	1985	249
sāre m	사람	person	한국어	이용주	1980	79
Hitö	사람	person	일본어	이용주	1980	79
fitö	사람	person	일본어	이용주	1980	99
sare m	사람	person	한국어	이용주	1980	99
*š iló	사람	person	한국어	이용주	1980	99

표제어/어휘		의미	언어	저자	발간년도	쪽수
hito	사람	person	일본어	長田夏樹	1966	82
saram	사람	person	한국어	長田夏樹	1966	82
saram	사람	man	한국어	Poppe, N	1965	191
saramį ro	사람으로	by the man	한국어	Poppe, N	1965	191
saramį ige	사람에게	to the man	한국어	Poppe, N	1965	191
사랑하다						
s'eə b-	사랑받다		한국어	강길운	1981ㄴ	9
č iomap	사랑받은		일본어	강길운	1981ㄴ	9
tusare	은혜		일본어	강길운	1982ㄴ	19
tʌ ʒ -	사랑하다		한국어	강길운	1982ㄴ	19
tusare	은혜		일본어	강길운	1982ㄴ	23
tʌ ʒ -	사랑하다		한국어	강길운	1982ㄴ	23
tʌ ʒ -	사랑하다		한국어	강길운	1982ㄴ	29
tusare	은혜		일본어	강길운	1982ㄴ	29
më-te, me-	사랑하다		일본어	김사엽	1974	383
ko-i	사랑하다		한국어	김사엽	1974	383
ka-Fa-yu	사랑하다		일본어	김사엽	1974	461
tʌ s-o	사랑하다		한국어	김사엽	1974	461
č ul	주다		한국어	白鳥庫吉	1915ㄴ	301
să -rang hă	사랑하다	to love, to have affection for; to like	한국어	白鳥庫吉	1915ㄴ	301
taᇰ s-	사랑하다	to love	한국어	이기문	1958	108
사뢰다						
sʌ lp	사뢰다		한국어	김사엽	1974	442
さぶらふ	사뢰다		일본어	김사엽	1974	442
사르다						
sʌ l	사르다		한국어	김사엽	1974	382
ya-ki	사르다		일본어	김사엽	1974	382
saɯ	사르다	burn	한국어	김선기	1968ㄱ	41
salm ta	사르다	to boil, to cook by boiling	한국어	白鳥庫吉	1915ㄴ	300
sal-o ta	사르다	burn up; to burn	한국어	白鳥庫吉	1915ㄴ	300
saᇰ r-	사르다	to burn	한국어	이기문	1958	117
sár-	사르다	vanish	한국어	Martin, S. E.	1966	210
sár-	사르다	vanish	한국어	Martin, S. E.	1966	211
sár-	사르다	vanish	한국어	Martin, S. E.	1966	221
사마귀(痣)						
あざ	사마귀		일본어	김사엽	1974	482
sa-ma-koj	사마귀		한국어	김사엽	1974	482
sjamakoi	사마귀		한국어	박은용	1975	180
sya-ma-koi	사마귀	a mole	한국어	白鳥庫吉	1915ㄴ	322
sa-magoi	사마귀		한국어	이숭녕	1956	189
sa-magui	사마귀		한국어	이숭녕	1956	189
sa-magu	사마귀		한국어	이숭녕	1956	189
사발						
sora	사발		일본어	宋敏	1969	86
sapal	사발		한국어	宋敏	1969	86
사슬						
sa-sïl	사슬		한국어	김사엽	1974	453
くさり	사슬		일본어	김사엽	1974	453
sasul/사(아	사슬		한국어	Arraisso	1896	20

표제어/어휘		의미		언어	저자	발간년도	쪽수
사슴							
si-si	사슴			일본어	김사엽	1974	440
sa-sïm	사슴			한국어	김사엽	1974	440
sara	사슴			일본어	宋敏	1969	86
shishi	사슴			일본어	宋敏	1969	86
sabari	사슴			한국어	宋敏	1969	86
sǎ sǎ m	사슴			한국어	宋敏	1969	86
shishi	사슴	deer		일본어	Aston	1879	23
sǎ sǎ m	사슴	deer		한국어	Aston	1879	23
사외							
わざわひ	災, 殃			일본어	김사엽	1974	377
sa-β oj	災, 災殃			한국어	김사엽	1974	377
sa-oj	災, 災殃			한국어	김사엽	1974	377
사위다							
saü-	사위다			한국어	강길운	1982ㄴ	26
saure	약하다			일본어	강길운	1982ㄴ	26
saure	약하다			일본어	강길운	1982ㄴ	28
saü-	사위다			한국어	강길운	1982ㄴ	28
사이							
sə ri	사이			한국어	강길운	1982ㄴ	22
š ir	사이			일본어	강길운	1982ㄴ	22
sʌ i	사이			한국어	강길운	1982ㄴ	23
š ui	사이			일본어	강길운	1982ㄴ	23
sə ri	사이			한국어	강길운	1982ㄴ	28
sʌ i	사이			한국어	강길운	1982ㄴ	28
š ui	사이			일본어	강길운	1982ㄴ	28
š ir	사이			일본어	강길운	1982ㄴ	28
ani, afi	사이	interval		일본어	김공칠	1988	83
sai	사이	interval		한국어	김공칠	1988	83
kö rö	사이			일본어	김사엽	1974	446
tə t	사이			한국어	김사엽	1974	446
a-Fi	사이			일본어	김사엽	1974	480
sʌ -zi-sʌ -i	사이			한국어	김사엽	1974	480
se s	사이			한국어	박은용	1975	186
tʼ eum	틈	to separate		한국어	白鳥庫吉	1915ㄴ	296
sǎ -i	사이	an interval, a space		한국어	白鳥庫吉	1915ㄴ	296
tʼ eu ta	찢다	crack		한국어	白鳥庫吉	1915ㄴ	296
sę ri	사이	an interval, a space		한국어	이기문	1958	117
sabok	한 곳에서 다른 곳까지의 거리나 공간	the space between		한국어	G. J. Ramstedt	1949	217
sai	사이	the interval/the time that has elapsed		한국어	G. J. Ramstedt	1949	218
삭다							
sak-	삭다			한국어	송민	1973	50
sake	삭다			일본어	宋敏	1969	86
sisi	삭다			일본어	宋敏	1969	86
sak	삭다			한국어	宋敏	1969	86
sasɒ m	삭다			한국어	宋敏	1969	86
산							
tar	산			한국어	강길운	1979	10
moro	산			한국어	강길운	1981ㄴ	6
moro	산			한국어	강길운	1982ㄴ	33

표제어/어휘	의미		언어	저자	발간년도	쪽수
metot	산지		일본어	강길운	1982ㄴ	33
mori	작은 산		일본어	강길운	1982ㄴ	33
tume	두메		한국어	강길운	1983ㄴ	109
yama/mure		mountain	일본어	강영봉	1991	10
orɯm		mountain	한국어	강영봉	1991	10
mori	산		한국어	金澤庄三郞	1977	123
kur-mŏ ri	지명		한국어	金澤庄三郞	1977	123
maru	지명		한국어	金澤庄三郞	1977	123
chung-maro	지명		한국어	金澤庄三郞	1977	123
man-maru	지명		한국어	金澤庄三郞	1977	123
moi	산		한국어	金澤庄三郞	1977	123
p'i-moro	산		한국어	金澤庄三郞	1977	123
mø	뫼		한국어	김공칠	1988	196
mori	뫼		일본어	김공칠	1988	196
ara, ari	산	mountain	일본어	김공칠	1988	83
ori, orom	산	mountain	한국어	김공칠	1988	83
tat/tal/ta<*tak	산, 높다		한국어	김공칠	1989	19
moi	산		한국어	김공칠	1989	5
mure	산		일본어	김공칠	1989	5
mø	산	mountain	한국어	김동소	1972	139
san	산	mountain	한국어	김동소	1972	139
mø	산		한국어	김동소	1972	149
ya-ma	산		일본어	김사엽	1974	381
moj	산		한국어	김사엽	1974	381
mo-lo	산		한국어	김사엽	1974	384
ö-mu-re	산		일본어	김사엽	1974	384
메	산	mountain	한국어	김선기	1968ㄱ	27
mori	森		일본어	김선기	1968ㄱ	27
mø	산	mountain	한국어	김선기	1968ㄱ	27
올옴	산	mountain	한국어	김선기	1968ㄱ	27
모로	산	mountain	한국어	김선기	1968ㄱ	27
뫼	산	mountain	한국어	김선기	1968ㄱ	27
take	산	mountain	일본어	김선기	1968ㄱ	27
언덕	산	mountain	한국어	김선기	1968ㄱ	27
다구	산	mountain	한국어	김선기	1968ㄱ	27
jama	산		일본어	김선기	1968ㄱ	28
maru	뫼등성이		한국어	김선기	1968ㄱ	28
maro	뫼등성이		일본어	김선기	1968ㄱ	28
garmi	큰 산		한국어	김선기	1968ㄴ	26
garmoro	큰 산		한국어	김선기	1968ㄴ	26
ganmoro	큰 산	big mountain	한국어	김선기	1968ㄴ	26
뫼	산		한국어	김선기	1976ㅂ	335
take	산		일본어	김선기	1976ㅂ	336
mo	산		한국어	김승곤	1984	246
mui	산		한국어	김완진	1965	83
mure	산		일본어	김완진	1965	83
moi	산	a mountain, a bill	한국어	白鳥庫吉	1915ㄱ	29
mure	산	a mountain, a bill	한국어	白鳥庫吉	1915ㄱ	29
mure	산		일본어	송민	1965	38
moi	산		한국어	송민	1965	38
達	산		한국어	辛容泰	1987	132
山	산		한국어	辛容泰	1987	132
take<*talke	산		일본어	이근수	1982	17
達 dat	산, 높다	山, 高	한국어	이근수	1982	17
taka	산	mountain	일본어	이기문	1963	101
tal	산	mountain	한국어	이기문	1963	101
san	산		한국어	이숭녕	1956	179

표제어/어휘		의미	언어	저자	발간년도	쪽수
sanmon-sɛŋi	산		한국어	이숭녕	1956	179
moix, moro	산	mountain	한국어	이용주	1980	101
mori	산	mountain	일본어	이용주	1980	101
yama	산	mountain	일본어	이용주	1980	81
mō i	뫼	mountain	한국어	이용주	1980	81
taʔ	산		한국어	村山七郎	1963	31
takə	산		일본어	村山七郎	1963	31
*ɦai p~^ai p[	산	mountain	한국어	Christopher I. Beckwith	2004	120
^γapma[蓋馬]	큰산	great mountains	한국어	Christopher I. Beckwith	2004	120
*γapma	산	mountain	한국어	Christopher I. Beckwith	2004	121
*tar : ^tar [達]	산	mountain	한국어	Christopher I. Beckwith	2004	136
mu-i	산		한국어	Hulbert, H. B.	1905	117
moryo	산	mountain	한국어	Martin, S. E.	1966	200
morix	산	mountain	한국어	Martin, S. E.	1966	200
myonyex	산	mountain	한국어	Martin, S. E.	1966	200
t(x)ákye	산	mountain	한국어	Martin, S. E.	1966	203
t(x)ákye	산	mountain	한국어	Martin, S. E.	1966	205
myonyex	산	mountain	한국어	Martin, S. E.	1966	207
moryo	산	mountain	한국어	Martin, S. E.	1966	209
morix	산	moutain	한국어	Martin, S. E.	1966	210
morix	산	mountain	한국어	Martin, S. E.	1966	212
myonyex	산	mountain	한국어	Martin, S. E.	1966	214
t(x)ákye	산	mountain	한국어	Martin, S. E.	1966	215
t(x)akye	산	mountain	한국어	Martin, S. E.	1966	216
moryo	산	mountain	한국어	Martin, S. E.	1966	218
moryo	산	moutain	한국어	Martin, S. E.	1966	218
myonyex	산	mountain	한국어	Martin, S. E.	1966	218
nuru-	산	mountain	한국어	Martin, S. E.	1966	218
morix	산	moutain	한국어	Martin, S. E.	1966	218
t(x)ákye	산	mountain	힌고이	Martin, S. E.	1966	221
myonyex	산	mountain	한국어	Martin, S. E.	1966	224
morix	산	mountain	한국어	Martin, S. E.	1966	224
yama	산		일본어	Martin, S. E.	1975	110
dama	산		일본어	Martin, S. E.	1975	110
yama	산		일본어	Martin, S. E.	1975	110

산간
やまかひ	산간		일본어	辛 容泰	1987	141
峽	산간		한국어	辛 容泰	1987	141

산맥
kim	산맥		일본어	강길운	1981ㄴ	5
mʌrʌ	능선		한국어	강길운	1983ㄴ	115
kor	골짜기		한국어	강길운	1983ㄴ	118
kor	골짜기		한국어	강길운	1983ㄴ	131
ori	봉우리		한국어	강길운	1983ㄴ	134
mʌrʌ	마루, 능선		한국어	강길운	1983ㄴ	136

산봉우리
*syur	산봉우리, 고원		한국어	강길운	1982ㄴ	28
širi	산, 절벽		일본어	강길운	1982ㄴ	28
širi	산, 절벽		일본어	강길운	1982ㄴ	35
*syur	산봉우리, 고원		한국어	강길운	1982ㄴ	35

표제어/어휘		의미		언어	저자	발간년도	쪽수
he-chi(居知)	산봉우리			한국어	金澤庄三郎	1939	3
č ai	산봉우리			한국어	村山七郎	1963	28
mine	산봉우리			일본어	村山七郎	1963	28
č iwi	산봉우리			한국어	村山七郎	1963	28
산지							
산지	산지			한국어	고창식	1976	25
sanji	산지			일본어	고창식	1976	25
살							
kŏ rta	살			한국어	김공칠	1989	18
sɐ l	고기	meat		한국어	김동소	1972	139
sal	고기	meat		한국어	김동소	1972	139
sʌ l	살			한국어	김사엽	1974	404
Fa-da	살			일본어	김사엽	1974	404
sar	살	meat, felsh		한국어	김선기	1968ㄱ	32
sisi	살	meat, felsh		일본어	김선기	1968ㄱ	32
sal kač yok	살	skin, hide		한국어	白鳥庫吉	1915ㄴ	298
sal-kköl-i	살	the complexion, the appearence		한국어	白鳥庫吉	1915ㄴ	298
sal put-č 'i	혈속	one's kitt and kin; blood relatives		한국어	白鳥庫吉	1915ㄴ	298
sal-k'o-ki	정육	meat-without the fat, bones etc.		한국어	白鳥庫吉	1915ㄴ	298
sal-p'ak-č i ta	살	to be fleshy; to be corpulent		한국어	白鳥庫吉	1915ㄴ	298
sal-kkeui	비대	flishy; corpulency; fat		한국어	白鳥庫吉	1915ㄴ	298
sal č ip	살	fleshiness; corpulencyt		한국어	白鳥庫吉	1915ㄴ	298
sal-mat	살	flesh, fat		한국어	白鳥庫吉	1915ㄴ	298
sal	살	Flesh		한국어	白鳥庫吉	1915ㄴ	298
sal č i ta	살	to be fat; to be corpulent; to be fleshy		한국어	白鳥庫吉	1915ㄴ	298
살	살			한국어	徐廷範	1985	244
sa	살			일본어	宋敏	1969	86
sɔ lh	살			한국어	宋敏	1969	86
sal	살			한국어	宋敏	1969	86
sak	살			한국어	宋敏	1969	86
sso	살			일본어	宋敏	1969	86
sake	살			일본어	宋敏	1969	86
sisi	살	flesh		일본어	宋敏	1969	86
satu	살			일본어	宋敏	1969	86
sal	살			한국어	이숭녕	1955	16
sisi	살			일본어	이숭녕	1955	16
sal	살			한국어	Hulbert, H. B.	1905	119
syɔ š	살	flesh		한국어	Martin, S. E.	1966	211
syɔ š	살	flesh		한국어	Martin, S. E.	1966	212
syɔ š	살	flesh		한국어	Martin, S. E.	1966	219
syɔ š	살	flesh		한국어	Martin, S. E.	1966	221
살(歲)							
sal	살	age, years		한국어	白鳥庫吉	1915ㄴ	297
söl	설	age, years		한국어	白鳥庫吉	1915ㄴ	297
tosi	살			일본어	石井 博	1992	90
sar	살			한국어	石井 博	1992	90
살(矢)							
sar	살			한국어	金澤庄三郎	1914	220

〈ㅅ〉 285

표제어/어휘		의미	언어	저자	발간년도	쪽수
sal	살		일본어	김사엽	1974	382
sal	살		한국어	김사엽	1974	382
sal	살	an arrow	한국어	白鳥庫吉	1915ㄴ	300
sal	살		한국어	이숭녕	1955	16
sal	살	arrow	한국어	Edkins, J	1895	407
sali	살	the teeth of a comb/arrow	한국어	G. J. Ramstedt	1949	220
살갗						
hata	살갗		일본어	김선기	1968ㄱ	31
gac	살갗		한국어	김선기	1968ㄱ	31
살곳						
sal-tʰə	살 곳		한국어	김사엽	1974	443
tsa-to	살 곳		일본어	김사엽	1974	443
살다						
sugur-	살다	to live in	한국어	강길운	1978	43
al-		to live	한국어	강영봉	1991	10
ik-		to live	일본어	강영봉	1991	10
sa	살다	live	한국어	金澤庄三郎	1910	12
su	둥지	nest	일본어	金澤庄三郎	1910	12
sa	살다		한국어	김공칠	1989	10
sar-	살다	live	한국어	김공칠	1989	17
sal-	살아있는	alive	한국어	김동소	1972	136
sal-	살아있는	alive	한국어	김동소	1972	136
tsu-mi	살다		일본어	김사엽	1974	433
sal	살다		한국어	김사엽	1974	433
いく	살다		일본어	김사엽	1974	478
sal	살다		한국어	김사엽	1974	478
sa ta	살다	to live, to dwell, to reside	한국어	白鳥庫吉	1915ㄴ	302
Sal-i hă ta	살이하다	to get a living, to gain a livelihood	한국어	白鳥庫吉	1915ㄴ	302
su	살다		일본어	송민	1965	41
sal	살다		한국어	송민	1965	41
sa	살다		한국어	宋敏	1969	86
sár	살다	go away	일본어	宋敏	1969	86
sɔl	살다	remove	한국어	宋敏	1969	86
su	살다		일본어	宋敏	1969	86
sara' is-	살아 있다	to live	한국어	이용주	1980	82
iku	살다	to live	일본어	이용주	1980	82
siknu	살아 있다	to live	일본어	이용주	1980	96
iku	살아 있다	to live	일본어	이용주	1980	96
sara' is	살아 있다	to live	한국어	이용주	1980	96
	살다		한국어	이탁	1946ㄴ	26
수리	살다		한국어	이탁	1946ㄴ	31
설	살다		한국어	이탁	1946ㄴ	31
sal-	살다	leben	한국어	Andre Eckardt	1966	237
sal	살다	dwell	한국어	Edkins, J	1895	406
sa̧ lgapta	살다	to be wise	한국어	G. J. Ramstedt	1949	221
sa̧ lga̧ pta	살다	to fit loosely/to be shaky	한국어	G. J. Ramstedt	1949	221
salda	살다	to live/to dwell	한국어	G. J. Ramstedt	1949	221
su	둥지	nest	일본어	Kanazawa, S	1910	9
sa	살다	live	한국어	Kanazawa, S	1910	9
살리다						
sari-	살리다		한국어	강길운	1980	21
sal-i	살리다		한국어	김사엽	1974	437

표제어/어휘		의미		언어	저자	발간년도	쪽수
si-ra-si	살리다			일본어	김사엽	1974	437
살살							
sisi	閃			일본어	김선기	1977ㄴ	382
sar	閃			한국어	김선기	1977ㄴ	382
살찌다							
ə gə ri	살찐, 뚱뚱한			한국어	강길운	1983ㄴ	121
abura		fat		일본어	강영봉	1991	9
ciruɯ m		fat		한국어	강영봉	1991	9
살쾡이							
sʌ l-ki	살쾡이			한국어	김사엽	1974	426
たぬき	살쾡이			일본어	김사엽	1974	426
seɤ rk	살쾡이			한국어	박은용	1975	187
să lk	살쾡이	wildcat		한국어	白鳥庫吉	1915ㄴ	300
tanuki	살쾡이			일본어	長田夏樹	1966	107
seɤ rk	살쾡이			한국어	長田夏樹	1966	107
tanuki	살쾡이			일본어	長田夏樹	1966	81
seɤ rk	살쾡이			한국어	長田夏樹	1966	81
살피다							
sʌ l-pʰ i	살피다			한국어	김사엽	1974	437
しらべる	살피다			일본어	김사엽	1974	437
*im : ^im [音]	살피다	to supervise, imprison		한국어	Christopher I. Beckwith	2004	122
są lda	살피다	to vanish/to disappear		한국어	G. J. Ramstedt	1949	221
salphida	살피다			한국어	G. J. Ramstedt	1949	222
삵							
sʌ lg	삵			한국어	강길운	1983ㄱ	30
sʌ lg	삵			한국어	강길운	1983ㄱ	36
tanuki	삵			일본어	石井 博	1992	90
sʌ rk	삵			한국어	石井 博	1992	90
tanuki	삵			일본어	石井 博	1992	92
sʌ rk	삵			한국어	石井 博	1992	92
są rk	삵	a wild cat		한국어	이기문	1958	117
salk	삵			한국어	이숭녕	1955	16
sisi	삵			일본어	이숭녕	1955	16
삶다							
č iš uye	삶다			일본어	강길운	1981ㄴ	9
č iš ye	삶다			일본어	강길운	1982ㄴ	17
jiji-	지지다			한국어	강길운	1982ㄴ	17
č iš ye	삶다			일본어	강길운	1982ㄴ	30
jiji-	지지다			한국어	강길운	1982ㄴ	30
삼							
*gī r-	삼			한국어	강길운	1979	10
*üč	삼			한국어	강길운	1979	9
seh	삼			한국어	강길운	1983ㄱ	28
ses	세 개	three		한국어	김동소	1972	141
ses	세 개	three		한국어	김동소	1972	141
sei	셋			한국어	김방한	1968	270
sei	셋			한국어	김방한	1968	271
sə j	세			한국어	김방한	1979	8
ma	셋			한국어	김방한	1980	13

〈ㅅ〉 287

표제어/어휘	의미		언어	저자	발간년도	쪽수
mil	셋		한국어	김방한	1980	13
mil	셋		한국어	김방한	1980	13
sheog	셋		한국어	김선기	1968ㄴ	34
shes	셋		한국어	김선기	1968ㄴ	34
sha	세		한국어	김선기	1968ㄴ	34
sheoi	셋		한국어	김선기	1968ㄴ	34
shes	셋		한국어	김선기	1968ㄴ	34
mi	셋		일본어	김선기	1968ㄴ	35
shiet	셋		한국어	김선기	1968ㄴ	37
mitu	셋		일본어	김선기	1977	25
seg	셋		한국어	김선기	1977	25
ma	셋		한국어	김선기	1977	26
トヒ	삼		일본어	김선기	1977ㅅ	332
トヰ	삼		한국어	김선기	1977ㅅ	332
mi-tu	삼		일본어	김승곤	1984	256
sëy	삼		한국어	김승곤	1984	256
mi	삼	three	일본어	大野晋	1975	57
삼	삼	three	한국어	大野晋	1975	57
mi	삼		일본어	박시인	1970	95
se	셋, 세		한국어	박시인	1970	95
*sjə r	세		한국어	박은용	1974	198
*sjə r	세		한국어	박은용	1974	198
sɔ -č a	세 척		한국어	小倉進平	1950	719
sɔ -toi	석 되		한국어	小倉進平	1950	719
sɔ k-niaŋ	석 량		한국어	小倉進平	1950	719
sɔ i-sar	석 살/화살셋		한국어	小倉進平	1950	719
sɔ k-sam	석 삼		한국어	小倉進平	1950	719
sɔ -ton	석전		한국어	小倉進平	1950	719
sɔ -sio m	석휘		한국어	小倉進平	1950	719
sɔ -kɐ n	세 근		한국어	小倉進平	1950	719
sɔ k-te r	석 달		한국어	小倉進平	1950	719
sɔ -nɔ -he i	세서살		한국어	小倉進平	1950	719
sɔ k-te r	서너달		한국어	小倉進平	1950	719
sɔ -p' un	세분		한국어	小倉進平	1950	719
sɔ -nɔ -p' ir	서너책		한국어	小倉進平	1950	719
sɔ -nɔ -niaŋ	서너량		한국어	小倉進平	1950	719
kɐ sɔ i-hɐ n	그 세번째		한국어	小倉進平	1950	719
set	삼		한국어	小倉進平	1950	719
sɔ -nɔ -ton	서너전		한국어	小倉進平	1950	719
sɔ is	삼		한국어	小倉進平	1950	719
sɔ -mar	서말		한국어	小倉進平	1950	719
sɔ ih	삼		한국어	小倉進平	1950	720
sɔ i	삼		한국어	小倉進平	1950	720
sɔ is	삼		한국어	小倉進平	1950	720
sɔ k	삼		한국어	小倉進平	1950	720
sɔ	삼		한국어	小倉進平	1950	720
sam	삼		한국어	宋敏	1969	86
asa	삼		일본어	宋敏	1969	86
三	삼		한국어	辛 容泰	1987	131
密	삼		한국어	辛 容泰	1987	131
古斯			한국어	辛 容泰	1987	132
三			한국어	辛 容泰	1987	132
密			한국어	辛 容泰	1987	132
mitu	삼		일본어	辛 容泰	1987	137
mitu	삼		한국어	辛 容泰	1987	137
密	삼		한국어	辛 容泰	1987	138
mit	삼		한국어	辛 容泰	1987	138

표제어/어휘		의미		언어	저자	발간년도	쪽수
mir	삼			한국어	辛 容泰	1987	139
mit	삼			일본어	유창균	1960	23
mi	삼	three		일본어	이기문	1963	98
mil	삼	three		한국어	이기문	1963	98
söi	셋			한국어	이숭녕	1956	144
*η w(위첨자)ili	셋	three		한국어	이용주	1980	100
mitu	셋	three		일본어	이용주	1980	100
seix < *seri	셋	three		한국어	이용주	1980	100
sēi(h)	세	three		한국어	이용주	1980	85
mi	셋	three		일본어	이용주	1980	85
sə is	삼			한국어	村山七郎	1963	29
sə i	삼			한국어	村山七郎	1963	29
mi-tu	삼			일본어	村山七郎	1963	29
sed	셋	drei		한국어	Andre Eckardt	1966	238
^mir[密]	셋	three		한국어	Christopher I. Beckwith	2004	110
^mi[瀰]	셋	three		일본어	Christopher I. Beckwith	2004	110
^mir[密]	셋	three		한국어	Christopher I. Beckwith	2004	114
^mi[瀰]	셋	three		일본어	Christopher I. Beckwith	2004	114
^mir [密]	삼	three		한국어	Christopher I. Beckwith	2004	131
^mi [瀰]	삼	three		일본어	Christopher I. Beckwith	2004	131

삼(麻)

sam	삼	hemp		한국어	金澤庄三郎	1910	9
asa	삼	hemp		일본어	金澤庄三郎	1910	9
asa	삼			일본어	김공칠	1989	10
sam	삼			한국어	김공칠	1989	10
tso	삼			일본어	김사엽	1974	431
sam	삼			한국어	김사엽	1974	431
sam	삼			한국어	박은용	1975	181
sam-seung	삼			한국어	白鳥庫吉	1915ㄴ	301
sam	삼			한국어	白鳥庫吉	1915ㄴ	301
sam	삼			한국어	송민	1973	44
jə rh	삼, 삼씨			한국어	송민	1973	44
asa	삼	hemp		일본어	宋敏	1969	86
sugi	삼	spruce		일본어	宋敏	1969	86
sam	삼	spruce		한국어	宋敏	1969	86
sam	삼	hemp		한국어	이기문	1958	116
asa	삼	hemp		일본어	Kanazawa, S	1910	6
sam	삼	hemp		한국어	Kanazawa, S	1910	6
(a-)sam	삼	hemp		한국어	Martin, S. E.	1966	201
(a-)sam	삼	hemp		한국어	Martin, S. E.	1966	211
(a-)sam	삼	hemp		한국어	Martin, S. E.	1966	215
(a-)sam	삼	hemp		한국어	Martin, S. E.	1966	224

삼가다

つつしむ	삼가다			일본어	김사엽	1974	421
sam-ka	삼가다			한국어	김사엽	1974	421

삼나무

sam	삼나무	the cryptomeria, spruce		한국어	김공칠	1989	13

표제어/어휘		의미	언어	저자	발간년도	쪽수
sugi	삼나무	the cryptomeria, spruce	일본어	김공칠	1989	13
is-kaj	삼나무		한국어	김사엽	1974	435
tsu-gï	삼나무		일본어	김사엽	1974	435

삼다
shimesu	삼다		일본어	宋敏	1969	87
sam	삼다		한국어	宋敏	1969	87

삼치
さば	삼치		일본어	김사엽	1974	442
sam-čʰi	삼치		한국어	김사엽	1974	442
sabari	삼치		일본어	宋敏	1969	87
sam-chi	삼치		한국어	宋敏	1969	87

삽
ナムビョン	삽		한국어	宮崎道三郎	1906	29
sabi	삽	spade	일본어	金澤庄三郎	1910	11
sarp	삽	spade	한국어	金澤庄三郎	1910	11
sap	삽		한국어	김승곤	1984	252
sabi	삽		일본어	宋敏	1969	87
salp	삽		한국어	宋敏	1969	87
sapal	삽		한국어	宋敏	1969	87
salph-	삽	spade, rake	한국어	Johannes Rahder	1959	73
sarp	삽	spade	한국어	Kanazawa, S	1910	9
sabi	삽	spade	일본어	Kanazawa, S	1910	9

삿
sasa	삿		일본어	宋敏	1969	87
sat	삿		한국어	宋敏	1969	87

삿갓
kasa	삿갓		일본어	강길운	1981ㄱ	30
kas	삿갓		한국어	강길운	1981ㄱ	30
kasa	삿갓		일본어	김공칠	1989	18
kalʷ mo	삿갓		한국어	김공칠	1989	18
kas	삿갓		일본어	송민	1973	34
kasa	삿갓		일본어	송민	1973	34
kat	삿갓		한국어	송민	1973	55
kasa	삿갓		일본어	송민	1973	55
sakkat		a hat of sat-straw	한국어	G. J. Ramstedt	1949	99

상대 부르는 소리
yai	상대 부르는 소리		일본어	강길운	1981ㄴ	6
ya	상대 부르는 소리		한국어	강길운	1981ㄴ	6

상상하다
faramu	상상하다	to conceive	일본어	김공칠	1989	12
päda	상상하다	to conceive	한국어	김공칠	1989	12

상수리나무
kal	상수리나무		한국어	김공칠	1989	18
toti	상수리나무		일본어	김공칠	1989	5
tothori	상수리나무		한국어	김공칠	1989	5

상앗대
| tsa-wo | 상앗대 | | 일본어 | 김사엽 | 1974 | 441 |

표제어/어휘	의미		언어	저자	발간년도	쪽수
sa-hwa	상앗대		한국어	김사엽	1974	441
상자						
kor	상자	small box	한국어	강길운	1978	41
kori	상자		일본어	김승곤	1984	244
kori	고리(버드나무 가지로 만든 물건 넣는 상자)		한국어	김승곤	1984	244
새						
sä	새		한국어	강길운	1982ㄴ	25
saš	해초		일본어	강길운	1982ㄴ	25
sä	새		한국어	강길운	1982ㄴ	28
saš	해초		일본어	강길운	1982ㄴ	28
č yə bi	제비		한국어	강길운	1983ㄴ	107
kʌ lmyə gi	갈매기		한국어	강길운	1983ㄴ	111
koni	백조		한국어	강길운	1983ㄴ	113
koni	백조		한국어	강길운	1983ㄴ	117
kon	백조		한국어	강길운	1983ㄴ	117
kʌ lmyegi	갈매기		한국어	강길운	1983ㄴ	117
korani	고라니		한국어	강길운	1983ㄴ	117
k'wə ŋ	꿩		한국어	강길운	1983ㄴ	119
piyug	병아리		한국어	강길운	1983ㄴ	124
p'iyak	병아리 우는 소리		한국어	강길운	1983ㄴ	124
č yə bi	제비		한국어	강길운	1983ㄴ	129
kač 'l	까치		한국어	강길운	1983ㄴ	137
toro/sagi		bird	일본어	강영봉	1991	8
sɛ ŋ		bird	한국어	강영봉	1991	8
tori	새	bird	일본어	김공칠	1989	13
töri	새	fowls	일본어	김공칠	1989	17
tari	새	fowls	한국어	김공칠	1989	17
töri	새		일본어	김공칠	1989	20
sai<*sari	새		한국어	김공칠	1989	20
sɛ	새	bird	한국어	김동소	1972	136
sɛ	새	bird	한국어	김동소	1972	136
tö-ri	새		일본어	김사엽	1974	415
saj	새		한국어	김사엽	1974	415
sai	새	bird	한국어	김선기	1968ㄱ	20
sɯ	karasu(까마귀)	bird	일본어	김선기	1968ㄱ	20
새	새		한국어	김선기	1976ㅇ	360
sai	새		한국어	김선기	1977ㄷ	356
gudzi	俱知		한국어	김선기	1977ㄷ	359
koranni	고라니		한국어	김승곤	1984	243
soŋ khol-mai	송골매		한국어	김승곤	1984	252
sæ	새		한국어	박은용	1975	178
siro	새		일본어	宋敏	1969	87
sagi	새	heron	일본어	宋敏	1969	87
sä	새	bird	한국어	宋敏	1969	87
syöra	새		한국어	宋敏	1969	87
sai	새		일본어	宋敏	1969	87
shiro	새		일본어	宋敏	1969	87
sara	새		일본어	宋敏	1969	87
say	새		한국어	宋敏	1969	87
töri	새	bird	일본어	이용주	1980	80
sä i	새	bird	한국어	이용주	1980	80
sä i	새	bird	한국어	이용주	1980	95
aratasi	새	new	일본어	이용주	1980	95
töri	새	bird	일본어	이용주	1980	95

〈ㅅ〉 291

표제어/어휘	의미		언어	저자	발간년도	쪽수
cikáp	새	bird	일본어	이용주	1980	95
sai	새	bird	한국어	이용주	1980	99
*söŕi	새	bird	한국어	이용주	1980	99
iaratasi	새	new	일본어	이용주	1980	99
sai	새	new	한국어	이용주	1980	99
töri	새	bird	일본어	이용주	1980	99
töri	새		일본어	長田夏樹	1966	106
sai	새		한국어	長田夏樹	1966	106
tori	새	bird	일본어	長田夏樹	1966	82
sä	새	bird	한국어	長田夏樹	1966	82
^təŋri[登ги]	새	chicken; fowl, bird	일본어	Christopher I. Beckwith	2004	110
*töri	새	chicken; fowl, bird	일본어	Christopher I. Beckwith	2004	110
tori	새	a bird	일본어	G. J. Ramstedt	1949	200
sai	새	bird	한국어	G. J. Ramstedt	1949	218
sai	새	the bird	한국어	G. J. Ramstedt	1949	218
sä	새	the bird	한국어	G. J. Ramstedt	1949	218
sagʰi	새	bird	한국어	Martin, S. E.	1966	204
sağ i	새	bird	한국어	Martin, S. E.	1966	211
sağ i	새	bird	한국어	Martin, S. E.	1966	212
sağ i	새	bird	한국어	Martin, S. E.	1966	215
tori	새		일본어	Martin, S. E.	1975	110
tori	새		일본어	Martin, S. E.	1975	110
tori	새		일본어	Martin, S. E.	1975	110

새(新)

표제어/어휘	의미		언어	저자	발간년도	쪽수
atarasi		new	일본어	강영봉	1991	10
sɛ	새로운	new	한국어	김동소	1972	139
sɛ	새로운	new	한국어	김동소	1972	139
sai	새		한국어	김방한	1978	31
sai	새		한국어	김방한	1978	33
şai	새	new	한국어	김선기	1968ㄱ	37
sɛ	새	new	한국어	김선기	1968ㄱ	37
sara	sara mono(새 것)		일본어	김선기	1968ㄱ	37
sɛ	새다		한국어	박은용	1974	199
sai	새	New-an adjective	한국어	白鳥庫吉	1916ㄴ	328
sára	새	new	일본어	宋敏	1969	87
sǎi	새	new	한국어	이용주	1980	95
'asír	새	new	일본어	이용주	1980	95
*žaŕá	새	new	일본어	이용주	1980	99
sai	새	new	한국어	G. J. Ramstedt	1949	218
sa	새	new	한국어	Hulbert, H. B.	1905	

새기다

표제어/어휘	의미		언어	저자	발간년도	쪽수
sa-ki	새기다		한국어	김사엽	1974	417
tö-ka	새기다		일본어	김사엽	1974	417
toku	새기다		일본어	石井 博	1992	90
saki-	새기다		한국어	石井 博	1992	90
sagida	새기다	to carve	한국어	G. J. Ramstedt	1949	14
sagida	새기다	to carve, to cut in	한국어	G. J. Ramstedt	1949	218
sjagida	새기다	to carve, to cut in	한국어	G. J. Ramstedt	1949	218

새끼

표제어/어휘	의미		언어	저자	발간년도	쪽수
sanäk'i	새끼		한국어	강길운	1982ㄴ	32
haina	새끼		일본어	강길운	1982ㄴ	32
sʌski	새끼		한국어	강길운	1983ㄴ	111

표제어/어휘		의미		언어	저자	발간년도	쪽수
sʌ ski	새끼			한국어	강길운	1983ㄴ	128
さし	새끼			일본어	김사엽	1974	444
せし	새끼			일본어	김사엽	1974	444
sas-ki	새끼			한국어	김사엽	1974	444
새로운							
iči i	새로운			한국어	강길운	1977	15
sä	새로운			한국어	강길운	1977	15
sɛ		new		한국어	강영봉	1991	10
sǎ i	새	new		한국어	이용주	1980	84
aratasi	새로운	new		일본어	이용주	1980	84
새로이							
saj-ïj	새로이			한국어	김사엽	1974	441
さら	새로이			일본어	김사엽	1974	441
새롭다							
sara	새롭다			일본어	이용주	1980	72
sɐ i	새롭다			한국어	이용주	1980	72
sarya	새롭다	new		한국어	Martin, S. E.	1966	210
sarya	새롭다	new		한국어	Martin, S. E.	1966	211
sarya	새롭다	new		한국어	Martin, S. E.	1966	215
sarya	새롭다	new		한국어	Martin, S. E.	1966	223
새우							
ebi	새우, 갑각류	lobster, crafish, shirimp		일본어	김공칠	1989	16
saiio, saui	새우, 갑각류	lobster, crafish, shirimp		한국어	김공칠	1989	16
sa-β i	새우			한국어	김사엽	1974	471
えび	새우			일본어	김사엽	1974	471
saβ i	새우			한국어	박은용	1975	180
ebi	새우			일본어	宋敏	1969	87
säbi	새우			한국어	宋敏	1969	87
säbäŋ i	새우	lobster, shrimp		한국어	이기문	1958	116
säbi	새우	lobster, shrimp		한국어	이기문	1958	116
*sabi	새우	lobster, shrimp		한국어	이기문	1958	116
savi	새우	lobster, shrimp		한국어	이기문	1958	116
se-bu-rɛ ŋ i	새우			한국어	이숭녕	1956	184
색깔							
iro	색깔			일본어	김공칠	1989	6
öl, örong	색깔			한국어	김공칠	1989	6
irö	색			일본어	大野晋	1980	17
kō l-l	색깔	schwellen		한국어	白鳥庫吉	1914ㄷ	308
샘							
*nor	샘			한국어	강길운	1979	10
sEm	샘/우물			한국어	강길운	1982ㄴ	20
š impui	샘/우물			일본어	강길운	1982ㄴ	20
sEm	샘/우물			한국어	강길운	1982ㄴ	25
š impui	샘/우물			일본어	강길운	1982ㄴ	25
sEm	샘/우물			한국어	강길운	1982ㄴ	28
š impui	샘/우물			일본어	강길운	1982ㄴ	28
ə r	샘			한국어	강길운	1983ㄱ	26
u<iˇ >l<*bul	샘			한국어	김공칠	1989	19
sǎ im	샘			한국어	김공칠	1989	8
izumi	샘			일본어	김공칠	1989	8
ə l	샘			한국어	김방한	1976	24

표제어/어휘	의미		언어	저자	발간년도	쪽수
ə l	샘		한국어	김방한	1977	9
ə l	샘		한국어	김방한	1978	13
ə l	샘		한국어	김방한	1980	13
iŋ ri	샘		한국어	김방한	1980	13
ïl	샘		한국어	김방한	1980	13
ə l	샘		한국어	김방한	1980	15
wi-de	井, 手		일본어	김사엽	1974	376
ə l	泉, 井		한국어	김사엽	1974	376
sʌ j-om	샘		한국어	김사엽	1974	477
i-du-mi	샘		일본어	김사엽	1974	477
saim	샘		한국어	김선기	1976ㅁ	335
생						
umu	생		일본어	김공칠	1989	8
um	생		한국어	김공칠	1989	8
nar	생		한국어	小倉進平	1950	721
생각하다						
komkom	깊이생각하는 모양		한국어	강길운	1983ㄴ	113
kuŋ ri-	생각하다		한국어	강길운	1983ㄴ	114
komkom	곰곰		한국어	강길운	1983ㄴ	118
komkom	숙고하는 모양		한국어	강길운	1983ㄴ	126
hyə ari	생각하다		한국어	강길운	1983ㄴ	133
heari-	생각하다		한국어	강길운	1983ㄴ	137
omopu	생각하다		일본어	김공칠	1989	7
mă ă m	생각하다		한국어	김공칠	1989	7
säŋ kakhɛ -	생각하다	think	한국어	김동소	1972	141
sɛ ŋ kakha-	생각하다	think	한국어	김동소	1972	141
hə j-a-li	생각하다		한국어	김사엽	1974	463
ka-dzo-Fə	생각하다		일본어	김사엽	1974	463
생성						
sotatsu	생성		일본어	김공칠	1989	7
tot	생성		한국어	김공칠	1989	7
서늘						
sə nɯ r	서늘		한국어	강길운	1982ㄴ	22
seunin	서늘		일본어	강길운	1982ㄴ	22
sə nɯ r	서늘		한국어	강길운	1982ㄴ	29
seunin	서늘		일본어	강길운	1982ㄴ	29
sə nɯ r	서늘		한국어	강길운	1982ㄴ	36
seunin	서늘		일본어	강길운	1982ㄴ	36
서늘하다						
tsu-dzu-si-ki	서늘하다		일본어	김사엽	1974	434
sə -nʌ l	서늘하다		한국어	김사엽	1974	434
syö-neu-rop	서늘하다	to be cool; to be fresh; to be refreshing	한국어	白鳥庫吉	1915ㄴ	326
syö-neul hă	서늘하다	to be cool; to be fresh-as of the weather	한국어	白鳥庫吉	1915ㄴ	326
sǫ nu̯ l	서늘하다		한국어	이숭녕	1955	6
*ś amiar :	서늘한	cool	한국어	Christopher I. Beckwith	2004	136
서다						
syə -	서다		한국어	강길운	1983ㄱ	31
syə -	서다		한국어	강길운	1983ㄴ	108

표제어/어휘		의미	언어	저자	발간년도	쪽수
syə -	서다		한국어	강길운	1983ㄴ	112
syə -	서다		한국어	강길운	1983ㄴ	128
tat-		to stand	일본어	강영봉	1991	11
sa-		to stand	한국어	강영봉	1991	11
tatsu	서다		일본어	김공칠	1989	8
tot	서다		한국어	김공칠	1989	8
sjʌ -	서다	stand	한국어	김동소	1972	140
sʌ -	서다	stand	한국어	김동소	1972	140
sjə	서다		한국어	김사엽	1974	427
ta-te	서다		일본어	김사엽	1974	427
sɯ	서다	staud	한국어	김선기	1968ㄱ	41
sə i-	서다		한국어	박은용	1975	183
tatu	서다		일본어	石井 博	1992	90
sə -	서다		한국어	石井 博	1992	90
ta-si	서다		한국어	유창균	1960	23
tat	서다		한국어	유창균	1960	23
tatsu	서다		일본어	유창균	1960	23
sjöm	섬		한국어	이숭녕	1956	110
tatu	서다	stand	일본어	이용주	1980	101
sje	서다	stand	한국어	이용주	1980	101
syə ˘ ' ə ˘ is-셔어잇다		to stand	한국어	이용주	1980	82
tatu	서다	to stand	일본어	이용주	1980	82
' ás	서있다	to stand	한국어	이용주	1980	95
tatu	서있다	to stand	일본어	이용주	1980	95
syə ˘ ' ə ˘ is	서있다	to stand	한국어	이용주	1980	95
sŏ d-	서다	stehen	한국어	Andre Eckardt	1966	237

서로 두드리다

sumahi	서로 두드리다		일본어	김공칠	1989	9
silhom(ssirɯ	서로 두드리다		한국어	김공칠	1989	9

서른

sjel-hɯ n	서른		한국어	김방한	1968	270
sjelhɯ n	서른		한국어	김방한	1968	272
serhun	서른		한국어	김선기	1977	28
misodzi	서른		일본어	김선기	1977	28
serhun	서른		한국어	김선기	1977	29
misodzi	서른		일본어	김선기	1977	29
Sjə lhmn	서른		한국어	최학근	1971	755

서리

simo	서리		일본어	김방한	1977	16
simo	서리		일본어	김방한	1978	27
si-mo	서리		일본어	김사엽	1974	437
sə -li	서리		한국어	김사엽	1974	437
syö-ri	서리	white frost; goar frost	한국어	白鳥庫吉	1915ㄴ	310
sëli	서리		한국어	宋敏	1969	87
simo	서리	frost	일본어	宋敏	1969	87
*sur (shuo)	이슬	dew, frost	한국어	이기문	1958	117
iṣi r	이슬	frost	한국어	이기문	1958	117
sẹ ri	서리	frost	한국어	이기문	1958	117
tuyu	서리		일본어	長田夏樹	1966	107
seri	서리		한국어	長田夏樹	1966	107

서툴다

つたなし	서툴다		일본어	김사엽	1974	421
sə -tʰ ïl	서툴다		한국어	김사엽	1974	421

표제어/어휘		의미	언어	저자	발간년도	쪽수
석						
seki	석	a bay	일본어	宋敏	1969	87
sję k	석	a bay	한국어	宋敏	1969	87
석가지						
sakikusa	석가지		일본어	宋敏	1969	87
sökkychi	석가지		한국어	宋敏	1969	87
선박						
fara	배		일본어	長田夏樹	1966	116
*pe ræ	배		한국어	長田夏樹	1966	116
*pe ri	배		한국어	長田夏樹	1966	116
pe i	배		한국어	長田夏樹	1966	116
선지						
ち	선지		일본어	김사엽	1974	424
ti	선지		한국어	김사엽	1974	424
sə nji	피		한국어	박은용	1975	185
설다						
sarafu	제거하다	to clear out	일본어	Aston	1879	24
seulu	설다	to clear away	한국어	Aston	1879	24
sę l	설다	loosely/lightly	한국어	G. J. Ramstedt	1949	227
설사하다						
oš tari	설사하다		일본어	강길운	1982ㄴ	21
ju č E-	설사하다		한국어	강길운	1982ㄴ	21
oš tari	설사하다		일본어	강길운	1982ㄴ	24
ju č E-	설사하다		한국어	강길운	1982ㄴ	24
ju č E-	설사하다		한국어	강길운	1982ㄴ	36
oš tari	설사하다		일본어	강길운	1982ㄴ	36
섬						
syə m	섬		한국어	강길운	1981ㅣ	6
samai	섬		일본어	강길운	1981ㄴ	6
*simai	섬		일본어	강길운	1982ㄴ	26
syə m	섬		한국어	강길운	1982ㄴ	26
*simai	섬		일본어	강길운	1982ㄴ	28
syə m	섬		한국어	강길운	1982ㄴ	28
シマ	섬		일본어	권덕규	1923ㄴ	126
sima	섬	island	일본어	金澤庄三郎	1910	11
syöm	섬	island	한국어	金澤庄三郎	1910	11
sį ə m	섬		한국어	김공칠	1988	194
sima	섬		일본어	김공칠	1988	194
sima	섬		일본어	김공칠	1988	204
sį ə m	섬		한국어	김공칠	1988	204
sjə m	섬		한국어	김사엽	1974	438
si-ma	섬		일본어	김사엽	1974	438
sima	섬		일본어	김승곤	1984	193
sjem	섬		한국어	김승곤	1984	252
shima	섬		일본어	김승곤	1984	252
syō m	섬		한국어	文和政	1981	176
sima	섬		일본어	文和政	1981	176
syöm	섬	an insel	한국어	白鳥庫吉	1915ㄴ	325
syöm	섬		한국어	송민	1965	38
shima	섬		일본어	송민	1965	38
sima	섬		일본어	송민	1973	54

표제어/어휘	의미		언어	저자	발간년도	쪽수
sjə m	섬		한국어	송민	1973	54
shima	섬	an island	일본어	宋敏	1969	87
syŭ m	섬		한국어	宋敏	1969	87
syöm	섬		한국어	宋敏	1969	87
syïm	섬		한국어	宋敏	1969	87
syëm	섬		한국어	宋敏	1969	87
sjẹm	섬		한국어	宋敏	1969	87
shima	섬		일본어	宋敏	1969	87
sima	섬		일본어	宋敏	1969	87
シマ	섬		일본어	이명섭	1962	6
sjem	섬		한국어	長田夏樹	1966	115
ś ima	섬		일본어	長田夏樹	1966	115
ś ima	섬		일본어	長田夏樹	1966	81
sjem	섬		한국어	長田夏樹	1966	81
sima	섬		한국어	長田夏樹	1966	93
syöm	섬		일본어	長田夏樹	1966	93
shima	섬	an island	일본어	Aston	1879	21
syŭ m	섬	an island	한국어	Aston	1879	21
shima	섬	island	일본어	G. J. Ramstedt	1926	27
sjẹm	섬	island	한국어	G. J. Ramstedt	1926	27
sʲ ē m	섬	Insel	한국어	G. J. Ramstedt	1939ㄱ	485
shima	섬	Insel	일본어	G. J. Ramstedt	1939ㄱ	485
sima	섬	island	일본어	Kanazawa, S	1910	9
syöm	섬	island	한국어	Kanazawa, S	1910	9
sYyima	섬	island	한국어	Martin, S. E.	1966	201
sYyima	섬	island	한국어	Martin, S. E.	1966	211
sYyima	섬	island	한국어	Martin, S. E.	1966	213
sYyima	섬	island	한국어	Martin, S. E.	1966	223
sima	섬		일본어	Martin, S. E.	1975	110
sima	섬		일본어	Martin, S. E.	1975	110
sima	섬		일본어	Martin, S. E.	1975	110
섬기다						
tu-ka-Fë	섬기다		일본어	김사엽	1974	423
sə m-ki	섬기다		한국어	김사엽	1974	423
pāber-	섬기다	to attend upon	일본어	송민	1974	14
성						
kor	성		한국어	강길운	1977	14
sero	성	castle	한국어	강길운	1978	41
健牟羅	성		한국어	강길운	1979	13
*kor	성		한국어	강길운	1979	9
jas	성		한국어	강길운	1981ㄱ	30
č aš i	성		일본어	강길운	1981ㄱ	30
ka	성		한국어	강길운	1981ㄱ	31
jas	성		한국어	강길운	1982ㄴ	16
č aš i	성		일본어	강길운	1982ㄴ	16
jas	성		한국어	강길운	1982ㄴ	30
č aš i	성		일본어	강길운	1982ㄴ	30
siki	성	castle	일본어	金澤庄三郞	1910	11
siki	성	castle	한국어	金澤庄三郞	1910	11
ki	성	castle	한국어	金澤庄三郞	1910	9
ki	성	castle	일본어	金澤庄三郞	1910	9
siki	성		한국어	金澤庄三郞	1914	220
siki	성		한국어	金澤庄三郞	1914	221
to-sku	성		일본어	金澤庄三郞	1977	119
saka	입구		일본어	金澤庄三郞	1977	119

표제어/어휘	의미		언어	저자	발간년도	쪽수
saki-mui	성		일본어	金澤庄三郎	1977	119
saha	성		일본어	金澤庄三郎	1977	119
kuǒ r-ki	지명		한국어	金澤庄三郎	1977	120
no-sǎ chi	지명		한국어	金澤庄三郎	1977	120
yǒ r-kǔ i	지명		한국어	金澤庄三郎	1977	120
kyǒ r-kǔ i	지명		한국어	金澤庄三郎	1977	120
kor	성		한국어	金澤庄三郎	1977	122
hor	지명		한국어	金澤庄三郎	1977	122
siki	성		일본어	김공칠	1989	10
siki	성		한국어	김공칠	1989	10
kul, kol	성		한국어	김공칠	1989	19
ki<*koi<*kol	성		일본어	김공칠	1989	19
ki	성		일본어	김공칠	1989	9
koui, ki	성		한국어	김공칠	1989	9
hol 忽	성		한국어	김방한	1980	10
kulu 溝婁	성		한국어	김방한	1980	10
ki 己	성		한국어	김방한	1980	12
kï	성		일본어	김방한	1980	12
hol 忽	성		한국어	김방한	1980	13
ki	성		한국어	김방한	1980	13
č aj	성		한국어	김사엽	1974	436
しろ	성		일본어	김사엽	1974	436
č ə j-h	성		한국어	김사엽	1974	444
さし	성		일본어	김사엽	1974	444
č as-h	성		한국어	김사엽	1974	445
さき	성		일본어	김사엽	1974	445
ki	성		한국어	김사엽	1974	458
kï	성		일본어	김사엽	1974	458
재	성		한국어	김해진	1947	11
*hor	성		한국어	박은용	1974	114
*kur	성		한국어	박은용	1974	226
č as	성	Castle	한국어	白鳥庫吉	1916ㄱ	151
kol	성		한국어	송민	1966	22
si	성		한국어	유창균	1960	16
sje	성		한국어	유창균	1960	16
siro	성		일본어	유창균	1960	18
kï	성		일본어	이기문	1973	13
cas	성		한국어	이기문	1973	13
sasi	성		일본어	이기문	1973	13
kï	성		한국어	이기문	1973	14
kwi-kui	성		일본어	村山七郎	1963	32
kuə ?	성		한국어	村山七郎	1963	32
kwi-kui	성		한국어	村山七郎	1963	32
^kɨ	성	walled city, fort	한국어	Christopher I. Beckwith	2004	126
*kuru ~	성	walled city, fort	한국어	Christopher I. Beckwith	2004	127
*kuə r : ^x uə r	성	walled city, fort	한국어	Christopher I. Beckwith	2004	127
kuə r	성		한국어	Christopher I. Beckwith	2004	250
Kuru	성		한국어	Christopher I. Beckwith	2004	252
č ä	성	city, walled city, wall of city	한국어	G. J. Ramstedt	1949	19
č ai	성	city, walled city, wall of city	한국어	G. J. Ramstedt	1949	19
sję ŋ	성	city, walled city, wall of city	한국어	G. J. Ramstedt	1949	19
ki	성	castle	한국어	Kanazawa, S	1910	7

표제어/어휘		의미	언어	저자	발간년도	쪽수
ki	성	castle	일본어	Kanazawa, S	1910	7
siki	성	castle	한국어	Kanazawa, S	1910	9
siki	성	castle	일본어	Kanazawa, S	1910	9
성내다						
nori	성내다		한국어	김공칠	1989	7
noru	성내다		일본어	김공칠	1989	7
ふるふ	성내다		일본어	김사엽	1974	395
nʌ l-pu	성내다		한국어	김사엽	1974	395
nʌ l-puč ʰ	성내다		한국어	김사엽	1974	395
nʌ l-u	성내다		한국어	김사엽	1974	395
성인						
おとな	성인		일본어	김사엽	1974	468
ə -oln	성인		한국어	김사엽	1974	468
섶						
puk	섶		한국어	宮崎道三郎	1906	25
siba	섶	bruch wood	일본어	金澤庄三郎	1910	11
syöp	섶	bruch wood	한국어	金澤庄三郎	1910	11
saba	섶		일본어	김공칠	1988	205
sə ph	섶		한국어	김공칠	1988	205
shiba	섶		일본어	김공칠	1989	9
sə p, syə	섶나무		한국어	김공칠	1989	9
si-Fa	섶		일본어	김사엽	1974	438
sə p	섶		한국어	김사엽	1974	438
siba	섶		일본어	文和政	1981	176
syop	섶		한국어	文和政	1981	176
siba	섶나무		일본어	송민	1973	52
sə p	섶나무		한국어	송민	1973	52
siba	섶나무		일본어	송민	1973	54
sə p	섶나무		한국어	송민	1973	54
soba	섶		일본어	宋敏	1969	87
syɔ p	섶		한국어	宋敏	1969	87
syöp	섶		한국어	宋敏	1969	87
siba	섶		일본어	宋敏	1969	87
söp	섶		한국어	宋敏	1969	87
sëp	섶		한국어	宋敏	1969	87
sję p	섶	leaves used for fuel	한국어	G. J. Ramstedt	1949	229
sję p	섶	the front part of a coat	한국어	G. J. Ramstedt	1949	230
siba	섶	bruch wood	일본어	Kanazawa, S	1910	9
syöp	섶	bruch wood	한국어	Kanazawa, S	1910	9
세						
sə i	세		한국어	박은용	1974	197
sə -	서다		한국어	박은용	1974	199
se-ro	서다		한국어	박은용	1974	199
sē	세	optative	한국어	G. J. Ramstedt	1928	81
세(歲)						
tösi	세		일본어	이용주	1980	106
ser	세		한국어	이용주	1980	106
세그루						
sakikusa	세그루		일본어	김공칠	1989	7
sökkachi	세그루		한국어	김공칠	1989	7

표제어/어휘	의미		언어	저자	발간년도	쪽수
세금						
nak	세금		한국어	강길운	1983ㄴ	106
tu-kï	세금		일본어	김사엽	1974	423
nak	세금		한국어	김사엽	1974	423
naks	세금		한국어	김사엽	1974	423
세다						
Cey	세다		한국어	강길운	1983ㄱ	25
sjein	센		한국어	김선기	1978ㄹ	350
heui ta	세다	to be white	한국어	白鳥庫吉	1915ㄴ	324
syöi ta	세다	to be white	한국어	白鳥庫吉	1915ㄴ	324
세다(强)						
u-yö-ku	세다		일본어	김사엽	1974	419
sə j	세다		한국어	김사엽	1974	419
tuyoi	세다		일본어	石井 博	1992	90
se-	세다		한국어	石井 博	1992	90
se-ge	세다	violently(to blow) used only in connection with	한국어	Hulbert, H. B.	1905	
세다(數)						
kiri	세다		일본어	강길운	1983ㄱ	24
ki-ri	세다		일본어	강길운	1983ㄱ	24
hyə -	세다		한국어	강길운	1983ㄱ	24
se-	세다		한국어	강길운	1983ㄱ	24
se-	계산하다	count	한국어	김동소	1972	137
hje-	계산하다	count	한국어	김동소	1972	137
kazoHu	세다	to count	일본어	이용주	1980	82
hə ˘ i-	혜다	to count	한국어	이용주	1980	82
píski	세다	to count	일본어	이용주	1980	95
hērə v	세다	to count	한국어	이용주	1980	95
kazoHu	세다	to count	일본어	이용주	1980	95
세대						
yö	세대	generation	일본어	김공칠	1989	17
nuri, nui	세대	generation	한국어	김공칠	1989	17
세로						
たて	세로		일본어	김사엽	1974	426
sə j-lo	세로		한국어	김사엽	1974	426
tate	세로		일본어	石井 博	1992	90
sero	세로		한국어	石井 博	1992	90
세상						
nuj	세상		한국어	김사엽	1974	380
yö	세상		일본어	김사엽	1974	380
세속						
sesoku	세속		일본어	고창식	1976	25
세속	세속		한국어	고창식	1976	25
소(淵)						
so	소		일본어	강길운	1982ㄴ	21
so	소		한국어	강길운	1982ㄴ	21
so	소		한국어	강길운	1982ㄴ	29
so	소		일본어	강길운	1982ㄴ	29

표제어/어휘		의미	언어	저자	발간년도	쪽수
소(牛)						
usi	소	cow; bull	일본어	金澤庄三郎	1910	12
so	소	cow; bull	한국어	金澤庄三郎	1910	12
usi	소		일본어	김공칠	1989	19
š u	소		한국어	김공칠	1989	20
usi	소		일본어	김공칠	1989	20
u-si	소		일본어	김사엽	1974	474
sjo	소		한국어	김사엽	1974	474
swe	소		한국어	김선기	1977	354
sjo	소		한국어	김선기	1977	354
so	소		한국어	김선기	1977	354
ushi	소		일본어	김선기	1977	355
so	소		한국어	大野晋	1975	52
sε	소		한국어	박은용	1974	199
so	소	Tiefe	한국어	白鳥庫吉	1915ㄴ	311
so	소	ox; cattle; a cow; a bull	한국어	白鳥庫吉	1915ㄴ	312
usi	소		일본어	宋敏	1969	87
ushi	소	ox	일본어	宋敏	1969	87
usi	소	ox	일본어	宋敏	1969	87
syo	소		한국어	宋敏	1969	87
uś i	소		일본어	宋敏	1969	87
ushi	소		일본어	宋敏	1969	87
sho	소		한국어	宋敏	1969	87
so	소		한국어	宋敏	1969	87
sjo	소		한국어	이숭녕	1956	121
テウシ	소		일본어	이원진	1940	14
소	소		한국어	이원진	1940	14
ウス	소		일본어	이원진	1940	14
ウシ	소		일본어	이원진	1940	14
ウス	소		일본어	이원진	1951	14
テウシ	소		일본어	이원진	1951	14
소	소		한국어	이원진	1951	14
ウシ	소		일본어	이원진	1951	14
š o	소		한국어	村山七郎	1963	28
uš i	소		일본어	村山七郎	1963	28
š uni	소		한국어	村山七郎	1963	28
우시	소		한국어	최현배	1927	6
쇠	소		한국어	최현배	1927	6
소	소		한국어	최현배	1927	6
ushi	소	ox	일본어	Aston	1879	23
sho	소	ox	한국어	Aston	1879	23
*usi~^utś i~^	소	cow, cattle	일본어	Christopher I. Beckwith	2004	140
^υ [烏]	소	ox, cow, cattle	한국어	Christopher I. Beckwith	2004	140
sō i	소	a cowl	한국어	G. J. Ramstedt	1949	239
usi	소	cow; bull	일본어	Kanazawa, S	1910	10
so	소	cow; bull	한국어	Kanazawa, S	1910	10
소금						
sogom		salt	한국어	강영봉	1991	11
sifo		salt	일본어	강영봉	1991	11
sokom	소금	salt	한국어	김동소	1972	140
soki m	소금	salt	한국어	김동소	1972	140
si-Fo	소금		일본어	김사엽	1974	438
so-kom	소금		한국어	김사엽	1974	438
tap-sù ŋ	소금		한국어	박은용	1974	112

〈ㅅ〉 301

표제어/어휘		의미	언어	저자	발간년도	쪽수
탑수이	소금		한국어	박은용	1974	112
č č a ta	짜다	to be salty; to be briny	한국어	白鳥庫吉	1915ㄴ	313
so-keum	소금	salt	한국어	白鳥庫吉	1915ㄴ	313
sokom	소금	salt	한국어	이용주	1980	102
sifo	소금	salt	일본어	이용주	1980	102
sokom	소곰	salt	한국어	이용주	1980	81
*siHö	소금	salt	일본어	이용주	1980	81
sippo	소금	salt	일본어	이용주	1980	96
*siHö	소금	salt	일본어	이용주	1980	96
sokom	소금	salt	한국어	이용주	1980	96
소녀						
akač i	소녀		일본어	강길운	1981ㄱ	29
akis' i/akas' i	소녀		한국어	강길운	1981ㄱ	29
akač i	소녀		일본어	강길운	1982ㄴ	16
akis' i	소녀		한국어	강길운	1982ㄴ	16
akis' i	소녀		한국어	강길운	1982ㄴ	35
akač i	소녀		일본어	강길운	1982ㄴ	35
akač i	소녀		일본어	강길운	1987	20
아기씨,아가	아기씨,아가씨		한국어	강길운	1987	20
아씨	아씨		한국어	강길운	1987	20
kanna	소녀	girl	한국어	Johannes Rahder	1959	62
소도						
stapo, stapu	소도		한국어	文和政	1981	178
safe, safi	소도		일본어	文和政	1981	178
소라						
ほら	소라		일본어	김사엽	1974	392
pʌ -la	소라		한국어	김사엽	1974	392
sara	소라	plate	일본어	宋敏	1969	87
ɔo'lɑ	소라	pot	한국어	宋敏	1969	87
sora	소라		한국어	이숭녕	1956	106
soraŋ	소라		한국어	이숭녕	1956	106
소리						
sorE	소리		한국어	강길운	1983ㄱ	32
sori	소리		한국어	강길운	1983ㄱ	32
sori	소리		한국어	강길운	1983ㄴ	131
sorE	소리		한국어	강길운	1983ㄴ	131
kowe	소리		일본어	김공칠	1989	10
aha	소리		일본어	김공칠	1989	4
ana	소리		한국어	김공칠	1989	4
so-lʌ j	소리		한국어	김사엽	1974	468
ö-tö	소리		일본어	김사엽	1974	468
č i-ra ta	지르다	to call laudly; to yell; to sing-high notes	한국어	白鳥庫吉	1915ㄴ	316
teul-nöi ta	소리	to make a noise; to create an uproar	한국어	白鳥庫吉	1915ㄴ	316
so-ri	소리	A sound; noise; word; speech	한국어	白鳥庫吉	1915ㄴ	316
so-ră i	소리	A sound; noise; word; speech	한국어	白鳥庫吉	1915ㄴ	316
so.soŕ	소리		일본어	宋敏	1969	87
soŕ a	소리		한국어	宋敏	1969	87
sori	소리	Laut	한국어	Andre Eckardt	1966	238

표제어/어휘		의미		언어	저자	발간년도	쪽수
oto	소리			일본어	Martin, S. E.	1975	110
oto	소리			일본어	Martin, S. E.	1975	110
oto	소리			일본어	Martin, S. E.	1975	110
소매							
tusa	소매			일본어	강길운	1983ㄱ	31
sʌ-mʌj	소매			한국어	김사엽	1974	430
tso-te	소매			일본어	김사엽	1974	430
sŏ mai	소매		the sleeve	한국어	G. J. Ramstedt	1949	241
소변							
ojom/sopʰ/so	소변			한국어	강길운	1981ㄱ	30
sǔ	소변			한국어	강길운	1981ㄴ	5
sop'i	소변			한국어	강길운	1982ㄴ	21
soma	소변			한국어	강길운	1982ㄴ	21
osoma	대변			일본어	강길운	1982ㄴ	21
ojom	소변			한국어	강길운	1982ㄴ	21
soma	소변			한국어	강길운	1982ㄴ	34
osoma	대변			일본어	강길운	1982ㄴ	34
sop'i	소변			한국어	강길운	1982ㄴ	34
소아							
agi	소아			한국어	강길운	1981ㄱ	31
agi	소아			일본어	이용주	1980	72
aka	소아			한국어	이용주	1980	72
소용돌이							
na-da	소용돌이			일본어	김사엽	1974	413
nuj-nu-li	소용돌이			한국어	김사엽	1974	413
소유							
hE	소유			한국어	강길운	1982ㄴ	25
koro	소유			일본어	강길운	1982ㄴ	25
hE	소유			한국어	강길운	1982ㄴ	27
koro	소유			일본어	강길운	1982ㄴ	27
*kor	소유			한국어	강길운	1982ㄴ	27
소인							
소인	소인			한국어	고창식	1976	25
soin	소인			일본어	고창식	1976	25
소홀							
jiman-hʌ-	소홀			한국어	강길운	1982ㄴ	18
tuima	먼곳			일본어	강길운	1982ㄴ	18
*čüma	먼곳			일본어	강길운	1982ㄴ	30
jiman-hʌ-	소홀			한국어	강길운	1982ㄴ	30
속							
soko	바닥		bottom	일본어	金澤庄三郎	1910	11
sok	속		inside	한국어	金澤庄三郎	1910	11
sok	속		inside	한국어	金澤庄三郎	1910	21
soko	바닥		bottom	일본어	金澤庄三郎	1910	21
sok	속			한국어	김계원	1967	17
soko	옷			일본어	김계원	1967	17
sok	속			한국어	김사엽	1974	431
tsö-kö	속			일본어	김사엽	1974	431
sjuh	속			한국어	김완진	1970	6

〈ㅅ〉 303

표제어/어휘	의미		언어	저자	발간년도	쪽수
soko	속		일본어	宋敏	1969	87
sökö	속		일본어	宋敏	1969	87
sok	속		한국어	宋敏	1969	87
sok	속		한국어	이숭녕	1956	160
sop	속		한국어	이숭녕	1956	160
sok	속		한국어	이숭녕	1956	177
sok-al-tak-či	속알딱지		한국어	이숭녕	1956	177
suki	간격, 사이	interval	일본어	Aston	1879	23
soko	밑, 아마도	bottom or perhaps	일본어	Aston	1879	23
sok	속	interior	한국어	Aston	1879	23
sōk	속	the inside, the interior, mind, heart, disposition,	한국어	G. J. Ramstedt	1949	239
soko	바닥	bottom	일본어	Kanazawa, S	1910	9
sok	속	inside	한국어	Kanazawa, S	1910	9
soko	바닥	bottom	일본어	Kanazawa, S	1910	17
sok	속	inside	한국어	Kanazawa, S	1910	17
속격-한정 표지						
*na	속격-한정 표지	genitive-attributive marker	한국어	Christopher I. Beckwith	2004	115
^nə y[乃]	속격-한정 표지	genitive-attributive marker	한국어	Christopher I. Beckwith	2004	115
^nə y[乃]	속격-한정 표지	genitive-attributive marker	일본어	Christopher I. Beckwith	2004	115
*na	속격-한정 표지	genitive-attributive marker	일본어	Christopher I. Beckwith	2004	115
*nǎ [奴]	속격-한정 표지	genitive-attributive marker	한국어	Christopher I. Beckwith	2004	118
^ney[乃]	속격-한정 표지	genitive-attributive marker	한국어	Christopher I. Beckwith	2004	118
^nə y[乃~能]	속격-한정 표지	genitive-attributive marker	일본어	Christopher I. Beckwith	2004	118
*na	속격-한정 표지	genitive-attributive marker	한국어	Christopher I. Beckwith	2004	118
속곳						
tapusaki	속곳		일본어	宋敏	1969	87
sokkos	속곳		한국어	宋敏	1969	87
속다						
sok-	속다		한국어	송민	1973	55
sukasu	속다		일본어	宋敏	1969	87
soki-l	속다		한국어	宋敏	1969	87
suka-su	속다		일본어	宋敏	1969	87
sok	속다		한국어	宋敏	1969	87
sokta	속다	to be deceived, to be cheated, to be defrauded	한국어	G. J. Ramstedt	1949	240
속도						
sokudo	속도		일본어	고창식	1976	25
속도	속도		한국어	고창식	1976	25
속삭이다						
sok-sak-i	속삭이다		한국어	김사엽	1974	444
ささやく	속삭이다		일본어	김사엽	1974	444

표제어/어휘		의미	언어	저자	발간년도	쪽수
속이다						
だます	속이다		일본어	김사엽	1974	425
so-ki	속이다		한국어	김사엽	1974	425
すかす	속이다		일본어	김사엽	1974	436
sə-ki	속이다		한국어	김사엽	1974	436
so-ki	속이다		한국어	김사엽	1974	436
a-rait'ök	속이다	habile	한국어	白鳥庫吉	1914ㄴ	161
sukasu	속이다		일본어	송민	1973	55
sukasu	속이다	to deceive	일본어	Aston	1879	23
sokil	속이다	to deceive	한국어	Aston	1879	23
손						
ta/te		hand	일본어	강영봉	1991	9
son		hand	한국어	강영봉	1991	9
tatasu	손		일본어	김공칠	1988	192
ta	손		한국어	김공칠	1988	192
te	손		일본어	김공칠	1988	192
tatirɯta	닿다		한국어	김공칠	1988	192
tataku	드리다		일본어	김공칠	1988	192
tatɯmta	베다		한국어	김공칠	1988	192
ta	손		일본어	김공칠	1988	192
son	손		일본어	김공칠	1989	15
ta	손		한국어	김공칠	1989	15
son	손	hand	한국어	김동소	1972	138
son	손	hand	한국어	김동소	1972	138
te	손		일본어	김사엽	1974	418
son	손		한국어	김사엽	1974	418
te	팔, 腕	hand	일본어	김선기	1968ㄱ	21
son	손	hand	한국어	김선기	1968ㄱ	21
barun son	오른손		한국어	김선기	1968ㄴ	27
son	손		한국어	김선기	1976ㅈ	350
som	손		한국어	김선기	1976ㅈ	350
su' in	쉰		한국어	김선기	1976ㅈ	351
te	손		일본어	김선기	1976ㅈ	351
ka-rakci-	손	nagel	한국어	白鳥庫吉	1914ㄷ	298
son	손	the hand	한국어	白鳥庫吉	1915ㄴ	314
son	손		한국어	徐廷範	1985	244
te	손		일본어	石井 博	1992	90
son	손		한국어	石井 博	1992	90
son	손		한국어	이숭녕	1956	180
son-sok	손속		한국어	이숭녕	1956	180
cjo-mak-son	주먹손		한국어	이숭녕	1956	187
sŏn	손	hand	한국어	이용주	1980	80
tĕ	손	hand	일본어	이용주	1980	80
té	손	hand	일본어	이용주	1980	95
ték, -é	손	hand	일본어	이용주	1980	95
sŏn	손	hand	한국어	이용주	1980	95
tĕ	손	hand	일본어	이용주	1980	99
son	손	hand	한국어	이용주	1980	99
*sa	손	hand	한국어	이용주	1980	99
ta	손		일본어	長田夏樹	1966	107
son	손		한국어	長田夏樹	1966	107
son	손		한국어	長田夏樹	1966	81
*ta	손		일본어	長田夏樹	1966	81
tĕ	손		일본어	長田夏樹	1966	81
te	손	hand	일본어	長田夏樹	1966	82
son	손	hand	한국어	長田夏樹	1966	82

표제어/어휘	의미		언어	저자	발간년도	쪽수
son	손	hand	한국어	Aston	1879	59
son	손	the hand; the arm, the spirit of the points of a	한국어	G. J. Ramstedt	1949	241
손가락						
가락	손가락		한국어	권덕규	1923ㄴ	128
jubi	손가락		일본어	김선기	1976ㅈ	352
kkal	손가락		한국어	김승곤	1984	241
ka-rang-l	손가락	mit einzelnen oder aus gebreiteten zweigen	한국어	白鳥庫吉	1914ㄷ	297
oyobi	손가락		일본어	長田夏樹	1966	107
karak	손가락		한국어	長田夏樹	1966	107
son-kkorak		finger	한국어	G. J. Ramstedt	1949	96
son-kkurak		finger	한국어	G. J. Ramstedt	1949	96
손톱						
sonttop	발톱	claw	한국어	김동소	1972	137
sonthop	발톱	claw	한국어	김동소	1972	137
tob	손톱	claw	한국어	김선기	1968ㄱ	22
tume	손톱	claw	일본어	김선기	1968ㄱ	22
top	손톱		한국어	박은용	1975	149
*tuma	손톱/발톱	claw	한국어	이용주	1980	99
top	손톱/발톱	claw	한국어	이용주	1980	99
tumě	손톱/발톱	claw	일본어	이용주	1980	99
cume	발톱	claw	일본어	長田夏樹	1966	82
sonthop	발톱	claw	한국어	長田夏樹	1966	82
tuma	손톱		한국어	長田夏樹	1966	93
t'op	손톱		일본어	長田夏樹	1966	93
솔						
sor	솔		한국어	金澤庄三郞	1914	220
sor	솔		한국어	박은용	1975	182
sur .ı	솔		일본어	宋敏	1969	87
sōl	솔		한국어	宋敏	1969	87
솔솔						
sol-sol	솔솔		한국어	강길운	1982ㄴ	21
osau-sau	부드럽게 하다		일본어	강길운	1982ㄴ	21
sorsor	약한 바람이 부는 모양		한국어	김공칠	1989	19
soyosoyo	약한 바람이 부는 모양		일본어	김공칠	1989	19
soyosoyo	솔솔		일본어	송민	1965	41
solsol	솔솔		한국어	송민	1965	41
soyo-soyo	솔솔		일본어	이숭녕	1955	18
sol-sol	솔솔		한국어	이숭녕	1955	18
솜						
so-om	솜		한국어	김사엽	1974	380
yu-Fu	솜		일본어	김사엽	1974	380
so-eum	솜	cotton	한국어	白鳥庫吉	1915ㄴ	314
som	솜	Cotton, wool	한국어	白鳥庫吉	1915ㄴ	314
so-om	솜	Cotton, wool	한국어	白鳥庫吉	1915ㄴ	314
*soβym	솜		한국어	長田夏樹	1966	108
som	솜		한국어	長田夏樹	1966	108
soym	솜		한국어	長田夏樹	1966	108
yufu	솜		일본어	長田夏樹	1966	108

표제어/어휘		의미	언어	저자	발간년도	쪽수
솟다						
sos-	솟다		한국어	강길운	1983ㄱ	31
sos-	솟다		한국어	강길운	1983ㄴ	128
sos-	솟다		한국어	박은용	1975	193
sos.a	솟다		한국어	宋敏	1969	87
sos	솟다		한국어	宋敏	1969	87
so.sor̈	솟다		일본어	宋敏	1969	87
sosogu	솟다		일본어	宋敏	1969	87
솟아나다						
tso-bi-yu	솟아나다		일본어	김사엽	1974	430
so-sa-na	솟아나다		한국어	김사엽	1974	430
송곳						
solos	송곳		한국어	강길운	1982ㄴ	21
soyep	송곳		일본어	강길운	1982ㄴ	21
solos	송곳		한국어	강길운	1982ㄴ	29
soyep	송곳		일본어	강길운	1982ㄴ	29
*solgos	송곳		한국어	강길운	1982ㄴ	37
*solyep	송곳		일본어	강길운	1982ㄴ	37
ko	송곳		일본어	김공칠	1989	5
kocaŋ	송곳		한국어	김공칠	1989	5
song-kot	송곳	An awl; a gimlet	한국어	白鳥庫吉	1915ㄴ	315
sõŋ got	송곳	an awl, a gimlet	한국어	G. J. Ramstedt	1949	242
송별						
pʌ ri-	송별		한국어	강길운	1981ㄴ	8
pirura	송별		일본어	강길운	1981ㄴ	8
irura	송별		일본어	강길운	1982ㄴ	34
pʌ ri-	송별하다		한국어	강길운	1982ㄴ	34
솥						
šu	솥		일본어	강길운	1981ㄱ	30
sot'	솥		한국어	강길운	1981ㄱ	30
šu	솥		일본어	강길운	1982ㄴ	19
sot'	솥		한국어	강길운	1982ㄴ	19
šu	솥		일본어	강길운	1982ㄴ	28
sot'	솥		한국어	강길운	1982ㄴ	28
sot	솥		한국어	이숭녕	1956	104
sodaŋ	솥뚜껑		한국어	이숭녕	1956	104
sot	솥	an iron rice kettle	한국어	G. J. Ramstedt	1949	243
쇠						
nos	놋데야		한국어	강길운	1983ㄴ	115
musö	무쇠		한국어	강길운	1983ㄴ	115
musö	무쇠		한국어	강길운	1983ㄴ	127
čə ksö	석쇠		한국어	강길운	1983ㄴ	129
nos	놋쇠		한국어	강길운	1983ㄴ	132
soi	쇠		한국어	김방한	1980	13
soi	쇠		한국어	김방한	1980	13
sø	쇠		한국어	박은용	1975	185
soi	쇠	Iron; metal	한국어	白鳥庫吉	1915ㄴ	312
tetu	쇠		일본어	石井 博	1992	90
soy	쇠		한국어	石井 博	1992	90
sø	쇠		한국어	小倉進平	1935	26
soi	쇠		한국어	村山七郎	1963	27
kane	쇠		일본어	村山七郎	1963	27

표제어/어휘		의미	언어	저자	발간년도	쪽수
sui	쇠		한국어	村山七郎	1963	27
soi	쇠	metal, iron	한국어	G. J. Ramstedt	1949	239
쇠보						
sabi	쇠보		일본어	宋敏	1969	87
saipo	쇠보		한국어	宋敏	1969	87
수						
se	수	male	일본어	金澤庄三郎	1910	11
su	수	male	한국어	金澤庄三郎	1910	11
syu	수	The male-of animals etc.	한국어	白鳥庫吉	1916ㄴ	321
kɐ lhɐ i	수		한국어	송민	1965	39
kazupu	수		일본어	송민	1965	39
se	수		일본어	宋敏	1969	87
su	수		한국어	宋敏	1969	87
se	수	male	일본어	Kanazawa, S	1910	9
su	수	male	한국어	Kanazawa, S	1910	9
수레						
*sulgü	수레		한국어	강길운	1982ㄴ	18
š ikarip	수레바퀴		일본어	강길운	1982ㄴ	18
*sulgü	수레		한국어	강길운	1982ㄴ	28
š ikarip	수레바퀴		일본어	강길운	1982ㄴ	28
kama	가마		한국어	김승곤	1984	241
pakhoi	바퀴		한국어	김승곤	1984	250
talgu-ʒ i	달구지		한국어	김승곤	1984	252
surui	수레		한국어	박은용	1975	184
su-rä i	수레	a cart; a charoit	한국어	白鳥庫吉	1915ㄴ	320
syu-röi	수레	a cart; a charoit	한국어	白鳥庫吉	1915ㄴ	320
tal-ku-č i	수레	a cart	한국어	白鳥庫吉	1915ㄴ	321
sul ui	수레	a cart; a charoit	한국어	白鳥庫吉	1915ㄴ	321
sur-ui	수레	a wagon	한국어	이기문	1958	118
sului	수레		한국어	이숭녕	1956	153
sulgi	수레		한국어	이숭녕	1956	153
sure	수레	Wagen	한국어	Andre Eckardt	1966	238
soorai	수레	carriage	한국어	Edkins, J	1895	408
soorai	수레	carriage	한국어	Edkins, J	1895	409
수레채						
ながえ	수레채		일본어	김사엽	1974	414
nʌ -lʌ s	수레채		한국어	김사엽	1974	414
수리						
seuri			일본어	고창식	1976	25
수리	수리		한국어	고창식	1976	25
*kami :	수리	vulture	한국어	Christopher I. Beckwith	2004	122
수세미						
へちま	수세미		일본어	김사엽	1974	394
su-sə j-mi	수세미		한국어	김사엽	1974	394
수수						
スサ	수수		일본어	권덕규	1923ㄴ	126
수수	수수		한국어	권덕규	1923ㄴ	126
susuki	꺼끄러기	arista	일본어	金澤庄三郎	1910	12
syusyu	수수	glutinous millet	한국어	金澤庄三郎	1910	12

표제어/어휘		의미	언어	저자	발간년도	쪽수
shushu	수수		한국어	金澤庄三郎	1914	220
shushu	수수		한국어	金澤庄三郎	1914	221
syu-syu	수수	am african millet	한국어	白鳥庫吉	1915ㄴ	327
susu-ki	수수		일본어	宋敏	1969	87
syusyu	수수		한국어	宋敏	1969	87
スサ	수수		일본어	이명섭	1962	6
sjusju	수수		한국어	長田夏樹	1966	114
susuki	꺼끄러기(arista)		일본어	Kanazawa, S	1910	9
syusyu	수수	glutinous millet	한국어	Kanazawa, S	1910	9
수수께끼						
susuk'ək'i	수수께끼		한국어	강길운	1982ㄴ	18
čičikeu	유령		일본어	강길운	1982ㄴ	18
susuk'ək'i	수수께끼		한국어	강길운	1982ㄴ	30
čičikeu	유령		일본어	강길운	1982ㄴ	30
수심						
mizugokoro	수심		일본어	김공칠	1989	5
mulkol	수심		한국어	김공칠	1989	5
수염						
hige	수염		일본어	김공칠	1989	10
Fi-gë	수염		일본어	김사엽	1974	401
kə-učʰ	수염		한국어	김사엽	1974	401
수컷						
wo-tsu	수컷		일본어	김사엽	1974	469
su	수컷		한국어	김사엽	1974	469
수풀						
Hayasi	수풀	woods	일본어	이용주	1980	81
sup'ɯˇr	수풀	woods	한국어	이용주	1980	81
숙다						
suk	숙다	droop	한국어	宋敏	1969	87
ság	숙다	hang it down	일본어	宋敏	1969	87
숙부						
ača	숙부		일본어	강길운	1981ㄱ	29
ajabi	숙부		한국어	강길운	1981ㄱ	29
ača	숙부		일본어	강길운	1981ㄴ	4
aja-abi>ajabi	숙부		한국어	강길운	1981ㄴ	4
ača	숙부		일본어	강길운	1982ㄴ	16
*aja-abi	숙부		한국어	강길운	1982ㄴ	16
숙이다						
su-ki	숙이다		한국어	김사엽	1974	444
さげる	숙이다		일본어	김사엽	1974	444
sugida	숙이다	to bow the head	한국어	G. J. Ramstedt	1949	244
suk	숙이다	down	한국어	Hulbert, H. B.	1905	
swag(?a)-	숙이다	droop	한국어	Martin, S. E.	1966	211
swag(?a)-	숙이다	droop	한국어	Martin, S. E.	1966	215
swag(?a)-	숙이다	droop	한국어	Martin, S. E.	1966	216
swag(?a)-	숙이다	droop	한국어	Martin, S. E.	1966	222
숟가락						
さじ	숟가락		일본어	김사엽	1974	443

〈ㅅ〉 309

표제어/어휘	의미		언어	저자	발간년도	쪽수
sul	숟가락		한국어	김사엽	1974	443
sul	술	A spoon	한국어	白鳥庫吉	1915ㄴ	319
syu ka-rak	술	A spoon	한국어	白鳥庫吉	1915ㄴ	319
sul	술		한국어	宋敏	1969	87
saji	술	a spoon	일본어	宋敏	1969	87
숫갈	숟가락		한국어	이원진	1940	17
ケ-	七匙		일본어	이원진	1940	17
サジ	七匙		일본어	이원진	1940	17
シツカイ	七匙		일본어	이원진	1940	17
숫갈	숟가락		한국어	이원진	1951	17
シツカイ	七匙		일본어	이원진	1951	17
ケ-	七匙		일본어	이원진	1951	17
サジ	七匙		일본어	이원진	1951	17
sul	술	a spoon	한국어	Aston	1879	26
saji	술	a spoon	일본어	Aston	1879	26
kanʒa	숟가락	a spoon	한국어	G. J. Ramstedt	1949	94
su-karak	숟가락		한국어	Hulbert, H. B.	1905	119

술

araŋ-ju	술		한국어	강길운	1983ㄱ	29
araŋ-ču	술이름		한국어	강길운	1983ㄴ	131
sul	술		한국어	김공칠	1989	7
shiru	술		일본어	김공칠	1989	7
tsa-kë	술		일본어	김사엽	1974	444
su-ul	술		한국어	김사엽	1974	444
sul	술	Spirit; drink; Wine	한국어	白鳥庫吉	1915ㄴ	319
sul	해		한국어	송민	1965	38
shiru	해		일본어	송민	1965	38
suïl	술		한국어	宋敏	1969	87
sïl	술		한국어	宋敏	1969	87
siru	술		일본어	宋敏	1969	87
śir.u	술		일본어	宋敏	1969	87
chiru	술		일본어	宋敏	1969	87
sazi	술		일본어	宋敏	1969	87
sake	술	liquor	일본어	宋敏	1969	87
*subur	술	wine	한국어	이기문	1958	105
suɨr	술	wine	한국어	이기문	1958	105
sur	술	wine	한국어	이기문	1958	105
sjūl	술	brandy,sake	한국어	G. J. Ramstedt	1926	27
čju	술	brandy	한국어	G. J. Ramstedt	1949	13
swalğye	술	liquor	한국어	Martin, S. E.	1966	211
swalğye	술	liquor	한국어	Martin, S. E.	1966	214
swalğye	술	liquor	한국어	Martin, S. E.	1966	216

술익다

sake	술익다		일본어	김공칠	1989	7
sak	술익다		한국어	김공칠	1989	7

숨

sum	숨(기식)		한국어	강길운	1982ㄴ	18
hum	소리		일본어	강길운	1982ㄴ	18
hum	소리		일본어	강길운	1982ㄴ	32
sum	숨(기식)		한국어	강길운	1982ㄴ	32
i-ki	숨		일본어	김사엽	1974	478
sum	숨		한국어	김사엽	1974	478
sum	숨	Breath; resiration	한국어	白鳥庫吉	1915ㄴ	319
sum sui ta	숨	to breath; to respire	한국어	白鳥庫吉	1915ㄴ	319

표제어/어휘		의미	언어	저자	발간년도	쪽수
sum	숨	breath	한국어	Edkins, J	1896ㄴ	367
tsumari	숨이 막히다(to be stopped up in the		일본어	Edkins, J	1896ㄴ	367
숨기다						
kʌ č 'o	감추다		한국어	강길운	1983ㄴ	137
nuina	숨기다		일본어	강길운	1987	14
숨다						
kumoru	숨다		일본어	김공칠	1989	6
kă meu	숨다		한국어	김공칠	1989	6
sum	숨다		한국어	김사엽	1974	438
si-nö-bï	숨다		일본어	김사엽	1974	438
kömö-ru	숨다		일본어	大野晋	1980	21
kömu	숨다		일본어	大野晋	1980	23
sum-	숨다		한국어	박은용	1975	191
sum ta	숨다	to hide; to conceal oneself	한국어	白鳥庫吉	1915ㄴ	320
sum ki ta	숨다	to hide; to conceal; to dissimulate	한국어	白鳥庫吉	1915ㄴ	320
sum-	숨다	to hide oneself, to conceal oneself	한국어	이기문	1958	117
küzük	숨다		한국어	이숭녕	1956	148
küzü	숨다		한국어	이숭녕	1956	148
숨쉬다						
suh-		to breathe	일본어	강영봉	1991	8
sumswi		to breathe	한국어	강영봉	1991	8
kim	숨쉬다		한국어	김공칠	1989	6
iki	숨쉬다		일본어	김공칠	1989	6
sū msū i-	숨쉬다	to breathe	한국어	이용주	1980	82
ikiduku	숨쉬다	to breathe	일본어	이용주	1980	82
숯						
susu	숯		일본어	김공칠	1989	7
syus	숯		한국어	김공칠	1989	7
すみ	숯		일본어	김사엽	1974	433
sus-k	숯		한국어	김사엽	1974	433
syusyu	숯		한국어	宋敏	1969	87
sus	숯	charcoal	한국어	宋敏	1969	87
susu	숯		일본어	宋敏	1969	87
susú	숯	soot	일본어	宋敏	1969	87
sus	숯		한국어	宋敏	1969	87
sutsx(u)	숯	soot	한국어	Martin, S. E.	1966	205
sutsx(u)	숯	soot	한국어	Martin, S. E.	1966	208
sutsx(u)	숯	soot	한국어	Martin, S. E.	1966	211
sutsx(u)	숯	soot	한국어	Martin, S. E.	1966	217
sutsx(u)	숯	soot	한국어	Martin, S. E.	1966	222
숲						
tʌ r	숲	forest	한국어	강길운	1978	41
sup'	숲		한국어	강길운	1982ㄴ	32
haš op	숲		일본어	강길운	1982ㄴ	32
mori	숲	forest	일본어	김공칠	1989	13
moi	숲	forest, woods	한국어	김공칠	1989	13
mori	숲	woods	일본어	김공칠	1989	16
suphi l	숲	woods	한국어	김동소	1972	141

〈ㅅ〉 311

표제어/어휘		의미	언어	저자	발간년도	쪽수
suphul	숲	woods	한국어	김동소	1972	141
sup^h	숲		한국어	김사엽	1974	381
やぶ	숲		일본어	김사엽	1974	381
mori	숲		일본어	김승곤	1984	246
su-p'ul	숲	a forest	한국어	白鳥庫吉	1915ㄴ	320
syu-p'ul	숲	a forest	한국어	白鳥庫吉	1915ㄴ	320
su-p'ong-i	숲	a forest; a wood	한국어	白鳥庫吉	1915ㄴ	320
sup	숲	a wood; a forest	한국어	白鳥庫吉	1915ㄴ	320
sup	숲	thicket, bushes	한국어	G. J. Ramstedt	1949	245
쉬						
suj	쉬		한국어	김사엽	1974	474
u-zi	쉬		일본어	김사엽	1974	474
sui	쉬	the pupa of the blue-battle fly	한국어	白鳥庫吉	1915ㄴ	318
쉬다						
sü-	쉬다		한국어	강길운	1981ㄴ	9
šini/sura	쉬다/		일본어	강길운	1981ㄴ	9
sura	관계하지 않다		일본어	강길운	1982ㄴ	26
šini	쉬다		일본어	강길운	1982ㄴ	26
sü-	쉬다		한국어	강길운	1982ㄴ	26
sura	관계하지 않다		일본어	강길운	1982ㄴ	28
šini	쉬다		일본어	강길운	1982ㄴ	28
sü-	쉬다		한국어	강길운	1982ㄴ	28
ya-tsu-mi	쉬다		일본어	김사엽	1974	381
suj	쉬다		한국어	김사엽	1974	381
suj	쉬다		한국어	김사엽	1974	432
tsu-yu-re-ru	쉬다		일본어	김사엽	1974	432
tsu-Fu	쉬다		일본어	김사엽	1974	433
suj	쉬다		한국어	김사엽	1974	433
kama	쉬다		일본어	大野晋	1980	22
sui ta	쉬다	to rest; to refresh oneself	한국어	白鳥庫吉	1915ㄴ	318
sui-i	쉬다	soon; quickly; easily	한국어	白鳥庫吉	1915ㄴ	318
suip ta	쉬다	to be easy; to be feasible	한국어	白鳥庫吉	1915ㄴ	318
sü-	쉬다	ruhen	한국어	Andre Eckardt	1966	238
^kim [金]	쉬다	to rest	한국어	Christopher I. Beckwith	2004	125
쉰						
suin	쉰		한국어	김방한	1968	270
suin	쉰		한국어	김방한	1968	272
いそ	쉰		일본어	김사엽	1974	478
sujn	쉰		한국어	김사엽	1974	478
suin	쉰		한국어	김선기	1977	28
isadzi	쉰		일본어	김선기	1977	28
suin	쉰		한국어	김선기	1977	30
isodzi	쉰		일본어	김선기	1977	30
쉰	쉰		한국어	김선기	1977ㅈ	326
suin	쉰	fifty	한국어	Edkins, J	1898	340
쉽다						
yasu	쉽다		일본어	김공칠	1989	8
usi	쉽다		한국어	김공칠	1989	8
ya-tsu-ku	쉽다		일본어	김사엽	1974	382
sujp	쉽다		한국어	김사엽	1974	382
suïl	쉽다		한국어	宋敏	1969	87

표제어/어휘		의미	언어	저자	발간년도	쪽수
yásu	쉽다	be easy	일본어	宋敏	1969	87
yasu	쉽다		일본어	宋敏	1969	87
swiʷ/p	쉽다	be easy	한국어	宋敏	1969	87
su-	쉽다	easy	한국어	Martin, S. E.	1966	211
su-	쉽다	easy	한국어	Martin, S. E.	1966	217
스러다						
seulu	스러다		한국어	宋敏	1969	88
saraf-u	스러다	to clear out	일본어	宋敏	1969	88
스러지다						
sïl	스러지다		한국어	김사엽	1974	473
u-se	스러지다		일본어	김사엽	1974	473
seu-rö č i ta	스러지다	to disappear; to go gradually out of sight	한국어	白鳥庫吉	1915ㄴ	307
sal-a č i ta	스러지다	to banish; to disappear; to go out-as fire	한국어	白鳥庫吉	1915ㄴ	307
스물						
sɯmɯl	스물		한국어	김방한	1968	270
sɯmul	스물		한국어	김방한	1968	272
hatati	스물		일본어	김선기	1977	28
sumurh	스물		한국어	김선기	1977	28
swmur	스물		한국어	김선기	1977	28
sï mul	스물	twenty	한국어	G. J. Ramstedt	1949	238
스미다						
simi-	스미다		일본어	김방한	1977	16
sɯmɯi-	스미다		한국어	김방한	1978	26
simi-	스미다		일본어	김방한	1978	27
sɯmɯi-	스미다		한국어	김방한	1978	28
som(e)-	스미다		일본어	김방한	1978	28
si-mi	스미다		일본어	김사엽	1974	437
sï-mïj	스미다		한국어	김사엽	1974	437
su mu i-	스미다		한국어	박은용	1975	187
sseu meui ta	스미다	to come in-of water; to soak in	한국어	白鳥庫吉	1915ㄴ	307
sumui	스미다		한국어	宋敏	1969	88
shimu	스미다		일본어	宋敏	1969	88
sï mi-	스미다	to soak into	한국어	이기문	1958	117
simi-ru	스미다	to soak into	일본어	이기문	1958	117
somy-	스미다	soak	한국어	Martin, S. E.	1966	201
somy-	스미다	soak	한국어	Martin, S. E.	1966	211
somy-	스미다	soak	한국어	Martin, S. E.	1966	213
somy-	스미다	soak	한국어	Martin, S. E.	1966	220
스스로						
swsɛ ro	스스로		한국어	김공칠	1989	9
seuseuro	스스로		한국어	宋敏	1969	88
sosoro	스스로		일본어	宋敏	1969	88
스승						
ič ari	스승		일본어	강길운	1981ㄴ	7
č e	스승		한국어	강길운	1981ㄴ	7
슬슬						
sɯ r	미미하다		한국어	박은용	1975	185

표제어/어휘	의미		언어	저자	발간년도	쪽수
sərsər	분분		한국어	박은용	1975	192
sorˇo	슬슬		일본어	宋敏	1969	88
söl	슬슬		한국어	宋敏	1969	88
슬퍼흐느끼다						
nït-ki	슬퍼흐느끼다		한국어	김사엽	1974	414
na-kë-ku	슬퍼흐느끼다		일본어	김사엽	1974	414
슬프다						
šiok	슬프다		일본어	강길운	1981ㄴ	9
sɯlh-	슬프다		한국어	강길운	1981ㄴ	9
sɯlh-	슬프다		한국어	강길운	1982ㄴ	24
šiok	슬픔		일본어	강길운	1982ㄴ	24
sɯlh-	슬프다		한국어	강길운	1982ㄴ	28
šiok	슬픔		일본어	강길운	1982ㄴ	28
かなしい	슬프다		일본어	김사엽	1974	462
mʌlp	슬프다		한국어	김사엽	1974	462
승강이						
sakayo	승강이		일본어	강길운	1982ㄴ	28
siŋgaŋi	승강이		한국어	강길운	1982ㄴ	28
sakayo	승강이		일본어	강길운	1982ㄴ	37
*siŋgaŋi	승강이		한국어	강길운	1982ㄴ	37
시						
ウヤスと	小姑		일본어	이원진	1940	16
シとぐワ	小姑		일본어	이원진	1940	16
るキダジと	舅		일본어	이원진	1940	16
るキガすト	舅		일본어	이원진	1940	16
るナグジと	姑		일본어	이원진	1940	16
るナウすト	姑		일본어	이원진	1940	16
スとマ	姑		일본어	이원진	1940	16
싀	싀父, 싀母		한국어	이원진	1940	16
スタサ	舅		일본어	이원진	1940	16
るキガすト	舅		일본어	이원진	1951	16
싀	싀父, 싀母		한국어	이원진	1951	16
シとぐワ	小姑		일본어	이원진	1951	16
るキダジと	舅		일본어	이원진	1951	16
スタサ	舅		일본어	이원진	1951	16
るナグジと	姑		일본어	이원진	1951	16
るナウすト	姑		일본어	이원진	1951	16
スとマ	姑		일본어	이원진	1951	16
ウヤスと	小姑		일본어	이원진	1951	16
시-						
seui	시-	a prefix used with certain names of relatives-on the the home of the husband	한국어	白鳥庫吉	1916ㄴ	321
seui ka	시-		한국어	白鳥庫吉	1916ㄴ	321
sɔy-	시-		한국어	宋敏	1969	88
시-(甚大)						
si-	甚大		한국어	강길운	1982ㄴ	17
š-	甚大(접두사)		일본어	강길운	1982ㄴ	17
시가						
시가	시가		한국어	고창식	1976	25
sik'a	시가		일본어	고창식	1976	25

표제어/어휘		의미	언어	저자	발간년도	쪽수
시간						
pam	밤		한국어	강길운	1983ㄴ	106
kɯ je	그제		한국어	강길운	1983ㄴ	112
toki	때		일본어	김승곤	1984	193
č ek	시간	time	한국어	김승곤	1984	236
ę ri	시간	time, occasion	한국어	이기문	1958	108
시기						
siki	시기		일본어	宋敏	1969	88
siki	시기		한국어	宋敏	1969	88
시끄럽다						
tɯ le-	시끄럽다		한국어	강길운	1983ㄱ	35
sik'ɯ r-	시끄럽다		한국어	강길운	1983ㄴ	128
sik'ɯ r-	시끄럽다		한국어	강길운	1983ㄴ	137
씨끌업	시끄럽다		한국어	권덕규	1923ㄴ	129
シカル	시끄럽다		일본어	권덕규	1923ㄴ	129
シカレ	시끄럽다		일본어	이명섭	1962	6
시내						
nai	시내		일본어	강길운	1981ㄱ	30
nä	시내		한국어	강길운	1981ㄱ	30
č inna	물 어귀		일본어	강길운	1982ㄴ	17
sinä	시내		한국어	강길운	1982ㄴ	17
sinä	시내		한국어	강길운	1982ㄴ	28
č inna	물 어귀		일본어	강길운	1982ㄴ	28
köröŋ	작은 시내		한국어	이숭녕	1956	99
nai	시내	a brook	일본어	G. J. Ramstedt	1949	234
sinä	시내	a brook/a stream	한국어	G. J. Ramstedt	1949	234
시다						
sikur-	시다		한국어	강길운	1982ㄴ	28
š u' kake	시다		일본어	강길운	1982ㄴ	28
sui, suppai	시다	sour	일본어	김공칠	1989	13
siida	시다	to be sour	한국어	김공칠	1989	13
sïj	시다		한국어	김사엽	1974	436
sʌ j	시다		한국어	김사엽	1974	436
すい	시다		일본어	김사엽	1974	436
su i-	시다		한국어	박은용	1975	188
seui ta	초(醋)	to be sour	한국어	白鳥庫吉	1916ㄱ	164
č' o	시다	Vinegar	일본어	白鳥庫吉	1916ㄱ	164
si i	시다		한국어	송민	1973	49
suu	시다	sour	일본어	宋敏	1969	88
s<ï˘ >da	시다	to be sour	한국어	宋敏	1969	88
suïl	시다	sour	일본어	宋敏	1969	88
su	시다	sour	일본어	宋敏	1969	88
sú	시다	be sour	일본어	宋敏	1969	88
suïl	시다		한국어	宋敏	1969	88
sɔ y-	시다		한국어	宋敏	1969	88
sï	시다		한국어	宋敏	1969	88
su	시다		일본어	宋敏	1969	88
sui	시다	sour	한국어	Aston	1879	23
suu	시다	sour	일본어	Aston	1879	23
sï ida	시다	to be sour	한국어	G. J. Ramstedt	1949	236
sɔ -	시다	sour	한국어	Martin, S. E.	1966	211
sɔ -	시다	sour	한국어	Martin, S. E.	1966	219

⟨ㅅ⟩ 315

표제어/어휘		의미	언어	저자	발간년도	쪽수
시들다						
šičup	시들다		일본어	강길운	1982ㄴ	28
siduɯr-	시들다		한국어	강길운	1982ㄴ	28
nayu	시들다		일본어	김공칠	1989	19
si-tïl	시들다		한국어	김사엽	1974	436
si-wo-re	시들다		일본어	김사엽	1974	436
ivir- < *ibir-	시들다	to fade	한국어	이기문	1958	108
시렁						
šan	시렁		일본어	강길운	1981ㄱ	30
*sən	시렁		한국어	강길운	1981ㄱ	30
šan	시렁		일본어	강길운	1981ㄴ	7
sən	시렁		한국어	강길운	1981ㄴ	7
sən	시렁		한국어	강길운	1982ㄴ	22
šan	시렁		일본어	강길운	1982ㄴ	22
šan	시렁		일본어	강길운	1982ㄴ	28
sən	시렁		한국어	강길운	1982ㄴ	28
sirön	시렁		한국어	이숭녕	1956	117
sal-gaɲ	시렁		한국어	이숭녕	1956	186
sil gön	시렁		한국어	이숭녕	1956	186
시루						
セイロウ	시루		일본어	권덕규	1923ㄴ	128
시루	시루		한국어	권덕규	1923ㄴ	128
セイロウ	시루		일본어	이명섭	1962	6
시름						
うれひ	시름		일본어	김사엽	1974	471
si-lïm	시름		한국어	김사엽	1974	471
시리다						
seu-ri ta	시리다	Cold, hands and feet	한국어	白鳥庫吉	1915ㄴ	306
sal-lang sal-	시리다	cool	한국어	白鳥庫吉	1915ㄴ	306
sör.i-	시리다		한국어	宋敏	1969	88
hiya	시리다		일본어	宋敏	1969	88
시아버지						
seui-api	시아비	husband's father	한국어	金澤庄三郎	1910	11
si-uto	시아비	husband's father	일본어	金澤庄三郎	1910	11
si-uto	시아비	husband's father	일본어	金澤庄三郎	1910	21
seui-api	시아비	husband's father	한국어	金澤庄三郎	1910	21
si-hito	시아비	husband's father	일본어	金澤庄三郎	1910	21
しひと	시아버지		일본어	김사엽	1974	440
しらと	시아버지		일본어	김사엽	1974	440
sïj-a-pi	시아버지		한국어	김사엽	1974	440
a-pi	시아버지	schwiegervater	한국어	白鳥庫吉	1914ㄴ	160
a-pöm	시아버지	schwiegervater	한국어	白鳥庫吉	1914ㄴ	160
seui a-pö-ni	시아버지	father-in-law	한국어	白鳥庫吉	1916ㄴ	322
si-fitö	시아비		일본어	宋敏	1969	88
si-uto	시아비		일본어	宋敏	1969	88
seui-api	시아비		한국어	宋敏	1969	88
sïi-api	시아비		한국어	宋敏	1969	88
siuto	시아비	husband's father	일본어	Kanazawa, S	1910	17
seui	시아비	husband's father	한국어	Kanazawa, S	1910	17
si-hito	시아비	husband's father	일본어	Kanazawa, S	1910	17
si-uto	시아비	husband's father	일본어	Kanazawa, S	1910	9
seui-api	시아비	husband's father	한국어	Kanazawa, S	1910	9

표제어/어휘		의미	언어	저자	발간년도	쪽수
시울						
si-ul	시울		한국어	김사엽	1974	398
びる	시울		일본어	김사엽	1974	398
syulk	시울	the border; an edge; a hem-of a garment	한국어	白鳥庫吉	1915ㄴ	310
si-ulk	시울	the lips; a border: an edge	한국어	白鳥庫吉	1915ㄴ	310
식물						
ib	식물		한국어	강길운	1981ㄱ	30
ibe	식물		일본어	강길운	1981ㄱ	30
kure	식물		일본어	大野晋	1980	23
식초						
suu	식초		일본어	김공칠	1989	4
sui	식초		한국어	김공칠	1989	4
신(神)						
Kamui	신		일본어	강길운	1982ㄱ	178
*Kam	신		한국어	강길운	1982ㄱ	178
kamui	신		일본어	강길운	1982ㄴ	16
*kam	신		한국어	강길운	1982ㄴ	16
*kam	신		한국어	강길운	1982ㄴ	26
kamui	신		일본어	강길운	1982ㄴ	26
カミ	신		일본어	권덕규	1923ㄴ	126
검	신		한국어	권덕규	1923ㄴ	126
kami, kamu	신		일본어	김계원	1967	17
kɛm	신		한국어	김계원	1967	17
kusimi	신		한국어	김공칠	1989	6
kususi	신		일본어	김공칠	1989	6
kʌm	신	god	한국어	大野晋	1975	55
ka-mï	신	god	일본어	大野晋	1975	55
kï	신	god	일본어	大野晋	1975	55
sune	신		일본어	宋敏	1969	88
sin	신		한국어	宋敏	1969	88
カミ	신		일본어	이명섭	1962	5
sin/신	신		한국어	Arraisso	1896	21
신다						
Fa-kë	신다		일본어	김사엽	1974	406
sin	신다		한국어	김사엽	1974	406
신발						
sin	신발		한국어	김공칠	1989	10
kutu>kutsu	신발	shoes	일본어	김공칠	1989	13
kudu	신발	shoes	한국어	김공칠	1989	13
sin	신	shoe	한국어	金澤庄三郎	1910	12
sune	정강이	shank	일본어	金澤庄三郎	1910	12
sa-bu	신		한국어	박은용	1974	112
sin	신	shoes	한국어	白鳥庫吉	1915ㄴ	308
xuit	신발		일본어	송민	1973	34
kutu	신발		일본어	송민	1973	34
sin	신		한국어	이숭녕	1956	142
čipsök	가죽신		한국어	이숭녕	1956	180
フヤ	신발		일본어	이원진	1940	17
훠	신발		한국어	이원진	1940	17
フヤ	신발		일본어	이원진	1951	17
훠	신발		한국어	이원진	1951	17

표제어/어휘	의미		언어	저자	발간년도	쪽수
sin	신	shoe	한국어	Kanazawa, S	1910	9
sune	정강이(shank)		일본어	Kanazawa, S	1910	9

신분이 낮다

ayasi	신분이 낮다		일본어	김공칠	1988	199
nɛ cæ	신분이 낮다		한국어	김공칠	1988	199
nɛ ci	신분이 낮다		한국어	김공칠	1988	199
asi	신분이 낮다		일본어	김공칠	1988	199
nɛ eɛ r-	신분이 낮다		한국어	김공칠	1988	199

실

sil	실	thread	한국어	김공칠	1989	18
ito	실	thread	일본어	김공칠	1989	18
i-to	실		일본어	김사엽	1974	476
sil	실		한국어	김사엽	1974	476
ito	실		일본어	大野晋	1980	18
siur	잇다		한국어	박은용	1975	188
sir	실		한국어	박은용	1975	189
sil	실	a thread	한국어	白鳥庫吉	1915ㄴ	308
sil	실		한국어	宋敏	1969	88
san-ś iru	실	three-stringed	일본어	宋敏	1969	88
sir	실	thread	한국어	이기문	1958	117
sir	실		한국어	이용주	1980	106
itö	실		일본어	이용주	1980	106

실마리

sumaru	실마리		일본어	宋敏	1969	88
silmari	실마리		한국어	宋敏	1969	88

싫어하다

ač yə d-	싫어하다		한국어	강길운	1980	18
sɯl-hʌ -	싫어하다		한국어	강길운	1982ㄴ	24
č irun	나쁘		일본어	강길운	1982ㄴ	24
ač i	싫어하다		일본어	강길운	1982ㅣ	26
ač yə d-	싫어하다		한국어	강길운	1982ㄴ	26
š irun	나쁘		일본어	강길운	1982ㄴ	29
sɯl-hʌ -	싫어하다		한국어	강길운	1982ㄴ	29
š irun	나쁘		일본어	강길운	1982ㄴ	36
sɯl-hʌ -	싫어하다		한국어	강길운	1982ㄴ	36
kira(pu)	싫어하다		일본어	김공칠	1989	6
kköri	싫어하다		한국어	김공칠	1989	6
sïl-hʌ	싫어하다		한국어	김사엽	1974	475
いやがる	싫어하다		일본어	김사엽	1974	475
a-č ʰ jə -hʌ	싫어하다		한국어	김사엽	1974	476
i-to-Fa	싫어하다		일본어	김사엽	1974	476

심

pirö	심		일본어	송민	1973	34
pal	심		일본어	송민	1973	34
sim	심	deep	한국어	G. J. Ramstedt	1949	233
sim	심	pitted/spotted	한국어	G. J. Ramstedt	1949	238

심다

cimgɯ	심다		한국어	강길운	1983ㄴ	110
u-we-ru	심다		일본어	김사엽	1974	471
sim	심다		한국어	김사엽	1974	471

표제어/어휘		의미	언어	저자	발간년도	쪽수
심심하다						
sim-sim-han	심심하다		한국어	宋敏	1969	88
sabi-shiski	심심하다	lonely	일본어	宋敏	1969	88
sameshiki	심심하다		일본어	이용주	1979	113
sim-sim ha-	심심하다		한국어	이용주	1979	113
sabishiki	심심하다		일본어	이용주	1979	113
sabishiski	심심하다	lonely	일본어	Aston	1879	21
sameshiki	심심하다	lonely	일본어	Aston	1879	21
sim-sim han	심심하다	lonely	한국어	Aston	1879	21
심장						
nyə m	심장		한국어	강길운	1981ㄱ	31
nímf	심장		한국어	강길운	1983ㄱ	27
nyə m(id)	심장		한국어	강길운	1983ㄱ	27
njʌ mthoŋ	심장	heart	한국어	김동소	1972	138
jʌ mthoŋ	심장	heart	한국어	김동소	1972	138
넘통	심장		한국어	김동소	1972	144
럼통	심장		한국어	김동소	1972	144
nyə mt'oŋ	넘통	heart	한국어	이용주	1980	80
kimo	심장	heart	일본어	이용주	1980	80
kökötö	심장	heart	일본어	이용주	1980	80
sinzoo	심장	heart	일본어	長田夏樹	1966	82
simsañ	심장	heart	한국어	長田夏樹	1966	82
심히						
töge/tö-u	심히		한국어	강길운	1982ㄴ	25
toiko	심히		일본어	강길운	1982ㄴ	25
toiko	심히		일본어	강길운	1982ㄴ	29
t<˘ö>-	심히		한국어	강길운	1982ㄴ	29
십						
*alba	십		한국어	강길운	1979	10
*on	십		한국어	강길운	1979	9
Yël	십		한국어	김공칠	1989	17
Tö	십		일본어	김공칠	1989	17
エツ	십		한국어	김선기	1977ㅅ	332
エ	십		일본어	김선기	1977ㅅ	332
töwö	십	ten	일본어	大野晋	1975	57
십	십	ten	한국어	大野晋	1975	57
to	십		일본어	박시인	1970	95
yer	열		한국어	박시인	1970	95
德	십		한국어	辛 容泰	1987	131
十	십		한국어	辛 容泰	1987	131
十	십		한국어	辛 容泰	1987	132
德	십		한국어	辛 容泰	1987	132
德	십		한국어	辛 容泰	1987	135
tə k	십		한국어	辛 容泰	1987	135
tə w	십		한국어	辛 容泰	1987	135
tə wə	십		한국어	辛 容泰	1987	135
töwö	십		한국어	辛 容泰	1987	135
とお	열		일본어	辛 容泰	1987	137
tə wə	열		일본어	辛 容泰	1987	137
德	열		한국어	辛 容泰	1987	137
とお	십		일본어	辛 容泰	1987	137
tə k	열		한국어	辛 容泰	1987	137
tə k	십		한국어	辛 容泰	1987	137
德	십		한국어	辛 容泰	1987	137

⟨ㅅ⟩ 319

표제어/어휘		의미		언어	저자	발간년도	쪽수
töwö		열		일본어	辛 容泰	1987	137
töwö		손가락 10개를 쌓아올린 모양		일본어	신용태	1987	143
tou		십		일본어	유창균	1960	23
tęk		십	ten	한국어	이기문	1963	98
töwö		십	ten	일본어	이기문	1963	98
*tə, *tə wo		십	ten	일본어	Christopher I. Beckwith	2004	138
*tək : ^tək[德]		십	ten	한국어	Christopher I. Beckwith	2004	138
싸다							
psʌ		싸다		한국어	김사엽	1974	421
pkï-li		싸다		한국어	김사엽	1974	454
Fa-gu-ku-mi		싸다		일본어	김사엽	1974	454
ssa ta		싸다	to get one's desires; to receive one's due; to be	한국어	白鳥庫吉	1915ㄴ	302
ip, iph		싸다	einhüllen, schützen, protegieren	한국어	G. J. Ramstedt	1939ㄱ	482
ssada		싸다	to be hot-of the fire, to burn well	한국어	G. J. Ramstedt	1949	217
싸리							
s'ʌ-li		싸리		한국어	김사엽	1974	406
Fa-gï		싸리		일본어	김사엽	1974	406
싸우다							
*ukyək		싸우다		한국어	강길운	1982ㄴ	18
ukik/ukoiki		싸움/싸우다		일본어	강길운	1982ㄴ	18
tatakaf			to fight	일본어	강영봉	1991	9
tathu-			to fight	한국어	강영봉	1991	9
ssaho-		싸우다	fight	한국어	김동소	1972	137
ssau-		싸우다	fight	한국어	김동소	1972	137
ssa-ho ta		싸우다	fight	한국어	白鳥庫吉	1915ㄴ	295
ssa-hom hă		싸우다	fight	한국어	白鳥庫吉	1915ㄴ	295
ssa-hom		싸움, 전쟁	a battle	한국어	白鳥庫吉	1915ㄴ	295
sahŏ -		사호다	to fight	한국어	이용주	1980	83
isakaHu		싸우다	to fight	일본어	이용주	1980	83
tatakaHu		싸우다	to fight	일본어	이용주	1980	83
싹							
sak-no		없이		일본어	강길운	1982ㄴ	28
s'ak		모두	남김없이	한국어	강길운	1982ㄴ	28
싹(芽)							
ebui		싹		일본어	강길운	1982ㄴ	18
um		싹		한국어	강길운	1982ㄴ	18
moye		싹,띠		일본어	김공칠	1989	7
um		싹,띠		한국어	김공칠	1989	7
ssak		싹	bud	한국어	金澤庄三郎	1910	11
saku		싹	bud	일본어	金澤庄三郎	1910	11
sak		싹		한국어	金澤庄三郎	1914	220
sak		싹	a sprout, a bud, a shoot	한국어	白鳥庫吉	1915ㄴ	297
ssak		싹	a sprout, a bud, a shoot	한국어	白鳥庫吉	1915ㄴ	297
sak na ta		싹나다	a sprout	한국어	白鳥庫吉	1915ㄴ	297
mo		싹		한국어	송민	1973	36
sak		싹		한국어	송민	1973	36

표제어/어휘		의미	언어	저자	발간년도	쪽수
nafë	싹		일본어	송민	1973	38
nafë	싹		일본어	송민	1973	40
sak	싹		한국어	송민	1973	40
mo	싹		한국어	송민	1973	40
saku	싹		일본어	宋敏	1969	88
sak-u	싹		일본어	宋敏	1969	88
sak	싹		한국어	宋敏	1969	88
sak, isak	싹		한국어	宋敏	1969	88
ssak	싹		한국어	宋敏	1969	88
saku	싹	bud	일본어	Kanazawa, S	1910	9
ssak	싹	bud	한국어	Kanazawa, S	1910	9
쌀						
nak	쌀		한국어	강길운	1981ㄱ	32
ᄡᆞᆯ	쌀		한국어	강길운	1987	23
쌀	쌀		한국어	고재휴	1940ㄹ	194
쌀	쌀		한국어	고재휴	1940ㄹ	동아일보
pisari, pisaru	쌀		일본어	김계원	1967	17
psal	쌀		한국어	김계원	1967	17
bsar	쌀		한국어	김선기	1968ㄴ	29
kömë	쌀		일본어	大野晋	1980	23
ssal	쌀	Hulledrece-uned also of millet and other grains	한국어	白鳥庫吉	1915ㄴ	299
mir	밀	wheat	한국어	이기문	1958	106
pori	보리	barley	한국어	이기문	1958	106
*pVsVr	쌀	rice	한국어	이기문	1958	109
psạr	쌀	rice	한국어	이기문	1958	109
コメ	쌀		일본어	이명섭	1962	6
psɛl	쌀		한국어	이숭녕	1956	143
psɛl	쌀		한국어	이숭녕	1956	154
ʔsarɛgi	쌀		한국어	이숭녕	1956	154
yöne	쌀		일본어	이용주	1980	105
psɛr	쌀		한국어	이용주	1980	105
ssal < psal <	쌀	rice	한국어	G. J. Ramstedt	1928	71
쌀겨						
nu-ka	쌀겨		일본어	김사엽	1974	410
ni-kjə	쌀겨		한국어	김사엽	1974	410
쌀밥						
ni-pap	쌀밥		한국어	김사엽	1974	475
i-Fi	쌀밥		일본어	김사엽	1974	475
쌓다						
yət'u-	쌓다		한국어	강길운	1982ㄴ	22
riya	쌓다		일본어	강길운	1982ㄴ	22
riya	쌓다		일본어	강길운	1982ㄴ	33
nyət'u-	쌓다		한국어	강길운	1982ㄴ	33
tsumuri	쌓다		일본어	김공칠	1989	10
s'ʌ	쌓다		한국어	김사엽	1974	419
つむ	쌓다		일본어	김사엽	1974	419
sʌ	쌓다		한국어	김사엽	1974	419
ki-dz-ku	쌓다		일본어	김사엽	1974	456
mu-zï	쌓다		한국어	김사엽	1974	456
tsumu	쌓다		일본어	김선기	1979ㄷ	370
쌓-	쌓다		한국어	김선기	1979ㄷ	370
sah-	쌓다		한국어	박은용	1975	180

표제어/어휘	의미		언어	저자	발간년도	쪽수
osopu	쌓다		일본어	宋敏	1969	88
sa	쌓다		한국어	宋敏	1969	88
nuri-	쌓다	to pile up paddies or grasses	한국어	이기문	1958	116
sah-	쌓다	to pile up, to accumulate	한국어	이기문	1958	116
nuri	가리	paddy pile	한국어	이기문	1958	116
ssah-	쌓다	to pile up, to accumulate	한국어	이기문	1958	116
ssatha	쌓다	to build up	한국어	G. J. Ramstedt	1949	225

써리다
tsu-ki	써리다		일본어	김사엽	1974	435
s'ə-li	써리다		한국어	김사엽	1974	435

썩다
kusar-/kut-		rotten	일본어	강영봉	1991	11
sək-/sak/kuri-		rotten	한국어	강영봉	1991	11
チョク	썩다		한국어	宮崎道三郎	1906	1
タイ	썩다		한국어	宮崎道三郎	1906	1
ssʌk-	썩은	rotten	한국어	김동소	1972	140
sʌk-	썩은	rotten	한국어	김동소	1972	140
くちる	썩다		일본어	김사엽	1974	452
kol	썩다		한국어	김사엽	1974	452
くさる	썩다		일본어	김사엽	1974	453
psək	썩다		한국어	김사엽	1974	453
sək-	썩다		한국어	송민	1973	50
朽	썩다		한국어	辛 容泰	1987	132
骨	썩다		한국어	辛 容泰	1987	132
*kut-	썩다	to rot	일본어	Christopher I. Beckwith	2004	128
*kuər:	썩은	rotten	한국어	Christopher I. Beckwith	2004	128

썰다
すく	썰다		일본어	김사엽	1974	435
sə-hïl	썰다		한국어	김사엽	1974	435
ssöl ta	썰다	to cut up; to slice up	한국어	白鳥庫吉	1915ㄴ	313
soru	썰다		일본어	宋敏	1969	88
sökö	썰다		한국어	宋敏	1969	88

썰매
pal-gu	썰매	sled, sledge	한국어	이기문	1958	108
pal-gui	썰매	sled, sledge	한국어	이기문	1958	108
pal-gi	썰매	sled, sledge	한국어	이기문	1958	108
sori	썰매	sledge	일본어	이기문	1958	117
sẹrmẹi	썰매	sledge	한국어	이기문	1958	117
pal-go	썰매		한국어	이숭녕	1956	166
pal-ø	썰매		한국어	최학근	1959ㄱ	52

쏘다
sso	쏘다		한국어	김사엽	1974	443
さす	쏘다		일본어	김사엽	1974	443
i	쏘다		일본어	김사엽	1974	475
so	쏘다		한국어	김사엽	1974	475
i-ru	쏘다		일본어	大野晋	1980	18
ʔso	쏘다		한국어	이숭녕	1956	157
*tüŋ [東]	쏘다	to shoot with a bow	한국어	Christopher I. Beckwith	2004	111

표제어/어휘	의미		언어	저자	발간년도	쪽수
*tś ü[朱]	쏘다	to shoot with a bow	한국어	Christopher I. Beckwith	2004	111
*tüŋ [東]	쏘다	shoot	한국어	Christopher I. Beckwith	2004	131
*tś ü : ^tś ü ~	쏘다	to shoot with a bow	한국어	Christopher I. Beckwith	2004	140
ssoda	쏘다	to shoot-with a bow	한국어	G. J. Ramstedt	1949	239
쑤시다						
うづく	쑤시다		일본어	김사엽	1974	473
s' ju-si	쑤시다		한국어	김사엽	1974	473
psju-si	쑤시다		한국어	김사엽	1974	473
susi	쑤시다		한국어	宋敏	1969	88
sasu	쑤시다		일본어	宋敏	1969	88
ssusi- <	쑤시다	to poke	한국어	이기문	1958	118
쓰다						
kara	쓰다	bitter, acrid	일본어	김공칠	1989	13
する	쓰다		일본어	김사엽	1974	432
다	쓰다		한국어	김선기	1977ㄱ	331
psü	쓰다		한국어	이숭녕	1956	140
쓰	쓰다		한국어	이탁	1946ㄱ	13
쓰	쓰다		한국어	이탁	1946ㄷ	20
쓰다(冠)						
ka-ga-Fu-ri	쓰다		일본어	김사엽	1974	466
kat-psï	쓰다		한국어	김사엽	1974	466
쓰다(書)						
č ə g-	적다		한국어	강길운	1983ㄴ	136
ssi	적다	to write	한국어	김공칠	1989	17
kaku	쓰다		일본어	김공칠	1989	6
keurim, keut	쓰다		한국어	김공칠	1989	6
s' ï	쓰다		한국어	김사엽	1974	432
sseu ta	쓰다	to wirte	한국어	白鳥庫吉	1915ㄴ	304
쓰다(用)						
sseu ta	사용하다	to use; to make use of; to employ; to do	한국어	白鳥庫吉	1915ㄴ	307
sam	쓰다	to practice; to adopt; to creat; to use as	한국어	白鳥庫吉	1915ㄴ	307
psum-č ik	씀직		한국어	이숭녕	1956	185
psida	사용하다	to use	한국어	長田夏樹	1966	113
ssida	사용하다	to use	한국어	長田夏樹	1966	113
mō -psin	쓸모없는, 나쁜	impossible, bad	한국어	長田夏樹	1966	113
쓱싹						
š ik-sak	맹목적		일본어	강길운	1982ㄴ	24
s' ɯks' ak	쓱싹		한국어	강길운	1982ㄴ	24
s' ɯks' ak	쓱싹		한국어	강길운	1982ㄴ	28
š ik-sak	맹목적		일본어	강길운	1982ㄴ	28
쓸다						
s' ɯr-	쓸다		한국어	강길운	1982ㄴ	24
eš iru	쓸다		일본어	강길운	1982ㄴ	24
s' ɯr-	쓸다		한국어	강길운	1982ㄴ	35
eš iru	쓸다		일본어	강길운	1982ㄴ	35

〈ㅅ〉 323

표제어/어휘	의미		언어	저자	발간년도	쪽수
Fa-ka	쓸다		일본어	김사엽	1974	406
psïl	쓸다		한국어	김사엽	1974	406
seul-č č yök	쓸다	rubbing, rasping; grating; little by little	한국어	白鳥庫吉	1915ㄴ	305
sal-keum	쓸다	to wear; to go softly; to be gentle	한국어	白鳥庫吉	1915ㄴ	305
sal-keun-kö-	쓸다	to wear; to go softly; to be gentle	한국어	白鳥庫吉	1915ㄴ	305
sseu ta	쓸다	to sleek; to smooth; sweep	한국어	白鳥庫吉	1915ㄴ	305
sal-sal	쓸다	creeping, crawling	한국어	白鳥庫吉	1915ㄴ	305
sseul t'a	쓸다	to rub; to rasp; to polish; to file	한국어	白鳥庫吉	1915ㄴ	305
sseul-li ta	쓸다	to be rubbed; to be polished	한국어	白鳥庫吉	1915ㄴ	305
suṙ .u	쓸다		일본어	宋敏	1969	88
suru	쓸다		일본어	宋敏	1969	88
ssäl-da	쓸다		한국어	宋敏	1969	88
sul	쓸다		한국어	宋敏	1969	88
psül-	쓸다		한국어	이숭녕	1956	157
ssi lda	쓸다	to sweep/to clean up	한국어	G. J. Ramstedt	1949	237
ssi ltha	쓸다	to swwep/to clean up	한국어	G. J. Ramstedt	1949	238
seur, seul	쓸다	to sweep	한국어	Hulbert, H. B.	1905	

쓸쓸하다

| tsa-Fi-si-tsa | 쓸쓸하다 | | 일본어 | 김사엽 | 1974 | 442 |
| sə-ïj-hʌ | 쓸쓸하다 | | 한국어 | 김사엽 | 1974 | 442 |

씨

os' i	고갱이		일본어	강길운	1982ㄴ	21
s' i	씨		한국어	강길운	1982ㄴ	21
ssi	씨앗	seed	한국어	김동소	1972	140
ssi	씨앗	seed	한국어	김동소	1972	140
ta-ne	씨		일본어	김사엽	1974	426
pus-ki	씨		한국어	김사엽	1974	426
sa	sane		일본어	김선기	1968ㄱ	34
bus	씨	seed	한국어	김선기	1968ㄱ	34
busg	씨	seed	한국어	김선기	1968ㄱ	34
si	씨	seed	한국어	김선기	1968ㄱ	34
psi	씨	seed	한국어	김선기	1968ㄱ	34
al	씨		한국어	김승곤	1984	230
ul	씨		한국어	文和政	1981	177
udi	씨		일본어	文和政	1981	177
ssi at	씨	seed	한국어	白鳥庫吉	1915ㄴ	307
ssi	씨	the kernel; the stone	한국어	白鳥庫吉	1915ㄴ	307
ssi-at č il hä ta	씨	to separate the seeds from raw cotton-with a	한국어	白鳥庫吉	1915ㄴ	307
ssi	씨	seed	한국어	이기문	1958	110
psi	씨	seed, a thing which propagates	한국어	이기문	1958	110
psï	ㅂ시	seed	한국어	이용주	1980	81
tane	씨	seed	일본어	이용주	1980	81
tane	씨	seed	일본어	이용주	1980	95
psï	씨	seed	한국어	이용주	1980	95
pí, -yé	씨	seed	일본어	이용주	1980	95
ssi	가로 실		한국어	長田夏樹	1966	112
kase	(실로만든) 술		일본어	長田夏樹	1966	112
*kɐ sɐ	가로 실		한국어	長田夏樹	1966	112

표제어/어휘		의미	언어	저자	발간년도	쪽수
*kes̀i	가로실		한국어	長田夏樹	1966	112
*ksi	가로실		한국어	長田夏樹	1966	112
upsi	없이		한국어	長田夏樹	1966	113
psi	씨앗	seed	한국어	長田夏樹	1966	113
ssi	씨앗	seed	한국어	長田夏樹	1966	113
pser	쌀		한국어	長田夏樹	1966	113
skada	까다	to shell, to peel	한국어	長田夏樹	1966	113
psakda	까다	to shell, to peel	한국어	長田夏樹	1966	113
kkada	까다	to shell, to peel	한국어	長田夏樹	1966	113
upssi	없이		한국어	長田夏樹	1966	113
pkada	까다	to shell, to peel	한국어	長田夏樹	1966	113
ssi/씨	씨		한국어	Arraisso	1896	21
ssi	씨	seed	한국어	G. J. Ramstedt	1949	231
sibi̯da	씨	to wish/to desire	한국어	G. J. Ramstedt	1949	232

씨름

표제어/어휘		의미	언어	저자	발간년도	쪽수
si-lʌm	씨름		한국어	김사엽	1974	433
tsu-ma-Fi	씨름		일본어	김사엽	1974	433
ssi-reum hă ta	씨름	to wrestle	한국어	白鳥庫吉	1915ㄴ	310
sumau	씨름		일본어	徐廷範	1985	240
ssireum	씨름		한국어	宋敏	1969	88
sumapi	씨름		일본어	宋敏	1969	88

씨앗

표제어/어휘		의미	언어	저자	발간년도	쪽수
tane		seed	일본어	강영봉	1991	11
s'i		seed	한국어	강영봉	1991	11
tane	씨앗	seed	일본어	長田夏樹	1966	82
qsi	씨앗	seed	한국어	長田夏樹	1966	82
šši-aši		seed-grain	한국어	G. J. Ramstedt	1949	99
šši-gaši		seed-grain	한국어	G. J. Ramstedt	1949	99

씹

표제어/어휘		의미	언어	저자	발간년도	쪽수
tu-bi	씹		일본어	김사엽	1974	420
sip	씹		한국어	김사엽	1974	420

씹다

표제어/어휘		의미	언어	저자	발간년도	쪽수
niye	씹다		일본어	강길운	1982ㄴ	22
nəhɯr-	씹다		한국어	강길운	1982ㄴ	22
niye	씹다		일본어	강길운	1982ㄴ	37
*nəkɯr-	씹다		한국어	강길운	1982ㄴ	37
tsu-ka	씹다		일본어	김사엽	1974	435
sip	씹다		한국어	김사엽	1974	435
ssip ta	씹다	to chew	한국어	白鳥庫吉	1915ㄴ	309

씻다

표제어/어휘		의미	언어	저자	발간년도	쪽수
soso-gu	씻다	wash	일본어	金澤庄三郞	1910	11
ssis	씻다	wash	한국어	金澤庄三郞	1910	11
arafu	씻다	wash	일본어	김공칠	1988	83
ppal-	씻다	wash	한국어	김공칠	1988	83
ir	씻다	wash	한국어	김공칠	1988	83
ir-	씻다	to wash	한국어	김공칠	1989	18
ssisă	씻다		한국어	김공칠	1989	7
susugu	씻다		일본어	김공칠	1989	7
sis-	씻다	wash	한국어	김동소	1972	141
ssis-	씻다	wash	한국어	김동소	1972	141
sis	씻다		한국어	김사엽	1974	434
sïs	씻다		한국어	김사엽	1974	434

표제어/어휘	의미		언어	저자	발간년도	쪽수
tsu-tsu-ki	씻다		일본어	김사엽	1974	434
arafu	씻다		일본어	大野晋	1980	16
iru	씻다		일본어	大野晋	1980	18
sis-	씻다		한국어	박은용	1975	187
ssit ta	씻다	to wash	한국어	白鳥庫吉	1915ㄴ	310
sösogu	씻다		일본어	宋敏	1969	88
sisa-l	씻다	to wash	한국어	宋敏	1969	88
ssis	씻다		한국어	宋敏	1969	88
sisa-l	씻다		한국어	宋敏	1969	88
sis	씻다		한국어	宋敏	1969	88
susugu	씻다		일본어	宋敏	1969	88
soso-gu	씻다		일본어	宋敏	1969	88
sosog-u	씻다		일본어	宋敏	1969	88
sis-, ir-	씻다	wash	한국어	이용주	1980	101
arafu	씻다	wash	일본어	이용주	1980	101
sis-	싯다	to wash	한국어	이용주	1980	83
araHu	씻다	to wash	일본어	이용주	1980	83
sosogu	씻다	to wash	일본어	Aston	1879	23
sisal	씻다	to wash	한국어	Aston	1879	23
soso-gu	씻다	wash	일본어	Kanazawa, S	1910	9
ssi s	씻다	wash	한국어	Kanazawa, S	1910	9

ㅇ

표제어/어휘		의미	언어	저자	발간년도	쪽수
一과/一와						
-kŏ a	一과; 一와	and	한국어	이용주	1980	85
töbu	一과/一와	and	일본어	이용주	1980	85
-'ŏ a	一과/一와	and	한국어	이용주	1980	85
아						
a	아		일본어	宋敏	1969	88
a	아		한국어	宋敏	1969	88
a ~ ë	아	converbial form (converbum perfecti)	한국어	G. J. Ramstedt	1928	78
아귀						
ago	아귀		일본어	宋敏	1969	88
agu'i	아귀		한국어	宋敏	1969	88
agui	아귀	the strength	한국어	G. J. Ramstedt	1949	4
agui č hada	아귀차다	to be full of strength	한국어	G. J. Ramstedt	1949	4
agui	손아귀'의 '아귀'		한국어	G. J. Ramstedt	1949	4
agui sē da	아귀세다	to be strong	한국어	G. J. Ramstedt	1949	4
agui nada	아귀	to become strong	한국어	G. J. Ramstedt	1949	4
아귀(입)						
agó	아귀	jaw	일본어	宋敏	1969	88
akwi	아귀	mouth	한국어	宋敏	1969	88
아기						
kun,gun	아기		한국어	宮崎道三郎	1906	9
アキ	아가		일본어	권덕규	1923ㄴ	126
아가	아가		한국어	권덕규	1923ㄴ	126
aki	아가	baby	일본어	金澤庄三郎	1910	13
Aka	아가	baby	한국어	金澤庄三郎	1910	13
Aka	아가	baby	한국어	金澤庄三郎	1910	9
aki	아가	baby	일본어	金澤庄三郎	1910	9
aki	아기		한국어	金澤庄三郎	1914	220
aka	아가		한국어	金澤庄三郎	1914	221
aka	아기		한국어	金澤庄三郎	1960	2
aki	아기		한국어	金澤庄三郎	1960	2
sai-ki	새끼		한국어	金澤庄三郎	1977	109
song-achi	송아지		한국어	金澤庄三郎	1977	109
tö-achi	돼지새끼		한국어	金澤庄三郎	1977	109
kang-achi	강아지		한국어	金澤庄三郎	1977	109
aki	아기		한국어	金澤庄三郎	1977	109
mai-achi	망아지		한국어	金澤庄三郎	1977	109
agi, ago	아기	child	일본어	김공칠	1988	83
aka	아기	child	한국어	김공칠	1988	83
arci	아기	child	한국어	김공칠	1988	83
ko	아기		일본어	김사엽	1974	449
a-ki	아기		한국어	김사엽	1974	449
a-ki	아기		한국어	김사엽	1974	483
a-gi	아기		일본어	김사엽	1974	483
ko	kotomo		일본어	김선기	1977ㅁ	359
아기	아기		한국어	김선기	1977ㅁ	359
agi	아기		일본어	宋敏	1969	88
ago	아기		일본어	宋敏	1969	88

표제어/어휘		의미	언어	저자	발간년도	쪽수
aka	아기		한국어	宋敏	1969	88
aki	아기		한국어	宋敏	1969	88
アキ	아기		일본어	이명섭	1962	6
アギ	아기		일본어	이명섭	1962	6
aki	아가	baby	일본어	Kanazawa, S	1910	10
Aka	아가	baby	한국어	Kanazawa, S	1910	10
aki	아가	baby	일본어	Kanazawa, S	1910	6
Aka	아가	baby	한국어	Kanazawa, S	1910	6
아까						
as-ka	아까		한국어	김사엽	1974	445
tsa-ki	아까		일본어	김사엽	1974	445
akka	아까	soeben, neulich	한국어	G. J. Ramstedt	1939ㄱ	484
아깝다						
as-kap	아깝다		한국어	김사엽	1974	469
wo-si-Fi	아깝다		일본어	김사엽	1974	469
akkapta	아깝다		한국어	G. J. Ramstedt	1949	4
akkapta	아깝다	to be a pity, to be a shame, to be a misfortune	한국어	G. J. Ramstedt	1949	5
akkida	아끼다	to be careful of, to be economical of, to think	한국어	G. J. Ramstedt	1949	5
아끼다						
as-ki	아끼다		한국어	김사엽	1974	469
wo-si-mi	아끼다		일본어	김사엽	1974	469
tɐ s-	아끼다		한국어	박은용	1975	148
아내						
anhE	아내		한국어	강길운	1981ㄱ	31
anhE	아내		한국어	강길운	1981ㄴ	11
anä	아내		한국어	강길운	1981ㄴ	4
ɑnhE	아내		한국어	강길운	1983ㄴ	106
myönari	아내		한국어	김공칠	1989	10
tsuma	아내		일본어	김공칠	1989	9
anhä	아내	wife	한국어	김동소	1972	141
anhɛ	아내	wife	한국어	김동소	1972	141
ań -a	아내		한국어	김방한	1978	9
anh∧ i	아내		한국어	김방한	1978	9
anhai	아내		한국어	김방한	1979	8
kā si	각시의 고어		한국어	김승곤	1984	242
an-hă i	아내	wife	한국어	白鳥庫吉	1915ㄱ	1
ka·nai	아내		일본어	이규창	1979	20
kas	아내		한국어	이숭녕	1956	92
kasi	아내		한국어	이숭녕	1956	92
kas	갓	wife	한국어	이용주	1980	80
me	아내	wife	일본어	이용주	1980	80
tuma	아내	wife	일본어	이용주	1980	80
Ka-si	아내		한국어	최학근	1959ㄱ	46
anä	아내	wife, women	한국어	G. J. Ramstedt	1949	10
anhä	아내	wife, women	한국어	G. J. Ramstedt	1949	10
ań -a	아내	wife	한국어	G. J. Ramstedt	1949	11
anhä		housewife	한국어	G. J. Ramstedt	1949	99
아니						
ə nɯ	아니	not	한국어	김공칠	1988	83
ani	아니	not	한국어	김공칠	1988	83

표제어/어휘		의미	언어	저자	발간년도	쪽수
ani	어찌	how	일본어	김공칠	1988	83
ani	부정		일본어	김공칠	1989	4
ani	부정		한국어	김공칠	1989	4
ani	아니	not	한국어	김동소	1972	139
anila	아니	not	한국어	김동소	1972	139
i-na	아니		일본어	김사엽	1974	476
a-ni	아니		한국어	김사엽	1974	476
ani	아니		한국어	김선기	1968ㄱ	47
na	아니		일본어	김선기	1968ㄱ	48
nu	아니		일본어	김선기	1968ㄱ	48
an	아니		한국어	김승곤	1984	231
ani	아니	not	한국어	金澤庄三郞	1910	9
ani	어찌	how dare	일본어	金澤庄三郞	1910	9
a-ni	아니	no, not-marking unwillingness	한국어	白鳥庫吉	1915ㄱ	1
ani	아니		일본어	宋敏	1969	88
ani	아니	not	한국어	宋敏	1969	88
ina	아니	no	일본어	宋敏	1969	88
ani	아니		한국어	宋敏	1969	88
ina	아니		일본어	宋敏	1969	88
ani	부정사		일본어	이용주	1980	72
ani	부정사		한국어	이용주	1980	72
아니	아니(부정사)		한국어	이원진	1940	18
アイ	いいえ		일본어	이원진	1940	18
ア-イ	いいえ		일본어	이원진	1940	18
아니	아니(부정사)		한국어	이원진	1951	18
アイ	いいえ		일본어	이원진	1951	18
ア-イ	いいえ		일본어	이원진	1951	18
ani	아니	not	한국어	Aston	1879	24
ina	아니요	no	일본어	Aston	1879	24
ani	아니	not	한국어	G. J. Ramstedt	1949	10
ā ni	아니	not	한국어	G. J. Ramstedt	1949	10
ani	아니	not, no	한국어	G. J. Ramstedt	1949	10
ani	아니	not	한국어	Kanazawa, S	1910	6
ani	어찌(how dare)		일본어	Kanazawa, S	1910	6

아니다
na-/ina		not	일본어	강영봉	1991	10
ani		not	한국어	강영봉	1991	10
a-nil ta	아니다	to be not so, No,(Low)	한국어	白鳥庫吉	1915ㄱ	2
ani	아니다	not	한국어	이용주	1980	101
na, ina	아니다	not	일본어	이용주	1980	101
' anĭ	아니	not	한국어	이용주	1980	84
*nu	아니다	not	일본어	이용주	1980	84
zu	아니다	not	일본어	이용주	1980	84
an	아니다	nicht	한국어	Andre Eckardt	1966	228

아득하다
a-tʌ k-hʌ	아득하다		한국어	김사엽	1974	402
Fa-ru-kë-si	아득하다		일본어	김사엽	1974	402

아들
kur	아들		한국어	강길운	1977	14
adʌ r	아들		한국어	강길운	1983ㄴ	134
aka	아들		한국어	金澤庄三郞	1914	219
adal	아들		한국어	김계원	1967	17
adoru	아이		일본어	김계원	1967	17

표제어/어휘	의미		언어	저자	발간년도	쪽수
wo-tö-ko	男		일본어	김사엽	1974	375
a-tʌ l	男		한국어	김사엽	1974	375
oto	아들		일본어	김선기	1977ㅁ	354
아들	아들		한국어	김선기	1977ㅁ	354
아	아들		한국어	김선기	1977ㅁ	354
아	아들		한국어	김선기	1977ㅁ	358
仇斯	아들		한국어	辛 容泰	1987	132
童子	아들		한국어	辛 容泰	1987	132
a-tʌ l	아들		한국어	이남덕	1977	200
wotö-ko	아들		일본어	이남덕	1977	200
a-dwl	아들		한국어	최학근	1959ㄱ	49
ko-domo	아이	child	일본어	G. J. Ramstedt	1949	3
j-a	이 아이	this child	한국어	G. J. Ramstedt	1949	3
jan	양	sheep	한국어	G. J. Ramstedt	1949	3
a-jaŋ	양	a lamb	한국어	G. J. Ramstedt	1949	3
a	아이	child	한국어	G. J. Ramstedt	1949	3
tje hi i̇̆	저희	they	한국어	G. J. Ramstedt	1949	3
aha̱ i	아이	child	한국어	G. J. Ramstedt	1949	3
tj-a	저 아이	that child	한국어	G. J. Ramstedt	1949	3
ada̱ l	아들	son, boy	한국어	G. J. Ramstedt	1949	3
hi̱ i	복수 접미사	plural ending	한국어	G. J. Ramstedt	1949	3
ha̱ i	복수 접미사	plural ending	한국어	G. J. Ramstedt	1949	3
tu	두	two	한국어	G. J. Ramstedt	1949	3
ne̱ hi̱ i	너희	you	한국어	G. J. Ramstedt	1949	3
k-a	그 아이	that child	한국어	G. J. Ramstedt	1949	3
ahi̱ i	아이	child	한국어	G. J. Ramstedt	1949	3
adi̱ l	아들	son, boy	한국어	G. J. Ramstedt	1949	3

아랑주
sake	아랑주		일본어	宋敏	1969	88
araŋ -ʒ iu	아랑주		한국어	宋敏	1969	88
araŋ -ʒ ju	아랑주	a coarse spirit drink	한국어	G. J. Ramstedt	1949	13
araŋ -č ju	아랑주	cloth composed of silk and cotton	한국어	G. J. Ramstedt	1949	7

아래
rai-	아래		일본어	강길운	1981ㄴ	10
nʌ ri-	아래		한국어	강길운	1981ㄴ	10
arai	아래		일본어	김공칠	1989	14
alä	아래로	down	한국어	김동소	1972	137
alɛ	아래로	down	한국어	김동소	1972	137
si-ta	아래		일본어	김사엽	1974	439
a-laj	아래		한국어	김사엽	1974	439
al	아래		한국어	김승곤	1984	229
ara	아래, 뒤		일본어	박시인	1970	442
are	아래, 뒤		일본어	박시인	1970	442
ar	아래, 뒤		한국어	박시인	1970	442
arai	아래, 뒤		한국어	박시인	1970	442
a-rai	아래	inferior	한국어	白鳥庫吉	1914ㄴ	161
a-raită i	아래	unten befindlich	한국어	白鳥庫吉	1914ㄴ	161
öru	아래		일본어	宋敏	1969	88
ór(i)	아래	go down	일본어	宋敏	1969	88
a'lay	아래		한국어	宋敏	1969	88
arai	아래		한국어	宋敏	1969	88
^tś imə w[志母]	아래	the [place or direction] below	일본어	Christopher I. Beckwith	2004	110
^simaw[斯毛]	아래	below	일본어	Christopher I.	2004	139

표제어/어휘		의미	언어	저자	발간년도	쪽수
al in locaive	아래	under	한국어	Beckwith G. J. Ramstedt	1928	82
kki	아래	the wife	한국어	G. J. Ramstedt	1939ㄴ	460
kki t*e,kki t*i ro아래		under	한국어	G. J. Ramstedt	1939ㄴ	460
allo	아래로	downwards, upside down	한국어	G. J. Ramstedt	1949	6
arä	아래	under	한국어	G. J. Ramstedt	1949	6
arai	아래	under	한국어	G. J. Ramstedt	1949	6
aräro	아래로	the way beneath	한국어	G. J. Ramstedt	1949	6
o?r-	아래	down	한국어	Martin, S. E.	1966	198
or-	아래	down	한국어	Martin, S. E.	1966	209
or-	아래	down	한국어	Martin, S. E.	1966	220
아로						
aya	아로		일본어	이숭녕	1955	17
ara	아로		한국어	이숭녕	1955	17
아름답다						
ari-	아름답다		한국어	강길운	1981ㄱ	30
ara	아름답다		일본어	강길운	1981ㄱ	30
*ari-	아름답다		한국어	강길운	1982ㄴ	16
ara	아름답다		일본어	강길운	1982ㄴ	16
arara	아름답다		일본어	강길운	1982ㄴ	16
kuhasi	아름답다		일본어	김공칠	1989	10
kop	아름답다		한국어	김공칠	1989	10
u-tu-ku-si	아름답다		일본어	김사엽	1974	473
a-lʌ m-tap	아름답다		한국어	김사엽	1974	473
kō pta	곱다		한국어	김승곤	1984	243
ari ttapta	아름답다	to be beautiful, admirable, fine, delicious	한국어	G. J. Ramstedt	1949	14
ari mtapta	아름답다	to be beautiful, admirable, fine, delicious	한국어	G. J. Ramstedt	1949	14
ara mtapta	아름답다	to be beautiful, admirable, fine, delicious	한국어	G. J. Ramstedt	1949	14
아리다						
araka	아프다		일본어	강길운	1982ㄴ	35
ari-	아리다		한국어	강길운	1982ㄴ	35
arida	아리다	to be acrid, to be peppery, painful, angry	한국어	G. J. Ramstedt	1949	13
아리땁다						
ara	아리땁다		일본어	강길운	1982ㄴ	35
ari -tab-	아리땁다		한국어	강길운	1982ㄴ	35
a-lʌ s-tap	아리땁다		한국어	김사엽	1974	471
u-ru-Fa-si	아리땁다		일본어	김사엽	1974	471
아무리						
hjə n-ma-na	아무리		한국어	김사엽	1974	478
i-ku-ra	아무리		일본어	김사엽	1974	478
a-mo-ri	아무리	however much, however great	한국어	白鳥庫吉	1915ㄱ	1
아버지						
ə bi	아버지		한국어	강길운	1981ㄴ	4
aba	친척		일본어	강길운	1982ㄴ	16
*aba	아버지, 할아버지		한국어	강길운	1982ㄴ	16
ə bi	아비		한국어	강길운	1982ㄴ	22

표제어/어휘	의미		언어	저자	발간년도	쪽수
eu	양친		일본어	강길운	1982ㄴ	22
titi		father	일본어	강영봉	1991	9
abaŋ		father	한국어	강영봉	1991	9
지찌	아버지		일본어	고헌	1979	6
chchi	아버지		일본어	고헌	1979	6
chi	아버지		일본어	고헌	1979	6
チチ	아버지		일본어	고헌	1979	6
아비	아버지		한국어	권덕규	1923ㄴ	126
api	아버지		한국어	金澤庄三郞	1914	219
api	아비		한국어	金澤庄三郞	1914	221
api	아버지		한국어	金澤庄三郞	1977	108
apǒ -chi	아버지		한국어	金澤庄三郞	1977	108
api	아버지	father	한국어	김동소	1972	137
apʌci	아버지	father	한국어	김동소	1972	137
아바님	아버지		한국어	김선기	1977ㅁ	351
아버지	아버지		한국어	김선기	1977ㅁ	351
아비	아버지		한국어	김선기	1977ㅁ	351
abaŋ	아버지		한국어	김선기	1977ㅁ	351
oto:	oto:sama		일본어	김선기	1977ㅁ	351
cici	아버지		일본어	김선기	1977ㅁ	352
aba-nim			한국어	김승곤	1984	228
アメ	아버지		일본어	박시인	1970	110
아비	아버지		한국어	박시인	1970	110
アマ	아버지		일본어	박시인	1970	110
abi	아비		한국어	박시인	1970	442
abu	아비		한국어	박시인	1970	442
ama	아비		일본어	박시인	1970	442
a-panim	아버지	der vater	한국어	白鳥庫吉	1914ㄴ	160
a-paczi	아버지	vater	한국어	白鳥庫吉	1914ㄴ	160
a-pö-czi	아버지	vater	한국어	白鳥庫吉	1914ㄴ	160
abaŋ	아버지		한국어	이숭녕	1956	107
abi	아버지		한국어	이숭녕	1956	107
titi	아버지	father	일본어	이용주	1980	80
'apǎ nī m	아바님	father	한국어	이용주	1980	80
マタボズ	증조부		일본어	이원진	1940	15
タイヌウヤ	兩親		일본어	이원진	1940	15
フタ - ず	兩親		일본어	이원진	1940	15
ウ - ジュ	조부		일본어	이원진	1940	15
ウシュマイ	조부		일본어	이원진	1940	15
ウブシュ	조부		일본어	이원진	1940	15
ウンユメ -	조부		일본어	이원진	1940	15
シュ -	조부		일본어	이원진	1940	15
ブザサ	伯父		일본어	이원진	1940	15
をボズ	조부		일본어	이원진	1940	15
アザ	兄		일본어	이원진	1940	15
アヒ	兄		일본어	이원진	1940	15
シジヤ	兄		일본어	이원진	1940	15
スウザ	兄		일본어	이원진	1940	15
す - ザ	兄		일본어	이원진	1940	15
ヤツテ	兄		일본어	이원진	1940	15
어시	아버지		한국어	이원진	1940	15
フツシユ	조부		일본어	이원진	1940	15
ブザ	伯父		일본어	이원진	1940	15
압	아버지		한국어	이원진	1940	15
ンチュ	伯父		일본어	이원진	1940	15
ウツチュ	大人		일본어	이원진	1940	15
ウフツチュ	大人		일본어	이원진	1940	15

표제어/어휘	의미		언어	저자	발간년도	쪽수
フツチュ	大人		일본어	이원진	1940	15
ウンテユ-	伯父		일본어	이원진	1940	15
ウツチュ	老人		일본어	이원진	1940	15
ブジャ	伯父		일본어	이원진	1940	15
ジュ-	아버지		일본어	이원진	1940	15
テヤ	아버지		일본어	이원진	1940	15
うジ	伯父		일본어	이원진	1940	15
ズザ	아버지		일본어	이원진	1940	15
アサ	아버지		일본어	이원진	1940	15
シュ-	아버지		일본어	이원진	1940	15
ウヤ	아버지		일본어	이원진	1940	15
アテ	아버지		일본어	이원진	1940	15
アツテヤ	아버지		일본어	이원진	1940	15
シュ-	조부		일본어	이원진	1951	15
ウ-ジュ	조부		일본어	이원진	1951	15
タイヌウヤ	兩親		일본어	이원진	1951	15
ウシュマイ	조부		일본어	이원진	1951	15
ウプシュ	조부		일본어	이원진	1951	15
ウンユメ-	조부		일본어	이원진	1951	15
フタ-ず	兩親		일본어	이원진	1951	15
フツシュ	조부		일본어	이원진	1951	15
をポズ	조부		일본어	이원진	1951	15
マタボズ	증조부		일본어	이원진	1951	15
アザ	兄		일본어	이원진	1951	15
アヒ	兄		일본어	이원진	1951	15
シジヤ	兄		일본어	이원진	1951	15
어시	아버지		한국어	이원진	1951	15
す-ザ	兄		일본어	이원진	1951	15
アテ	아버지		일본어	이원진	1951	15
ヤツテ	兄		일본어	이원진	1951	15
スウザ	兄		일본어	이원진	1951	15
うジ	伯父		일본어	이원진	1951	15
ウツチュ	老人		일본어	이원진	1951	15
ウツチュ	大人		일본어	이원진	1951	15
シュ-	아버지		일본어	이원진	1951	15
フツチュ	大人		일본어	이원진	1951	15
압	아버지		한국어	이원진	1951	15
ウンテユ-	伯父		일본어	이원진	1951	15
ブザ	伯父		일본어	이원진	1951	15
ブザサ	伯父		일본어	이원진	1951	15
テヤ	아버지		일본어	이원진	1951	15
ンチュ	伯父		일본어	이원진	1951	15
アサ	아버지		일본어	이원진	1951	15
アツテヤ	아버지		일본어	이원진	1951	15
ウヤ	아버지		일본어	이원진	1951	15
ジュ-	아버지		일본어	이원진	1951	15
ズザ	아버지		일본어	이원진	1951	15
ブジャ	伯父		일본어	이원진	1951	15
ウフツチュ	大人		일본어	이원진	1951	15
abə ji	아버지		한국어	長田夏樹	1964	119
아바	아버지		한국어	최현배	1927	6
아버지	아버지		한국어	최현배	1927	6
아부지	아버지		한국어	최현배	1927	6
아비	아버지		한국어	최현배	1927	6
아버지	아버지	father	한국어	홍기문	1934ㄷ	238
abŏ ji	아버지	Vater	한국어	Andre Eckardt	1966	228
abe̞ ni	아버지	the father	한국어	G. J. Ramstedt	1949	167

〈ㅇ〉 333

표제어/어휘		의미	언어	저자	발간년도	쪽수
aba-nim		the father	한국어	G. J. Ramstedt	1949	167
abani		the father	한국어	G. J. Ramstedt	1949	167
abaǯi	아버지	father	한국어	G. J. Ramstedt	1949	3
abi	아비	father	한국어	G. J. Ramstedt	1949	3
abẹǯi	아버지	father	한국어	G. J. Ramstedt	1949	3
abẹni	아버지	father	한국어	G. J. Ramstedt	1949	3
abẹn	아버지	father	한국어	G. J. Ramstedt	1949	3
abẹm	아버지	father	한국어	G. J. Ramstedt	1949	3
abaǯi	아버지	father	한국어	G. J. Ramstedt	1949	3
abanim	아버님	father	한국어	G. J. Ramstedt	1949	3
abi	아버지		한국어	Hulbert, H. B.	1905	
abaji	아버지		한국어	Hulbert, H. B.	1905	
abaji	아버지		한국어	Hulbert, H. B.	1905	116
abi	아버지		한국어	Hulbert, H. B.	1905	116
아서라						
na	아서라		일본어	김사엽	1974	431
tsö	아서라		일본어	김사엽	1974	431
a-so	아서라		한국어	김사엽	1974	431
asẹra	아서라	bring here	한국어	G. J. Ramstedt	1949	14
asẹra	아서라	stop! Quit it!	한국어	G. J. Ramstedt	1949	14
아아						
na-ni	아아		한국어	김사엽	1974	481
a-na-ni	아아		일본어	김사엽	1974	481
아우						
aki	아우		일본어	강길운	1981ㄱ	29
ak'i	아우		한국어	강길운	1981ㄱ	29
ak'i/äk'i	아우		한국어	강길운	1981ㄴ	11
ak'ï·äk'i	아우		한국어	강길운	1981ㄴ	4
aki	아우		일본어	강길운	1981ㄴ	4
ao	아우		한국어	강길운	1983ㄱ	29
ö-tö	아우		일본어	김사엽	1974	468
as	아우		한국어	김사엽	1974	468
otohito	아우		일본어	김선기	1977ㅁ	355
aza	아우		한국어	김선기	1977ㅁ	355
au	아우		한국어	김선기	1977ㅁ	355
otohi	아우		일본어	김선기	1977ㅁ	356
*asa	아우	younger brother	한국어	이기문	1958	106
asi	아우	younger brother	한국어	이기문	1958	106
azạ	아우	younger brother	한국어	이기문	1958	106
ase	아우		한국어	이숭녕	1956	151
akki	아우		한국어	이숭녕	1956	151
ao	아우	younger brother	한국어	G. J. Ramstedt	1949	12
au	아우	younger brother	한국어	G. J. Ramstedt	1949	12
asu	아우	younger brother	한국어	G. J. Ramstedt	1949	12
아욱						
afufi	아욱	marsh mallow	일본어	김공칠	1988	83
aok	아욱	marsh mallow	한국어	김공칠	1988	83
a-Fu-Fi	아욱		일본어	김사엽	1974	480
a-ok	아욱		한국어	김사엽	1974	480
apupi	아욱		일본어	송민	1965	43
ahok	아욱		한국어	송민	1965	43
afufi	아욱		일본어	송민	1973	53
aok	아욱		한국어	송민	1973	53

표제어/어휘		의미	언어	저자	발간년도	쪽수
aok < *abok	아욱	marshmallow	한국어	이기문	1958	105
abuk, abok	아욱	marshmallow	한국어	이기문	1958	105
아울다						
kʌlp	아울다		한국어	김사엽	1974	411
na-ra-bi	아울다		일본어	김사엽	1974	411
아이						
ahE	아이		한국어	강길운	1981ㄴ	4
ai-ai	아이		일본어	강길운	1981ㄴ	4
ai-ai	아이		일본어	강길운	1982ㄴ	16
ahʌi	아이		한국어	강길운	1982ㄴ	16
agi	아이		한국어	강길운	1983ㄱ	46
ella	어린애		한국어	강길운	1983ㄴ	108
ko		child	일본어	강영봉	1991	8
awi		child	한국어	강영봉	1991	8
(a)dal, adil,	아이	children	한국어	김공칠	1989	12
bo	아이	a baby	일본어	김공칠	1989	12
(ko-)domo	아이	children	일본어	김공칠	1989	12
ago	아이		일본어	김공칠	1989	9
aki	아이		한국어	김공칠	1989	9
ahä	아이	child(young person)	한국어	김동소	1972	137
ai	아이	child(young person)	한국어	김동소	1972	137
wotoko	아이		일본어	김선기	1977ㅂ	319
ko	아이	child	일본어	이기문	1963	101
kus	아이	child	한국어	이기문	1963	101
č ol-meŋ i	아이		한국어	이숭녕	1956	189
ahe i	아하ㅣ	child	한국어	이용주	1980	79
waraHa	아이	child	일본어	이용주	1980	79
waraHu	아이	child	일본어	이용주	1980	95
hekáttar	아이	child	일본어	이용주	1980	95
' ahe ˇ i	아이	child	한국어	이용주	1980	95
*-ku~^gu[仇]	아이	child	한국어	Christopher I. Beckwith	2004	120
*ku : ^gu	아이	child	한국어	Christopher I. Beckwith	2004	127
^kv [古]	아이	child	일본어	Christopher I. Beckwith	2004	127
ahä	아이	child, children	한국어	G. J. Ramstedt	1949	5
ahạ i	아이	child, children	한국어	G. J. Ramstedt	1949	5
a	아이	child, children	한국어	G. J. Ramstedt	1949	5
ahai, ahïi	아이	child	한국어	Johannes Rahder	1959	61
keming-en	아이	child	한국어	Johannes Rahder	1959	62
아자비						
wo-di	小父		일본어	김사엽	1974	376
a-č ʌ	小父, 伯		한국어	김사엽	1974	376
a-č ʌ -pi	小父, 伯		한국어	김사엽	1974	376
oʒ saŋ	아저씨		일본어	김승곤	1984	193
아전						
asomi	조정의 신하		일본어	김공칠	1989	6
achyön	조정의 신하		한국어	김공칠	1989	6
achyön	아전		한국어	宋敏	1969	88
asomi	아전		일본어	宋敏	1969	88

⟨ㅇ⟩ 335

표제어/어휘		의미	언어	저자	발간년도	쪽수
아주머니						
wo-ba	아주머니		일본어	김사엽	1974	468
a-čʌ-mi	아주머니		한국어	김사엽	1974	468
아직						
ajik	아직		한국어	강길운	1983ㄴ	137
imada	아직		일본어	김공칠	1989	6
mada	아직		일본어	김공칠	1989	6
mot	아직		한국어	김공칠	1989	6
a-č ik	아직	yet, up to this time	한국어	白鳥庫吉	1915ㄱ	3
ajik/아직	아직		한국어	Arraisso	1896	20
아첨						
ni-ku-ku	아첨		일본어	김사엽	1974	411
a-čʰjət	아첨		한국어	김사엽	1974	411
a-čʰjə	아첨		한국어	김사엽	1974	411
아침						
pʌlgi	아침		한국어	강길운	1987	27
asa	아침		일본어	김공칠	1989	4
acheːm	아침		한국어	김공칠	1989	4
a-tsa	아침		일본어	김사엽	1974	482
a-čʰʌm	아침		한국어	김사엽	1974	482
acām	아침		한국어	文和政	1981	176
asā	아침		일본어	文和政	1981	176
asa	아침		일본어	송민	1974	7
asita	아침		일본어	송민	1974	7
a'chɔm	아침		한국어	宋敏	1969	88
asa	아침	morning	일본어	宋敏	1969	88
achim	아침		한국어	宋敏	1969	88
ač'ɒm	아침		한국어	宋敏	1969	88
ać'am	아침		한국어	宋敏	1969	88
asa	아침		일본어	宋敏	1969	88
ač haːm	아침		한국어	宋敏	1969	88
ása	아침	morning	일본어	宋敏	1969	88
ac-eːm	아침		한국어	이숭녕	1956	133
acök	아침		한국어	이숭녕	1956	133
asa	아침		일본어	이용주	1980	106
acheːm	아침		한국어	이용주	1980	106
aӡeːk	아침	morning	한국어	G. J. Ramstedt	1949	3
aӡegi	아침	morning	한국어	G. J. Ramstedt	1949	3
ač hiːm	아침	morning	한국어	G. J. Ramstedt	1949	3
ač haːm	아침	morning	한국어	G. J. Ramstedt	1949	3
asu	내일	tomorrow	일본어	G. J. Ramstedt	1949	4
asa	아침	morning	일본어	G. J. Ramstedt	1949	4
yoake	새벽녘	daybreak	일본어	G. J. Ramstedt	1949	4
kại-toŋ	새벽	dawn	한국어	G. J. Ramstedt	1949	4
ats'a-n yuru	내일 저녁	tomorrow evening	일본어	G. J. Ramstedt	1949	4
atsa-n-yō-ni	내일 저녁	tomorrow evening	일본어	G. J. Ramstedt	1949	4
atsxám	아침	morning	한국어	Martin, S. E.	1966	198
atsxám	아침	morning	한국어	Martin, S. E.	1966	201
atsxám	아침	morning	한국어	Martin, S. E.	1966	204
atsxám	아침	morning	한국어	Martin, S. E.	1966	208
atsxám	아침	morning	한국어	Martin, S. E.	1966	215
atsxám	아침	morning	한국어	Martin, S. E.	1966	221
asa	아침		일본어	Martin, S. E.	1975	110
asa	아침		일본어	Martin, S. E.	1975	110

표제어/어휘	의미		언어	저자	발간년도	쪽수
asa	아침		일본어	Martin, S. E.	1975	110
schim	아침		한국어	Miller, R. A. 김방한 역	1980	154
asa	아침		일본어	Miller, R. A. 김방한 역	1980	154

아프다

표제어/어휘	의미		언어	저자	발간년도	쪽수
araka	아프다		일본어	강길운	1981ㄴ	7
ari-	아프다		한국어	강길운	1981ㄴ	7
ari-	아리다		한국어	강길운	1982ㄴ	16
araka	아프다		일본어	강길운	1982ㄴ	16
alh-	아프다	to have pains	한국어	김공칠	1989	17
いたむ	아프다		일본어	김사엽	1974	477
al-pʰï	아프다		한국어	김사엽	1974	477
ap-heu ta	아프다	to be sick	한국어	白鳥庫吉	1915ㄱ	2
ira-ira-suru	아프다, 따끔따끔하다		일본어	송민	1973	45
iranasi	마음이 아프다, 마음이 괴롭다		일본어	송민	1973	45
yam-	아프다	to be sick	일본어	송민	1974	14
al-kkin al-kkin	아프다	to smart, to be sore, to be sharp	한국어	G. J. Ramstedt	1949	13
aphi̯ da	아프다	to suffer, to be in pain	한국어	G. J. Ramstedt	1949	13
aphuda	아프다	to suffer, to be in pain	한국어	G. J. Ramstedt	1949	13
algin-algin	아프다	to smart, to be sore, to be sharp	한국어	G. J. Ramstedt	1949	13

아홉

표제어/어휘	의미		언어	저자	발간년도	쪽수
*doku	구		한국어	강길운	1979	9
ahop	아홉		한국어	김방한	1968	270
ahop	아홉		한국어	김방한	1968	271
ahob	아홉		한국어	김선기	1968ㄴ	51
kokonotu	아홉		일본어	김선기	1977	19
ahob	아홉		한국어	김선기	1977	19
エタリ	구		일본어	김선기	1977ㅅ	332
エタリ	구		한국어	김선기	1977ㅅ	332
kökönö-tu	구		일본어	김승곤	1984	256
ahop	구		한국어	김승곤	1984	256
ahu	아홉		한국어	박시인	1970	95
kokono	구		일본어	박시인	1970	95
oiropta	아홉	sich ablösen	한국어	白鳥庫吉	1914ㄴ	152
oinată I	아홉	neun	한국어	白鳥庫吉	1914ㄴ	152
ai kuköi	아홉	neun	한국어	白鳥庫吉	1914ㄴ	152
aisi-öi	아홉	neun	한국어	白鳥庫吉	1914ㄴ	152
oisang	아홉	neun	한국어	白鳥庫吉	1914ㄴ	152
agop	아홉	nine	한국어	이기문	1958	118
agup	아홉	nine	한국어	이기문	1958	118
ahop < *	아홉	nine	한국어	이기문	1958	118
ahop	아홉		한국어	村山七郎	1963	29
ahop	아홉		한국어	村山七郎	1963	29
kökönö-tn	아홉		일본어	村山七郎	1963	29
ahop	아홉		한국어	村山七郎	1963	29
aͅ hop		nine	한국어	G. J. Ramstedt	1949	65
aͅ hup		nine	한국어	G. J. Ramstedt	1949	65

아흔

표제어/어휘	의미		언어	저자	발간년도	쪽수
a-ha?n	아흔		한국어	김방한	1968	270

〈ㅇ〉 337

표제어/어휘	의미		언어	저자	발간년도	쪽수
ahan	아흔		한국어	김방한	1968	272
ahwn	아흔		한국어	김선기	1977	28
kokonosodi	아흔		일본어	김선기	1977	28
kokonosodz:	아흔		일본어	김선기	1977	32
ahobon	아흔		한국어	김선기	1977	32
아하(아래아)ㄴ	아흔		한국어	김선기	1977ㅈ	326
ahmn	아흔		한국어	최학근	1971	755
악기						
k'aŋ k'äŋ i	깡깽이		한국어	강길운	1983ㄴ	106
tuŋ gi-taŋ gi	거문고소리		한국어	강길운	1983ㄴ	109
k'aŋ k'ani	깽깽이		한국어	강길운	1983ㄴ	117
tuŋ gi-taŋ gi	탄금소리		한국어	강길운	1983ㄴ	121
t'uŋ gi	퉁기다		한국어	강길운	1983ㄴ	122
tuŋ gi-taŋ gi	둥기당기		한국어	강길운	1983ㄴ	123
あく	악기		일본어	김사엽	1974	483
ak-kïj	악기		한국어	김사엽	1974	483
악세						
akuse	악세		일본어	고창식	1976	25
악세	악세		한국어	고창식	1976	25
안						
啄評	마을 안		한국어	강길운	1979	13
onna	안		일본어	강길운	1982ㄴ	17
an	안		한국어	강길운	1982ㄴ	17
ani	주거		일본어	강길운	1982ㄴ	17
안ㅎ	안		한국어	김공칠	1980	93
ucinohe	안		일본어	김공칠	1980	93
ana	구멍	hole	일본어	김공칠	1988	83
an(h)	안	interior, inside	한국어	김공칠	1988	83
suki	안		일본어	김공칠	1989	4
sok	안		한국어	김공칠	1989	4
an	속에	in	한국어	김동소	1972	138
an	속에	in	한국어	김동소	1972	138
u-ti	안		일본어	김사엽	1974	473
an	안		한국어	김사엽	1974	473
utu	안		일본어	大野晋	1980	19
an	안	inside, interior, within	한국어	白鳥庫吉	1915ㄱ	1
an	안	not, usually marking unwillingness	한국어	白鳥庫吉	1915ㄱ	1
aná	안		일본어	宋敏	1969	88
anh	안		한국어	宋敏	1969	88
an	안		한국어	이숭녕	1956	136
^na[那]	안	in, inside	한국어	Christopher I. Beckwith	2004	110
^na [那]	안, 가운데	inside, middle	일본어	Christopher I. Beckwith	2004	132
*na : ^na	안	in, inside	한국어	Christopher I. Beckwith	2004	132
^naka~^nay	안, 가운데, 사이, 반	inside, middle, in between, half	일본어	Christopher I. Beckwith	2004	133
sō ,sok	안	the down house	한국어	G. J. Ramstedt	1939ㄴ	460
anhä	안에	in	한국어	G. J. Ramstedt	1949	10
kį -sai	지금까지	up to now, till now	한국어	G. J. Ramstedt	1949	10
i-sai	지금까지	up to now, till now	한국어	G. J. Ramstedt	1949	10
anphat	안팎	the in-and the outside	한국어	G. J. Ramstedt	1949	10

표제어/어휘		의미	언어	저자	발간년도	쪽수
an-pat	안팎	the in-and the outside	한국어	G. J. Ramstedt	1949	10
an-č č ok	안쪽	the inner part, the inside, the right	한국어	G. J. Ramstedt	1949	10
anhi ̣ ro	안으로	the inner way	한국어	G. J. Ramstedt	1949	10
ā n	안건	the case, the suite, the law, the right view of	한국어	G. J. Ramstedt	1949	10
an-kkan	안 칸	the inner room, the women	한국어	G. J. Ramstedt	1949	10
an	안	the inside, the interior	한국어	G. J. Ramstedt	1949	10
ā n	안	the front view	한국어	G. J. Ramstedt	1949	10
an	안	not, no	한국어	G. J. Ramstedt	1949	10
an	안	not	한국어	G. J. Ramstedt	1949	10
an-č č ak	안쪽	the inner part, the inside, the right	한국어	G. J. Ramstedt	1949	10
an	안	inside	한국어	Hulbert, H. B.	1905	
anx(a)	안	interior	한국어	Martin, S. E.	1966	198
naxa	안	interior	한국어	Martin, S. E.	1966	204
naxa	안	interior	한국어	Martin, S. E.	1966	206
anx(a)	안	interior	한국어	Martin, S. E.	1966	207
anx(a)	안	interior	한국어	Martin, S. E.	1966	215
naxa	안	interior	한국어	Martin, S. E.	1966	215
anx(a)	안	interior	한국어	Martin, S. E.	1966	222
naxa	안	interior	한국어	Martin, S. E.	1966	223
naxa	안	interior	한국어	Martin, S. E.	1966	224

안개
kiri		fog	일본어	강영봉	1991	9
주메		fog	한국어	강영봉	1991	9
ankɛ	안개	fog	한국어	김동소	1972	138
ankɛ	안개	fog	한국어	김동소	1972	138
an-gai	안개		한국어	이숭녕	1956	167
kïri	안개	fog	일본어	이용주	1980	81
' ā nkā i	안개	fog	한국어	이용주	1980	81
jengi	안개	smoke	한국어	長田夏樹	1966	83
kemuri	안개	smoke	일본어	長田夏樹	1966	83

안다
いだく	안다		일본어	김사엽	1974	477
an	안다		한국어	김사엽	1974	477
anda	안다		한국어	김승곤	1984	231
kakaFë	안다		일본어	송민	1974	7
angida	안기다	to give in the arms, to be held in the arms	한국어	G. J. Ramstedt	1949	11
anda	안다	to hold in the arms	한국어	G. J. Ramstedt	1949	11
anda	안다	to hold in the arms	한국어	G. J. Ramstedt	1949	11
an	안다	touch, embrace	한국어	Hulbert, H. B.	1905	120

안장
kura	안장		일본어	김공칠	1989	5
kirɯma	안장		한국어	김공칠	1989	5
so-pu-ri	소부리	Sattelkissen	한국어	白鳥庫吉	1915ㄴ	316
karïa	안장		일본어	송민	1973	34
kura	안장		일본어	송민	1973	34

앉다
anu	두다		일본어	강길운	1982ㄴ	16
anj-	앉다		한국어	강길운	1982ㄴ	16
amse	좌석		일본어	강길운	1982ㄴ	16

표제어/어휘		의미	언어	저자	발간년도	쪽수
an-/anci-		to sit	한국어	강영봉	1991	11
wir-		to sit	일본어	강영봉	1991	11
anc-	앉다	sit	한국어	김동소	1972	140
anc-	앉다	sit	한국어	김동소	1972	140
すわる	앉다		일본어	김사엽	1974	432
anč	앉다		한국어	김사엽	1974	432
anJ	앉다	sit	한국어	김선기	1968ㄱ	41
suwaru	자동사		일본어	김선기	1968ㄱ	41
suwa rasu	타동사		일본어	김선기	1968ㄱ	41
wiru	앉다	to sit	일본어	이용주	1980	82
a'ntʃă'is-	안자잇다	to sit	한국어	이용주	1980	82
antta	앉다	to sit, to be seated	한국어	G. J. Ramstedt	1949	11

알
pondogi	번데기		한국어	강길운	1987	26
arafa	발견되다	be found	일본어	김공칠	1988	83
arh	알	egg	한국어	김공칠	1988	83
al	알	egg	한국어	김동소	1972	137
al	알	egg	한국어	김동소	1972	137
tamago	알	egg	일본어	김선기	1968ㄱ	29
ar	알	egg	한국어	김선기	1968ㄱ	29
arh	알		한국어	송민	1973	36
ara	알	rough, coarse, sparse, stripped	일본어	宋敏	1969	89
al	알	bare, naked, stripped	한국어	宋敏	1969	89
ko	알	egg	일본어	이용주	1980	81
'ăr	알	egg	한국어	이용주	1980	81
tamago	알	egg	일본어	長田夏樹	1966	82
al	알	egg	한국어	長田夏樹	1966	82
al	알	Same, Getreide	한국어	G. J. Ramstedt	1939ㄱ	484
al	알	egg, ball, spawn	한국어	G. J. Ramstedt	1949	6
al	알	seed, grain, corn	한국어	G. J. Ramstedt	1949	6
al	알	egg, ball	한국어	G. J. Ramstedt	1949	6
talg-al	달걀	hen's egg	한국어	G. J. Ramstedt	1949	6
al-patta	알	to be round, short and stout	한국어	G. J. Ramstedt	1949	6
toŋ	찬	cold	한국어	G. J. Ramstedt	1949	7
ar(a)-	알	bare	한국어	Martin, S. E.	1966	209
ar(a)-	알	bare	한국어	Martin, S. E.	1966	215
ar(a)-	알	bare	한국어	Martin, S. E.	1966	222

알다
kɯr	알다		한국어	강길운	1977	15
sir		to know	일본어	강영봉	1991	10
al-		to know	한국어	강영봉	1991	10
al-	알다	know	한국어	김동소	1972	138
al-	알다	know	한국어	김동소	1972	138
si-ra	알다		일본어	김사엽	1974	437
al	알다		한국어	김사엽	1974	437
siru	알다	know	일본어	김선기	1968ㄱ	40
ar	알다	know	한국어	김선기	1968ㄱ	40
알다	알다		한국어	김선기	1979ㄱ	370
alda	알다		한국어	김승곤	1984	230
sir	알다	know	일본어	宋敏	1969	89
al-	알다	know	한국어	宋敏	1969	89
siru	알다	to know	일본어	이용주	1980	82
'ăr-	알다	to know	한국어	이용주	1980	82

표제어/어휘		의미	언어	저자	발간년도	쪽수
ˈerámán	알다	to know	일본어	이용주	1980	95
siru	알다	to know	일본어	이용주	1980	95
ˈār-	알다	to know	한국어	이용주	1980	95
al	알다	wissen, kennen	한국어	G. J. Ramstedt	1939ㄱ	481
alda	알다	to know, to think	한국어	G. J. Ramstedt	1949	13
aṛi n-thjẹ i	아는 체하다	to meddle, to interfere	한국어	G. J. Ramstedt	1949	14
alda	알다	to know, to understand, to be acquainted with	한국어	G. J. Ramstedt	1949	7
ā da	알다	to know, to understand, to be acquainted with	한국어	G. J. Ramstedt	1949	7
al	알다	to know	한국어	Hulbert, H. B.	1905	
al	알다		한국어	Hulbert, H. B.	1905	118
syɔ r-	알다	know	한국어	Martin, S. E.	1966	209
syɔ r-	알다	know	한국어	Martin, S. E.	1966	211
syɔ r-	알다	know	한국어	Martin, S. E.	1966	219

암

imo	암	female	일본어	金澤庄三郎	1910	9
am	암	female	한국어	金澤庄三郎	1910	9
am	여자		한국어	金澤庄三郎	1914	220
am	암		한국어	金澤庄三郎	1914	221
am	암		한국어	김계원	1967	17
imo	처, 누이		일본어	김계원	1967	17
me	암		일본어	김사엽	1974	383
am	암		한국어	김사엽	1974	383
am	암		한국어	宋敏	1969	89
am	암	femelle	한국어	宋敏	1969	89
me	암	femme	일본어	宋敏	1969	89
imo	암		일본어	宋敏	1969	89
am-khä	암캐	bitch	한국어	G. J. Ramstedt	1949	9
amä	어미	mother	한국어	G. J. Ramstedt	1949	9
amtalk	암탉	a hen	한국어	G. J. Ramstedt	1949	9
amkä	암캐	bitch	한국어	G. J. Ramstedt	1949	9
am-š wä	암소	a cow	한국어	G. J. Ramstedt	1949	9
am-soi	암소	a cow	한국어	G. J. Ramstedt	1949	9
am-so	암소	a cow	한국어	G. J. Ramstedt	1949	9
amswä	암	the hollow part of a hinge	한국어	G. J. Ramstedt	1949	9
am-	암	female	한국어	G. J. Ramstedt	1949	9
am-thalk	암탉	a hen	한국어	G. J. Ramstedt	1949	9
am	긍정적 대답	yes	한국어	Hulbert, H. B.	1905	123
imo	암	female	일본어	Kanazawa, S	1910	7
am	암	female	한국어	Kanazawa, S	1910	7
mica	암		일본어	Martin, S. E.	1975	110
mye	암		일본어	Martin, S. E.	1975	110
mesu	암		일본어	Martin, S. E.	1975	110

압박

압박	압박		한국어	고창식	1976	25
appaku	압박		일본어	고창식	1976	25

앙금

おり	앙금		일본어	김사엽	1974	467
mu-li	앙금		한국어	김사엽	1974	467

앞

nim	앞		한국어	강길운	1981ㄱ	32
erupš i	앞		일본어	강길운	1982ㄴ	20

⟨ㅇ⟩ 341

표제어/어휘	의미		언어	저자	발간년도	쪽수
alp'	앞		한국어	강길운	1982ㄴ	20
erupš i	앞		일본어	강길운	1982ㄴ	36
alp'	앞		한국어	강길운	1982ㄴ	36
mahe	앞		일본어	김공칠	1980	93
앎	앞		한국어	김공칠	1980	93
zuə l	前, 南		한국어	김방한	1980	17
ma-Fe	앞		일본어	김사엽	1974	388
alpʰ	앞		한국어	김사엽	1974	388
ap	앞		한국어	김승곤	1984	232
mah	앞		한국어	송민	1973	53
mafe	앞		일본어	송민	1973	53
mápe	앞		일본어	宋敏	1969	89
alph	앞	front	한국어	宋敏	1969	89
*kor : ^kwan	앞	front	한국어	Christopher I. Beckwith	2004	126
aräe	앞	front, forehead	한국어	G. J. Ramstedt	1939ㄴ	460
are(arä)	앞	the in and out of	한국어	G. J. Ramstedt	1939ㄴ	460
ap-	앞	in the fore, before, for	한국어	G. J. Ramstedt	1949	12
aphä	앞에	(locative) in the fore, before, for	한국어	G. J. Ramstedt	1949	12
aphe	앞에	(locative) in the fore, before, for	한국어	G. J. Ramstedt	1949	12
aph̲i ro	앞으로	(a moving) along the frontside, from before,	한국어	G. J. Ramstedt	1949	12
alpxye	앞	front	한국어	Martin, S. E.	1966	198
alpxye	앞	front	한국어	Martin, S. E.	1966	199
alpxye	앞	front	한국어	Martin, S. E.	1966	204
alpxye	앞	front	한국어	Martin, S. E.	1966	211
alpxye	앞	front	한국어	Martin, S. E.	1966	214
alpxye	앞	front	한국어	Martin, S. E.	1966	215

애쓰다

| tu-ka-re | 애쓰디 | | 일본어 | 김사엽 | 1974 | 423 |
| kʌ s-kʌ | 애쓰다 | | 한국어 | 김사엽 | 1974 | 423 |

앵도

| ゆすら | 山櫻桃 | | 일본어 | 김사엽 | 1974 | 380 |
| i-sï-las | 櫻桃 | | 한국어 | 김사엽 | 1974 | 380 |

앵두

カマ	앵두		한국어	宮崎道三郎	1906	21
이스랏	앵두		한국어	권덕규	1923ㄴ	127
ユズラ	앵두		일본어	권덕규	1923ㄴ	127
ユズラ	앵두		일본어	이명섭	1962	6
*sakura ~	앵두	cherry	일본어	Christopher I. Beckwith	2004	136

야

yä	야	상대호칭	한국어	강길운	1982ㄴ	25
yai	야	상대호칭	일본어	강길운	1982ㄴ	25
ya/yä	야, 애	상대호칭	한국어	강길운	1982ㄴ	33
yai	야	상대호칭	일본어	강길운	1982ㄴ	33
야야	야야(부르는 말)		한국어	이원진	1940	18
イエ -	おいおい		일본어	이원진	1940	18
イエ - イエ	もしもし		일본어	이원진	1940	18
イヤ - イヤ	もしもし		일본어	이원진	1940	18

표제어/어휘		의미	언어	저자	발간년도	쪽수
イヤ-	おいおい		일본어	이원진	1951	18
イエ-イエ	もしもし		일본어	이원진	1951	18
イエ-	おいおい		일본어	이원진	1951	18
야야	야야(부르는 말)		한국어	이원진	1951	18
イヤ-イヤ	もしもし		일본어	이원진	1951	18
야구						
yagu	야구		일본어	고창식	1976	25
야구	야구		한국어	고창식	1976	25
야들야들						
riten	부드럽다		일본어	강길운	1982ㄴ	33
*nyatu r-	야들야들		한국어	강길운	1982ㄴ	33
야생거위						
kari	야생거위	the wild goose	일본어	김공칠	1989	13
kari	야생거위	the wild goose	한국어	김공칠	1989	13
야생의						
ara	야생의	wild	일본어	김공칠	1989	17
*yar[也尸]	야생의	wild	한국어	Christopher I. Beckwith	2004	112
야차						
sasu	야차		일본어	강길운	1980	18
jyaksar	야차		한국어	강길운	1980	18
야청빛						
kul	야청빛		한국어	김공칠	1989	6
kuru	야청빛		일본어	김공칠	1989	6
약두구리						
tum	약두구리		한국어	김사엽	1974	419
tu-Fu	약두구리		일본어	김사엽	1974	419
약병						
tsurube	약병		일본어	김공칠	1989	9
turepak	약병		한국어	김공칠	1989	9
약하다						
saure	약하다		일본어	강길운	1981ㄴ	9
saü-	사위다		한국어	강길운	1982ㄴ	16
saure	약하다		일본어	강길운	1982ㄴ	16
saure	약하다		일본어	강길운	1982ㄴ	36
saü-	사위다		한국어	강길운	1982ㄴ	36
nyę rp-	약하다	to be thin	한국어	이기문	1958	116
jak hạ da	약하다	to be weak, to be fragile, to be feeble	한국어	G. J. Ramstedt	1949	74
얇다						
yə lb-	얇다		한국어	강길운	1980	18
jʌ lp-	얇은	thin	한국어	김동소	1972	141
jalp-	얇은	thin	한국어	김동소	1972	141
ö-ri ta	어리다	to be young, to be youthful	한국어	白鳥庫吉	1916ㄴ	318
öl-tteu ta	얼뜨다	to be foolish, to be stupid	한국어	白鳥庫吉	1916ㄴ	318
yalp ta	얇다	To be thin, to lack	한국어	白鳥庫吉	1916ㄴ	318

표제어/어휘		의미	언어	저자	발간년도	쪽수
yal-kut ta	얄궂다	to be droll, to be odd, to be peculiar	한국어	白鳥庫吉	1916ㄴ	318
ya reut hă ta	야룻하다	to be droll, to be odd, to be peculiar	한국어	白鳥庫吉	1916ㄴ	318
yölp ta	엷다	to be thin	한국어	白鳥庫吉	1916ㄴ	318
jalb	얇다		한국어	이숭녕	1955	16
asa-	얇다		일본어	이숭녕	1955	16
a-su	얇다		일본어	이숭녕	1955	16
ususi	얇다	thin	일본어	이용주	1980	83
' yə̄rp-	엷다	thin	한국어	이용주	1980	83
jalpta	얇다	to be thin, to lack thickness	한국어	G. J. Ramstedt	1949	75
jalpta		to be thin, to lack thickness	한국어	G. J. Ramstedt	1949	75
japta		to be thin, to lack thickness	한국어	G. J. Ramstedt	1949	75
jaltta		to be thin, to lack thickness	한국어	G. J. Ramstedt	1949	75
japta		thin	한국어	G. J. Ramstedt	1949	82
양						
jə m	양		한국어	김방한	1978	44
yang	양	The first stomach-of a cow	한국어	白鳥庫吉	1916ㄴ	318
jagi	양		일본어	송민	1973	33
a̧ -jaŋ	아기 양	a lamb	한국어	G. J. Ramstedt	1949	75
jan		sheep	한국어	G. J. Ramstedt	1949	75
얕다						
asasi	얕다		일본어	김공칠	1988	199
njə ta	얕다		한국어	김공칠	1988	199
se	얕은	shallows	일본어	김공칠	1989	17
yëul, sëil	얕은	shallows	한국어	김공칠	1989	17
asa	얕다		일본어	김공칠	1989	20
yaya	얕다		한국어	김공칠	1989	20
jatʰ	얕다		한국어	김사엽	1974	381
やつ	얕다		일본어	김사엽	1974	381
yə t	얕다		한국어	文和政	1981	178
ösö~asa	얕다		일본어	文和政	1981	178
asa	얕다		일본어	宋敏	1969	88
yas	얕다		한국어	宋敏	1969	88
yŭ s	얕다		한국어	宋敏	1969	88
asa-ki	얕다	shallow	일본어	宋敏	1969	88
yas-	얕다		한국어	村山七郎	1963	27
asa	얕다		일본어	村山七郎	1963	27
yaya	얕다		한국어	村山七郎	1963	27
asaki	얕다	shallow	일본어	Aston	1879	23
yŭ s	얕다	shallow	한국어	Aston	1879	23
*pirar[比烈]	얕다	shallow	한국어	Christopher I. Beckwith	2004	134
*pirar : ^piliar	얕다	shallow	한국어	Christopher I. Beckwith	2004	135
jatta		to be shallow, to lack depth, to be low, to be flat	한국어	G. J. Ramstedt	1949	76
어그러지다						
sasu	어그러지다		일본어	김공칠	1989	7

표제어/어휘	의미		언어	저자	발간년도	쪽수
ssusi	어그러지다		한국어	김공칠	1989	7
어금니						
ikui-nimak	어금니		일본어	강길운	1981ㄴ	4
ə gum-ni	어금니		한국어	강길운	1981ㄴ	4
ikui-nimak	어금니		일본어	강길운	1982ㄴ	22
ə gum-ni	어금니		한국어	강길운	1982ㄴ	22
ikui-nimak	어금니		일본어	강길운	1982ㄴ	37
ə gum-ni	어금니		한국어	강길운	1982ㄴ	37
ëkïm	어금니	molar canine tooth	한국어	김공칠	1989	16
きば	어금니		일본어	김사엽	1974	456
ə m-ni	어금니		한국어	김사엽	1974	456
kiba	어금니		일본어	신용태	1987	131
ökï	어금니,어그러츠다		한국어	신용태	1987	131
ki	어금니,이		일본어	신용태	1987	131
*ki[岐]	어금니	canine tooth	일본어	Christopher I. Beckwith	2004	111
*keyr[皆尸]	어금니	canine tooth	한국어	Christopher I. Beckwith	2004	111
*ki ~ ^gi [岐]	어금니	canine tooth	일본어	Christopher I. Beckwith	2004	125
*keyr :	어금니	canine tooth	한국어	Christopher I. Beckwith	2004	125
어긋다						
a/ëkïs	어긋다	a little openm apart	한국어	宋敏	1969	89
ak-	어긋다	open	일본어	宋敏	1969	89
어기다						
ewen	어기다		일본어	강길운	1981ㄴ	8
ö-	어기다. 아니다		한국어	강길운	1981ㄴ	8
kɯrɯ-	어기다		한국어	강길운	1983ㄱ	37
ta-ga-Fi	어기다		일본어	김사엽	1974	429
ə -kïj	어기다		한국어	김사엽	1974	429
a-ya-ma-to	어기다		일본어	김사엽	1974	479
ə -kï-lï-čʰï	어기다		한국어	김사엽	1974	479
어느						
ne-	어느		일본어	강길운	1981ㄱ	30
ə nɯ	어느		한국어	강길운	1981ㄱ	30
ə nɯ	어느		한국어	강길운	1981ㄱ	32
ə nɯ	어느		한국어	강길운	1982ㄴ	22
anun	다른 사람		일본어	강길운	1982ㄴ	22
ə nɯ	어느		한국어	강길운	1983ㄴ	127
idu-ti	어느		일본어	김공칠	1989	14
ə -nï	어느		한국어	김사엽	1974	414
na-ni	어느		일본어	김사엽	1974	414
ẹ nạ -sai	어느새	ahead of time, beforehand, already, soon	한국어	G. J. Ramstedt	1949	55
ẹ lmā	얼마	how much	한국어	G. J. Ramstedt	1949	55
wä	왜	why	한국어	G. J. Ramstedt	1949	55
ẹ n-ʒ ē	언제	when, some time	한국어	G. J. Ramstedt	1949	55
ẹ nạ ttä	어느 때	at what time, sometimes	한국어	G. J. Ramstedt	1949	55
ẹ nạ -		what, some	한국어	G. J. Ramstedt	1949	55
ẹ nạ -sä	어느새	ahead of time, beforehand, already, soon	한국어	G. J. Ramstedt	1949	55
ẹ nị -		what, some	한국어	G. J. Ramstedt	1949	55

표제어/어휘		의미		언어	저자	발간년도	쪽수

어느 곳
| i-du-ku | 어느곳 | | | 일본어 | 김사엽 | 1974 | 477 |
| ə-tʌ-mə j | 어느곳 | | | 한국어 | 김사엽 | 1974 | 477 |

어둠
| kurasi | 어두움 | | | 일본어 | 김승곤 | 1984 | 200 |
| kömtä ing | 어둠 | zorn | | 한국어 | 白鳥庫吉 | 1914ㄷ | 323 |

어둡다
ə dɯ β -	어둡다			한국어	강길운	1983ㄴ	108
ə dɯ k-ə dɯ k	어둑어득			한국어	강길운	1983ㄴ	108
isɯ k-hʌ -	이슥다			한국어	강길운	1983ㄴ	110
ə dɯ k-ə jɯ k	어득어득			한국어	강길운	1983ㄴ	123
ə dɯ β -	어둡다			한국어	강길운	1983ㄴ	123
ə dɯ -β -	어둡다			한국어	강길운	1983ㄴ	137
ʌ tup-	어두운	dark		한국어	김동소	1972	137
ʌ tup-	어두운	dark		한국어	김동소	1972	137
ə -tïp	어둡다			한국어	김사엽	1974	450
くらい	어둡다			일본어	김사엽	1974	450
otup ta	어둡다	To be dark, to be dim, to be obscure		한국어	白鳥庫吉	1914ㄱ	159
öduk	어둑			한국어	이숭녕	1956	149
ödüp	어둡다			한국어	이숭녕	1956	149
kurasi	어둡다	dark		일본어	이용주	1980	84
ə tuˇ v-	어둡ㅇ	dark		한국어	이용주	1980	84
sírkunne	어둡다	dark		일본어	이용주	1980	95
kurasi	어둡다	dark		일본어	이용주	1980	95
' atuˇ v-	어둡다	dark		한국어	이용주	1980	95
ẹ dū n-l		a fool, an idiot		한국어	G. J. Ramstedt	1949	51
ẹ dupta		to be dark, to be dim		한국어	G. J. Ramstedt	1949	51
ẹ dị kẹ dị k	어둑어둑하다	to be dark, to be dim		한국어	G. J. Ramstedt	1949	51

어디
어드	어디			한국어	깅길운	1987	15
nu	어디			한국어	김공칠	1989	14
iduko	어디			일본어	김공칠	1989	14
ʌ tä	어디에	where?		한국어	김동소	1972	141
ʌ ti	어디에	where?		한국어	김동소	1972	141
i-du	어디			일본어	김사엽	1974	477
ə -tï-lə	어디			한국어	김사엽	1974	477
ə -tïj	어디			한국어	김사엽	1974	477
i-du-re	어디			일본어	김사엽	1974	477
iduku	어디			일본어	大野晋	1980	19
iduku	어디	where		일본어	이용주	1980	101
etyi	어디	where		한국어	이용주	1980	101
ə tuˇ i	어듸	where		한국어	이용주	1980	85
iduku	어디	where		일본어	이용주	1980	85

어디로
| 어드러 | 어디로 | | | 한국어 | 강길운 | 1987 | 15 |
| idu-ti | 어디로 | in what direction | | 일본어 | 김공칠 | 1989 | 18 |

어떻게
ə t' ə n		how		한국어	강영봉	1991	10
ika/adoka		how		일본어	강영봉	1991	10
ëttë	어떻게	in what manner		한국어	김공칠	1989	18
ʌ ʔ ci	어떻게	how		한국어	김동소	1972	138

표제어/어휘		의미	언어	저자	발간년도	쪽수
ʌ ttʌ hke	어떻게	how	한국어	김동소	1972	138
ika	어떻게		일본어	大野晋	1980	19
öttöŋ	어떻게		한국어	이숭녕	1956	128
ikani	어떻게	how	일본어	이용주	1980	101
estjei	어떻게	how	한국어	이용주	1980	101
ikani	어떻게	how	일본어	이용주	1980	84
ēstyă i	엇데	how	한국어	이용주	1980	84
어떻다						
idsu	어떻다	how	일본어	金澤庄三郎	1910	31
öt	어떻다	how	한국어	金澤庄三郎	1910	31
idsu	어떻다	how	일본어	Kanazawa, S	1910	18
öt	어떻다	how	한국어	Kanazawa, S	1910	18
어렵다						
jodɯ ri-	어렵다		한국어	강길운	1983ㄱ	23
ka-ta-si	어렵다		일본어	김사엽	1974	462
skə l-pi	어렵다		한국어	김사엽	1974	462
ö-ryö hi	어렵게	with difficult, with labor	한국어	白鳥庫吉	1914ㄱ	156
al-tteul hă to	어렵다	exceedingly, very, extremely	한국어	白鳥庫吉	1914ㄱ	157
al-keun al-	어렵다	to be in pain, to be sore, to be sharp	한국어	白鳥庫吉	1914ㄱ	157
ö-ryöp ta	어렵다	To be difficult, to be hard	한국어	白鳥庫吉	1914ㄱ	157
öl-öl hă ta	어렵다	to be acrid, to be srtringent	한국어	白鳥庫吉	1914ㄱ	157
ẹ rjẹ pta		to be difficult, to be hard, to be in distress	한국어	G. J. Ramstedt	1949	56
ẹ rjẹ pta	어렵다	difficult	한국어	G. J. Ramstedt	1949	56
어르다						
ọ rŭ -da	어르다		한국어	이숭녕	1955	16
aza-fu	어르다		일본어	이숭녕	1955	16
ēru-	어르다	to be old	한국어	G. J. Ramstedt	1928	82
ẹ llida		to charm	한국어	G. J. Ramstedt	1949	57
ẹ lluda		to lead on; to entertain, to entice	한국어	G. J. Ramstedt	1949	57
ẹ ruda		to lead on; to entertain, to entice	한국어	G. J. Ramstedt	1949	57
어른						
bek	어른		한국어	강길운	1977	14
ŏ rʌ n	어른		한국어	김공칠	1989	19
örun	어른		한국어	김공칠	1989	8
於羅	於羅瑕		한국어	김선기	1976ㄴ	328
어른	어른		한국어	김선기	1976ㄴ	328
arudzi	어른		일본어	김선기	1976ㄴ	328
ö-rum	어른	An elder, an adult-on wearing a top knot, a Father, Sir	한국어	白鳥庫吉	1914ㄱ	156
ö-ru-sin-nöi	어른		한국어	白鳥庫吉	1914ㄱ	156
ëlïn	어른	adult	한국어	宋敏	1969	89
oyá	어른	parent	일본어	宋敏	1969	89
ọ r-ŭ n	어른		한국어	이숭녕	1955	16
osa	어른		일본어	이숭녕	1955	16
osa-si	어른		일본어	이숭녕	1955	16

표제어/어휘		의미	언어	저자	발간년도	쪽수
어리						
wö-ri	어리		일본어	김사엽	1974	467
ə-li	어리		한국어	김사엽	1974	467
어리다						
ö-rin köt	어리다	A child, a baby	한국어	白鳥庫吉	1914ㄱ	155
ö-rin ă-hă i	어리다	A child, a baby	한국어	白鳥庫吉	1914ㄱ	155
ö-ryö syö	어리다	from child, from infancy	한국어	白鳥庫吉	1914ㄱ	155
ö-ri ta	어리다	To be young; to be youthful	한국어	白鳥庫吉	1914ㄱ	155
ör	어리다		한국어	宋敏	1969	89
örisyök	어리다		한국어	宋敏	1969	89
oroka	어리다		일본어	宋敏	1969	89
öröka	어리다		일본어	宋敏	1969	89
ë"li-	어리다		한국어	宋敏	1969	89
어리석다						
rusak	어리석다		일본어	강길운	1981ㄴ	10
ə risə g-	어리석다		한국어	강길운	1981ㄴ	10
ə-lin	幼, 愚		한국어	김사엽	1974	376
wo-tsa-na-si	幼, 少, 不賢		일본어	김사엽	1974	376
ö-rö	어리석다		일본어	김사엽	1974	467
ə-li	어리석다		한국어	김사엽	1974	467
asato-si	어리석다		일본어	大野晋	1980	15
ery(o)	어리석다	stupid	한국어	Martin, S. E.	1966	198
ery(o)-	어리석다	stupid	한국어	Martin, S. E.	1966	213
ery(o)-	어리석다	stupid	한국어	Martin, S. E.	1966	214
ery(o)-	어리석다	stupid	한국어	Martin, S. E.	1966	218
ery(o)-	어리석다	stupid	한국어	Martin, S. E.	1966	222
어린아이						
agı	어린아이		한국어	강길운	1983ㄴ	106
agı	이린애		한국어	강길운	1983ㄴ	119
^kʊ [古]	어린아이	child	일본어	Christophor I. Beckwith	2004	111
*ku[仇]	어린아이	child	한국어	Christopher I. Beckwith	2004	111
^kʊ [古]	어린아이	child	일본어	Christopher I. Beckwith	2004	115
*ku[仇]	어린아이	child	한국어	Christopher I. Beckwith	2004	115
어림						
ə-lim	어림		한국어	김사엽	1974	481
a-ta-Fi	어림		일본어	김사엽	1974	481
어머니						
ə mi	어미		한국어	강길운	1981ㄱ	31
unu	어머니		일본어	강길운	1981ㄴ	4
ə mi	어미		한국어	강길운	1983ㄴ	134
ə mi	어미		한국어	강길운	1983ㄴ	138
fafa/omo		mother	일본어	강영봉	1991	10
ə mə ŋ		mother	한국어	강영봉	1991	10
어미	어머니		한국어	권덕규	1923ㄴ	126
ヲモ	어머니		일본어	권덕규	1923ㄴ	126
ömi	어미	mother	한국어	金澤庄三郞	1910	11
omo	어미	mother	일본어	金澤庄三郞	1910	11

표제어/어휘		의미	언어	저자	발간년도	쪽수
ömi	어미		한국어	金澤庄三郎	1914	221
kŭn-ŏm	본처		한국어	金澤庄三郎	1977	110
am	암컷		한국어	金澤庄三郎	1977	110
ómi	어머니		한국어	金澤庄三郎	1977	110
kŭn-ŏmi	본처		한국어	金澤庄三郎	1977	111
han-ŭm	어머니		한국어	金澤庄三郎	1977	111
omo	어미		일본어	김계원	1967	17
om	어미		한국어	김계원	1967	17
amötozi	어머니	mother	일본어	김공칠	1988	83
ə manim	어머니	mother	한국어	김공칠	1988	83
papa	어머니		한국어	김공칠	1989	19
fafa	어머니		일본어	김공칠	1989	19
omo	어머니		일본어	김공칠	1989	5
ə mə	어머니		한국어	김공칠	1989	5
ʌmʌni	어머니	mother	한국어	김동소	1972	139
ʌmi	어머니	mother	한국어	김동소	1972	139
ə-ma-mə j	母, 女		한국어	김사엽	1974	375
wo-mi-na	女, 孃		일본어	김사엽	1974	375
ə-mi	어머니		한국어	김사엽	1974	403
Fa-Fa	어머니		일본어	김사엽	1974	403
ə-ma	어머니		한국어	김사엽	1974	403
ka-mï	어머니		일본어	김사엽	1974	459
ə-mi	어머니		한국어	김사엽	1974	459
ə-mə	어머니		한국어	김사엽	1974	467
ö-mö	어머니		일본어	김사엽	1974	467
ə-ma-nim	어머니		한국어	김사엽	1974	479
a-mö-to-zi	어머니		일본어	김사엽	1974	479
a-më	어머니		일본어	김사엽	1974	479
ə-mə	어머니		한국어	김사엽	1974	479
어머니	어머니		한국어	김선기	1977ㅁ	353
ama	어머니		한국어	김선기	1977ㅁ	353
ウミ	어머니		일본어	박시인	1970	110
어미	어머니		한국어	박시인	1970	110
オモ	어머니		일본어	박시인	1970	110
ö-mam	어멈		한국어	白鳥庫吉	1914ㄱ	152
ö-mi	어미	Mother-of animals etc	한국어	白鳥庫吉	1914ㄱ	152
öm-či ka-rap	엄지손가락	The thumb	한국어	白鳥庫吉	1914ㄱ	152
ö-mǫ-ni	어머니	mother	한국어	白鳥庫吉	1914ㄱ	152
öng-l	어머니	die mutter	한국어	白鳥庫吉	1914ㄴ	159
han-eum	어머니	mütterchen	한국어	白鳥庫吉	1914ㄴ	159
ă-čăm	어머니	mütterchen	한국어	白鳥庫吉	1914ㄴ	164
ömö	어미		일본어	宋敏	1969	89
omo	어미	mother	일본어	宋敏	1969	89
ömö	어미		한국어	宋敏	1969	89
ëm(i)	어미		한국어	宋敏	1969	89
omo	어미		일본어	宋敏	1969	89
ömi	어미		한국어	宋敏	1969	89
ę mi	어미	mother	한국어	이기문	1958	108
ヲモ	어미		일본어	이명섭	1962	6
ömi	어머니		한국어	이숭녕	1956	107
ömöŋ	어머니		한국어	이숭녕	1956	107
emi	어머니	mother	한국어	이용주	1980	102
ömö, (appa)	어머니	mother	일본어	이용주	1980	102
' ə ˇ manim	어마님	mother	한국어	이용주	1980	80
Haha	어머니	mother	일본어	이용주	1980	80
*ömö	어머니	mother	일본어	이용주	1980	80
마	어머니		한국어	이원진	1940	14

〈ㅇ〉 349

표제어/어휘	의미	언어	저자	발간년도	쪽수
암	어머니	한국어	이원진	1940	14
ウフンメ -	증조모	일본어	이원진	1940	14
メ - ラビ	妾	일본어	이원진	1940	15
マタンマガ	曾孫	일본어	이원진	1940	15
ヒつマガ	玄孫	일본어	이원진	1940	15
ヤシンマガ	玄孫	일본어	이원진	1940	15
めラび	女	일본어	이원진	1940	15
ンミ	祖母	일본어	이원진	1940	15
ムマ	祖母	일본어	이원진	1940	15
アム	祖母	일본어	이원진	1940	15
マ - マ	姉	일본어	이원진	1940	15
チンウヤ	乳母	일본어	이원진	1940	15
アンマ	姉	일본어	이원진	1940	15
ンメ -	祖母	일본어	이원진	1940	15
アンマ	어머니	일본어	이원진	1940	15
るナグ	女	일본어	이원진	1940	15
チ - ウヤ	乳母	일본어	이원진	1940	15
ンマガ	孫	일본어	이원진	1940	15
スとマ	姑	일본어	이원진	1940	15
ンマ -	어머니	일본어	이원진	1940	15
ウナク	女	일본어	이원진	1940	15
ミどマ	女	일본어	이원진	1940	15
ミ - どン	女	일본어	이원진	1940	15
るナウ	女	일본어	이원진	1940	15
チ - アンマ	乳母	일본어	이원진	1940	15
チ - アンメ	乳母	일본어	이원진	1940	15
ウバマ -	伯母	일본어	이원진	1940	15
암	어머니	한국어	이원진	1951	14
ウフンメ -	曾祖母	일본어	이원진	1951	14
마	어머니	한국어	이원진	1951	14
チンウヤ	乳母	일본어	이원진	1951	15
アンマ	姉	일본어	이원진	1951	15
マ - メ	姉	일본어	이원진	1951	15
アム	祖母	일본어	이원진	1951	15
ンミ	祖母	일본어	이원진	1951	15
マタンマガ	曾孫	일본어	이원진	1951	15
チ - ウヤ	乳母	일본어	이원진	1951	15
ヒつマガ	玄孫	일본어	이원진	1951	15
ムマ	祖母	일본어	이원진	1951	15
ヤシンマガ	玄孫	일본어	이원진	1951	15
メ - ラビ	妾	일본어	이원진	1951	15
アンマ	어머니	일본어	이원진	1951	15
ンメ -	祖母	일본어	이원진	1951	15
スとマ	姑	일본어	이원진	1951	15
チ - アンメ	乳母	일본어	이원진	1951	15
ンマガ	孫	일본어	이원진	1951	15
ンマ -	어머니	일본어	이원진	1951	15
ウナク	女	일본어	이원진	1951	15
ミどマ	女	일본어	이원진	1951	15
ミ - どン	女	일본어	이원진	1951	15
めラび	女	일본어	이원진	1951	15
るナウ	女	일본어	이원진	1951	15
るナグ	女	일본어	이원진	1951	15
チ - アンマ	乳母	일본어	이원진	1951	15
ウバマ -	伯母	일본어	이원진	1951	15
ə mə ni	어머니	한국어	長田夏樹	1964	119
오모	어머니	일본어	최현배	1927	6

표제어/어휘		의미	언어	저자	발간년도	쪽수
어미	어머니		한국어	최현배	1927	6
에미	어머니		한국어	최현배	1927	6
에미네	어머니		한국어	최현배	1927	6
어머니	어머니	mother	한국어	홍기문	1934ㄴ	조선일보1
어머니	어머니	mother	한국어	홍기문	1934ㄷ	238
*yatsi[也次]	어머니	mother	한국어	Christopher I. Beckwith	2004	112
*yatsi:^yatsi	어머니	mother	한국어	Christopher I. Beckwith	2004	143
ẹ mẹ ni		the mother	한국어	G. J. Ramstedt	1949	167
amkhä		a bitch	한국어	G. J. Ramstedt	1949	54
amthalk		a hen	한국어	G. J. Ramstedt	1949	54
ẹ mi		mama, my mother	한국어	G. J. Ramstedt	1949	54
ẹ mẹ ni		mother	한국어	G. J. Ramstedt	1949	54
ẹ mẹ -nim		mother	한국어	G. J. Ramstedt	1949	54
omo	어미	mother	일본어	Kanazawa, S	1910	8
ömi	어미	mother	한국어	Kanazawa, S	1910	8
eme	어머니	mother	한국어	Martin, S. E.	1966	198

어서

ösö	어서	quickly	한국어	金澤庄三郎	1910	12
wase	올벼	early rice	일본어	金澤庄三郎	1910	12
ösö	어서	quickly	한국어	金澤庄三郎	1910	21
wase	올벼	early rice	일본어	金澤庄三郎	1910	21
wase	어서		일본어	宋敏	1969	89
ösö	어서		한국어	宋敏	1969	89
ŭ ssa	어서	hurry, quick	한국어	Hulbert, H. B.	1905	
wase	올벼(early rice)		일본어	Kanazawa, S	1910	10
ösö	어서	quickly	한국어	Kanazawa, S	1910	10
ösö	어서	quickly	한국어	Kanazawa, S	1910	18
wase	올벼(early rice)	early rice	일본어	Kanazawa, S	1910	18

어우르다

ə -ul	어우르다		한국어	김사엽	1974	480
a-Fa-se	어우르다		일본어	김사엽	1974	480
aorida	어우르다		한국어	김승곤	1984	232
ẹ uṛi da	어우르다	to unite, to twist together	한국어	G. J. Ramstedt	1949	12

어울다

a'ol-	어울다	join them together	한국어	宋敏	1969	89
áp-	어울다	they join	일본어	宋敏	1969	89

어위다

obi-tadasi-	어위다		일본어	宋敏	1969	89
ëwi-	어위다		한국어	宋敏	1969	89

어지럽히다

ə -č ï-li	어지럽히다		한국어	김사엽	1974	387
mi-ta-re	어지럽히다		일본어	김사엽	1974	387

어질다

ka-si-ko-ki	어질다		일본어	김사엽	1974	463
ə -til	어질다		한국어	김사엽	1974	463
	어딜다	wise	한국어	김선기	1978ㅁ	352
ö-č i ta	어질다	Bon, liberal, bien faisart, benin, human, bonnete	한국어	白鳥庫吉	1914ㄱ	157

표제어/어휘		의미	언어	저자	발간년도	쪽수
ö-č il ta	어질다	être bon, liberal, bienveillant	한국어	白鳥庫吉	1914ㄱ	157
yoroshi	어질다	good	일본어	Edkins, J	1895	411
otir	어질다	good	한국어	Edkins, J	1895	411
ẹ din		kind, virtuous, good	한국어	G. J. Ramstedt	1949	57
ẹ ʒ ida		to be good, to be liberal, to be kind	한국어	G. J. Ramstedt	1949	57
ẹ ʒ ilda		to be good, to be liberal, to be kind	한국어	G. J. Ramstedt	1949	57
ẹ dir-gi		to be good, to be liberal, to be kind	한국어	G. J. Ramstedt	1949	57
mõ ʒ ilda		to be wicked	한국어	G. J. Ramstedt	1949	57
어찌						
ne-	어찌		일본어	강길운	1981ㄴ	6
ə nɯ	어찌		한국어	강길운	1981ㄴ	6
ə nɯ	어찌		한국어	강길운	1983ㄴ	127
idsu	어찌	how	일본어	金澤庄三郎	1910	9
öt	어찌	how	한국어	金澤庄三郎	1910	9
idsu	어찌		일본어	김공칠	1989	10
öt	어찌		한국어	김공칠	1989	10
itsu	어찌		일본어	김공칠	1989	6
ötchi	어찌		한국어	김공칠	1989	6
a-ni	어찌		일본어	김사엽	1974	481
ə -nʌ	어찌		한국어	김사엽	1974	481
ani	어찌		일본어	김완진	1965	83
ei	어찌		한국어	김완진	1965	83
öt-tö-rö-kö	어찌	how? In somer way	한국어	白鳥庫吉	1914ㄱ	160
öt-tö-k' öi	어찌	How? In what way? in some way	한국어	白鳥庫吉	1914ㄱ	160
öt-č i	어찌	How? In what way? So; in some way	한국어	白鳥庫吉	1914ㄱ	160
öt tö hă ta	어찌	to be so, to be how?	한국어	白鳥庫吉	1914ㄱ	160
öt-tön	어찌	what, what kind of? A certain	한국어	白鳥庫吉	1914ㄱ	160
öt-tă i	어찌	where? Somewhere	한국어	白鳥庫吉	1914ㄱ	160
öt-č ă n	어떤	What sort? What kind of?	한국어	白鳥庫吉	1914ㄱ	160
itsu	어찌		일본어	宋敏	1969	89
öt	어찌		한국어	宋敏	1969	89
idsu	어찌		일본어	宋敏	1969	89
ötchi	어찌		한국어	宋敏	1969	89
musilöeŋ	어찌		한국어	이숭녕	1956	129
idsu	어찌	how	일본어	Kanazawa, S	1910	7
öt	어찌	how	한국어	Kanazawa, S	1910	7
억지						
oč iu-č iue	강박		일본어	강길운	1982ㄴ	22
ə kji	억지		한국어	강길운	1982ㄴ	22
ẹ k-č i		force, violence	한국어	G. J. Ramstedt	1949	53
ẹ kč i ssị da	억지쓰다	to use force	한국어	G. J. Ramstedt	1949	53
ẹ kč iro	억지로	by force	한국어	G. J. Ramstedt	1949	53
č i-ẹ k		force, violence, persistence	한국어	G. J. Ramstedt	1949	53
č č i-ẹ k		force, violence, persistence	한국어	G. J. Ramstedt	1949	53

표제어/어휘		의미	언어	저자	발간년도	쪽수
언니						
アニ	언니		일본어	권덕규	1923ㄴ	127
언니	언니		한국어	권덕규	1923ㄴ	127
ane	언니	elder sister	일본어	김공칠	1988	83
ə nni	언니	elder sister	한국어	김공칠	1988	83
ə n-ni	언니		한국어	김사엽	1974	481
あに	언니		일본어	김사엽	1974	481
ani	언니		일본어	宋敏	1969	89
öni	언니		한국어	宋敏	1969	89
アニ	언니		일본어	이명섭	1962	6
언덕						
sunɯrg	언덕		한국어	강길운	1981ㄴ	5
käma	언덕		한국어	강길운	1981ㄴ	5
š inup	언덕		일본어	강길운	1981ㄴ	5
*to~tu	언덕		한국어	강길운	1982ㄱ	182
sunɯrg	구릉		한국어	강길운	1982ㄴ	18
š inup	구릉		일본어	강길운	1982ㄴ	18
š inup	구릉		일본어	강길운	1982ㄴ	28
sunɯrg	구릉		한국어	강길운	1982ㄴ	28
kuro	언덕		일본어	김공칠	1989	10
kuröng	언덕		한국어	김공칠	1989	10
tə k	언덕		한국어	김사엽	1974	428
ta-kë	언덕		일본어	김사엽	1974	428
tsa-ka	언덕		일본어	김사엽	1974	445
č aj-h	언덕		한국어	김사엽	1974	445
kï-si	언덕		일본어	김사엽	1974	457
ə n-tə k	언덕		한국어	김사엽	1974	457
ə n-tə k	언덕		한국어	김사엽	1974	470
wo-ka	언덕		일본어	김사엽	1974	470
tȩ k	언덕	a height, a hillock	한국어	이기문	1958	107
tutȩ n	언덕	an eminence, a highest	한국어	이기문	1958	113
ondök	언덕		한국어	이숭녕	1956	177
on	언덕		한국어	이숭녕	1956	177
언어						
mal	말	word, speech, saying, language	한국어	白鳥庫吉	1915ㄱ	28
クツバ	言葉		일본어	이원진	1940	17
ムニ	言葉		일본어	이원진	1940	17
モヌル	言葉		일본어	이원진	1940	17
ムニ-	言葉		일본어	이원진	1940	17
コとバ	言葉		일본어	이원진	1940	17
クとバ	言葉		일본어	이원진	1940	17
フとバ	言葉		일본어	이원진	1940	17
ムニ	言葉		일본어	이원진	1951	17
ムニ-	言葉		일본어	이원진	1951	17
フとバ	言葉		일본어	이원진	1951	17
コとバ	言葉		일본어	이원진	1951	17
クとバ	言葉		일본어	이원진	1951	17
クツバ	言葉		일본어	이원진	1951	17
モヌル	言葉		일본어	이원진	1951	17
mal	말	Wort	한국어	Andre Eckardt	1966	233
mal	말	speech	한국어	G. J. Ramstedt	1928	82
mā lsa̧ m		word, saying	한국어	G. J. Ramstedt	1949	138
mal-k-kui		hearing, understanding	한국어	G. J. Ramstedt	1949	138
malsi̧ m		word, saying	한국어	G. J. Ramstedt	1949	138

⟨ㅇ⟩ 353

표제어/어휘		의미	언어	저자	발간년도	쪽수
mā l		word, speech, saying, language	한국어	G. J. Ramstedt	1949	138
malssi		manner of speech	한국어	G. J. Ramstedt	1949	138
mā lč il hạ da		to slander	한국어	G. J. Ramstedt	1949	138
mal hạ da		to say, to speak	한국어	G. J. Ramstedt	1949	138
mal	말	word	한국어	G. J. Ramstedt	1949	9
mā l	말	speech	한국어	Poppe, N	1965	180
언제						
ʌ nce	언제	when?	한국어	김동소	1972	141
nʌ ce	언제	when?	한국어	김동소	1972	141
i-tu	언제		일본어	김사엽	1974	477
é-nï-č ə j	언제		한국어	김사엽	1974	477
itu	언제	when	일본어	이용주	1980	101
enycei	언제	when	한국어	이용주	1980	101
ānʧ ə i	언제	when	한국어	이용주	1980	85
itu	언제	when	일본어	이용주	1980	85
얹다						
a-gï	얹다		일본어	김사엽	1974	482
ə nč	얹다		한국어	김사엽	1974	482
ẹ nӡ antha		to be bad, to be defective	한국어	G. J. Ramstedt	1949	55
ẹ ntta		to put on the top, to place above	한국어	G. J. Ramstedt	1949	55
ẹ nč hida		to be set on, to be on the ground, to obstruct, to	한국어	G. J. Ramstedt	1949	55
ẹ nӡ i ani hạ da		to be impossible to place on the top	한국어	G. J. Ramstedt	1949	55
얻다						
ə d-	얻다		한국어	강길운	1983ㄴ	107
ë	얻다		일본어	김사엽	1974	470
u ru	얻다		일본어	김사엽	1974	470
ə t	얻다		한국어	김사엽	1974	470
öt-ta	얻다	Obtenir, acquerir, trouver, gagner, conquerer	한국어	白鳥庫吉	1914ㄱ	160
ẹ t-	얻다	to get	한국어	이기문	1958	108
eru	얻다	to get	일본어	Aston	1879	44
ù t	얻다	to get	한국어	Aston	1879	44
öd, öt	얻다	obtain	한국어	Hulbert, H. B.	1905	122
얼						
*ə r	얼		한국어	강길운	1981ㄱ	32
kokoro	얼		일본어	김선기	1968ㄱ	13
ə :r	얼		한국어	김선기	1968ㄱ	13
azá	얼	mark	일본어	宋敏	1969	89
al	얼	spot	한국어	宋敏	1969	89
iro	얼		일본어	宋敏	1969	89
ol	얼		한국어	宋敏	1969	89
ẹ r(in ẹ r	얼	spirit	한국어	이기문	1958	108
얼굴						
nota	얼굴		일본어	강길운	1981ㄱ	30
nʌ č	얼굴		한국어	강길운	1981ㄱ	30
nʌ č	얼굴		한국어	강길운	1981ㄱ	31
nʌ č	얼굴		한국어	강길운	1981ㄴ	5
kot	얼굴		일본어	강길운	1981ㄴ	5

표제어/어휘		의미		언어	저자	발간년도	쪽수
nan/nota	얼굴			일본어	강길운	1981ㄴ	5
kor	얼굴			한국어	강길운	1981ㄴ	5
por	뺨			한국어	강길운	1982ㄴ	18
iporo	얼굴			일본어	강길운	1982ㄴ	18
nʌč	얼굴			한국어	강길운	1983ㄱ	43
nʌč'	낯			한국어	강길운	1983ㄴ	127
tsu-ga-ta	얼굴			일본어	김사엽	1974	435
ə l-kul	얼굴			한국어	김사엽	1974	435
kafo	얼굴			일본어	大野晋	1980	22
öl-kol	얼굴	The face; the countenance		한국어	白鳥庫吉	1914ㄱ	151
p'an	얼굴			한국어	이숭녕	1956	177
*kapo [可抱]	얼굴	face		일본어	Christopher I. Beckwith	2004	122
ẹlgol		the face		한국어	G. J. Ramstedt	1949	53
ergor		the face		한국어	G. J. Ramstedt	1949	53
ẹrgori		the face		한국어	G. J. Ramstedt	1949	53
*ẹl	얼굴(ẹlgul)'의 '얼'			한국어	G. J. Ramstedt	1949	53
tura	얼굴			일본어	Martin, S. E.	1975	110
tura	얼굴			일본어	Martin, S. E.	1975	110
tura	얼굴			일본어	Martin, S. E.	1975	110
얼다							
ʌl-	얼다	freeze		한국어	김동소	1972	138
ʌl-	얼다	freeze		한국어	김동소	1972	138
ko:ru	얼다			일본어	김선기	1979ㄷ	372
얼-	얼다			한국어	김선기	1979ㄷ	372
öl ta	얼다	to freeze, congeal		한국어	白鳥庫吉	1915ㄱ	23
kōr̀	얼다	geler		일본어	宋敏	1969	89
ëlïn	얼다	freeze		한국어	宋敏	1969	89
arare	얼다	hail		일본어	宋敏	1969	89
koru	얼다			일본어	宋敏	1969	89
kol	얼다			한국어	宋敏	1969	89
ngor	얼다			한국어	宋敏	1969	89
kor-u	얼다			일본어	宋敏	1969	89
ōl-	얼다	geler		한국어	宋敏	1969	89
öl	얼다			한국어	이숭녕	1956	141
ār-	얼다	to freeze		한국어	이용주	1980	83
*köHöru	얼다	to freeze		일본어	이용주	1980	83
'ər-	얼다	to freeze		한국어	이용주	1980	96
rupús	얼다	to freeze		일본어	이용주	1980	96
*köHöru	얼다	to freeze		일본어	이용주	1980	96
ẹllida	얼리다	to freeze		한국어	G. J. Ramstedt	1949	54
ẹlguda	얼구다	to freeze		한국어	G. J. Ramstedt	1949	54
ẹrim	얼음	ice		한국어	G. J. Ramstedt	1949	54
ēda		to freeze, to congeal		한국어	G. J. Ramstedt	1949	54
ẹrguda	얼구다	to freeze		한국어	G. J. Ramstedt	1949	54
ēlda		to freeze, to congeal		한국어	G. J. Ramstedt	1949	54
ar(a)-	얼다	freeze		한국어	Martin, S. E.	1966	198
ar(a)-	얼다	freeze		한국어	Martin, S. E.	1966	209
ar(a)-	얼다	freeze		한국어	Martin, S. E.	1966	216
ar(a)-	얼다	freeze		한국어	Martin, S. E.	1966	222
얼룩							
i-rö	얼룩			일본어	김사엽	1974	474
ə-lok	얼룩			한국어	김사엽	1974	474
allak	얼룩	spotted, varigated in color		한국어	이기문	1958	105

표제어/어휘		의미	언어	저자	발간년도	쪽수
e̱ lle̱ k	얼룩	spotted, varigated in color	한국어	이기문	1958	105
oruŋ (ma̱ r)	얼룩진 말	dappled (horse)	한국어	이기문	1958	106
ue̱ rra (ma̱ r)	얼룩진 말	dappled (horse)	한국어	이기문	1958	106
e̱ ri̱ ŋ (syo)	얼룩진 소	dappled (cow)	한국어	이기문	1958	106
öluk, ölluk	얼룩		한국어	이숭녕	1956	141
e̱ lluk		spotted, marked	한국어	G. J. Ramstedt	1949	53
e̱ lluk	얼룩	spotted	한국어	G. J. Ramstedt	1949	53
e̱ lluŋ		spotted, marked	한국어	G. J. Ramstedt	1949	53
alluk		spotted, marked	한국어	G. J. Ramstedt	1949	53
alla̱ k		spotted, marked	한국어	G. J. Ramstedt	1949	53
alloŋ		spotted, marked	한국어	G. J. Ramstedt	1949	53
e̱ lle̱ k		spotted, marked	한국어	G. J. Ramstedt	1949	53
arure̱ k	얼룩	variegated	한국어	G. J. Ramstedt	1949	7

얼리다
kofor-		to freeze	일본어	강영봉	1991	9
ə li-		to freeze	한국어	강영봉	1991	9
ër, ël-ïm	얼리다	freeze	한국어	김공칠	1988	83
ɯ ri	얼리다	freeze	한국어	김공칠	1988	83
ër	얼리다	to freeze	한국어	김공칠	1989	17
hï-lï	얼리다		한국어	김사엽	1974	418
tu-ru-bu	얼리다		일본어	김사엽	1974	418
öl-ku ta	얼리다	to freeze	한국어	白鳥庫吉	1915ㄱ	23
ër-	얼리다	freeze	한국어	Johannes Rahder	1959	48
(ng)ër-	얼리다	freeze	한국어	Johannes Rahder	1959	71

얼마
i-ku	얼마		일본어	김사엽	1974	478
ə l-mə	얼마		한국어	김사엽	1974	478
e̱lmā		how much, how many, a little, something of quantity, multitude	한국어	G. J. Ramstedt	1949	54
mā n			한국어	C. J. Ramstedt	1949	54
e̱ na̱		what	한국어	G. J. Ramstedt	1949	54
e̱ ni̱		what	한국어	G. J. Ramstedt	1949	54

얼음
kofori		ice	일본어	강영봉	1991	10
wrwm/toŋ kos		ice	한국어	강영봉	1991	10
ʌ li̱ m	얼음	ice	한국어	김동소	1972	138
ʌ li̱ m	얼음	ice	한국어	김동소	1972	138
ə -lïm	얼음		한국어	김사엽	1974	446
ko-Fo-ri	얼음		일본어	김사엽	1974	446
ö-ră m	얼음	ice	한국어	白鳥庫吉	1915ㄱ	23
於乙	얼음		한국어	徐廷範	1985	242
konru	얼음		일본어	徐廷範	1985	243
Koori	얼음, 얼다		일본어	徐廷範	1985	243
*köHöri	얼음	ice	일본어	이용주	1980	82
Hi	얼음	ice	일본어	이용주	1980	82
' ə rɯ˘ m	어름	ice	한국어	이용주	1980	82
ërï-m	얼음	ice	한국어	Johannes Rahder	1959	48

얽다
ə lg-	얽다		한국어	강길운	1983ㄴ	107
ə lg-	얽다		한국어	강길운	1987	27

표제어/어휘		의미	언어	저자	발간년도	쪽수
pə m-kïl	얽다		한국어	김사엽	1974	389
まとふ	얽다		일본어	김사엽	1974	389
からむ	얽다		일본어	김사엽	1974	458
ə lk	얽다		한국어	김사엽	1974	458
ö-ru	얽다		일본어	김사엽	1974	466
ə lk	얽다		한국어	김사엽	1974	466
elkta	얽다		한국어	김승곤	1984	237
ölk ta	얽다	To wrap; to tie up; to involve	한국어	白鳥庫吉	1914ㄱ	152
olk	얽다	bind up	한국어	宋敏	1969	89
or-	얽다	weave	일본어	宋敏	1969	89
örk	얽다		한국어	宋敏	1969	89
öru	얽다		일본어	宋敏	1969	89
oru	얽다		일본어	宋敏	1969	89
olk	얽다		한국어	宋敏	1969	89
ẹ rk-	얽다	to wrap, to tie up	한국어	이기문	1958	108
ẹ lkta	얽다	to wrap, to tie up, to involve	한국어	G. J. Ramstedt	1949	53
ẹ lkhida	얽다	to weave together, to tangle up, to be mixed in	한국어	G. J. Ramstedt	1949	53
ẹ lgi-č hida	얽다	to wrap in with a string	한국어	G. J. Ramstedt	1949	53
ẹ lkta	얽다	to wrap, to tie up	한국어	G. J. Ramstedt	1949	53
ẹ lgi	얽다	wrapping rope	한국어	G. J. Ramstedt	1949	53
ẹ rkẹ -	얽다	to wrap, to tie up	한국어	G. J. Ramstedt	1949	53
erk-/ork-	얽다	weave	한국어	Martin, S. E.	1966	199
erk-/ork-	얽다	weave	한국어	Martin, S. E.	1966	210
erk-/ork-	얽다	weave	한국어	Martin, S. E.	1966	214
erk-/ork-	얽다	weave	한국어	Martin, S. E.	1966	218

얽매다

pə -mïl	얽매다		한국어	김사엽	1974	389
ma-tu-Fa	얽매다		일본어	김사엽	1974	389

엄습하다

osopu	엄습하다		일본어	김공칠	1989	7
ssa	엄습하다		한국어	김공칠	1989	7
ösufi	엄습하다		일본어	大野晉	1980	20

업다

オフ	업다		일본어	권덕규	1923ㄴ	127
업-	업다		한국어	권덕규	1923ㄴ	127
ö-Fi	업다		일본어	김사엽	1974	468
ə p	업다		한국어	김사엽	1974	468
öfu	업다		일본어	송민	1973	52
ə p-	업다		한국어	송민	1973	52
öpu	업다		일본어	宋敏	1969	89
ëp-	업다	carry piggyback	한국어	宋敏	1969	89
op-	업다	bear on back	일본어	宋敏	1969	89
op	업다		한국어	宋敏	1969	89
opu	업다		일본어	宋敏	1969	89
ohu	업다		일본어	宋敏	1969	89
öp	업다		한국어	宋敏	1969	89
オフ	업다		일본어	이명섭	1962	6
ŭ p	업다	to carry a child on one's back	한국어	Hulbert, H. B.	1905	
ep-	업다	piggyback	한국어	Martin, S. E.	1966	198
ep-	업다	piggyback	한국어	Martin, S. E.	1966	199

표제어/어휘		의미	언어	저자	발간년도	쪽수
ep-	업다	piggyback	한국어	Martin, S. E.	1966	214
없다						
ə bs-	없다		한국어	강길운	1981ㄱ	30
obosore	없다		일본어	강길운	1981ㄱ	30
obosore	없다		일본어	강길운	1981ㄴ	7
ə bs-	없다		한국어	강길운	1981ㄴ	7
obosore	없다		일본어	강길운	1982ㄴ	22
ə bs-	없다		한국어	강길운	1982ㄴ	22
oh-u	없다	poverty	일본어	金澤庄三郎	1910	11
öp	없다	poverty	한국어	金澤庄三郎	1910	11
na-si	없다		일본어	김사엽	1974	413
no	없다		한국어	김사엽	1974	413
없다	없다		한국어	김선기	1978ㄴ	325
öp-sö-č i ta	없다	to be less; to be diminished	한국어	白鳥庫吉	1914ㄱ	154
öp ta	없다	To be without; to not have; to be absent; to not	한국어	白鳥庫吉	1914ㄱ	154
öp-si hă ta	없다	to deprive of; to take away; to diminish; to	한국어	白鳥庫吉	1914ㄱ	154
öp-su-hi	없다	To despise; to disdain; too look on with contempt	한국어	白鳥庫吉	1914ㄱ	154
öp-sö-č yö-ka	없다	to disappear; to diminish; to grow less	한국어	白鳥庫吉	1914ㄱ	154
öp-š i	없다	without	한국어	白鳥庫吉	1914ㄱ	154
ə bs-	없다		한국어	村山七郎	1963	26
upso/업소	없다		한국어	Arraisso	1896	20
ẹpko		without	한국어	G. J. Ramstedt	1949	56
ẹpsi		without	한국어	G. J. Ramstedt	1949	56
itta		to exist	한국어	G. J. Ramstedt	1949	56
ẹpsuhi-		to despire, to look on with contempt	한국어	G. J. Ramstedt	1949	56
ẹpsu hạ da		to be nothing to count with	한국어	G. J. Ramstedt	1949	56
ẹpta		to be lacking, to be not existing	한국어	G. J. Ramstedt	1949	56
ẹpsu		a nothing	한국어	G. J. Ramstedt	1949	56
ẹpsju		a nothing	한국어	G. J. Ramstedt	1949	56
ẹpta	없다	to be lacking	한국어	G. J. Ramstedt	1949	56
oh-u	없다	poverty	일본어	Kanazawa, S	1910	8
öp	없다	poverty	한국어	Kanazawa, S	1910	8
엇-						
ə t-	엇-(접두사)		한국어	강길운	1982ㄴ	23
ut	횡복		일본어	강길운	1982ㄴ	23
엉기다						
kor-u	엉기다	clot	일본어	金澤庄三郎	1910	9
ngor	엉기다	clot	한국어	金澤庄三郎	1910	9
karu	엉기다		일본어	김공칠	1989	6
köl	엉기다		한국어	김공칠	1989	6
köru	엉기다		일본어	大野晋	1980	23
ẹ ŋ gi ida		to congeal, to stiffen, to become solid	한국어	G. J. Ramstedt	1949	55
ẹ ŋ ē rgi-		to freeze, to stiffen entirely in the cold	한국어	G. J. Ramstedt	1949	55
jẹ ŋ ē rgi-		to freeze, to stiffen entirely in the cold	한국어	G. J. Ramstedt	1949	55

표제어/어휘		의미	언어	저자	발간년도	쪽수
kor-u	엉기다	clot	일본어	Kanazawa, S	1910	7
ngor	엉기다	clot	한국어	Kanazawa, S	1910	7
엉덩이						
ə ŋ də ŋ i/kudu	엉덩이, 궁덩이		한국어	강길운	1981ㄱ	30
ə ŋ də ŋ i	엉덩이		한국어	강길운	1981ㄴ	4
porgi	엉덩이		한국어	강길운	1981ㄴ	4
ə ŋ də ŋ i	엉덩이		한국어	강길운	1982ㄴ	23
ohontoki	항문		일본어	강길운	1982ㄴ	23
ə ŋ də ŋ i	엉덩이		한국어	강길운	1983ㄴ	108
kuŋ -deŋ i	엉덩이		한국어	이숭녕	1956	179
엎다						
ə p-tə -li	엎다		한국어	김사엽	1974	473
うつぶす	엎다		일본어	김사엽	1974	473
ẹ phi̭ re-ǯ ida		to fall headlong forwards	한국어	G. J. Ramstedt	1949	56
ẹ pta		to upset, to turn over, to turn upside down	한국어	G. J. Ramstedt	1949	56
ẹ phi̭ rẹ -thẹ rida		to cast headlong, to upset	한국어	G. J. Ramstedt	1949	56
ẹ pč hida		to cast headlong, to upset	한국어	G. J. Ramstedt	1949	56
ẹ pti̭ rida		to cast headlong, to upset	한국어	G. J. Ramstedt	1949	56
엎드리다						
ふせる	엎드리다		일본어	김사엽	1974	396
kus-pïl	엎드리다		한국어	김사엽	1974	396
-에						
ta	처격조사		일본어	강길운	1981ㄴ	6
-eke	처격조사		한국어	강길운	1987	3
-ä	처격조사		한국어	강길운	1987	3
-ehe	처격조사		한국어	강길운	1987	3
-ake	처격조사		한국어	강길운	1987	3
-ahe	처격조사		한국어	강길운	1987	3
-中	처격조사		한국어	강길운	1987	3
-矣改	처격조사		한국어	강길운	1987	3
-也中	처격조사		한국어	강길운	1987	3
-惡中	처격조사		한국어	강길운	1987	3
-惡	처격조사		한국어	강길운	1987	3
-阿希	처격조사		한국어	강길운	1987	3
-良中	처격조사		한국어	강길운	1987	3
-衣希	처격조사		한국어	강길운	1987	3
-e	처격조사		한국어	강길운	1987	3
-에서						
an/anne		in	한국어	강영봉	1991	10
ni/naka		in	일본어	강영봉	1991	10
ni		at	일본어	강영봉	1991	8
isə		at	한국어	강영봉	1991	8
esŏ	에서	Suffix	한국어	Andre Eckardt	1966	230
yori	에서	from	일본어	Edkins, J	1896ㄱ	230
eisye	에서	from	한국어	Edkins, J	1896ㄱ	230
ā -sie	에서		한국어	G. J. Ramstedt	1949	5
여기						
yə gɪ	여기		한국어	강길운	1983ㄴ	133
koko		here	일본어	강영봉	1991	9
idi		here	한국어	강영봉	1991	9

표제어/어휘	의미		언어	저자	발간년도	쪽수
jʌ ki i	여기에	here	한국어	김동소	1972	138
jʌ ki	여기에	here	한국어	김동소	1972	138
koko	이어기		일본어	김선기	1968ㄱ	41
iŋ ei	이어기		한국어	김선기	1968ㄱ	41
kökötö	여기	here	일본어	이용주	1980	85
iŋ ə kw̆ i	잉어기	here	한국어	이용주	1980	85
qage	여기	here	한국어	Johannes Rahder	1959	64
ke(ne)	여기	here	일본어	Johannes Rahder	1959	65

여기다

njə ki-	여기다		한국어	김방한	1978	24
ö-mö-Fu	여기다		일본어	김사엽	1974	467
nə -ki	여기다		한국어	김사엽	1974	467
negida	여기다		한국어	김승곤	1984	247
nẹ gida		to consider, to think, to take in view, to regard	한국어	G. J. Ramstedt	1949	163
nẹ gida		to consider, to think, to take in view, to regard	한국어	G. J. Ramstedt	1949	163

여덟

yö-tarp	여덟		한국어	金澤庄三郎	1914	220
jetɯlp	여덟		한국어	김방한	1968	270
jetɯip	여덟		한국어	김방한	1968	271
ya-tu	여덟		일본어	김사엽	1974	381
je-tʌ	여덟		한국어	김사엽	1974	381
jə -tʌ lp	여덟		한국어	김사엽	1974	381
yeodeor	여덟		한국어	김선기	1968ㄴ	49
jedeurb	여덟		한국어	김선기	1968ㄴ	49
jatu	여덟		일본어	김선기	1977	22
jedalp	여덟		한국어	김선기	1977	22
ya-tu	팔		일본어	김승곤	1984	256
yetëlp	팔		한국어	김승곤	1984	256
jet-	여덟		한국어	박은용	1974	203
jə tɯ p	여덟		한국어	박은용	1974	203
jə tɯ n	여든		한국어	박은용	1974	203
yə tə lp	여덟		한국어	村山七郎	1963	29
ya-tu	여덟		일본어	村山七郎	1963	29
yə twlp	여덟		한국어	村山七郎	1963	29
yə twlp	여덟		한국어	村山七郎	1963	29
yŭ lŭ	여러 (관형사)	numerous	한국어	Aston	1879	61
ya	여덟	eight	일본어	Aston	1879	61
ya or yo	여덟	eight	한국어	Aston	1879	61
yetalp	여덟	eight	한국어	Edkins, J	1898	340
jẹ dị p		an eight year old animal	한국어	G. J. Ramstedt	1949	76
jẹ dị rị p		an eight year old animal	한국어	G. J. Ramstedt	1949	76
jẹ dị l		eight	한국어	G. J. Ramstedt	1949	76
jẹ dị lp		eight	한국어	G. J. Ramstedt	1949	76
jẹ dị p		eight	한국어	G. J. Ramstedt	1949	76

여든

jetɯn	여든		한국어	김방한	1968	270
jetɯn	여든		한국어	김방한	1968	272
jasodzi	여든		일본어	김선기	1977	28
jadwn	여든		한국어	김선기	1977	28
jasodzi	여든		일본어	김선기	1977	31

표제어/어휘		의미	언어	저자	발간년도	쪽수
jadalbon	여든		한국어	김선기	1977	31
여든	여든		한국어	김선기	1977ㅈ	326
ję dị n		eighty	한국어	G. J. Ramstedt	1949	76
여러						
yoro-dsu	만	ten thousand	일본어	金澤庄三郎	1910	12
yörö	여러	crowd	한국어	金澤庄三郎	1910	12
yörö	여러	several	한국어	金澤庄三郎	1910	32
yörö-dsu	만	만(ten thousand)	일본어	金澤庄三郎	1910	32
yörö	여러		한국어	金澤庄三郎	1914	220
yö-rö	여러	Several, many	한국어	白鳥庫吉	1916ㄴ	320
yö-röt	여러	Several, many	한국어	白鳥庫吉	1916ㄴ	320
yörö	여러		한국어	宋敏	1969	89
toro	여러		한국어	宋敏	1969	89
yoro-dzu	여러	ten thousand	일본어	宋敏	1969	89
yötö	여러		일본어	宋敏	1969	89
yoro-dzu	여러		일본어	宋敏	1969	89
yorozu	여러		일본어	宋敏	1969	89
yŭ lŭ	여러	numerous	한국어	宋敏	1969	89
ję rę		several, many	한국어	G. J. Ramstedt	1949	79
toe, toye	여러	several, many	일본어	G. J. Ramstedt	1949	79
ję rę	여러	several, many	일본어	G. J. Ramstedt	1949	79
tō	열	several, many(ten)	일본어	G. J. Ramstedt	1949	79
yörö-dsu	만(ten thousand)		일본어	Kanazawa, S	1910	18
yörö	여러	several	한국어	Kanazawa, S	1910	18
yoro-dsu	만(ten thousand)		일본어	Kanazawa, S	1910	10
yörö	여러	crowd	한국어	Kanazawa, S	1910	10
여럿						
ヨロツ	여럿		일본어	권덕규	1923ㄴ	128
여럿	여럿		한국어	권덕규	1923ㄴ	128
yö-rö-du	万		일본어	김사엽	1974	378
ję -lə -h	諸, 多數		한국어	김사엽	1974	378
ję rę t		several, many	한국어	G. J. Ramstedt	1949	79
여름						
natsu	여름		일본어	김공칠	1989	10
njə r-ɯ m	여름		한국어	김방한	1978	22
jə r-ɯ m	여름		한국어	김방한	1978	22
njə r-ɯ m	여름		한국어	김방한	1978	25
njə l-ɯ m	여름		한국어	김방한	1978	41
na-tu	여름		일본어	김사엽	1974	413
njə -l̈im	여름		한국어	김사엽	1974	413
njer<iˆ >m	여름		한국어	김선기	1976ㅅ	343
naru	열다		일본어	김선기	1976ㅅ	343
njer	열다		한국어	김선기	1976ㅅ	343
natu	열매		일본어	김선기	1976ㅅ	343
녀름	열매		한국어	김선기	1976ㅅ	343
natsu	여름		일본어	徐廷範	1985	240
녀름	여름		한국어	徐廷範	1985	240
nyörɒ m	여름		한국어	宋敏	1969	89
natú	여름	summer	일본어	宋敏	1969	89
nyoˑr̈ .əm	여름		한국어	宋敏	1969	89
natu	여름		일본어	宋敏	1969	89
natsu	여름		일본어	宋敏	1969	89
nyëˈlïm	여름		한국어	宋敏	1969	89
natsu	여름	summer	일본어	이기문	1973	5

표제어/어휘	의미		언어	저자	발간년도	쪽수
natu	여름		일본어	이용주	1980	106
njerym	여름		한국어	이용주	1980	106
jə-rɯm	여름		한국어	최학근	1959ㄱ	46
natsu	여름	summer	일본어	Aston	1879	25
nyŭlŭm	여름	summer	한국어	Aston	1879	25
nal	날	sun, day, weather	한국어	Aston	1879	25
njęrimi		the summer	한국어	G. J. Ramstedt	1949	164
njęrim		the summer	한국어	G. J. Ramstedt	1949	164
jęrim	열매'의 방언	fruit, berries	한국어	G. J. Ramstedt	1949	79
nYalɔm	여름	summer	한국어	Martin, S. E.	1966	201
nYalɔm	여름	summer	한국어	Martin, S. E.	1966	206
nYalɔm	여름	summer	한국어	Martin, S. E.	1966	210
nYalɔm	여름	summer	한국어	Martin, S. E.	1966	216
nYalɔm	여름	summer	한국어	Martin, S. E.	1966	219
nYalɔm	여름	summer	한국어	Martin, S. E.	1966	223
natu	여름		일본어	Martin, S. E.	1975	110
natu	여름		일본어	Martin, S. E.	1975	110
natu	여름		일본어	Martin, S. E.	1975	110
nyŏl	여름		한국어	Miller, R. A. 김방한 역	1980	99
natu	여름		일본어	Miller, R. A. 김방한 역	1980	99
ńʌram(← *njer여름	여름лето		한국어	Polivanov	1927	17

여믈다
| jəm-kʌ | 여믈다 | | 한국어 | 김사엽 | 1974 | 386 |
| みのる | 여믈다 | | 일본어 | 김사엽 | 1974 | 386 |

여보
ロブ	여보		일본어	권덕규	1923ㄴ	128
여보	여보		한국어	권덕규	1923ㄴ	128
ヨブ	여보		일본어	이명섭	1962	6

여섯
*alto	육		한국어	강길운	1979	9
jesɯs	여섯		한국어	김방한	1968	270
jesɯs	여섯		한국어	김방한	1968	271
jei	여섯		한국어	김선기	1968ㄴ	43
yeosheot	여섯		한국어	김선기	1968ㄴ	43
yeosheosh	여섯		한국어	김선기	1968ㄴ	43
jeot	여섯		한국어	김선기	1968ㄴ	43
jeosusheot	여섯		한국어	김선기	1968ㄴ	43
jeo	여섯		한국어	김선기	1968ㄴ	43
je	여섯		한국어	김선기	1968ㄴ	43
jeshɯsh	여섯		한국어	김선기	1968ㄴ	44
ishush	여섯		한국어	김선기	1968ㄴ	45
jeses	여섯		한국어	김선기	1977	22
mutu	여섯		일본어	김선기	1977	22
ハスス	육		한국어	김선기	1977ㅅ	332
ハソソ	육		일본어	김선기	1977ㅅ	332
여	여섯	six	한국어	김선기	1977ㅇ	333
yës	육		한국어	김승곤	1984	256
mu-tu	육		일본어	김승곤	1984	256
ye	여, 엿		한국어	박시인	1970	95
mu	육		일본어	박시인	1970	95
njəs-	여섯		한국어	박은용	1974	200
njəsət	여섯		한국어	박은용	1974	201

표제어/어휘		의미	언어	저자	발간년도	쪽수
jə sɯ s	여섯		한국어	박은용	1974	202
njə sun	예순		한국어	박은용	1974	202
mutu	여섯		일본어	村山七郞	1963	29
yə sə s	여섯		한국어	村山七郞	1963	29
yesws	여섯		한국어	村山七郞	1963	29
yə sws	여섯		한국어	村山七郞	1963	29
ję sa̩ s	여섯		한국어	G. J. Ramstedt	1949	77
ję -si̩ s	여섯		한국어	G. J. Ramstedt	1949	77
여성						
am-	여성		한국어	김승곤	1984	230
^mi[美~彌] ~	여성	female, yin	일본어	Christopher I. Beckwith	2004	131
^miŋ [仍]	여성	female, yin	한국어	Christopher I. Beckwith	2004	131
*mina	여성	woman, female	일본어	Christopher I. Beckwith	2004	131
여우						
katu, kitu	여우	fox	일본어	김공칠	1989	16
yëza, yëzi	여우	fox	한국어	김공칠	1989	16
yö-eu	여우	A fox	한국어	白鳥庫吉	1916ㄴ	319
yö-i	여우	A fox	한국어	白鳥庫吉	1916ㄴ	319
yö ho	여우	A fox	한국어	白鳥庫吉	1916ㄴ	319
jösɛ	여우		한국어	이숭녕	1956	153
jökki	여우		한국어	이숭녕	1956	153
jŏ kɛ ŋ i	여우		한국어	이숭녕	1956	187
ję ho		a fox	한국어	G. J. Ramstedt	1949	76
yëxo	여우	fox	한국어	Johannes Rahder	1959	57
yëź ï, yëź a, 여우		fox	한국어	Johannes Rahder	1959	57
여위다						
ya-tsu	여위다		일본어	김사엽	1974	381
jə -uj	여위다		한국어	김사엽	1974	381
여음						
föfö	여음		일본어	김공칠	1989	15
poci	여음		한국어	김공칠	1989	15
여의다						
wa-ka-re	別		일본어	김사엽	1974	378
jə -hi	離別, 死別		한국어	김사엽	1974	378
jə -hij	離別, 死別		한국어	김사엽	1974	378
여의다	떠났다, 사라지다		한국어	김선기	1979ㄷ	371
여자						
kyə ji-b	여자		한국어	강길운	1983ㄱ	48
eminahi	여자		한국어	강길운	1983ㄴ	133
imo	여자		일본어	김공칠	1989	10
am	여자		한국어	김공칠	1989	10
womina	여자		일본어	김공칠	1989	9
ömina	여자		한국어	김공칠	1989	9
kjecip	여자	woman	한국어	김동소	1972	141
jʌ ca	여자	woman	한국어	김동소	1972	141
i-mö	여자		일본어	김사엽	1974	475

표제어/어휘		의미	언어	저자	발간년도	쪽수
am	여자		한국어	김사엽	1974	475
onna	여자	woman	일본어	김선기	1968ㄱ	25
ə mi	여자	woman	한국어	김선기	1968ㄱ	25
omina	여자		일본어	김선기	1977ㅁ	354
onna	여자		일본어	김선기	1977ㅁ	354
계집	여자		한국어	김선기	1977ㅁ	354
emina	여자		한국어	김선기	1977ㅁ	354
kasi	여자		한국어	김선기	1977ㅁ	354
omena	여자		일본어	김선기	1977ㅁ	354
amso	여자	weib	한국어	白鳥庫吉	1914ㄴ	158
amsyu	여자	á la mauière des femmes	한국어	白鳥庫吉	1914ㄴ	158
amk'öt	여자	die frau	한국어	白鳥庫吉	1914ㄴ	158
am	여자	weib	한국어	白鳥庫吉	1914ㄴ	158
a-ssi	여자	weiblich	한국어	白鳥庫吉	1914ㄴ	163
me	여자	woman	일본어	이용주	1980	79
ky?tʃ ĭ p	겨집	woman	한국어	이용주	1980	79
onna	여자	woman	일본어	長田夏樹	1966	82
jeza	여자	woman	한국어	長田夏樹	1966	82
nye	nyeㄷapenㄷane	female	한국어	Hulbert, H. B.	1905	120

엮다
kyə t-	엮다		한국어	강길운	1980	18
kyə r-	엮다		한국어	강길운	1980	18
yə k'-	엮다		한국어	강길운	1983ㄴ	108
yə k'-	엮다		한국어	강길운	1983ㄴ	111
あむ	엮다		일본어	김사엽	1974	479
jə k-kə	엮다		한국어	김사엽	1974	479
ürürmen	윗가지를 엮다	flechten	한국어	白鳥庫吉	1915ㄱ	22
kįe tta	엮다	to sing - as a hen before laying, to weave, to	한국어	G. J. Ramstedt	1949	

연극
わざをき	俳優		일본어	김사엽	1974	377
hïj-č ʌ	演劇		한국어	김사엽	1974	377
o-kuj	演劇		한국어	김사엽	1974	377

연기
keburi		smoke	일본어	강영봉	1991	11
ne		smoke	한국어	강영봉	1991	11
jʌ nki	연기	smoke	한국어	김동소	1972	140
nä	연기	smoke	한국어	김동소	1972	140
nʌ j-skim	연기		한국어	김사엽	1974	449
nʌ j	연기		한국어	김사엽	1974	449
kë-bu-ri	연기		일본어	김사엽	1974	449
nɛ ŋ gar	연기		한국어	김선기	1968ㄱ	38
keburi	연기	smoke	일본어	김선기	1968ㄱ	38
kemuri	연기	smoke	일본어	김선기	1968ㄱ	38
mɛ gur	연기	smoke	한국어	김선기	1968ㄱ	38
nɛ	연기	smoke	한국어	김선기	1968ㄱ	38
nɛ ˇ i	나ㅣ	smoke	한국어	이용주	1980	81
këburi	연기	smoke	일본어	이용주	1980	81
nɛ i	연기	smoke	한국어	이용주	1980	99
*gʷ aβ i	연기	smoke	한국어	이용주	1980	99
kĕ muri	연기	smoke	일본어	이용주	1980	99

연못
soh	못		한국어	강길운	1981ㄴ	5

표제어/어휘		의미	언어	저자	발간년도	쪽수
mem	연못		일본어	강길운	1981ㄴ	6
	못		한국어	강길운	1983ㄱ	26
nʌr	못		한국어	강길운	1983ㄱ	26
이께	연못		일본어	고헌	1979	6
イケ	연못		일본어	고헌	1979	6
ikke	연못		일본어	고헌	1979	6
futi	못		일본어	김공칠	1989	14
mot	못		한국어	김공칠	1989	14
Fu-ti	못		일본어	김사엽	1974	396
mot	못		한국어	김사엽	1974	396
mot	못	a lake, a pond	한국어	白鳥庫吉	1915ㄱ	39
nup	연못		한국어	송민	1965	38
numa	연못		일본어	송민	1965	38
mot	못	a lake	한국어	宋敏	1969	81
musa	못	marshland	일본어	宋敏	1969	81
puti	연못		일본어	이용주	1980	72
mot	연못		한국어	이용주	1980	72
mod	연못	See	한국어	Andre Eckardt	1966	234
musa	습지	marshland	일본어	G. J. Ramstedt	1949	152
mot		a lake, a pond	한국어	G. J. Ramstedt	1949	152
musa		marshland	일본어	G. J. Ramstedt	1949	152
mot	못	a lake, a pond	한국어	G. J. Ramstedt	1949	152

연인

nō lda(nō ra)	연인	love affairs	한국어	김공칠	1989	13
noroke	연인	love affairs	일본어	김공칠	1989	13

연회

mok' oji	연회		한국어	강길운	1981ㄴ	7
tö-yö-nö-a-	연회		일본어	김사엽	1974	483
i-pa-ti	연회		한국어	김사엽	1974	483

열

netu	열	fever heat	일본어	김공칠	1989	16
yël	열	fever heat	한국어	김공칠	1989	16
jel	열		한국어	김방한	1968	270
jel	열		한국어	김방한	1968	271
to-wo	열		일본어	김사엽	1974	415
tə k	열		한국어	김사엽	1974	415
jer	열		한국어	김선기	1968ㄴ	54
towo	열		일본어	김선기	1977	20
jelh	열		한국어	김선기	1977	20
töwo	십		일본어	김승곤	1984	256
yël	십		한국어	김승곤	1984	256
jə r	열		한국어	박은용	1974	204
열다	열다		한국어	박은용	1974	204
열	열		한국어	박은용	1974	204
tə k	열		한국어	송민	1966	22
töwö	열		일본어	송민	1966	22
yɔ l	열	chanvre	한국어	宋敏	1969	89
yoˑr	열	tordre	일본어	宋敏	1969	89
də p	열		한국어	辛 容泰	1987	136
とお	열		한국어	辛 容泰	1987	136
tə wə	열		한국어	辛 容泰	1987	136
tə p	열		한국어	辛 容泰	1987	136
dhiə p	열		한국어	辛 容泰	1987	136
töwö	열		일본어	辛 容泰	1987	136

⟨ㅇ⟩ 365

표제어/어휘	의미		언어	저자	발간년도	쪽수
tə wə	열		일본어	辛 容泰	1987	136
德	열		한국어	辛 容泰	1987	137
悳	열		한국어	辛 容泰	1987	137
yə l	열		한국어	村山七郞	1963	29
töwo	열		일본어	村山七郞	1963	29
yə l	열		한국어	村山七郞	1963	29
yə l	열		한국어	村山七郞	1963	29
열	열	ten	한국어	홍기문	1934ㄴ	조선일보1
혼	마흔, 쉰	ten	한국어	홍기문	1934ㄴ	조선일보1
tsu or to	열(10)	ten	일본어	Aston	1879	59
so	열(10) - 20, 30 등에 사용됨	ten	일본어	Aston	1879	59
yoro-dzu	열	ten	일본어	Aston	1879	61
yǔ l	열	ten	한국어	Aston	1879	61
yǔ lǔ	열	ten	한국어	Aston	1879	61
yel	열	ten	한국어	Edkins, J	1898	340
je llada		to be put out, to feel hot all over	한국어	G. J. Ramstedt	1949	77
je l hạ da		to be feverish, to be hot	한국어	G. J. Ramstedt	1949	77
jēl		the barrel of a gun, the crack of a whip, the	한국어	G. J. Ramstedt	1949	77
je r		ten	한국어	G. J. Ramstedt	1949	77
jar		ten	한국어	G. J. Ramstedt	1949	77
je l		fever, heat, warmth	한국어	G. J. Ramstedt	1949	77
je l	쓸개'의 방언	the gall - said to be the seat of courage	한국어	G. J. Ramstedt	1949	77
je l		ten	한국어	G. J. Ramstedt	1949	77
je l		ten	한국어	G. J. Ramstedt	1949	79
jar	열	ten	한국어	G. J. Ramstedt	1949	9
je l	열	ten	한국어	G. J. Ramstedt	1949	9

열다

yə r-	열다		한국어	강길운	1981ㄱ	33
ār-	열다		한국어	강길운	1983ㄴ	133
yə r-	열다		한국어	강길운	1983ㄴ	135
ak(ari)	입	mouth	한국어	김공칠	1988	83
a/ëkïs	간격	apart	한국어	김공칠	1988	83
aku	열다	open	일본어	김공칠	1988	83
hiraku	열다		일본어	김공칠	1989	10
あける	열다		일본어	김사엽	1974	483
jə l	열다		한국어	김사엽	1974	483
jelda	열다		한국어	김승곤	1984	239
yöl	열다	Ten	한국어	白鳥庫吉	1916ㄴ	319
yöl	열다	To open	한국어	白鳥庫吉	1916ㄴ	319
yöl-ni ta	열다	to open	한국어	白鳥庫吉	1916ㄴ	319
?aㄱkiti	열다		일본어	이용주	1980	71
akrete	열다		일본어	이용주	1980	71
pe rk	열다		한국어	이용주	1980	72
piraku	열다		일본어	이용주	1980	72
^tawŋ pi	열다	to open	한국어	Christopher I. Beckwith	2004	137
^tawŋ pi	열다	to open	한국어	Christopher I. Beckwith	2004	138
jēl-č e kta		to interfere, to meddle	한국어	G. J. Ramstedt	1949	78
jēlda	열다	to open	한국어	G. J. Ramstedt	1949	78

표제어/어휘		의미	언어	저자	발간년도	쪽수
jēlda	열다	to form - of furit	한국어	G. J. Ramstedt	1949	78
je̱ lda		to open up	한국어	G. J. Ramstedt	1949	78
jẽda		to open up	한국어	G. J. Ramstedt	1949	78
jẽda		to open - of flowers	한국어	G. J. Ramstedt	1949	78
je̱ lda		to form - of fruit	한국어	G. J. Ramstedt	1949	78
jẽda		to form - of fruit	한국어	G. J. Ramstedt	1949	78
je̱ lgin		open, opened	한국어	G. J. Ramstedt	1949	78
je̱ l-mū		fresh half-grown turnip or other roots	한국어	G. J. Ramstedt	1949	78
je̱ lda		to open - of flowers	한국어	G. J. Ramstedt	1949	78

열매

tsura(nuku)	열매		일본어	김공칠	1989	8
chirǎ, ttul	열매		한국어	김공칠	1989	8
jʌ li m	과일	fruit	한국어	김동소	1972	138
jʌ lmɛ	과일	fruit	한국어	김동소	1972	138
jə l-mʌ j	열매		한국어	김사엽	1974	388
mï	열매		일본어	김사엽	1974	388
hune	배		일본어	김숭곤	1984	239
mi	열매		일본어	徐廷範	1985	241
매	열매		한국어	徐廷範	1985	241
' yə ɯ˘ m	여름	fruit	한국어	이용주	1980	81
mï	열매	fruit	일본어	이용주	1980	81
je̱ ri̱ m		fruit, berries	한국어	G. J. Ramstedt	1949	78
je̱ rmä	열매	fruit	한국어	G. J. Ramstedt	1949	78
je̱ ri̱ mä		fruit, berries	한국어	G. J. Ramstedt	1949	78
je̱ rmä		fruit, berries	한국어	G. J. Ramstedt	1949	78

열쇠

karkuri	열쇠, 자물쇠		일본어	김공칠	1989	15
kagi	열쇠, 자물쇠		한국어	김공칠	1989	15

엷다

u-tsu-ki	엷다		일본어	김사엽	1974	473
jə lp	엷다		한국어	김사엽	1974	473
je̱ lpta		to be thin, to lack thickness	한국어	G. J. Ramstedt	1949	75
je̱ lpta		to be thin, to lack thickness	한국어	G. J. Ramstedt	1949	82
je̱ pta		thin	한국어	G. J. Ramstedt	1949	82

염소

yə m	염소		한국어	강길운	1979	5
yə m	산양		한국어	강길운	1980	18
yagi	산양		일본어	강길운	1980	18
jə m-so	염소	goat	한국어	김방한	1978	44
jə m-sjo	염소	goat	한국어	김방한	1978	44
やぎ	염소		일본어	김사엽	1974	382
jə m	염소		한국어	김사엽	1974	382
メ-ネ-	양羊		일본어	이원진	1940	14
メ-ねヤ	양羊		일본어	이원진	1940	14
メ-ナ	양羊		일본어	이원진	1940	14
몀소	염소		한국어	이원진	1940	14
メ-ナ	양羊		일본어	이원진	1951	14
メ-ネ-	양羊		일본어	이원진	1951	14
メ-ねヤ	양羊		일본어	이원진	1951	14
몀소	염소		한국어	이원진	1951	14

⟨ㅇ⟩ 367

표제어/어휘		의미	언어	저자	발간년도	쪽수
jęm-so		a goat	한국어	G. J. Ramstedt	1949	78
sjoi		cattle, cow	한국어	G. J. Ramstedt	1949	78
soi		cattle, cow	한국어	G. J. Ramstedt	1949	78
sō		cattle, cow	한국어	G. J. Ramstedt	1949	78
jęm		beard	한국어	G. J. Ramstedt	1949	78
jemš ō		a goat	한국어	G. J. Ramstedt	1949	78
jęmš wä		a goat	한국어	G. J. Ramstedt	1949	78
염의						
nyə mɪ -	斂衣		한국어	강길운	1982ㄴ	26
yaimire	裝衣		일본어	강길운	1982ㄴ	26
yə mi-	斂衣		한국어	강길운	1982ㄴ	33
yaimire	裝衣		일본어	강길운	1982ㄴ	33
엿보다						
jə -ə -po	엿보다		한국어	김사엽	1974	474
u-ka-ka-Fa	엿보다		일본어	김사엽	1974	474
yęs-	엿보다	to pry into	한국어	이기문	1958	118
jęppoda		to pry into, to look secretly, to spy out	한국어	G. J. Ramstedt	1949	79
jęppoda	엿보다	to spy, to watch in secret	한국어	G. J. Ramstedt	1949	79
영감						
njęŋ-kam		Your grace, Your worship	한국어	G. J. Ramstedt	1949	164
njęŋgam		Your grace, Your worship	한국어	G. J. Ramstedt	1949	164
nenkami		Your grace, Your worship	일본어	G. J. Ramstedt	1949	164
영위하다						
i-lʌ-salm	영위하다		한국어	김사엽	1974	476
いとなむ	영위하다		일본어	김사엽	1974	476
영혼						
kköphi	영혼	manes	한국어	김공칠	1989	16
ta-ma-si-Fi	영혼		일본이	긴사엽	1974	425
tʌl-h	영혼		한국어	김사엽	1974	425
옅다						
あさい	옅다		일본어	김사엽	1974	482
jə tʰ	옅다		한국어	김사엽	1974	482
jętta		to be shallow, to lack depth, to be low, to be flat	한국어	G. J. Ramstedt	1949	76
옆						
nyəpʰ	옆		한국어	강길운	1981ㄱ	32
noyap	옆얼굴		일본어	강길운	1982ㄴ	31
nyəp'	옆, 엽구리		한국어	강길운	1982ㄴ	31
kataru	곁		일본어	김공칠	1988	205
kịət	곁		한국어	김공칠	1988	205
kjet	곁		한국어	김승곤	1984	243
yëph	옆	side	한국어	宋敏	1969	89
sóba	옆	side	일본어	宋敏	1969	89
ə s	옆		한국어	村山七郎	1963	28
ə si	옆		한국어	村山七郎	1963	28
yoko	옆		일본어	村山七郎	1963	28
mit*e	옆	near	한국어	G. J. Ramstedt	1939ㄴ	461
mit	옆	the forepart of the blade of the foot	한국어	G. J. Ramstedt	1939ㄴ	461

표제어/어휘	의미		언어	저자	발간년도	쪽수
nję p		the side	한국어	G. J. Ramstedt	1949	164
nję p-param		sidewind	한국어	G. J. Ramstedt	1949	164
njep-pję k		side-wall	한국어	G. J. Ramstedt	1949	164
nję p-para m		side-wall	한국어	G. J. Ramstedt	1949	164
nję phe		at the side of, beside	한국어	G. J. Ramstedt	1949	164
nję p-kę ri m		a step sideways	한국어	G. J. Ramstedt	1949	164
nję pč il hạ da		to roll from side to side	한국어	G. J. Ramstedt	1949	164
kyët	옆	side	한국어	Johannes Rahder	1959	28
kyëti(rangi)	옆구리	side of the chest	한국어	Johannes Rahder	1959	28
kidäri	옆에	aside	한국어	Johannes Rahder	1959	28
sYebxa	옆	side	한국어	Martin, S. E.	1966	200
k(Y)atx(a),k(	옆	side	한국어	Martin, S. E.	1966	203
sYebxa	옆	side	한국어	Martin, S. E.	1966	204
k(Y)atx(a),k(	옆	side	한국어	Martin, S. E.	1966	205
k(Y)atx(a),k(	옆	side	한국어	Martin, S. E.	1966	206
k(Y)atx(a),k(	옆	side	한국어	Martin, S. E.	1966	208
sYebxa	옆	side	한국어	Martin, S. E.	1966	211
sYebxa	옆	side	한국어	Martin, S. E.	1966	214
k(Y)atx(a),k(	옆	side	한국어	Martin, S. E.	1966	216
k(Y)atx(a),k(	옆	side	한국어	Martin, S. E.	1966	222
sYebxa	옆	side	한국어	Martin, S. E.	1966	223
k(Y)atx(a),k(	옆	side	한국어	Martin, S. E.	1966	224

옆구리

표제어/어휘	의미		언어	저자	발간년도	쪽수
njə p-ku-lə j	脇		한국어	김사엽	1974	378
wa-ki	脇		일본어	김사엽	1974	378
njə p	脇		한국어	김사엽	1974	378

예

표제어/어휘	의미		언어	저자	발간년도	쪽수
ruwe-un	대답하는소리		일본어	강길운	1981ㄴ	6
ne/ye	대답하는소리		한국어	강길운	1981ㄴ	6
ruwe-un	예	응답하는 소리	일본어	강길운	1982ㄴ	33
ne/ye	예	응답하는 소리	한국어	강길운	1982ㄴ	33
yöi	예	yes	한국어	白鳥庫吉	1916ㄴ	319

예순

표제어/어휘	의미		언어	저자	발간년도	쪽수
jesjuin	예순		한국어	김방한	1968	270
jesjuin	예순		한국어	김방한	1968	272
musodzi	예순		일본어	김선기	1977	28
jesuin	예순		한국어	김선기	1977	28
musodzi	예순		일본어	김선기	1977	30
jesuθ in	예순		한국어	김선기	1977	30
여*슈ㅣㄴ	예순		한국어	김선기	1977ㅈ	326

옛

표제어/어휘	의미		언어	저자	발간년도	쪽수
*mutu~moto	옛		한국어	강길운	1982ㄱ	180
*koja	옛		한국어	강길운	1982ㄱ	180
nyet	옛	ancien	한국어	宋敏	1969	89
inisi.'e	옛	le passé	일본어	宋敏	1969	89
kori	옛		한국어	유창균	1960	15
kuri	옛		한국어	유창균	1960	15
huru-sato	옛		일본어	유창균	1960	15
huru-ike	옛		일본어	유창균	1960	15
huru	옛		일본어	유창균	1960	15

표제어/어휘		의미	언어	저자	발간년도	쪽수
옛적						
mu-ka-si	옛적		일본어	김사엽	1974	386
njə j-pč ə k	옛적		한국어	김사엽	1974	386
오						
*beč	오		한국어	강길운	1979	9
tasʌ s	오		한국어	강길운	1983ㄴ	122
peč	오		한국어	강길운	1983ㄴ	124
エソソ	오		일본어	김선기	1977ㅅ	332
エスス	오		한국어	김선기	1977ㅅ	332
itu	오	five	일본어	大野晋	1975	57
오	오	five	한국어	大野晋	1975	57
ta	다, 닷		한국어	박시인	1970	95
itu	오		일본어	박시인	1970	95
uč	오		한국어	송민	1966	22
itu	오		일본어	송민	1966	22
五	오		한국어	辛 容泰	1987	131
于次	오		한국어	辛 容泰	1987	131
五	오		한국어	辛 容泰	1987	132
于次	오		한국어	辛 容泰	1987	132
弓次	오		한국어	辛 容泰	1987	133
itu	오		한국어	辛 容泰	1987	133
いつ	오		한국어	辛 容泰	1987	133
于次	오		한국어	辛 容泰	1987	133
itsu	오		일본어	유창균	1960	23
uč	오	five	한국어	이기문	1963	98
itu	오	five	일본어	이기문	1963	98
*ütsi : ^utsi	오	five	한국어	Christopher I. Beckwith	2004	142
오그라들다						
č ul	오그라들다		일본어	김공칠	1989	15
ɛizimu	오그라들다		한국어	김공칠	1989	15
오그리다						
oheuge	오그리다		일본어	강길운	1982ㄴ	20
oguri-	오그리다		한국어	강길운	1982ㄴ	20
ogi rida	오그리다	to bend, to squeeze out of shape	한국어	G. J. Ramstedt	1949	174
오다						
*or-	오다		한국어	강길운	1982ㄴ	36
roropa	오다		일본어	강길운	1982ㄴ	36
o-		to come	한국어	강영봉	1991	8
ku-		to come	일본어	강영봉	1991	8
o-	오다	come	한국어	김동소	1972	137
o-	오다	come	한국어	김동소	1972	137
ku	오다		일본어	김사엽	1974	450
o	오다		한국어	김사엽	1974	450
iru	오다	come	한국어	김선기	1968ㄱ	20
iratsai	오다	come	일본어	김선기	1968ㄱ	20
오다	오다		한국어	김선기	1978ㅅ	348
o ta	오다	To come	한국어	白鳥庫吉	1914ㄱ	154
ol-saŋ +sip-ta	올 것 같다		한국어	이숭녕	1956	181
inu	오다	come	일본어	이용주	1980	101
o, o-na-te n	오다	come	한국어	이용주	1980	101
kuHu	오다	to come	일본어	이용주	1980	82

표제어/어휘		의미	언어	저자	발간년도	쪽수
ˈŏ-	오다	to come	한국어	이용주	1980	82
kol	오다	to come	한국어	Aston	1879	55
ol	오다	to come	한국어	Aston	1879	56
o- < *wa-	오다	to come near, to come down	한국어	G. J. Ramstedt	1928	78
iri o	이리 와!	come here!	한국어	Poppe, N	1965	196
오래						
ora-	오래		한국어	강길운	1981ㄴ	8
orai	오래		한국어	김방한	1978	16
óy(i)	오래	age	일본어	宋敏	1969	89
fur̆ u-	오래	ancien	일본어	宋敏	1969	89
or̀ å	오래	ancien	한국어	宋敏	1969	89
o'la	오래	be long	한국어	宋敏	1969	89
오래다						
ohoro	영영		일본어	강길운	1982ㄴ	21
ora-	오래다		한국어	강길운	1982ㄴ	21
ora-	오래다		한국어	강길운	1982ㄴ	35
ohoro	영영		일본어	강길운	1982ㄴ	35
오로지						
o-lo	오로지		한국어	김사엽	1974	400
Fi-ta	오로지		일본어	김사엽	1974	400
oro	오로지	wholly, exclusively	한국어	이기문	1958	118
오르다						
orʌ-	오르다		한국어	강길운	1981ㄴ	8
orʌ-	오르다		한국어	강길운	1982ㄴ	19
uri	投上		일본어	강길운	1982ㄴ	19
rikin	오르다		일본어	강길운	1987	19
agaru	오르다	rise	일본어	김공칠	1988	83
orǎ	오르다	rise	한국어	김공칠	1988	83
noboru	오르다		일본어	김공칠	1989	7
nop	오르다		한국어	김공칠	1989	7
tʰʌ	오르다		한국어	김사엽	1974	407
nö-ri	오르다		일본어	김사엽	1974	407
a-ga-ri	오르다		일본어	김사엽	1974	483
ol-lʌ	오르다		한국어	김사엽	1974	483
o-lʌ	오르다		한국어	김사엽	1974	483
오르	오르다		한국어	김선기	1976ㄷ	338
오르다	오르다		한국어	김선기	1979ㄱ	369
or<i̯ >da	오르다		한국어	김승곤	1984	249
o-rǎ ta	오르다	To go up; to mount	한국어	白鳥庫吉	1914ㄱ	154
nöböru	오르다		일본어	송민	1973	52
nöböru	오르다		일본어	송민	1973	55
agaru	오르다		일본어	宋敏	1969	89
oṙ	오르다		한국어	宋敏	1969	89
ora	오르다		한국어	宋敏	1969	89
nor	오르다	monter	일본어	宋敏	1969	89
olla	오르다	up	한국어	Hulbert, H. B.	1905	
오리						
ori(id)	오리		한국어	강길운	1987	27
ahi-ru	집오리	domestic duck	일본어	金澤庄三郎	1910	9
ori	오리	duck	한국어	金澤庄三郎	1910	9
orxi	오리	duck	한국어	김공칠	1988	83

⟨ㅇ⟩ 371

표제어/어휘		의미	언어	저자	발간년도	쪽수
adi	오리	spectacled teal	일본어	김공칠	1988	83
ori	오리	duck	한국어	김공칠	1988	83
afiru	오리	duck	일본어	김공칠	1988	83
ori	오리		한국어	김공칠	1989	10
ahiru	오리		일본어	김공칠	1989	10
adi	오리		일본어	김공칠	1989	20
orxi	오리		한국어	김공칠	1989	20
오리	오리		한국어	김선기	1977ㄷ	355
o-ri	오리	A duck	한국어	白鳥庫吉	1914ㄱ	155
ahi-ru	오리		일본어	宋敏	1969	89
ori	오리		한국어	宋敏	1969	89
(C, D) olgi	오리	duck	한국어	Johannes Rahder	1959	43
ahi-ru	집오리(domestic duck)		일본어	Kanazawa, S	1910	6
ori	오리	duck	한국어	Kanazawa, S	1910	6

오붓하다
op-ïs	오붓하다	be plentiful	한국어	宋敏	1969	89
ō po-	오붓하다	be plentiful	일본어	宋敏	1969	89
ob<ï˘>ha̧ da	오붓하다		한국어	宋敏	1969	89
ō i	오붓하다		일본어	宋敏	1969	89

오이
uri	오이	cacumber	일본어	金澤庄三郎	1910	12
oi	오이	cacumber	한국어	金澤庄三郎	1910	12
uri	오이		일본어	김공칠	1989	8
oi	오이		한국어	김공칠	1989	8
u-ri	오이		일본어	김사엽	1974	471
o-i	오이		한국어	김사엽	1974	471
uyi	오이		일본어	宋敏	1969	89
ur̆ i	오이	melon	일본어	宋敏	1969	89
o̟i	오이		한국어	宋敏	1969	89
uri	오이		일본어	宋敏	1969	89
uri	오이	melon	일본어	宋敏	1969	89
uri	오이		일본어	이용주	1980	106
oi	오이		한국어	이용주	1980	106
す-くワウ	무 西瓜		일본어	이원진	1940	14
ト-ツブル	무 南瓜		일본어	이원진	1940	14
오이	오이		한국어	이원진	1940	14
キウ-ル	무 胡瓜		일본어	이원진	1940	14
ギ-ウリ	무 胡瓜		일본어	이원진	1940	14
キ-ウイ	무 胡瓜		일본어	이원진	1940	14
ヤマとウ-	무 西瓜		일본어	이원진	1940	14
すくワウイ	무 西瓜		일본어	이원진	1940	14
くワンとウ	무 西瓜		일본어	이원진	1940	14
スブリ	무 冬瓜		일본어	이원진	1940	14
ス-ウ"	무 冬瓜		일본어	이원진	1940	14
シブい	무 冬瓜		일본어	이원진	1940	14
シブリ	무 冬瓜		일본어	이원진	1940	14
くワンとウ	무 西瓜		일본어	이원진	1951	14
오이	오이		한국어	이원진	1951	14
キウ-ル	무 胡瓜		일본어	이원진	1951	14
ギ-ウリ	무 胡瓜		일본어	이원진	1951	14
キ-ウイ	무 胡瓜		일본어	이원진	1951	14
ヤマとウ-	무 西瓜		일본어	이원진	1951	14
す-くワウ	무 西瓜		일본어	이원진	1951	14

표제어/어휘		의미	언어	저자	발간년도	쪽수
スブリ	무 冬瓜		일본어	이원진	1951	14
ス-ウ"	무 冬瓜		일본어	이원진	1951	14
シブリ	무 冬瓜		일본어	이원진	1951	14
シブい	무 冬瓜		일본어	이원진	1951	14
ト-ツブル	무 南瓜		일본어	이원진	1951	14
すくワウイ	무 西瓜		일본어	이원진	1951	14
oi	오이	cacumber	한국어	Kanazawa, S	1910	10
uri	오이	cacumber	일본어	Kanazawa, S	1910	10
오줌						
soma·sopi·oj	오줌		한국어	강길운	1981ㄴ	4
š iš iki	오줌누다		일본어	강길운	1982ㄴ	26
sǖ	쉬		한국어	강길운	1982ㄴ	26
sǖ	쉬		한국어	강길운	1982ㄴ	28
š iš iki	오줌누다		일본어	강길운	1982ㄴ	28
maru	오줌		일본어	김계원	1967	17
mal	오줌		한국어	김계원	1967	17
sito	오줌		일본어	김공칠	1989	19
siko	오줌		일본어	김선기	1977ㄴ	382
오줌	오줌		한국어	김선기	1977ㄴ	382
odzom	오줌		한국어	김선기	1977ㄴ	383
si	어린이 오줌		일본어	김용태	1990	16
시-	어린이 오줌		한국어	김용태	1990	16
o-č om	오줌		한국어	白鳥庫吉	1914ㄱ	158
o-cyom kai	오줌	The bladder	한국어	白鳥庫吉	1914ㄱ	158
o-cyom t' ong	오줌	The bladder	한국어	白鳥庫吉	1914ㄱ	158
o-č yom	오줌	Urine	한국어	白鳥庫吉	1914ㄱ	158
오줌똥						
möl	오줌똥		한국어	김사엽	1974	388
ku-tso-ma-ri	오줌똥		일본어	김사엽	1974	388
오지그릇						
oji	오지		한국어	강길운	1982ㄴ	21
oč ike	그릇		일본어	강길운	1982ㄴ	21
오직						
ta-ta	오직		일본어	김사엽	1974	428
o-č ik	오직		한국어	김사엽	1974	428
오히려						
むしろ	오히려		일본어	김사엽	1974	385
o-hi-ljə	오히려		한국어	김사엽	1974	385
온도						
온도	온도		한국어	고창식	1976	25
ondo	온도		일본어	고창식	1976	25
온전하다						
matasi	온전하다		일본어	김공칠	1989	10
ma-ta-ku	온전하다		일본어	김사엽	1974	390
o-ㅅ l	온전하다		한국어	김사엽	1974	390
올						
ol	올(해)		한국어	강길운	1982ㄴ	21
oro	있는, 들어있는		일본어	강길운	1982ㄴ	21
ol	縷, 條		한국어	김사엽	1974	376

〈ㅇ〉 373

표제어/어휘	의미		언어	저자	발간년도	쪽수
wo	緒		일본어	김사엽	1974	376
わさ	무		일본어	김사엽	1974	377
ol	무		한국어	김사엽	1974	377
ol	올		한국어	김사엽	1974	467
ö-ru	올		일본어	김사엽	1974	467
oru	올		일본어	송민	1965	39
ol	올		한국어	송민	1965	39
ara	올		일본어	宋敏	1969	90
ol	올		한국어	宋敏	1969	90
ol-ap	올	older sibling	한국어	宋敏	1969	90
oyá	올	parent	일본어	宋敏	1969	90
orakči	올		한국어	이숭녕	1956	143
ol	올		한국어	이숭녕	1956	143
oregi	올		한국어	이숭녕	1956	154
ol	올		한국어	이숭녕	1956	154
ol	올	ol in onal'this day, today'	한국어	G. J. Ramstedt	1949	176

올다

wor	올다		일본어	宋敏	1969	90
olk	올다		한국어	宋敏	1969	90

올리다

č'uk'i-	추키다		한국어	강길운	1983ㄴ	132
č'ihyə-	인상하다		한국어	강길운	1983ㄴ	132
yəj-	얹다		한국어	강길운	1983ㄴ	137
すすむ	올리다		일본어	김사엽	1974	434
sjə-si	올리다		한국어	김사엽	1974	434

올해

kö-tö-si	올해		일본어	김사엽	1974	447
ol-hʌj	올해		한국어	김사엽	1974	447

옮다

u-tu-ri	옮다		일본어	김사엽	1974	472
olm	옮다		한국어	김사엽	1974	472

옳다

olh-	옳다		한국어	강길운	1982ㄴ	21
orai	선량하다		일본어	강길운	1982ㄴ	21
orai	선량하다		일본어	강길운	1982ㄴ	36
olh-	옳다		한국어	강길운	1982ㄴ	36
orh-	옳다		한국어	강길운	1983ㄴ	115
masasi		right	일본어	강영봉	1991	11
mac-		right(correct)	한국어	강영봉	1991	11
올	옳다		한국어	권덕규	1923ㄴ	129
or	옳다		한국어	金澤庄三郎	1914	221
olh-	옳은	correct	한국어	김동소	1972	137
olh-	옳은	correct	한국어	김동소	1972	137
olh	善, 是, 可		한국어	김사엽	1974	379
yö-ki	善, 宜, 正		일본어	김사엽	1974	379
ol-heun	옳다	Right-of the side, hand etc.	한국어	白鳥庫吉	1914ㄱ	152
ol ta	옳다	To be so; to be true; to be right	한국어	白鳥庫吉	1914ㄱ	152
olt-č´i	옳다	Yes, right	한국어	白鳥庫吉	1914ㄱ	152
ol-k'öit-ta	옳다	all right, That's so	한국어	白鳥庫吉	1914ㄱ	152
nafosi	옳은, 정직한		일본어	송민	1973	39

표제어/어휘		의미	언어	저자	발간년도	쪽수
or-hạ -	옳다	to be reasonable, to be true	한국어	이기문	1958	118
orh-	옳다	to be reasonable, to be true	한국어	이기문	1958	118
ŏ rhe ̌ n	올하ㅏㄴ	right	한국어	이용주	1980	84
' orh-	옳다	right	한국어	이용주	1980	84
migi	옳다	right	일본어	이용주	1980	84
masasi	옳다	right	일본어	이용주	1980	84
olkei/올케	옳다		한국어	Arraisso	1896	21
莫離支		regent	한국어	Christopher I. Beckwith	2004	250
makrikey		regent	한국어	Christopher I. Beckwith	2004	250
麻立干			한국어	Christopher I. Beckwith	2004	252
makri(p)kar			한국어	Christopher I. Beckwith	2004	252
oltha	옳다	to be so, to be true, to be right	한국어	G. J. Ramstedt	1949	176
or, ol	옳다	it is true, right	한국어	Hulbert, H. B.	1905	
옷						
尉解	저고리		한국어	강길운	1979	13
yamire	옷		일본어	강길운	1981ㄱ	30
nyə m	옷		한국어	강길운	1981ㄱ	30
yaimire	옷		일본어	강길운	1981ㄴ	10
nyə ml-	옷		한국어	강길운	1981ㄴ	10
os	옷		한국어	강길운	1983ㄱ	30
os	옷	cloth	한국어	金澤庄三郞	1910	11
so	옷	cloth	일본어	金澤庄三郞	1910	11
hurimai	옷		한국어	金澤庄三郞	1914	220
os	옷		한국어	김공칠	1989	7
pata	옷		일본어	김공칠	1989	7
pitan	옷		한국어	김공칠	1989	7
so	옷		일본어	김공칠	1989	7
pathangi	옷		한국어	김공칠	1989	9
koromo	옷		일본어	김공칠	1989	9
hurimai	옷		한국어	김공칠	1989	9
os	옷		한국어	김사엽	1974	431
sö	옷		일본어	김사엽	1974	431
os	옷		한국어	김사엽	1974	469
ö-tsu-Fi	옷		일본어	김사엽	1974	469
옷	옷		한국어	김선기	1976ㄷ	341
uthi	옷		한국어	김선기	1976ㄷ	341
옷	옷		한국어	김선기	1977ㄴ	378
u-t'c	의복		한국어	박은용	1974	112
u-t'ɛ	의복		한국어	박은용	1974	112
o-t'ui	의복		한국어	박은용	1974	112
u-t'i	의복		한국어	박은용	1974	112
u-t'ui	의복		한국어	박은용	1974	112
os	옷		한국어	白鳥庫吉	1914ㄱ	158
ot	옷	Clothes, dress	한국어	白鳥庫吉	1914ㄱ	158
ot	옷	Varnish, lacquer	한국어	白鳥庫吉	1914ㄱ	158
os	옷		일본어	송민	1973	34
ösufi	옷		일본어	송민	1973	34
ösufi	옷		일본어	宋敏	1969	90
ot	옷		한국어	宋敏	1969	90

표제어/어휘		의미	언어	저자	발간년도	쪽수
so	옷		일본어	宋敏	1969	90
os	옷		한국어	宋敏	1969	90
kiri	옷	clothes	일본어	Edkins, J	1895	408
ot	옷	clothes	한국어	Edkins, J	1895	408
ot	옷	clothes, dress	한국어	G. J. Ramstedt	1949	179
kayuh	천	cloth	일본어	Johannes Rahder	1959	27
(pa)ke	입는	wearing	일본어	Johannes Rahder	1959	27
ke-an	입다	put on clothes	일본어	Johannes Rahder	1959	27
os	옷	cloth	한국어	Kanazawa, S	1910	9
so	옷	cloth	일본어	Kanazawa, S	1910	9
옷고름						
kö-rö-mö	옷고름		일본어	김사엽	1974	446
ko-lom	옷고름		한국어	김사엽	1974	446
옻						
u-ru-si	옻		일본어	김사엽	1974	471
očʰ	옻		한국어	김사엽	1974	471
-와						
wa	와	병렬어미	일본어	강길운	1982ㄴ	17
wa	와	병렬어미	한국어	강길운	1982ㄴ	17
	와	명사 아래 병렬어미	한국어	강길운	1982ㄴ	33
	와	동사 아래 병렬어미	일본어	강길운	1982ㄴ	33
atahu	~와		일본어	김공칠	1989	6
chu	~와		한국어	김공칠	1989	6
랑	~와		한국어	김선기	1976ㅂ	332
wa	와	und	한국어	Andre Eckardt	1966	239
왈패						
warapo	동자		일본이	간길운	1982ㄴ	33
walpä	떠들썩한 사람		한국어	강길운	1982ㄴ	33
왕						
於陸	왕		한국어	강길운	1979	11
*ə raka	왕		한국어	강길운	1979	11
*kə nkiji	왕		한국어	강길운	1979	11
kai	왕		한국어	유창균	1960	21
kami	왕		일본어	유창균	1960	21
	왕		한국어	이탁	1946ㄴ	35
*kar [瑕]	왕	king	한국어	Christopher I. Beckwith	2004	123
*kar ~	왕	king	한국어	Christopher I. Beckwith	2004	123
*key : ^key	왕	king ~ ruler	한국어	Christopher I. Beckwith	2004	124
*kimi ~ ^gimi	왕	lord, ruler	일본어	Christopher I. Beckwith	2004	126
瑕	왕	king	한국어	Christopher I. Beckwith	2004	250
Kar	왕	tribal	한국어	Christopher I. Beckwith	2004	250
Kar	왕	king	한국어	Christopher I. Beckwith	2004	250

표제어/어휘		의미	언어	저자	발간년도	쪽수
makrikey		king	한국어	Christopher I. Beckwith	2004	250
莫離支		king	한국어	Christopher I. Beckwith	2004	250
瑕		tribal	한국어	Christopher I. Beckwith	2004	250
makri(p)kar			한국어	Christopher I. Beckwith	2004	252
麻立干			한국어	Christopher I. Beckwith	2004	252
외						
ui	외		한국어	김완진	1965	83
uri	외		일본어	김완진	1965	83
ai ki-rǎ m	외	first of all, from the first, in childhood	한국어	白鳥庫吉	1914ㄴ	152
uri	외		일본어	송민	1965	42
oi	외		한국어	송민	1965	42
uri	외		일본어	송민	1965	43
oi	외		한국어	송민	1965	43
외다						
ewen	잘못다		일본어	강길운	1982ㄴ	25
ö-	잘못다		한국어	강길운	1982ㄴ	25
외롭다						
sabisiki/sam	외롭다		일본어	김공칠	1989	4
simsimhan	외롭다		한국어	김공칠	1989	4
oj-lo-pʌj	孤獨		한국어	김사엽	1974	377
wa-bï-si	侘		일본어	김사엽	1974	377
oj-lʌ -β ʌ j	孤獨		한국어	김사엽	1974	377
oitai	외롭다	only, a single	한국어	白鳥庫吉	1914ㄴ	152
외치다						
öt' i-	외치다		한국어	강길운	1982ㄴ	25
hotui	외치다		일본어	강길운	1982ㄴ	25
hot' oŋ	호통		한국어	강길운	1982ㄴ	25
hot' oŋ	호통		한국어	강길운	1982ㄴ	31
hotui	외치다		일본어	강길운	1982ㄴ	31
öt' i-	호통		한국어	강길운	1982ㄴ	31
kwata(-nä)-	외치다		한국어	강길운	1982ㄴ	32
hawe-aste	호통치다		일본어	강길운	1982ㄴ	32
örabu	외치다		일본어	大野晋	1980	20
왼쪽						
' ŏ in	왼	left	한국어	이용주	1980	84
Hidari	왼쪽	left	일본어	이용주	1980	84
^ź win[順] ~	왼쪽	left	한국어	Christopher I. Beckwith	2004	126
*ź wir:^ź win	왼쪽	left	한국어	Christopher I. Beckwith	2004	143
요운						
youn	요운		일본어	고창식	1976	25
요운	요운		한국어	고창식	1976	25

〈ㅇ〉 377

표제어/어휘		의미	언어	저자	발간년도	쪽수
요즘						
inä	즉시		한국어	강길운	1983ㄴ	134
i-ma	요즘		일본어	김사엽	1974	475
i-ma-č ak	요즘		한국어	김사엽	1974	475
용						
tə r	용	dragon	한국어	강길운	1978	43
miri	용,미리		한국어	강길운	1983ㄴ	110
imugi	이무기		한국어	강길운	1983ㄴ	110
imugi	이무기		한국어	강길운	1983ㄴ	125
miri	용		한국어	강길운	1983ㄴ	125
miri	용		한국어	金澤庄三郎	1977	108
miduti	용		일본어	김공칠	1989	15
miri	용		한국어	김공칠	1989	15
mi-tu-ti	용		일본어	김사엽	1974	387
mi-li	용		한국어	김사엽	1974	387
midu-ti	용		일본어	文和政	1981	177
mirï	용		한국어	文和政	1981	177
miru	용		한국어	박시인	1970	160
miduč i	교룡		일본어	박시인	1970	160
midu-ti	용		일본어	이용주	1980	73
mirï	용		한국어	이용주	1980	73
용서						
jyə b-	용서		한국어	강길운	1981ㄴ	8
eč opopo	납입		일본어	강길운	1982ㄴ	20
jyə b-	용서		한국어	강길운	1982ㄴ	20
eč opopo	납입		일본어	강길운	1982ㄴ	26
jyə b-	용서		한국어	강길운	1982ㄴ	26
용해하다						
siru	용해하다	to tempermental	한국어	김공칠	1989	16
iru	용해하다	to smelt	일본어	김공칠	1989	16
urukasu	용해하다		일본어	大野晋	1980	19
우						
migi		right	일본어	강영봉	1991	11
nɐ danphen		right(hamd)	한국어	강영봉	1991	11
우그리다						
u-kï-li	우그리다		한국어	김사엽	1974	381
ゆがむ	우그리다		일본어	김사엽	1974	381
우러르다						
a-Fu-gi	우러르다		일본어	김사엽	1974	480
ul-ə l	우러르다		한국어	김사엽	1974	480
우리						
uri	우리		한국어	강길운	1983ㄴ	114
uri	우리		한국어	강길운	1987	27
wa-re	나	나	일본어	金澤庄三郎	1910	31
uri	우리	we	한국어	金澤庄三郎	1910	31
warera	우리		일본어	김공칠	1989	5
uri	우리		한국어	김공칠	1989	5
uli	우리가	we	한국어	김동소	1972	141
uli	우리가	we	한국어	김동소	1972	141
u-li	我		한국어	김사엽	1974	376

표제어/어휘		의미	언어	저자	발간년도	쪽수
wa-re	吾		일본어	김사엽	1974	376
warera	우리	we	일본어	김선기	1968ㄱ	48
uri	우리	we	한국어	김선기	1968ㄱ	48
uri	1인칭대명사(복수)		한국어	박시인	1970	63
ware, öre	우리	we	일본어	이용주	1980	101
uri	우리	we	한국어	이용주	1980	101
ware	우리	we	일본어	이용주	1980	84
ŭ ri	우리	we	한국어	이용주	1980	84
u-ri	우리	we	한국어	Hulbert, H. B.	1905	
wa-re	나(I)		일본어	Kanazawa, S	1910	18
uri	우리	we	한국어	Kanazawa, S	1910	18
uldxyi	우리	clan	한국어	Martin, S. E.	1966	198

우리(畜舍)

uli	우리		한국어	宋敏	1969	90
ori	우리	cage	일본어	宋敏	1969	90
ori/eri	우리	cage	한국어	Martin, S. E.	1966	198

우물

wi	우물	well	일본어	金澤庄三郞	1910	12
u-mur	우물	well	한국어	金澤庄三郞	1910	12
wi	우물		일본어	김공칠	1989	10
umur	우물		한국어	김공칠	1989	10
wi<*wui<bul	우물		일본어	김공칠	1989	19
wi	우물		일본어	宋敏	1969	90
u-mur	우물		한국어	宋敏	1969	90
^wi[爲]	우물	well	일본어	Christopher I. Beckwith	2004	142
wi	우물	well	일본어	Kanazawa, S	1910	10
u-mur	우물	well	한국어	Kanazawa, S	1910	10

우박

ubag	우박		한국어	강길운	1981ㄴ	5
ubag	우박		한국어	강길운	1982ㄴ	18
ubaš	눈		일본어	강길운	1982ㄴ	18
ubax	눈		일본어	강길운	1982ㄴ	18
みぞれ	우박		일본어	김사엽	1974	387
mu-lïj	우박		한국어	김사엽	1974	387
murui	우박		한국어	박은용	1974	263
muruǐ	우박		한국어	長田夏樹	1966	81
miź ire	진눈깨비		일본어	長田夏樹	1966	81
nuri		hail	한국어	G. J. Ramstedt	1949	155
muri	우박'의 북한어	hail	한국어	G. J. Ramstedt	1949	155

우북

ópo	우북	be plentiful	일본어	宋敏	1969	90
opo(lo)k	우북		한국어	宋敏	1969	90

우산

kasa	삿갓		일본어	김공칠	1988	194
kas	삿갓		한국어	김공칠	1988	194
sjurup	우산		한국어	박은용	1975	181
chü-li (Chi.)	우산	umbrella	한국어	이기문	1958	116
su-lu (Ch' ao)	우산	umbrella	한국어	이기문	1958	116
syurup	우산	umbrella	한국어	이기문	1958	116

〈ㅇ〉 379

표제어/어휘		의미		언어	저자	발간년도	쪽수
우습다							
wa-ra-Fu	笑			일본어	김사엽	1974	377
uz-β ï	笑			한국어	김사엽	1974	377
wo-ka-si	우습다			일본어	김사엽	1974	470
us-hop	우습다			한국어	김사엽	1974	470
우주							
uju	우주			일본어	고창식	1976	25
우주	우주			한국어	고창식	1976	25
운전하다							
nʌ rʌ -	운전하다			한국어	강길운	1983ㄱ	36
ou<*ofu	운전하다	to drive away		일본어	김공칠	1989	13
울							
ul	울	relations		한국어	白鳥庫吉	1915ㄱ	21
ul	울	An enclosure, a fence		한국어	白鳥庫吉	1916ㄴ	314
ul	울	Relatives		한국어	白鳥庫吉	1916ㄴ	314
ul-t'a-ri	울	a twig fence, an enclosure		한국어	白鳥庫吉	1916ㄴ	314
uri	울	a pen - for animals		한국어	白鳥庫吉	1916ㄴ	314
ul	울			한국어	宋敏	1969	90
ulh	울			한국어	宋敏	1969	90
údi	울	clan		일본어	宋敏	1969	90
udi	울			일본어	宋敏	1969	90
ul	울	enclosure, fence		한국어	G. J. Ramstedt	1949	285
tari	used only in composition as in	a stake		한국어	Hulbert, H. B.	1905	
울다							
č iš	울다.			일본어	강길운	1981ㄴ	9
pujij-	울부짓다			한국어	강길운	1983ㄴ	112
ur-	울다			한국어	강길운	1983ㄴ	114
karu	울다	to be cry		일본어	김공칠	1989	16
kamu	울다	to be cry		한국어	김공칠	1989	16
naku	울다			일본어	김공칠	1989	7
neutki	울다			한국어	김공칠	1989	7
na-ku	울다			일본어	김사엽	1974	414
u-lï	울다			한국어	김사엽	1974	414
u-ru-ru	울다	a word descriptive of the sound of thunder, falling		한국어	白鳥庫吉	1916ㄴ	315
ur-ul kkeul ta	울다	to sound in the stomach, to rattle, to boil		한국어	白鳥庫吉	1916ㄴ	315
u-röng u-	울다	to sound deep and full		한국어	白鳥庫吉	1916ㄴ	315
u-roi	울다	thunder		한국어	白鳥庫吉	1916ㄴ	315
u rak	울다	a peculiar song with long drawn notes		한국어	白鳥庫吉	1916ㄴ	315
ul ta	울다	To cry, to weep, to cry, to crow, to neigh		한국어	白鳥庫吉	1916ㄴ	315
otó	울다	a sound		일본어	宋敏	1969	90
ul-	울다	crier		한국어	宋敏	1969	90
uŕ e.ś i	울다	joyeux		일본어	宋敏	1969	90
ul-	울다	to sound		한국어	宋敏	1969	90
ur-	울다	to cry, to echo		한국어	이기문	1958	118
ul	으르렁 거리는 소리	roar		한국어	Hulbert, H. B.	1905	122
ol-	울다	sound		한국어	Martin, S. E.	1966	198
ol-	울다	sound		한국어	Martin, S. E.	1966	210
ol-	울다	sound		한국어	Martin, S. E.	1966	218

표제어/어휘		의미	언어	저자	발간년도	쪽수
ol-	울다	sound	한국어	Martin, S. E.	1966	221
울음						
u-lĭm	울음		한국어	김사엽	1974	471
うらみ	울음		일본어	김사엽	1974	471
울타리						
paj∧	울타리		한국어	강길운	1983ㄴ	126
ur(id)	울타리		한국어	강길운	1987	27
paco	울타리		한국어	김공칠	1989	20
mase	울타리		일본어	김공칠	1989	20
ul	울타리		한국어	김사엽	1974	473
u-di	울타리		일본어	김사엽	1974	473
dari	막다		한국어	박은용	1975	139
maś e	울타리		일본어	長田夏樹	1966	118
paco	울타리		한국어	長田夏樹	1966	118
tari	ul-tari	stake	한국어	Hulbert, H. B.	1905	120
움						
ebui	움		일본어	강길운	1982ㄴ	34
um	움		한국어	강길운	1982ㄴ	34
më	움		일본어	김사엽	1974	383
ə m	움		한국어	김사엽	1974	383
um-mak	움	a dugout, a celler	한국어	白鳥庫吉	1916ㄴ	316
um	움	A dugout, a hut in the earth, a celler	한국어	白鳥庫吉	1916ㄴ	316
u-mul	움	a well	한국어	白鳥庫吉	1916ㄴ	316
u-muk hä ta	움	to be hollow, to be excavated	한국어	白鳥庫吉	1916ㄴ	316
u-muk u-muk	움	to be pitted, to be hallowed out. to be in	한국어	白鳥庫吉	1916ㄴ	316
um	움		한국어	송민	1973	36
um	움		한국어	송민	1973	40
um	움		한국어	宋敏	1969	90
me	움		일본어	宋敏	1969	90
um	움	ancient form of house made by digging a hole in	한국어	Hulbert, H. B.	1905	
um	움	covered hole in the ground	한국어	Hulbert, H. B.	1905	
움직이다						
olm	움직이다	to move	한국어	김공칠	1989	13
muj	움직이다		한국어	김사엽	1974	386
mi-ru	움직이다		일본어	김사엽	1974	386
움큼						
すくひ	움큼		일본어	김사엽	1974	435
u-hum	움큼		한국어	김사엽	1974	435
u-hïj-jom	움큼		한국어	김사엽	1974	435
웃다						
waraf-		to laugh	일본어	강영봉	1991	10
us-		to laugh	한국어	강영봉	1991	10
saku	웃다		일본어	송민	1973	36
saku	웃다		일본어	송민	1973	40
uzum	웃음		한국어	이숭녕	1956	110
uski	웃다		한국어	이숭녕	1956	161
uzbi	웃다		한국어	이숭녕	1956	161

표제어/어휘	의미		언어	저자	발간년도	쪽수
waraHu	웃다	to laugh	일본어	이용주	1980	82
' ŭ s-	웃다	to laugh	한국어	이용주	1980	82
웃어른						
utə run	웃어른		한국어	강길운	1982ㄴ	18
utarapa	주인		일본어	강길운	1982ㄴ	18
웃음						
u-hum	웃음		한국어	김사엽	1974	471
we-mi	웃음		일본어	김사엽	1974	471
원수						
asi	원수		한국어	강길운	1977	14
ikemunu	복수		일본어	강길운	1982ㄴ	17
*kimu	원수		한국어	강길운	1982ㄴ	17
ikemunu	복수		일본어	강길운	1982ㄴ	20
*kimu	원수		한국어	강길운	1982ㄴ	20
ora-	원수		한국어	강길운	1987	27
원숭이						
namu	원숭이		한국어	강길운	1977	14
maymun	원숭이		일본어	강길운	1980	13
nap	원숭이		한국어	강길운	1980	13
위						
kar	위	the upper part	한국어	강길운	1978	41
yaŋ	위		한국어	강길운	1983ㄴ	133
uh	위		한국어	강길운	1987	26
우에	위		한국어	권덕규	1923ㄴ	127
ウヘ	위		일본어	권덕규	1923ㄴ	127
u-he		upper side	일본어	金澤庄三郎	1910	12
u위		upper side	한국어	金澤庄三郎	1910	12
u위			한국어	金澤庄三郎	1914	221
uhe	위		일본어	김공칠	1980	94
우ㅎ	위		한국어	김공칠	1980	94
uh<*ör	위		한국어	김공칠	1989	20
ui	위		한국어	김공칠	1989	6
ue	위		일본어	김공칠	1989	6
u	위로	up	한국어	김동소	1972	141
wi	위로	up	한국어	김동소	1972	141
u-h	위		한국어	김방한	1978	16
ug-ei	위에		한국어	김방한	1978	16
u-Fë	위		일본어	김사엽	1974	472
u-h	위		한국어	김사엽	1974	472
ū	위의 방언		한국어	김승곤	1984	253
u	위		한국어	김해진	1947	10
ufa	위		일본어	大野晋	1980	19
u-öi	위	above	한국어	白鳥庫吉	1914ㄱ	151
u-öit	위	above; on the top	한국어	白鳥庫吉	1914ㄱ	151
ut	위	appur; the best; the highest	한국어	白鳥庫吉	1914ㄱ	151
ui	위	The top	한국어	白鳥庫吉	1914ㄱ	151
u	위	The top; above; besides	한국어	白鳥庫吉	1914ㄱ	151
eut-teum	으뜸	the first, a chief, the head, the original, the	한국어	白鳥庫吉	1916ㄴ	317
ut	위	upper, the best, the highest	한국어	白鳥庫吉	1916ㄴ	317

표제어/어휘		의미	언어	저자	발간년도	쪽수
ui	위	the top	한국어	白鳥庫吉	1916ㄴ	317
u-tu mö-ri	우두머리	the best, the most skilful hand	한국어	白鳥庫吉	1916ㄴ	317
uh	위		한국어	송민	1973	53
ufë	위		일본어	송민	1973	53
oko	위		한국어	송민	1973	55
u	위		한국어	宋敏	1969	90
ū	위	the top, above, beside	한국어	宋敏	1969	90
u in ue	위	over	일본어	宋敏	1969	90
u-pe	위	above	일본어	宋敏	1969	90
u'i	위		한국어	宋敏	1969	90
u, ut	위		한국어	宋敏	1969	90
uṙ e.ṡ i	위		일본어	宋敏	1969	90
upe	위		일본어	宋敏	1969	90
u-he	위		일본어	宋敏	1969	90
uh	위		한국어	宋敏	1969	90
*ög, üg in	위	over	한국어	G. J. Ramstedt	1928	82
u	위	above	한국어	Hulbert, H. B.	1905	122
u	위	upper side	한국어	Kanazawa, S	1910	10
u-he	위	upper side	일본어	Kanazawa, S	1910	10

위배하다
tsö-mu-ki	위배하다		일본어	김사엽	1974	430
nə -mï	위배하다		한국어	김사엽	1974	430

위안하다
na-gu-tsa-	위안하다		일본어	김사엽	1974	414
nuk-č a-čʰ i	위안하다		한국어	김사엽	1974	414

위에
ウヘ	위에		일본어	이명섭	1962	6
*ukʷ ä´(a이	위에	up	한국어	이용주	1980	100
ufe	위에	up	일본어	이용주	1980	100
ux-ɐ i	위에	up	한국어	이용주	1980	100
alp*	위에	over,on	한국어	G. J. Ramstedt	1939ㄴ	460

위태롭다
あやふい	위태롭다		일본어	김사엽	1974	479
pa-tʌ -lap	위태롭다		한국어	김사엽	1974	479

위협하다
おどかす	위협하다		일본어	김사엽	1974	468
ul-hi	위협하다		한국어	김사엽	1974	468

유가
유가	유가		한국어	고창식	1976	25
yuuka	유가		일본어	고창식	1976	25

유아
ai	유아		한국어	강길운	1981ㄱ	29
ai-ai	유아		일본어	강길운	1981ㄱ	29

유혹하다
hu-rimttä i	유혹하다	etwas falsch	한국어	白鳥庫吉	1914ㄴ	175
iza-nafu	유혹하다		일본어	송민	1973	38

⟨ㅇ⟩ 383

표제어/어휘	의미	언어	저자	발간년도	쪽수
육지					
riku	육지	일본어	김공칠	1988	204
rį uk	육지	한국어	김공칠	1988	204
njukti	terra firma, land as opposed to water	한국어	G. J. Ramstedt	1949	172
율무					
umo	율무	일본어	이용주	1980	106
max	율무	한국어	이용주	1980	106
으뜸					
ï-stïm	으뜸	한국어	김사엽	1974	470
wo-tsa	으뜸	일본어	김사엽	1974	470
ɯ tɯ m	으뜸	한국어	김선기	1968ㄱ	23
atama	으뜸	일본어	김선기	1976ㅇ	358
ɯ tɯ m	으뜸	한국어	김선기	1976ㅇ	358
j tti m	the first, the chief, the head, the original, the	한국어	G. J. Ramstedt	1949	74
으르다					
odo(ka)s	으르다	일본어	宋敏	1969	90
ïlï	으르다	한국어	宋敏	1969	90
j rį da	to growl, to threaten, to numble	한국어	G. J. Ramstedt	1949	73
o?ld(o?)-	으르다	menace	한국어	Martin, S. E.	1966	198
ld(o)-	으르다	menace	한국어	Martin, S. E.	1966	210
old(o)-	으르다	menace	한국어	Martin, S. E.	1966	220
old(o)-	으르다	menace	한국어	Martin, S. E.	1966	222
ɔ ld(o)-	으르다	menace	한국어	Martin, S. E.	1966	223
으실하다					
usil	으실하다	한국어	宋敏	1969	90
ɔsorɯ	으실하다	일본어	宋敏	1969	90
은					
^tś iar[折]	은	silver	한국어	Christopher I. Beckwith	2004	112
*sirökane~^t	은	silver	일본어	Christopher I. Beckwith	2004	139
*tś iar : ^tś iar	은	silver	한국어	Christopher I. Beckwith	2004	139
j n	silver	한국어	G. J. Ramstedt	1949	73
<ī ˇ >n-ka	은가	a secluded house	한국어	G. J. Ramstedt	1949	73
-을					
ko	목적격조사	한국어	김선기	1977ㄴ	380
al	목적격조사	한국어	김선기	1977ㄴ	380
을	목적격조사	한국어	김선기	1977ㄴ	380
gal	목적격조사	한국어	김선기	1977ㄴ	380
wo	목적격조사	일본어	김선기	1977ㄴ	380
읊다					
u-ta-Fi	읊다	일본어	김사엽	1974	473
ïl-pʰ	읊다	한국어	김사엽	1974	473
j lpta	to chant, to intone	한국어	G. J. Ramstedt	1949	73

표제어/어휘		의미	언어	저자	발간년도	쪽수
음						
^mi[美]	음	female, yin	일본어	Christopher I. Beckwith	2004	110
*miŋ [仮]	음	female, yin	한국어	Christopher I. Beckwith	2004	110
음문						
보지	음문		한국어	김용태	1990	13
tubi	성인 여성의 음문		일본어	김용태	1990	14
씹	성인 여성의 음문		한국어	김용태	1990	14
보때	어린 여자아이의 음문		한국어	김용태	1990	14
fptö	여음		일본어	김용태	1990	14
보뎅이	계집아이의 음문		한국어	김용태	1990	14
음식						
mamma	乳兒食		한국어	강길운	1982ㄴ	17
amama	飯		일본어	강길운	1982ㄴ	17
mə g-	먹다		한국어	강길운	1982ㄴ	18
imok	먹이		일본어	강길운	1982ㄴ	18
mə gi	먹이		일본어	강길운	1982ㄴ	18
haŋ	밥		일본어	김승곤	1984	192
응석						
na-re	응석		일본어	김사엽	1974	411
ni-lʌ j	응석		한국어	김사엽	1974	411
의복						
č imip/tepa	의복/속치마		일본어	강길운	1981ㄱ	30
paji	바지		한국어	강길운	1983ㄴ	106
kutu	구두		한국어	강길운	1983ㄴ	109
kis	깃		한국어	강길운	1983ㄴ	110
č yə guri	져고리		한국어	강길운	1983ㄴ	112
os	옷		한국어	강길운	1983ㄴ	113
pö	베		한국어	강길운	1983ㄴ	113
kis	옷깃		한국어	강길운	1983ㄴ	118
hat=	솜을 넣은		한국어	강길운	1983ㄴ	119
kudu	구두		한국어	강길운	1983ㄴ	120
t'osi	토시		한국어	강길운	1983ㄴ	122
pöyahʌ ro	베		한국어	강길운	1983ㄴ	124
paji	바지		한국어	강길운	1983ㄴ	126
petta	벗다		한국어	김승곤	1984	251
ki·mono	입성(衣服)		일본어	이규창	1979	20
ip-söŋ	의복		한국어	이숭녕	1956	181
의자에 앉다						
kakeru	의자에 앉다	to sit on a chair	일본어	김공칠	1989	13
kę rę antta	의자에 앉다	to sit on a chair	한국어	김공칠	1989	13
의지하다						
č i-hjə	의지하다		한국어	김사엽	1974	442
tsa-Fu	의지하다		일본어	김사엽	1974	442
이(기생충)						
ni	기생충	louse	한국어	김동소	1972	139
i	기생충	louse	한국어	김동소	1972	139
sirami	이	louse	일본어	김선기	1968ㄱ	30

표제어/어휘	의미		언어	저자	발간년도	쪽수
니	이	louse	한국어	김선기	1968ㄱ	30
sirami	이(기생충)	louse	일본어	이용주	1980	80
nĭ	니	louse	한국어	이용주	1980	80
ónneki	이	louse	일본어	이용주	1980	95
sirami	이	louse	일본어	이용주	1980	95
sira-mi	이	louse	일본어	이용주	1980	99
ni	이	louse	한국어	이용주	1980	99
*ŋ w(위첨자)i	이	louse	한국어	이용주	1980	99
sirami	기생충	louse	일본어	長田夏樹	1966	82
i	기생충	louse	한국어	長田夏樹	1966	82
ni		a louse	한국어	G. J. Ramstedt	1949	165
ni		a louse	한국어	G. J. Ramstedt	1949	165
이(虱)						
のみ	이		일본어	김사엽	1974	408
ni	이		한국어	김사엽	1974	408
si-ra-mi	이		일본어	김사엽	1974	437
si-kaj-mi	이		한국어	김사엽	1974	437
이(지시)						
yo	이		한국어	강길운	1981ㄱ	32
yot-	이.이것		한국어	강길운	1983ㄴ	111
i	이	this	한국어	김공칠	1989	12
i	이	this	일본어	김공칠	1989	12
kö	이		일본어	김공칠	1989	14
i	이것	this	한국어	김동소	1972	141
I	이것	this	한국어	김동소	1972	141
I	이	this	한국어	김선기	1968ㄱ	41
I	이	this	한국어	김승곤	1984	238
i	이	this	한국어	김해진	1947	10
i	이	this	한국어	김해진	1947	9
i 근칭(단수지시대명사)			한국어	박시인	1970	63
i 지시대명사(근칭)			한국어	박은용	1974	190
i-ma	이	now	일본어	宋敏	1969	90
i, je	이	this	한국어	宋敏	1969	90
i	이	this	한국어	이기문	1958	108
i	이		한국어	이숭녕	1956	94
köre	이	this	일본어	이용주	1980	85
' ĭ	이	this	한국어	이용주	1980	85
*kö	이	this	한국어	이용주	1980	99
kö	이	this	일본어	이용주	1980	99
ky	이	this	한국어	이용주	1980	99
i	이	der	한국어	Andre Eckardt	1966	230
i	이	adverb formative suffix	한국어	G. J. Ramstedt	1928	78
i-	이	auxiliary verb	한국어	G. J. Ramstedt	1928	80
kaṇa n-i		the going one, that which goes, the going (as	한국어	G. J. Ramstedt	1949	66
i-i		this one	한국어	G. J. Ramstedt	1949	66
i saraˌ m		this man	한국어	G. J. Ramstedt	1949	66
jo-nom		this fellow	한국어	G. J. Ramstedt	1949	66
j-a		this child	한국어	G. J. Ramstedt	1949	66
jē		here	한국어	G. J. Ramstedt	1949	66
jeˌ		this	한국어	G. J. Ramstedt	1949	66
i		this	한국어	G. J. Ramstedt	1949	66
i		the substantivating affix joined to adjectively used	한국어	G. J. Ramstedt	1949	66

표제어/어휘		의미	언어	저자	발간년도	쪽수
i-ȝ e		now, in these days	한국어	G. J. Ramstedt	1949	66
inȝ e		now, in these days	한국어	G. J. Ramstedt	1949	66
imamttä		now	한국어	G. J. Ramstedt	1949	66
ima		now	일본어	G. J. Ramstedt	1949	66
je ŋ e		here	한국어	G. J. Ramstedt	1949	66
je -ge		here	한국어	G. J. Ramstedt	1949	66
je -bo		look here!	한국어	G. J. Ramstedt	1949	66
i		the ending of the determinating or definite	한국어	G. J. Ramstedt	1949	67
sara mi		the man	한국어	G. J. Ramstedt	1949	67
ne		you	한국어	G. J. Ramstedt	1949	67
ī		excessive	한국어	G. J. Ramstedt	1949	68
i	이것	this	한국어	Hulbert, H. B.	1905	
iki, kiye, kiyi,	이것	this	일본어	Johannes Rahder	1959	65
ko/ko	이것	this	한국어	Martin, S. E.	1966	203
i	이것	그것은 он, 이것은 этот	한국어	Polivanov	1927	17
이그러지다						
ikiru	넘어지다		일본어	강길운	1982ㄴ	17
*igɯ r-	이그러지다		한국어	강길운	1982ㄴ	17
이글이글						
ika-ika	부글부글		일본어	강길운	1982ㄴ	17
igɯ l-igɯ l	이글이글		한국어	강길운	1982ㄴ	17
いきる	이글이글		일본어	김사엽	1974	478
i-kïl-i-kïl	이글이글		한국어	김사엽	1974	478
ikïlikïl	이글이글		한국어	宋敏	1969	90
ikiru	이글이글		일본어	宋敏	1969	90
이기						
riki	이기		일본어	고창식	1976	25
이기	이기		한국어	고창식	1976	25
이기다						
anare	이기다		일본어	강길운	1981ㄴ	7
naȝ -	우월하다		한국어	강길운	1982ㄴ	17
anare	이기다		일본어	강길운	1982ㄴ	17
mucirɯ -	무찌르다		한국어	강길운	1983ㄴ	109
igi-	이기다		일본어	강길운	1983ㄴ	110
mucirɯ -	무찌르다		한국어	강길운	1983ㄴ	126
igi-	이기다		일본어	강길운	1983ㄴ	136
igi ida		to conquer, to vanquish, to overcome	한국어	G. J. Ramstedt	1949	68
이끌다						
ik' ɯ r-	인도하다		한국어	강길운	1981ㄱ	33
nini	이끌다		일본어	강길운	1981ㄴ	9
nɯ ri-	이끌다		한국어	강길운	1981ㄴ	9
ikki llida		to be dragged, to be lead, to be conducted; to	한국어	G. J. Ramstedt	1949	68
is-		to draw, to drag, to lead	한국어	G. J. Ramstedt	1949	68
ikk<ī ˇ >lda		to draw, to drag, to lead	한국어	G. J. Ramstedt	1949	68
ikk<ī ˇ >da		to draw, to drag, to lead	한국어	G. J. Ramstedt	1949	68
is-kki j llida		to be dragged, to be lead, to be conducted; to	한국어	G. J. Ramstedt	1949	68
ikk<ī ˇ >j llida		to be dragged, to be	한국어	G. J. Ramstedt	1949	68

표제어/어휘		의미	언어	저자	발간년도	쪽수
kkį sį r-		lead, to be conducted; to to drag, to draw, to pull	한국어	G. J. Ramstedt	1949	69
kkį į lda		to drag, to draw, to pull	한국어	G. J. Ramstedt	1949	69

이끼
is	이끼		한국어	강길운	1982ㄴ	17
niruš	이끼류		일본어	강길운	1982ㄴ	17
niruš	이끼류		일본어	강길운	1982ㄴ	34
is	이끼		한국어	강길운	1982ㄴ	34
niruš	이끼류		일본어	강길운	1982ㄴ	36
is	이끼		한국어	강길운	1982ㄴ	36
ko-ke	이끼		일본어	김사엽	1974	448
is-k	이끼		한국어	김사엽	1974	448
itki	이끼		한국어	이숭녕	1956	153
is	이끼		한국어	이숭녕	1956	153
異斯	이끼		한국어	Miller, R. A. 김방한 역	1980	7
잇	이끼		한국어	Miller, R. A. 김방한 역	1980	7
*isu	이끼		한국어	Miller, R. A. 김방한 역	1980	7

-이다
wi	이다		일본어	송민	1974	14
ida	이다	to be	한국어	宋敏	1969	90
iru	이다	to be	일본어	宋敏	1969	90
ida		to be	한국어	G. J. Ramstedt	1949	68
iru		to be	일본어	G. J. Ramstedt	1949	68
*ir-		to be, to become	한국어	G. J. Ramstedt	1949	71
irū da		to make, to perfect, to finish	한국어	G. J. Ramstedt	1949	71
iru (< *wiru)	있다	to be	일본어	G. J. Ramstedt	1928	80
isi-	있다	to be	일본어	G. J. Ramstedt	1928	80
aru	is	is	일본어	Rahder, J.	1956	10

이다
ni-	이다		한국어	강길운	1981ㄱ	33
ni-	이다		한국어	강길운	1983ㄴ	131
のす	이다		일본어	김사엽	1974	408
ni	이다		한국어	김사엽	1974	408
ni ta	이다	To carry on the head	한국어	白鳥庫吉	1914ㄱ	148
ní	이다	burden, load	일본어	宋敏	1969	90
ni	이다	carry on the head	한국어	宋敏	1969	90
nida		to carry on the head	한국어	G. J. Ramstedt	1949	144
nida	이다	to carry on the head	한국어	G. J. Ramstedt	1949	166
nī da		to thatch (a roof)	한국어	G. J. Ramstedt	1949	166
nida		to carry on the head	한국어	G. J. Ramstedt	1949	166
nije ŋ		a straw thatch	한국어	G. J. Ramstedt	1949	166
nim		a load for the head	한국어	G. J. Ramstedt	1949	166

-이라도
ira-to	이라도	for concessinve ending	한국어	金澤庄三郞	1910	58
are-do	이라도	for concessinve ending	일본어	金澤庄三郞	1910	58
ira-to	for concessinve ending		한국어	Kanazawa, S	1910	18
are-do	for concessinve ending		일본어	Kanazawa, S	1910	18

표제어/어휘		의미	언어	저자	발간년도	쪽수
이랑						
a-ze	이랑		일본어	김사엽	1974	482
i-lə m	이랑		한국어	김사엽	1974	482
iraŋ	이랑		한국어	김승곤	1984	239
irẹ m	이랑	ridge	한국어	이기문	1958	113
iraŋ	이랑	ridge	한국어	이기문	1958	113
aze	이랑		일본어	이용주	1980	105
irem	이랑		한국어	이용주	1980	105
irang	이랑	Grenzfurche, ein Landmass	한국어	G. J. Ramstedt	1939ㄱ	484
iraŋ		the ridge of a furrow, a measure of land	한국어	G. J. Ramstedt	1949	71
이로부터						
il-lok	이로부터		한국어	김사엽	1974	380
yu-ri	이로부터		일본어	김사엽	1974	380
이루다						
とげる	이루다		일본어	김사엽	1974	417
il-o	이루다		한국어	김사엽	1974	417
niruda		to peel, to pull off	한국어	G. J. Ramstedt	1949	168
il, ir	이루다	to be	한국어	Hulbert, H. B.	1905	122
이르다						
pe rsŏ	이르다		한국어	김공칠	1989	18
made	이르다		일본어	김공칠	1989	6
mit	이르다		한국어	김공칠	1989	6
noru	이르다		일본어	宋敏	1969	90
nŏ ru	이르다		일본어	宋敏	1969	90
nor-u	이르다		일본어	宋敏	1969	90
nil	이르다		한국어	宋敏	1969	90
nirǎ l	이르다		한국어	宋敏	1969	90
이르다(宣)						
nor-u	이르다	declare	일본어	金澤庄三郞	1910	11
nö-ru	이르다		일본어	김사엽	1974	407
nor-u	이르다(declare)		일본어	Kanazawa, S	1910	8
이르다(云)						
nirǎ	이르다	tell	한국어	金澤庄三郞	1910	11
ni-lʌ	이르다		한국어	김사엽	1974	407
i-Fu	이르다		일본어	김사엽	1974	475
ni-lʌ	이르다		한국어	김사엽	1974	475
i-ra o	이르다	to call	한국어	白鳥庫吉	1915ㄱ	6
nor-u	이르다	to speak	일본어	宋敏	1969	90
*diš i	이르다	say	한국어	이용주	1980	99
nire	이르다	say	한국어	이용주	1980	99
ifu	이르다	say	일본어	이용주	1980	99
nirǔ -	이르다	nennen	한국어	Andre Eckardt	1966	231
noru	이르다	to speak	일본어	Aston	1879	25
nilǎ l	이르다	to speak	한국어	Aston	1879	25
nilkatta		to speak, to say, to tell; to be said	한국어	G. J. Ramstedt	1949	168
nilkhaṛi da		to speak, to say, to tell; to be said	한국어	G. J. Ramstedt	1949	168
niṛi m		a name	한국어	G. J. Ramstedt	1949	168
nirhị m		a name	한국어	G. J. Ramstedt	1949	168

⟨ㅇ⟩ 389

표제어/어휘		의미	언어	저자	발간년도	쪽수
niṛi da		to speak, to say, to tell; to be said	한국어	G. J. Ramstedt	1949	168
niră	이르다	tell	한국어	Kanazawa, S	1910	8

이르다(早)
ösö	이르다		한국어	김공칠	1989	10
haya(-si)	이르다		일본어	김공칠	1989	18
일직		early	한국어	김선기	1978ㅁ	355
iṛi -	이르다	to be early	한국어	이기문	1958	108
e̞ lți n	얼른	quickly	한국어	이기문	1958	108
e̞ ṛi n	얼른	quickly	한국어	이기문	1958	108

이르다(至)
いたる	이르다		일본어	김사엽	1974	477
ni-lʌ	이르다		한국어	김사엽	1974	477
naru	이르다	become	일본어	이기문	1973	6
il-	이르다	become	한국어	이기문	1973	6

이름
na		name	일본어	강영봉	1991	10
illɯm		name	한국어	강영봉	1991	10
niră m	이름		한국어	金澤庄三郎	1914	220
nadare	이름	name	일본어	김공칠	1989	16
nirhïm	이름	name	한국어	김공칠	1989	16
ilhom	이름	name	한국어	김동소	1972	139
ili m	이름	name	한국어	김동소	1972	139
nirom	이름	name	한국어	김선기	1968ㄱ	29
irɯ m	이름	name	한국어	김선기	1968ㄱ	29
norɯ	이름	name	한국어	김선기	1968ㄱ	29
il-hom	이름	a name	한국어	白鳥庫吉	1915ㄱ	6
na	이름	name	일본어	이기문	1973	6
ilhum	이름	name	한국어	이기문	1973	6
' irhŭ m	일홈	name	한국어	이용주	1980	81
na	이름	name	일본어	이용주	1980	81
ré, (-he)	이름	name	일본어	이용주	1980	95
na	이름	name	일본어	이용주	1980	95
' ĭ hŭ m	이름	name	한국어	이용주	1980	95
nirŭ m	이름	Name	한국어	Andre Eckardt	1966	231

이리
iri	이리		한국어	김승곤	1984	239
il-heui	이리	a wolf	한국어	白鳥庫吉	1915ㄱ	5
inu	개		일본어	石井 博	1992	92
iri	이리		한국어	石井 博	1992	92
sị iran		a wolf	한국어	G. J. Ramstedt	1949	69
iṛi i		a wolf	한국어	G. J. Ramstedt	1949	69
š iŋ ń ä		a wolf	한국어	G. J. Ramstedt	1949	69
sị iraŋ		a wolf	한국어	G. J. Ramstedt	1949	69
ilhị i		a wolf	한국어	G. J. Ramstedt	1949	69
je̞ ho		a wolf	한국어	G. J. Ramstedt	1949	69
irhị i		a wolf	한국어	G. J. Ramstedt	1949	69
kure̞ gi		a hero, a bag	한국어	G. J. Ramstedt	1949	70
iri		the fish milt, soft roe	한국어	G. J. Ramstedt	1949	72
iri	이리	here	한국어	Hulbert, H. B.	1905	

이리(副)
kị ri		that way	한국어	G. J. Ramstedt	1949	72

표제어/어휘	의미		언어	저자	발간년도	쪽수
iri		in this way, so (as this), here, toward me	한국어	G. J. Ramstedt	1949	72
č e ri		that way	한국어	G. J. Ramstedt	1949	72
이마						
nima	이마		한국어	강길운	1981ㄴ	5
noiporo	이마		일본어	강길운	1981ㄴ	5
ikiru	이마		일본어	강길운	1981ㄴ	7
noiporo	이마		일본어	강길운	1982ㄴ	31
nima	이마		한국어	강길운	1982ㄴ	31
noiporo	이마		일본어	강길운	1982ㄴ	34
nima	이마		한국어	강길운	1982ㄴ	34
nima	이마		한국어	강길운	1982ㄴ	36
noiporo	이마		일본어	강길운	1982ㄴ	36
nima	이마	forehead	한국어	金澤庄三郎	1910	11
num-u	머리를 두드리다	to nock the head	일본어	金澤庄三郎	1910	11
fitafi	이마		일본어	김공칠	1989	20
nomi	이마		일본어	김공칠	1989	7
nima	이마		한국어	김공칠	1989	7
ぬか	이마		일본어	김사엽	1974	410
ni-ma	이마		한국어	김사엽	1974	410
nomi	이마		일본어	宋敏	1969	90
nom-u	이마		일본어	宋敏	1969	90
nima	이마		한국어	宋敏	1969	90
nima	이마		한국어	이숭녕	1956	105
imaŋ	이마		한국어	이숭녕	1956	105
imaŋ pak	이마		한국어	이숭녕	1956	123
nima	이마		한국어	이숭녕	1956	123
nimä		the brow, the forehead	한국어	G. J. Ramstedt	1949	168
nima		the brow, the forehead	한국어	G. J. Ramstedt	1949	168
ima		the brow, the forehead	한국어	G. J. Ramstedt	1949	168
nima	이마	forehead	한국어	Kanazawa, S	1910	8
num-u	머리를 두드리다	to nock the head	일본어	Kanazawa, S	1910	8
이만						
iman	이만		일본어	宋敏	1969	90
iman	이만		한국어	宋敏	1969	90
imamttä	이만	at this time, just now	한국어	宋敏	1969	90
ima	이만	now	일본어	宋敏	1969	90
iman		now	한국어	G. J. Ramstedt	1949	66
imamttä		at this time, just now	한국어	G. J. Ramstedt	1949	70
i-man		this time, now	한국어	G. J. Ramstedt	1949	70
ma		occasion, opportunity, place	일본어	G. J. Ramstedt	1949	70
ima		now	일본어	G. J. Ramstedt	1949	70
mada		not yet	일본어	G. J. Ramstedt	1949	70
hama		haven, harbour	일본어	G. J. Ramstedt	1949	70
imada		not yet	일본어	G. J. Ramstedt	1949	70
이민						
이민	이민		한국어	고창식	1976	25
imin	이민		일본어	고창식	1976	25
이빨						
ipal	이빨		한국어	김공칠	1989	14
fa	이빨		일본어	김공칠	1989	14

표제어/어휘		의미	언어	저자	발간년도	쪽수
nippadʹā ŋ i		a toothless person	한국어	G. J. Ramstedt	1949	168
nippaǯ aŋ		a toothless person	한국어	G. J. Ramstedt	1949	168
nippal		the teeth	한국어	G. J. Ramstedt	1949	168
이삭						
niš ke	나뭇단		일본어	강길운	1982ㄴ	34
isag	이삭		한국어	강길운	1982ㄴ	34
ho	이삭		일본어	김공칠	1989	10
iaasak	이삭		한국어	김공칠	1989	7
saki	이삭		일본어	김공칠	1989	7
po	이삭		일본어	김공칠	1989	7
ppa	이삭		한국어	김공칠	1989	7
fö	이삭		일본어	大野晋	1980	20
i-sak	이삭	a head-of grain, an ear-of corn	한국어	白鳥庫吉	1915ㄱ	7
pö	이삭		일본어	송민	1973	34
i-sak	이삭		한국어	이숭녕	1956	180
이스랏						
yusura	이스랏		일본어	宋敏	1969	90
iseurɒ	이스랏		한국어	宋敏	1969	90
이슬						
tuyu	이슬		한국어	김공칠	1989	15
isïl	이슬		일본어	김공칠	1989	15
tu-yu	이슬		일본어	김사엽	1974	419
i-sʌl	이슬		한국어	김사엽	1974	419
is‹i̠ ›l	이슬		한국어	김승곤	1984	239
i-seul	이슬	dew	한국어	白鳥庫吉	1915ㄱ	7
tuyu	이슬		일본어	宋敏	1969	90
isʹïl	이슬	dew	한국어	宋敏	1969	90
isïl	이슬		한국어	宋敏	1969	90
tuʹyu	이슬	dew	일본어	宋敏	1969	90
isi l		the dew	한국어	G. J. Ramstedt	1949	72
i-sïr	이슬	dew	한국어	Johannes Rahder	1959	48
이야기						
iba-gu	이야기		한국어	강길운	1982ㄴ	17
ibawe	명령		일본어	강길운	1982ㄴ	17
iba-gü	이야기		한국어	강길운	1982ㄴ	20
ib	입		한국어	강길운	1982ㄴ	20
yep	이야기		일본어	강길운	1982ㄴ	20
yib	입		한국어	강길운	1982ㄴ	33
yep	이야기		일본어	강길운	1982ㄴ	33
iba-gu	이야기		한국어	강길운	1983ㄱ	46
niagi	이야기	talk, story	한국어	Hulbert, H. B.	1905	
이웃						
udi	이웃		일본어	송민	1966	22
ul	이웃		한국어	송민	1966	22
ulh	이웃		한국어	송민	1966	22
niu		adjacent, adjoining, neighbour	한국어	G. J. Ramstedt	1949	169
niut		adjacent, adjoining, neighbour	한국어	G. J. Ramstedt	1949	169
niju	이웃	neighbourhood	한국어	G. J. Ramstedt	1949	169

표제어/어휘		의미	언어	저자	발간년도	쪽수
이지러지다						
ič	이지러지다		한국어	김사엽	1974	464
かける	이지러지다		일본어	김사엽	1974	464
이탈하다						
haita-	이탈		일본어	강길운	1982ㄴ	32
pas-	이탈		한국어	강길운	1982ㄴ	32
익다						
nig-	익다		한국어	강길운	1983ㄴ	112
nig-	익다		한국어	강길운	1983ㄴ	133
niko	익다	be cooked	일본어	金澤庄三郎	1910	11
nik	익다	be cooked	한국어	金澤庄三郎	1910	11
ikïikïl	익다		일본어	김공칠	1989	14
ikiru	익다		한국어	김공칠	1989	14
nigi	익다		일본어	김공칠	1989	7
nik	익다		한국어	김공칠	1989	7
nik-	익은	ripe	한국어	김동소	1972	139
ik-	익은	ripe	한국어	김동소	1972	139
ni-ru	익다		일본어	김사엽	1974	410
nik	익다		한국어	김사엽	1974	410
uru	익다		일본어	大野晋	1980	19
nik syuk hă ta	익숙하다	to be acquinted with, to be skilled in	한국어	白鳥庫吉	1914ㄱ	146
nik hi	익히	closely; carefully; intently	한국어	白鳥庫吉	1914ㄱ	146
nik-l ta	익히다	to be used to; to be accustomed to	한국어	白鳥庫吉	1914ㄱ	146
nik hi ta	익히다	to cook through	한국어	白鳥庫吉	1914ㄱ	146
nik ta	익다	To be cooked through; To be ripe; To be skilled in	한국어	白鳥庫吉	1914ㄱ	148
nik	익다		한국어	宋敏	1969	90
nigi	익다		일본어	宋敏	1969	90
niko	익다		일본어	宋敏	1969	90
nik	익다		한국어	유창균	1960	19
niru	익다		일본어	유창균	1960	19
nikhida		to become used to, to get skill in, to learn by	한국어	G. J. Ramstedt	1949	166
ikhida		to rehearse	한국어	G. J. Ramstedt	1949	166
nikta	익다	to be cooked through, to be ripe, to be skilled in	한국어	G. J. Ramstedt	1949	166
nigida		to become used to, to get skill in, to learn by	한국어	G. J. Ramstedt	1949	166
nikhi		closely, carefully, intently	한국어	G. J. Ramstedt	1949	166
nikta		to be cooked through, to be ripe; to be skilled in	한국어	G. J. Ramstedt	1949	166
niko	익다	be cooked	일본어	Kanazawa, S	1910	8
nik	익다	be cooked	한국어	Kanazawa, S	1910	8
익히다						
ならふ	익히다		일본어	김사엽	1974	411
nik-i	익히다		한국어	김사엽	1974	411
인연						
pə tli	인연		한국어	김공칠	1989	20
midori	인연		일본어	김공칠	1989	20

⟨ㅇ⟩ 393

표제어/어휘		의미	언어	저자	발간년도	쪽수
일						
hito			일본어	김공칠	1989	6
hot			한국어	김공칠	1989	6
:일	일		한국어	김방한	1978	18
かタナ	일		일본어	김선기	1977ㅅ	332
かタナ	일		한국어	김선기	1977ㅅ	332
īl	일		한국어	Miller, R. A. 김방한 역	1980	121
izar-		바다에서 고기를 잡다	일본어	Miller, R. A. 김방한 역	1980	121
일(刃)						
lr		blade	한국어	G. J. Ramstedt	1949	69
nar		blade	한국어	G. J. Ramstedt	1949	69
nal		the blade, the edge of a blade	한국어	G. J. Ramstedt	1949	69
일(事)						
kötö	일		일본어	김공칠	1988	193
kə s	일		한국어	김공칠	1988	193
kötö	일		일본어	김공칠	1988	198
kə s	일		한국어	김공칠	1988	198
īl	일		한국어	김방한	1977	20
il	일		한국어	김방한	1978	18
il	일		한국어	김방한	1978	41
il-u-	일	geschäft	한국어	白鳥庫吉	1914ㄴ	179
kötö	일		일본어	이용주	1980	72
i:l	일		한국어	최학근	1959ㄱ	46
il	일	Sache, Arbeit	한국어	G. J. Ramstedt	1939ㄱ	484
il	일	work, business; thing, affair	한국어	G. J. Ramstedt	1949	69
일곱						
nanč i	일곱		일본어	강길운	1982ㄴ	30
nanɯ n	일곱		한국어	강길운	1982ㄴ	30
nirkop	일곱		한국어	金澤庄三郎	1914	220
nilkup	일곱		한국어	김방한	1968	270
nilkup	일곱		한국어	김방한	1968	271
ななつ	일곱		일본어	김사엽	1974	412
nil-kup	일곱		한국어	김사엽	1974	412
irgob	일곱		한국어	김선기	1968ㄴ	46
nirgɯ b	일곱		한국어	김선기	1968ㄴ	47
nilgob	일곱		한국어	김선기	1977	18
nanatu	일곱		일본어	김선기	1977	18
닐곱	일곱	seven	한국어	김선기	1977ㅇ	334
ilkop	칠		한국어	김승곤	1984	256
nana-tu	칠		일본어	김승곤	1984	256
nir-	일곱		한국어	박은용	1974	202
nir-kup	일곱		한국어	박은용	1974	202
nana-tu	일곱		일본어	村山七郎	1963	29
nilkup	일곱		한국어	村山七郎	1963	29
nilkup	일곱		한국어	村山七郎	1963	29
ilkop	일곱		한국어	村山七郎	1963	29
nilkop	일곱	seven	한국어	Edkins, J	1895	411
nanats	일곱	seven	일본어	Edkins, J	1898	340
nilkop	일곱	seven	한국어	Edkins, J	1898	340
nir	일곱	seven	한국어	Edkins, J	1898	340

표제어/어휘		의미	언어	저자	발간년도	쪽수
nirhä		seven days	한국어	G. J. Ramstedt	1949	167
nirhänal		the seventh day	한국어	G. J. Ramstedt	1949	167
nirop		seven years old - of animals	한국어	G. J. Ramstedt	1949	167
ilgop		seven	한국어	G. J. Ramstedt	1949	167
nirgup		seven	한국어	G. J. Ramstedt	1949	167
nilgop		seven	한국어	G. J. Ramstedt	1949	167
nirhịn		seventy	한국어	G. J. Ramstedt	1949	65
nilgup		seven	한국어	G. J. Ramstedt	1949	65
nilgop		seven	한국어	G. J. Ramstedt	1949	65
nil-gop	일곱		한국어	G. J. Ramstedt	1949	77
일어나다						
hopuni	일어나다		일본어	강길운	1987	19
ökïi<*ökö-	일어나다		일본어	김공칠	1989	20
ö-kï	일어나다		일본어	김사엽	1974	470
nil	일어나다		한국어	김사엽	1974	470
sösör-	일어나다	to rise	일본어	송민	1974	15
nir-	일어나다	to rise, to get up	한국어	이기문	1958	113
il	일어나다	aufstehen	한국어	G. J. Ramstedt	1939ㄱ	479
irẹnada	일어나다	to stand up	한국어	G. J. Ramstedt	1949	72
irẹoda	일어나다	to stand up	한국어	G. J. Ramstedt	1949	72
일으키다						
ni-lï-kʰjə	일으키다		한국어	김사엽	1974	470
ö-kö-si	일으키다		일본어	김사엽	1974	470
nirikhida	일으키다	to erect	한국어	G. J. Ramstedt	1949	13
nirịkkhida		to raise	한국어	G. J. Ramstedt	1949	168
nilda		to rise, to stand up	한국어	G. J. Ramstedt	1949	168
일찍						
ilčịgi		early, formerly, prematurely	한국어	G. J. Ramstedt	1949	69
ilčịk		early, formerly, prematurely	한국어	G. J. Ramstedt	1949	69
ilda		to be early	한국어	G. J. Ramstedt	1949	69
il	'일찍'의 옛말	early	한국어	G. J. Ramstedt	1949	69
일컫다						
となへる	일컫다		일본어	김사엽	1974	416
il-kʰʌt	일컫다		한국어	김사엽	1974	416
nilkat	일컫다		한국어	宋敏	1969	90
norito	일컫다		일본어	宋敏	1969	90
일흔						
nil-hn	일흔		한국어	김방한	1968	270
nilhun	일흔		한국어	김방한	1968	272
asodzi	일흔		일본어	김선기	1977	28
nirtun	일흔		한국어	김선기	1977	28
nanasodzi	일흔		일본어	김선기	1977	31
nirhun	일흔		한국어	김선기	1977	31
닐흔	일흔		한국어	김선기	1977ㅈ	326
*ɲithan	일흔		한국어	박은용	1974	202
nir-huⁿn	일흔		한국어	박은용	1974	202
nilhmn	일흔		한국어	최학근	1971	755
읽다						
よむ	讀		일본어	김사엽	1974	379
nilk	讀		한국어	김사엽	1974	379

표제어/어휘	의미		언어	저자	발간년도	쪽수
nirk-	읽다	to read	한국어	이기문	1958	116
ilg-	읽다	lesen	한국어	Andre Eckardt	1966	230
잃다						
kamor-	잃다	to lose	한국어	강길운	1978	41
ilh	잃다		한국어	김사엽	1974	473
u-si-na-Fa	잃다		일본어	김사엽	1974	473
hilh	잃다		한국어	김사엽	1974	473
usinafu	잃다		일본어	송민	1973	38
iltha		to lose	한국어	G. J. Ramstedt	1949	70
임						
nu-si	임		일본어	김사엽	1974	410
nim	임		한국어	김사엽	1974	410
iso-si	임		일본어	이숭녕	1955	16
il-	임		한국어	이숭녕	1955	16
임금						
ki-mi	임금		일본어	김사엽	1974	455
ki-mi	임금		한국어	김사엽	1974	455
ギミ	임금		일본어	이명섭	1962	6
nim-gi m		the King	한국어	G. J. Ramstedt	1949	116
kimi		the Ruler, the Emperor, Master	일본어	G. J. Ramstedt	1949	116
niŋ gun		the King	한국어	G. J. Ramstedt	1949	167
niŋ gi m		the King	한국어	G. J. Ramstedt	1949	167
im-gi m		the King	한국어	G. J. Ramstedt	1949	167
imgun		the King	한국어	G. J. Ramstedt	1949	167
kimi	금	the ruler	일본어	宋敏	1969	75
nim-k<ī ˇ >m	임금	the king	한국어	宋敏	1969	75
임하다						
liɯ-	임하다		한국어	강길운	1983ㄱ	37
のぞむ	임하다		일본어	김사엽	1974	408
ti-nʌ l	임하다		한국어	김사엽	1974	408
입						
kuci	입		한국어	강길운	1979	9
koč	입		한국어	강길운	1979	9
ə gü	어귀,입구		한국어	강길운	1983ㄴ	120
aguri	아구리,구강		한국어	강길운	1983ㄴ	121
pʌ rʌ m	휘파람		한국어	강길운	1983ㄴ	124
aguri	구강		한국어	강길운	1983ㄴ	134
kulle		mouth	한국어	강영봉	1991	10
kuti		mouth	일본어	강영봉	1991	10
입	입		한국어	권덕규	1923ㄴ	129
イフ	입		일본어	권덕규	1923ㄴ	129
ihu	말하다	speak	일본어	金澤庄三郎	1910	13
ihu	말하다	speak	일본어	金澤庄三郎	1910	16
hi-ge	입	mouth	일본어	金澤庄三郎	1910	16
ip	입	mouth	한국어	金澤庄三郎	1910	16
ih-u	말하다	refer	일본어	金澤庄三郎	1910	9
hi-ge	입	mouth	일본어	金澤庄三郎	1910	9
ip	입	mouth	한국어	金澤庄三郎	1910	9
kut~kurre			한국어	김공칠	1988	191
ifu	읊다		일본어	김공칠	1988	191
ip	입		일본어	김공칠	1988	191

396 한국어와 일본어의 비교어휘

표제어/어휘	의미		언어	저자	발간년도	쪽수
ɯpta	읊다		한국어	김공칠	1988	191
ke tte	말하다		한국어	김공칠	1988	191
kataru	말하다		일본어	김공칠	1988	191
kuti	입		일본어	김공칠	1988	191
ip	입		한국어	김공칠	1988	191
ip	입		한국어	김공칠	1989	10
kuti	입		한국어	김공칠	1989	14
ku	입		일본어	김공칠	1989	14
go	입		한국어	김공칠	1989	9
kuchi	입		일본어	김공칠	1989	9
ip	입	mouth	한국어	김동소	1972	139
ip	입	mouth	한국어	김동소	1972	139
입	입	mouth	한국어	김선기	1968ㄱ	21
kuti	입	mouth	일본어	김선기	1968ㄱ	21
ihu	입		일본어	김선기	1968ㄱ	41
ib	입		한국어	김선기	1968ㄱ	41
구지	입		한국어	김선기	1976ㅇ	358
아가리	입		한국어	김선기	1976ㅇ	358
입	입		한국어	김선기	1976ㅇ	358
주둥이	입을 속되게 일컫는 말/ 새의 부리		한국어	김용태	1990	10
cuntu	입		한국어	김용태	1990	11
xolč i	입(口)		한국어	김용태	1990	3
koč i	입(口)		한국어	김용태	1990	3
kuti	입(口)		일본어	김용태	1990	4
ifi	밥,밥먹는 동작		일본어	김용태	1990	4
입	입(口)		한국어	김용태	1990	4
kutu	입(口)		일본어	김용태	1990	4
굴레	입안을 조금 나삐 이르는 말		한국어	김용태	1990	5
아-구지	입의 속된 말		한국어	김용태	1990	5
아-가리	입의 속된 말		한국어	김용태	1990	5
아-구리	입의 속된 말		한국어	김용태	1990	5
kuti	지명		한국어	김용태	1990	5
ip	입		한국어	大野晋	1975	88
agi	입		일본어	大野晋	1975	88
I-rang	입	müudung	한국어	白鳥庫吉	1914ㄴ	181
kuti	입		일본어	송민	1965	43
kolč	입		한국어	송민	1965	43
koč	입		한국어	송민	1966	22
kuti	입		일본어	송민	1966	22
ip	입		한국어	송민	1973	36
ip	입		한국어	송민	1973	52
ip-	입	say	일본어	宋敏	1969	90
ipu	입		일본어	宋敏	1969	90
if-u	입	to speak	일본어	宋敏	1969	90
hi-ge	입		일본어	宋敏	1969	90
ip	입		한국어	宋敏	1969	90
ih-u	입		일본어	宋敏	1969	90
ip	입	mouth	한국어	宋敏	1969	90
古次	입		한국어	辛 容泰	1987	132
口	입		한국어	辛 容泰	1987	132
kutsi	입		일본어	유창균	1960	22
kodʒ i	입		한국어	유창균	1960	22
kuti	입	mouth	일본어	이기문	1963	101
kolč	입	mouth	한국어	이기문	1963	101
イベ	입		일본어	이명섭	1962	6

표제어/어휘	의미		언어	저자	발간년도	쪽수
イフ	입		일본어	이명섭	1962	6
kuti	입	mouth	일본어	이용주	1980	80
'ĭp	입	mouth	한국어	이용주	1980	80
pár, -ó	입	mouth	일본어	이용주	1980	95
kuti	입	mouth	일본어	이용주	1980	95
'ĭp	입	mouth	한국어	이용주	1980	95
agi	입	mouth	일본어	이용주	1980	99
*agʷi	입	mouth	한국어	이용주	1980	99
ip	입	mouth	한국어	이용주	1980	99
kuci	입	mouth	일본어	長田夏樹	1966	82
ip	입	mouth	한국어	長田夏樹	1966	82
agari	입		한국어	최학근	1959ㄱ	46
agari	입		한국어	최학근	1959ㄴ	100
ip	입	mouth	한국어	Aston	1879	21
ifu	말하다	to speak	일본어	Aston	1879	21
ip	입	mouth	한국어	Aston	1879	25
ifu	말하다	speak	일본어	Aston	1879	25
*kutsi[古次]	입	mouth	한국어	Christopher I. Beckwith	2004	111
*kuti[久知]	입	mouth	일본어	Christopher I. Beckwith	2004	111
^kutʊ-[久都]	입	mouth	일본어	Christopher I. Beckwith	2004	111
*kuti	입	mouth	일본어	Christopher I. Beckwith	2004	115
^kuti[久知]	입	mouth	일본어	Christopher I. Beckwith	2004	115
^kʊtsi[古次]	입	mouth	한국어	Christopher I. Beckwith	2004	115
*kuti	입	mouth	일본어	Christopher I. Beckwith	2004	119
^kutvipa	입	mouth bit [for a house]	일본어	Christopher I. Beckwith	2004	120
^kutʊ-[久都]	입	mouth-	일본어	Christopher I. Beckwith	2004	128
*kuti ~ ^kuti	입	mouth	일본어	Christopher I. Beckwith	2004	128
*kuərtsi:	입	mouth	한국어	Christopher I. Beckwith	2004	128
*kʊtsi:	입	mouth	한국어	Christopher I. Beckwith	2004	129
ip	입	mouth	한국어	Edkins, J	1895	409
aguri	입	mouth	한국어	G. J. Ramstedt	1949	5
*ip		house, home	한국어	G. J. Ramstedt	1949	70
ip-hẹi-an-čạ-		sitting at home	한국어	G. J. Ramstedt	1949	70
iye		house, home	일본어	G. J. Ramstedt	1949	71
ip	입	mouth	한국어	Kanazawa, S	1910	13
hi-ge	입	mouth	일본어	Kanazawa, S	1910	13
hi-ge	입	mouth	일본어	Kanazawa, S	1910	6
ip	입	mouth	한국어	Kanazawa, S	1910	6
ip	입	mouth	한국어	Kanazawa, S	1910	7
ih-u	말하다(refer)		일본어	Kanazawa, S	1910	7
kutyi/kusyi	입	mouth	한국어	Martin, S. E.	1966	202
kutyi/kusyi	입	mouth	한국어	Martin, S. E.	1966	206
kutyi/kusyi	입	mouth	한국어	Martin, S. E.	1966	212
kutyi/kusyi	입	mouth	한국어	Martin, S. E.	1966	213
kutyi/kusyi	입	mouth	한국어	Martin, S. E.	1966	217

표제어/어휘		의미	언어	저자	발간년도	쪽수
입다						
ki	입다		일본어	김사엽	1974	455
nip	입다		한국어	김사엽	1974	455
ösö-ki	입다		일본어	大野晋	1980	20
niphida		to show kindness, to give a blessing, to favour, to	한국어	G. J. Ramstedt	1949	168
nipta	입다	to receive a favour or blessing	한국어	G. J. Ramstedt	1949	168
nipta		to receive a favour or blessing; to put on	한국어	G. J. Ramstedt	1949	168
kamui-nipek		the favour of the gods	일본어	G. J. Ramstedt	1949	168
입술						
ipsul	입술	lip	한국어	김동소	1972	139
ipsiul	입술	lip	한국어	김동소	1972	139
ip--siβ ul	입술		한국어	이숭녕	1956	136
oiosiuk	입술		한국어	이숭녕	1956	136
ipsuk	입술		한국어	이숭녕	1956	136
ip-sibul	입술		한국어	이숭녕	1956	152
ipsulgi	입술		한국어	이숭녕	1956	152
ipsöguri	입술		한국어	이숭녕	1956	161
ipsuburi	입술		한국어	이숭녕	1956	161
ipsöböri	입술		한국어	이숭녕	1956	161
ip-siur	입술	lip	한국어	이용주	1980	101
(suba)	입술	lip	일본어	이용주	1980	101
' ipsi' ŭ r	입시울	lip	한국어	이용주	1980	80
kutiHiru	입술	lip	일본어	이용주	1980	80
' ipsi' ŭ r	입술	lip	한국어	이용주	1980	96
kutiHiru	입술	lip	일본어	이용주	1980	96
pápus, -i	입술	lip	일본어	이용주	1980	96
スバ	입술		일본어	이원진	1940	16
すバ-	입술		일본어	이원진	1940	16
フつヌスバ	입술		일본어	이원진	1940	16
시울	입술		한국어	이원진	1940	16
クテシバ	입술		일본어	이원진	1940	16
すバ-	입술		일본어	이원진	1951	16
フつヌスバ	입술		일본어	이원진	1951	16
スバ	입술		일본어	이원진	1951	16
クテシバ	입술		일본어	이원진	1951	16
시울	입술		한국어	이원진	1951	16
입시울						
くちびる	입시울		일본어	김사엽	1974	398
si-ul	입시울		한국어	김사엽	1974	398
잇						
に	잇		일본어	김사엽	1974	411
nis	잇		한국어	김사엽	1974	411
tu-tu-ki	잇		일본어	김사엽	1974	421
잇다						
iyepe-	잇다		일본어	강길운	1981ㄴ	4
ɯbu' -	잇다		한국어	강길운	1981ㄴ	4
niʒ -	잇다		한국어	강길운	1982ㄴ	17
ninu	잇다		일본어	강길운	1982ㄴ	17
ninu	잇다		일본어	강길운	1982ㄴ	30
niʒ -	잇다		한국어	강길운	1982ㄴ	30

표제어/어휘	의미		언어	저자	발간년도	쪽수
ninu	잇다		일본어	강길운	1982ㄴ	36
niʒ -	잇다		한국어	강길운	1982ㄴ	36
nis-uj	잇다		한국어	김사엽	1974	421
tu-gi	잇다		일본어	김사엽	1974	422
nit	잇다		한국어	김사엽	1974	422
nis	잇다		한국어	김사엽	1974	422
kit-pöhä -	잇다		한국어	白鳥庫吉	1914ㄷ	317
nizum	이음		한국어	이숭녕	1956	111
nī da		to thatch a roof	한국어	G. J. Ramstedt	1949	168
nitta		to tie, to connect, to continue	한국어	G. J. Ramstedt	1949	168

잇달아
ɯ buʼ	잇달아		한국어	강길운	1982ㄴ	24
iyepe	잇달아		일본어	강길운	1982ㄴ	24

있다
kyə n	있다		한국어	강길운	1981ㄴ	7
si-	있다		한국어	강길운	1983ㄴ	110
sis-	있다		한국어	강길운	1983ㄴ	110
is-	있다		한국어	강길운	1983ㄴ	123
si-	있다		한국어	강길운	1983ㄴ	128
ida	있다	to be	한국어	김공칠	1989	12
iru<*wi-ru	있다	to be	일본어	김공칠	1989	12
aru<*saru	있다	to be	일본어	김공칠	1989	17
is	있다		한국어	김사엽	1974	474
wi	있다		일본어	김사엽	1974	474
aru/at	있다	be, exist	일본어	김선기	1978ㅂ	357
wiru	있다	be, exist	일본어	김선기	1978ㅂ	357
이시다	있다	be, exist	한국어	김선기	1978ㅂ	357
it ta	있다	to be, to have, to exist	한국어	白鳥庫吉	1915ㄱ	5
il ta	있다	to be-used as a predicate with nouns and	한국어	白鳥庫吉	1915ㄱ	5
ari	있다		일본어	송민	1973	36
isi-	있다		한국어	송민	1973	41
wiru	있다, 앉다, 머물다		일본어	송민	1973	41
wi-	있다		일본어	송민	1973	43
isi-	있다		한국어	송민	1973	43
wi	있다		일본어	村山七郞	1963	26
isi-	있다		한국어	村山七郞	1963	27
is-	있다	sein	한국어	Andre Eckardt	1966	231
isso/잇소	있다		한국어	Arraisso	1896	21

잉아
をさ	綜		일본어	김사엽	1974	376
i-za	綜		한국어	김사엽	1974	376
i-ŋ a	綜		한국어	김사엽	1974	376

잊다
wa-tsu-ra	忘		일본어	김사엽	1974	377
i-čʌ	忘		한국어	김사엽	1974	377
iʒ ẹ ppẹ rida		to forget totally	한국어	G. J. Ramstedt	1949	169
niʒ ẹ -ppurida		to forget totally	한국어	G. J. Ramstedt	1949	169
iʒ ẹ ppạ rida		to forget totally	한국어	G. J. Ramstedt	1949	169
nitta		to forget	한국어	G. J. Ramstedt	1949	169
ndidzẹ sso		forgot	한국어	G. J. Ramstedt	1949	169
nitta	잊다	to forget	한국어	G. J. Ramstedt	1949	169

표제어/어휘		의미	언어	저자	발간년도	쪽수
잎						
fa		leaf	일본어	강영봉	1991	10
s'əp		leaf	한국어	강영봉	1991	10
fa	잎		일본어	김공칠	1989	11
nip	잎		한국어	김공칠	1989	11
niph	잎	leaf	한국어	김동소	1972	139
iph	잎	leaf	한국어	김동소	1972	139
Fa	잎		일본어	김사엽	1974	407
nipʰ	잎		한국어	김사엽	1974	407
nib	잎	leaf	한국어	김선기	1968ㄱ	20
nip syöng	잎	Cloth; dress;	한국어	白鳥庫吉	1914ㄱ	147
nam-gi	잎	trees; plants; wood	한국어	白鳥庫吉	1914ㄱ	147
nip ta	잎	to dress; to put on- as one's clothes	한국어	白鳥庫吉	1914ㄱ	147
na-mul	잎	hears; Culinary vegtables	한국어	白鳥庫吉	1914ㄱ	147
nip	잎	A leaf-of a tree	한국어	白鳥庫吉	1914ㄱ	147
nip sakui	잎		한국어	白鳥庫吉	1914ㄱ	147
nip p'ar-l	이파리		한국어	白鳥庫吉	1914ㄱ	147
na-mo	나무	A tree; a plant; wood	한국어	白鳥庫吉	1914ㄱ	147
nip	잎	feuille	한국어	宋敏	1969	90
nahe	잎	pousse, plant	일본어	宋敏	1969	90
nipsak	잎		한국어	이숭녕	1956	180
nip	잎		한국어	이숭녕	1956	180
ipsɛ gi	잎		한국어	이숭녕	1956	182
ipsɛ ŋ i	잎		한국어	이숭녕	1956	182
nǐ p	닙	leaf	한국어	이용주	1980	81
Ha	잎	leaf	일본어	이용주	1980	81
fa	잎	leaf	일본어	이용주	1980	99
niph	잎	leaf	한국어	이용주	1980	99
*gʷap	잎	leaf	한국어	이용주	1980	99
iph	잎	leaf	한국어	長田夏樹	1966	82
ha	잎	leaf	일본어	長田夏樹	1966	82
nip	잎	leaf	한국어	Edkins, J	1896ㄱ	230

자
표제어/어휘		의미	언어	저자	발간년도	쪽수
č a-h	자		한국어	김사엽	1974	443
さし	자		일본어	김사엽	1974	443
č ah		measure	한국어	김완진	1970	6
č a	자		한국어	白鳥庫吉	1916ㄱ	145
č ai-hi ta	재히다	to measure off, to esrtimate	한국어	白鳥庫吉	1916ㄱ	149
č a	자	A measure of length varying from about one	한국어	白鳥庫吉	1916ㄱ	149
č ai ta	재다	to measure off, to take dimensions of	한국어	白鳥庫吉	1916ㄱ	149
ko-yomi	자		일본어	宋敏	1969	93
saka	자		일본어	이기문	1973	13
sökč a	석자		한국어	이숭녕	1956	144
č a	자		한국어	이숭녕	1956	144
kĕ ~ka	자		일본어	이용주	1980	106

-자
| -č ya | 연발형어미 | | 한국어 | 강길운 | 1987 | 9 |
| aš i | 연발형어미 | | 일본어 | 강길운 | 1987 | 9 |

자네
そなた	자네		일본어	김사엽	1974	430
č ʌ-nʌ j	자네		한국어	김사엽	1974	430
cạ nạ i	자네	you-used to inferiors, you-among intimate	한국어	G. J. Ramstedt	1949	21
cạ nẹ i	자네	you-used to inferiors, you-among intimate	한국어	G. J. Ramstedt	1949	21

자다
kor-	잠자다		한국어	강길운	1983ㄴ	113
nu/inu		to sleep	일본어	강영봉	1991	11
ca-/nup=		to sleep	한국어	강영봉	1991	11
nuru	자다		일본어	김공칠	1989	4
nu	자다		한국어	김공칠	1989	4
nemuru	자다	sleep	일본어	김선기	1968ㄱ	40
Jb	자다	sleep	한국어	김선기	1968ㄱ	40
nub	자다	sleep	한국어	김선기	1968ㄱ	40
č da	자다		한국어	김승곤	1984	234
neru	자다		일본어	김승곤	1984	248
nu-	자다		일본어	김승곤	1984	248
č a ta	자다	to sleep, to be calm, to be dormant-of silkworms	한국어	白鳥庫吉	1916ㄱ	148
č am	잠	sleep	한국어	白鳥庫吉	1916ㄱ	148
cam	잠		한국어	이숭녕	1956	110
ʧ a-	자다	to sleep	한국어	이용주	1980	82
inu	자다	to sleep	일본어	이용주	1980	82
nun	자다	sleep	일본어	이용주	1980	99
ca	자다	sleep	한국어	이용주	1980	99
*ŭ u	자다	sleep	한국어	이용주	1980	99
tsam tsada	잠 자다		한국어	G. J. Ramstedt	1949	17
č am č ada	자다	to sleep, to be calm, to lie abed, to lie down	한국어	G. J. Ramstedt	1949	17

표제어/어휘		의미	언어	저자	발간년도	쪽수
č ada	자다	to sleep, to be calm, to lie abed, to lie down	한국어	G. J. Ramstedt	1949	17
č ada	자다	to sleep	한국어	G. J. Ramstedt	1949	21
č äda	재우다	to be calm	한국어	G. J. Ramstedt	1949	23
자라다						
そだつ	자라다		일본어	김사엽	1974	430
č ʌ -la	자라다		한국어	김사엽	1974	430
č arada	자라다		한국어	김승곤	1984	235
cɔ la	자라다	be sufficient	한국어	宋敏	1969	90
tar	자라다	suffice	일본어	宋敏	1969	90
č aro	자라다	frequently, repeatedly	한국어	G. J. Ramstedt	1949	24
č arada	자라다	to glow, to be larger, to increase	한국어	G. J. Ramstedt	1949	24
č arada	자라다	to grow, to become larger, to increase in size,	한국어	G. J. Ramstedt	1949	24
자락						
č ja-lak	자락		한국어	김사엽	1974	434
tsu-tso	자락		일본어	김사엽	1974	434
자루						
jyaru	큰자루		한국어	강길운	1980	18
cɔ lo	자루	handle	한국어	宋敏	1969	90
yari	자루	spear	일본어	宋敏	1969	90
cara	자루		한국어	이숭녕	1956	134
č ɐ rɐ	자루		한국어	이숭녕	1956	134
č arak	자루		한국어	이숭녕	1956	134
č arok	자루		한국어	이숭녕	1956	134
cara	자루		한국어	이숭녕	1956	152
calgi	자루		한국어	이숭녕	1956	152
č aro	자루	a bag	한국어	G. J. Ramstedt	1949	24
č aro	자루	a handle	한국어	G. J. Ramstedt	1949	24
자르다						
kar-	자르다		한국어	강길운	1977	15
purə di-	자르다		한국어	강길운	1983ㄱ	35
kazof-		to cut	일본어	강영봉	1991	8
kir-		to cut	일본어	강영봉	1991	8
k'ɯnh-		to cut	한국어	강영봉	1991	8
se-		to cut	한국어	강영봉	1991	8
karu	자르다	to cut	일본어	김공칠	1989	16
sagi, carï	자르다	to cut in	한국어	김공칠	1989	18
kiru	자르다		일본어	大野晋	1980	23
č č ik ta	찢다	to cut	한국어	白鳥庫吉	1916ㄱ	146
č č am	짬	creek, space, leisure	한국어	白鳥庫吉	1916ㄱ	146
č č ok-eui ta	자르다	to cup up, to divide into parts	한국어	白鳥庫吉	1916ㄱ	146
č č ak-eui ta	자르다	to cup up, to divide into parts	한국어	白鳥庫吉	1916ㄱ	146
č a-rä ta	자르다	to cut off, to squeeze apart, to extort	한국어	白鳥庫吉	1916ㄱ	150
tát-	자르다	cut off	일본어	宋敏	1969	90
cɔ lï	자르다	cut off	한국어	宋敏	1969	90
č alli da	자르다	to cut off, to curtail	한국어	G. J. Ramstedt	1949	21
č aɹi da	자르다	to cut off, to curtail	한국어	G. J. Ramstedt	1949	21
č aɹi da	자르다	to cut off, to squeeze	한국어	G. J. Ramstedt	1949	24

표제어/어휘		의미	언어	저자	발간년도	쪽수
		apart, to extort				
č aṛi da	자르다	to cut off	한국어	G. J. Ramstedt	1949	24
cál-	자르다	cut off	한국어	Martin, S. E.	1966	207
cál-	자르다	cut off	한국어	Martin, S. E.	1966	210
cál-	자르다	cut off	한국어	Martin, S. E.	1966	220
cál-	자르다	cut off	한국어	Martin, S. E.	1966	223
자리						
tok'	돗자리		한국어	강길운	1983ㄴ	109
tok'ü	돗자리		한국어	강길운	1983ㄴ	123
tot	돗자리		한국어	강길운	1983ㄴ	138
tsuto	자리		일본어	김공칠	1989	10
tot	자리		한국어	김공칠	1989	10
くらる	자리		일본어	김사엽	1974	450
hə-uj	자리		한국어	김사엽	1974	450
cicu rk	자리		한국어	박은용	1975	202
č a-ri	자리	mat, rug, location, place, site	한국어	白鳥庫吉	1916ㄱ	150
tsari	자리	seat	한국어	Kho, Songmoo	1977	139
자못						
č ʌ-mo	자못		한국어	김사엽	1974	434
すこぶる	자못		일본어	김사엽	1974	434
자세하다						
sabi	자세하다		일본어	김공칠	1989	9
沙非	자세하다		한국어	辛 容泰	1987	132
赤	자세하다		한국어	辛 容泰	1987	132
자시다						
jwa-si-	자시다		한국어	강길운	1981ㄴ	9
jwa-si-	먹다		한국어	강길운	1982ㄴ	30
č i-əp	먹다(2인칭)		일본어	강길운	1982ㄴ	30
táb(e)-	자시다		일본어	宋敏	1969	90
ca'si-	자시다	eat	한국어	宋敏	1969	90
č asida	자시다		한국어	G. J. Ramstedt	1949	17
č asida	자시다	to eat, to drink, to partake of	한국어	G. J. Ramstedt	1949	24
자위						
č ʌ-ïj	자위		한국어	김사엽	1974	442
č ʌ-zʌ	자위		한국어	김사엽	1974	442
tsa-ne	자위		일본어	김사엽	1974	442
자잘하다						
tsa-tsa	자잘하다		일본어	김사엽	1974	444
č ʌ-č ʌ	자잘하다		한국어	김사엽	1974	444
자주						
č ʌ-č o	자주		한국어	김사엽	1974	440
si-zi	자주		일본어	김사엽	1974	440
č aǯ u	자주	frequently, continually	한국어	G. J. Ramstedt	1949	25
č aǯ o	자주	frequently, continually	한국어	G. J. Ramstedt	1949	25
č aǯ i	자주	frequently, continually	한국어	G. J. Ramstedt	1949	25
자지						
č e č i	음경		한국어	김공칠	1989	20

표제어/어휘		의미	언어	저자	발간년도	쪽수
sizi	음경		일본어	김공칠	1989	20
자지,조지(좆)	음경		한국어	김용태	1990	13
조쟁이	음경		한국어	김용태	1990	13
śiźi	음경		일본어	長田夏樹	1966	118
sizi-ko	음경		일본어	長田夏樹	1966	118
čečі	음경		한국어	長田夏樹	1966	118

자채

ča-čʰʌj	자채		한국어	김사엽	1974	443
tsa-ti	자채		일본어	김사엽	1974	443

자취

a-tö	자취		일본어	김사엽	1974	481
ča-čʰoj	자취		한국어	김사엽	1974	481

작다

tyəg-	작다		한국어	강길운	1982ㄴ	29
takne	짧다		일본어	강길운	1982ㄴ	29
hyog-	작다		한국어	강길운	1983ㄴ	111
hyəg-	작다		한국어	강길운	1983ㄴ	118
hyog-	작다		한국어	강길운	1983ㄴ	133
cɛk-		small	한국어	강영봉	1991	11
tkfisa-		small	일본어	강영봉	1991	11
sasa	작다		일본어	김공칠	1989	19
cjak-	작은	small	한국어	김동소	1972	140
cak-	작은	small	한국어	김동소	1972	140
ko-mo	작은		한국어	김사엽	1974	449
ko	작은		일본어	김사엽	1974	449
Jəg	작다	small	한국어	김선기	1968ㄱ	34
suku	작다	small	일본어	김선기	1968ㄱ	34
작다	작다	little/small	한국어	김선기	1978ㄷ	341
čg<i_>n	작은		한국어	김승곤	1984	234
azi	작다, 적다		한국어	박시인	1970	442
aki	작다, 적다		일본어	박시인	1970	442
asi	작다, 적다		일본어	박시인	1970	442
aci	작다, 적다		한국어	박시인	1970	442
aki	작다, 적다		한국어	박시인	1970	442
asi	작다, 적다		한국어	박시인	1970	442
kom	작다		한국어	박은용	1974	214
cjej, xjox	작다/적다	small	한국어	이용주	1980	101
tifisasi	작다/적다	small	일본어	이용주	1980	101
čagin	작은	small	한국어	G. J. Ramstedt	1949	18
čjakta	작다	to be small	한국어	G. J. Ramstedt	1949	18
čakta	작다	to be small, to be few	한국어	G. J. Ramstedt	1949	20
čjakta	작다	to be small, to be few	한국어	G. J. Ramstedt	1949	20
čakta	작다	to be small, to be few	한국어	G. J. Ramstedt	1949	20
čjakta	작다	to be little, to be small, to be few	한국어	G. J. Ramstedt	1949	28
chök	작다		한국어	Hulbert, H. B.	1905	119

작은 그물

sade	작은 그물		한국어	김공칠	1989	15
sadul	작은 그물		일본어	김공칠	1989	15

작은 조각

kudu	작은 조각	small piece	일본어	김공칠	1989	16
kot	작은 조각	small piece, crumb	한국어	김공칠	1989	16

표제어/어휘		의미	언어	저자	발간년도	쪽수
잠						
wi-ne-bu-ri	잠		일본어	김사엽	1974	476
čʌ-o-lm	잠		한국어	김사엽	1974	476
sidum	잠	sink	일본어	宋敏	1969	91
cɔm	잠		한국어	宋敏	1969	91
čam	잠	Schlaf	한국어	Andre Eckardt	1966	229
čam	잠	sleeping	한국어	G. J. Ramstedt	1949	21
čamoda	잠 오다	to become sleepy, to grow drowsy	한국어	G. J. Ramstedt	1949	21
čam-kan	잠깐	the sleeping apartment, bedroom	한국어	G. J. Ramstedt	1949	21
čam-kkan	잠깐	the sleeping apartment, bedroom	한국어	G. J. Ramstedt	1949	21
čada	자다	to sleep	한국어	G. J. Ramstedt	1949	21
잠기다						
jʌm-	잠기다		한국어	강길운	1981ㄴ	8
esum	빠지다		일본어	강길운	1982ㄴ	19
jʌm-	잠기다		한국어	강길운	1982ㄴ	19
jʌm-	잠기다		한국어	강길운	1982ㄴ	20
esum/sum	빠지다		일본어	강길운	1982ㄴ	20
jʌm-	잠기다		한국어	강길운	1982ㄴ	23
sum/esum	빠지다		일본어	강길운	1982ㄴ	23
tʌm-	잠기다		한국어	강길운	1983ㄴ	136
čʌm	잠기다		한국어	김사엽	1974	437
しめる	잠기다		일본어	김사엽	1974	437
si-ma-ri	잠기다		일본어	김사엽	1974	438
čʌm	잠기다		한국어	김사엽	1974	438
si-du-mu	잠기다		일본어	김사엽	1974	439
čʌm-k	잠기다		한국어	김사엽	1974	439
čam	잠기다	tauchen	한국어	G. J. Ramstedt	1939ㄱ	484
oda	잠기다	wildente	한국어	G. J. Ramstedt	1939ㄴ	88
잠깐						
čjə-kïn-təs	잠깐		한국어	김사엽	1974	438
しばし	잠깐		일본어	김사엽	1974	438
잠방이						
pati	남자용 잠방이		한국어	石井 博	1992	90
maci	남자용 잠방이		일본어	石井 博	1992	90
mata	남자용 잠방이		일본어	石井 博	1992	91
saru	남자용 잠방이		한국어	石井 博	1992	91
잠잠하다						
čʌm-čʌm-	잠잠하다		한국어	김사엽	1974	439
si-du-kë	잠잠하다		일본어	김사엽	1974	439
잡다						
jab-	잡다		한국어	강길운	1983ㄱ	46
kəm=	잡다		한국어	강길운	1983ㄴ	108
čab-	잡다. 쥐다		한국어	강길운	1983ㄴ	128
čab-	잡다		한국어	강길운	1983ㄴ	136
cap-	잡다	hold	한국어	김동소	1972	138
cap-	잡다	hold	한국어	김동소	1972	138
とる	잡다		일본어	김사엽	1974	415
čap	잡다		한국어	김사엽	1974	415
cap-	잡다		한국어	박은용	1975	198

표제어/어휘		의미		언어	저자	발간년도	쪽수
č ap ta	잡다		to obtain, to take, to catch, to arrest, to take	한국어	白鳥庫吉	1916ㄱ	148
chap-	잡다			한국어	宋敏	1969	91
tstbu-su	잡다			일본어	宋敏	1969	91
tsum	잡다			일본어	宋敏	1969	91
ć ap	잡다			한국어	宋敏	1969	91
cap-	잡다		to catch, to arrest	한국어	이기문	1958	113
tapal	잡다			한국어	이용주	1980	72
taba	잡다			일본어	이용주	1980	72
č ap-	잡다		fassen	한국어	Andre Eckardt	1966	229
tsubusu	도살하다, 조각나다		to slaughter cattle, to break to pieces	일본어	Aston	1879	22
chap	잡다		to take, to slaughter cattle	한국어	Aston	1879	22
č p-da	잡다		nehmen	한국어	G. J. Ramstedt	1939ㄱ	482
č amnom	잡다		a low fellow, an abandoned character	한국어	G. J. Ramstedt	1949	22
č ap	잡다		deceptive, low, base	한국어	G. J. Ramstedt	1949	22
č ammi	잡다		a mixed taste, a bad taste	한국어	G. J. Ramstedt	1949	22
č abi̯ l-son-tti̯ da	잡다		to hesitate to begin	한국어	G. J. Ramstedt	1949	23
kogi-tsäbi-	잡다		a fisher	한국어	G. J. Ramstedt	1949	23
č apta	잡다		to take, to obtain, to catch	한국어	G. J. Ramstedt	1949	23
č apta	잡다		to kill, to slaughter-animals	한국어	G. J. Ramstedt	1949	23
č ba tarida	잡다		to draw, to pull	한국어	G. J. Ramstedt	1949	23
č abi hạ da	잡다		to catch-fish, game	한국어	G. J. Ramstedt	1949	23
tsapta	잡다		the catching, a handle	한국어	G. J. Ramstedt	1949	23
tsäbi	잡다		the catching, a handle	한국어	G. J. Ramstedt	1949	23
č abi	잡다		the catching, a handle	한국어	G. J. Ramstedt	1949	23
č apko	잡다		persistently, indefatigably, untiringly	한국어	G. J. Ramstedt	1949	23
tjapta	잡다		to kill, to slaughter-animals	한국어	G. J. Ramstedt	1949	23
chap	잡다		to seize	한국어	Hulbert, H. B.	1905	
잡아당기다							
tal	잡아당기다			한국어	김사엽	1974	418
tu-ru	잡아당기다			일본어	김사엽	1974	418
잡초							
phi	잡초		Decca weed, grass	한국어	김공칠	1989	16
pie	잡초		Decca weed, grass	일본어	김공칠	1989	16
잣나무							
kasi(ha)	잣나무			일본어	김공칠	1989	18
č at	잣		Pine-nuts	한국어	白鳥庫吉	1916ㄱ	151
č at na-mo	잣나무		great hooked or coulter's pine	한국어	白鳥庫吉	1916ㄱ	152
장(網)							
č jaŋ	모기장'의 장		a net	한국어	G. J. Ramstedt	1949	22
č jaŋ	장		a net	한국어	G. J. Ramstedt	1949	22
장(醬)							
miso	장			일본어	강길운	1979	6
myə ju	장			한국어	강길운	1979	6
fisifo	장			일본어	송민	1973	48
miso	장			일본어	송민	1973	48
miso	장			일본어	송민	1973	54

표제어/어휘		의미		언어	저자	발간년도	쪽수
장난							
irE	교태			한국어	강길운	1982ㄴ	17
irara	장난	장난		일본어	강길운	1982ㄴ	17
irE	교태			한국어	강길운	1982ㄴ	35
irara	장난	장난		일본어	강길운	1982ㄴ	35
장마							
さめ	장마			일본어	김사엽	1974	442
č jaŋ -ma	장마			한국어	김사엽	1974	442
a-më	장마			일본어	김사엽	1974	479
ma-h	장마			한국어	김사엽	1974	479
장소							
sori	장소	place		한국어	강길운	1978	42
syuri	장소	place		한국어	강길운	1978	42
or	장소	place		한국어	강길운	1978	42
kə rə	장소	place		한국어	강길운	1978	42
koʼ či	장소			일본어	강길운	1981ㄱ	30
kod	곳			한국어	강길운	1981ㄱ	30
kod	장소			한국어	강길운	1981ㄴ	5
koʼ či	장소			일본어	강길운	1981ㄴ	5
ka	장소			일본어	김공칠	1989	8
kot	장소			한국어	김공칠	1989	8
ba	장소			일본어	김공칠	1989	9
pɐ (pa)	장소			한국어	김공칠	1989	9
ka	장소			일본어	大野晋	1980	21
pa	장소	place		한국어	이기문	1958	106
バ	장소			일본어	이명섭	1962	6
mat	장소			한국어	이숭녕	1956	105
nä	장소	richtung, gerade,biederkeit		한국어	G. J. Ramstedt	1939ㄴ	94
pä	장소	platz, stelle		한국어	G. J. Ramstedt	1939ㄴ	94
잦다							
si-kë-ki	잦다			일본어	김사엽	1974	440
č ∧ č	잦다			한국어	김사엽	1974	440
č a-č o	자주	frequently, constantly, continually		한국어	白鳥庫吉	1916ㄱ	154
č at ta	잦다	to be frequent, to be constant, to be continual		한국어	白鳥庫吉	1916ㄱ	154
č akko	잦고	oft, densely		한국어	G. J. Ramstedt	1949	25
č atta	잦다	to be frequent, to be constant, to be continual		한국어	G. J. Ramstedt	1949	25
č akke	잦게	oft, densely		한국어	G. J. Ramstedt	1949	25
잦히다							
č a-čʰ i	잦히다			한국어	김사엽	1974	443
さす	잦히다			일본어	김사엽	1974	443
č atč hida	잦히다	to bend backwards		한국어	G. J. Ramstedt	1949	24
재							
jas	재			한국어	강길운	1981ㄴ	5
usat	재			일본어	강길운	1982ㄴ	25
jE	재			한국어	강길운	1982ㄴ	25
pulchi/ce		ashes		한국어	강영봉	1991	8
fafi		ashes		일본어	강영봉	1991	8
cɛ	재	ash		한국어	김동소	1972	136
cɛ	재	ash		한국어	김동소	1972	136

표제어/어휘	의미		언어	저자	발간년도	쪽수
hahi	재	ashes	일본어	김선기	1968ㄱ	38
Jɛ	재	ashes	한국어	김선기	1968ㄱ	38
č a̧ i	재		한국어	김승곤	1984	234
ce i	재		한국어	박은용	1975	198
Hahi	재	ashes	일본어	이용주	1980	81
tʃe˘i	재	ashes	한국어	이용주	1980	81
hai	재	ashes	일본어	長田夏樹	1966	83
cä	재	ashes	한국어	長田夏樹	1966	83
č a̧ i	재	ashes	한국어	G. J. Ramstedt	1949	19

재다
はかる	재다		일본어	김사엽	1974	406
č a-hi	재다		한국어	김사엽	1974	406

재료
Kamo	재료		일본어	김공칠	1988	198
Kömö	재료		일본어	김공칠	1988	198
ke ze m	재료		한국어	김공칠	1988	198

쟁기
kalai	쟁기		한국어	村山七郎	1963	28
kar	쟁기		한국어	村山七郎	1963	28
suki	쟁기		일본어	村山七郎	1963	28

저
tyə	저		한국어	강길운	1983ㄴ	121
so	그	this	일본어	金澤庄三郞	1910	31
chö	저	that	한국어	金澤庄三郞	1910	31
cjʌ	저	that	한국어	김동소	1972	141
cʌ	저	that	한국어	김동소	1972	141
si	저		일본어	김사엽	1974	440
č ə	저		한국어	김사엽	1974	440
Jə	저	that	한국어	김선기	1968ㄱ	43
ze	3인칭대명사(단수)		한국어	박시인	1970	63
cə	지시대명사		한국어	박은용	1974	191
co	지시대명사		한국어	박은용	1974	191
cə	저		한국어	박은용	1975	163
*tjo	저		한국어	박은용	1975	167
č ö	저	He, she, that	한국어	白鳥庫吉	1916ㄱ	164
č ö-heui	저	those persons	한국어	白鳥庫吉	1916ㄱ	164
č öi	저	his, her	한국어	白鳥庫吉	1916ㄱ	164
č öi-ka	저	He, she	한국어	白鳥庫吉	1916ㄱ	164
työ	저	He, she, that	한국어	白鳥庫吉	1916ㄱ	164
so	저	that	일본어	宋敏	1969	91
tyë	저	that	한국어	宋敏	1969	91
č ö	저		한국어	宋敏	1969	91
chyö	저		한국어	宋敏	1969	91
sö	저		일본어	宋敏	1969	91
so	저		일본어	宋敏	1969	91
tyȩ -rȩ	저리	in that way	한국어	이기문	1958	118
tyȩ	저	that	한국어	이기문	1958	118
č o	저		한국어	이숭녕	1956	119
tjö	저		한국어	이숭녕	1956	94
tyə ɯ-	뎌	that	한국어	이용주	1980	84
kare	저	that	일본어	이용주	1980	84
kare	저	that	일본어	이용주	1980	95
tyə ˘	저	that	한국어	이용주	1980	95

표제어/어휘		의미	언어	저자	발간년도	쪽수
to' ánpe	저	that	일본어	이용주	1980	95
the	저	that	한국어	이용주	1980	99
*š ö	저	that	한국어	이용주	1980	99
sö	저	that	일본어	이용주	1980	99
so or sa	그 (2인칭)	that (2rd person)	일본어	Aston	1879	52
chǔ or syǔ	저	that (3rd person)	한국어	Aston	1879	52
č ik	저	jener	한국어	G. J. Ramstedt	1939ㄴ	96
č ē -hoi hạ daː저		to encounter, to fall in with-of events, to be time	한국어	G. J. Ramstedt	1949	25
č ē	저	time	한국어	G. J. Ramstedt	1949	25
č jẹ i	저	the time, the point, the edge	한국어	G. J. Ramstedt	1949	25
č jẹ -i	저	that person	한국어	G. J. Ramstedt	1949	26
tjẹ	저	that yonder, that	한국어	G. J. Ramstedt	1949	26
tẹ	저	that yonder, that	한국어	G. J. Ramstedt	1949	26
č ẹ pč ak	저	that yonder, that	한국어	G. J. Ramstedt	1949	26
č ẹ nē	저	that person	한국어	G. J. Ramstedt	1949	26
č e ga	저	he, she	한국어	G. J. Ramstedt	1949	26
č jẹ	저	that yonder, that	한국어	G. J. Ramstedt	1949	26
so	그(this)		일본어	Kanazawa, S	1910	18
chö	저	that	한국어	Kanazawa, S	1910	18
tse/tso	저	that	한국어	Martin, S. E.	1966	208
tse/tso	저	that	한국어	Martin, S. E.	1966	214
tse/tso	저	that	한국어	Martin, S. E.	1966	218

저것

*zew~^zeŋ	저것	that	일본어	Christopher I. Beckwith	2004	143
te	저것	that	한국어	Johannes Rahder	1959	64
cë	저것	that	한국어	Johannes Rahder	1959	64
kï	저것	that	한국어	Johannes Rahder	1959	64
ga	저것		일본어	Martin, S. E.	1975	110
kare	저것		일본어	Martin, S. E.	1975	110
are	저것		일본어	Martin, S. E.	1975	110

저녁

najo	저녁		한국어	강길운	1980	14
yuhuhe	저녁		일본어	김공칠	1980	93
나조ㅎ, 나죄ㅎ	저녁		한국어	김공칠	1980	93
cë-nyëk	저녁	evening	한국어	宋敏	1969	91
yó	저녁	night	일본어	宋敏	1969	91
yo	저녁		일본어	이기문	1973	10
č ŏ -nak	저녁		한국어	이숭녕	1956	189
yufu	저녁		일본어	이용주	1980	106
nacox	저녁		한국어	이용주	1980	106
č jẹ njẹ k	저녁	evening, evening-meal	한국어	G. J. Ramstedt	1949	29

저녁때

ə -ʌ lm	夕刻		한국어	김사엽	1974	379
yö-Fi	宵		일본어	김사엽	1974	379

저리다

du-ku	저리다		일본어	김사엽	1974	422
č ə -li	저리다		한국어	김사엽	1974	422

표제어/어휘		의미	언어	저자	발간년도	쪽수
しびれる	저리다		일본어	김사엽	1974	438
č ə l-wə j	저리다		한국어	김사엽	1974	438
cə ri-	저리다		한국어	박은용	1975	197
č jẹ rida		to be stiff, to be asleep- of the limbs	한국어	G. J. Ramstedt	1949	30
저물다						
č jə -mil	저물다		한국어	김사엽	1974	450
ku-re-ru	저물다		일본어	김사엽	1974	450
kuru	저물다		일본어	김승곤	1984	200
cyö-mu ta	저물다	to be evening, to be toward sunset	한국어	白鳥庫吉	1916ㄱ	171
cyö-mul	저물다	To be toward sunset, to be evening, to be late in	한국어	白鳥庫吉	1916ㄱ	171
cyö-mut hă ta	저물다	to be dusk, to be dark	한국어	白鳥庫吉	1916ㄱ	171
č jẹ muda	저물다	to be late in the evening, to be towards sunset	한국어	G. J. Ramstedt	1949	29
č jẹ mulda	저물다	to be late in the evening, to be towards sunset	한국어	G. J. Ramstedt	1949	29
저미다						
きざむ	저미다		일본어	김사엽	1974	457
č jə -mi	저미다		한국어	김사엽	1974	457
저울						
eč iure	저울		일본어	강길운	1982ㄴ	20
tirɯ -	저울(衡)		한국어	강길운	1982ㄴ	20
저주						
ただす	저주		일본어	김사엽	1974	427
č jə -č u	저주		한국어	김사엽	1974	427
저주하다						
のろふ	저주하다		일본어	김사엽	1974	407
kul	저주하다		한국어	김사엽	1974	407
저축하다						
jə -tʰ u	저축하다		한국어	김사엽	1974	428
ta-ku-Fa-Fu	저축하다		일본어	김사엽	1974	428
적						
toki	적	time	일본어	金澤庄三郎	1910	12
chyök	적	time	한국어	金澤庄三郎	1910	12
tjeh	적		한국어	김완진	1970	6
cak	때		한국어	박은용	1975	199
chyök	적		한국어	宋敏	1969	91
toki	적	time	일본어	宋敏	1969	91
toki	적	time, when	일본어	宋敏	1969	91
tai	적		한국어	宋敏	1969	91
chök	적		한국어	宋敏	1969	91
cheuk	적		한국어	宋敏	1969	91
toki	적		일본어	宋敏	1969	91
cëk	적		한국어	宋敏	1969	91
töki	적(때)		일본어	이용주	1980	106
cek	적(때)		한국어	이용주	1980	106
č ẹ gē	적	at the time when, as	한국어	G. J. Ramstedt	1949	27
č ek	적	time	한국어	G. J. Ramstedt	1949	27

⟨ㅈ⟩ 411

표제어/어휘		의미	언어	저자	발간년도	쪽수
toki	적	time	일본어	Kanazawa, S	1910	9
chyök	적	time	한국어	Kanazawa, S	1910	9
cekyi	적	time	한국어	Martin, S. E.	1966	203
cokyi	적	time	한국어	Martin, S. E.	1966	207
cekyi	적	time	한국어	Martin, S. E.	1966	207
cekyi	적	time	한국어	Martin, S. E.	1966	213
cekyi	적	time	한국어	Martin, S. E.	1966	214
cokyi	적	time	한국어	Martin, S. E.	1966	218

적다

표제어/어휘		의미	언어	저자	발간년도	쪽수
tyə g-	적다		한국어	강길운	1981ㄴ	9
tyə k-	적다		한국어	강길운	1987	27
č yə k-	적다		한국어	강길운	1987	27
sukuna-		few	일본어	강영봉	1991	9
has' ə l		few	한국어	강영봉	1991	9
suko-si	조금	little	일본어	金澤庄三郎	1910	12
chök	적다	small	한국어	金澤庄三郎	1910	12
cjʌ k-	조금의	few	한국어	김동소	1972	137
cʌ k-	조금의	few	한국어	김동소	1972	137
tsu-ku-na-ku	적은		일본어	김사엽	1974	435
č jə k-ïn	적은		한국어	김사엽	1974	435
č ak ta	작다	to be small, to be few	한국어	白鳥庫吉	1916ㄱ	165
č ök ta	적다	to be little, to be small, to be few	한국어	白鳥庫吉	1916ㄱ	165
cheuk-	적다	few	한국어	宋敏	1969	91
suko-si	적다		일본어	宋敏	1969	91
suku-ná	적다	little	일본어	宋敏	1969	91
suk-oshi	적다	little	일본어	宋敏	1969	91
č ök	적다		한국어	宋敏	1969	91
chök	적다		한국어	宋敏	1969	91
suku	적다		일본어	宋敏	1969	91
cëk	적다		한국어	宋敏	1969	91
sukunasi	적다	few	일본어	이용주	1980	83
tuHisasi	적다	small	일본어	이용주	1980	83
ʧ yēk-	적다	few	한국어	이용주	1980	83
ʧ yēk-	적다	small	한국어	이용주	1980	83
sukunaki	적다	few	일본어	Aston	1879	23
cheuk	적다	few	한국어	Aston	1879	23
sukoshi	조금	little	일본어	Aston	1879	23
č ję kta	적다	to be few	한국어	G. J. Ramstedt	1949	20
č ję kta	적다	to note down, to keep an account, to write	한국어	G. J. Ramstedt	1949	27
č ę kta	적다	to be little, to be small, to be few	한국어	G. J. Ramstedt	1949	28
č ēgi na	적다	slightly, rather	한국어	G. J. Ramstedt	1949	28
suko-si	조금(little)		일본어	Kanazawa, S	1910	9
chök	적다	small	한국어	Kanazawa, S	1910	9
tsɔ k-, tsuk-	적다	little	한국어	Martin, S. E.	1966	203
tsɔ k,tsuk-	적다	little	한국어	Martin, S. E.	1966	208
tsɔ k,tsuk-	적다	little	한국어	Martin, S. E.	1966	217
tsɔ k,tsuk-	적다	little	한국어	Martin, S. E.	1966	219
tsok-, tsuk-	적다	little	한국어	Martin, S. E.	1966	221

적시다

표제어/어휘		의미	언어	저자	발간년도	쪽수
seumeui	적시다		한국어	김공칠	1989	7
shimu	적시다		일본어	김공칠	1989	7
nuru	적시다		일본어	김공칠	1989	7

표제어/어휘		의미	언어	저자	발간년도	쪽수
nuki	적시다		한국어	김공칠	1989	7
sïnu	적시다, 담그다	to soak	일본어	김공칠	1989	17
tam, cam	적시다, 담그다	to soak	한국어	김공칠	1989	17
절						
tok	절	temple	한국어	강길운	1978	41
tyar	절		한국어	강길운	1982ㄱ	178
テラ	절		일본어	권덕규	1923ㄴ	127
덜	절		한국어	권덕규	1923ㄴ	127
てら	절		일본어	김사엽	1974	418
tjə l	절		한국어	김사엽	1974	418
tera	절		일본어	송민	1973	54
tjə r	절		한국어	송민	1973	54
テラ	절		일본어	이명섭	1962	6
chǔ l	절	a Buddhist temple	한국어	Aston	1879	20
tera	절	a Buddhist temple	일본어	Aston	1879	20
절구						
him	절구	mörser	한국어	白鳥庫吉	1914ㄴ	171
him-kköt	절구	mörser	한국어	白鳥庫吉	1914ㄴ	171
himsseu-	절구	mortier	한국어	白鳥庫吉	1914ㄴ	171
č jölgu	절구		한국어	이숭녕	1956	166
č jöl-go	절구		한국어	이숭녕	1956	166
*xoβ ak	절구		한국어	長田夏樹	1966	108
xwak	절구		한국어	長田夏樹	1966	108
うすくば	절구		일본어	長田夏樹	1966	108
kubo	구덩이		일본어	長田夏樹	1966	108
xoŏ ak	절구		한국어	長田夏樹	1966	108
くば	절구		일본어	長田夏樹	1966	108
usu	절구		일본어	Martin, S. E.	1975	110
usu	절구		일본어	Martin, S. E.	1975	110
usu	절구		일본어	Martin, S. E.	1975	110
젊다						
č jə lm	年靑, 若		한국어	김사엽	1974	378
wa-ka-ku	若, 稚		일본어	김사엽	1974	378
č jelmda	젊다		한국어	김승곤	1984	236
č olm-eun-i	젊은이	a young person	한국어	白鳥庫吉	1916ㄱ	166
č ölm ta	젊다	to be ynang	한국어	白鳥庫吉	1916ㄱ	166
č ję lmi n-i	젊다	a young person	한국어	G. J. Ramstedt	1949	28
č ję lmda	젊다	to be young	한국어	G. J. Ramstedt	1949	28
č ę mda	젊다	to be young	한국어	G. J. Ramstedt	1949	28
ҫ ję lmda	젊다	to be young	한국어	G. J. Ramstedt	1949	28
접다						
pel	접다	fold	한국어	이기문	1963	102
fä	접다	fold	일본어	이기문	1963	102
č ję pta	접다	to be a match for	한국어	G. J. Ramstedt	1949	29
젓갈						
shiwo-gara		brine	일본어	G. J. Ramstedt	1949	87
shyō -gara		brine	일본어	G. J. Ramstedt	1949	87
karai		bitter, acrid	일본어	G. J. Ramstedt	1949	87
č ję t-kal		pickles	한국어	G. J. Ramstedt	1949	87

표제어/어휘		의미	언어	저자	발간년도	쪽수
정박지						
sjẹ k	정박지	an anchorage, a bay	한국어	김공칠	1989	13
seki(in	정박지	an anchorage, a bay	일본어	김공칠	1989	13
정취						
a-Fa-re	정취		일본어	김사엽	1974	480
ə -uj	정취		한국어	김사엽	1974	480
젖						
chichi	젖	milk	일본어	金澤庄三郎	1910	9
chyöt	젖	milk	한국어	金澤庄三郎	1910	9
챠챠	젖		일본어	김공칠	1989	6
ceci	젖		한국어	김공칠	1989	6
cjʌ s	젖	milk	한국어	김동소	1972	139
cʌ c	젖	milk	한국어	김동소	1972	139
č jə t-č	젖		한국어	김사엽	1974	424
ti	젖		일본어	김사엽	1974	424
cə c	젖		한국어	박은용	1975	197
cyöt mō k ta	젖떼다	to suckle at the breast	한국어	白鳥庫吉	1916ㄱ	173
cyöt-ttöi ta	젖먹다	to wean, to cease to suckle	한국어	白鳥庫吉	1916ㄱ	173
cyöt-mök-i	젖먹이	a baby, a nursing child	한국어	白鳥庫吉	1916ㄱ	173
cyöt öm-öm	젖어멈	a wetnurse	한국어	白鳥庫吉	1916ㄱ	173
č yöt	젖	The milk, the breast	한국어	白鳥庫吉	1916ㄱ	173
chichi	젖		일본어	宋敏	1969	91
titi	젖	breasts	일본어	宋敏	1969	91
chichi	젖	milk	일본어	宋敏	1969	91
työt	젖		한국어	宋敏	1969	91
cēc	젖		한국어	宋敏	1969	91
chĭ	젖		일본어	宋敏	1969	91
chŭ s	젖		한국어	宋敏	1969	91
chyöt	젖		한국어	宋敏	1969	91
tɩ	젖	milk	일본어	이용주	1980	100
cjes	젖	milk	한국어	이용주	1980	100
*č iC	젖	milk	한국어	이용주	1980	100
chichi	젖	milk	일본어	Aston	1879	23
chŭ s	젖	milk	한국어	Aston	1879	23
č jẹ t		milk, the breasts	한국어	G. J. Ramstedt	1949	30
č jẹ t	젖	milk	한국어	G. J. Ramstedt	1949	30
č ẹ t		milk, the breasts	한국어	G. J. Ramstedt	1949	30
chichi	젖	milk	일본어	Kanazawa, S	1910	6
chyöt	젖	milk	한국어	Kanazawa, S	1910	6
cyic(yi)	젖	breasts	한국어	Martin, S. E.	1966	207
cyie(yi)	젖	breasts	한국어	Martin, S. E.	1966	208
cyic(yi)	젖	breasts	한국어	Martin, S. E.	1966	213
cyic(yi)	젖	breast	한국어	Martin, S. E.	1966	222
젖다						
č ə ksi-	적시다		한국어	강길운	1983ㄴ	107
č ə ksi-	적시다		한국어	강길운	1983ㄴ	129
cʌ c-	젖다	wet	한국어	김동소	1972	141
cʌ c-	젖다	wet	한국어	김동소	1972	141
č 'yuk ta	젖다	To be damp, to be moist	한국어	白鳥庫吉	1916ㄱ	173
č 'yuk-i ta	젖다	to moisten, to dampen	한국어	白鳥庫吉	1916ㄱ	173
č yök-si ta	적시다	to soak, to wet	한국어	白鳥庫吉	1916ㄱ	173
cecin	젖다	wet	한국어	이용주	1980	100
*ň üž ü	젖다	wet	한국어	이용주	1980	100

표제어/어휘		의미		언어	저자	발간년도	쪽수
nura	젖다	wet		일본어	이용주	1980	100
젖히다							
teš -	젖다, 젖혀지다			일본어	강길운	1987	6
teš u-	젖히다			일본어	강길운	1987	6
제							
č i	자기	2인칭 대명사		일본어	강길운	1982ㄴ	30
je	자기	1인칭 대명사		한국어	강길운	1982ㄴ	30
ji	자기	1인칭 대명사		한국어	강길운	1982ㄴ	30
제비							
cyə bi	제비			한국어	강길운	1979	5
chöbi	제비			한국어	金澤庄三郞	1914	220
つばめ	제비			일본어	김사엽	1974	420
č jə -pi	제비			한국어	김사엽	1974	420
tsubame	제비			일본어	김선기	1977ㄷ	358
dzjebi	제비			한국어	김선기	1977ㄷ	358
č jĕ bi	제비			한국어	김승곤	1984	236
cyö-pi	제비			한국어	白鳥庫吉	1916ㄱ	172
chǔ pi	제비			한국어	宋敏	1969	91
tsuba-me	제비	a swallow		일본어	宋敏	1969	91
cye̯ pi	제비	swallow		한국어	이기문	1958	107
tuba-me	제비			일본어	이남덕	1977	214
tsubakura	제비	a swallow		일본어	Aston	1879	22
tsubame	제비	a swallow		일본어	Aston	1879	22
chǔ pi	제비	a swallow		한국어	Aston	1879	22
č jē bi	제비	a swallow		한국어	G. J. Ramstedt	1949	26
č ē bi	제비	a swallow		한국어	G. J. Ramstedt	1949	26
조각							
kata	조각			일본어	이기문	1973	7
č jogak	조각			한국어	이숭녕	1956	160
č jogapč i	조각			한국어	이숭녕	1956	160
č jo-gak	조각			한국어	이숭녕	1956	186
조개							
ka-Fi	조개			일본어	김사엽	1974	461
č a-kʌ j	조개			한국어	김사엽	1974	461
kafi	조개			일본어	辛 容泰	1987	141
č jogagi	조개			한국어	이숭녕	1956	161
č jogabi	조개			한국어	이숭녕	1956	161
cjo-gai	조개			한국어	이숭녕	1956	167
č jo-gagi	조개			한국어	이숭녕	1956	186
cjo-geŋ i	조개			한국어	이숭녕	1956	187
kai, kei	조개	shellfish		한국어	G. J. Ramstedt	1949	102
조금							
*č uku	조금	few		한국어	이용주	1980	100
sukunasi	조금	few		일본어	이용주	1980	100
cjokom	조금	few		한국어	이용주	1980	100
조류							
mă l	조류			한국어	김공칠	1989	6
mo	조류			일본어	김공칠	1989	6

표제어/어휘		의미	언어	저자	발간년도	쪽수
조리						
jiori	조리		일본어	고창식	1976	25
조리	조리		한국어	고창식	1976	25
čo-lïj	조리		한국어	김사엽	1974	441
ざる	조리		일본어	김사엽	1974	441
ejoreˇi	조리		한국어	박은용	1975	205
cyo-rǎi	조리		한국어	白鳥庫吉	1916ㄱ	172
cyorai̯	조리	a bamboo ladle	한국어	이기문	1958	113
corɛŋi	조리		한국어	이숭녕	1956	155
čjorei̯	조리		한국어	이숭녕	1956	155
조악하다						
ərmɯita	조악하다	coarse	한국어	김공칠	1988	83
arasi	조악하다	coarse	일본어	김공칠	1988	83
조짐						
きざし	조짐		일본어	김사엽	1974	457
nïč	조짐		한국어	김사엽	1974	457
족족						
cok cok	족족	every time that...	한국어	宋敏	1969	91
toki	족족	time, when	일본어	宋敏	1969	91
족하다						
ta-ru	족하다		일본어	김사엽	1974	424
čʌ-la	족하다		한국어	김사엽	1974	424
čok	족하다	viel	한국어	G. J. Ramstedt	1939ㄱ	484
čjok-hi	족하다	plenty, much	한국어	G. J. Ramstedt	1949	39
čjok čjok	족하다	to be sufficient, to be plenty, to be enough	한국어	G. J. Ramstedt	1949	39
čjok ha̱da	족하다	to be sufficient, to be plenty, to be enough	한국어	G. J. Ramstedt	1949	39
존장						
notonoho	존장		일본어	강길운	1982ㄴ	21
not'ori	늙은 남자		한국어	강길운	1982ㄴ	21
notonoho	존장		일본어	강길운	1982ㄴ	31
not'ori	늙은 남자		한국어	강길운	1982ㄴ	31
notonoho	존장		일본어	강길운	1982ㄴ	36
not'ori	늙은 남자		한국어	강길운	1982ㄴ	36
좀						
simi	좀벌레	clothes moth	일본어	金澤庄三郎	1910	11
chom	좀벌레	clothes moth	한국어	金澤庄三郎	1910	11
čom	좀		한국어	김사엽	1974	437
しみ	좀		일본어	김사엽	1974	437
cyom	좀	Worms or grubs in books, wood etc.	한국어	白鳥庫吉	1916ㄱ	171
simi	좀		일본어	宋敏	1969	91
chom	좀		한국어	宋敏	1969	91
čom	좀		한국어	宋敏	1969	91
com	좀		한국어	長田夏樹	1966	115
之美	좀		일본어	長田夏樹	1966	115
śimi	좀		일본어	長田夏樹	1966	115
simi	좀	clothes moth	일본어	Kanazawa, S	1910	9
chom	좀벌레	clothes moth	한국어	Kanazawa, S	1910	9
simi	벌레	moth	일본어	Kho, Songmoo	1977	139

표제어/어휘		의미	언어	저자	발간년도	쪽수
tsom	좀	cloth moth	한국어	Kho, Songmoo	1977	139
좁다						
seba-si	좁다	narrow	일본어	金澤庄三郎	1910	11
chop	좁다	narrow	한국어	金澤庄三郎	1910	11
seba	좁다		일본어	김공칠	1989	7
chop	좁다		한국어	김공칠	1989	7
cop-	폭이 좁은	narrow	한국어	김동소	1972	139
cop-	폭이 좁은	narrow	한국어	김동소	1972	139
se-ba	좁다		일본어	김사엽	1974	431
č op	좁다		한국어	김사엽	1974	431
cɑ p ta	좁다	be narrow, to be confined	한국어	白鳥庫吉	1916ㄱ	167
č op-	좁다		한국어	송민	1973	52
seba-si	좁다		일본어	송민	1973	52
cop-	좁다	be narrow	한국어	宋敏	1969	91
sema	좁다	be narrow	일본어	宋敏	1969	91
č op	좁다		한국어	宋敏	1969	91
chop	좁다		한국어	宋敏	1969	91
seba	좁다		일본어	宋敏	1969	91
seba-si	좁다		일본어	宋敏	1969	91
semasi	좁다	narrow	일본어	이용주	1980	100
cop	좁다	narrow	한국어	이용주	1980	100
*č ama	좁다	narrow	한국어	이용주	1980	100
sa	좁다	narrow	일본어	이용주	1980	84
sebasi	좁다	narrow	일본어	이용주	1980	84
ʧ op-	좁다	narrow	한국어	이용주	1980	84
č opta		to be narrow	한국어	G. J. Ramstedt	1949	40
tsopta		to be narrow	한국어	G. J. Ramstedt	1949	40
č ō ida	조이다	to bind tightly, to tighten	한국어	G. J. Ramstedt	1949	40
č opda	좁다	to be narrow	한국어	G. J. Ramstedt	1949	40
č opč hida	좁히다	to bind tightly, to tighten	한국어	G. J. Ramstedt	1949	40
č ophida	좁히다	to bind tightly, to tighten	한국어	G. J. Ramstedt	1949	40
chob, chop	좁다	narrow	한국어	Hulbert, H. B.	1905	
seba-si	좁다	narrow	일본어	Kanazawa, S	1910	9
chop	좁다	narrow	한국어	Kanazawa, S	1910	9
종						
yatsuro	종		일본어	김공칠	1989	8
chyong	종		한국어	김공칠	1989	8
cyöng	종	A slave, a bondservant	한국어	白鳥庫吉	1916ㄱ	172
tsuko	종		일본어	宋敏	1969	91
chyong	종		한국어	宋敏	1969	91
soipuk	종		한국어	이숭녕	1956	160
soipup	종		한국어	이숭녕	1956	160
종달새						
Fi-ba-ri	종달새		일본어	김사엽	1974	399
no-ko-č i-li	종달새		한국어	김사엽	1974	399
종이						
č o-heu,	종이	paper	한국어	白鳥庫吉	1916ㄱ	169
cyo-heui	종이	paper	한국어	白鳥庫吉	1916ㄱ	169
cyo'hɔ y	종이		한국어	宋敏	1969	91
suk-i	종이	making paper	일본어	宋敏	1969	91
족	나무쪽, 쪽지		한국어	이탁	1946ㄷ	20
조개	종이		한국어	이탁	1946ㄷ	20

표제어/어휘		의미		언어	저자	발간년도	쪽수

좇다
coch-	좇다			한국어	宋敏	1969	91
sitagap-	좇다	follow		일본어	宋敏	1969	91
č otta		to follow		한국어	G. J. Ramstedt	1949	41
č otta	좇다			한국어	G. J. Ramstedt	1949	41

좋다
eramasu	좋다고 생각하다, 좋다			일본어	강길운	1981ㄴ	8
eramansu	좋다고 생각하다, 좋다			한국어	강길운	1981ㄴ	8
eramansu	좋다			한국어	강길운	1981ㄱ	31
eramasu	좋다			일본어	강길운	1981ㄱ	31
eramasu	좋다	좋다		일본어	강길운	1982ㄴ	19
eramansu	좋다	좋다		한국어	강길운	1982ㄴ	19
id-	착한,좋은			한국어	강길운	1983ㄴ	123
yo-		good		일본어	강영봉	1991	9
choh-		good		한국어	강영봉	1991	9
tjoh-	좋은	good		한국어	김동소	1972	138
cho-	좋은	good		한국어	김동소	1972	138
yö-ki	好			일본어	김사엽	1974	379
tjo-h	好			한국어	김사엽	1974	379
いし	좋다			일본어	김사엽	1974	478
it	좋다			한국어	김사엽	1974	478
Joh	좋다	good		한국어	김선기	1968ㄱ	36
joki	좋다	good		일본어	김선기	1968ㄱ	37
둏다		good		한국어	김선기	1978ㅁ	350
joki		good		일본어	김선기	1978ㅁ	351
joka		good		일본어	김선기	1978ㅁ	351
jorosiki		good		일본어	김선기	1978ㅁ	351
둏-	좋다			한국어	김선기	1979ㄷ	369
좋-	좋다			한국어	김선기	1979ㄷ	369
č oťa	좋다	to be good, to be agreable, to be fine "all		한국어	白鳥庫吉	1916ㄱ	163
tyo ť a	좋다	to be good, to be agreable, to be fine "all		한국어	白鳥庫吉	1916ㄱ	163
tyoh	좋다	be good		한국어	宋敏	1969	91
súk-	좋다	be liked		일본어	宋敏	1969	91
tyō h-	둏	good		한국어	이용주	1980	84
yösi	좋다	good		일본어	이용주	1980	84
tjox	좋다	good		한국어	이용주	1980	99
*dóń i	좋다	good		한국어	이용주	1980	99
yösi	좋다	good		일본어	이용주	1980	99
tyo-	좋다	good		한국어	Edkins, J	1895	409
č ō tʰ a<*tyo-	좋다	to be good		한국어	G. J. Ramstedt	1949	41
č ō tha		to be good, to be fine		한국어	G. J. Ramstedt	1949	41
č ō ttha		to be good, to be fine		한국어	G. J. Ramstedt	1949	41
tjō tha		to be good, to be fine		한국어	G. J. Ramstedt	1949	41
č ō ha ha̧ da		to like, to be fond of, to approve		한국어	G. J. Ramstedt	1949	41

좌
| wencak | | left | | 한국어 | 강영봉 | 1991 | 10 |
| fadari | | left | | 일본어 | 강영봉 | 1991 | 10 |

주
| nusi | 主 | | | 일본어 | 徐廷範 | 1985 | 237 |
| nit | 主 | | | 한국어 | 徐廷範 | 1985 | 237 |

표제어/어휘		의미	언어	저자	발간년도	쪽수
주다						
ta-	주다		한국어	강길운	1983ㄴ	123
ataf-		to give	일본어	강영봉	1991	9
anne-		to give	한국어	강영봉	1991	9
cu-	주다	give	한국어	김동소	1972	138
cu-	주다	give	한국어	김동소	1972	138
ya-ra	주다		일본어	김사엽	1974	381
č u	주다		한국어	김사엽	1974	381
jaru	주다		일본어	김선기	1968ㄱ	41
bu	주다		한국어	김선기	1968ㄱ	41
Ju	주다		한국어	김선기	1968ㄱ	41
Firö-Fu	주다		일본어	大野晋	1980	18
chu	주다		한국어	宋敏	1969	91
ata	주다		일본어	宋敏	1969	91
tʃ u-	주다	to give	한국어	이용주	1980	82
ataHu	주다	to give	일본어	이용주	1980	82
č uda		to give	한국어	G. J. Ramstedt	1949	42
tsuda		to give	한국어	G. J. Ramstedt	1949	42
주루룩						
č iriri	쭈루룩		일본어	강길운	1982ㄴ	18
cururuk	쭈루룩		한국어	강길운	1982ㄴ	18
č iriri	쭈루룩		일본어	강길운	1982ㄴ	30
cururuk	쭈루룩		한국어	강길운	1982ㄴ	30
cururuk	쭈루룩		한국어	강길운	1982ㄴ	35
č iriri	쭈루룩		일본어	강길운	1982ㄴ	35
주름						
sar	주름		한국어	김공칠	1988	193
siwamu	주름잡히다		일본어	김공칠	1988	193
sarcita	주름잡히다		한국어	김공칠	1988	193
siwa	주름		일본어	김공칠	1988	193
しは	주름		일본어	김사엽	1974	438
č u-lom	주름		한국어	김사엽	1974	438
주리다						
u-we	주리다		일본어	김사엽	1974	471
č u-ï-li	주리다		한국어	김사엽	1974	471
u-u	주리다		일본어	김사엽	1974	471
č č a-reum hă	주리다	to be short	한국어	白鳥庫吉	1916ㄱ	168
č a-ri ta	주리다	to shorten	한국어	白鳥庫吉	1916ㄱ	168
č uri ta	주리다	to starve, to be famished, to diminish, to decrease,	한국어	白鳥庫吉	1916ㄱ	168
č č a-ra ta	짧다	to be short, to be brèef	한국어	白鳥庫吉	1916ㄱ	168
č ū rida		to starve, to be famished	한국어	G. J. Ramstedt	1949	44
č ū rida	주리다	to starve, to be famished	한국어	G. J. Ramstedt	1949	44
주먹						
č umə g	주먹		한국어	강길운	1983ㄴ	108
č umə g	주먹		한국어	강길운	1983ㄴ	129
č u-mə -kuj	주먹		한국어	김사엽	1974	446
こぶし	주먹		일본어	김사엽	1974	446
č umek	주먹		한국어	김승곤	1984	237
č u-mŏ k	주먹		한국어	이숭녕	1956	187
č umẹ gui		the fist	한국어	G. J. Ramstedt	1949	43
č umẹ k		the fist	한국어	G. J. Ramstedt	1949	43

표제어/어휘		의미	언어	저자	발간년도	쪽수
주발						
poʒ ʌ	주발.		한국어	강길운	1981ㄴ	7
itangi	주발		일본어	강길운	1981ㄴ	7
sabal	주발		한국어	김공칠	1989	9
sabari	주발		일본어	김공칠	1989	9
주비						
č u-pi	주비		한국어	김사엽	1974	433
すべて	주비		일본어	김사엽	1974	433
č jubi		a tax collector, an assessor	한국어	G. J. Ramstedt	1949	41
주위						
ekari	주위		일본어	강길운	1981ㄴ	8
ekari	주위		일본어	강길운	1982ㄴ	20
kyə si-	계시다		한국어	강길운	1982ㄴ	20
kyə si-	계시다		한국어	강길운	1982ㄴ	35
ekari	주위		일본어	강길운	1982ㄴ	35
주인						
nirimu	주인		일본어	김공칠	1989	7
nim	주인		한국어	김공칠	1989	7
aruzi	주인		일본어	김공칠	1989	8
주조하다						
Ti	주조하다		한국어	김사엽	1974	422
づく	주조하다		일본어	김사엽	1974	422
いる	주조하다		일본어	김사엽	1974	475
ti	주조하다		한국어	김사엽	1974	475
죽다						
kok'ura-ti-	죽다, 쓰러지다		한국어	강길운	1983ㄴ	115
kok'ura-ti-	죽다, 쓰러지다		한국어	강길운	1983ㄴ	118
mu-hʌ -	자식없이 죽다		한국어	강길운	1983ㄴ	126
sin-		to die	일본어	강영봉	1991	8
cuk-		to die	한국어	강영봉	1991	8
cheukeuk	죽다		한국어	김공칠	1989	4
cuk-	죽다	die	한국어	김동소	1972	137
cuk-	죽다	die	한국어	김동소	1972	137
si-na	죽다		일본어	김사엽	1974	439
sïj	죽다		한국어	김사엽	1974	439
kakure	죽다	dead	일본어	김선기	1968ㄱ	40
sinJmae	죽다	dead	일본어	김선기	1968ㄱ	40
guki	죽다	dead	한국어	김선기	1968ㄱ	40
Juk	j3uke2ra	dead	한국어	김선기	1968ㄱ	40
죽-	죽다		한국어	김선기	1979ㄷ	370
cheukeu-l	죽다	to die	한국어	宋敏	1969	91
tsuk-iru	죽다	to come to an end	일본어	宋敏	1969	91
cuk-	죽다	to die	한국어	이기문	1958	107
chuk-	죽다		한국어	이용주	1979	113
tsukiru	죽다		일본어	이용주	1979	113
tʃ uk-	죽다	to die	한국어	이용주	1980	82
sinu	죽다	to die	일본어	이용주	1980	82
sinu	죽다	die	일본어	이용주	1980	99
cuk	죽다	die	한국어	이용주	1980	99
*č iŋ ü	죽다	die	한국어	이용주	1980	99
tsukiru	끝나다, 소모되다	to come to an end, to	일본어	Aston	1879	23

표제어/어휘		의미	언어	저자	발간년도	쪽수
cheukeul	죽다	become exhausted to die	한국어	Aston	1879	23
*kutur-	죽다	to die	일본어	Christopher I. Beckwith	2004	128
čugęm		a corpse, a dead body	한국어	G. J. Ramstedt	1949	43
čugin moksum		dead breath	한국어	G. J. Ramstedt	1949	43
čukta		to die, to expire, to be weak	한국어	G. J. Ramstedt	1949	43
chuk	죽다	die	한국어	Hulbert, H. B.	1905	123
죽이다						
ituiba	죽이다		일본어	강길운	1981ㄴ	8
tahi-	죽이다		한국어	강길운	1981ㄴ	8
tahi-	죽이다		한국어	강길운	1982ㄴ	18
ituiba	죽이다		일본어	강길운	1982ㄴ	18
koros-		to kill	일본어	강영봉	1991	10
cuki-/cuk-		to kill	한국어	강영봉	1991	10
chap	죽이다		한국어	김공칠	1989	4
tsubusu	죽이다		일본어	김공칠	1989	4
cuki-	죽이다	kill	한국어	김동소	1972	138
cuki-	죽이다	kill	한국어	김동소	1972	138
korosu	죽이다	kill	일본어	김선기	1968ㄱ	40
Jugi	죽이다	kill	한국어	김선기	1968ㄱ	40
koro	죽이다		일본어	김선기	1979ㄷ	372
죽이-	죽이다		한국어	김선기	1979ㄷ	372
körösu	죽이다	to kill	일본어	이용주	1980	82
tʃukǐ-	죽이다	to kill	한국어	이용주	1980	82
čugida		to kill	한국어	G. J. Ramstedt	1949	43
tsukki		to kill	한국어	G. J. Ramstedt	1949	43
줄						
iširup	줄		일본어	강길운	1982ㄴ	18
jur	줄		한국어	강길운	1982ㄴ	18
tuna/turu		rope	일본어	강영봉	1991	11
pɛ/no/chin		rope	한국어	강영봉	1991	11
sudji	면	cootton	일본어	金澤庄三郎	1910	11
chur	줄	line	한국어	金澤庄三郎	1910	11
chur	줄		한국어	김공칠	1989	10
sudji	줄		일본어	김공칠	1989	10
soym<*siBy	줄		한국어	김공칠	1989	20
na	줄		한국어	김공칠	1989	7
napa	줄		일본어	김공칠	1989	7
ゆつる	줄		일본어	김사엽	1974	380
si-ul	줄		한국어	김사엽	1974	380
つら	줄		일본어	김사엽	1974	418
čul	줄		한국어	김사엽	1974	418
すぢ	줄		일본어	김사엽	1974	434
čul	줄		한국어	김사엽	1974	434
himčul	힘줄	a tendon, a nerve	한국어	白鳥庫吉	1916ㄱ	167
čul	줄		한국어	白鳥庫吉	1916ㄱ	167
ya-suri	줄		일본어	송민	1973	34
tʃul	줄		일본어	송민	1973	34
chul	줄		한국어	宋敏	1969	91
sudi	줄	line	일본어	宋敏	1969	91
čul	줄		한국어	宋敏	1969	91
ćul	줄		한국어	宋敏	1969	91
chur	줄		한국어	宋敏	1969	91

표제어/어휘		의미	언어	저자	발간년도	쪽수
turú	줄		일본어	宋敏	1969	91
suž i	줄		일본어	宋敏	1969	91
suji	줄		일본어	宋敏	1969	91
sudji	줄		일본어	宋敏	1969	91
sudi	줄		일본어	宋敏	1969	91
cul	줄		한국어	宋敏	1969	91
cur	줄	line	한국어	이기문	1958	113
suji	줄	thread, sinew	일본어	Aston	1879	23
chul	줄	thread, sinew	한국어	Aston	1879	23
č ū l		a file, a rasp	한국어	G. J. Ramstedt	1949	43
tsur		string of things strung together, usally 100	한국어	G. J. Ramstedt	1949	43
č ul		line, rope, string	한국어	G. J. Ramstedt	1949	43
chur	줄	line	한국어	Kanazawa, S	1910	9
cur(u)	줄	string	한국어	Martin, S. E.	1966	207
tsuldyi	줄	line	한국어	Martin, S. E.	1966	208
tsuldyi	줄	line	한국어	Martin, S. E.	1966	210
tsuldyi	줄	line	한국어	Martin, S. E.	1966	213
tsudyi	줄	line	한국어	Martin, S. E.	1966	216
cur(u)	줄	string	한국어	Martin, S. E.	1966	217
cur(u)	줄	string	한국어	Martin, S. E.	1966	222

줄곧

tsu-ga-ra	줄곧		일본어	김사엽	1974	435
č ul-kot	줄곧		한국어	김사엽	1974	435

줄기

kuki	줄기	stem, stalk	일본어	김공칠	1989	16
culgi	줄기	stem, stalk	한국어	김공칠	1989	16
くき	줄기		일본어	김사엽	1974	454
č ul-ki	줄기		한국어	김사엽	1974	454
cur	줄기		한국어	박은용	1975	206
çur	줄기		한국어	박은용	1975	207
mö-rika' l	줄기	ziegenhaar	한국어	白鳥庫吉	1914ㄷ	290
č ul-gi	줄기		한국어	이숭녕	1956	154
nam deŋ i	줄기		한국어	이숭녕	1956	179

줄다

kolh-	감소하다		한국어	강길운	1983ㄴ	118
č ur-	줄다		한국어	강길운	1983ㄴ	129
č or-	줄다		한국어	강길운	1983ㄴ	129
č ïl-ə	줄다		한국어	김사엽	1974	439
si-zi-mu	줄다		일본어	김사엽	1974	439
č ul	줄다		한국어	宋敏	1969	91
sizimu	줄다		일본어	宋敏	1969	91
č ō da		to be diminished, to be lessened	한국어	G. J. Ramstedt	1949	40
č ō lda		to be diminished, to be lessened	한국어	G. J. Ramstedt	1949	40

줍다

Fi-rö-Fa	줍다		일본어	김사엽	1974	399
č us	줍다		한국어	김사엽	1974	399
firöfu	줍다		일본어	大野晋	1980	20
cuʷ /p	줍다		한국어	宋敏	1969	91
tum-	줍다	pick	일본어	宋敏	1969	91

표제어/어휘		의미	언어	저자	발간년도	쪽수
중매						
č aj-a	중매		한국어	김사엽	1974	431
せわ	중매		일본어	김사엽	1974	431
중얼거리다						
つぶやく	중얼거리다		일본어	김사엽	1974	419
tjuŋ -č u-ə -li	중얼거리다		한국어	김사엽	1974	419
쥐다						
mot		to hold	일본어	강영봉	1991	9
kɛ c-/cɛ p		to hold	한국어	강영봉	1991	9
to-ri	쥐다		일본어	김사엽	1974	415
č uj	쥐다		한국어	김사엽	1974	415
cui-	지니다		한국어	박은용	1975	196
즈음						
kö-rö	즈음		일본어	김사엽	1974	446
č ʌ -ʌ m	즈음		한국어	김사엽	1974	446
즉시						
jyə ri	즉시		한국어	강길운	1982ㄴ	29
š iri	지금		일본어	강길운	1982ㄴ	29
ko-tʌ j	즉시		한국어	김사엽	1974	435
すぐ	즉시		일본어	김사엽	1974	435
즐겁다						
juɯ lgi-	즐겁다		한국어	강길운	1981ㄴ	9
juɯ lgi-	즐기다		한국어	강길운	1982ㄴ	24
š irapipi	기뻐하다		일본어	강길운	1982ㄴ	24
juɯ lgi-	즐기다		한국어	강길운	1982ㄴ	29
š irapipi	기뻐하다		일본어	강길운	1982ㄴ	29
ta-no-si-ku	즐겁다		일본어	김사엽	1974	426
č ïl-kə p	즐겁다		한국어	김사엽	1974	426
たしなむ	즐기다		일본어	김사엽	1974	428
č ïl-ki	즐기다		한국어	김사엽	1974	428
cuɯ rgə -	즐겁다		한국어	박은용	1975	203
č eul-kö-uö	즐거워하다	to delighten, to like	한국어	白鳥庫吉	1916ㄱ	155
č eul-köp ta	즐겁다	to be glad, to be happy, to rejoice	한국어	白鳥庫吉	1916ㄱ	155
č eul-ki ta	즐기다	to be fond of, to relish	한국어	白鳥庫吉	1916ㄱ	155
č eul-ki ta	즐기다	to be glad, to be happy, to rejoice	한국어	白鳥庫吉	1916ㄱ	155
cïlkëʷ /p	즐겁다	be delightful	한국어	宋敏	1969	91
yorokób-	즐겁다	rejoice	일본어	宋敏	1969	91
cị rkẹ p-	즐겁다	to be glad, to be happy	한국어	이기문	1958	113
cị rki-	즐기다	to delight in	한국어	이기문	1958	113
č uɪ lk	즐기다		한국어	이숭녕	1955	6
č ȷ lgẹ da	즐겁다		한국어	G. J. Ramstedt	1949	38
č ȷ lgida	즐기다		한국어	G. J. Ramstedt	1949	38
č ȷ lgida		to rejoice, to be happy, to be fond of, to relish	한국어	G. J. Ramstedt	1949	38
č ȷ lgẹ pta		to rejoice, to be happy, to be fond of, to relish	한국어	G. J. Ramstedt	1949	38
č ȷ lgẹ wẹ hạ da		to delight in	한국어	G. J. Ramstedt	1949	38
jorokeb-	즐겁다	enjoy	한국어	Martin, S. E.	1966	200
jorokeb-	즐겁다	enjoy	한국어	Martin, S. E.	1966	203
jorokeb-	즐겁다	enjoy	한국어	Martin, S. E.	1966	208

표제어/어휘		의미	언어	저자	발간년도	쪽수
jorokeb-	즐겁다	enjoy	한국어	Martin, S. E.	1966	209
jorokeb-	즐겁다	enjoy	한국어	Martin, S. E.	1966	214
jorokeb-	즐겁다	enjoy	한국어	Martin, S. E.	1966	220
jorokeb-	즐겁다	enjoy	한국어	Martin, S. E.	1966	224
증가						
puare	증가		일본어	강길운	1981ㄴ	8
pur-	증가		한국어	강길운	1981ㄴ	8
증명하다						
あかす	증명하다		일본어	김사엽	1974	483
ma-kʌj-o	증명하다		한국어	김사엽	1974	483
지게문						
to	지게문		일본어	김사엽	1974	417
č i-kə j	지게문		한국어	김사엽	1974	417
č i-köi	지게문	The reading or the character	한국어	白鳥庫吉	1916ㄱ	157
지경						
*tigü	지경		한국어	강길운	1982ㄴ	30
*tingi	지경		일본어	강길운	1982ㄴ	30
tsa-ka-Fi	지경		일본어	김사엽	1974	445
kʌlp-pʰïj	지경		한국어	김사엽	1974	445
č igję ŋ		Umgebung	한국어	G. J. Ramstedt	1949	32
č igję ŋ		the boundary, the frontier, a place;	한국어	G. J. Ramstedt	1949	32
ti-kję ŋ		the boundary, the frontier, a place;	한국어	G. J. Ramstedt	1949	32
지구						
t'aŋ		earth	한국어	강영봉	1991	9
tuti		earth	일본어	강영봉	1991	9
*na-	지구	earth	일본어	김공칠	1989	13
지금						
ima	지금	now	일본어	김공칠	1989	12
(i)mam(ttä)	지금	at this time	한국어	김공칠	1989	13
ima	지금		일본어	김공칠	1989	9
ima(chə)	지금		한국어	김공칠	1989	9
ima	지금		일본어	大野晋	1980	17
č igi m		now, at present	한국어	G. J. Ramstedt	1949	33
č j gi m		now, at present	한국어	G. J. Ramstedt	1949	33
ttä		time, period, season	한국어	G. J. Ramstedt	1949	33
tsi k-ki m		now, at present	한국어	G. J. Ramstedt	1949	33
ko, engko	지금	now	일본어	Johannes Rahder	1959	65
지금까지						
imanttä	지금까지, 아직	at this time	한국어	김공칠	1989	18
imada	지금까지, 아직	till now, not yet	일본어	김공칠	1989	18
i-č ök-č i	지금까지		한국어	이숭녕	1956	185
지나다						
tsu-gï	지나다		일본어	김사엽	1974	435
ti-na	지나다		한국어	김사엽	1974	435
ti-	지나다		한국어	박은용	1975	150

표제어/어휘		의미	언어	저자	발간년도	쪽수
tina-	지나다		한국어	박은용	1975	170
č i-na-ka ta	지나가다	to pass by, to go by	한국어	白鳥庫吉	1916ㄱ	159
č i-na ta	지나다	to pass, to so by	한국어	白鳥庫吉	1916ㄱ	159
č i-na-o ta	지나오다	to come by, to pass by	한국어	白鳥庫吉	1916ㄱ	159
njöm	지남		한국어	이숭녕	1956	110
č inada		to feast	한국어	G. J. Ramstedt	1949	103
kī nada		to pass by	한국어	G. J. Ramstedt	1949	112
nada		to go out, to go further	한국어	G. J. Ramstedt	1949	112
č ida		to come	한국어	G. J. Ramstedt	1949	112
č inada		to pass by	한국어	G. J. Ramstedt	1949	112

지니다
たもつ	지니다		일본어	김사엽	1974	425
ti-ni	지니다		한국어	김사엽	1974	425

지다
yö-ri	寄		일본어	김사엽	1974	378
č i	倚支		한국어	김사엽	1974	378
ci-	지다		한국어	박은용	1975	199
č im-kun	짐꾼	a coolie porter, a carrier	한국어	白鳥庫吉	1916ㄱ	156
č i ta	지다	to carry on the back	한국어	白鳥庫吉	1916ㄱ	156
č im	짐	a load, a burden for the back	한국어	白鳥庫吉	1916ㄱ	156
ti-	지다	carry on the back	한국어	宋敏	1969	91
se	지다	the back	일본어	宋敏	1969	91
kęlmē da	지다	to carry on the back	한국어	G. J. Ramstedt	1949	105
č ida		to load on	한국어	G. J. Ramstedt	1949	144
č iuda		to load on, to make carry	한국어	G. J. Ramstedt	1949	31
č ida		to carry on the back, to be laden	한국어	G. J. Ramstedt	1949	31
č im č ida		to carry a burden	한국어	G. J. Ramstedt	1949	31
č im		a load, a burden for the back	한국어	G. J. Ramstedt	1949	31
č ige		a coolie rack-for carrying	한국어	G. J. Ramstedt	1949	31

지다(落)
tă l č i ta	지다	月兒落了	한국어	白鳥庫吉	1916ㄱ	162
č i ta	지다	to fall-of flowers, to set, to die	한국어	白鳥庫吉	1916ㄱ	162
ti-	지다	to fall	한국어	이기문	1958	118
out	지다	fall	일본어	이용주	1980	102
ti	지다	fall	한국어	이용주	1980	102
č ida	지다	to fall	한국어	G. J. Ramstedt	1949	26
č ję	지다	down	한국어	G. J. Ramstedt	1949	29
č ję	져	down	한국어	G. J. Ramstedt	1949	29
č ida		to fall-of flowers; to set-of the sun; to die	한국어	G. J. Ramstedt	1949	31

지르다
tirɯ-	지르다		한국어	강길운	1983ㄴ	122
tsa-ke-bi	지르다		일본어	김사엽	1974	444
til	지르다		한국어	김사엽	1974	444
č iɾi m		a high tone, a rising note, a high key	한국어	G. J. Ramstedt	1949	36
č iɾi da		to sing loudly, to yell	한국어	G. J. Ramstedt	1949	36

표제어/어휘		의미	언어	저자	발간년도	쪽수
지르다(衝)						
*etiure	지르다		일본어	강길운	1982ㄴ	30
tirɯ-	지르다		한국어	강길운	1982ㄴ	30
eč iure	지르다		일본어	강길운	1982ㄴ	35
tirɯ-	지르다		한국어	강길운	1982ㄴ	35
지르다(火)						
tsa-si	지르다		일본어	김사엽	1974	443
č i-lʌ	지르다		한국어	김사엽	1974	443
지배자						
k<ǐ>m	지배자	ruler	한국어	김공칠	1989	13
kimi	지배자	the ruler, Master	일본어	김공칠	1989	13
지붕을 이다						
ni	지붕을 이다		한국어	김사엽	1974	398
Fu-ki	지붕을 이다		일본어	김사엽	1974	398
지소 접미사						
*-ko~^kʊ [古]	지소 접미사	diminutive suffix	일본어	Christopher I. Beckwith	2004	120
^ʊ [烏]	지소 접미사	diminutive suffix	한국어	Christopher I. Beckwith	2004	120
지아비						
syra	지아비		한국어	宮崎道三郎	1906	7
chiapi	지아비		한국어	宋敏	1969	91
tsuma	지아비		일본어	宋敏	1969	91
^pai [巴]	지아비	male person, man	한국어	Christopher I. Beckwith	2004	134
č iabi		a husband	한국어	G. J. Ramstedt	1949	30
지역						
na	지역		일본어	村山七郎	1963	31
na	지역		한국어	村山七郎	1963	31
지온						
jion	지온		일본어	고창식	1976	25
지온	지온		한국어	고창식	1976	25
지키다						
moru	지키다		일본어	김공칠	1989	15
č ik-hi ta	지키다	to guard, to watch, to keep	한국어	白鳥庫吉	1916ㄱ	157
karm-	지키다	to keep, to preserve	한국어	이기문	1958	114
지팡이						
č ip-p'ang-i	지팡이		한국어	白鳥庫吉	1916ㄱ	160
cipɛ ŋ i	지팡이		한국어	이숭녕	1956	158
č iphän i		a staff, a cane, a walking stick	한국어	G. J. Ramstedt	1949	34
tsue		stick	일본어	G. J. Ramstedt	1949	34
tsue	막대기(stick)		일본어	G. J. Ramstedt	1949	34
č ipʰ än i	지팡이	a staff, a cane, a walking-stick	한국어	G. J. Ramstedt	1949	34
진						
si-ru	진		일본어	김사엽	1974	437

표제어/어휘		의미	언어	저자	발간년도	쪽수
č in	진		한국어	김사엽	1974	437
진달래						
č in-tʌ l-lʌ j	진달래		한국어	김사엽	1974	421
tu-tu-di	진달래		일본어	김사엽	1974	421
진실						
son	진실		일본어	강길운	1982ㄴ	23
č ʌ m	진실		한국어	강길운	1982ㄴ	23
son	진실		일본어	강길운	1982ㄴ	29
č ʌ m	진실		한국어	강길운	1982ㄴ	29
진주						
kusïl	진주		일본어	송민	1973	34
č in-č ijū	진주	a pearl	한국어	G. J. Ramstedt	1949	34
진지						
めし	진지		일본어	김사엽	1974	383
moj	진지		한국어	김사엽	1974	383
진펄						
tsa-Fa	진펄		일본어	김사엽	1974	441
č ïn-pʰ ə l	진펄		한국어	김사엽	1974	441
진하다						
tö-	진하다		한국어	강길운	1982ㄴ	25
toe-toye	풍부하다		일본어	강길운	1982ㄴ	25
tö-	진하다		한국어	강길운	1982ㄴ	29
toe/toye	풍부하다		일본어	강길운	1982ㄴ	29
toi-	질다		한국어	박은용	1975	170
진흙						
nukaru	진흙		일본어	김공칠	1989	12
mi	진흙		한국어	김사엽	1974	387
mi-ka	진흙		일본어	김사엽	1974	387
Fi-di	진흙		일본어	김사엽	1974	400
til-hʌ lk	진흙		한국어	김사엽	1974	400
sorö	진흙		일본어	大野晋	1980	18
kömi	진흙		일본어	大野晋	1980	20
č in-heulk	진흙	Mud	한국어	白鳥庫吉	1916ㄱ	159
č ï n-hi̯ lk		soft, watery earth, mud	한국어	G. J. Ramstedt	1949	34
č ï n-he̯ ri		the soft part of the back	한국어	G. J. Ramstedt	1949	34
질그릇						
tsu-we	질그릇		일본어	김사엽	1974	432
til	질그릇		한국어	김사엽	1974	432
질다						
しるい	질다		일본어	김사엽	1974	437
č il	질다		한국어	김사엽	1974	437
č ïl	질다		한국어	김사엽	1974	437
č ilda	질다		한국어	김승곤	1984	237
č eul ta	질다	dampf	한국어	白鳥庫吉	1916ㄱ	156
síru	질다	juice	일본어	宋敏	1969	91
til	질다	watery	한국어	宋敏	1969	91
č ilda		to be soft; to be watery, to be wet	한국어	G. J. Ramstedt	1949	34

표제어/어휘	의미		언어	저자	발간년도	쪽수
čīn-garo		wheat flour	한국어	G. J. Ramstedt	1949	34
tsjn gargi		wheat flour	한국어	G. J. Ramstedt	1949	34
čilda	질다	to be muddy, to be soft	한국어	G. J. Ramstedt	1949	34

질펀

jilp'ən	질펀		한국어	강길운	1982ㄴ	21
očipep	질펀		일본어	강길운	1982ㄴ	21

짐

jim	짐		한국어	강길운	1983ㄱ	46
čim	짐짝		한국어	강길운	1983ㄴ	110
čiman-hʌ-	짐		한국어	강길운	1983ㄴ	126
čim	짐		한국어	강길운	1983ㄴ	129
ni	짐	load	일본어	김공칠	1989	16
pari	소에 실은 짐의 분량		한국어	김승곤	1984	250
コリ	짐		일본어	이명섭	1962	5

짐승

짐승	짐승		한국어	김선기	1977	352
*kur	짐승		한국어	박은용	1974	118
*gur	짐승		한국어	박은용	1974	119
*kuru	짐승		한국어	박은용	1974	119
*ikimono	짐승	anaimal	일본어	이용주	1980	80
(ʧimsaeiŋ)	짐승	anaimal	한국어	이용주	1980	80

짐지다

öp	짐지다		한국어	김공칠	1989	7
opu	짐지다		일본어	김공칠	1989	7

집

čisei	집		일본어	강길운	1981ㄱ	30
*jis	집		한국어	강길운	1981ㄱ	30
čisei	집		일본어	강길운	1981ㄴ	7
*jis	집		한국어	강길운	1982ㄴ	30
čisei	집		일본어	강길운	1982ㄴ	30
jib	집		한국어	강길운	1983ㄱ	28
jib	집		한국어	강길운	1983ㄱ	31
čib	집		한국어	강길운	1983ㄴ	110
tsubone	집		일본어	김공칠	1989	4
chip	집		한국어	김공칠	1989	4
muro	집		일본어	김공칠	1989	9
čip	집		한국어	김방한	1976	23
jip	집		한국어	김방한	1977	9
jip	집	house	한국어	김방한	1977	9
čip	집		한국어	김방한	1978	13
ka-pʰïl	집		한국어	김사엽	1974	442
さや	집		일본어	김사엽	1974	442
tteum	집	grass tent erected on a junk to keep off rain	한국어	白鳥庫吉	1916ㄱ	160
čip	집	house, case, envelope, rice straw	한국어	白鳥庫吉	1916ㄱ	160
ife	집		일본어	송민	1973	52
ipʰ	집		한국어	송민	1973	52
yipé	집	house	일본어	宋敏	1969	91
cip	집		한국어	宋敏	1969	91
tsubone	집	a chamber	일본어	宋敏	1969	91
chip	집	a house	한국어	宋敏	1969	91

표제어/어휘	의미		언어	저자	발간년도	쪽수
č ip	집		한국어	이숭녕	1956	102
울	집		한국어	이원진	1940	17
chip	집	a house, a room	한국어	Aston	1879	22
tsubone	방	a chamber	일본어	Aston	1879	22
^su ~ ^sü	새집; 집	nest; home	일본어	Christopher I. Beckwith	2004	136
iye	집	house	일본어	G. J. Ramstedt	1926	27
*ip	집	house	한국어	G. J. Ramstedt	1926	27
č ip	집	house	한국어	G. J. Ramstedt	1949	6
č ip	집	Haus	한국어	G.J. Ramstedt	1952	16
č ip	집	Haus	한국어	G.J. Ramstedt	1952	17
jipye	집	house	한국어	Martin, S. E.	1966	199
jipye	집	house	한국어	Martin, S. E.	1966	208
jipye	집	house	한국어	Martin, S. E.	1966	212
jipye	집	house	한국어	Martin, S. E.	1966	214
č ip	집	house	한국어	Poppe, N	1965	190
č ip	집	house	한국어	Poppe, N	1965	191

집다

tor	들다	hold	일본어	宋敏	1969	79
tïl	들다	hold	한국어	宋敏	1969	79
tï lda	들다	to lift, to raise	한국어	G. J. Ramstedt	1949	266

짓다

č ɯj-	짓다		한국어	강길운	1983ㄴ	129
tô ganerben,	짓다	arbeiten	한국어	白鳥庫吉	1916ㄱ	156
č it ta	짓다	to build, to fix, to make, to compose	한국어	白鳥庫吉	1916ㄱ	156
č i-ö nai ta	지어내다	to invent, to make up	한국어	白鳥庫吉	1916ㄱ	156
č i-ö mök ta	지어먹다	to reform, to resolve to do right	한국어	白鳥庫吉	1916ㄱ	156
kamaFë	짓다		일본어	송민	1974	7
č ī tta		to build, to fix, to make, to compose	한국어	G. J. Ramstedt	1949	37
č ikki		to build, to fix, to make, to compose	한국어	G. J. Ramstedt	1949	37

짖다

jɯj-	짖다		한국어	강길운	1982ㄴ	24
č iš	울다		일본어	강길운	1982ㄴ	24
č iš	울다		일본어	강길운	1982ㄴ	30
jɯj-	짖다		한국어	강길운	1982ㄴ	30
č ɯj-	짖다		한국어	강길운	1983ㄴ	112
kafa		bark	일본어	강영봉	1991	8
kə pcil		bark	한국어	강영봉	1991	8
cic-	짖다		한국어	박은용	1975	202
káp	짖다	bark	일본어	이용주	1980	95
kaHa	짖다	bark	일본어	이용주	1980	95
kə ptʃ ir	짖다	bark	한국어	이용주	1980	95

짚

jip'	짚		한국어	강길운	1983ㄱ	31
č ip	짚		한국어	김승곤	1984	237
tiph	짚	straw	한국어	宋敏	1969	91
siba	짚	turf	일본어	宋敏	1969	91
sasa	짚	Binse, Stroh	일본어	G. J. Ramstedt	1939ㄱ	485
sas	짚	Binse, Stroh	한국어	G. J. Ramstedt	1939ㄱ	485

표제어/어휘		의미	언어	저자	발간년도	쪽수
č ip		rice straw	한국어	G. J. Ramstedt	1949	34
tsibxa	짚	straw	한국어	Martin, S. E.	1966	200
tsibxa	짚	straw	한국어	Martin, S. E.	1966	205
tsibxa	짚	straw	한국어	Martin, S. E.	1966	208
tsibxa	짚	straw	한국어	Martin, S. E.	1966	212
tsibxa	짚	straw	한국어	Martin, S. E.	1966	223
wara	짚		일본어	Martin, S. E.	1975	110
wara	짚		일본어	Martin, S. E.	1975	110
bara	짚		일본어	Martin, S. E.	1975	110
짚다						
tsue	짚다	stick	일본어	宋敏	1969	91
č ipta	짚다	to shove with a pole	한국어	宋敏	1969	91
č ipta	짚다		한국어	G. J. Ramstedt	1949	34
짚신						
cipsegi	짚신		한국어	이숭녕	1956	182
집섹이(집신)	짚신		한국어	이원진	1940	17
サバ	짚신		일본어	이원진	1940	17
집섹이(집신)	짚신		한국어	이원진	1951	17
サバ	짚신		일본어	이원진	1951	17
č ip-sin		straw sandals	한국어	G. J. Ramstedt	1949	34
짜내다						
p' a-		to squeeze	한국어	강영봉	1991	11
shi-		to squeeze	일본어	강영봉	1991	11
č č ada	짜내다	to press out	한국어	김공칠	1989	12
č aa näda	짜내다	to lead, to come up to, to introduce, to inform, to	한국어	G. J. Ramstedt	1949	17
짜다						
oru	짜다		일본어	김공칠	1989	7
ölk	짜다		한국어	김공칠	1989	7
しぼる	짜다		일본어	김사엽	1974	438
pč ʌ	짜다		한국어	김사엽	1974	438
くむ	짜다		일본어	김사엽	1974	451
pč ʌ	짜다		한국어	김사엽	1974	451
からい	짜다		일본어	김사엽	1974	458
sč ʌ	짜다		한국어	김사엽	1974	458
koce	짜다		한국어	박은용	1974	235
kyö-ru ta	짜다	to weave-with bamboos etc.	한국어	白鳥庫吉	1915ㄱ	21
č č a ta	짜다	to wring out, to press out, to squeeze out, to milk	한국어	白鳥庫吉	1916ㄱ	154
pata	기계나 베틀로 베를 짜다		일본어	송민	1973	34
patïi	기계나 베틀로 베를 짜다		일본어	송민	1973	34
č č ada	짜다	to wring out	한국어	宋敏	1969	91
pcɔ -	짜다	weave	한국어	宋敏	1969	91
hasa-mu	짜다	to press	일본어	宋敏	1969	91
patá	짜다	loom, woven	일본어	宋敏	1969	91
hasa-mu	짜다	to press	일본어	G. J. Ramstedt	1949	18
č č ada	짜다	to wring out, to press out, to squeeze, to milk	한국어	G. J. Ramstedt	1949	18
č č ada	짜다	pressen	한국어	G. J. Ramstedt	1949	18

표제어/어휘		의미	언어	저자	발간년도	쪽수
짝						
pčak	짝		한국어	김사엽	1974	462
かたき	짝		일본어	김사엽	1974	462
ččak	짝		한국어	김승곤	1984	234
ččak	짝	thing, affair, matter	한국어	白鳥庫吉	1916ㄱ	146
pcak	짝	pair	한국어	宋敏	1969	92
puta-tu	짝	two	일본어	宋敏	1969	92
pöak	짝		한국어	이숭녕	1956	139
ipčak	짝	this side, here, this part	한국어	G. J. Ramstedt	1949	19
ččakčita	짝 짓다	to couple, to mate (as male and female slaves)	한국어	G. J. Ramstedt	1949	19
ččak	짝	the half, one of two, a couple, a pair, husband	한국어	G. J. Ramstedt	1949	19
ki̯ pčak	짝	that part, on that side	한국어	G. J. Ramstedt	1949	19
če pčak	짝	that part, on that side	한국어	G. J. Ramstedt	1949	19
ččakte̯r	짝		한국어	G. J. Ramstedt	1949	19
짧다						
cællɯ		short	한국어	강영봉	1991	11
mizika-		short	일본어	강영봉	1991	11
cjʌlе	짧은	short	한국어	김동소	1972	140
ccalp-	짧은	short	한국어	김동소	1972	140
mizikasi	짧다	short	일본어	이용주	1980	100
*gʷizü	짧다	short	한국어	이용주	1980	100
tjery	짧다	short	한국어	이용주	1980	100
tyərɯ-	더르다	short	한국어	이용주	1980	83
mizikasi	짧다	short	일본어	이용주	1980	83
tákne	짧다	short	일본어	이용주	1980	96
mizikasi	짧다	short	일본어	이용주	1980	96
tuərɯ-	짧다	short	한국어	이용주	1980	96
짧은 창						
nata	짧은 창		일본어	이용주	1980	72
nat	짧은 창		한국어	이용주	1980	72
째다						
pčʌj	째다		한국어	김사엽	1974	445
tsa-ku	째다		일본어	김사엽	1974	445
ptʃe˘i-	째다	to split	한국어	이용주	1980	83
saku	째다	to split	일본어	이용주	1980	83
ččje̯gi ida	째다	to split	한국어	G. J. Ramstedt	1949	27
쪼개다						
perpa	쪼개다		일본어	강길운	1987	14
sak-/war-		to spilt	일본어	강영봉	1991	11
chici-/pəllɯ		to spilt	한국어	강영봉	1991	11
kkok-tak-l	쪼개다	zerbrechen	한국어	白鳥庫吉	1914ㄷ	320
saku	쪼개다		일본어	宋敏	1969	92
säk	쪼개다	split it	일본어	宋敏	1969	92
chokui	쪼개다		한국어	宋敏	1969	92
ccokä	쪼개다		한국어	宋敏	1969	92
tsak-	쪼개다	split	한국어	Martin, S. E.	1966	203
tsak-	쪼개다	split	한국어	Martin, S. E.	1966	208
tsak-	쪼개다	split	한국어	Martin, S. E.	1966	215
쪼다						
čoɜ-	쪼다		한국어	강길운	1983ㄴ	129

표제어/어휘	의미		언어	저자	발간년도	쪽수
č os	쪼다		한국어	김사엽	1974	421
tu-tu-ki	쪼다		일본어	김사엽	1974	421
č č oda		to peck, to peck out	한국어	G. J. Ramstedt	1949	38
쪽						
k' or	쪽		한국어	강길운	1983ㄱ	36
넉ㅎ	녈		한국어	김공칠	1980	93
yukuhe	쪽		일본어	김공칠	1980	93
awi	쪽		일본어	大野晋	1980	16
ccok	쪽	direction	한국어	宋敏	1969	92
yoko	쪽	side	일본어	宋敏	1969	92
pöok	쪽		한국어	이숭녕	1956	140
č č ok	쪽	eins von zwei	한국어	G. J. Ramstedt	1939ㄱ	484
jok	쪽	direction	한국어	Martin, S. E.	1966	203
jok	쪽	direction	한국어	Martin, S. E.	1966	208
jok	쪽	direction	한국어	Martin, S. E.	1966	218
jok	쪽	direction	한국어	Martin, S. E.	1966	221
쫓다						
si-ta-Fi	쫓다		일본어	김사엽	1974	439
č oč ʰ	쫓다		한국어	김사엽	1974	439
č č ot ta	쫓다	to drive off, to chase away, to caste out, to put	한국어	白鳥庫吉	1916ㄱ	152
č ot ta	쫓다	to follow, to chase	한국어	白鳥庫吉	1916ㄱ	152
č č otta	쫓다	pursue	한국어	G. J. Ramstedt	1949	41
쬐다						
sč oj	쬐다		한국어	김사엽	1974	441
さる	쬐다		일본어	김사엽	1974	441
찌다						
jiji-/ci-	뜸, 찜		한국어	강길운	1981ㄱ	30
č iš uye	찜		일본어	강길운	1981ㄱ	30
mǔ rǔ -	찌다		한국어	김공칠	1989	19
musu	찌다		일본어	김공칠	1989	19
むす	찌다		일본어	김사엽	1974	385
pti	찌다		한국어	김사엽	1974	385
č i	찌다		한국어	김사엽	1974	448
こえる	찌다		일본어	김사엽	1974	448
musu	찌다		일본어	송민	1965	39
sal-č ida		to be fleshy, to be fat	한국어	G. J. Ramstedt	1949	31
kiri̯ m-ӡ ida		to be oily, to be fat	한국어	G. J. Ramstedt	1949	31
č č ida		to steam, to cook by steaming, to be hot	한국어	G. J. Ramstedt	1949	32
č č ida	찌다	to steam, to cook by steaming, to be hot	한국어	G. J. Ramstedt	1949	32
찌르다						
eč iure	찌르다		일본어	강길운	1981ㄴ	8
tirɯ -	찌르다		한국어	강길운	1981ㄴ	8
tirɯ -	찌르다		한국어	강길운	1983ㄴ	112
tirɯ	찌르다		한국어	강길운	1983ㄴ	132
cuk-sas		to stab	일본어	강영봉	1991	11
cillɯ		to stab	한국어	강영봉	1991	11
cili -	찌르다	stick	한국어	김동소	1972	140
ccili -	찌르다	stick	일본어	김동소	1972	140
tu-ku	찌르다		일본어	김사엽	1974	422

표제어/어휘	의미		언어	저자	발간년도	쪽수
til	찌르다		한국어	김사엽	1974	422
ti-lʌ	찌르다		한국어	김사엽	1974	443
tsɑ-se	찌르다		일본어	김사엽	1974	443
sasu	찌르다		일본어	文和政	1981	177
tir-	찌르다		한국어	文和政	1981	177
tuku, sasu	찌르다	stick	일본어	이용주	1980	102
tire	찌르다	stick	한국어	이용주	1980	102
tuku	찌르다	to stab	일본어	이용주	1980	83
tire -	디라ㅏ다	to stab	한국어	이용주	1980	83
' ótke	찌르다	to stab	일본어	이용주	1980	96
tuku	찌르다	to stab	일본어	이용주	1980	96
tire-	찌르다	to stab	한국어	이용주	1980	96
tś ü	찌르다		한국어	Christopher I. Beckwith	2004	250
cɔ x-	찌르다	poke	한국어	Martin, S. E.	1966	204
cɔ x-	찌르다	poke	한국어	Martin, S. E.	1966	207
cɔ x-	찌르다	poke	한국어	Martin, S. E.	1966	219
cɔ x-	찌르다	poke	한국어	Martin, S. E.	1966	224

찍다

표제어/어휘	의미		언어	저자	발간년도	쪽수
tu-kë	찍다		일본어	김사엽	1974	422
tik	찍다		한국어	김사엽	1974	422
tję mu tikso		puts a dot; makes a mark	한국어	G. J. Ramstedt	1949	33
č č ikta		to dip in, to dip down	한국어	G. J. Ramstedt	1949	33

찡기다

표제어/어휘	의미	언어	저자	발간년도	쪽수
pč iŋ -kïj	찡기다	한국어	김사엽	1974	440
しかむ	찡기다	일본어	김사엽	1974	440

찢다

표제어/어휘	의미		언어	저자	발간년도	쪽수
mesu	찢어내다		일본어	강길운	1982ㄴ	19
me-	찢다		한국어	강길운	1982ㄴ	19
mesu	찢어내다		일본어	강길운	1982ㄴ	33
mɪ -	찢다		한국어	강길운	1982ㄴ	33
pʌ ri-	찢다		한국어	강길운	1983ㄴ	111
karʌ -	가르다		한국어	강길운	1983ㄴ	134
ccɨ c-	쪼개다	split	한국어	김동소	1972	140
ccic-	쪼개다	split	한국어	김동소	1972	140
č č <i˯ >tta	찢다		한국어	김승곤	1984	237
pöe d-	찢다		한국어	이숭녕	1956	139
ts<ī ˘ >m		a crevise	한국어	G. J. Ramstedt	1949	38
č č j itta		to tear, to rend	한국어	G. J. Ramstedt	1949	38
č č j tta		to tear, to rend	한국어	G. J. Ramstedt	1949	38
č č j tta	찢다	a crevice	한국어	G. J. Ramstedt	1949	38

찧다

표제어/어휘	의미	언어	저자	발간년도	쪽수
stih	찧다	한국어	김사엽	1974	422
tu-kë	찧다	일본어	김사엽	1974	422

표제어/어휘		의미	언어	저자	발간년도	쪽수
차다						
č'ʌ-	차다		한국어	강길운	1983ㄴ	115
č'ʌ-	차다		한국어	강길운	1983ㄴ	136
ə l-/kokʰ a-		cold	한국어	강영봉	1991	8
samu-		cold	일본어	강영봉	1991	8
suzusi	차다		일본어	김공칠	1989	15
č'al	차다		한국어	김공칠	1989	15
차다	차다	cold	한국어	김선기	1978ㄴ	324
č ha	차다		한국어	김승곤	1984	
sámu-	차다	cold	일본어	宋敏	1969	92
chɔ -	차다		한국어	宋敏	1969	92
suzusi	차다		일본어	宋敏	1969	92
č 'ɒ l	차다		한국어	宋敏	1969	92
cha-l	차다		한국어	宋敏	1969	92
tuk-	차다	poke, thrust	일본어	宋敏	1969	92
密	차다		한국어	辛 容泰	1987	138
mïet	차다		한국어	辛 容泰	1987	138
^tsamu-[左牟]	찬. 냉한	cool, cold	일본어	Christopher I. Beckwith	2004	112
*samu	찬. 냉한	cool, cold	일본어	Christopher I. Beckwith	2004	112
*samu ~	찬	cool, cold	일본어	Christopher I. Beckwith	2004	136
č han		cold, icy	한국어	G. J. Ramstedt	1949	46
č hada		to be cold	한국어	G. J. Ramstedt	1949	46
sigïn, siri-	차다	cold	한국어	Johannes Rahder	1959	48
차다(滿)						
č ʌ -	차다		한국어	강길운	1983ㄱ	46
č 'ʌ -	차다		한국어	강길운	1983ㄴ	111
č 'ʌ -	차다		한국어	강길운	1983ㄴ	129
ke tɐ k	차다		한국어	김공칠	1989	20
cha-	찬	full	한국어	김동소	1972	138
thʌ lkacok	찬	full	한국어	김동소	1972	138
cha-	찬	full	한국어	김동소	1972	138
thʌ lkacuk	찬	full	한국어	김동소	1972	138
차	차다	full	한국어	김선기	1968ㄱ	37
č ' ă ta	차다	to be full	한국어	白鳥庫吉	1916ㄱ	153
č ' ă i ta	채우다	to fill	한국어	白鳥庫吉	1916ㄱ	153
č ' ă i-o ta	채우다	to fill, to pour full	한국어	白鳥庫吉	1916ㄱ	153
tar-u	차다	to be enough	일본어	宋敏	1969	92
chal	차다	to be enough	한국어	Aston	1879	23
taru	차다	to be enough	일본어	Aston	1879	23
č häuda		to fill, to satisfy	한국어	G. J. Ramstedt	1949	46
č häda		to fill, to satisfy	한국어	G. J. Ramstedt	1949	46
č haḍa		to be full	한국어	G. J. Ramstedt	1949	46
č han aṛi m		a full armful	한국어	G. J. Ramstedt	1949	46
č hada		to be full	한국어	G. J. Ramstedt	1949	46
차다(蹴)						
č 'ʌ -	차다		한국어	강길운	1983ㄴ	129
ku-we	차다		일본어	김사엽	1974	449

표제어/어휘		의미	언어	저자	발간년도	쪽수
čʰʌ	차다		한국어	김사엽	1974	449
cho -	차다	kick, click	한국어	宋敏	1969	92
č hada		to kick	한국어	G. J. Ramstedt	1949	46
č häida		to be kicked	한국어	G. J. Ramstedt	1949	46
č häuda		to be kicked	한국어	G. J. Ramstedt	1949	46
č hada	차다	to pick up	한국어	G. J. Ramstedt	1949	48
차다(佩)						
さす	차다		일본어	김사엽	1974	443
čʰʌ	차다		한국어	김사엽	1974	443
č hada		to try on, to fasten on	한국어	G. J. Ramstedt	1949	46
č hada	차다	to try on, to fasten on	한국어	G. J. Ramstedt	1949	46
č häda		to fasten - in the stocks	한국어	G. J. Ramstedt	1949	46
č häuda		to cause to tie at the waist	한국어	G. J. Ramstedt	1949	46
č häoda		to cause to tie at the waist	한국어	G. J. Ramstedt	1949	46
č ha-gada		to carry off in the talons, to arrest	한국어	G. J. Ramstedt	1949	46
차례						
マツリ	마차례(祭天)		일본어	이탁	1946ㄴ	29
차례	차례		한국어	이탁	1946ㄴ	29
절	차례		한국어	이탁	1946ㄴ	30
차리다						
cho l(h)i	차리다		한국어	宋敏	1969	92
tukúr	차리다	make	일본어	宋敏	1969	92
sju		garrison	한국어	G. J. Ramstedt	1949	48
arač ha̧ rida		to make ready, to wait on, to bear in mind, to	한국어	G. J. Ramstedt	1949	48
č ha̧ rida		to make ready, to prepare	한국어	G. J. Ramstedt	1949	48
착하다						
yosi	착하다, 좋다		일본어	김공칠	1989	5
ə cita	착하다, 좋다		한국어	김공칠	1989	5
tsa-ka-si	착하다		일본어	김사엽	1974	445
čʰak-hʌ	착하다		한국어	김사엽	1974	445
참						
さ	참		일본어	김사엽	1974	445
čʰʌm	참		한국어	김사엽	1974	445
č 'ăm		What is true, true, trustworthy	한국어	白鳥庫吉	1916ㄱ	149
č ´ am toi ta	참되다	to be true, to be reliable	한국어	白鳥庫吉	1916ㄱ	149
č ha̧ m-mal	참말	true or trustworthy speech, truly, surely	한국어	G. J. Ramstedt	1949	47
č ha̧ m-sä	참새	sparrow	한국어	G. J. Ramstedt	1949	47
č ha̧ m-mȩ k	참먹	superior ink	한국어	G. J. Ramstedt	1949	47
č ha̧ m-ba		hemp rope	한국어	G. J. Ramstedt	1949	47
č ha̧ mgi rim		sesamum oil	한국어	G. J. Ramstedt	1949	47
č ha̧ m-namu	참나무	the oak	한국어	G. J. Ramstedt	1949	47
č ha̧ m		what is true, trustworthy	한국어	G. J. Ramstedt	1949	47
참다						
たふ	참다		일본어	김사엽	1974	425
čʰʌm	참다		한국어	김사엽	1974	425
wosám(e)	참다	subdue	일본어	宋敏	1969	92
tamar-u	참다	to endure	일본어	宋敏	1969	92

표제어/어휘		의미	언어	저자	발간년도	쪽수
chɔ m	참다	be patient	한국어	宋敏	1969	92
chhă m	참다		한국어	宋敏	1969	92
damaru	참다	to endure, to be silent	일본어	Aston	1879	21
tamaru	참다	to endure, to be silent	일본어	Aston	1879	21
chhă m	참다	to endure, to be silent	한국어	Aston	1879	21
chhă m	참다	to endure	한국어	Aston	1879	22
tamaru	참다	to endure	일본어	Aston	1879	22
č hamda	참다	to endure, to bear, to stand, to control	한국어	G. J. Ramstedt	1949	47
č hami̯ l-sjẹ ŋ	참을성	patience	한국어	G. J. Ramstedt	1949	47
č hạ da		to be full	한국어	G. J. Ramstedt	1949	47
č ham		high water-of the tides	한국어	G. J. Ramstedt	1949	47
č hamda		to endure, to bear, to stand	한국어	G. J. Ramstedt	1949	47

참새

suzu-më	참새		일본어	이남덕	1977	214
č hạ msä	참새	the sparrow	한국어	G. J. Ramstedt	1949	218

참외

uri	외		일본어	김공칠	1988	196
ø	외		한국어	김공칠	1988	196

참죽나무

tubaki	참죽나무		일본어	김공칠	1989	11
ton pak	참죽나무		한국어	김공칠	1989	11

창

paraci	창		한국어	김공칠	1989	20
mado	창		일본어	김공칠	1989	20
khal	창		한국어	김방한	1976	17
nata	짧은 창		일본어	송민	1973	34
nata	짧은 창		일본어	송민	1973	55
paraci	벽의 작은 창		한국어	長田夏樹	1966	118
mada	창		일본어	長田夏樹	1966	118

찾다

č ʌ j-	찾다		한국어	강길운	1983ㄱ	36
tə tim	찾다		일본어	김공칠	1989	15
tadanu	찾다		한국어	김공칠	1989	15
piro	찾다		일본어	김공칠	1989	7
pă l	찾다		한국어	김공칠	1989	7
chhă cha	찾다		한국어	김공칠	1989	8
tazunu	찾다		일본어	김공칠	1989	8
ta-du-ne	찾다		일본어	김사엽	1974	427
č ʰ ʌ s	찾다		한국어	김사엽	1974	427
さがす	찾다		일본어	김사엽	1974	445
č ʰ ʌ č	찾다		한국어	김사엽	1974	445
tömë	찾는	searching for	일본어	송민	1974	14
mö-tömë	찾는	searching for	일본어	송민	1974	14
tadzune-ru	찾다	to search	일본어	宋敏	1969	92
sagas-	찾다	look for	일본어	宋敏	1969	92
chɔ c-	찾다		한국어	宋敏	1969	92
chhă cha-l	찾다		한국어	宋敏	1969	92
tazunu	찾다		일본어	宋敏	1969	92
ch'acha-	찾다		한국어	宋敏	1969	92
pal	찾다		한국어	이용주	1980	72

표제어/어휘		의미	언어	저자	발간년도	쪽수
pirö	찾다		일본어	이용주	1980	72
chhă chal	찾다	to search	한국어	Aston	1879	22
tadzuneru	찾다	to search	일본어	Aston	1879	22
č hatta		to find, to seek, to call on, to receive, to accept, to	한국어	G. J. Ramstedt	1949	48
č hada		to pick up	한국어	G. J. Ramstedt	1949	48
č hatta	찾다	to seek, to find, to visit, to call on	한국어	G. J. Ramstedt	1949	48
채						
*č ai	채		일본어	강길운	1982ㄴ	25
č ä	채		한국어	강길운	1982ㄴ	25
č aha	채		일본어	강길운	1982ㄴ	30
č ä	채		한국어	강길운	1982ㄴ	30
tshä		a whip	한국어	G. J. Ramstedt	1949	47
č hä		a whip	한국어	G. J. Ramstedt	1949	47
채다						
č häda		to be caught	한국어	G. J. Ramstedt	1949	45
č häuda		to be caught	한국어	G. J. Ramstedt	1949	45
č hada		to pick up with the claws; to grasp, to take hold on	한국어	G. J. Ramstedt	1949	45
채소						
na	채소		일본어	김공칠	1989	5
namɯl	채소		한국어	김공칠	1989	5
처가						
cʰ yöma	처가		한국어	김공칠	1989	9
tsumato	처가		일본어	김공칠	1989	9
처럼						
š iri	처럼		일본어	강길운	1982ㄴ	29
č yə ro	처럼		한국어	강길운	1982ㄴ	29
š iri	처럼		일본어	강길운	1982ㄴ	35
č yə ro	처럼		한국어	강길운	1982ㄴ	35
처지다						
si-da-ru	처지다		일본어	김사엽	1974	439
č ʰ ə -ti	처지다		한국어	김사엽	1974	439
천						
ti	천		일본어	김사엽	1974	424
č ï-mï	천		한국어	김사엽	1974	424
č ï-mïn	천		한국어	김사엽	1974	424
즈믄	천		한국어	김선기	1977	33
즈믄			한국어	김선기	1977ㅈ	326
ti			일본어	김선기	1977ㅈ	331
즈믄	천	thousand	한국어	홍기문	1934ㄴ	조선일보
천기						
s' i	천기		한국어	강길운	1982ㄴ	28
š ir	천기		일본어	강길운	1982ㄴ	28
천천히						
ič imi-č imi	천천히		일본어	강길운	1982ㄴ	18
č ʌ n-č ʌ n-hi	천천히		한국어	강길운	1982ㄴ	18

⟨ㅊ⟩ 437

표제어/어휘	의미		언어	저자	발간년도	쪽수
ič̣imi-č̣imi	천천히		일본어	강길운	1982ㄴ	24
č̣ʌn-č̣ʌn-hi	천천히		한국어	강길운	1982ㄴ	24
천하다						
nʌl-ap	천하다		한국어	김사엽	1974	475
i-ya-si-ki	천하다		일본어	김사엽	1974	475
^iyatśi	천한	lowly, inferior, cheap	일본어	Christopher I. Beckwith	2004	121
철						
sirar	선철		일본어	강길운	1982ㄱ	180
kurogane	철		일본어	김방한	1980	21
さが	철		일본어	김사엽	1974	445
čʰəl	철		한국어	김사엽	1974	445
^tawŋ	철	iron	한국어	Christopher I. Beckwith	2004	138
so(r)i	철	iron	한국어	Johannes Rahder	1959	73
첨가						
tẽil	첨가		일본어	김공칠	1989	15
söfu	첨가		한국어	김공칠	1989	15
첩						
ko-ma	첩		한국어	김사엽	1974	383
めかけ	첩		일본어	김사엽	1974	383
첫						
はな	첫		일본어	김사엽	1974	404
hʌn	첫		한국어	김사엽	1974	404
첫째						
mötö	맏		일본어	김공칠	1988	198
met	맏		한국어	김곤칠	1988	198
ceszai	섣(<설)		한국어	박시인	1970	68
hanzai	첫째		한국어	박시인	1970	68
emzi	엄지		한국어	박시인	1970	68
청소하다						
il	청소하다	reinigen	한국어	白鳥庫吉	1914ㄴ	180
ilt'a	청소하다	reinigen	한국어	白鳥庫吉	1914ㄴ	180
pak-	청소하다	to sweep	일본어	송민	1974	15
papaki	청소	sweeping	일본어	송민	1974	15
체						
ič̣ari	체		일본어	강길운	1982ㄴ	18
č̣e	체		한국어	강길운	1982ㄴ	18
*č̣ai	체		일본어	강길운	1982ㄴ	25
*č̣ä	체		한국어	강길운	1982ㄴ	25
초(酸)						
sïil	초		일본어	김공칠	1989	15
su	초		한국어	김공칠	1989	15
초가						
shitomi	띠		일본어	김계원	1967	17
stum	초가		한국어	김계원	1967	17

표제어/어휘		의미	언어	저자	발간년도	쪽수
초록						
phuri-		green	한국어	강영봉	1991	9
awo-		green	일본어	강영봉	1991	9
midöri	초록빛		일본어	이용주	1980	72
pʼïr	초록빛		한국어	이용주	1980	72
초리						
choli	초리		한국어	宋敏	1969	92
sirí	초리	tail	일본어	宋敏	1969	92
초원						
no	초원	meadow plain	일본어	김공칠	1989	13
tël	초원	plain	한국어	김공칠	1989	16
축다						
tuk(e)	축다		일본어	宋敏	1969	92
chuk-	축다	be damp	한국어	宋敏	1969	92
čʰjuk čʰjuk	축축하다	to be damp	한국어	G. J. Ramstedt	1949	51
čʰjugida	축이다	to moisten, to dampen	한국어	G. J. Ramstedt	1949	51
čʰjukta		to be damp, to be moist	한국어	G. J. Ramstedt	1949	51
축사						
nilkhă t	축사		한국어	김공칠	1989	7
norito	축사		일본어	김공칠	1989	7
춤						
nilliri	닐닐이		한국어	강길운	1983ㄴ	131
čʰum	춤		한국어	김사엽	1974	420
つば	춤		일본어	김사엽	1974	420
춥다						
č ib-	춥다		한국어	강길운	1981ㄱ	32
čʼiβ -	춥다		한국어	강길운	1983ㄴ	110
čʼiβ -	춥다		한국어	강길운	1983ㄴ	125
č iβ -	춥다		한국어	강길운	1983ㄴ	132
chip-	추운	cold	한국어	김동소	1972	137
chup-	추운	cold	한국어	김동소	1972	137
čʰ∧p	춥다		한국어	김사엽	1974	442
tsa-mu-si	춥다		일본어	김사엽	1974	442
siri	춥다	cold	한국어	김선기	1968ㄱ	36
sə lə ŋ	춥다	cold	한국어	김선기	1968ㄱ	36
cagə b	춥다	cold	한국어	김선기	1968ㄱ	36
cib	춥다	cold	한국어	김선기	1968ㄱ	36
chagə b	춥다	cold	한국어	김선기	1968ㄱ	36
samuki	춥다	cold	일본어	김선기	1968ㄱ	36
sususiki	춥다	cold	일본어	김선기	1968ㄱ	36
춥	춥다		한국어	김선기	1976ㄷ	338
sabu	춥다		일본어	김선기	1976ㄷ	338
samu	춥다		일본어	김선기	1976ㄷ	338
chageb	춥다		한국어	김선기	1976ㄷ	338
chuʷ /p	춥다		한국어	宋敏	1969	92
samu-	춥다	cold	일본어	宋敏	1969	92
samusi	춥다	cold	일본어	이용주	1980	84
ʧʼĭv-	칩으다	cold	한국어	이용주	1980	84
samusi	춥다	cold	일본어	이용주	1980	99
chiv	춥다	cold	한국어	이용주	1980	99
*č áβ u	춥다	cold	한국어	이용주	1980	99

표제어/어휘	의미		언어	저자	발간년도	쪽수
chu	춥다	cold	한국어	Hulbert, H. B.	1905	123
tsxwampu-	춥다	cold	한국어	Martin, S. E.	1966	200
tsxwampu-	춥다	cold	한국어	Martin, S. E.	1966	204
tsxá-	춥다	cold	한국어	Martin, S. E.	1966	208
tsxwampu-	춥다	cold	한국어	Martin, S. E.	1966	208
tsxwampu-	춥다	cold	한국어	Martin, S. E.	1966	216
tsxwampu-	춥다	cold	한국어	Martin, S. E.	1966	217
tsxá-	춥다	cold	한국어	Martin, S. E.	1966	220

취하다

표제어/어휘	의미		언어	저자	발간년도	쪽수
toru	취하다		일본어	김공칠	1989	10
冬	취하다		한국어	辛 容泰	1987	132
取	취하다		한국어	辛 容泰	1987	132
^təŋ-[登]	취하다	to take	일본어	Christopher I. Beckwith	2004	110
*tö(ŋ)-	취하다	to take	일본어	Christopher I. Beckwith	2004	110
^taw-[刀]	취하다	to take	일본어	Christopher I. Beckwith	2004	110
^tawŋ [冬]	취하다	to take	한국어	Christopher I. Beckwith	2004	110
^tawŋ [冬]	취하다	to take	한국어	Christopher I. Beckwith	2004	111
*taw	취하다	to take	한국어	Christopher I. Beckwith	2004	111
^təŋ ri[登利]	취하다	to take	일본어	Christopher I. Beckwith	2004	111
^tawri[刀里]	취하다	to take	일본어	Christopher I. Beckwith	2004	111
^taw-[刀]	취하다	to take	일본어	Christopher I. Beckwith	2004	115
*tö(ŋ)-	취하다	to take	일본어	Christopher I. Beckwith	2004	115
^tawŋ [冬]	취하다	to take	한국어	Christopher I. Beckwith	2004	115
^təŋ-[登]	취하다	to take	일본어	Christopher I. Beckwith	2004	115

층

표제어/어휘	의미		언어	저자	발간년도	쪽수
pe	층	layer	일본어	김공칠	1989	16
pyër	층	layer	한국어	김공칠	1989	16

층위

표제어/어휘	의미		언어	저자	발간년도	쪽수
*pira ~	층위	level, flat	일본어	Christopher I. Beckwith	2004	134
*piar : ^piar	층위	level, flat	한국어	Christopher I. Beckwith	2004	134

치

표제어/어휘	의미		언어	저자	발간년도	쪽수
し	치		일본어	김사엽	1974	440
čʰi	치		한국어	김사엽	1974	440
き	치		일본어	김사엽	1974	457
čʰi	치		한국어	김사엽	1974	457

치다

표제어/어휘	의미		언어	저자	발간년도	쪽수
č oji-	강타하다		한국어	강길운	1983ㄴ	130
č 'l-	치다		한국어	강길운	1983ㄴ	130

표제어/어휘		의미	언어	저자	발간년도	쪽수
ut-		to hit	일본어	강영봉	1991	9
tʼeri-		to hit	한국어	강영봉	1991	9
Fa-ru	치다		일본어	김사엽	1974	402
tʰi	치다		한국어	김사엽	1974	402
čʰi	치다		한국어	김사엽	1974	443
さす	치다		일본어	김사엽	1974	443
u-ti	치다		일본어	김사엽	1974	473
tʰi	치다		한국어	김사엽	1974	473
tʼi-	치다		한국어	박은용	1975	176
tʼi-	치다		한국어	박은용	1975	178
티	치다		한국어	박은용	1975ㄴ	54
čʼita	치다	to strike, to beat, to paddle, to attack	한국어	白鳥庫吉	1916ㄱ	161
uchi	치다	to strike	일본어	宋敏	1969	92
chi	치다		한국어	宋敏	1969	92
chhi-l	치다		한국어	宋敏	1969	92
utsu	치다		일본어	宋敏	1969	92
thi-	치다	to strike, to hit	한국어	이기문	1958	118
kafu	치다	to raise	일본어	이기문	1973	6
uchi	치다		일본어	이용주	1979	113
chhil	치다		한국어	이용주	1979	113
utu	치다	hit	일본어	이용주	1980	102
thi	치다	hit	한국어	이용주	1980	102
tʼi-	티다	to hit	한국어	이용주	1980	83
utu	치다	to hit	일본어	이용주	1980	83
uchi	치다	to strike	일본어	Aston	1879	23
chhil	치다	to strike	한국어	Aston	1879	23
ččitta		to pound, to ram, to beat	한국어	G. J. Ramstedt	1949	37
thida		to strike, to paddle, to attack, to beat	한국어	G. J. Ramstedt	1949	49
č hida		to strike, to paddle, to attack, to beat	한국어	G. J. Ramstedt	1949	49
č hida		to spout forth	한국어	G. J. Ramstedt	1949	49
č hiida		to have the corners rubbed off, to be rubbed	한국어	G. J. Ramstedt	1949	49
č hida		to sift, to price, to value, to consider, to judge	한국어	G. J. Ramstedt	1949	49
č hida	치다	to strike, to paddle, to attack, to beat	한국어	G. J. Ramstedt	1949	49
č hida		to rub off the corners	한국어	G. J. Ramstedt	1949	49
thiuda		to let strike, to cause to strike, to be attacked, to	한국어	G. J. Ramstedt	1949	49
č hiuda		to have the corners rubbed off, to be rubbed	한국어	G. J. Ramstedt	1949	49
č hida		to groove, to dig out, to make hollow	한국어	G. J. Ramstedt	1949	49
tshi da		to filter through a sieve	한국어	G. J. Ramstedt	1949	49
č hiuda		to let strike, to cause to strike, to be attacked, to	한국어	G. J. Ramstedt	1949	49
č hī da		to pour upon, to irrigate, to water (plants)	한국어	G. J. Ramstedt	1949	50
č hida		to feed, to rear, to bring up	한국어	G. J. Ramstedt	1949	50

치마

č ima	치마		한국어	강길운	1981ㄱ	30
č ima	치마		한국어	강길운	1981ㄴ	7
č ima	치마		한국어	강길운	1982ㄴ	17

표제어/어휘	의미		언어	저자	발간년도	쪽수
tepa	속치마	속치마	일본어	강길운	1982ㄴ	17
č map	의복		일본어	강길운	1982ㄴ	17
tepa	의복	속치마	일본어	강길운	1982ㄴ	30
č ima	치마		한국어	강길운	1982ㄴ	30
č map	의복		일본어	강길운	1982ㄴ	30
mo	치마	skirt	일본어	金澤庄三郎	1910	11
chi-ma	치마	skirt	한국어	金澤庄三郎	1910	11
tsuma	옷깃	lapel	일본어	金澤庄三郎	1910	12
chhima	치마	skirt	한국어	金澤庄三郎	1910	12
mo	치마		일본어	김공칠	1989	10
chima	치마		한국어	김공칠	1989	10
chima	치마		한국어	김공칠	1989	9
tsuma	치마		일본어	김공칠	1989	9
tsuma	치마		일본어	宋敏	1969	92
chhima	치마		한국어	宋敏	1969	92
chi-ma	치마		한국어	宋敏	1969	92
mo	치마		일본어	宋敏	1969	92
ツマ	치마		일본어	이명섭	1962	7
chi-ma	치마	skirt	한국어	Kanazawa, S	1910	8
mo	치마	skirt	일본어	Kanazawa, S	1910	8
tsuma	옷깃(lapel)		일본어	Kanazawa, S	1910	9
chhima	치마	skirt	한국어	Kanazawa, S	1910	9

치아

표제어/어휘	의미		언어	저자	발간년도	쪽수
ni	이		한국어	강길운	1983ㄴ	110
nigamu	치아		일본어	김공칠	1988	192
ni	잇몸		일본어	김공칠	1988	192
ni	이		한국어	김공칠	1988	192
nike rta	이갈다		한국어	김공칠	1988	192
ha	이		일본어	김공칠	1989	10
ha	이	a tooth	일본어	김공칠	1989	13
pal	이	a tooth, a tust	한국어	김공칠	1989	13
kï	이		한국어	김공칠	1989	14
pakoni	치아	tooth	일본이	김공칠	1989	16
pal	치아	tooth	한국어	김공칠	1989	16
ni	이		한국어	김공칠	1989	20
ni	이	tooth	한국어	김동소	1972	141
i 이	tooth	한국어	김동소	1972	141	
Fa	이		일본어	김사엽	1974	407
ni	이		한국어	김사엽	1974	407
ha	이	tooth	일본어	김선기	1968ㄱ	24
ni	이	tooth	한국어	김선기	1968ㄱ	24
ハ	이		일본어	大野晋	1975	98
ni	이		한국어	大野晋	1975	98
Ha	치아	tooth	일본어	이용주	1980	80
nǐ	니	tooth	한국어	이용주	1980	80
nǐ	이	louse	한국어	이용주	1980	95
nimák, -i	이	tooth	일본어	이용주	1980	95
Ha	이	tooth	일본어	이용주	1980	95
nǐ	이	tooth	한국어	이용주	1980	95
fa	이	tooth	일본어	이용주	1980	99
ni	이	tooth	한국어	이용주	1980	99
*gʷ a	이	tooth	한국어	이용주	1980	99
ha	이	tooth	일본어	長田夏樹	1966	82
i	이	tooth	한국어	長田夏樹	1966	82
I < ni	이	tooth	한국어	G. J. Ramstedt	1928	74
pal		molar tooth	한국어	G. J. Ramstedt	1949	165

표제어/어휘		의미	언어	저자	발간년도	쪽수
nippal		the teeth	한국어	G. J. Ramstedt	1949	165
ni		the teeth	한국어	G. J. Ramstedt	1949	165
ni		the tooth, the teeth	한국어	G. J. Ramstedt	1949	165
ë-kïm(ni)	어금니	molars	한국어	Johannes Rahder	1959	30
치우다						
č hję ra		clean out	한국어	G. J. Ramstedt	1949	50
č hida	치다	to clear away	한국어	G. J. Ramstedt	1949	50
č hī uda		to clear away, to tan, to rub away (the hairs of a	한국어	G. J. Ramstedt	1949	50
č hī uda		to clean (a room)	한국어	G. J. Ramstedt	1949	50
č hī da		to clear away	한국어	G. J. Ramstedt	1949	50
č hī ida		to clear away, to tan, to rub away (the hairs of a	한국어	G. J. Ramstedt	1949	50
친구						
tomo	친구		일본어	김공칠	1989	5
toŋ mo	친구		한국어	김공칠	1989	5
친척						
aba	친척		일본어	강길운	1981ㄴ	4
ul	친척	relatives	한국어	김공칠	1989	16
irö	친척	relatives	일본어	김공칠	1989	16
a-tsö-mi	친척		일본어	김사엽	1974	482
a-zʌ m	친척		한국어	김사엽	1974	482
asʌ	아우		한국어	徐廷範	1985	251
ajʌ m	친척		한국어	徐廷範	1985	251
asʌ m	친척		한국어	徐廷範	1985	251
ajʌ mi	이모		한국어	徐廷範	1985	251
uri	우리		한국어	徐廷範	1985	251
oto-me	여자		일본어	徐廷範	1985	251
ə nni	언니		한국어	徐廷範	1985	251
as' i	아씨		한국어	徐廷範	1985	251
arʌ m	아름		한국어	徐廷範	1985	251
adʌ l	아들		한국어	徐廷範	1985	251
danE	아내		한국어	徐廷範	1985	251
oto-ko	남자		일본어	徐廷範	1985	251
ə rɯ n	성인		한국어	徐廷範	1985	251
oto-udo	아우		일본어	徐廷範	1985	251
친하다						
したしい	친하다		일본어	김사엽	1974	439
č ʌ -ol-ap	친하다		한국어	김사엽	1974	439
칠						
*yedi	칠		한국어	강길운	1979	9
ぬり	칠		일본어	김사엽	1974	409
tʰ il	칠		한국어	김사엽	1974	409
サソ,ササン	칠		일본어	김선기	1977ㅅ	332
タリク	칠		한국어	김선기	1977ㅅ	332
nana	칠	seven	일본어	大野晋	1975	57
칠	칠	seven	한국어	大野晋	1975	57
nana	칠		일본어	박시인	1970	95
nirgu	일곱		한국어	박시인	1970	95
*nadan	칠		한국어	박은용	1974	114
nana	칠		일본어	송민	1966	22

표제어/어휘		의미	언어	저자	발간년도	쪽수
nanwn	칠		한국어	송민	1966	22
難隱	칠		한국어	辛 容泰	1987	131
七	칠		한국어	辛 容泰	1987	131
七	칠		한국어	辛 容泰	1987	132
難隱	칠		한국어	辛 容泰	1987	132
nana	칠		한국어	辛 容泰	1987	139
難隱	칠		한국어	辛 容泰	1987	139
難隱	칠		한국어	辛 容泰	1987	140
nan-iə n	칠		한국어	辛 容泰	1987	140
nana	칠		일본어	유창균	1960	23
nana	칠	seven	일본어	이기문	1963	98
?	칠	seven	한국어	이기문	1963	98
^nana[那那]	칠	seven	일본어	Christopher I. Beckwith	2004	110
^nan[難]	칠	seven	한국어	Christopher I. Beckwith	2004	110
^nan [難]	칠	seven	한국어	Christopher I. Beckwith	2004	133
*nana~^nan	칠	seven	일본어	Christopher I. Beckwith	2004	133

칠일

nano(ka)	7일		일본어	김공칠	1989	5
nilhi	7일		한국어	김공칠	1989	5

칡

tu-du-ra	칡		일본어	김사엽	1974	420
čʰ ïlk	칡		한국어	김사엽	1974	420
č 'ilk-č yang-i	칡	striped tiger	한국어	白鳥庫吉	1916ㄱ	158
č 'ilk-so	칡소	striped cattle	한국어	白鳥庫吉	1916ㄱ	158
č ilk-pöm	칡범	striped tiger	한국어	白鳥庫吉	1916ㄱ	158
č 'ilk	칡	The Pueraria Thunbergiana-a creeper	한국어	白鳥庫吉	1916ㄱ	158
č ul-ki	줄기	source, line, range	한국어	白鳥庫吉	1916ㄱ	158
č ul	줄(行)	line-on paper	한국어	白鳥庫吉	1916ㄱ	158
č ul	줄(把)	numerative of strings of tobacco leaves etc.	한국어	白鳥庫吉	1916ㄱ	158
č ul-keut ta	줄 긋다	to line off a page	한국어	白鳥庫吉	1916ㄱ	158
č ul-keul	문장	prose in contrast to poetry	한국어	白鳥庫吉	1916ㄱ	158
č ul-č i ta	칡	to rule, to mark with lines	한국어	白鳥庫吉	1916ㄱ	158
č ul	줄(絃)	rope	한국어	白鳥庫吉	1916ㄱ	158

침

tsuba	침	saliva	일본어	金澤庄三郎	1910	12
chhum	침	saliva	한국어	金澤庄三郎	1910	12
chum	침	saliva	한국어	김동소	1972	140
chim	침	saliva	한국어	김동소	1972	140
tu-Fa-ki	침		일본어	김사엽	1974	420
čʰ um	침		한국어	김사엽	1974	420
츔	침		한국어	김선기	1977ㄴ	381
č ' um	침	Saliva	한국어	白鳥庫吉	1916ㄱ	168
č ' im	침	spittle, saliva	한국어	白鳥庫吉	1916ㄱ	168
chum	침		한국어	宋敏	1969	92
tubá	침	spittle	일본어	宋敏	1969	92
chhum	침		한국어	宋敏	1969	92
ch;um	침		한국어	宋敏	1969	92
tsubaki	침		일본어	宋敏	1969	92

표제어/어휘	의미		언어	저자	발간년도	쪽수
tsuba	침		일본어	宋敏	1969	92
tsuba-me	침	spittle	일본어	宋敏	1969	92
chum	침	saliva	한국어	이용주	1980	100
*č ů mä	침	saliva	한국어	이용주	1980	100
tufaki	침	saliva	일본어	이용주	1980	100
tuHaki	침	saliva	일본어	이용주	1980	80
tʃʻ ŭ m	츰	saliva	한국어	이용주	1980	80
chum	침		한국어	長田夏樹	1966	115
tufaki	침		한국어	長田夏樹	1966	115
都波歧	침		일본어	長田夏樹	1966	115
tufaki	침		일본어	長田夏樹	1966	81
chum	침		한국어	長田夏樹	1966	81
tsuba	침	spittle	일본어	Aston	1879	22
chhum	침	spittle	한국어	Aston	1879	22
č him		spittle, saliva	한국어	G. J. Ramstedt	1949	49
č him	치다'의 파생		한국어	G. J. Ramstedt	1949	49
chhum	침	saliva	한국어	Kanazawa, S	1910	9
tsuba	침	saliva	일본어	Kanazawa, S	1910	9
cxumba	침	spittle	한국어	Martin, S. E.	1966	200
cxumba	침	spittle	한국어	Martin, S. E.	1966	204
cxumba	침	spittle	한국어	Martin, S. E.	1966	207
cxumba	침	spittle	한국어	Martin, S. E.	1966	217
cxumba	침	spittle	한국어	Martin, S. E.	1966	223

칭찬

표제어/어휘	의미		언어	저자	발간년도	쪽수
kwahʌ -	칭찬		한국어	강길운	1982ㄴ	26
koerayap	감탄		일본어	강길운	1982ㄴ	26
koerayap	감탄하다		일본어	강길운	1982ㄴ	27
kwahʌ -	칭찬		한국어	강길운	1982ㄴ	27
kwahʌ -	칭찬		한국어	강길운	1982ㄴ	36
koerayap	감탄		일본어	강길운	1982ㄴ	36
ほめる	칭찬하다		일본어	김사엽	1974	393
ki-li	칭찬하다		한국어	김사엽	1974	393

표제어/어휘	의미		언어	저자	발간년도	쪽수
칼						
kar-h	칼		한국어	강길운	1983ㄱ	21
č'aŋ-k'ar	칼		한국어	강길운	1983ㄱ	29
kar	칼		한국어	강길운	1983ㄱ	30
kar	칼		한국어	강길운	1983ㄴ	117
k'ar	칼		한국어	강길운	1983ㄴ	119
kap'ʌr	칼집		한국어	강길운	1983ㄴ	120
soŋgos	송곳		한국어	강길운	1983ㄴ	121
soŋgos	송곳		한국어	강길운	1983ㄴ	128
č'yak-to	작두		한국어	강길운	1983ㄴ	128
č'aŋk'ar	창칼		한국어	강길운	1983ㄴ	129
čyak-	삼지창		한국어	강길운	1983ㄴ	129
k'ar	칼		한국어	강길운	1983ㄴ	131
kiru	자르다	cut	일본어	金澤庄三郎	1910	19
khar	칼	knife	한국어	金澤庄三郎	1910	19
kir-u	자르다	cut	일본어	金澤庄三郎	1910	9
kar	칼	knife	한국어	金澤庄三郎	1910	9
kari	칼		한국어	김공칠	1989	14
kari	칼		일본어	김공칠	1989	14
kal	칼, 도리깨		한국어	김공칠	1989	18
kasi	칼, 도리깨		일본어	김공칠	1989	18
kʰal	칼		한국어	김방한	1977	5
katana	칼	sword	일본어	김방한	1977	6
kal	칼		한국어	김방한	1977	6
kʰal	칼		한국어	김방한	1978	7
kal-h	칼		한국어	김방한	1978	7
kʰal	칼		한국어	김방한	1979	8
kal	칼		한국어	김사엽	1974	462
kal	칼		한국어	김사엽	1974	463
ka-si	칼		일본어	김사엽	1974	463
gar	칼		한국어	김선기	1968ㄴ	22
khar	칼	knife, sword	한국어	김선기	1968ㄴ	25
katana	칼		일본어	김승곤	1984	193
khal	칼		한국어	김승곤	1984	245
kar	칼		한국어	박은용	1974	234
k'al	칼	messer	한국어	白鳥庫吉	1914ㄷ	291
k'ar	칼		한국어	小倉進平	1934	26
kasi	칼		일본어	송민	1965	39
kal	칼		한국어	송민	1965	39
toi	칼		일본어	송민	1973	33
k'al	칼		일본어	송민	1973	34
k'al	칼		한국어	宋敏	1969	92
kiru	칼	to cut	일본어	宋敏	1969	92
kalh	칼	sword, knife	한국어	宋敏	1969	92
kalh	칼	sword	한국어	宋敏	1969	92
kantaná	칼	sword	일본어	宋敏	1969	92
káma	칼	sickle	일본어	宋敏	1969	92
kal	칼	a sword	한국어	宋敏	1969	92
khar	칼		한국어	宋敏	1969	92
kiru	칼		일본어	宋敏	1969	92
kasi	칼		일본어	宋敏	1969	92
kolki	칼		한국어	宋敏	1969	92
kar	칼	knife, sword	한국어	이기문	1958	111

표제어/어휘		의미	언어	저자	발간년도	쪽수
khar	칼	knife, sword	한국어	이기문	1958	111
kasi	형틀		일본어	이숭녕	1955	14
kal	형틀		한국어	이숭녕	1955	14
kiru	자르다	to cut	일본어	Aston	1879	25
katana	칼	a sword	일본어	Aston	1879	25
kal	칼	a sword	한국어	Aston	1879	25
kar		knife, sword	한국어	G. J. Ramstedt	1949	133
khar		knife, sword	한국어	G. J. Ramstedt	1949	133
khal		knife, sword	한국어	G. J. Ramstedt	1949	133
k'al	칼	knife	한국어	Hulbert, H. B.	1905	
k'al	칼	sword	한국어	Hulbert, H. B.	1905	123
kiru	자르다(cut)		일본어	Kanazawa, S	1910	15
khar	칼	knife	한국어	Kanazawa, S	1910	15
kir-u	자르다(cut)		일본어	Kanazawa, S	1910	7
kar	칼	knife	한국어	Kanazawa, S	1910	7

칼날

kʰal-nal	칼날	blade of sword	한국어	김방한	1977	6
kalh-nɔlh	칼날		한국어	김방한	1978	8
kata-na	칼날		일본어	김방한	1978	8
ka-ta-na	칼날		일본어	김사엽	1974	462
kal-nʌl	칼날		한국어	김사엽	1974	462

켜다

ひく	켜다		일본어	김사엽	1974	401
hhjə	켜다		한국어	김사엽	1974	401
hjə	켜다		한국어	김사엽	1974	401
つく	켜다		일본어	김사엽	1974	422
hjə	켜다		한국어	김사엽	1974	422
hjẹ da		to saw	한국어	G. J. Ramstedt	1949	134
šẹ da		to saw, to rub, to use a drill; to get fire, to light a	한국어	G. J. Ramstedt	1949	134
khjẹ da		to saw	한국어	G. J. Ramstedt	1949	134
š šẹ da		to saw, to rub, to use a drill; to get fire, to light a	한국어	G. J. Ramstedt	1949	134
kyǔ	켜다	burn	한국어	Hulbert, H. B.	1905	122

코

ko	코		한국어	강길운	1983ㄴ	115
ko	코		한국어	강길운	1983ㄴ	119
kho		nose	한국어	강영봉	1991	10
fana		nose	일본어	강영봉	1991	10
ka	향	perfume	일본어	金澤庄三郎	1910	18
kho	코	nose	한국어	金澤庄三郎	1910	18
ka-gu	냄새맡다	smell	일본어	金澤庄三郎	1910	18
kho	코	nose	한국어	金澤庄三郎	1910	9
ka	향	perfume	일본어	金澤庄三郎	1910	9
kagu	냄새맡다		일본어	김공칠	1988	192
korta	코골다		한국어	김공칠	1988	192
kaku	코골다		일본어	김공칠	1988	192
ka(u)	코		일본어	김공칠	1988	192
ko	코		한국어	김공칠	1988	192
kho	코		한국어	김공칠	1989	10
kagu	코		일본어	김공칠	1989	14
k'o	코		일본어	김공칠	1989	14
kho	코	nose	한국어	김동소	1972	139
kho	코	nose	한국어	김동소	1972	139

표제어/어휘	의미		언어	저자	발간년도	쪽수
ko	코	nose	한국어	김선기	1968ㄱ	22
hana	코	nose	일본어	김선기	1968ㄱ	22
코	코		한국어	김선기	1976ㅈ	346
koh	코		한국어	김선기	1976ㅈ	346
kho	코		한국어	김승곤	1984	245
fana	코		일본어	大野晋	1975	88
kox	코		한국어	大野晋	1975	88
ㄱ	코		한국어	大野晋	1975	88
kho	코		한국어	文和政	1981	177
ka	향기		일본어	文和政	1981	177
pana	코		일본어	송민	1974	16
ka	코		일본어	宋敏	1969	92
kho	코		한국어	宋敏	1969	92
k(h)oh	코	nose	한국어	宋敏	1969	92
kag-	코	smell it	일본어	宋敏	1969	92
hana	코		일본어	유창균	1960	15
Hana	코	nose	일본어	이용주	1980	80
kŏ (h)	고	nose	한국어	이용주	1980	80
*kʷ aŋ á	코	nose	한국어	이용주	1980	99
fana	코	nose	일본어	이용주	1980	99
kox	코	nose	한국어	이용주	1980	99
hana	코	nose	일본어	長田夏樹	1966	82
kho	코	nose	한국어	長田夏樹	1966	82
puri		nose	한국어	G. J. Ramstedt	1949	134
kho		the nose	한국어	G. J. Ramstedt	1949	134
khoppuri		the nose	한국어	G. J. Ramstedt	1949	134
k' o	코	nose	한국어	Hulbert, H. B.	1905	
ka	향	perfume	일본어	Kanazawa, S	1910	7
kho	코	nose	한국어	Kanazawa, S	1910	7
ka-gu	냄새맡다	smell	일본어	Kanazawa, S	1910	15
ka	향	perfume	일본어	Kanazawa, S	1910	15
kho	코	nose	한국어	Kanazawa, S	1910	15
fana	코		일본어	Martin, S. E.	1975	110
hana	코		일본어	Martin, S. E.	1975	110
pana	코		일본어	Martin, S. E.	1975	110

코끼리

naźi	코끼리	eggplant	한국어	김공칠	1989	16
nasub	코끼리	eggplant	일본어	김공칠	1989	16
khogiri		the elephant	한국어	G. J. Ramstedt	1949	134

콩

kʰ oŋ	콩		한국어	김사엽	1974	388
ma-më	콩		일본어	김사엽	1974	388
mama	콩		일본어	이용주	1980	105
khoñ	콩		한국어	이용주	1980	105
^siaw[肖]	콩	abundant,flourishing	한국어	Christopher I. Beckwith	2004	112
^pi y [非]	콩	soybean	한국어	Christopher I. Beckwith	2004	135

크다

ha	크다		한국어	강길운	1977	14
k' ɯ -	크다		한국어	강길운	1981ㄴ	8
mar	크다		한국어	강길운	1982ㄱ	180
iko	심하다		일본어	강길운	1982ㄴ	18
kʰ ɯ -	크다		한국어	강길운	1982ㄴ	18

표제어/어휘		의미	언어	저자	발간년도	쪽수
k'ɯ-	크다		한국어	강길운	1982ㄴ	24
iko	심하다		일본어	강길운	1982ㄴ	24
ofo-		big	일본어	강영봉	1991	8
khɯ-		big	한국어	강영봉	1991	8
크	크다		한국어	권덕규	1923ㄴ	129
kheu	크다	big	한국어	金澤庄三郎	1910	9
ika	크다	big	일본어	金澤庄三郎	1910	9
khǔ	크다		한국어	金澤庄三郎	1914	220
khǔ	크다		한국어	金澤庄三郎	1914	221
han-pi	크다		한국어	金澤庄三郎	1977	113
han-pat	크다		한국어	金澤庄三郎	1977	113
han-api	크다		한국어	金澤庄三郎	1977	113
k'u	크다		한국어	金澤庄三郎	1977	115
ika	크다		일본어	김공칠	1989	10
kheu	크다		한국어	김공칠	1989	10
khi-	큰	big	한국어	김동소	1972	136
khi-	큰	big	한국어	김동소	1972	136
ha	크게		한국어	김사엽	1974	401
ひ,おほ	크게		일본어	김사엽	1974	401
ö-Fo-ki	크다		일본어	김사엽	1974	467
ha	크다		한국어	김사엽	1974	467
ohoku	크다	big	일본어	김선기	1968ㄱ	34
khɯ	크다	big	한국어	김선기	1968ㄱ	34
ga	크다	big	한국어	김선기	1968ㄱ	34
고	고구려		한국어	김선기	1976ㄴ	324
oho	크다		일본어	김선기	1976ㄴ	324
크다	크다	big/large	한국어	김선기	1978ㄷ	340
ikatuti	크다	big/large	일본어	김선기	1978ㄷ	340
ika	크다		일본어	宋敏	1969	92
kheu-	크다		한국어	宋敏	1969	92
ofosi	크다	big	일본어	이용주	1980	101
khy	크다	big	한국어	이용주	1980	101
*öHö-	크다	big	일본어	이용주	1980	83
k'ɯ-	크다	big	한국어	이용주	1980	83
신	크다		한국어	이탁	1946ㄷ	14
kin	크다	tall, long	한국어	Edkins, J	1896ㄱ	232
khi da		to be big, to be great, to be large	한국어	G. J. Ramstedt	1949	134
khi̯e da		to stretch oneself	한국어	G. J. Ramstedt	1949	134
khi daratha		to be tall	한국어	G. J. Ramstedt	1949	134
ke̯ ha-		to be great	한국어	G. J. Ramstedt	1949	134
ke̯ -wi-		to be great	한국어	G. J. Ramstedt	1949	134
ke̯		large, great	한국어	G. J. Ramstedt	1949	134
khi̯ i		height, stature	한국어	G. J. Ramstedt	1949	134
khi		height, stature	한국어	G. J. Ramstedt	1949	134
khi̯ idari		a tallfellow	한국어	G. J. Ramstedt	1949	134
tari		mate, fellow	한국어	G. J. Ramstedt	1949	134
ika	크다	big	일본어	Kanazawa, S	1910	7
kheu	크다	big	한국어	Kanazawa, S	1910	7

큰 산

take	큰 산		일본어	김공칠	1989	19
^γ apma	큰 산	great mountains	한국어	Christopher I. Beckwith	2004	121

큰나무

č ĭm-kə j	큰나무		한국어	김사엽	1974	457

표제어/어휘	의미	언어	저자	발간년도	쪽수
kï	큰나무	일본어	김사엽	1974	457
큰다					
si-	크게	한국어	강길운	1982ㄴ	28
ši-	큰	일본어	강길운	1982ㄴ	28
큰어미					
konami	큰어미	일본어	宋敏	1969	92
kheunömi	큰어미	한국어	宋敏	1969	92
키					
pə d-	키	한국어	강길운	1982ㄴ	19
uparu	연소	일본어	강길운	1982ㄴ	19
k'l	키	한국어	강길운	1983ㄴ	117
kʰ i	키	한국어	김사엽	1974	387
み	키	일본어	김사엽	1974	387
kʰ i	키	한국어	김사엽	1974	398
ひる	키	일본어	김사엽	1974	398
ka-di	키	일본어	김사엽	1974	463
čʰ i	키	한국어	김사엽	1974	463
mis	키	한국어	박은용	1974	261
č ' i mŏ k	키	한국어	이숭녕	1956	188

E

타다

표제어/어휘		의미	언어	저자	발간년도	쪽수
sʌrʌ-	사르다		한국어	강길운	1983ㄴ	111
t'ʌ-	타다		한국어	강길운	1983ㄴ	116
t'ʌ-	타다		한국어	강길운	1983ㄴ	122
sʌrʌ-	사르다		한국어	강길운	1983ㄴ	128
moyu		to burn	일본어	강영봉	1991	8
tha-/kʰa-		to burn	한국어	강영봉	1991	8
taru	타다		일본어	김공칠	1989	8
teuri	타다		한국어	김공칠	1989	8
yakeru<*yak	타다, 태우다	to be burning, to be burnt	일본어	김공칠	1989	13
talda, tā da	타다, 태우다	to be bot, to be burnt	한국어	김공칠	1989	13
nur-	태우다	burn	한국어	김공칠	1989	16
yaku	타다	to be burnt	일본어	김공칠	1989	17
tal	타다	to be hot, be burnt	한국어	김공칠	1989	17
taku	타다	to burn	일본어	김공칠	1989	17
nur	태우다	to burn, to char	한국어	김공칠	1989	18
tha-	불타다	burn(intransitive)	한국어	김동소	1972	137
the -	불타다	burn(intransitive)	한국어	김동소	1972	137
다	타다		한국어	김동소	1972	143
taku	태우다	burn	일본어	김선기	1968ㄱ	41
tɛ	태우다	burn	한국어	김선기	1968ㄱ	41
まぜろ	타다		일본어	김사엽	1974	390
ptʰʌ	타다		한국어	김사엽	1974	390
we-gu-ru	타다		일본어	김사엽	1974	471
ptʰʌ	타다		한국어	김사엽	1974	471
iru	타다		일본어	大野晋	1980	17
t'e-	타다		한국어	박은용	1975	173
t'a-	타다		한국어	박은용	1975	177
töp ta	덥다	to be warm, to be hot, to be feverish	한국어	白鳥庫吉	1916ㄱ	174
töi-hi ta	덥히다	to burn oneself, to be scalded	한국어	白鳥庫吉	1916ㄱ	174
töi-u ta	데우다	to heat, to make warm	한국어	白鳥庫吉	1916ㄱ	174
t'ă ta	타다	To be burned, to be scorched, to be browned	한국어	白鳥庫吉	1916ㄱ	174
tak-	타다	burn	일본어	宋敏	1969	92
yak-	타다	burn it	일본어	宋敏	1969	92
thɔ -	타다		한국어	宋敏	1969	92
tha	타다		한국어	宋敏	1969	92
taku	타다		일본어	宋敏	1969	92
thɔ	타다	burn	한국어	宋敏	1969	92
moyu	타다	to burn	일본어	이용주	1980	83
t'e-	타다	to burn	한국어	이용주	1980	83
moyu	태우다	burn	일본어	이용주	1980	99
*mödü	태우다	burn	한국어	이용주	1980	99
pyth	태우다	burn	한국어	이용주	1980	99
トン	땔나무 薪		일본어	이원진	1940	18
チテムン	땔나무 薪		일본어	이원진	1940	18
タモン	땔나무 薪		일본어	이원진	1940	18
タモ	땔나무 薪		일본어	이원진	1940	18
タムヌ	땔나무 薪		일본어	이원진	1940	18
カキキ	땔나무 薪		일본어	이원진	1940	18
타	덥다, 타다		한국어	이원진	1940	18

표제어/어휘		의미		언어	저자	발간년도	쪽수
덥		덥다, 타다		한국어	이원진	1940	18
	タムン	땔나무 薪		일본어	이원진	1940	18
	て-	火		일본어	이원진	1940	18
	dáx-	타다	burn	한국어	Martin, S. E.	1966	204
	táx-	타다	burn	한국어	Martin, S. E.	1966	204
	táx-	타다	burn	한국어	Martin, S. E.	1966	205
	dáx-	타다	burn	한국어	Martin, S. E.	1966	207
	dáx-	타다	burn	한국어	Martin, S. E.	1966	220
	táx-	타다	burn	한국어	Martin, S. E.	1966	220
	táx-	타다	burn	한국어	Martin, S. E.	1966	224
	dáx-	타다	burn	한국어	Martin, S. E.	1966	224
	tha-	타다		한국어	Miller, R. A. 김방한 역	1980	157
	thă	타다		한국어	Miller, R. A. 김방한 역	1980	158
	tak-	무언가를 태우다,		일본어	Miller, R. A. 김방한 역	1980	158
타다(乘)							
	t'ʌ-	타다		한국어	강길운	1983ㄱ	36
	kama	가마		한국어	강길운	1983ㄴ	119
	kama	가마		한국어	강길운	1983ㄴ	127
	tar-u	타다	ride	일본어	金澤庄三郞	1910	12
	tar	타다	ride	한국어	金澤庄三郞	1910	12
	tar-u	타다	ride	일본어	Kanazawa, S	1910	9
	tar	타다	ride	한국어	Kanazawa, S	1910	9
탄							
	than	탄	valley, dale	한국어	宋敏	1969	92
	tani	탄	valley, dale	일본어	宋敏	1969	92
탄원							
	messô or	탄원, 변명 표현	deprecatory expression	일본어	Aston	1879	20
	muǔ s hayú	무엇을 하여	having done what	한국어	Aston	1879	20
탈							
	taš um	탈/병		일본어	강길운	1982ㄴ	29
	t'ar	탈/병		한국어	강길운	1982ㄴ	29
	taš um	탈/병		일본어	강길운	1982ㄴ	35
	t'ar	탈/병		한국어	강길운	1982ㄴ	35
	tʰal	탈		한국어	김사엽	1974	421
	tu-tu-ka	탈		일본어	김사엽	1974	421
탐							
	tap	耽		일본어	강길운	1982ㄴ	29
	t'am	耽		한국어	강길운	1982ㄴ	29
	t'am	耽		한국어	강길운	1982ㄴ	34
	tap	耽		일본어	강길운	1982ㄴ	34
태양							
	gai	개다		한국어	김선기	1968ㄱ	25
	hi	태양, 해	sun	일본어	김선기	1968ㄱ	25
	hai	태양, 해	sun	한국어	김선기	1968ㄱ	25
	hɛ	태양, 해	sun	한국어	김선기	1968ㄱ	25
	nal	태양, 해	sun	한국어	김선기	1968ㄱ	25
	hä	밝은 것		한국어	김승곤	1984	193
	*nat	태양		한국어	徐廷範	1985	241

표제어/어휘		의미	언어	저자	발간년도	쪽수
natsu		태양	일본어	徐廷範	1985	241
태어나다						
idu		태어나다	일본어	김공칠	1989	14
nal		태어나다	일본어	김공칠	1989	14
naru		태어나다	일본어	김공칠	1989	5
nal		태어나다	한국어	김공칠	1989	5
sodzoro		태어나다	일본어	김공칠	1989	9
aru		존재하는 상태가 되는 것	일본어	송민	1973	36
터						
etok		본원	일본어	강길운	1982ㄴ	23
t'ə/t'ʌr		터, 근원	한국어	강길운	1982ㄴ	23
ita		터	일본어	김공칠	1989	14
t'ə		터	한국어	박은용	1975	174
to		터	time, place	일본어	宋敏	1969	92
toko		터	place	일본어	宋敏	1969	92
thë		터	site, place	한국어	宋敏	1969	92
theˌ		터	site, foundation	한국어	이기문	1958	118
턱						
t'əg		턱	한국어	강길운	1983ㄴ	123
t'ək		턱	일본어	김공칠	1989	14
ötög-ahi		턱	한국어	김공칠	1989	14
o-to-ga-Fi		턱	일본어	김사엽	1974	482
thʌk		턱	한국어	김사엽	1974	482
kabi		턱	일본어	大野晋	1980	22
t'ök		턱	The chin, a projection	한국어	白鳥庫吉	1916ㄱ	176
t'ök-ö-ri		턱주가리	The chin, a projection	한국어	白鳥庫吉	1916ㄱ	176
t'ä k		턱	한국어	白鳥庫吉	1916ㄱ	176
t'ök		턱	한국어	宋敏	1969	92
thɔk		턱	hillock	한국어	宋敏	1969	92
také		턱	peak	일본어	宋敏	1969	92
*ötög-api		턱	일본어	宋敏	1969	92
theˌk		턱	the chin, a projection	한국어	G. J. Ramstedt	1949	281
털						
k'ar		털	한국어	강길운	1983ㄴ	106
möri-k'a-lak		털	한국어	김공칠	1989	14
ke		털	일본어	김공칠	1989	14
t'ərək, təl		털	일본어	김공칠	1989	15
おぼとれ		털	일본어	김사엽	1974	467
thəl		털	한국어	김사엽	1974	467
거웃		몸의 특수 부위에 돋아난 털	한국어	김용태	1990	17
kë		털	일본어	김용태	1990	17
kë		털	일본어	大野晋	1980	22
t'öl		털	한국어	이숭녕	1956	133
ther		털	hair	한국어	이용주	1980	101
kĕ, tati-kami		털	hair	일본어	이용주	1980	101
'otóp, -i		털	hair	일본어	이용주	1980	95
t'ər		털	hair	한국어	이용주	1980	95
ké		털	hair	일본어	이용주	1980	95
테						
たが		테	일본어	김사엽	1974	429

표제어/어휘	의미		언어	저자	발간년도	쪽수
tʰəj	테		한국어	김사엽	1974	429
thëy	테		한국어	宋敏	1969	92
tagá	테	goop	일본어	宋敏	1969	92
t'ɛ	테		한국어	이숭녕	1956	126

토끼

표제어/어휘	의미		언어	저자	발간년도	쪽수
t'oski	토끼		한국어	강길운	1983ㄱ	26
osk	토끼		한국어	강길운	1983ㄱ	26
osukeh(id)	토끼		일본어	강길운	1983ㄱ	26
usïxam	토끼		한국어	강길운	1983ㄱ	26
usïxam	토끼		한국어	강길운	1983ㄱ	27
osïxam	토끼		한국어	강길운	1983ㄱ	30
usagi<*wusa	토끼		일본어	김공칠	1989	19
wusagam	토끼		한국어	김공칠	1989	19
thok	토끼		한국어	김공칠	1989	8
usagi	토끼		일본어	김공칠	1989	8
u-tsa-ki	토끼		일본어	김사엽	1974	474
tʰok-ki	토끼		한국어	김사엽	1974	474
토깨, 토까니,	토끼		한국어	김원표	1962	40
토끼	토끼		한국어	김원표	1962	41
톳기	토끼		한국어	김원표	1962	41
우사(ウサ)	토끼		일본어	김원표	1962	49
옷달	토끼		한국어	김원표	1962	50
우사,	토끼		한국어	김원표	1962	50
우사기(ウサ	토끼		일본어	김원표	1962	50
우사강(ウサ	토끼		일본어	김원표	1962	50
우사가이(ウ	토끼		일본어	김원표	1962	50
우사감,	토끼		한국어	김원표	1962	50
usagi	토끼		일본어	文和政	1981	177
tókki	토끼		한국어	文和政	1981	177
osakam	토끼		한국어	송민	1965	43
usagi	토끼		일본어	송민	1965	43
usagi	토끼		일본어	송민	1966	22
osakam	토끼		한국어	송민	1966	22
usagi	토끼		일본어	宋敏	1969	92
thok	토끼		한국어	宋敏	1969	92
t'okäŋi	토끼		한국어	宋敏	1969	92
t'o-kki	토끼		한국어	宋敏	1969	92
兎	토끼		한국어	辛容泰	1987	132
烏斯	토끼		한국어	辛容泰	1987	132
totɣam	토끼		한국어	유창균	1960	22
osagam	토끼	hare	한국어	이기문	1963	102
usagi	토끼	hare	일본어	이기문	1963	102
tokki	토끼		한국어	이숭녕	1956	154
*usaki~^utsa	토끼	hare, rabbit	일본어	Christopher I. Beckwith	2004	141
^ʊsiɣam[烏	토끼	hare, rabbit	한국어	Christopher I. Beckwith	2004	141
thokki	토끼	a hare	한국어	G. J. Ramstedt	1949	283

토시

표제어/어휘	의미		언어	저자	발간년도	쪽수
t'osi	토시		한국어	강길운	1982ㄴ	19
tusa	토시		일본어	강길운	1982ㄴ	19
t'osi	토시		한국어	강길운	1982ㄴ	29
tusa	토시		일본어	강길운	1982ㄴ	29
t'osi	토시		한국어	강길운	1983ㄴ	113

표제어/어휘		의미	언어	저자	발간년도	쪽수
토지						
nai	토지		한국어	김공칠	1989	19
no	토지		한국어	김공칠	1989	19
na	토지		일본어	김공칠	1989	19
nã	토지		한국어	김방한	1980	17
토하다						
piat' c-/pat' -	토하다. 침뱉다.		한국어	강길운	1981ㄴ	8
paku	토하다		일본어	김공칠	1989	7
piök	토하다		한국어	김공칠	1989	7
톨						
tu-Fï	톨		일본어	김사엽	1974	420
tʰol	톨		한국어	김사엽	1974	420
톱						
tsume	톱	nail	일본어	金澤庄三郎	1910	12
thop	톱	nail	한국어	金澤庄三郎	1910	12
tʰop	톱		한국어	김사엽	1974	409
nö-Fö-ki-ri	톱		일본어	김사엽	1974	409
tu-më	톱		일본어	김사엽	1974	419
tʰop	톱		한국어	김사엽	1974	419
tume	톱		일본어	김선기	1977ㄴ	376
톱	톱		한국어	김선기	1977ㄴ	376
thob	톱		한국어	김선기	1977ㄴ	376
t'op	톱		한국어	宋敏	1969	92
tsume	톱	a finger or toe-nail, a hoof	일본어	宋敏	1969	92
thup	톱		한국어	宋敏	1969	92
thop	톱		한국어	宋敏	1969	92
tuma	톱		일본어	宋敏	1969	92
tsume	톱		일본어	宋敏	1969	92
tume	톱	claw	일본어	宋敏	1969	92
nökö-kiri	톱		일본어	이용주	1980	105
thop	톱		한국어	이용주	1980	105
tsume	톱	a finger or toe-nail, a hoof	일본어	Aston	1879	22
thop	톱	a finger or toe-nail, a hoof	한국어	Aston	1879	22
tsume	톱	nail	일본어	Kanazawa, S	1910	9
thop	톱	nail	한국어	Kanazawa, S	1910	9
통						
Fi	통		일본어	이용주	1980	105
xom	통		한국어	이용주	1980	105
통틀어						
ひとへに	통틀어		일본어	김사엽	1974	400
taj-to-hʌn-ti	통틀어		한국어	김사엽	1974	400
튀다						
tö-bu	튀다		일본어	김사엽	1974	416
ptuj	튀다		한국어	김사엽	1974	416
t'ui-	튀다		한국어	박은용	1975	176
트이다						
tɯmɯr-	트이다		한국어	강길운	1983ㄱ	48
sakaru	트이다		일본어	김공칠	1989	7
soki, söko	트이다		한국어	김공칠	1989	7

표제어/어휘		의미	언어	저자	발간년도	쪽수
틀다						
ひねる	틀다		일본어	김사엽	1974	399
puj-tʰïl	틀다		한국어	김사엽	1974	399
tʰïl	틀다		한국어	김사엽	1974	409
ねぢる	틀다		일본어	김사엽	1974	409
tsuru	틀다		일본어	宋敏	1969	92
t'ǝl-	틀다		한국어	宋敏	1969	92
thir-	틀다	frame on which a machine rests	한국어	이기문	1958	118
틀리다						
t'ɯlli-	틀리다		한국어	강길운	1983ㄴ	109
t'ɯli-	틀리다		한국어	강길운	1983ㄴ	122
ちがふ	틀리다		일본어	김사엽	1974	424
tʰïl-i	틀리다		한국어	김사엽	1974	424
틈						
すきま	틈		일본어	김사엽	1974	435
skim	틈		한국어	김사엽	1974	435
skïm	틈		한국어	김사엽	1974	435
tʰïm	틈		한국어	김사엽	1974	476
i-to-ma	틈		일본어	김사엽	1974	476
티끌						
tiri	티끌, 먼지		한국어	김공칠	1989	15
tïi-kïl	티끌, 먼지		일본어	김공칠	1989	15
thi i? ki l	먼지	dust	한국어	김동소	1972	137
thikki l	먼지	dust	한국어	김동소	1972	137
ti-ri	티끌		일본어	김사엽	1974	423
tït-kïl	티끌		한국어	김사엽	1974	423
tuti	티끌		일본어	김선기	1968ㄱ	46
tutur	티끌		한국어	김선기	1968ㄱ	46
ㅅ디글	티끌		한국어	김선기	1976ㅂ	334
hokori	티끌		일본어	김선기	1976ㅂ	334
ㅅ디글	티끌		한국어	김선기	1976ㅂ	334
tiri	티끌		일본어	宋敏	1969	92
tït-kïl	티끌		한국어	宋敏	1969	92
moŋ-daŋ	티끌		한국어	이숭녕	1956	177
tɯt'ɯr	드틀	dust	한국어	이용주	1980	82
tiri	티끌	dust	일본어	이용주	1980	82

표제어/어휘	의미	언어	저자	발간년도	쪽수
ㅍ					

파다
hor-	파다		일본어	강길운	1980	6
p'ʌ-	파다		한국어	강길운	1980	6
pha-		to dig	한국어	강영봉	1991	8
for-		to dig	일본어	강영봉	1991	8
saku	파다	to be pareed	일본어	김공칠	1989	18
pʰe-	파다	dig	한국어	김동소	1972	137
pha-	파다	dig	한국어	김동소	1972	137
pʰʌ	파다		한국어	김사엽	1974	392
ほろ	파다		일본어	김사엽	1974	392
pa-cyu	파다		한국어	白鳥庫吉	1914ㄱ	168
p'ata	파다	to dig, to excavate	한국어	白鳥庫吉	1914ㄱ	168
piku	파다		일본어	宋敏	1969	93
poru	파다		일본어	宋敏	1969	93
p'ɒl	파다		한국어	宋敏	1969	93
phai	파다		한국어	宋敏	1969	93
phɔ	파다		한국어	宋敏	1969	93
por-	파다	dig	일본어	宋敏	1969	93
pʰe	파다	dig	한국어	이용주	1980	100
*po	파다	dig	한국어	이용주	1980	100
foru	파다	dig	일본어	이용주	1980	100
p'ɐ-	파ㅏ다	to dig	한국어	이용주	1980	83
*Höru	파다	to dig	일본어	이용주	1980	83
'ohóri	파다	to dig	일본어	이용주	1980	95
*Höru	파다	to dig	일본어	이용주	1980	95
p'ɐ-	파다	to dig	한국어	이용주	1980	95

파도
nami	파도		일본어	김공칠	1989	19
內米	파도		한국어	辛 容泰	1987	132
池	파도		한국어	辛 容泰	1987	132

파랗다
áwo	파랗다		일본어	宋敏	1969	93
pʰɔlɔ	파랗다	green	한국어	宋敏	1969	93
paraŋ	파랗다		한국어	이숭녕	1956	115
awo, midöri	파란	green	일본어	이용주	1980	101
pʰer	파란	green	한국어	이용주	1980	101

파리
moš	파리		일본어	강길운	1982ㄴ	23
p'ʌri	파리		한국어	강길운	1982ㄴ	23
p'ʌri	파리		한국어	강길운	1982ㄴ	34
moš	파리		일본어	강길운	1982ㄴ	34
p'ʌri	파리		한국어	강길운	1982ㄴ	35
moš	파리		일본어	강길운	1982ㄴ	35
phari	파리		한국어	김공칠	1989	4
fafe	파리		일본어	김공칠	1989	4
Fa-Fë	파리		일본어	김사엽	1974	403
pʰʌ-li	파리		한국어	김사엽	1974	403
p'a-ri	파리		한국어	小倉進平	1934	22
p'ɒri	파리		한국어	宋敏	1969	93
p'ari	파리		한국어	宋敏	1969	93

표제어/어휘	의미		언어	저자	발간년도	쪽수
ha'i	파리	mouche	일본어	宋敏	1969	93
pape	파리		일본어	宋敏	1969	93
pahe	파리		일본어	宋敏	1969	93
phari	파리		한국어	宋敏	1969	93
pati	파리	bee	일본어	이기문	1973	7
pël	파리	bee	한국어	이기문	1973	7
pape	파리		일본어	이용주	1980	72
pʰeri	파리		한국어	이용주	1980	72

파묻다

はふる	파묻다		일본어	김사엽	1974	403
pʰʌ-mut	파묻다		한국어	김사엽	1974	403

판

pʰan	판		한국어	김사엽	1974	407
ば	판		일본어	김사엽	1974	407

팔

*säke	팔		한국어	강길운	1979	9
Parta	팔		한국어	김공칠	1988	192
firoku	펴다		일본어	김공칠	1988	192
par	받침		한국어	김공칠	1988	192
firogu	늘이다		일본어	김공칠	1988	192
fidi~firo	길이		일본어	김공칠	1988	192
poru	팔		일본어	김공칠	1989	7
phăl	팔		한국어	김공칠	1989	7
pata	팔		한국어	김공칠	1989	8
faru	팔		일본어	김공칠	1989	8
pheI	팔	arm	한국어	김동소	1972	136
phal	팔	arm	한국어	김동소	1972	136
Fi-ti	팔		일본어	김사엽	1974	400
pʌl	팔		한국어	김사엽	1974	400
bark	팔		한국어	김선기	1976ㅈ	353
kata	어깨		일본어	김선기	1976ㅈ	353
チリクニ	팔		일본어	김선기	1977ㅅ	332
チリクニ	팔		한국어	김선기	1977ㅅ	332
ude	팔		일본어	김승곤	1984	192
fidi	팔		일본어	文和政	1981	177
*p'ïl>p'el/p'al	팔		한국어	文和政	1981	177
ya	팔		일본어	박시인	1970	95
yadar	여덟		한국어	박시인	1970	95
p'ar	팔		한국어	小倉進平	1934	23
pidi	팔	elbow	일본어	宋敏	1969	93
aduki	팔	redbean	일본어	宋敏	1969	93
pidi	팔		일본어	宋敏	1969	93
ha	팔	feuille	일본어	宋敏	1969	93
hiji	팔	elbow	일본어	宋敏	1969	93
phal	팔	arm	한국어	宋敏	1969	93
p(h)ɔl	팔	arm	한국어	宋敏	1969	93
phɔs	팔		한국어	宋敏	1969	93
p'ɒl	팔		한국어	宋敏	1969	93
p'al	팔	feuille	한국어	宋敏	1969	93
hiji	팔	elbows	일본어	이기문	1973	5
pe rx	팔	arm	한국어	이용주	1980	101
ude, fidi	팔	arm	일본어	이용주	1980	101
pe r(h)	바ㅏㄹ	arm	한국어	이용주	1980	80
kaHina	팔	arm	일본어	이용주	1980	80

표제어/어휘		의미	언어	저자	발간년도	쪽수
pe rx	팔		한국어	長田夏樹	1966	118
fidi	팔		일본어	長田夏樹	1966	118
比知	팔		일본어	長田夏樹	1966	118
phal	팔	arm	한국어	Aston	1879	26
hiji	팔꿈치	elbow	일본어	Aston	1879	26

팔다

par-	팔다		한국어	박은용	1974	244
pha-l	팔다	to sell	한국어	宋敏	1969	93
haraf-u	팔다	to sell off, to clear away	일본어	宋敏	1969	93
ur-	팔다	sell	일본어	宋敏	1969	93
phɔ ol	팔다		한국어	宋敏	1969	93
phal	팔다	to sell	한국어	Aston	1879	21
harafu	싸게 팔아치우다, 제거하다	to clear away, to sell off	일본어	Aston	1879	21
bxɔ r-	팔다	sell	한국어	Martin, S. E.	1966	201
vxɔ r-	팔다	sell	한국어	Martin, S. E.	1966	202
bxɔ r-	팔다	sell	한국어	Martin, S. E.	1966	204
bxɔ r-	팔다	sell	한국어	Martin, S. E.	1966	209
bxɔ r-	팔다	sell	한국어	Martin, S. E.	1966	219

팔십

やそ	팔십		일본어	김사엽	1974	381
jə -tʌ n	팔십		한국어	김사엽	1974	381

팥

aduki	팥	redbean	일본어	김공칠	1988	83
phath	팥	redbean	한국어	김공칠	1988	83
a-du-ki	팥		일본어	김사엽	1974	481
pʰ ʌ s-k	팥		한국어	김사엽	1974	481
p' ɛ t	팥		한국어	이숭녕	1956	152
p' ekki	팥		한국어	이숭녕	1956	152
aduki	팥		일본어	이용주	1980	105
phæ ch	팥		한국어	이용주	1980	105
vxɔ dxu	팥	redbean	한국어	Martin, S. E.	1966	202
vxɔ dxu	팥	redbean	한국어	Martin, S. E.	1966	204
vxɔ dxu	팥	redbean	한국어	Martin, S. E.	1966	206
vxɔ dxu	팥	redbean	한국어	Martin, S. E.	1966	217
vxɔ dxu	팥	redbean	한국어	Martin, S. E.	1966	219

팽이

kuwa	팽이		일본어	김승곤	1984	200
ping ping	빙빙	round and round	한국어	白鳥庫吉	1914ㄱ	160
ppă ing-	팽이	humming= as a top	한국어	白鳥庫吉	1914ㄱ	164
ppă ing-l	팽이	Top	한국어	白鳥庫吉	1914ㄱ	164
pping-pping	팽이	to roll about hopelessely	한국어	白鳥庫吉	1914ㄱ	164

퍼지다

p' ə ji-	퍼지다		한국어	강길운	1982ㄴ	22
patu	퍼트리다		일본어	강길운	1982ㄴ	22
patu	퍼트리다		일본어	강길운	1982ㄴ	31
p' ə ji-	퍼지다		한국어	강길운	1982ㄴ	31
p'ə ji-	퍼지다, 커지다		한국어	강길운	1983ㄴ	124
pə nji-	퍼지다, 커지다		한국어	강길운	1983ㄴ	124
p'ə ji-	퍼지다, 번지다		한국어	강길운	1983ㄴ	125
p'ə ji-	퍼지다		한국어	강길운	1983ㄴ	137
pə nji-	번지다		한국어	강길운	1983ㄴ	137

표제어/어휘		의미	언어	저자	발간년도	쪽수
p'ö-ti ta	퍼지다		한국어	白鳥庫吉	1914ㄱ	177
pö-č i ta	퍼지다	to spread; to overflow	한국어	白鳥庫吉	1914ㄱ	177
p'ö-č i ta	퍼지다	To Spread; to run over	한국어	白鳥庫吉	1914ㄱ	177
퍽						
p'ök	퍽	Very, very much; many	한국어	白鳥庫吉	1914ㄱ	174
p'ök hă ta	퍽	to be many, to be much	한국어	白鳥庫吉	1914ㄱ	174
p'ök-eu-na	퍽	very, very much	한국어	白鳥庫吉	1914ㄱ	174
pök	퍽		한국어	宋敏	1969	93
pagu	퍽		일본어	宋敏	1969	93
phę k	퍽	sehr, stark	한국어	G. J. Ramstedt	1939ㄱ	484
편리하다						
me l<*me ri	편리함		한국어	김공칠	1989	19
(yu)mari	편리함		일본어	김공칠	1989	19
평야						
moi	평지		일본어	강길운	1981ㄱ	30
mE	미, 평지		한국어	강길운	1981ㄱ	30
mE	평야		한국어	강길운	1981ㄴ	6
moi	평지		일본어	강길운	1981ㄴ	6
*nu-h	평지		한국어	김공칠	1980	110
no	평지		일본어	김공칠	1980	110
nui(nɐ i)	평지		한국어	김공칠	1980	110
no	평야	plain	일본어	김공칠	1989	16
tïl	평야	prairier	한국어	김공칠	1989	16
pira	평야		일본어	김승곤	1984	251
hira	평야	Ebene	일본어	G. J. Ramstedt	1939ㄱ	485
pę l	평야	Ebene	한국어	G. J. Ramstedt	1939ㄱ	485
평평하다						
*piar[別]	평평하다	level, flat	한국어	Christopher I. Beckwith	2004	109
*pira[比良]	평평하다	level, flat	일본어	Christopher I. Beckwith	2004	109
^piliaŋ [比良]	평평하다	level, flat	일본어	Christopher I. Beckwith	2004	111
*pira	평평하다	level, flat	일본어	Christopher I. Beckwith	2004	111
*piar[別]	평평하다	level, flat	한국어	Christopher I. Beckwith	2004	111
포						
pö	포		한국어	강길운	1981ㄱ	32
po	포		일본어	宋敏	1969	93
po-ku	포	much, many, in great amounts	일본어	宋敏	1969	93
pho	포		한국어	宋敏	1969	93
opo	포		일본어	宋敏	1969	93
pho	포	many, several	한국어	宋敏	1969	93
포구						
ura	포구		일본어	長田夏樹	1966	107
kai	포구		한국어	長田夏樹	1966	107
포대기						
po-lo-ki	포대기		한국어	김사엽	1974	384

표제어/어휘		의미	언어	저자	발간년도	쪽수
mu-tu-ki	포대기		일본어	김사엽	1974	384
Fu-tsu-ma	포대기		일본어	김사엽	1974	396
pʰo-taj-ki	포대기		한국어	김사엽	1974	396
폭						
はば	폭		일본어	김사엽	1974	403
nə-pïj	폭		한국어	김사엽	1974	403
폭삭						
otek-sak	빈한함		일본어	강길운	1982ㄴ	34
p'oksak	폭삭		한국어	강길운	1982ㄴ	34
표						
yabu	표	thicket, bushes	일본어	김공칠	1989	17
sup	표	thicket, bushes	한국어	김공칠	1989	17
표현하다						
natta	표현하다	express	한국어	김공칠	1988	83
arafaru	표현하다	express	일본어	김공칠	1988	83
푸근하다						
núku	녹다	be warm	일본어	宋敏	1969	77
nuk	녹다	get warm	한국어	宋敏	1969	77
푸르다						
pʌrʌ	푸르다		한국어	강길운	1977	15
k'or	푸르다		한국어	강길운	1983ㄱ	36
p'ʌrʌ-	푸르다		한국어	강길운	1983ㄱ	37
k'or-pič'	푸른빛		한국어	강길운	1983ㄴ	118
푸르	푸르다		한국어	권덕규	1923ㄴ	128
phură	푸르다		한국어	金澤庄三郎	1914	220
oïrïl	푸르다		한국어	김공칠	1989	14
midöri	푸르다		일본어	김공칠	1989	14
phuli-	녹색의	green	한국어	김동소	1972	138
phulu-	녹색의	green	한국어	김동소	1972	138
mi-tö-ri	푸르다		일본어	김사엽	1974	387
pʰʌ-lʌm	푸르다		한국어	김사엽	1974	387
pare	appare		일본어	김선기	1968ㄱ	35
hare	푸르다		일본어	김선기	1968ㄱ	35
phurɯ	푸르다	green	한국어	김선기	1968ㄱ	35
푸르다	푸르다		한국어	김선기	1978ㄹ	356
midöri	푸르다		일본어	文和政	1981	177
p'ïrïl	푸르다		한국어	文和政	1981	177
p'u-răta	푸르다	To be blue; to be green	한국어	白鳥庫吉	1914ㄱ	183
midöri	푸르다		일본어	宋敏	1969	93
p'ïr	푸르다		한국어	宋敏	1969	93
awosi	푸르다	green	일본어	이용주	1980	83
p'ɯrɯ-	프르다	green	한국어	이용주	1980	83
	푸르다		한국어	이탁	1946ㄷ	14
modöri	푸르다		일본어	長田夏樹	1966	118
phɛrɛ	푸르다		한국어	長田夏樹	1966	118
midori	푸르다		일본어	村山七郎	1963	28
pətli	푸르다		한국어	村山七郎	1963	28
p'wrwl	푸르다		한국어	村山七郎	1963	28
p'aru-	푸르다	blau sein	한국어	Andre Eckardt	1966	237
puru/푸루	푸르다		한국어	Arraisso	1896	20
(a-)bxol	푸르다	green	한국어	Martin, S. E.	1966	201

⟨ㅍ⟩ 461

표제어/어휘	의미		언어	저자	발간년도	쪽수
(a-)bxol	푸르다	green	한국어	Martin, S. E.	1966	204
(a-)bxol	푸르다	green	한국어	Martin, S. E.	1966	210
bxwar(a),	푸르다	grass	한국어	Martin, S. E.	1966	222
(a-)bxol	푸르다	green	한국어	Martin, S. E.	1966	223

풀

sä	풀		한국어	강길운	1983ㄱ	31
kusa		grass	일본어	강영봉	1991	9
phul		grass	한국어	강영봉	1991	9
kusa	풀		일본어	김공칠	1988	193
phul	풀	grass	한국어	김동소	1972	138
phiˑl	풀	grass	한국어	김동소	1972	138
ku-tsa	풀		일본어	김사엽	1974	454
pʰïl	풀		한국어	김사엽	1974	454
pʼul	풀	Grass; herbs	한국어	白鳥庫吉	1914ㄱ	180
kkol	풀	gemeines schilfróhr	한국어	白鳥庫吉	1914ㄷ	289
kusa	풀		일본어	송민	1973	55
kutsa	풀		일본어	송민	1974	16
pʼïl	풀		한국어	宋敏	1969	93
wára	풀	straw	일본어	宋敏	1969	93
wara	풀	straw	일본어	宋敏	1969	93
phïl	풀	grass	한국어	宋敏	1969	93
piru	풀		일본어	宋敏	1969	93
mira	풀		일본어	宋敏	1969	93
pheul	풀	grass, straw	한국어	宋敏	1969	93
wara	풀	straw	일본어	이기문	1973	5
*kʷüsä	풀	grass	한국어	이용주	1980	100
kusa	풀	grass	일본어	이용주	1980	100
phyr	풀	grass	한국어	이용주	1980	100
pʼɯˇr	풀	grass	한국어	이용주	1980	81
kusa	풀	grass	일본어	이용주	1980	81
pʼul	풀	Gras	한국어	Andre Eckardt	1966	237
wara	짚	straw	일본어	Aston	1879	21
pheul	풀	grass, straw	한국어	Aston	1879	21
wara	짚	straw	일본어	Aston	1879	24
pheul	풀	grass	한국어	Aston	1879	24
pʼul	풀	grass	한국어	Hulbert, H. B.	1905	123
bxwar(a),	풀	grass	한국어	Martin, S. E.	1966	201
anx(a)	풀	interior	한국어	Martin, S. E.	1966	205
bxwar(a),	풀	grass	한국어	Martin, S. E.	1966	209
bxwar(a),	풀	grass	한국어	Martin, S. E.	1966	216
bxwar(a),	풀	grass	한국어	Martin, S. E.	1966	219
(a-)bxol	풀	green	한국어	Martin, S. E.	1966	220

풀다

pita	풀다		일본어	강길운	1982ㄴ	24
pʼɯr-	풀다		한국어	강길운	1982ㄴ	24
pʼɯr-	풀다		한국어	강길운	1982ㄴ	31
pita	풀다		일본어	강길운	1982ㄴ	31
pʰï	풀다		한국어	김사엽	1974	393
Fo-dö-ke	풀다		일본어	김사엽	1974	393
tö-ka	풀다		일본어	김사엽	1974	417
pʰïl	풀다		한국어	김사엽	1974	417
かむ	풀다		일본어	김사엽	1974	459
pʰïl	풀다		한국어	김사엽	1974	459
oi	풀다		한국어	白鳥庫吉	1914ㄴ	152
pʼul	풀다	fendre, diviser	한국어	宋敏	1969	93

표제어/어휘		의미	언어	저자	발간년도	쪽수
wɒ r	풀다	fendre, diviser	일본어	宋敏	1969	93
p' ul-	풀다		한국어	이숭녕	1956	157
pheulu	풀다	to clear away	한국어	Aston	1879	24
harafu	풀다	to clear away	일본어	Aston	1879	24
풀무						
불무	풀무		한국어	Miller, R. A. 김방한 역	1980	11
fuigo	풀무		일본어	Miller, R. A. 김방한 역	1980	12
품다						
ふふむ	품다		일본어	김사엽	1974	396
pʰ ïm	품다		한국어	김사엽	1974	396
pukúm-	품다	hold in mouth	일본어	宋敏	1969	93
pʰïm	품다	clasp to bosom	한국어	宋敏	1969	93
피						
jyə psi	피		한국어	강길운	1981ㄴ	7
phi		blood	한국어	강영봉	1991	8
ti		blood	일본어	강영봉	1991	8
phi	피	blood	한국어	김동소	1972	136
phi	피	blood	한국어	김동소	1972	136
Fi-ye	피		일본어	김사엽	1974	401
ci	피	blood	일본어	김선기	1968ㄱ	32
sə nJi	피	blood	한국어	김선기	1968ㄱ	32
pi	피	blood	한국어	김선기	1968ㄱ	32
ti	피	blood	일본어	김선기	1968ㄱ	32
phi	피		한국어	김선기	1977ㄴ	383
dzi	피		일본어	김선기	1977ㄴ	383
sendzi	피		한국어	김선기	1977ㄴ	383
ti	피	blood	일본어	이용주	1980	101
phi	피	blood	한국어	이용주	1980	101
fiye	피		일본어	이용주	1980	105
phi	피		한국어	이용주	1980	105
p' ĭ	피	blood	한국어	이용주	1980	80
ti	피	blood	일본어	이용주	1980	80
ci	피	blood	일본어	長田夏樹	1966	82
phi	피	blood	한국어	長田夏樹	1966	82
phi	피	blood	한국어	G. J. Ramstedt	1949	213
피다						
pɪ -	피다		한국어	강길운	1983ㄴ	124
saku	피다		일본어	김공칠	1989	7
ssak	피다		한국어	김공칠	1989	7
pʰ ï	피다		한국어	김사엽	1974	445
tsa-ka	피다		일본어	김사엽	1974	445
(Kotpong-o-	꽃봉오리 피다		한국어	白鳥庫吉	1914ㄱ	177
*sak- ~	피다	to bloom	일본어	Christopher I. Beckwith	2004	136
piu	피다	flower	한국어	Hulbert, H. B.	1905	121
피리						
져ㅎ	피리		한국어	김공칠	1980	90
puye	피리		일본어	김공칠	1989	8
Fu-ye	피리		일본어	김사엽	1974	398
pʰ i-li	피리		한국어	김사엽	1974	398

표제어/어휘		의미	언어	저자	발간년도	쪽수
피부						
kaj	피부		한국어	강길운	1983ㄴ	106
kacuk/k'ak		skin	한국어	강영봉	1991	11
kafa		skin	일본어	강영봉	1991	11
kafa	피부	skin	일본어	김공칠	1989	18
kapcil	피부	skin	한국어	김공칠	1989	18
kafa	피부	fur	일본어	이용주	1980	101
kach	피부	fur	한국어	이용주	1980	101
katʃ'	갗	skin	한국어	이용주	1980	80
jaHa	피부	skin	일본어	이용주	1980	80
káp, -ú	피부	skin	일본어	이용주	1980	95
kaHa	피부	skin	일본어	이용주	1980	95
katʃ'	피부	skin	한국어	이용주	1980	95
fada	피부	skin	일본어	이용주	1980	99
sɐ rx	피부	skin	한국어	이용주	1980	99
*š ara	피부	skin	일본어	이용주	1980	99
kawa	피부	skin	일본어	長田夏樹	1966	82
kazuk	피부	skin	한국어	長田夏樹	1966	82
피하다						
pik'l-	피하다		한국어	강길운	1983ㄴ	110
tʌ ra-na-	다라나다		한국어	강길운	1983ㄴ	122
pik'l-	피하다		한국어	강길운	1983ㄴ	124
ə -hi	避		한국어	김사엽	1974	379
ə j	避		한국어	김사엽	1974	379
yö-ku-re	避		일본어	김사엽	1974	379
필(匹)						
hiki	필	roll, head	일본어	Aston	1879	27
phil	필	roll, head	한국어	Aston	1879	27
핔						
ibe-sak	죶		일본어	강길운	1982ㄴ	17
ibab-	죶		한국어	강길운	1982ㄴ	17

표제어/어휘	의미		언어	저자	발간년도	쪽수

ㅎ

하고 많다

| ha-na-han | 하고 많은 | | 한국어 | 김사엽 | 1974 | 404 |
| はなはだ | 하고 많은 | | 일본어 | 김사엽 | 1974 | 404 |

하나

emu	하나		한국어	강길운	1977	15
*bir	일		한국어	강길운	1979	9
š ine	하나		일본어	강길운	1981ㄴ	6
hʌ na	하나		한국어	강길운	1981ㄴ	6
š ine	하나		일본어	강길운	1982ㄴ	24
hʌ na	하나		한국어	강길운	1982ㄴ	24
hʌ na	하나		한국어	강길운	1982ㄴ	29
š ine	하나		일본어	강길운	1982ㄴ	29
nat'	낱		한국어	강길운	1983ㄴ	113
nat'	한 개		한국어	강길운	1983ㄴ	127
hoʒ a	혼자		한국어	강길운	1983ㄴ	137
fito		one	일본어	강영봉	1991	10
hᴇ na		one	한국어	강영봉	1991	10
hana	하나	one	한국어	김동소	1972	139
nᴇ nna	하나	one	한국어	김동소	1972	139
h?na	하나		한국어	김방한	1968	270
hana	하나		한국어	김방한	1968	271
Fi-tö	하나		일본어	김사엽	1974	400
hʌ -tʌ n	하나		한국어	김사엽	1974	400
かたな	하나		일본어	김사엽	1974	462
hʌ -tʌ n	하나		한국어	김사엽	1974	462
ʃ ine	하나		일본어	김선기	1968ㄱ	46
gada	하나		일본어	김선기	1968ㄱ	46
hana	하나	one	한국어	김선기	1968ㄱ	46
hito	하나		일본어	김선기	1968ㄱ	46
hana	하나		한국어	김선기	1968ㄴ	20
kadna	하나		한국어	김선기	1968ㄴ	22
kanna	하나		한국어	김선기	1968ㄴ	22
kadana	하나		한국어	김선기	1968ㄴ	22
hanna	하나		한국어	김선기	1968ㄴ	22
hana	하나		한국어	김선기	1968ㄴ	22
gadanaga	하나		한국어	김선기	1968ㄴ	23
hitotau	하나		일본어	김선기	1977	24
katanagan	하나		한국어	김선기	1977	24
hana	일		한국어	김승곤	1984	256
Fitö-tu	일		일본어	김승곤	1984	256
pil-o-	일		한국어	김승곤	1984	257
pilos	일		한국어	김승곤	1984	257
han	하나		한국어	박시인	1970	68
han	한, 하나		한국어	박시인	1970	95
hi	일		일본어	박시인	1970	95
hᴇ n	한		한국어	박은용	1974	194
*katan	하나		한국어	박은용	1974	195
*hᴇ tᴇ n	하나		한국어	박은용	1974	195
heuni	하나		한국어	白鳥庫吉	1914ㄴ	176
hu-ri-l-	하나	eins	한국어	白鳥庫吉	1914ㄴ	177
hol-li	하나	eins	한국어	白鳥庫吉	1914ㄴ	177
ho-ri-č il-hă -	하나	eins	한국어	白鳥庫吉	1914ㄴ	177

표제어/어휘		의미	언어	저자	발간년도	쪽수
hʌ dʌ n	하나		한국어	徐廷範	1985	244
fitötu	하나	one	일본어	이용주	1980	101
xe nax	하나	one	한국어	이용주	1980	101
he na(h)	하나	one	한국어	이용주	1980	85
Hitö	하나	one	일본어	이용주	1980	85
futö-tu	하나		일본어	村山七郎	1963	29
he te n	하나		한국어	村山七郎	1963	29
he na	하나		한국어	村山七郎	1963	29
hana	하나		한국어	村山七郎	1963	29
kadana/kata	하나		한국어	최학근	1964	593
han	하나	eines	한국어	Andre Eckardt	1966	230
hana/하나	하나		한국어	Arraisso	1896	20
hana	하나	one	한국어	Edkins, J	1898	339
han	하나	one	한국어	Hulbert, H. B.	1905	121

하나님

| hā nạ l-nim | | God | 한국어 | G. J. Ramstedt | 1949 | 167 |
| hā nạ nim | | God | 한국어 | G. J. Ramstedt | 1949 | 167 |

하늘

kando	하늘		일본어	강길운	1982ㄴ	16
hanʌ r	하늘		한국어	강길운	1982ㄴ	16
hanʌ r	하늘		한국어	강길운	1982ㄴ	27
kando	하늘		일본어	강길운	1982ㄴ	27
k'ol-pič '	하늘빛		한국어	강길운	1983ㄴ	136
sora		sky	일본어	강영봉	1991	11
hanwl		sky	한국어	강영봉	1991	11
hane l	하늘	sky	한국어	김동소	1972	140
hani l	하늘	sky	한국어	김동소	1972	140
tso-ra	하늘		일본어	김사엽	1974	429
ha-nʌ l	하늘		한국어	김사엽	1974	429
하늘	하늘		한국어	김선기	1976ㄱ	324
꼭	위		한국어	김선기	1976ㄱ	325
tamaga	髙大原 takamaga hara		일본어	김선기	1976ㄱ	325
amag	하늘		한국어	김선기	1976ㄱ	325
檀	檀君		한국어	김선기	1976ㄱ	326
天	삼국지위지동이전, 天君		한국어	김선기	1976ㄱ	326
sora	하늘		일본어	김선기	1976ㄱ	329
sora, amĕ	하늘	sky	일본어	이용주	1980	101
xane r	하늘	sky	한국어	이용주	1980	101
hane ˇ r(h)	하늘	sky	한국어	이용주	1980	81
sora	하늘	sky	일본어	이용주	1980	81
han	하늘		한국어	Hulbert, H. B.	1905	117

하다

hʌ -/kal-gi-	하다		한국어	강길운	1981ㄴ	9
hʌ	하다		한국어	강길운	1983ㄱ	23
hʌ	하다		한국어	강길운	1983ㄱ	24
kan	하다		일본어	강길운	1983ㄱ	24
hey-	하다		한국어	강길운	1983ㄱ	24
hʌ -	하다		한국어	강길운	1983ㄱ	24
he-	하다		한국어	강길운	1983ㄱ	24
sig-	하다		한국어	강길운	1983ㄱ	24
kī -	하다		일본어	강길운	1983ㄱ	24
ki	하다		일본어	강길운	1983ㄱ	24

표제어/어휘	의미		언어	저자	발간년도	쪽수
kay	하다		일본어	강길운	1983ㄱ	24
ka-n	하다		일본어	강길운	1983ㄱ	24
sigi-	하다		한국어	강길운	1983ㄱ	24
kani	하다		일본어	강길운	1983ㄱ	24
ha-	하다		한국어	강길운	1983ㄱ	24
hʌ -	하다		한국어	강길운	1983ㄴ	111
kur-	하다		한국어	강길운	1983ㄴ	114
kur-	하다		한국어	강길운	1983ㄴ	118
hʌ -	하다		한국어	강길운	1983ㄴ	118
suru	하다	to do	일본어	김공칠	1989	13
hada	하다	to do	한국어	김공칠	1989	13
ha-(ta)	하다		한국어	김방한	1976	19
su-	하다	to do	일본어	김방한	1977	12
hʌ -	하다	to do	한국어	김방한	1977	12
se-	하다	to do	일본어	김방한	1977	12
ha-(ta)	하다		한국어	김방한	1977	7
ha-	하다	to do, to say, to intend	한국어	김방한	1978	9
hʌ -	하다		한국어	김방한	1978	9
ha(-ta)	하다		한국어	김방한	1979	8
tsu	하다		일본어	김사엽	1974	432
hʌ	하다		한국어	김사엽	1974	432
sɯ	하다		일본어	김선기	1976ㅇ	354
하	하다		한국어	김선기	1976ㅇ	354
히	하다		한국어	김선기	1976ㅇ	354
다	하다		한국어	김선기	1979ㄱ	372
kai hă lk	하다	ich thue	한국어	白鳥庫吉	1914ㄴ	168
hạ da	하다	to do, to act	한국어	宋敏	1969	93
suru	하다	to do, to be	일본어	宋敏	1969	93
hạ -	하다	to say, to do	한국어	이기문	1958	116
hom, he jom	함		한국어	이숭녕	1956	111
hɐ -	하다		한국어	이숭녕	1956	149
hɐ gok	하고서		한국어	이숭녕	1956	149
hɐ l-su rok	할수록		한국어	이숭녕	1956	183
hɐ m-č ik	함직		한국어	이숭녕	1956	185
hɐ -ko-k	하곡		한국어	이숭녕	1956	186
ha-	하다	haben	한국어	Andre Eckardt	1966	230
oto ga suru		to (be a) sound	일본어	G. J. Ramstedt	1949	58
suru		to do, to be	일본어	G. J. Ramstedt	1949	58
hạ da		to do, to act, to intend, to mean, to say	한국어	G. J. Ramstedt	1949	58
sasu		to cause to do	일본어	G. J. Ramstedt	1949	58
saseru		to cause to do	일본어	G. J. Ramstedt	1949	58
aku suru		to be bad	일본어	G. J. Ramstedt	1949	58
arimasu		is, exists	일본어	G. J. Ramstedt	1949	58
hā n-abi		grandfather	한국어	G. J. Ramstedt	1949	59
hā mū		very much	한국어	G. J. Ramstedt	1949	59
hā da		to be great	한국어	G. J. Ramstedt	1949	59
hā na-nim		God	한국어	G. J. Ramstedt	1949	59
hā rabi		grandfather	한국어	G. J. Ramstedt	1949	59
hā č hantha		to be not much	한국어	G. J. Ramstedt	1949	59
hā nẹ mi		grandmother	한국어	G. J. Ramstedt	1949	59
hā rẹ mi		grandmother	한국어	G. J. Ramstedt	1949	59
hā nị r		the heaven	한국어	G. J. Ramstedt	1949	59
hā nar		the heaven	한국어	G. J. Ramstedt	1949	59
hā nạ l		the heaven	한국어	G. J. Ramstedt	1949	59
hā mā		nearly, to the greatest part	한국어	G. J. Ramstedt	1949	59
halmi		grandmother	한국어	G. J. Ramstedt	1949	59

표제어/어휘	의미		언어	저자	발간년도	쪽수
ha	하다		한국어	Hulbert, H. B.	1905	119
하모						
ham.i	하모	mors	일본어	宋敏	1969	93
hamo	하모	mors	한국어	宋敏	1969	93
하천						
peč a/peč i	하천		일본어	강길운	1981ㄴ	6
나리	하천		한국어	김해진	1947	11
하품						
akubi	하품	yawn	일본어	김공칠	1988	83
haphum	하품	yawn	한국어	김공칠	1988	83
あくび	하품		일본어	김사엽	1974	483
ha-hïj-hïm	하품		한국어	김사엽	1974	483
akubi	하품	yawn	일본어	宋敏	1969	93
haphïy-om	하품		한국어	宋敏	1969	93
학						
kaku	학		일본어	金澤庄三郞	1914	219
hak	학		한국어	金澤庄三郞	1914	219
turumi	두루미		한국어	文和政	1981	176
curd	학		일본어	文和政	1981	176
tsuru	학		일본어	村山七郞	1963	28
kuwi	학		한국어	村山七郞	1963	28
한						
히도	한	one	일본어	홍기문	1934ㄴ	조선일보1
하나	한	one	한국어	홍기문	1934ㄴ	조선일보1
hạ n		one	한국어	G. J. Ramstedt	1949	60
tu		two	한국어	G. J. Ramstedt	1949	60
tu		two	일본어	G. J. Ramstedt	1949	60
hạ rị p		one year old, a yearling	한국어	G. J. Ramstedt	1949	60
hạ n-gẹ t		one thing, the same thing	한국어	G. J. Ramstedt	1949	60
hange		one thing, the same thing	한국어	G. J. Ramstedt	1949	60
hạ ru		one day, a single day, the first day	한국어	G. J. Ramstedt	1949	60
hạ ro		one day, a single day, the first day	한국어	G. J. Ramstedt	1949	60
hạ nã		one	한국어	G. J. Ramstedt	1949	60
han		one	한국어	G. J. Ramstedt	1949	60
shine		one	일본어	G. J. Ramstedt	1949	60
hamppak		all, every one	한국어	G. J. Ramstedt	1949	60
hamkkị i		a the same time, at once	한국어	G. J. Ramstedt	1949	60
hannā		one	한국어	G. J. Ramstedt	1949	60
한숨						
nageki		sigh	일본어	G. J. Ramstedt	1949	60
hā n-sū m		sigh	한국어	G. J. Ramstedt	1949	60
할머니						
hal-mi	할머니		한국어	김사엽	1974	467
おほば	할머니		일본어	김사엽	1974	467
hal-möm	할머니	grand mother, old woman	한국어	白鳥庫吉	1915ㄱ	4
hal mam	할머니	grand mother	한국어	白鳥庫吉	1915ㄱ	4

표제어/어휘		의미	언어	저자	발간년도	쪽수
hal-mi	할머니	grand mother	한국어	白鳥庫吉	1915ㄱ	4
hal-mö-ni	할머니	grand mother	한국어	白鳥庫吉	1915ㄱ	4
hal-mi	할머니		한국어	이숭녕	1956	107
halmaŋ	할머니		한국어	이숭녕	1956	107
할아버지						
hal-a-pə-či	할아버지		한국어	김사엽	1974	467
ö-Fo-ti	할아버지		일본어	김사엽	1974	467
hal-a-pö-ni	할아버지	grand father	한국어	白鳥庫吉	1915ㄱ	4
hal-a-pi	할아버지	grand father	한국어	白鳥庫吉	1915ㄱ	4
hal-a-pö-či	할아버지	grand father	한국어	白鳥庫吉	1915ㄱ	4
hal-a-pöm	할아버지	grand father	한국어	白鳥庫吉	1915ㄱ	4
harübaŋ	할아버지		한국어	이숭녕	1956	107
hal-abi	할아버지		한국어	이숭녕	1956	107
함께						
tə bɯ rə	더불어		한국어	강길운	1983ㄴ	123
muta	함께		일본어	김공칠	1989	15
mot	함께		한국어	김공칠	1989	15
hæ mkki i	와 같이	with	한국어	김동소	1972	141
hamkke	와 같이	with	한국어	김동소	1972	141
hamke	함께	at one time, together	한국어	김선기	1968ㄴ	31
hamog	함께	all together	한국어	김선기	1968ㄴ	31
hă m kkeui	함께	together, at the same time, at once	한국어	白鳥庫吉	1915ㄱ	4
hă m ppak	모두	all, every one	한국어	白鳥庫吉	1915ㄱ	4
kkiri	함께	one sort,likewise	한국어	G. J. Ramstedt	1939ㄴ	463
항구						
hama	항구	harbour	일본어	G. J. Ramstedt	1926	29
hă ŋ gu		a harbour, an anchorage, a port	한국어	G. J. Ramstedt	1949	61
häŋ ga		a wooden collar worn by prisoners, a cangue	한국어	G. J. Ramstedt	1949	61
항상						
ttöttöt	항상		한국어	김공칠	1989	8
toko	항상		일본어	김공칠	1989	8
hạ ŋ -sjaŋ		always	한국어	G. J. Ramstedt	1949	60
해						
hE	해		한국어	강길운	1981ㄱ	32
hE	해		한국어	강길운	1983ㄴ	134
ヒ	해		일본어	권덕규	1923ㄴ	129
해	해		한국어	권덕규	1923ㄴ	129
ko-yomi	책력	a book calendar	일본어	金澤庄三郎	1910	20
hă i	해	sun	한국어	金澤庄三郎	1910	20
hă i	해	sun	한국어	金澤庄三郎	1910	9
ko-yomi	책력	a book calendar	일본어	金澤庄三郎	1910	9
hă i	해		한국어	金澤庄三郎	1914	219
ka	해		일본어	金澤庄三郎	1914	219
hæ i	해		한국어	김공칠	1989	10
hä	해	sun	한국어	김동소	1972	140
hɛ	해	sun	한국어	김동소	1972	140
hʌ i	해	day	한국어	김방한	1977	12
Fi	해		일본어	김사엽	1974	401
hʌ j	해		한국어	김사엽	1974	401

표제어/어휘	의미		언어	저자	발간년도	쪽수
hʌj	해		한국어	김사엽	1974	416
tö-si	해		일본어	김사엽	1974	416
nal	해		한국어	김선기	1976ㄴ	325
hi	해		일본어	김선기	1976ㄷ	335
hae	해		한국어	김선기	1976ㄷ	335
bic	光		한국어	김선기	1976ㄷ	336
별	陽		한국어	김선기	1976ㄷ	336
hä i	해	jahr	한국어	白鳥庫吉	1914ㄴ	165
halt'a	해	die sonne	한국어	白鳥庫吉	1914ㄴ	166
hal-ttak hal-	해	die sonne	한국어	白鳥庫吉	1914ㄴ	166
hai	해		한국어	小倉進平	1934	24
tol	해		한국어	송민	1965	39
tosi	해		일본어	송민	1965	39
hă i	해		한국어	宋敏	1969	93
ha̯ i	해	the sun	한국어	이기문	1958	118
ヒ	해		일본어	이명섭	1962	7
xe i	해		한국어	이용주	1980	106
ke i	하ㅣ	sun	한국어	이용주	1980	81
he˘ i	해	year	한국어	이용주	1980	96
pá	해	year	일본어	이용주	1980	96
tösi	해	year	일본어	이용주	1980	96
해	해		한국어	이탁	1946ㄷ	19
xä	해	sun	한국어	長田夏樹	1966	83
hi	해	sun	일본어	長田夏樹	1966	83
ha̯ ida		to be white	한국어	G. J. Ramstedt	1949	59
hi̯ i-		white, daylight, sunny	한국어	G. J. Ramstedt	1949	59
ha̯ i		white, daylight, sunny	한국어	G. J. Ramstedt	1949	59
hät hät		to be whitish, to be pale	한국어	G. J. Ramstedt	1949	59
ha̯ issi̯ rim		to be whitish, to be pale	한국어	G. J. Ramstedt	1949	59
hi̯ ida		to be white	한국어	G. J. Ramstedt	1949	59
orä		this year	한국어	G. J. Ramstedt	1949	59
hē		sun, year, day	한국어	G. J. Ramstedt	1949	59
ni̯e t-hä		last year	한국어	G. J. Ramstedt	1949	59
hä		sun, year, day	한국어	G. J. Ramstedt	1949	59
orhä		this year	한국어	G. J. Ramstedt	1949	59
nal	해	sun	한국어	Hulbert, H. B.	1905	
nal	해		한국어	Hulbert, H. B.	1905	116
ko-yomi	책력	a book calendar	일본어	Kanazawa, S	1910	16
hă i	해	sun	한국어	Kanazawa, S	1910	16
ko-yomi	책력	a book calendar	일본어	Kanazawa, S	1910	8
hă i	해	sun	한국어	Kanazawa, S	1910	8
toš yi	해	year	한국어	Martin, S. E.	1966	206
toš yi	해	year	한국어	Martin, S. E.	1966	212
toš yi	해	year	한국어	Martin, S. E.	1966	213
toš yi	해	year	한국어	Martin, S. E.	1966	218

해바라기

aok	해바라기		한국어	金澤庄三郎	1914	219
afuti	해바라기		일본어	김공칠	1989	4
aok	해바라기		한국어	김공칠	1989	4

해변

kishi	해변	shore, beach	일본어	김공칠	1989	13
kai	해변		한국어	이숭녕	1956	119
^pama[波麻]	해변	seashore, beach	일본어	Christopher I.	2004	134

표제어/어휘	의미		언어	저자	발간년도	쪽수
				Beckwith		
해안						
ウミ	해안		일본어	이명섭	1962	6
keŋ -ben	해안		한국어	이숭녕	1956	119
해오라기						
しろさぎ	해오라기		일본어	김사엽	1974	436
hʌ j-o-la-ki	해오라기		한국어	김사엽	1974	436
한새	해오라기		한국어	김선기	1977ㄷ	359
햇살						
hʌ j-sal	햇살		한국어	김사엽	1974	401
ひざし	햇살		일본어	김사엽	1974	401
향기						
kosʌ -	향기롭다		한국어	강길운	1983ㄴ	120
kosʌ	향기롭다		한국어	강길운	1983ㄴ	135
kosʌ	향기롭다		한국어	강길운	1983ㄴ	138
ka	향기		일본어	김공칠	1989	10
향기롭다						
ka-gu-Fa-si	향기로운		일본어	김사엽	1974	465
kos-kos	향기로운		한국어	김사엽	1974	465
허리						
kö-si	허리		일본어	김사엽	1974	448
hə -li	허리		한국어	김사엽	1974	448
hə ri	허리	waste	한국어	김선기	1968ㄱ	23
コシ	허리	waste	일본어	김선기	1968ㄱ	23
koshi	허리		일본어	김선기	1977ㄱ	328
허리	허리		한국어	김선기	1977ㄱ	328
허리	허리		한국어	김선기	1977ㄴ	382
kosi	허리		일본어	김선기	1977ㄴ	382
hö-ri	허리	loin	한국어	白鳥庫吉	1915ㄴ	300
koshi	허리	loins	일본어	宋敏	1969	93
xöri	허리		한국어	宋敏	1969	93
kosi	허리	waist	일본어	宋敏	1969	93
hë'li	허리		한국어	宋敏	1969	93
kösi	허리		일본어	宋敏	1969	93
hŭ li	허리		한국어	宋敏	1969	93
he̜ ri	허리	waist	한국어	이기문	1958	116
koshi	허리	loins	일본어	Aston	1879	26
hŭ li	허리	loins	한국어	Aston	1879	26
koshi	허리	loins	일본어	Aston	1879	27
huli	허리	loins	한국어	Aston	1879	27
he̜ ri	허리		한국어	G. J. Ramstedt	1949	120
he̜ ri-tṭi i		a waist belt, a girdle	한국어	G. J. Ramstedt	1949	63
he̜ ri		the small of the back	한국어	G. J. Ramstedt	1949	63
xeš i	허리	waist	한국어	Martin, S. E.	1966	203
xeš i	허리	waist	한국어	Martin, S. E.	1966	212
xeš i	허리	waist	한국어	Martin, S. E.	1966	214
허물						
hə -mïl	허물		한국어	김사엽	1974	417
tö-ga	허물		일본어	김사엽	1974	417
tu-mi	허물		일본어	김사엽	1974	419

표제어/어휘		의미	언어	저자	발간년도	쪽수
hə m-ïl	허물		한국어	김사엽	1974	419
hẹ -mjẹ ŋ		an empty name, a spurious reputation	한국어	G. J. Ramstedt	1949	61
hẹ -mul		a shell, a skin, a cover	한국어	G. J. Ramstedt	1949	61
hẹ -sạ		an empty affair, emptiness, failure	한국어	G. J. Ramstedt	1949	61
허언						
kecys	허언		한국어	김공칠	1989	20
uso	허언		일본어	김공칠	1989	20
허울						
u-Fa-Fe	허울		일본어	김사엽	1974	472
hə -ul	허울		한국어	김사엽	1974	472
허파						
hə pʰ a	허파		한국어	강길운	1981ㄱ	31
kə p'a	허파		한국어	강길운	1983ㄴ	118
puxua	허파		일본어	김공칠	1989	15
fuku-fusi	허파		한국어	김공칠	1989	15
헌						
hēn	헌	old	한국어	이용주	1980	84
Hurusi	헌	old	일본어	이용주	1980	84
húsko	헌	old	일본어	이용주	1980	96
Hurusi	헌	old	일본어	이용주	1980	96
hēn	헌	old	한국어	이용주	1980	96
헐다						
Fu-ru-si	헐다		일본어	김사엽	1974	395
hə l	헐다		한국어	김사엽	1974	395
hə l	헐다		한국어	김사엽	1974	402
Fa-ru	헐다		일본어	김사엽	1974	402
hə l	헐다		한국어	김사엽	1974	452
くづす	헐다		일본어	김사엽	1974	452
hẹn gẹ t		a rag, a clout	한국어	G. J. Ramstedt	1949	62
hẹn-gẹ̄p		a rag, a clout	한국어	G. J. Ramstedt	1949	62
hẹ lpẹ tta		to be badly clothed	한국어	G. J. Ramstedt	1949	62
hē da		to be torn	한국어	G. J. Ramstedt	1949	62
hẹ lda		to be torn	한국어	G. J. Ramstedt	1949	62
hẹ rẹ -ӡida		to fall into ruins, to tumble down	한국어	G. J. Ramstedt	1949	62
hẹn		worn out, ragged, useless - of clothes	한국어	G. J. Ramstedt	1949	62
험하다						
けはし	험하다		일본어	김사엽	1974	449
mə -hïl	험하다		한국어	김사엽	1974	449
헤매다						
さまよふ	헤매다		일본어	김사엽	1974	442
hə j-mʌ j	헤매다		한국어	김사엽	1974	442
moja-moja		to shake	일본어	G. J. Ramstedt	1949	144
muji		to shake	일본어	G. J. Ramstedt	1949	144
mui-mui		to shake	일본어	G. J. Ramstedt	1949	144
mui		to shake	일본어	G. J. Ramstedt	1949	144

표제어/어휘	의미		언어	저자	발간년도	쪽수
헤엄치다						
oyogu	헤엄치다	to swim	일본어	김공칠	1989	16
hïy, *huy-,	헤엄치다	to swim	한국어	김공칠	1989	16
hei mhe -	헤엄치다	swim	한국어	김동소	1972	141
heʌ mchi-	헤엄치다	swim	한국어	김동소	1972	141
ojogu	헤엄	swim	일본어	김선기	1968ㄱ	48
hejə m	헤엄	swim	한국어	김선기	1968ㄱ	48
*öyögu	헤엄치다	the swim	일본어	이용주	1980	82
hə i' yom	헤윰	the swim	한국어	이용주	1980	82
hẹ jẹ m		the swimming	한국어	G. J. Ramstedt	1949	61
헤치다						
heč i-	헤치다		한국어	강길운	1982ㄴ	19
heč ira	흐뜨리다		일본어	강길운	1982ㄴ	19
hɯt' -	홑다		한국어	강길운	1982ㄴ	19
heč ira	흐뜨리다		일본어	강길운	1982ㄴ	32
hɯt' -	홑다		한국어	강길운	1982ㄴ	32
heč i-	홑다		한국어	강길운	1982ㄴ	32
혀						
kʌ l	혀		한국어	강길운	1977	14
hyə	혀		한국어	강길운	1983ㄴ	112
hyə ari	혀		한국어	강길운	1983ㄴ	133
sita	혀		일본어	김공칠	1988	204
sị ə t	혀		한국어	김공칠	1988	204
hiẹ , sjẹ	혀	a tongue	한국어	김공칠	1989	13
shita	혀	a tongue	일본어	김공칠	1989	13
hjʌ	혀	tongue	한국어	김동소	1972	141
hjʌ	혀	tongue	한국어	김동소	1972	141
shi-ta	혀	a tongue	일본어	김방한	1977	12
hjə	혀	a tongue	한국어	김방한	1977	12
hjə	혀	the tongue	한국어	김방한	1977	13
si-ta	혀		일본어	김방한	1977	16
si-ta	혀		일본어	김방한	1978	27
hjə	혀		한국어	김방한	1978	27
hə l	혀		한국어	김방한	1978	27
hie	혀	tongue	한국어	김선기	1968ㄱ	21
sita	혀	tongue	일본어	김선기	1968ㄱ	22
hje	혀		한국어	김선기	1976ㅈ	347
kel	계림유사, 蝎		한국어	김선기	1976ㅈ	348
kele	계림유사, 蝎		한국어	김선기	1976ㅈ	348
kataru	혀		일본어	김선기	1976ㅈ	349
š e	혀		한국어	김선기	1976ㅈ	349
š ita	혀		일본어	김선기	1976ㅈ	349
mal	혀		한국어	김선기	1976ㅈ	349
se	혀		한국어	박은용	1974	199
hap-heumhä -	혀	zunge	한국어	白鳥庫吉	1914ㄴ	167
hap'euiomh	혀	zunze	한국어	白鳥庫吉	1914ㄴ	167
hyö	혀	tunge	한국어	白鳥庫吉	1914ㄴ	177
syö	혀	tunge	한국어	白鳥庫吉	1914ㄴ	177
hu-rima-ri	혀	eins	한국어	白鳥庫吉	1914ㄴ	177
hyɔ	혀	langue	한국어	宋敏	1969	93
sita	혀	langue	일본어	宋敏	1969	93
sita	혀	tongue	일본어	이용주	1980	80
hyə ˇ	혀	tongue	한국어	이용주	1980	80
hyə ˇ	혀	tongue	한국어	이용주	1980	95
parúnpe, (-	혀	tongue	일본어	이용주	1980	95

〈ㅎ〉 475

표제어/어휘		의미	언어	저자	발간년도	쪽수
혼잣말						
ささめ	혼잣말		일본어	김사엽	1974	444
sĭ-sʌ-mal	혼잣말		한국어	김사엽	1974	444
홀						
hot	홀		한국어	宋敏	1969	93
hito	홀		일본어	宋敏	1969	93
hō n		one	한국어	G. J. Ramstedt	1949	59
habur-abi		a widower	한국어	G. J. Ramstedt	1949	59
habun		alone	한국어	G. J. Ramstedt	1949	59
habur		alone	한국어	G. J. Ramstedt	1949	59
hā n		one	한국어	G. J. Ramstedt	1949	59
hạ nā		one	한국어	G. J. Ramstedt	1949	59
hō l		one	한국어	G. J. Ramstedt	1949	59
habur-ẹ mi		a widow	한국어	G. J. Ramstedt	1949	59
홀리다						
ho-li	홀리다		한국어	김사엽	1974	392
ほろ	홀리다		일본어	김사엽	1974	392
홈						
kumá	홈	corner, nook	일본어	宋敏	1969	93
hom	홈	groove	한국어	宋敏	1969	93
홑						
Fi-tö	홑		일본어	김사엽	1974	400
hot	홑		한국어	김사엽	1974	400
ka-ta	홑		일본어	김사엽	1974	462
hot	홑		한국어	김사엽	1974	462
hot		one-ply-of a dress	한국어	G. J. Ramstedt	1949	65
hok-kjẹ p		one-ply-of a dress	한국어	G. J. Ramstedt	1949	65
hodot		one-ply-of a dress	한국어	G. J. Ramstedt	1949	65
hokkẹ t		one-ply-of a dress	한국어	G. J. Ramstedt	1949	65
화로						
kutsuro	화로		일본어	김공칠	1989	4
keuteul	화로		한국어	김공칠	1989	4
화살						
seba-		narrow	일본어	강영봉	1991	10
cop-		narrow	한국어	강영봉	1991	10
オミ	화살		한국어	宮崎道三郎	1906	9
sal	화살		한국어	김공칠	1989	19
sal	화살		한국어	김공칠	1989	9
sa	화살		일본어	김공칠	1989	9
살	화살		한국어	김해진	1947	12
sar	화살		한국어	박은용	1975	188
sa	화살		일본어	송민	1965	41
sal	화살		한국어	송민	1965	41
satu	화살		일본어	송민	1973	34
sat	화살		일본어	송민	1973	34
sal	화살	arrow	한국어	Hulbert, H. B.	1905	
활						
ko	활		한국어	강길운	1982ㄴ	19
ku	활		일본어	강길운	1982ㄴ	19
ku	활		일본어	강길운	1982ㄴ	27

표제어/어휘		의미	언어	저자	발간년도	쪽수
*ko	활		한국어	강길운	1982ㄴ	27
孤	활		한국어	강길운	1983ㄱ	29
ko	활		한국어	강길운	1983ㄱ	29
ko	활		한국어	강길운	1983ㄴ	115
활	활		한국어	권덕규	1923ㄴ	128
hoar	활		한국어	金澤庄三郎	1914	220
hoar	활		한국어	金澤庄三郎	1914	221
hoal	활		한국어	김방한	1977	14
hoal	활		한국어	김방한	1978	27
hoal	활	bogen	한국어	白鳥庫吉	1914ㄴ	173
hoasal	활	bogen	한국어	白鳥庫吉	1914ㄴ	173
hoar	활		한국어	小倉進平	1934	24
황금						
asa	금		일본어	박시인	1970	442
asa	금		한국어	박시인	1970	442
황새						
orabi	황새		한국어	강길운	1987	26
ku-ku-Fi	황새		일본어	김사엽	1974	454
ko-haj	황새		한국어	김사엽	1974	454
hā nsä	황새	the crane	한국어	G. J. Ramstedt	1949	218
황색						
kal	황색		한국어	김공칠	1989	18
kasi(ha)	황색		일본어	김공칠	1989	18
kol, kul	황색		한국어	김공칠	1989	19
*ki	황색		일본어	김공칠	1989	19
황홀하다						
follita	황홀하다		한국어	김공칠	1989	9
foru	황홀하다		일본어	김공칠	1989	9
horete;	황홀하다		일본어	이용주	1980	71
huㄱriti;	황홀하다		일본어	이용주	1980	71
횃불						
ka-ga-ri	횃불		일본어	김사엽	1974	466
hwajs-pïl	횃불		한국어	김사엽	1974	466
회전						
kuru-kuru	회전을 나타내는 의태어		일본어	신용태	1985	404
kuruma	회전체가 달린 수레		일본어	신용태	1985	404
me-guru	회전		일본어	신용태	1985	404
ta-guru	회전		일본어	신용태	1985	404
굴레, 굴에	원형체		한국어	신용태	1985	404
kuru	원형을 그리며 되풀이 하는 동작		일본어	신용태	1985	404
후리매						
후리매	후리매		한국어	권덕규	1923ㄴ	127
koromo	후리매		일본어	宋敏	1969	93
hurimai	후리매		한국어	宋敏	1969	93
후비다						
hə -uj	후비다		한국어	김사엽	1974	393
ほじる	후비다		일본어	김사엽	1974	393

표제어/어휘		의미	언어	저자	발간년도	쪽수
hab-ui-da		to snatch, to claw	한국어	G. J. Ramstedt	1949	59
훔치다						
hum	훔치다		한국어	김사엽	1974	398
ふく	훔치다		일본어	김사엽	1974	398
휘다						
heuge	휘다		일본어	강길운	1982ㄴ	26
hü-	휘다		한국어	강길운	1982ㄴ	26
heuge/eheu	휘다		일본어	강길운	1982ㄴ	31
hü-	휘다		한국어	강길운	1982ㄴ	31
woï	휘다		일본어	宋敏	1969	93
hu'i	휘다		한국어	宋敏	1969	93
hujŭ da		to bend, to curve	한국어	G. J. Ramstedt	1949	65
huida		to curve, to bend, to be crooked	한국어	G. J. Ramstedt	1949	65
hujum ha da		to be bent	한국어	G. J. Ramstedt	1949	65
hujī da		to bend, to curve	한국어	G. J. Ramstedt	1949	65
흐르다						
huıllɯ-/neri-		to flow	한국어	강영봉	1991	9
nagar-		to flow	일본어	강영봉	1991	9
hïli-	흐르다	flow	한국어	김동소	1972	138
hïli-	흐르다	flow	한국어	김동소	1972	138
こぼる	흐르다		일본어	김사엽	1974	446
hï-lï	흐르다		한국어	김사엽	1974	446
nagar-u	흐르다	to flow	일본어	宋敏	1969	93
heul	흐르다		한국어	宋敏	1969	93
nagaru	흐르다	to flow	일본어	이용주	1980	83
huırɯ-	흐르다	to flow	한국어	이용주	1980	83
hŭ rŭ -	흐르다	fliessen	한국어	Andre Eckardt	1966	230
nagaru	흐르다	to flow	일본어	Aston	1879	24
houl	흐르다	to flow	한국어	Aston	1879	24
nagaru	흐르다	to flow	일본어	Aston	1879	27
heul	흐르다	to flow	한국어	Aston	1879	27
hi re		heat-of animals	한국어	G. J. Ramstedt	1949	64
hi llida		to pour out, to let run out, to drop	한국어	G. J. Ramstedt	1949	64
hi ri da		to flow, to glide, to run-as water	한국어	G. J. Ramstedt	1949	64
흐름						
nagaru	흐름		일본어	김공칠	1989	4
heul	흐름		한국어	김공칠	1989	4
흐리다						
nigor-u	흐리다	to be turbid	일본어	宋敏	1969	93
hïli-	흐리다	be cloudy	한국어	宋敏	1969	93
kiri	흐리다	fog, mist	일본어	宋敏	1969	93
heul-il	흐리다	to be cloudy, turbid	한국어	宋敏	1969	93
nigoru	흐리다	to be cloudy, turbid	일본어	Aston	1879	24
heulil	흐리다	to be cloudy, turbid	한국어	Aston	1879	24
heulil	흐리다	to be cloudy, turbid	한국어	Aston	1879	27
nigoru	흐리다	to be turbid	일본어	Aston	1879	27
hïri-	흐린	cloudy	한국어	Johannes Rahder	1959	48

표제어/어휘		의미	언어	저자	발간년도	쪽수
흔들다						
hǔ ndǔ r	흔들다		한국어	金澤庄三郎	1914	220
ゆれる	흔들다		일본어	김사엽	1974	380
il-li	흔들다		한국어	김사엽	1974	380
hïn-tïl	搔, 攪		한국어	김사엽	1974	380
ゆさぶる	搖		일본어	김사엽	1974	380
Fu-ra	흔들다		일본어	김사엽	1974	395
hïn-tïl	흔들다		한국어	김사엽	1974	395
흔적						
きず	흔적		일본어	김사엽	1974	456
kï-č ə j	흔적		한국어	김사엽	1974	456
흔하다						
hïn	흔하다		한국어	김사엽	1974	441
tsa-Fa	흔하다		일본어	김사엽	1974	441
hă n	흔하다	one ply clothes	한국어	白鳥庫吉	1914ㄴ	176
hị n hạ da		to be common, to be many, to be frequent	한국어	G. J. Ramstedt	1949	64
흔						
su ashi		bare foot	일본어	G. J. Ramstedt	1949	64
hị dị ro		bare, naked	한국어	G. J. Ramstedt	1949	64
hị t		bare, naked	한국어	G. J. Ramstedt	1949	64
su-de		empty hand	일본어	G. J. Ramstedt	1949	64
흙						
na	땅		일본어	강길운	1979	10
naw	흙		한국어	강길운	1979	10
na	흙		한국어	강길운	1979	10
oš iri	토면		일본어	강길운	1982ㄴ	21
hʌ rg	흙		한국어	강길운	1982ㄴ	21
hʌ rg	흙		한국어	강길운	1982ㄴ	24
oš iri	토면		일본어	강길운	1982ㄴ	24
suir(息)	흙		한국어	金澤庄三郎	1939	3
tuti	흙		일본어	김공칠	1989	12
tsuchi	흙		일본어	김공칠	1989	8
tta, ttang	흙		한국어	김공칠	1989	8
hɐ lk	흙	earth(soil)	한국어	김동소	1972	137
hi lk	흙	earth(soil)	한국어	김동소	1972	137
hʌ lk	흙	earth, clay	한국어	김방한	1977	12
Fa-ni	흙		일본어	김사엽	1974	404
hʌ lk	흙		한국어	김사엽	1974	404
fani	흙		일본어	石井 博	1992	92
hʌ rk	흙		한국어	石井 博	1992	92
hɔ lk	흙	dirt	한국어	宋敏	1969	93
kita-na	흙	be dirty	일본어	宋敏	1969	93
no	흙		한국어	유창균	1960	21
aka	흙	dirt, grime	일본어	이기문	1973	7
h#lk	흙	dirt, soil	한국어	이기문	1973	7
hülg-t' u-sön i	옷에 심히 흙칠한 것		한국어	이숭녕	1956	182
cuci	흙	earth	일본어	長田夏樹	1966	83
xylk	흙	earth	한국어	長田夏樹	1966	83
tho	흙	earth	한국어	G. J. Ramstedt	1949	283
흙덩이						
katamari	흙덩이		일본어	김공칠	1989	4

〈ㅎ〉 479

표제어/어휘		의미	언어	저자	발간년도	쪽수
mori	흙덩이		한국어	김공칠	1989	4
흠						
aza	흠		한국어	김공칠	1989	14
sam	흠		일본어	김공칠	1989	14
흩다						
hɯt'-	흩어지다		한국어	강길운	1981ㄱ	33
hɯt'-	흩다, 헤치다		한국어	강길운	1982ㄴ	24
hečira	흩다, 헤치다		일본어	강길운	1982ㄴ	24
heči-	흩다, 헤치다		한국어	강길운	1982ㄴ	24
hïtʰ	흩다		한국어	김사엽	1974	423
ti-ri	흩다		일본어	김사엽	1974	423
hütum	흐트림		한국어	이숭녕	1956	111
흩뿌리다						
tiru	흩뿌리다	scatter	일본어	김공칠	1989	17
pih-	흩뿌리다		한국어	박은용	1974	248
흩어지다						
hɯt'-	흩다		한국어	강길운	1983ㄴ	116
fanatu	흩어지다		일본어	김공칠	1989	4
hɯrɯl	흩어지다		한국어	김공칠	1989	4
papuru	흩어지다		일본어	김공칠	1989	7
ppuri	흩어지다		한국어	김공칠	1989	7
tiru	흩어지다		일본어	大野晋	1980	18
희다						
sye	희게하다	to whiten	한국어	강길운	1978	42
hE-	희다		한국어	강길운	1981ㄴ	9
šiyara	순결하다		일본어	강길운	1982ㄴ	25
hE-	희다		한국어	강길운	1982ㄴ	25
šiyara	순결하다		일본어	강길운	1982ㄴ	29
hE-	희다		한국어	강길운	1982ㄴ	29
šiyara	순결하다		일본어	강길운	1982ㄴ	36
hE-	희다		한국어	강길운	1982ㄴ	36
siro	희게하다	to be white	일본어	김공칠	1989	17
hïl	희게하다	to be white	한국어	김공칠	1989	17
silap(sirap)	희다		한국어	김공칠	1989	19
sira	희다		일본어	김공칠	1989	19
shiro	희다		일본어	김공칠	1989	7
sai	희다		한국어	김공칠	1989	7
siro	희다		일본어	김공칠	1989	9
hïi-	백색	white	한국어	김동소	1972	141
hïi-	백색	white	한국어	김동소	1972	141
漢歲	희다		한국어	김방한	1980	21
si-ro	희다		일본어	김사엽	1974	436
hïj	희다		한국어	김사엽	1974	436
hʌin	희다	white	한국어	김선기	1968ㄱ	35
gain	희다	white	한국어	김선기	1968ㄱ	35
ʃiroki	희다	white	일본어	김선기	1968ㄱ	36
희다	흰		한국어	김선기	1978ㄹ	350
sɔi	희다	blanc	한국어	宋敏	1969	93
śïro	희다	blanc	일본어	宋敏	1969	93
hḭi-	희다	to be white	한국어	이기문	1958	117
hḁi-	희다	to be white	한국어	이기문	1958	117
syei-	세다	to be gray-headed	한국어	이기문	1958	117

표제어/어휘	의미		언어	저자	발간년도	쪽수
sira	희다	to be white	일본어	이기문	1958	117
siro	희다	to be white	일본어	이기문	1958	117
ke ˇ i-	하ㅣ다	white	한국어	이용주	1980	83
sirosi	희다	white	일본어	이용주	1980	83
*j	희다	white	한국어	이용주	1980	99
siro	희다	white	일본어	이용주	1980	99
xe i	희다	white	한국어	이용주	1980	99
히	희다		한국어	이탁	1946ㄷ	14
hai	흰	white	한국어	Johannes Rahder	1959	45

희롱하다

ふだける	희롱하다		일본어	김사엽	1974	397
pu-sʌ -hʌ	희롱하다		한국어	김사엽	1974	397
nãbur	희롱하다	to dally with	일본어	송민	1974	14

흰 서리

syëri	흰 서리	hoarfrost	한국어	김공칠	1989	16
simo	흰 서리	hoarfrost	일본어	김공칠	1989	17
seri	흰 서리	hoarfrost	김공칠	김공칠	1989	17

흰색

č 'ʌ =	흰		한국어	강길운	1983ㄴ	111
č 'ʌ =	흰		한국어	강길운	1983ㄴ	128
^tś ira-	흰색	white	일본어	Christopher I. Beckwith	2004	139
syëi-, hïi	흰색	white	한국어	Johannes Rahder	1959	60
syëra	흰색	white	한국어	Johannes Rahder	1959	60

힘

ti-ka-ra	힘		일본어	김사엽	1974	424
him	힘		한국어	김사엽	1974	424
tsu-ti	힘줄		일본어	김사엽	1974	434
sim	힘줄		한국어	김사엽	1974	434
sudi	힘줄		일본어	文和政	1981	177
tš ul	힘줄		한국어	文和政	1981	177
sim	힘줄		한국어	박은용	1975	192
himč ul	힘	mortier	한국어	白鳥庫吉	1914ㄴ	171
hoak	힘	butter	한국어	白鳥庫吉	1914ㄴ	172
kimó	힘	liver	일본어	宋敏	1969	93
kimo	힘	liver, courage	일본어	宋敏	1969	93
him	힘	strength	한국어	宋敏	1969	93
him	힘	strength	한국어	이기문	1958	117
him	힘줄	a tendon	한국어	이기문	1958	117
č ul	힘줄		한국어	이용주	1980	72
sudi	힘줄		일본어	이용주	1980	72
힘	힘		한국어	이탁	1946ㄴ	33
	힘		한국어	이탁	1946ㄴ	33
him	힘	strength	한국어	Aston	1879	27
kimo	열정, 용기	courage	일본어	Aston	1879	27
simugi		the veins	한국어	G. J. Ramstedt	1949	63
sim-tsuri		the veins	한국어	G. J. Ramstedt	1949	63
him-tsuri		the veins	한국어	G. J. Ramstedt	1949	63
him-č ul		a tendon, a nerve	한국어	G. J. Ramstedt	1949	63
him		strength, vigour, energy	한국어	G. J. Ramstedt	1949	63

표제어/어휘		의미	언어	저자	발간년도	쪽수
힘들게 되다						
kwā lda	힘들게 되다, 잊다	to be dry, to be hard	한국어	김공칠	1989	13
kawaku	힘들게 되다, 잊다	to become hard, to dry up	일본어	김공칠	1989	13
힘주다						
chul	힘주다		한국어	김공칠	1989	4
suji	힘주다		일본어	김공칠	1989	4

한국어와 일본어의
비교어휘

〈참고문헌〉 및 〈찾아보기〉

〈참고문헌〉

姜吉云(1975) "三韓語, 新羅語는 土耳其語族에 屬한다 ―數詞・季節語・方位語의 體系的 比較―" ≪국어국문학≫ 68・69:1--34. 국어국문학회.
姜吉云(1976) "韓國語와 土耳其語의 名詞形成接尾辭의 比較" ≪論文集≫ 3.2:5-30. 忠南大學校 人文科學研究所.
姜吉云(1977) "百濟語의 系統論(1)" ≪百濟研究≫ 8:45-61. 忠南大學校 百濟研究所.
姜吉云(1978) "百濟語의 研究(系統論)에 대하여 Ⅱ" ≪百濟研究≫ 9:41-85. 忠南大學校 百濟研究所.
姜吉云(1979) "韓國語의 形成과 系統 ―韓民族의 起源―" ≪국어국문학≫ 79・80:5-20. 국어국문학회.
姜吉云(1980ㄱ) "數詞의 發達(Ⅰ)" ≪論文集≫ 7.1:5-34. 忠南大學校 人文科學研究所.
姜吉云(1980ㄴ) "數詞의 發達(Ⅱ)" ≪蘭汀南廣祐博士華甲紀念論叢≫ :63-82. 一潮閣.
姜吉云(1980ㄷ) "日本語의 系統論小攷" ≪언어≫ 1:3-28. 忠南大學校 語學研究所.
姜吉云(1981ㄱ) "古朝鮮三國에 對한 比較言語學的 考察 ―韓民族의 뿌리―" ≪언어≫ 2:25-40. 忠南大學校 附設 言語訓練院.
姜吉云(1981ㄴ) "國語系統論散攷" ≪국어국문학≫ 85:3-36. 국어국문학회.
姜吉云(1982ㄱ) "伽耶語와 드라비다語와의 比較(Ⅰ)" ≪언어≫ 3:173-183. 忠南大學校 附設 言語訓練院.
姜吉云(1982ㄴ) "韓國語와 Ainu語와의 比較(Ⅰ)" ≪語文研究≫ 11:15-50. 語文研究會.
姜吉云(1983ㄱ) "길약語와 韓國語의 比較研究(Ⅰ)" ≪韓國語系統論訓民正音研究≫ 21-49. 集文堂.
姜吉云(1983ㄴ) "伽耶語와 드라비다語와의 比較(Ⅱ)" ≪論文集≫ 1:11-42. 水原大學.
姜吉云(1983ㄷ) "한국어와 길약어는 동계이다 Ⅰ" ≪한글≫ 182:103-143. 한글학회.
姜吉云(1984) "길약語와 韓國語의 比較研究(Ⅱ)" ≪論文集≫ 2:75-100. 水原大學.
姜吉云(1985ㄱ) "伽倻語와 드라비어語와의 比較(Ⅲ)" ≪語文論志≫ 321-362. 忠南大學校 國語國文學科.
姜吉云(1985ㄴ) "言語上으로 본 伽耶와 日本 皇室 ―'沸流 百濟와 日本의 國家起源'의 批判―" ≪論文集≫ 3:13-31. 水原大學.
姜吉云(1986) "沸流百濟와 日本의 國家起源의 비판 ―比較言語學的 考察―" ≪丹齋申采浩先生殉國50周年追慕論叢 申采浩의 思想과 民族獨立運動≫ 607-634. 螢雪出版社.
姜吉云(1987) "韓國語는 알타이語가 아니다" ≪于亭 朴恩用 博士 回甲紀念論叢 韓國語學과 알타이

語學》 23-41. 曉星女子大學校出版部.

姜吉云(1988) 《韓國語系統論 —槪說·文法比較論—》 螢雪出版社.

姜吉云(1992) 《韓國語系統論 —語源·語彙比較篇—》 螢雪出版社.

강영봉(1991) "耽羅語硏究 —古代 日本語와의 比較 第2部 耽羅語와 古代 日本語—" 《논문집》32 (인문·사회과학편) 23-39. 제주대학교.

姜憲圭(1986ㄱ) "朴慶家의 <東言考>에 나타난 語源說의 考察" 《裕堂林憲道博士 頌壽停年紀念 韓國言語文學論叢》 105-112. 湖西文化社.

姜憲圭(1986ㄴ) 《韓國語 語源探究史 硏究 —對象語彙 및 方法論을 中心으로—》 慶熙大學校 博士學位論文.

姜憲圭(1988) "韓國語 語源硏究의 方向模索" 《국어국문학》 100:75-82. 국어국문학회.

고송무(1979) "'람스테트'와 한국어 연구" 《한글》 166. 186-187. 한글학회.

高松茂(1980) "韓國語와 '터키'系 言語들과의 接觸에 對하여" 《言語와 言語學》 6:55-61. 韓國外國語大學校 言語硏究所.

고영근(1970) "한·일어의 비교분석" 《언어연구》 3.1.

高在烋(1940ㄱ) "比較言語硏究草(一)" 《正音》 34. 조선어학연구회. 5-12.

高在烋(1940ㄴ) "比較言語硏究草(二)" 《正音》 36. 조선어학연구회. 17-19.

高在烋(1940ㄷ) "比較言語學的硏究材②" 東亞日報 1940.3.31.

高在烋(1940ㄹ) "比較言語學的硏究材③" 東亞日報 1940.4.3.

高在烋(1940ㅁ) "比較言語學的硏究材④" 東亞日報 1940.4.5.

高在烋(1940ㅂ) "比較言語學的硏究材⑤" 東亞日報 1940.4.9.

高在烋(1940ㅅ) "比較言語學的硏究材⑥" 東亞日報 1940.4.12.

高在烋(1940ㅇ) "比較言語學的硏究材⑦" 東亞日報 1940.4.13.

高在烋(1940ㅈ) "比較言語學的硏究材⑧" 東亞日報 1940.4.14.

高在烋(1940ㅊ) "「담사리」(雇傭人)에對하여" 《正音》35. 조선어학연구회 p. 40.

高昌植(1976) "韓國語가 日本語 形成에 미친 影響 —日本語의 語源硏究를 中心으로—" 《先淸語文》 7:1-36. 서울大學校 師範大學 國語敎育科.

高憲(1979) "韓·日語 比較硏究序說" 《韓國言語文學》 17·18:1-8. 韓國言語文學會.

菅野裕臣(1977) "日本語と朝鮮語" 《日本神話と朝鮮》 講座 日本の神話 9:1-26. 有精堂.

宮崎道三郎(1906ㄱ) "日韓兩國語の比較硏究" 《史學雜誌》 17.7.

宮崎道三郎(1906ㄴ) "日韓兩國語の比較硏究" 《史學雜誌》 17.10.

宮崎道三郎(1906ㄷ) "日韓兩國語の比較硏究" 《史學雜誌》 17.12.

宮崎道三郎(1907ㄱ) "日韓兩國語の比較硏究" 《史學雜誌》 18.4.

宮崎道三郎(1907ㄴ) "日韓兩國語の比較硏究" ≪史學雜誌≫ 18.10.
宮崎道三郎(1907ㄷ) "日韓兩國語の比較硏究" ≪史學雜誌≫ 18.11.
權悳奎(1923ㄱ) "言語와 古代文化" ≪朝鮮語文經緯≫ 廣文社 pp. 119-123. 趙恒範 編(1994: 59-61)
    에 재수록.
權悳奎(1923ㄴ) "朝鮮語와 姉妹語의 비교" ≪朝鮮語文經緯≫ 廣文社 pp. 126-129.
김계원(1967) "대마도(Tsushima)의 본이름 살피기" ≪한글≫ 139:11-18. 한글학회.
김공칠(1980) "원시 한일어의 연구 —공통기어 설정을 위한—" ≪한글≫ 168:79-117. 한글학회.
金公七(1982) "아이누語의 代名詞에 대하여 —韓日語와의 對照를 곁들여—" ≪北泉沈汝澤先生華
    甲紀念論叢≫ 49-69. 螢雪出版社.
金公七(1986) "韓國語と日本語との同系論" 馬淵和夫 編(1986: 21-51).
金公七(1988) "韓日語의 共通語彙硏究 —共通語彙의 對照—" ≪論文集≫ 27(인문사회과학편)
    81-111. 제주대학교.
김공칠(1989) "한·일어의 공통 어휘 연구 —공통 어휘의 발견과 설명—" ≪한글≫ 203: 189-212.
    한글학회.
金東昭(1972) "國語와 滿洲語의 基礎語彙 比較硏究" ≪常山李在秀博士 還曆紀念論文集≫
    :133-156. 螢雪出版社.
김동소(1981) "'둘'의 어원학" ≪語文學≫ 41:15-25. 韓國語文學會.
김동소(1982) 국어의 계통 연구에 대하여 - 그 방법론적 반성 -
金芳漢(1958) "알타이語-人稱代名詞考" ≪서울大學校論文集≫ 7
金芳漢(1966) "국어의 계통연구에 있어서 몇 가지 문제점" ≪震檀學報≫ 29·30:339-349. 震檀學會
金芳漢(1968) "國語의 系統硏究에 관하여 —그 方法論的 反省—" ≪東亞文化≫ 8:249-275. 서울大
    學校 文理科大學 東亞文化硏究所.
金芳漢(1976) "한국어 계통연구의 문제점—方法論과 非알타이語 要素—" ≪언어학≫ 1:3-24. 한국
    언어학회.
金芳漢(1977) "韓國語 語彙比較의 問題點" ≪朝鮮學報≫ 83:1-22. 朝鮮學會.
金芳漢(1978) "알타이諸語와 韓國語" ≪東亞文化≫ 15:1-52. 서울大學校 人文大學 東亞文化硏究所.
金芳漢(1979) "길리야크(Gilyak)어에 관하여" ≪한글≫ 163:3-25. 한글학회.
金芳漢(1980) "原始韓半島語 —日本語와 관련해서—" ≪韓國文化≫ 1:1-25. 서울大學校 韓國文化
    硏究所.
金芳漢(1986ㄱ) "韓國語と日本語の關係" 馬淵和夫 編(1986: 1-19).
金芳漢(1986ㄴ) "韓國語の系統硏究に關する諸問題" ≪朝鮮學報≫ 118:19-33. 朝鮮學會.
金芳漢(1988) "韓·日兩言語의 系統硏究에 관한 問題點" ≪日本學≫ 7:1-23. 東國大學校 日本學硏

究所.

金思燁(1973) "朝鮮語と日本語" 江上波夫·大野晋 編 ≪古代日本語の謎≫ 81-115. 毎日新聞社.

金思燁(1974) ≪古代朝鮮語と日本語≫ 講談社(改訂増補版 1981).

金思燁(1975) "高句麗·百濟新羅の言語" 大野晋 編 ≪日本古代語と朝鮮語≫ (1975: 37-60). 東京: 毎日新聞社.

김선기(1968ㄱ) "한일·몽 단어 비교-계통론의 긷돌" ≪한글≫ 142:7-51. 한글학회.

김선기(1968ㄴ) "A Compartive Study of Numerals of Korean, Japanese and Altaic Languages" ≪明大論文集≫ 1:11-57. 明知大學.

김선기(1976ㄱ) "가라말의 덜(韓國語의 語源)①" ≪現代文學≫ 254:323-329. 現代文學社(1976.2).

김선기(1976ㄴ) "가라말의 덜(韓國語의 語源)②" ≪現代文學≫ 255:322-329. 現代文學社(1976.3).

김선기(1976ㄷ) "가라말의 덜(韓國語의 語源)③" ≪現代文學≫ 257:335-341. 現代文學社(1976.5).

김선기(1976ㄹ) "가라말의 덜(韓國語의 語源)④" ≪現代文學≫ 258:327-333. 現代文學社(1976.6).

김선기(1976ㅁ) "가라말의 덜(韓國語의 語源)⑤" ≪現代文學≫ 259:329-335. 現代文學社(1976.7).

김선기(1976ㅂ) "가라말의 덜(韓國語의 語源)⑥" ≪現代文學≫ 260:331-337. 現代文學社(1976.8).

김선기(1976ㅅ) "가라말의 덜(韓國語의 語源)⑦" ≪現代文學≫ 262:341-348. 現代文學社(1976.10).

김선기(1976ㅇ) "가라말의 덜(韓國語의 語源)⑧" ≪現代文學≫ 263:353-360. 現代文學社(1976.11).

김선기(1976ㅈ) "가라말의 덜(韓國語의 語源)⑨" ≪現代文學≫ 264:346-353. 現代文學社(1976.12).

김선기 (1977ㄱ) "가라말의 덜(韓國語의 語源)⑩" ≪現代文學≫ 265:326-332. 現代文學社(1977.11).

김선기(1977ㄴ) "가라말의 덜(韓國語의 語源)⑪" ≪現代文學≫ 266:376-383. 現代文學社(1977.2).

김선기(1977ㄷ) "가라말의 덜(韓國語의 語源)⑫" ≪現代文學≫ 267:351-359. 現代文學社(1977.3).

김선기(1977ㄹ) "가라말의 덜(韓國語의 語源)⑬" ≪現代文學≫ 268:352-359. 現代文學社(1977.4).

김선기(1977ㅁ) "가라말의 덜(韓國語의 語源)⑭" ≪現代文學≫ 269:351-359. 現代文學社(1977.5).

김선기(1977ㅂ) "가라말의 덜(韓國語의 語源)15" ≪現代文學≫ 270:318-324. 現代文學社(1977.6).

김선기(1977ㅅ) "가라말의 덜(韓國語의 語源)16" ≪現代文學≫ 271:332-337. 現代文學社(1977.7).

김선기(1977ㅇ) "가라말의 덜(韓國語의 語源) 17" ≪現代文學≫ 273:328-335. 現代文學社(1977.9).

김선기(1977ㅈ) "가라말의 덜(韓國語의 語源) 19" ≪現代文學≫ 275:326-331. 現代文學社(1977.11).

김선기(1977ㅊ) "가랏 셈말의 덜" ≪明大論文集≫ 10:9-38. 明知大學.

김선기(1978ㄱ) "가라말의 덜(韓國語의 語源) 20" ≪現代文學≫ 276:324-331. 現代文學社(1979.12).

김선기(1978ㄴ) "가라말의 덜(韓國語의 語源) 23 —뮈욤말(동사)과 그림말(형용사)—" ≪現代文學≫ 279:320-327. 現代文學社(1978.9).

김선기(1978ㄷ) "가라말의 덜(韓國語의 語源) 25 —그림말들—" ≪現代文學≫ 281:338-345. 現代文學社(1978.6).

김선기(1978ㄹ) "가라말의 덜(韓國語의 語源) 27 ―빛깔그림말―"《現代文學》 283:350-359. 現代文學社(1978.7).

김선기(1978ㅁ) "가라말의 덜(韓國語의 語源) 28 ―그림말(형용사)―"《現代文學》 285:351-359. 現代文學社(1978.9).

김선기(1978ㅂ) "가라말의 덜(韓國語의 語源) 29 ―뮈욤말(동사)―"《現代文學》 286:350-359. 現代文學社(1978.10).

김선기(1978ㅅ) "가라말의 덜(韓國語의 語源) 30 ―뮈욤말(동사)2―"《現代文學》 287:344-351. 現代文學社(1978.11).

김선기(1979ㄱ) "가라말의 덜(韓國語의 語源) 31 ―뮈욤말(동사)3-"《現代文學》 289:365-373. 現代文學社(1979.1).

김선기(1979ㄴ) "가라말의 덜(韓國語의 語源) 32 ―뮈욤말(동사)4―"《現代文學》 290:370-375. 現代文學社(1979.2).

김선기(1979ㄷ) "가라말의 덜(韓國語의 語源) 33 ―뮈욤말(동사)5―"《現代文學》 291:368-372. 現代文學社(1979.3).

김승곤(1984)《한국어의 기원》 건국대학교출판부.

金榮一(1986)《韓國語와 Altai語의 接尾辭 比較研究》 曉星女大 博士學位論文.

金永鎭(1982) "加倻語에 對하여"《加羅文化》 1:51-72. 慶南大學校 加羅文化研究所.

金完鎭(1965) "原始國語 母音論에 關係된 數三의 課題"《震檀學報》 28:75-96. 震檀學會.

金完鎭(1970) "이른 時期에 있어서의 韓中 言語 接觸의 一斑에 對하여"《語學研究》 6.1:1-16. 서울大學校 語學研究所.《國語音韻體系의 研究》, 一潮閣, 1971, pp. 96-114에 재수록.

김영일(1983) "국어와 터키어의 어휘 비교를 위한 기초 연구(Ⅰ)"《論文集》 19.1:1-19. 釜山教育大學.

김영일(1985) "국어와 터키어의 음운 비교 시론"《素堂千時權博士華甲紀念 國語學論叢》: 577-593. 螢雪出版社.

김영일(1986) "한국어와 알타이어의 동사형성 접미사 비교"《한글》 193:163-183. 한글학회.

김원표(1962) "古書에 보이는 '兎'의 語源考 ―語源學上에서 본 '阿斯達'과 '吐含山'의 地名―"《한글》 130:40-52. 한글학회.

김태종(1936) "역사에 나타난 어원"《한글》 4-6. 조선어학회 p. 12.

金澤庄三郎(1955) <日鮮語比較雜考>,《朝鮮學報》 8:21-31. 朝鮮學會.

金澤庄三郎(1904) "郡村の語源に就きて"《史學雜誌》 13.11.

金澤庄三郎(1910)《日韓兩國語同系論》, 三省堂書店, 大野晋 編(1980: 43-64)에 재수록.

金澤庄三郎(1914) "言語學上으로 본 朝鮮과 滿洲와 蒙古와의 關係."

金澤庄三郎(1915) "朝鮮語と滿洲語蒙古語との關係"《朝鮮彙報》10. 朝鮮總督府. pp. 198-202.

金澤庄三郎(1929), ≪日鮮同祖論≫, 刀江書院.
金澤庄三郎(1937) "言語上から見たる鮮滿蒙の關係" ≪朝鮮≫ 265. 朝鮮總督府. pp. 58-61.
金澤庄三郎(1939) "言語上으로 본 鮮滿蒙의 關係" ≪正音≫ 31. 조선어연구회. pp. 1-3. 趙恒範 編
    (1994: 548-552)에 재수록.
金澤庄三郎(1960) "日鮮兩語の比較につきて" ≪國學院雜誌≫ 61.12:1-2. 國學院大學.
金澤庄三郎(1977) "地名からみた朝鮮と日本 ―日鮮同祖論より― ≪東アジアの古代文化≫
    13:99-124. 大和書房.
金澤庄三郎(1978) ≪日鮮同祖論 ―ヤマト?カラ交流の軌跡―≫(新版) 東アジア叢書 6. 成甲書房(初
    版: 1929年).
金亨柱(1984) "韓國語와 滿洲語와의 接尾辭 比較研究" ≪東亞論叢(人文科學篇)≫ 21:83-106. 東亞
    大學校.
金炯秀(1982) ≪韓國語와 蒙古語와의 接尾辭比較研究≫ 螢雪出版社.
大野晋 編(1975) "日本古代語と朝鮮語" 每日新聞社.
大野晋(1980) "日本語の系統論の新しい展開" ≪言語≫ 9.1 大修館書店(1980). 大野晋 編 ≪日本語の
    系統≫(1980. 4-33)에 재수록.
文和政(1981) "한국어 일본어가 지니는Altai어적 특성과 그 음성적 규칙성에 관한 비교연구" ≪論文
    集≫ 14-1 청주대. p165-195.
朴時仁(1970) ≪알타이 人文研究≫ 서울大學校 出版部.
朴恩用(1974) "韓國語와 滿洲語와의 比較研究(上)" ≪研究論文集≫ 14·15:101-282. 曉星女子大學.
朴恩用(1975) "韓國語와 滿洲語와의 比較研究(中)" ≪研究論文集≫ 16·17:131-207. 曉星女子大學.
박은용(1975) "민족어의 기원에 대하여"
朴恩用(1976) "說話와 言語를 通해본 朱蒙의 語源에 對하여" ≪神父全碩在博士還曆 紀念論文集≫:
    199-229. 효성여자대학출판부.
방종현(1939) "言語片感" ≪문장≫ 4, 趙恒範 編(1994: 527-529)에 재수록.
白鳥庫吉(1914ㄱ) "朝鮮語とUral-Altai語との比較研究" ≪東洋學報≫ 4.1, 東洋文庫.
白鳥庫吉(1914ㄷ) "朝鮮語とUral-Altai語との比較研究" ≪東洋學報≫ 4.2, 東洋文庫, pp. 143-183.
白鳥庫吉(1914ㄴ) "朝鮮語とUral-Altai語との比較研究" ≪東洋學報≫ 4.3, 東洋文庫, pp. 283-330.
白鳥庫吉(1915ㄱ) "朝鮮語とUral-Altai語との比較研究" ≪東洋學報≫ 5.1, 東洋文庫, pp. 1-40.
白鳥庫吉(1915ㄴ) "朝鮮語とUral-Altai語との比較研究" ≪東洋學報≫ 5.3, 東洋文庫, pp. 291-327.
白鳥庫吉(1916ㄱ) "朝鮮語とUral-Altai語との比較研究" ≪東洋學報≫ 6.2, 東洋文庫, pp. 141-184.
白鳥庫吉(1916ㄴ) "朝鮮語とUral-Altai語との比較研究" ≪東洋學報≫ 6.3, 東洋文庫, pp. 289-328.
徐廷範(1985) "國語의 語源 研究(一) ―Vm(ㅁ)接尾辭語를 中心으로―" ≪于雲朴炳采敎授 還曆紀

念論叢≫:235-255. 高麗大學校 國語國文學會.
石井博(1992) "韓國語와 日本語間 두세 가지 對應音則"≪國語學研究百年史≫ 1:88-95. 一潮閣.
成百仁(1980) "討論 韓國語의 系統"≪民族文化의 源流≫ 55-57. 韓國精神文化研究院,
小倉進平(1934) ≪朝鮮語と日本語≫ 國語科學講座 Ⅵ, 明治書院, 京都大學文學部國語學國文學研究室 編(1975), ≪小倉進平博士著作集(四)≫, 京都大學國文學會, pp. 315-377에 재수록.
小倉進平(1935) "朝鮮語の系統"岩波講座 ≪東洋思潮≫ 7, 京都大學文學部國語學國文學研究室 編(1975), ≪小倉進平博士著作集(四)≫, 京都大學國文學會, pp. 379-432에 재수록.
宋敏(1965) "韓日兩國語 音韻對應 試考 ―國語 ~ㅣ~과 ~o~을 中心으로―"≪文理大學報≫ 12.1:36-46. 서울大學校 文理科大學學生會.
宋敏(1966) "韓日語 比較 可能性에 關한 硏究 ―特히 國語史의 立場에서―"서울大學校 碩士學位論文.
宋敏(1966) "高句麗語의 Apocope에 對하여"≪聖心語文論集≫ 1:17-22. 聖心女子大學 國語國文學科.
宋敏(1969) "韓日兩國語 比較硏究史"≪論文集≫ 1:5-93. 聖心女子大學.
宋敏(1973) "古代日本語에 미친 韓語의 影響"≪日本學報≫ 1:29-57. 韓國日本學會.
宋敏(1974) "最近의 日本語系統論에 대하여"≪日本學報≫ 2:3-20. 韓國日本學會.
辛容泰(1985) "韓國語 殷(商)語 日本語의 單語族 硏究序說 ―韓?日語의 祖語를 探索하기 위한―>"≪국어교육≫ 51?52:401-421. 한국국어교육연구회.
신용태(1987) "한국어의 어원 연구(Ⅳ) ―알(卵)사이(間)다(消燒)고구려 지명 '達'에 관하여―"≪열므나 이 응호 박사 회갑 기념 논문집≫:151-167. 한샘.
辛容泰(1987) "高句麗の地名に殘る日本語の數詞 ―日本語 韓國語 殷語 <古アジア語> 脈絡が見えるその語源的解明―"≪言語≫ 別冊 16.7:130-144. 大修館書店.
俞昌均(1960) "日本語와 比較될 수 있는 古地名"≪國語國文學研究≫ 4:13-23. 靑丘大學國語國文學會.
이규창(1979) " 韓日語에 나타난 漢字語 考察"≪韓國言語文學≫ 17·18. 韓國言語文學會.
이근수(1982) "고구려어와 신라어는 다른 언어인가"≪한글≫ 177:39-60. 한글학회.
이기문(1958) "A Comparative study of Manchu and Korean" *Ural- Altaische Jahrbuecher*, Band XXX, Heft 1-2:104-120. Wiesbaden: Otto Harrassowitz.
이기문(1963) "A Genetic View of Japanese" *Chosen Gakuho* 27:94-105, Chosen Gakkai.
이기문(1964) "Mongolian Loan-Words in Middle Korean" *Ural- Altaische Jahrbuecher* 35:188-197. Wiesbaden: Otto Harrassowitz,
이기문(1975) "Remarks on the Comparative Study of Korean and Altaic," *Proceedings of the International Symposium Commemorating the 30th Anniversary of Korean Liberation*:3-35. Republic of Korea: National Academy of Sciences, 서울대 언어학과 편 ≪알타이어학 논문선(Ⅰ)≫에 재수록.

李基文(1971) "語源 數題" ≪金亨奎博士 頌壽紀念 論文集≫ 李基文(1991: 67-74)에 재수록.
李基文(1973) "韓國語와 日本語의 語彙比較에 대한 再檢討" ≪語學研究≫ 9.2:1-19. 서울大學校 語學研究所.
李基文(1978) "語彙 借用에 관한 一考察" ≪언어≫ 3.1:19-31
李男德(1977) "韓日語比較方法에 있어서의 同根派生語研究에 대하여" ≪李崇寧先生古稀紀念 國語國文學論叢≫:197-220. 塔出版社.
李明燮(1962) "韓日兩國語의 比較言語學的 考察" ≪韓日文化≫ 1.1:1-16. 釜山大學校 韓日文化研究所.
李丙燾(1956) "高句麗國號考 —高句麗名稱의 起源과 그 語義에 對하여—" ≪서울大學校 論文集 人文社會科學≫ 3:1-14. 서울大學校.
李崇寧(1955) "韓日兩語의 語彙比較試考 —糞尿語를 中心으로 하여—" ≪學術院會報≫ 1:1-19. 大韓民國學術院.
李崇寧(1956) "接尾辭, ~k(g), ~ŋ에 對하여 —特히 古代土耳其語와의 比較에서—" ≪서울大學校 論文集 人文社會科學≫ 4:77-200. 서울大學校.
李崇寧(1967) "韓國語發達史 下 語彙史" ≪韓國文化史大系 Ⅴ 言語?文學史(上)≫:263-321. 高麗大學校 民族文化研究所.
李庸周(1979) "日本語起源論과 韓日語 比較에 대하여(Ⅰ)"—限界性을 中心으로— ≪師大論叢≫ 20:109-128. 서울大學校 師範大學.
李庸周(1980) "日本語起源論과 韓日語 比較에 대하여(Ⅱ) —基礎語彙의 確率統計的 研究를 中心으로—" ≪師大論叢≫ 21:71-106. 서울大學校 師範大學.
李源鎭(1940) "朝鮮語와 琉球語比較資料" ≪正音≫ 34, 조선어학연구회. pp. 13-18.
이재숙(1989) ≪ 한일 양국어의 동계론 —직렬비교법에 의한— ≫ 과학사.
李鐸(1946ㄱ) "언어상으로 고찰한 선사시대의 환하문화의 관계(1)" ≪한글≫ 11.3:8-12. 조선어학회.
李鐸(1946ㄴ) "언어상으로 고찰한 선사시대의 환하문화의 관계(2)" ≪한글≫ 11.4:10-19. 조선어학회.
李鐸(1946ㄷ) "언어상으로 고찰한 선사시대의 환하문화의 관계(3)" ≪한글≫ 11.5:12-21. 조선어학회.
이탁(1949) "언어상으로 고찰한 선사시대의 환하문화의 관계(6)" ≪한글≫ 13.4:4-24. 조선어학회.
이탁(1964) "A New Etymological Study of the English Word Eleven, Twelve Antagonist and Language" *The Education of Korean Language*:149-161. The Education of Korean Language Research Institute.
長田夏樹(1964) "日鮮兩語親族語彙對應不對應の問題 — アルタイ比較民族言語學の立場から —" ≪朝鮮學報≫ 32:119-120. 朝鮮學會.
長田夏樹(1966) "朝鮮語一音節名詞の史的比較言語學的考察" ≪朝鮮學報≫ 39·40:74-120. 朝鮮學會.

村山七郎(1963) "高句麗語と朝鮮語との關係に關する考察" ≪朝鮮學報≫ 26:25-34. 朝鮮學會.
村山七郎(1967) "古代の日本語と朝鮮語" ≪コトバの宇宙≫ 2.4.
村山七郎(1974) ≪日本語の語源≫ 東京: 弘文堂.
최기호(1995) "알타이어족설의 문제점" ≪한글≫ 227:71-106. 한글학회.
최남선(1929) "조선어 남녀근 명칭고" ≪괴기≫ 1.2, 동명사.
최학근(1959ㄱ) "동사 "붓도도다"(培)의 어원론적 고찰(語源論的考察) ―아울러 국어와 Altai어족 사이에 존재하는 [p~f~h/x~o]음운대응(音韻對應)에 대하여―" ≪한글≫ 124:42-52. 한글학회.
최학근(1959ㄴ) "G. J. Ramstedt씨의 한국어 어원 연구" ≪한글≫ 125:97-101. 한글학회.
崔鶴根(1964) "國語數詞와 Altai語族數詞와의 어느 共通點에 對하여" ≪陶南趙潤濟博士 回甲 紀念 論文集≫:569-599. 新雅社.
崔鶴根(1971) "On the Numeral Terms of Korean Language" ≪金亨奎博士 頌壽紀念論叢≫: 751-756. 一潮閣.
崔鶴根(1981) "韓國語의 系統論에 關한 研究(其一)" ≪東亞文化≫ 19:3-80. 서울大學校 人文大學 東亞文化研究所.
최현배(1927) "언어상으로 본 조선어" ≪한글(동인지)≫ 4-1, 조선어학회. pp. 4-6.
洪起文(1934ㄱ) "數詞의 諸 形態 硏究(三) ―通古斯語系 數詞의 比較表―" 朝鮮日報 1934.4.11, 趙恒範 編(1994: 215-219)에 재수록.
洪起文(1934ㄴ) "數詞의 諸 形態 硏究(八) ―朝鮮語와 다른 言語의 비교―" 朝鮮日報 1934.4.17, 趙恒範 編(1994: 232-234)에 재수록.
洪起文(1934ㄷ) "親族名稱의 研究(1) ―아버지, 어머니, 어버이―" 朝鮮日報 1934.5.27, 趙恒範 編(1994: 238-240)에 재수록.
洪起文(1934ㄹ) "親族名稱의 研究(6) ―언니, 아우, 오래비, 누의―" 朝鮮日報 1934.6.2, 趙恒範 編(1994: 253-255)에 재수록.

Arraisso. (1896), "Kinship of the English and Korean Languages", *The Korean Repository* 3.1, The Trilingual Press, pp. 20-21
Aston, W. G. (1879), "A Comparative Study of Japanese and Korean Languages," *Journal of the Royal Asiatic Society of Great Britain and Irland*, New Series, 11.3, 李基文 編(1977), ≪國語學論文選 10, 比較研究≫, 民衆書館, pp. 9-66에 재수록.
Christopher I. Beckwith (2004) *Koguryo The Language of Japan's Continental Relatives*.
Eckardt, A.(1966) "Koreanisch und Indogermanisch" *Untersuchungen Ueber die Zugehoerigkeit*

des koreanischen zur indogermanischen Sprachfamilie, Heidelberg.

Edkins, J. (1895), "Relationship of the Tartar Languages," *Korean Repository* 2.11, The Trilingual Press, pp. 405-411.

Edkins, J. (1896ㄱ) "Korean Affinities," *Korean Repository* 3.6, The Trilingual Press, pp. 230-232.

Edkins, J. (1896ㄴ) "Monosyllabism of the Korean type of language," *Korean Repository* 3.9, The Trilingual Press, pp. 365-367.

Edkins, J. (1898), "Etymology of Korean Numerals," *The Korean Repository* 5.9, The Trilingual Press, pp. 339-341.

Fujiwara, Akira (1974) "A Comparative Vocabulary of Parts of the Body of Japanese and Uralic Languages, with the Backing up of Altaic Languages, Kokuryoan, and Korean," *Gengo Kenkyu* 65:74-79. The Linguistic Society of Japan,

Hulbert, H. B. (1905), *A Comparative Grammar of the Korean Language and the Dravidian Languages of India*, Seoul.

Kanazawa, S. (1910), *The Common Origin of the Japanese and Korean Languages*, 2nd ed., Tokyo.

Kho, Songmoo 1977 "On the Contacts between Korean and the Turkic Languages (I)," *Mémoires de la Sociēt Finno-Ougrienne* 158:139-142. Helsinki: Suomalais-ugrilainen Seura,

Martin, S. E. (1966) "Lexical Evidence relating Korean to Japanese Language" 42.2:185-251. Linguistic Society of America

Martin, S. E. (1975) "韓國語와 日本語의 先史的 關係樹立에 있어서의 諸問題" ≪光復30周年紀念 綜合學術會議論文集≫:107-126. 大韓民國 學術院.

Miller, R. A. (1980) "Origins of the Japanese Language" *Seattle and London*: University of Washington Press, 金芳漢 譯(1985), ≪日本語의 起源≫, 民音社.

Polivanov, E. D. (1927) "K voprosu, o rodstvennyx otnošenijax korejskogo i 'altajskix' jazykov," *Izvestija Akademii nauk SSSR* VI, XXI, 15-17, trans. Armstrong, D., "Toward the Question of the Kinship Relations of Korean and the "Altaic" Languages," *E. D. Polivanov Selected Works Articles on General Linguistics*, comp. A. A. Leont'ev, The Hague·Paris: Mouton, 1974, pp. 149-158, 村山七郎 譯, <朝鮮語と「アルタイ」諸語との親緣關係>, ≪日本語研究≫, 弘文堂, pp. 174-183.

Poppe(1965) *Introduction Altai Linguistics*

Rahder, J. (1956) "Etymological Vocabulary of Chinese, Japanese, Korean and Ainu, Part 1" *Monumenta Nipponica, Monograph* 16, Tokyo: Sophia University.

Rahder, J. (1959) "Etymological Vocabulary of Chinese, Japanese, Korean and Ainu (3)," *The Journal of Asiatic Studies* 2.1:317-416, Asiatic Research Center, Korea University,

Ramstedt, G. J. (1926) "Two Words of Korean-Japanese," *Journal de la Société Finno-Ougrienne* 55, 1951, pp. 25-30.

Ramstedt, G. J. (1928), "Remarks on the Korean Language," *Mémoires de la Société Finno-Ougrienne* LVIII, Helsinki: Suomalais-Ugrilainen Seura, pp. 441-453, 李基文 編 (1977: 67-82)에 재수록.

Ramstedt, G. J. (1939ㄱ) "Über die Stellung des Koreanischen," *Journal de la Société Finno-Ougrienne* 55, 1951, Helsinki: Suomalais-Ugrilainen Seura, pp. 47-58.

Ramstedt, G. J. (1943) "Über die Kasusformen des objects im Tnungusischen," *Journal de la Société Finno-Ougrienne* 55, 1951, Helsinki: Suomalais-Ugrilainen Seura, pp.83-86.

Ramstedt, G. J. (1945) "Über die structur der altaischen Sprachen," *Journal de la Société Finno-Ougrienne* 55, 1951, Helsinki: Suomalais-Ugrilainen Seura, pp. 87-97.

Ramstedt, G. J. (1949) "Studies in Korean Etymology" *Mēmoires de la Sociēt Finno-Ougrienne* XCV:1-292. Helsinki: Suomalais-Ugrilainen Seura, (ed. P. Aalto(1953:1-64)에 재수록)

Ramstedt, G. J. (1952) "Einfuehrung in die altaische Sprachwissenschaft II" bearbeitet und herausgegeben von P. Aalto, Mémoires de la Sociét Finno-Ougrienne 104.2:15-262. Helsinki: Suomalais-Ugrilainen Seura,

Ramstedt, G. J. (1954) "Additional Korean Etymologies" Collected and Edited by P. Aalto, Journal de la Sociēt Finno-Ougrienne 57.3:1-23. Helsinki: Suomalais-Ugrilainen Seura.

Сумьяабаатар, Б. (1975) Монгол Солонгос Туургатны Угсаа Гарал, Хэлний Холбооны Асуудалд, Улаанбаатар: Шинжлэх ухааны Академий н хэвлэл.

Цинциус, В. И. (ред.) (1979) Исследования в области этимологии алтай ских языков, Ленинград: Наука.

〈찾아보기〉

【ㄱ】

가(강가) ········· 1
가게 ········· 1
가교 ········· 1
가구 ········· 2
가깝다 ········· 2
가난하다 ········· 2
가늘다 ········· 3
가다 ········· 3
가다듬다 ········· 4
가대기 ········· 4
가두다 ········· 4
가득차다 ········· 4
가득하다 ········· 4
가락 ········· 4
가랑비 ········· 5
가래 ········· 5
가랭이 ········· 5
가렵다 ········· 5
가로 ········· 5
가루 ········· 6
가르다 ········· 6
가르치다 ········· 6
가르침 ········· 6
가리(새) ········· 6
가리다 ········· 7
가리다(나누다) ········· 7
가리우다 ········· 7
가마(솥) ········· 7
가문 ········· 8
가물다 ········· 8
가볍다 ········· 8
가쁘다 ········· 8

가슴 ········· 8
가시 ········· 9
가시나무 ········· 9
가시랭이 ········· 9
가야 ········· 9
가운데 ········· 9
가웃 ········· 9
가위 ········· 9
가을 ········· 10
가장 ········· 10
가장자리 ········· 10
가져오다 ········· 11
가죽 ········· 11
가죽신 ········· 11
가지 ········· 11
가지다 ········· 12
가지런하다 ········· 12
가치 ········· 12
간(干) ········· 12
간(肝) ········· 13
간격 ········· 13
간음 ········· 13
갈 ········· 13
갈(嵩) ········· 13
갈구리 ········· 13
갈기다 ········· 13
갈다(耕作) ········· 14
갈다(磨) ········· 13
갈다(替) ········· 14
갈대 ········· 15
갈라지다 ········· 15
갈래 ········· 15
갈매기 ········· 15
갈모(笠) ········· 15
갈보 ········· 15
갈색 ········· 16
갉다 ········· 16
갚다 ········· 16

감	16	거문고	27
감다(絡)	16	거미	27
감다(浴)	17	거북이	27
감다(閉眼)	17	거슬다	28
감독관	17	거울	28
감싸다	18	거짓	28
감추다	18	거칠다	29
갑다	18	거품	29
갑옷	18	거플	29
값	19	건너다	29
갓	19	건조하다	30
갓(帽)	19	걷다	30
강	20	걷다(步)	31
강렬하다	21	걷어치우다	31
강보	21	결	31
갖다	21	걸다	31
갖추다	21	걸다(沃)	32
같다	21	걸상	32
갚다	22	검다	32
개	23	검정	33
개구리	23	겁내다	34
개다	24	겁다	34
개똥벌레	24	겉	34
개미	24	게	35
개암	24	게우다	35
개울	24	게으르다	35
개천	25	겨드랑이	36
개펄	25	겨레	36
거기	25	겨루다	36
거꾸러지다	25	겨를	36
거느리다	25	겨우	36
거닐다	25	겨울	37
거덜	25	겪다	37
거두다	26	견(絹)	37
거룩	26	견디다	37
거르다	26	견주다	37
거름	26	결	37
거리	26	결(머리)	38

결론	38	곧	45
결코	38	곧다	45
겸	38	골수	46
겹	38	골짜기	46
겹다	38	곰	48
겹치다	38	곰팡이	49
곁	38	곱	50
계시	39	곱다	50
계시다	39	곳	51
고가	40	공경하다	52
고개	40	공이	52
고갱이	40	곶	52
고것	40	과녁	52
고기	40	과실	52
-고나	41	과일	52
고드름	41	관(管)	52
고랑(두둑)	41	관리하다	52
고래	41	괄다	52
고르다	41	괭이	53
고름(膿)	42	괴다(발효)	53
고리	42	괴다(愛)	53
고무래	43	괴다(溜)	53
고산	43	괴롭다	53
고수머리	43	구경	53
고양이	43	구덩이	53
고을	43	구두	53
고장(村)	44	구들	54
고장나다	44	구렁	54
고차	44	구렁이	54
고추	44	구르다	54
고치	44	구름	54
고치다	44	구릉	55
고프다	44	구리다	55
고해	45	구린내	56
곡식	45	구멍	56
곡조	45	구분	57
곤이	45	구비하다	57
곤포(다시마)	45	구슬	57

구역	58	그믐	66
구지(입)	58	그을다	67
국찾다	58	그을리다	67
군(郡)	58	그을음	67
군(人)	58	그음	67
군데	58	그저께	67
굳다	58	그치다	67
굴	59	근본	67
굴(조개)	60	근심	67
굴뚝	60	근심하다	68
굵다	60	근원	68
굶다	60	글	68
굽다	61	글월	68
굽다(燒)	62	긁다	68
굽음	62	금	69
굽이	62	금(경계)	69
굽히다	62	금속	70
굿다	62	금지된 산	70
권위	62	급병	70
권죽	62	기계	70
귀	62	기다	70
그	63	기다리다	70
그~	64	기둥	71
그늘	64	기러기	71
그들	64	기르다	72
그러므로	65	기름	72
그루	65	기름지다	72
그루갈이	65	기미	72
그루터기	65	기뻐하다	73
그르다	65	기생충	73
그릇	65	기와	73
그리고	65	기와집	73
그리다(畵)	65	기울(麩)	73
그리워하다	65	기울다	73
그림	65	기원	74
그림자	66	기이	74
그물	66	기장	74
그믈다(罟)	66	기저귀	74

긷다(汲) ·················· 74
길 ······················ 74
길다 ···················· 75
길마(鞍) ················· 76
김 ······················ 76
김(잡초, 해초) ············ 76
깃 ······················ 76
깃털 ···················· 77
깊다 ···················· 77

【ㄲ】

-까(의문) ················ 78
까다 ···················· 78
까닭 ···················· 78
까마귀 ·················· 78
까지 ···················· 78
까치 ···················· 78
깎다(刮/削) ·············· 79
깔다 ···················· 79
깨끗하다 ················ 79
깨다 ···················· 79
깨닫다 ·················· 79
깨물다 ·················· 79
깨치다 ·················· 80
꺼리다 ·················· 80
꺼지다 ·················· 80
꺾다 ···················· 80
껍 ······················ 80
껍다 ···················· 80
껍질 ···················· 80
-께 ····················· 81
꼬다 ···················· 81
꼬리 ···················· 81
꼬치 ···················· 81
꼭두각시 ················ 81
꼭지 ···················· 82
꼴 ······················ 82

꽁무리 ·················· 82
꽃 ······················ 82
꽹과리 ·················· 83
꾀꼬리 ·················· 83
꾸다 ···················· 83
꾸리다 ·················· 83
꾸미다 ·················· 83
꾸짖다 ·················· 83
꿀 ······················ 83
꿀벌 ···················· 84
꿩 ······················ 84
꿰다 ···················· 84
꿰매다 ·················· 84
끄다 ···················· 85
끄르다 ·················· 85
끈 ······················ 85
끊다 ···················· 85
끌 ······················ 85
끌다 ···················· 86
끌어안다 ················ 86
끓이다 ·················· 86
끝 ······················ 86
끼 ······················ 87

【ㄴ】

ㄴ(관형격조사) ··········· 88
나 ······················ 88
나가다 ·················· 89
나그네 ·················· 89
나누다 ·················· 89
나다 ···················· 90
나라 ···················· 91
나락 ···················· 91
나란하다 ················ 91
나루 ···················· 91
나르다 ·················· 92
나른하다 ················ 92

나무	92	내기	103
나무껍질	93	내기하다	103
나무라다	93	내내	103
나무판	93	내다	103
나물	93	내리다	103
나부끼다	94	내부	103
나비	94	내장	104
나쁘다	94	냄비	104
나아가다	94	냄새	104
나이	94	냉이	104
나체	95	너	104
나타나다	95	너구리	106
나풀	95	너그럽다	106
낙인	95	너끈	106
낚시	95	너르다	106
날(生)	95	넉넉	107
날(刃)	95	넉살	107
날(日)	95	넋	107
날개	96	널	107
날카롭다	97	넓다	107
낡다	97	넘기다	108
남(南)	97	넘다	108
남(他)	97	넘치다	108
남근	97	넙	108
남기다	98	넣다	108
남다	98	-네	109
남동생	98	넷	109
남자	98	녀다	110
남편	98	녘	110
납	99	네	110
납거미	99	노	110
낫	100	노구솥	110
낫다	100	노랗다	111
낮	101	노래	111
낮다	101	노래하다	111
낯	102	노루	111
낳다	102	노릇	112
내	102	노리다	112

녹나무	112	늘어서다	123
녹다	112	늙다	123
녹쓸다	112	능금	124
논	113	늦-	124
논리	113	늦다	124
놀	113	늪	124
놀거	113	니르다	125
놀다	113		
놀라다	114	【ㄷ】	
놈	114		
높다	114	다-	126
놓다	115	다(多)	126
놓치다	115	다각	126
누구	115	다니다	126
누긋하다	116	다닫다	126
누나	116	다루다	126
누누	116	다르다	126
누다	116	다름	127
누르다	116	다리	127
누비다	117	다만	128
누이	117	다물다	128
누이다	118	다발	128
눅다	118	다북쑥	128
눈	118	다섯	128
눈(雪)	119	다소	129
눈물	120	다스리다	129
눈부시다	120	다습다	129
눈알	120	다시	130
눋다	120	다짐	130
눕다	121	다투다	130
뉘	122	다하다	130
뉘우치다	122	다히	130
느끼다	122	닥나무	130
느른하다	122	닦다	131
느릅나무	122	닦다(修)	131
느리다	122	단단하다	131
-는	123	단지	131
늘리다	123	단풍나무	131

닫다	131	더하다	140
달	132	던지다	141
달걀	133	덜다	141
달구다	133	덤	141
달다	133	덤비다	141
달라다	133	덥다	141
달래	133	덩굴	142
달래다	134	덩이	142
달리다	134	덫	142
달아나다	134	덮개	142
달팽이	134	덮다	142
닭	135	데	143
닮다	136	데굴데굴	143
담그다	136	데리다	143
담다	136	도	143
당기다	136	-도	144
닿다	136	도(桃)	144
대	137	도끼	144
대다	138	도둑	144
대답하다	138	도랑	145
대롱	138	도리	145
대마도	138	도마뱀	145
대머리	138	도미	145
대소변	138	도움	145
대신	138	도적	145
대신하다	138	독(甕)	146
대야	138	독단	146
대인	138	돈	146
더	138	돈	146
-더냐	139	돋다	146
더덕	139	돌	146
더듬다	139	돌(1년)	148
더디다	139	돌다	148
더럭더럭	139	돌리다	148
더럽다	139	돌출하다	148
더미	140	돕다	148
더불다	140	돗자리	149
더욱	140	동(東)	149

동굴	149
동그라미	149
동무	149
동사 파생 형태소	149
동산	150
동생	150
동아	150
동이	150
동이다	150
돛	150
돼지	151
되	151
되게하다	151
되다	151
되돌리다	152
두껍다	152
두다	152
두더지	152
두던	152
두둑	152
두드리다	152
두려워하다	153
두루미	153
두르다	154
두엄	154
두텁다	154
둘	154
둥글다	155
둥금	156
둥둥	156
둥우리	156
둥지	156
뒤	156
뒤집히다	157
드디어	157
드러나다	157
드레	157
드리다	157
드리우다	158
드물다	158
듣다	158
들	158
들다(擧)	160
들다(入)	160
들레다	160
들어가다	160
들이받다	161
등	161

【ㄸ】

따갑다	161
따다	161
따뜻하다	161
따르다	162
따름	162
따보	162
따비	162
따오기	162
따위	163
딱딱하다	163
딸	163
딸리다	163
땀	163
땅	163
땋다	165
때	165
때다(燒)	166
때리다	166
떠나다	166
떠다니다	166
떠들다	166
떡	166
떨다	167
떨어뜨리다	167
떨어지다	167

떫다	168	마무르다	175
떳떳하다	168	마시다	175
떼(잔디)	168	마을	175
또	168	마음	176
똑똑	169	마작	177
똥	169	마지막	177
뚝뚝	169	마치다	177
뚫다	169	마흔	178
뛰다	169	막	178
뜨다	169	막다	178
뜯다	170	막대	178
뜸	170	막대기	178
뜸뜨다	170	막히다	178
뜻뜻하다	170	만(期間)	179
띠	170	만(萬)	179
		만나다	179
		만들다	179
		만만	179

【ㄹ】

-ㄹ	172	만약	179
-라면	172	많다	180
-로고나	172	많이	181
롱	172	맡기다	181
		맏다	181
		말(단위)	181

【ㅁ】

마(식물)	173	말(馬)	182
마구	173	말(言)	183
마기	173	말다(捲)	183
마늘	173	말다(不)	183
마다	173	말다(混)	184
마디	174	말뚝	184
마땅히	174	말리다	184
마루	174	말미	184
마룻대	174	말씀	185
마르다	174	말하다	185
마름	175	맑다	185
마리(頭)	175	맛	186
마마	175	맛보다	186
		망울	186

망치	186	멧부리	195
맞다	186	멧제비	196
맞다(매를)	187	며느리	196
맞다(迎)	187	면(綿)	196
맡	187	멸하다	196
맡기다	187	명백하다	196
맡다	187	명사 파생 형태소	196
매	187	명사파생접미사	196
매(鞭)	187	몇	196
매끄럽다	188	모	197
매다	188	모기	197
매달다	188	모꼬지	197
매듭	189	모두	197
매무시	189	모든	198
매미	189	모래	198
매우	189	모략	199
매장하다	189	모르다	199
맨	189	모시	199
맵다	190	모시다	199
맺다	190	모시풀	199
머금다	190	모양	199
머리	190	모으다	200
머리깎다	191	모이다	200
머리카락	191	모자	200
머물다	192	모조리	200
먹다	192	모질다	200
먹이	193	모퉁이	201
먹이다	193	모형	201
먼저	194	목	201
먼지	194	목가	202
멀다	194	목수	202
멈칫	194	목욕	202
메다(肩)	195	목욕시키다	202
메다(塞)	195	몰다	202
메아리	195	몸	203
메우다	195	못(淵)	203
메주	195	못(釘)	204
메추리	195	못되다	204

못하다	204	물다(배상)	215
몽골이	204	물들다	215
몽둥이	204	물러나다	215
뫼	204	물방울	215
무	205	물수리	215
무겁다	205	묽다	215
무기	205	뭇다	215
무늬	205	뭍	216
무당	206	미르	216
무덤	206	미리	216
무디다	206	미치다	216
무르	206	민속	216
무르다(爛)	206	믿다	216
무르다(退)	207	밀	216
무릅쓰다	207	밀감	217
무릎	207	밀다	217
무리	208	밉다	217
무명	208	밋밋하다	218
무섭다	209	및	218
무시	209	밑	218
무엇	209		
무이다	209		
무지개	209	【ㅂ】	
묵다	209		
묶다	209	바	219
문	210	바구니	219
문둥	210	바글	219
문득	210	바깥	219
문신	210	바꾸다	220
문양	210	바느질하다	220
문지르다	210	바늘	220
묻다(問)	210	바다	221
물	211	바닥	222
물가	213	바디	222
물건	214	바라다	222
물결	214	바라지	223
물고기	214	바람	223
물다	214	바래다	224
		바로	224

바르다	224	배꼽	236
바르다(貼)	225	배다	237
바리	225	배롱	237
바보	225	배열하다	237
바쁘다	225	배우다	237
바야흐로	225	백	237
바위	225	백성	237
바지	226	백조	237
바치	226	백화	237
바퀴	226	뱀	238
바탕	226	뱉다	238
박	227	버금	239
박다	227	버드나무	239
밖	227	버들	239
반디	228	버렁	239
반딧불	228	버릇	239
반죽하다	228	버리다	240
받다	228	버티다	240
받다(부딪치다)	229	번개	240
받들다	229	번쩍번쩍	240
발	229	벋다	240
발가벗다	230	벌	240
밝다	230	벌(꿀)	242
밝히다	231	벌(野)	242
밟다	231	벌다	242
밤	232	벌레	242
밤나무	232	벌리다	242
밥	232	벌써	243
밥통	233	범	243
밧	233	범하다	243
밧줄	233	벗	243
방망이	233	벗다	243
방울지다	233	벙어리	244
밭	233	벚나무	244
배	234	베	244
배(梨)	235	베다	244
배(腹)	235	베틀	244
배(船)	236	베풀다	245

벼	245
벼랑	247
벼리	248
벼알	248
변	248
별	248
볏집	249
병	249
병아리	249
보내다	250
보다	250
보드랍다	251
보라	251
보람	251
보름	251
보리	251
보살(쌀)	251
보이다	252
보지	252
보태다	253
보행	253
보호하다	253
복	253
복어	253
볶다	254
본처	254
볼	254
볼기	254
봄	255
봉사	255
봉우리	255
부끄럽다	255
부딛다	255
부락	255
부러다	256
부레	256
부르다(飽)	256
부르다(呼)	256

부르짖다	256
부리	256
부리다	257
부모	257
부부	257
부비다	257
부수다	257
부스럼	257
부스스	258
부아	258
부엉이	258
부엌	258
부자	258
부지런하다	258
부채	258
부처	259
부추	259
부추기다	259
부치다	259
부풀다	259
부피	259
부화	259
북	260
북(鼓)	260
분뇨	260
분리되다	261
분홍	261
붇다	261
불	261
불꽃튀기다	263
불다	263
불사르다	264
불쌍하다	264
불알	264
불어나다	264
불에 드러나다	264
불을 붙이다	264
불이다	264

붉게물들이다	264
붉다	265
붉은 흙	266
붓	266
붓다	266
붇다	266
붙이다	266
붙잡다	267
비	267
비계	267
비교하다	268
비끼	268
비다	268
비단	268
비둘기	268
비듬	269
비로소	269
비록	269
비롯다	269
비롯하다	269
비료	269
비만	270
비비다	270
비오다	270
비웃다	270
비추다	270
비치다	270
비틀다	271
빌다(乞/借)	271
빌다(祈)	271
빗	271
빗다	271
빛	272
빛깔	272
빛나다	272

【ㅃ】

빠르다	272
빠지다	273
빨간색	273
빨다	273
빨다(洗)	273
빨리	273
빻다	274
빼다	274
빼앗다	274
빽빽하다	274
뺨	274
뻗다	274
뼈	274
뽕나무	276
뿌리	276
뿌리다	276
뿔	277

【ㅅ】

사	278
사귀다	278
사나이	278
사납다	278
사내	278
사냥하다	278
사다	278
사둘	279
사람	279
사랑하다	280
사뢰다	280
사르다	280
사마귀(痣)	280
사발	280
사슬	280
사슴	281
사외	281
사위다	281

사이	281	새로운	292
삭다	281	새로이	292
산	281	새롭다	292
산간	283	새우	292
산맥	283	색깔	292
산봉우리	283	샘	292
산지	284	생	293
살	284	생각하다	293
살(歲)	284	생성	293
살(矢)	284	서늘	293
살갗	285	서늘하다	293
살곳	285	서다	293
살다	285	서로 두드리다	294
살리다	285	서른	294
살살	286	서리	294
살찌다	286	서툴다	294
살쾡이	286	석	295
살피다	286	석가지	295
삵	286	선박	295
삶다	286	선지	295
삼	286	설다	295
삼(麻)	288	설사하다	295
삼가다	288	섬	295
삼나무	288	섬기다	296
삼다	289	성	296
삼치	289	성내다	298
삽	289	성인	298
삿	289	섶	298
삿갓	289	세	298
상대 부르는 소리	289	세(歲)	298
상상하다	289	세그루	298
상수리나무	289	세금	299
상앗대	289	세다	299
상자	290	세다(强)	299
새	290	세다(數)	299
새(新)	291	세대	299
새기다	291	세로	299
새끼	291	세상	299

세속	299	수리	307
소(淵)	299	수세미	307
소(牛)	299	수수	307
소금	300	수수께끼	308
소녀	300	수심	308
소도	301	수염	308
소라	301	수컷	308
소리	301	수풀	308
소매	301	숙다	308
소변	301	숙부	308
소아	301	숙이다	308
소용돌이	301	숟가락	308
소유	301	술	309
소인	301	술익다	309
소홀	301	숨	309
속	301	숨기다	310
속격-한정 표지	303	숨다	310
속곳	303	숨쉬다	310
속다	303	숯	310
속도	303	숲	310
속삭이다	303	쉬	311
속이다	304	쉬다	311
손	304	쉰	311
손가락	305	쉽다	311
손톱	305	스러다	312
솔	305	스러지다	312
솔솔	305	스물	312
솜	305	스미다	312
솟다	306	스스로	312
솟아나다	306	스승	312
송곳	306	슬슬	312
송별	306	슬퍼 흐느끼다	313
솥	306	슬프다	313
쇠	306	승강이	313
쇠보	307	시	313
수	307	시-	313
수레	307	시-(甚大)	313
수레채	307	시가	314

시간	314	썩다	321
시기	314	썰다	321
시끄럽다	314	썰매	321
시내	314	쏘다	321
시들다	315	쑤시다	322
시렁	315	쓰다	322
시루	315	쓰다(冠)	322
시름	315	쓰다(書)	322
시리다	315	쓰다(用)	322
시아버지	315	쓱싹	322
시울	316	쓸다	322
식물	316	쓸쓸하다	323
식초	316	씨	323
신(神)	316	씨름	324
신다	316	씨앗	324
신발	316	씹	324
신분이 낮다	317	씹다	324
실	317	씻다	324
실마리	317		
싫어하다	317	【ㅇ】	
심	317		
심다	317	아	326
심심하다	318	아귀	326
심장	318	아귀(입)	326
심히	318	아기	326
		아까	327
【ㅆ】		아깝다	327
		아끼다	327
싸다	319	아내	327
싸리	319	아니	327
싸우다	319	아니다	328
싹	319	아득하다	328
싹(芽)	319	아들	328
쌀	320	아랑주	329
쌀겨	320	아래	329
쌀밥	320	아로	330
쌓다	320	아름답다	330
써리다	321	아리다	330

아리땁다	330	야생의	342
아무리	330	야차	342
아버지	330	야청빛	342
아서라	333	약두구리	342
아아	333	약병	342
아우	333	약하다	342
아욱	333	얇다	342
아울다	334	양	343
아이	334	얕다	343
아자비	334	어그러지다	343
아전	334	어금니	344
아주머니	335	어긋다	344
아직	335	어기다	344
아첨	335	어느	344
아침	335	어느 곳	345
아프다	336	어둠	345
아홉	336	어둡다	345
아흔	336	어디	345
악기	337	어디로	345
악세	337	어떻게	345
안	337	어떻다	346
안개	338	어렵다	346
안다	338	어르다	346
안장	338	어른	346
앉다	338	어리	347
알	339	어리다	347
알다	339	어리석다	347
암	340	어린아이	347
압박	340	어림	347
앙금	340	어머니	347
앞	340	어서	350
애쓰다	341	어우르다	350
앵도	341	어울다	350
앵두	341	어위다	350
야	341	어지럽히다	350
야구	342	어질다	350
야들야들	342	어찌	351
야생거위	342	억지	351

언니	352
언덕	352
언어	352
언제	353
얹다	353
얻다	354
얼	354
얼굴	354
얼다	354
얼룩	354
얼리다	355
얼마	355
얼음	355
얽다	355
얽매다	356
엄습하다	356
업다	356
없다	357
엇-	357
엉기다	357
엉덩이	358
엎다	358
엎드리다	358
-에	358
-에서	358
여기	358
여기다	359
여덟	359
여든	359
여러	360
여럿	360
여름	360
여물다	361
여보	361
여섯	361
여성	362
여우	362
여위다	362

여음	362
여의다	362
여자	362
엮다	363
연극	363
연기	363
연못	363
연인	364
연회	364
열	364
열다	365
열매	366
열쇠	366
엷다	366
염소	366
염의	367
엿보다	367
영감	367
영위하다	367
영혼	367
옅다	367
옆	367
옆구리	368
예	368
예순	368
옛	368
옛적	369
오	369
오그라들다	369
오그리다	369
오다	369
오래	370
오래다	370
오로지	370
오르다	370
오리	370
오붓하다	371
오이	371

오줌	372	우습다	379
오줌똥	372	우주	379
오지그릇	372	운전하다	379
오직	372	울	379
오히려	372	울다	379
온도	372	울음	380
온전하다	372	울타리	380
올	372	움	380
올다	373	움직이다	380
올리다	373	움큼	380
올해	373	웃다	380
옮다	373	웃어른	381
옳다	373	웃음	381
옷	374	원수	381
옷고름	375	원숭이	381
옻	375	위	381
—과/m와	326	위배하다	382
왈패	375	위안하다	382
왕	375	위에	382
외	376	위태롭다	382
외다	376	위협하다	382
외롭다	376	유가	382
외치디	376	유아	382
왼쪽	376	유혹하다	382
요운	376	육지	383
요즘	377	율무	383
용	377	으뜸	383
용서	377	으르다	383
용해하다	377	으실하다	383
우	377	은	383
우그리다	377	-을	383
우러르다	377	읊다	383
우리	377	음	384
우리(畜舍)	378	음문	384
우물	378	음식	384
우박	378	응석	384
우북	378	의복	384
우산	378	의자에 앉다	384

의지하다	384	일	393
이(기생충)	384	일(事)	293
이(虱)	385	일(刃)	393
이(지시)	385	일곱	393
이그러지다	386	일어나다	394
이글이글	386	일으키다	394
이기	386	일찍	394
이기다	386	일컫다	394
이끌다	386	일흔	394
이끼	387	읽다	394
-이다	387	잃다	395
이다	387	임	395
-이라도	387	임금	395
이랑	388	임하다	395
이로부터	388	입	395
이루다	388	입다	398
이르다	388	입술	398
이르다(宣)	388	입시울	398
이르다(云)	388	잇	398
이르다(早)	389	잇다	398
이르다(至)	389	잇달아	399
이름	389	있다	399
이리	389	잉아	399
이리(副)	389	잊다	399
이마	390	잎	400
이만	390		
이민	390	【ㅈ】	
이빨	390		
이삭	391	-자	401
이스랏	391	자	401
이슬	391	자네	401
이야기	391	자다	401
이웃	391	자라다	402
이지러지다	392	자락	402
이탈하다	392	자루	402
익다	392	자르다	402
익히다	392	자리	403
인연	392	자못	403

자세하다	403	저울	410
자시다	403	저주	410
자위	403	저주하다	410
자잘하다	403	저축하다	410
자주	403	적	410
자지	403	적다	411
자채	404	적시다	411
자취	404	절	412
작다	404	절구	412
작은 그물	404	젊다	412
작은 조각	404	접다	412
잠	405	젓가락	412
잠기다	405	젓갈	412
잠깐	405	정박지	413
잠방이	405	정취	413
잠잠하다	405	젖	413
잡다	405	젖다	413
잡아당기다	406	젖히다	414
잡초	406	제	414
잣나무	406	제비	414
장(網)	406	조각	414
장(醬)	406	조개	414
장난	407	조금	414
장마	407	조류	414
장소	407	조리	415
잦다	407	조악하다	415
잦히다	407	조짐	415
재	407	족족	415
재다	408	족하다	415
재료	408	존장	415
쟁기	408	좀	415
저	408	좁다	416
저것	409	종	416
저녁	409	종달새	416
저녁때	409	종이	416
저리다	409	좇다	417
저물다	410	좋다	417
저미다	410	좌	417

주	417	지배자	425
주다	418	지붕을 이다	425
주루룩	418	지소 접미사	425
주름	418	지아비	425
주리다	418	지역	425
주먹	418	지온	425
주발	419	지키다	425
주비	419	지팡이	425
주위	419	진	425
주인	419	진달래	426
주조하다	419	진실	426
죽다	419	진주	426
죽이다	420	진지	426
줄	420	진필	426
줄곧	421	진하다	426
줄기	421	진흙	426
줄다	421	질그릇	426
줍다	421	질다	426
중매	422	질펀	427
중얼거리다	422	짐	427
쥐다	422	짐승	427
즈음	422	짐지다	427
즉시	422	집	427
즐겁다	422	집다	428
증가	423	짓다	428
증명하다	423	짖다	428
지게문	423	짚	428
지경	423	짚다	429
지구	423	짚신	429
지금	423		
지금까지	423	【ㅉ】	
지나다	423		
지니다	424	짜내다	429
지다	424	짜다	429
지다(落)	424	짝	430
지르다	424	짧다	430
지르다(衝)	425	짧은 창	430
지르다(火)	425	째다	430

쪼개다	430	철	437
쪼다	430	첨가	437
쪽	431	첩	437
쫓다	431	첫	437
죄다	431	첫째	437
찌다	431	청소하다	437
찌르다	431	체	437
찍다	432	초(酢)	437
찡기다	432	초가	437
찢다	432	초록	438
찧다	432	초리	438
		초원	438
		축다	438
		축사	438

【ㅊ】

차다	433	춤	438
차다(滿)	433	춥다	438
차다(蹴)	433	취하다	439
차다(佩)	434	층	439
차례	434	층위	439
차리다	434	치	439
착하다	434	치다	439
참	434	치마	440
참다	434	치아	441
참새	435	치우다	442
참외	435	친구	442
참죽나무	435	친척	442
창	435	친하다	442
찾다	435	칠	442
채	436	칠일	443
채다	436	칡	443
채소	436	침	443
처가	436	칭찬	444
처럼	436		
처지다	436		
천	436	【ㅋ】	
천기	436		
천천히	436	칼	445
천하다	437	칼날	446
		켜다	446

코	446
코끼리	447
콩	447
크다	447
큰 산	448
큰나무	448
큰다	449
큰어미	449
키	449

【ㅌ】

타다	450
타다(乘)	451
탄	451
탄원	451
탈	451
탐	451
태양	451
태어나다	452
터	452
턱	452
털	452
테	452
토끼	453
토시	453
토지	454
토하다	454
톨	454
톱	454
통	454
통틀어	454
튀다	454
트이다	454
틀다	455
틀리다	455
틈	455
티끌	455

【ㅍ】

파다	456
파도	456
파랗다	456
파리	456
파묻다	457
판	457
팔	457
팔다	458
팔십	458
팥	458
팽이	458
퍼지다	458
퍽	459
편리하다	459
평야	459
평평하다	459
포	459
포구	459
포대기	459
폭	460
폭삭	460
표	460
표현하다	460
푸근하다	460
푸르다	460
풀	461
풀다	461
풀무	462
품다	462
피	462
피다	462
피리	462
피부	463
피하다	463
필(匹)	463
핍	463

【ㅎ】

하고 많다 464
하나 464
하나님 465
하늘 465
하다 465
하모 467
하천 467
하품 467
학 467
한 467
한숨 467
할머니 467
할아버지 468
함께 468
항구 468
항상 468
해 468
해바라기 469
해변 469
해안 470
해오라기 470
햇살 470
향기 470
향기롭다 470
허리 470
허물 470
허언 471
허울 471
허파 471
헌 471
헐다 471
험하다 471
헤매다 471
헤엄치다 472
헤치다 472
혀 472

헛바닥 473
형 473
형용사-한정 접미 형태소 473
헴 473
호다 473
호다(꿰매다) 474
호랑이 474
호미 474
호수 474
혹 474
혼자 474
혼잣말 475
홀 475
홀리다 475
홈 475
홑 475
화로 475
화살 475
활 475
황금 476
황새 476
황색 476
황홀하다 476
횃불 476
회전 476
후리매 476
후비다 476
훔치다 477
휘다 477
흐르다 477
흐름 477
흐리다 477
흔들다 478
흔적 478
흔하다 478
흘 478
흙 478
흙덩이 478

홈	479	흰 서리	480
흩다	479	흰색	480
흩뿌리다	479	힘	480
흩어지다	479	힘들게 되다	481
희다	479	힘주다	481
희롱하다	480		

한국어와 일본어의 비교어휘

초판인쇄 2007년 12월 10일
초판발행 2007년 12월 23일

입력 및 편집자들
  정 광 김동소 양오진 정승혜 배성우 김양진 이상혁 장향실
  김일환 서형국 신은경 황국정 최정혜 박미영 김현주 최장원

발행 제이앤씨 ǀ 등록 제7-220호

132-040
서울特別市 道峰區 倉洞 624-1 北漢山 現代home city 102-1206
TEL (02)992-3253(代) ǀ FAX (02)991-1285
e-mail. jncbook@hanmail.net ǀ URL http://www.jncbook.co.kr

▪ 저자 및 출판사의 허락없이 이 책의 일부 또는 전부를 무단복제·전재·발췌할 수 없습니다.
▪ 잘못된 책은 바꿔 드립니다.

ⓒ 정광 外 2007 All rights reserved. Printed in KOREA

ISBN 978-89-5668-607-3 93810 ǀ 정가 38,000원